Der Staatshaushalt

und

die Finanzen Preussens.

Unter Benutzung amtlicher Quellen

bearbeitet von

O. Schwarz,
Geheimer Finanzrath
u. vortragender Rath im Finanzministerium.

und

Dr. jur. G. Strutz,
Geheimer Ober-Finanzrath
u. vortragender Rath im Finanzministerium.

Band I.

Die Ueberschussverwaltungen.

Berlin, 1900.
J. Guttentag, Verlagsbuchhandlung,
G. m. b. H

Der Staatshaushalt

und

die Finanzen Preussens.

Band I.

Die Ueberschussverwaltungen.

Von

Dr. jur. G. Strutz,

Geheimer Ober-Finanzrath und vortragender Rath im Finanzministerium.

Lieferung 2.

**Berg-, Hütten-, Salinen- und Bernsteinverwaltung.
Seehandlung. Lotterie- und Münzverwaltung.**

Berlin, 1900.

J. Guttentag, Verlagsbuchhandlung,

G. m. b. H.

Inhaltsverzeichniss.

Drittes Buch.

Die Berg-, Hütten-, Salinen- und Bernstein-Verwaltung.

III. Hauptabschnitt.

Viertes Buch.

Die Seehandlung.

Fünftes Buch.

Die Lotterieverwaltung.

Sechstes Buch.

Die Münzverwaltung.

Berichtigungen zum II. Buch (Forstverwaltung).

Zu Seite 215 Abs. 1.

Nur 25 Oberforstmeister beziehen eine Dirigentenzulage von je 900 M; 3 erhalten je 600 und 6 nur je 300 M.

Zu Seite 219 Abs. 1.

Seit einer Reihe von Jahren hat die Zentralinstanz Anordnungen getroffen, wonach die Forst-Inspektionsbeamten auf ihren Inspektionsreisen nur noch in Ausnahmefällen, in denen es nach Lage der örtlichen Verhältnisse — z. B. wegen Unmöglichkeit eines angemessenen Unterkommens in der Nähe des zu inspizirenden Reviers oder wegen der durch Grösse oder Lage des Reviers geschaffenen Nothwendigkeit, mehr als ein Paar Pferde zu benutzen — unvermeidlich ist, bei dem Revierverwalter Wohnung nehmen oder dessen Dienstfuhrwerk benutzen dürfen. In solchen Ausnahmefällen ist es aber üblich, dass der Inspektionsbeamte diese Leistungen des Revierverwalters in der einen oder andern Weise zu erwidern sucht. Die Annahme, dass vielfach die gewährten Vergütungen für Dienstreisen den Forst-Inspektionsbeamten einen reichlicheren Ersatz der wirklichen Ausgaben als andern in gleichem Umfange Dienstreisen ausführenden Beamten bieten, ist infolgedessen nach Mittheilungen von informirter Seite für die Gegenwart nicht mehr zutreffend.

Zu Seite 62 (Anlagen) rechts.

Die Zahl der Oberforstmeister betrug 1898/9 natürlich **34**, nicht 340.

Drittes Buch.

Die Berg-, Hütten-, Salinen- und Bernstein-Verwaltung.

I. Hauptabschnitt.

Die Entstehung der staatlichen Berg-, Hütten-, Salz- und Bernsteinwerke.

Einleitung.

§ 1. Auch die dem Staate gehörigen Bergwerke, Hüttenwerke und Salinen sowie seine Bernsteinnutzung gehören zu den Domänen in dem weitern alles werbende Staatsvermögen umfassenden Sinne. Gerade in Preussen ist die etatsrechtliche Trennung von den Domänen im engeren und engsten Sinne auch keine in jeder Beziehung scharfe. Denn, wie wir in den beiden ersten Büchern gesehen haben, gehören zu der Domänen- und Forstverwaltung keineswegs ausschliesslich land- oder forstwirthschaftlich benutzte Grundstücke bezw. an solchen haftende Gerechtsame, sondern auch gewerbliche Betriebe. Namentlich ist die Scheidung bezüglich der Mineralbrunnen und Badeanstalten keine logisch unanfechtbare, indem die Soolbäder der Salinenverwaltung unterstehen und naturgemäss unterstehen müssen, während die übrigen Bäder und die Mineralbrunnen von der Domänenverwaltung ressortiren.

Man kann vielleicht die Zweckmässigkeit und innere Berechtigung dieser Ressortverhältnisse bezweifeln und die Ueberweisung aller Mineralbrunnen und Bäder an die Berg- und Salinenverwaltung für richtiger halten. Denn abgesehen von den Seebädern handelt es sich auch bei den Mineralbrunnen und Bädern um die Ausnutzung besonderer im Boden enthaltener Schätze, zu der vielfach ganz ähnliche Massnahmen wie bei dem Bergbau erforderlich sind, und zum Schutze der Quellen gegen die unterirdische Gefährdung durch den Bergbau müssen die Bergbehörden in Anspruch genommen werden. Jedenfalls weist der Betrieb der Mineralquellen mehr Berührungspunkte mit dem Bergbau als mit der Landwirthschaft auf.

Die Ausnutzung des Bernsteinregals endlich, die ebenso wenig mit der Landwirthschaft zu thun hat, wohl aber dem Bergbau nach Rechtsgrund und Betriebsart nahe verwandt ist, ja sogar überwiegend geradezu bergmännisch betrieben wird, bildete, wie im 1. Buch erwähnt, bis zum 1. Juli 1899 einen Theil der Domänenverwaltung und ist auch jetzt noch nicht auf die Bergverwaltung übergegangen, sondern gehört zu dem ja allerdings demselben Minister unterstehenden Ressort der Verwaltung für Handel und Gewerbe. Weniger noch als bezüglich der Heilquellen entspricht diese Ressortvertheilung der Natur des Betriebes. Während wir uns im Uebrigen der Gliederung des Staatshaushaltsetats anschliessen, soll daher die Bernsteinverwaltung in diesem Buche und nicht bei der Handels- und Gewerbeverwaltung in dem die Zuschussverwaltungen behandelnden zweiten Bande Berücksichtigung finden.

Sieht man von diesen und einigen andern unbedeutenden Punkten, hinsichtlich deren die Grenzbestimmung vom Standpunkt der strengen Logik bemängelt werden kann, z. B. bezüglich der Steinbrüche, Gräbereien u. dergl., ab, so entspricht die Aussonderung der Berg-, Hütten- und Salinenverwaltung von derjenigen der land- und forstwirthschaftlich nutzbaren Staatsgüter durchaus dem ganzen Charakter der verschiedenen Staatsgüter. Vor allem handelt es sich bei dem Bergbau und Salinenbetrieb, da die Vorräthe an Mineralien und Salzen nicht unerschöpfliche, sich wieder ergänzende sind, um ein Zehren von der Substanz, nicht um reine Fruchtziehung. Schon desshalb war es zur Umgehung zutreffend kaum zu lösender Schwierigkeiten nothwendig, dass, wie gleich hier erwähnt sein mag, die Vorschriften über die Verpfändung der Domänen und Forsten für die Staatsschulden und die Bestimmung der Erlöse für ihren Verkauf zur Tilgung der Letztern nicht auch auf die Staatsbergwerke, -Hütten, und -Salinen erstreckt wurden.[1]) Denn es ist nicht zu trennen, was von den Ueberschüssen der Berg-, Hütten- und Salinenverwaltung Ertrag und was Substanzverminderung ist.

Indem wir uns wiederum der Gestaltung des Staatshaushaltsetats fügen, hat also den Gegenstand dieses Buches zu bilden die Dar-

---

[1]) Im § III der oben im § 8 des I. Buches näher besprochenen V.-O. v. 17. Jan. 1820 (G.-S. S. 9) heisst es zwar, es werde für die Staatsschulden „mit dem gesammten Vermögen und Eigenthum des Staates" garantirt. Hierin liegt aber keine Verpfändung, sondern nur der Ausspruch dessen, was bei jedem Schuldverhältniss Rechtens ist. Die Verpfändung bringen erst die folgenden Worte „insbesondere mit den sämmtlichen Domänen, Forsten und säkularisirten Gütern", und dass unter den Domänen in diesem Sinne der bergfiskalische Besitz nicht mit zu verstehen sei, beweist schon die Nebeneinanderstellung der Domänen und Forsten. Es geht dies ferner daraus hervor, dass im § VII a. a. O. unter Nr. 1 „die sämmtlichen Domänen- und Forstrevenüen mit Rücksicht auf die Bestimmungen zu III", unter Nr. 3 „die Salzrevenüen, so viel deren zur ausreichenden Ergänzung des Staatsschuldentilgungs-Kassenbedarfs erfordert wird", zur Verzinsung und Tilgung der Staatsschulden überwiesen wird Völlig klar gestellt wird sodann der Ausschluss der bergfiskalischen Vermögensobjekte von der Spezialgarantie für die Staatsschulden durch die zur Erledigung von Zweifeln über die Bedeutung der V.-O. v. 17. Jan. 1820 ergangene K.-O. v. 17. Juni 1826 (G.-S. S. 57, vgl. oben Buch I § 8), wo unter den zufälligen, nicht der Staatsschuldentilgungskasse gebührenden Einnahmen aufgeführt werden „der Erlös aus der Veräusserung oder Erbverpachtung solcher Besitzungen und Anlagen des Staats, die nicht unter den Domänen begriffen werden, der Domänen-Verwaltung nicht beigelegt, und mit ihren Nutzungen dem Tilgungs- und Verzinsungsfonds der Staatsschulden nicht überwiesen sind, z. B. die von dem Ministerium des Innern abhängigen Hütten-, Hammer-, Gruben- und Salzwerke".

stellung dessen, was jener als Gegenstand der Berg-, Hütten-, Salinen- und Bernsteinregalverwaltung betrachtet. Es sind das nicht nur der staatliche Bergbau auf die dem Bergrecht unterworfenen Mineralien, die staatlichen Hütten und Bernsteinwerke, sondern auch gewisse staatliche Baue auf nicht dem Bergrecht unterliegende Mineralien, z. Z. solche auf Kalkstein und Gips.

I. Kapitel.

Die Entwicklung des Rechtes zum Bergbau.

§ 2. Der staatliche Bergbau und Salinenbetrieb steht, was seine Entstehung anlangt, in einer gewissen Verwandtschaft, andererseits aber auch in einem gewissen Gegensatz zu den Staatsforsten. Wir haben im II. Buche als Hauptursachen für die Entstehung eines so umfangreichen staatlichen Waldbesitzes, wie ihn Preussen aufzuweisen hat, bezeichnet einmal die verhältnissmässige späte Erkenntniss von dem Werth des Waldes und in Folge dessen die späte Fntwickelung des Individualeigenthums an demselben und sodann das Jagdregal. Den Werth der Erze und Salze dagegen hatte man schon längst erkannt, als noch Grund und Boden überhaupt, nicht nur Wald derart in Ueberfluss vorhanden war, dass er einen Tauschwerth noch nicht besass und ein Privateigenthum an ihm noch nicht bestand. Andererseits führte gerade die frühe Erkenntniss von dem Werthe der Erodukte des Bergbaues dazu, diesen als Regal zu betrachten. Hierauf, auf der Regalität des Bergbaues und der Salinen beruht die Entstehung des staatlichen Bergbaues und Salinenbetriebes und indirekt auch des zur Verhüttung der gewonnenen Erze unternommenen staatlichen Hüttenbetriebes, natürlich nicht in dem Sinne, als beruhe das Eigenthum des Staates an jedem einzelnen heut von ihm betriebenen Berg- oder Salzwerk unmittelbar auf seinem Regal, sondern nur in dem, dass die Regalität des Bergbaues die Veranlassung wurde, dass der Staat sich mit demselben befasste und noch befasst.

Als Bergregal bezeichnet man dasjenige Rechtsinstitut, nach welchem zum Betriebe des Bergbaues nur der Staat bezw. Landesherr, andere Personen aber nur vermöge Beleihung Seitens des Regalberechtigten befugt sind.

Darüber, ob das Bergregal in Deutschland das ursprüngliche Rechtsinstitut sei, besteht in der Wissenschaft Streit. Der dieses behauptenden Lehre steht eine ältere gegenüber, welche die Ansicht vertritt, dass bis zum 12. und 13. Jahrhundert die Mineralien Zubehör des Grundeigenthums gewesen seien. Wieder Andere erkennen zwar auch an, dass die Bergwerksmineralien niemals Zubehör des Grundeigenthums gewesen seien, betrachten aber als den ursprünglichen Zustand, für den die Vermuthung streite, die auf der Herrenlosigkeit der Mineralien und demgemäss dem Aneignungsrechte jedes Finders beruhende Bergbaufreiheit, nicht das vielmehr nur durch Anmassung der Fürsten und das Eindringen des römischen Rechts lokal entstandene Regal. Wiedere Andere erkennen als das ursprüngliche Recht die

Bergbaufreiheit nur für die „gemeine Mark" oder „Allmende" an, für das getheilte Eigenthum dagegen das ausschliessliche Bergbaurecht des Grundeigenthümers. Von diesen Ansichten ist in neuester Zeit[1]) diejenige, welche für das Bergregal die gemeinrechtliche Geltung beansprucht und ein gemeinrechtliches Bergbaurecht des Grundeigenthümers oder eignes Recht des Finders von Bergwerksgütern auch für die Zeit vor dem 12. und 13. Jahrhundert bestreitet, zur Herrschaft gelangt. Die den Bergbau unter gewissen Bedingungen unbestimmten Dritten frei gebenden ältesten Bergordnungen, Schemnitzer Bergordnung, Iglauer Bergrecht, Kuttenberger Bergordnung, Freiberger Bergrecht, Goldrecht für Liegnitz, Goldberg und Hainau, die zwar in der überlieferten Fassung erst aus dem 13. Jahrhundert stammen, deren Grundsätze aber schon im 12. Jahrh. gegolten haben, legen die Anhänger dieser Ansicht dahin aus, dass der Landesherr eben nur die Ausübung seines Rechts Dritten gegen mehr oder minder hohe Abgaben und unter sonstigen Bedingungen hätten gestatten wollen, und es lässt sich nicht leugnen, dass gerade die besondere Höhe der Abgaben und die Art der sonstigen Bedingungen, wie die Verpflichtung, das Bergwerk im Betriebe zu erhalten u. a. m. für diese Auffassung spricht. Der aus der ersten Hälfte des 13. Jahrhunderts stammende Sachsenspiegel aber besagt im I. Buch Art. 35 „§ 1. Al schat under der erde begraven deper den ein pluch ga, die hort to der koninglichen gewalt. § 2. Silver ne mut ok neman breken up enes anderen mannes gude ane des willen des de stat is, gift he 's aver orlof, de vogedie is sin darover" und der in der zweiten Hälfte desselben Jahrhunderts entstandene Schwabenspiegel „Wer schaecz under die erd, begrevet tieffer denn ein pflug gat der gehoert czu de kunigklichen gewalt, Silver sol nyeman graben auff eynes mannes gut on seynen willen des di stat ist, ab 'geit er das vorlaub, die vogthey is seyn daruber." Die Gegner der Regaltheorie behaupten zwar, dass hier unter „schat" und „schaecz" gar nicht Bergwerksobjekte, sondern wirklich nur vergrabene Schätze zu verstehen seien, und dass gerade die Bestimmung, wer Silber brechen wolle, bedürfe der Erlaubniss des Grundbesitzers, für ihre Ansicht von dem Bergbaurecht des Letzteren spreche. Indess würde dann kaum zu erklären sein, was das Wort „ok" im Sachsenspiegel bedeuten solle. Andererseits ist es auffällig, dass Sachsen- wie Schwabenspiegel nur von Silber, nicht auch von anderen Metallen sprechen und nur für das Brechen dieses die Erlaubniss des Grundeigenthümers fordern. Arndt,[2]) auf dessen Ausführungen hier wegen des Nähern erwiesen werden muss, versucht auch hierfür eine freilich kaum einwandsfreie Erklärung. Sei aber die Bedeutung beider Stellen welche sie wolle, jedenfalls fehlt es nicht an älteren Urkunden, welche die Regalität aller oder gewisser Metalle darthun, und vom 14. Jahrhundert an ist dieselbe unbestritten.

Aehnlich wie bezüglich der Metallbergwerke war die Rechtslage bezüglich der Salinen. Auch bezüglich ihrer wird das Bestehen eines Regals schon für die Zeit vor dem 11. und 12. Jahrhundert von der einen Seite behauptet, von der andern bestritten. Zwar die erwähnten alten Bergordnungen sprechen von den Salinen nicht; aber wohl nur aus dem einfachen Grunde, weil der Salinenbetrieb ein durchaus anderer, derartiger Regelung wie der Erzbergbau nicht bedürfender war, und weil Salinen in genügender Zahl vorhanden waren, um Bestimmungen über Verleihung neuer Gerechtsame entbehrlich erscheinen zu lassen. Wohl aber existiren weit ältere Urkunden als jene Bergordnungen, die das Salzregal darzuthun scheinen. Für die Zeit seit dem 14. Jahrhundert wird es ebenfalls nicht bestritten.

Was endlich die Kohlen anlangt, so fand — bei dem Waldreichthum sehr erklärlich — vor dem 14. Jahrhundert eine bergmännische Gewinnung derselben in Deutschland nicht statt; es entfällt daher für diese Zeit die Frage, ob diese Gewinnung in dem Eigenthumsrecht im Grundbesitz mit enthalten war.

In dem Begriff und Namen des Regals liegt es ausgesprochen, dass dasselbe in Deutschland von Hause aus ein Recht des alleinigen

---

[1]) Insbesondere in Folge der Untersuchungen von Arndt („Geschichte des Bergregals" 1879, „Bergbau und Bergbaupolitik" 1894).

[2]) Geschichte des Bergregals S. 97 ff.

Rex, also des Deutschen Königs und Römischen Kaisers, nicht der einzelnen Territorialherren war. Indess schon die alten Bergordnungen und andere Urkunden aus gleicher oder noch früherer Zeit beweisen, dass die Kaiser schon frühzeitig nicht mehr in der Lage waren, das Berg (und Salz-)regal allenthalben gegen die Territorialherren zu behaupten, und mit dem Erstarken der Macht der Letzteren war dies immer weniger der Fall. Die generelle gesetzliche Sanktion des Ueberganges des Bergregals brachte für die Kurfürsten die Goldene Bulle von 1356,[1]) für sämmtliche Reichsstände der Westfälische Frieden von 1648.[2])

§ 3. Was die für Brandenburg-Preussen speziell in Betracht kommenden Rechtsquellen anlangt, so hielten auch diese bis zu der einheitlichen Regelung durch das allgemeine Berggesetz vom 24. Juni 1865 an der Regalität des Bergbaues fest. Jedoch enthielten die Partikularrechte, deren der Kommissionsbericht des Herrenhauses über den Entwurf des allgemeinen Berggesetzes (Drucks. 36 der Session 1865) nicht weniger als 12 neben einer grossen Zahl sie ergänzender und abändernder Gesetze u. s. w. aufzählt,[3]) fast alle hinsichtlich des Umfanges des Regals von einander abweichende Bestimmungen, und das landesherrliche Regal schloss das Bestehen von Privatregalen nicht aus.

[1]) Kap. IX § 1: „Praesente constitutione in perpetuum valitura statuimus. Quod successores nostri Bohemiae reges, nec non singuli principes ecclesiastici et seculares, universas auri et argenti fodinas atque mineras stanni, cupri, ferri, plumbi et alterius cujusque metalli ac etiam salis, tam inventas quam inveniendas, in posterum quibuscunque temporibus, in regno praedicto ac terris et pertinentiis iidem regno subjectis nec non supradicti principes in principalibus, terris, dominiis et pertinentiis suis tenere juste possint, et legitime possidere cum omnibus juribus, nullo prorsus excepto, prout possunt seu consueverunt talia possidere."

[2]) Art. 8 § 1: „Ut autem provisum sit, nec posthac in statu politico controversiae suboriantur, omnes et singuli electores, principes et status imperii Romani in antiquis suis juribus praerogativis, libertate, privilegiis, libero juris territorialis tam in ecclesiasticis quam politicis exercitio, ditionibus, regalibus, horumque omnium possessione, vigore hujus transactionis, ita stabiliti firmatique sunt, uta nullo unquam sub quocunque praetextu, de facto turbari possint vel debeant."

[3]) Für Schlesien und den grössten Theil Posens Schlesische revidirte Bergordnung v. 5. Juni 1769 nebst Publikation, den Bergbau betreffend, v. 9. Dez. 1769 und Verordnungen v. 4. Aug. 1770, 3. Mai 1781 und 1. Febr. 1790, betr. das Mitbaurecht; für die Ober- und Niederlausitz die Verträge der Kaiser Ferdinand I. und Maximilian II. mit den Böhmischen Ständen von 1534 und 1575, das Kursächsische Steinkohlen-Mandat v. 17. Aug. 1743 und die Forst- und Holzordnung v. 20. Aug. 1767; für Sachsen, und zwar für die altpreussischen Theile die revidirte Magdeburger Bergordnung v. 7. Dez. 1772, für die Grafschaft Mansfeld und den Saalkreis die Eisleben-Mansfeldische Bergordnung v. 28. Okt. 1673, für die ehemals Königlich Sächsischen Theile die Kursächsische Bergordnung v. 12. Juni 1589, die Kursächsische Stollenordnung v. 12. Juni 1749 und das oben erwähnte Steinkohlen-Mandat von 1743 und für die Grafschaft Henneberg die Henneberg'sche Bergordnung v. 18. Dez. 1566 und das erwähnte Steinkohlen-Mandat; für Westfalen und zwar für die Grafschaft Mark, das Herzogthum Cleve, die Stifter Essen und Werden und das Bisthum Paderborn die Cleve-Märkische Bergordnung v. 29. April 1766, für die Herrschaften Broich, Hardenberg

Das Allgemeine Landrecht, das, soweit Bergordnungen nicht bestanden, zur Anwendung gelangte, besagte im Tit. 14 Th. II:

„§ 21. Die Land- und Heerstrassen, die von Natur schiffbaren Ströme, das Ufer des Meeres und die Häfen sind ein gemeines Eigenthum des Staates.

§ 22. Eben dahin wird auch das ausschliessende Recht, gewisse Arten der herrenlosen Sachen in Besitz zu nehmen, gerechnet (Tit. 16)."

und im Tit. 16 desselben Theils:

§ 69. Alle Fossilien, woraus Metalle und Gelbmetalle gewonnen werden können, gehören, in Ermangelung besonderer Provinzialgesetze, ausschliessend zu dem Bergwerksregal.

§ 70. Desgleichen alle Edelsteine u. s. w.

§ 71. Ferner alle Salzarten mit den Salzquellen u. s. w., sowie auch Inflammabilien, als Schwefel, Reissblei, Erdpech, Stein- und Braunkohlen.

§ 75. Fossilien, die keine Regalien sind, können diejenigen, welchen solche . . . . . gehören, ohne besondere Erlaubniss aufsuchen.

§ 79. Wer ein Stockwerk, Gang oder Flötz von solchen Fossilien, welche nach §§ 69, 70 und 71 zum Bergwerksregal gehören, bauen will, muss damit gehörig beliehen sein.

§ 82. Jeder Beliehene muss sein Bergwerkseigenthum den Grundsätzen der Bergwerkspolizei gemäss benutzen und kann sich dabei der Aufsicht und Direktion des Bergwerks nicht entziehen.

§ 95. Auf alles von den beliehenen Bergwerkseigenthümern gewonnene Gold und Silber hat der Staat . . . . . . den Vorkauf.

§ 98. Von allen zum Bergwerksregale gehörenden (nicht also von anderen) Metallen und Mineralien, welche die Beliehenen gewinnen, gebührt dem Staate der Zehent.

§ 105. Hat ein Beliehener . . . . , so fällt sein Bergwerkseigenthum an den Staat zurück und kann wieder an einen Andern verliehen werden.

§ 106. Das Bergwerksregal auf einem gewissen Distrikt, oder auf ein gewisses Objekt kann gleich anderen niederen Regalien von Privatpersonen und Kommunen erworben und besessen werden.

§ 189. Berggebäude müssen . . . . ununterbrochen fortgebaut werden.

§ 190. Ausserdem fallen die Berggebäude in das Landesherrliche Freie."

Hier findet sich also das Regal in weitestem Umfang; insbesondere ist es über das gemeine Recht hinaus auf Stein- und Braunkohlen

und Oefte die Jülich-Bergische Bergordnung v. 21. März 1719, für das Herzogthum Westfalen und Recklinghausen die Kur-Kölnische Bergordnung v. 4. Jan. 1669; für die rechtsrheinischen Theile der Rheinprovinz die Jülich-Bergische Bergordnung in dem Herzogthum Berg, die Kur-Kölnische für das Erzstift Köln, die Kur-Trier'sche v. 22. Juli 1562 für die ehemals Kur-Trier'schen Gebiete ausser Bendorf, die Homburg-Wittgensteinische v. 25. Jan. 1570 in den Herrschaften Homburg und Gimborn-Neustadt, die Nassau-Katzenellenbogen'sche v. 1. Sept. 1559 in den ehemals Oranien-Nassauischen Ländern, neben der im Fürstenthum Siegen noch fünf andere Gesetze galten, die Kursächsische Bergordnung und Stollenordnung in der ehemaligen Grafschaft Sayn-Altenkirchen, die Wildenburgsche Bergordnung von 1607 in der Herrschaft Wildenburg. Im Gebiet des Westpreussischen Provinzialrechts galt dieses, nach dem nur Steinsalz und Soolquellen dem Bergrecht unterlagen. Das A.L.R. galt in Ostpreussen, Pommern, Brandenburg, dem kleineren Theile von Posen und den vorstehend nicht genannten Theilen Westfalens, das gemeine deutsche Bergrecht in Wetzlar, Solms-Braunfels, Solms-Lich, Bendorf und den Hohenzollernschen Landen. Auf dem linken Rheinufer galt das Französische Berggesetz v. 21. April 1810. An Abänderungsgesetzen aus der Zeit von 1821 bis 1863 werden 13 namhaft gemacht, von denen allerdings 4 lediglich die Bergwerksabgaben betreffen.

und sonstige Inflammabilien ausgedehnt. Gemildert ist es durch den Anspruch des ersten Finders, unter gewissen Voraussetzungen mit dem Bergwerkseigenthum beliehen zu werden.

Von den prinzipaliter geltenden Partikularrechten schlossen dagegen u. a. das Schlesische das Eisen von dem landesherrlichen Regal aus, und um Kohlen in dasselbe einzuschliessen, bedurfte es, da diese gemeinrechtlich nicht zu demselben gehörten, besonderer Bestimmung, wie sie u. a. in der Schlesischen, Cleve-Märkischen, Magdeburg-Halberstädtischen Bergordnung getroffen waren. Andererseits nahmen einzelne Provinzialrechte gewisse Mineralien von dem Schürfrecht und Erstfinderecht aus und behielten ihren Abbau dem Landesherrn vor, so die drei eben genannten Bergordnungen Steinsalz und Salzquellen. Endlich galt es als gemeines Recht, auch in Preussen, dass der Landesherr befugt sei, durch blosse Erklärung seiner Bergbehörden beliebige noch nicht verliehene Bergwerksfelder sich zum eigenen Bergbau zu reserviren und damit Dritte von der Muthung auszuschliessen. *Auf solchen Feldesreservationen beruht in der Hauptsache der heutige fiskalische Bergbau in Preussen.*

Abweichend von den landrechtlichen Prinzipien und denen der rechtsrheinischen Provinzialgesetze hatte sich das Bergrecht des *linken Rheinufers* während der Französischen Herrschaft entwickelt. Bis zu der Französischen Okkupation bestand auch dort das Regal, und zwar in der Ausdehnung auch auf Steinkohlen. Im Jahre 1801 wurde sodann die Französische Berggesetzgebung eingeführt, welche damals (G. v. 28. Juli 1791) die unterirdischen Mineralien zur Disposition der Nation stellte, ihre Gewinnung nur auf Grund einer vom Staate zu ertheilenden Konzession, die nach 50 Jahren erlosch, gestattete, dem Grundbesitzer aber die Befugniss, bis zur Tiefe von 100 Fuss die Mineralien durch Tage- oder Grubenbau abzubauen, und im Uebrigen ein Vorzugsrecht auf Ertheilung der Konzession gab. Der im Jahre 1804 publizirte Code civil dagegen stellte im Art. 552 den Grundsatz auf, das Eigenthum am Grund und Boden schliesse auch dasjenige an Allem, was über und unter der Erdoberfläche sei, in sich, gestattete aber die Benutzung der unterirdischen Mineralien nur mit den aus den Berg- und sonstigen Polizeigesetzen und -Verordnungen sich ergebenden Beschränkungen. Obwohl hierin ein Widerspruch mit dem Gesetz vom 28. Juli 1791 lag, hielt das demnächst erlassene Französische Berggesetz vom 21. April 1810 doch beide Grundsätze neben einander aufrecht, indem man sie dahin als mit einander verträglich deklarirte, dass die unterirdischen Mineralien bis zur Konzessionirung ihres Abbaues Theile des Grundstücks und im Eigenthum des Grundeigenthümers seien, mit der Konzessionirung aber aus diesem Verhältniss ausschieden und Gegenstand eines besonderen Eigenthums würden. Thatsächlich bestand also ein wirksames Eigenthumsrecht des Grundeigenthümers an den unterirdischen Mineralien nicht, andererseits aber auch weder eine Regalität, noch eine Bergbaufreiheit mit Erstfinderrecht in dem Sinne, dass der Staat dem ersten Finder einen Anspruch auf Verleihung der Bergwerkskonzession einräumte. Die Ertheilung der Konzession stand im Ermessen des Staatsraths. Bei dem Uebergang der linksrheinischen Gebietstheile an Preussen wurde an diesem Rechtszustand nichts geändert, das Französische Bergrecht blieb vielmehr bestehen. Wenn, trotzdem somit auf dem linken Rheinufer schon vor 100 Jahren mit dem Regal gebrochen wurde, sich, wie später noch näher zu erörtern sein wird, gerade dort die meisten und bedeutendsten Staatsbergwerke des Preussischen Staates befinden, so schreibt sich dies von schon vor Aufhebung des Regals Seitens der Landesherrschaften, sei es bereits durch Betrieb des Bergbaues, sei es durch Feldesreservationen erworbenen Bergbaurechten her, die durch die spätere Gesetzgebung nicht berührt worden sind.

§ 4. Nichts geändert haben an dem Regalprinzip der rechtsrheinischen Bergrechte und dem linksrheinischen Konzessionsprinzip die Gesetze vom 12. Mai 1851, 22. Mai 1861 und 20. Oktober 1862, durch welche die Bergwerksabgaben ermässigt und einheitlicher gestaltet wurden. Sie alle liessen, wenn sie auch die Abgaben sehr erheblich, bis auf eine derjenigen der Ertragssteuern sich einigermassen nähernde Höhe herabsetzten, doch ihren Charakter als eines Preises für die Verleihung der Bergbauberechtigung, nicht einer Steuer unberührt. Freilich mag man vielleicht nicht fehlgehen, wenn man in der so starken Einschränkung der Bergwerksabgaben ein Zeichen der Verflüchtigung des Regalgedankens im allgemeinen Rechtsbewusstsein erblickt.[1])

Erst das nach acht erfolglosen Anläufen ein einheitliches Bergrecht für die Monarchie schaffende allgemeine Berggesetz vom 24. Juni 1865 (G.-S. S. 705) hat mit dem Staatsregal gebrochen und es durch das Französische System einer auf Konzessionirung und Beaufsichtigung des Bergbaubetriebes beschränkten Berghoheit ersetzt. Hierbei geht das Preussische Gesetz an Liberalität noch über das Französische hinaus, indem es das Willkürprinzip des Letzteren bei Verleihung der Bergbauberechtigung durch das deutschrechtliche Schürfungsrecht, die „Freierklärung des Bergbaues", und das damit in Verbindung stehende Recht des Finders auf Verleihung des aufgefundenen Minerals ersetzt.

Entzogen bleiben nach dem Berggesetz der Verfügung des Grundeigenthümers auch nicht mehr alle Mineralien, sondern nur „Gold, Silber, Quecksilber, Eisen mit Ausnahme der Raseneisenerze, Blei, Kupfer, Zinn, Zink, Kobalt, Nickel, Arsenik, Mangan, Antimon und Schwefel, gediegen und als Erze; Alaun- und Vitriolerze; Steinkohle, Braunkohle und Graphit; Steinsalz, nebst den mit demselben auf der nämlichen Lagerstätte vorkommenden Salzen und die Soolquellen"

[1]) Vgl. über die Bergwerksabgaben unter § 35 d. B.

(§ 1 d. Ges.). Hiervon bleiben aber weitgehende provinzialrechtliche Ausnahmen bestehen, und zwar folgende: 1. In denjenigen Landestheilen, in denen das unterm 19. April 1844 publizirte Provinzialrecht für Westpreussen Anwendung findet, — das sind die Provinz Westpreussen in dem Umfange des Jahres 1806 mit Einschluss von Danzig und dem Thorner Kreise, dagegen mit Ausschluss eines Theiles des damaligen Marienwerderschen Kreises, ferner zufolge Gesetz vom 4. August 1865 die Pommerschen Kreise Lauenburg und Bütow und Theile der Kreise Belgard, Dramburg und Neustettin — unterliegen nur Steinsalz und Soolquellen dem allgemeinen Berggesetz. 2. Im Herzogthum Schlesien, der Grafschaft Glatz, Neuvorpommern, Rügen und den Hohenzollernschen Landen unterliegen Eisenerze wie bisher dem Verfügungsrecht des Grundeigenthümers; bestehende Berechtigungen zur Gewinnung dieser Erze werden aufrecht erhalten. 3. Dasselbe gilt hinsichtlich der Stein- und Braunkohlen für die vormals Königlich Sächsischen Landestheile der Provinzen Sachsen — mit Ausschluss der Grafschaften Mansfeld und Barby und der standesherrlichen Gebiete der Fürsten von Stolberg-Stolberg und Stolberg-Rossla — und Brandenburg, die Ober- und Niederlausitz (§§ 211 und 212 a. a. O., Ges. v. 8. April 1894 betr. Abänderung des § 211 des allgemeinen Berggesetzes — G.-S. S. 41 —, Ges. v. 22. Febr 1869 betr. die Rechtsverhältnisse des Stein- und Braunkohlen-Bergbaues in denjenigen Landestheilen, in welchen das Kurfürstlich Sächsische Mandat vom 29. August 1743 Gesetzeskraft hat — G.-S. S. 401). Soweit die Mineralien der Disposition des Grundeigenthümers entzogen sind, darf sie Jedermann auf ihren natürlichen Ablagerungen aufsuchen — „schürfen" —; die Erlaubniss des Grundeigenthümers ist zwar erforderlich, darf aber nur aus bestimmten Gründen versagt und muss, wenn diese nicht vorliegen, von der Bergbehörde ergänzt werden (§§ 3—11 des allgemeinen Berggesetzes). Auf den gesetzlichen Erfordernissen (§§ 12—21 a. a. O.) entsprechende Bewerbung, „Muthung", muss die Bergbehörde nach einem Aufgebotsverfahren das Bergwerkseigenthum für ein bestimmtes Feld und das oder die in der Muthung bezeichneten Mineralien verleihen, wenn nicht die gesetzlichen Versagungsgründe vorliegen. Der Grundeigenthümer hat ein Vorrecht vor anderen Findern nur, wenn er das Mineral in seinem eigenen Grubengebäude oder durch Schürfung entdeckt hat und innerhalb einer Woche nach dem Funde muthet, — und auch dieses sein Vorrecht gilt nur gegenüber nach dem Zeitpunkt seines Fundes eingelegten Muthungen (§§ 22—38 a. a. O.). Der Staat hat keinerlei Vorrecht mehr, der Erwerb und Betrieb von Bergwerken für seine Rechnung ist den Bestimmungen des Berggesetzes ebenso wie der der Privaten unterworfen (§ 2 a. a. O.). Insbesondere hat er also auch nicht mehr das Recht der Feldesreservation. Vor dem Inkrafttreten des Berggesetzes erfolgte Reservationen sind dagegen, wie durch mehrfache gerichtliche Erkenntnisse festgestellt ist, unberührt geblieben.

Der Staat hat auch nur auf sein eigenes Bergregal verzichtet; die von ehemals Reichsunmittelbaren oder anderen physischen oder juristischen Personen besessenen Regalrechte sind unberührt geblieben (§ 250 a. a. O.).

Nach den bei der Berathung der Steuerreformgesetze v. 14. Juli 1893 gemachten Mittheilungen[1]) bestanden damals solcher anerkannter Privatregalrechte in den ältern Landestheilen die Bergregale der Fürsten Sayn-Wittgenstein in den Grafschaften Berleburg und Wittgenstein, beide indess ohne praktische Bedeutung, da ein ihnen unterliegender Bergbau dort nicht ausgeübt wurde, des Fürsten von Bentheim-Tecklenburg in der Grafschaft Hohen-Limburg (Kreis Iserlohn) und der Herrschaft Rheda (Kreis Wiedenbrück), des Herzogs von Croy-Dülmen in der Herrschaft Dülmen, des Herzogs von Arenberg in der Grafschaft Recklinghausen,[2]) des Freiherrn von Wendt in der Unterherrschaft Arenberg, des Fürsten Salm-Salm im Fürstenthum Salm (Aemter Ahaus und Bocholt), des Fürsten von Rheina-Wolbeck in der gleichnamigen Grafschaft im Regierungsbezirk Münster, des Fürsten zu Bentheim-Steinfurt in der Grafschaft Steinfurt, der im Besitz einer Gesellschaft befindliche Broicher Kohlenzehnte in der Unterherrschaft Broich (Kreis Mülheim a./Ruhr), das Bergregal des Grafen Asseburg in der Grafschaft Falkenstein, auf Salz und Soolquellen sich nicht erstreckend und, da Bergbau nicht mehr betrieben wird, ohne aktuelle Bedeutung, des Fürsten Stolberg-Wernigerode in der Grafschaft Wernigerode, die wegen Fehlens von Bergbau praktisch bedeutungslosen Bergregale der Gutsherrschaften in der Oberlausitz, das Recht des Grafen Henckel v. Donnersmarck-Neudeck auf den Zwanzigsten vom Blei- und Silbererzbergbau in der Standesherrschaft Beuthen-Tarnowitz, das dem Berechtigten damals im zehnjährigen Durchschnitt 168 259 M. abwarf, und endlich das werthvollste Privatregal, das der Familie v. Tiele-Winkler in der Herrschaft Myslowitz-Kattowitz mit Zalenze, Schlupna, Brzezinke, Dziedzkowitz und Brussowa, welches der Regalbesitzerin allein an Zwanzigsten (5 Prozent vom Bruttogelderlöse der von ihr an Dritte verliehenen Bergwerke) im Jahre 1891 nicht weniger als 698 329 M., im zehnjährigen Durchschnitt 366 119 M. einbrachte.

§ 5. In den meisten der im Jahre 1866 erworbenen Landestheile fand Preussen eine Berggesetzgebung von ähnlicher Zersplitterung vor, wie sie bis zum Erlass des allgemeinen Berggesetzes in den alten Provinzen geherrscht hatte, während im Gebiet der Stadt Frankfurt a. M. und in Schleswig-Holstein es an berggesetzlichen Normen noch völlig fehlte. Das allgemeine Berggesetz wurde daher auch möglichst in den neuen Landestheilen eingeführt, und zwar durch Verordnungen vom 22. Februar 1867 (G.-S. S. 237) in Nassau, von demselben Tage (G.-S. S. 142) in den bisher Grossherzoglich-Hessischen und Hessen-Homburgischen Gebieten, vom 8. Mai 1867 (G.-S. S. 601) in Hannover, vom 1. Juni 1867 (G.-S. S. 770) in Kurhessen und den vormals Frankfurter und Bayerischen Territorien und durch Gesetz vom 21. März 1869 (G.-S. S. 453) in Schleswig-Holstein. In Lauenburg erfolgte die Einführung durch Gesetz vom 6. Mai 1868 (Offiz. Wochenbl. f. Lauenburg Nr. 36). Indess bedurfte es mit Rücksicht auf die bisherigen Rechtsverhältnisse, die, wenn sie auch auf dem Regal beruhten, doch, wie die altländischen, hinsichtlich des Umfanges desselben von einander abwichen, mehrfacher Modifikationen bezüglich der Anwendbarkeit. Es blieben nämlich wie bisher von dem Berggesetz aus-

---

[1]) Anlage zu Nr. 126 der Drucks. d. A.-H. Sess. 1892/93.

[2]) Hier hatte der Regalherr auf Grund seines Regals im Jahre 1891 nicht weniger als 253 000 M. Abgaben bezogen.

geschlossen und dem Verfügungsrecht des Grundeigenthümers vorbehalten in Hannover Steinsalz und Soolquellen und im Fürstenthum Calenberg Stein- und Braunkohlen, andererseits ausser den im Berggesetz genannten Mineralien der Verfügung des Grundeigenthümers entzogen in Nassau Dachschiefer und in der Herrschaft Schmalkalden Schwerspath. Ausdrücklich aufrecht erhalten wurde auch das ausschliessliche Muthungsrecht auf Eisenerz, das die Bürger von Elbingerode besassen, und unberührt blieb das Bergregal des Fürsten zu Stolberg-Wernigerode in der Hohensteiner Forst und das ihm gemeinschaftlich mit der Hannoverschen Klosterkammer hinsichtlich der Steinkohlen im Stift Ilfeld zustehende. An fiskalischen Vorrechten blieben bestehen das ausschliessliche Abbaurecht für alle dem Berggesetz unterliegenden Mineralien in einem in der Verordnung vom 8. Mai 1867 genau bezeichneten reservirten Felde am Oberharz, der dem Preussischen und Braunschweigischen Fiskus gemeinsam zustehende Vorbehalt des Eisenerzes am Kommunion-Unterharz und das Preussen und Schaumburg-Lippe gemeinsame Steinkohlenbergbaureservat in der Grafschaft Schaumburg (vergl. unten § 9 d. B.). Auf das Vorrecht auf Eisenerze am Kommunion-Unterharz ist indess schon 1869 verzichtet worden.[1])

Das Bürgerliche Gesetzbuch für das Deutsche Reich lässt die landesgesetzlichen Bergrechte unberührt (Einführungsgesetz zum B. G. B. v. 18. August 1898 Art. 63 — R.-G.-Bl. S. 604).

II. Kapitel.

Die Entstehung des Preussischen Montanbesitzes.

§ 6. Finanzielle Bedeutung hat für den Brandenburgisch-Preussischen Staat das Bergregal erst verhältnissmässig spät erlangt. Die Schätze an Bergbaumineralien beschränken und beschränkten sich in den ältesten Landestheilen im wesentlichen auf etwas Raseneisenstein, einige Soolquellen und Braunkohlen. Die Verwendung der Kohle als Brennmaterial war aber im östlichen Deutschland bis in das 18. Jahrhundert unbekannt, und als sie dann bekannt wurde, hatte dies fiskalische Bedeutung insofern nicht, als die in den ostelbischen Provinzen ausser Schlesien allein vorkommende Braunkohle gerade in den Gegenden, wo sich erheblichere Ablagerungen derselben befanden, nicht Gegenstand des landesherrlichen Bergregals war. Dagegen finden sich schon in den Rechnungen der Hofrentei aus der Zeit Johann Sigismunds Einnahmen aus dem seit dem 13. Jahrhundert betriebenen, seit 1549 kurfürstlichen Kalkbruch Rüdersdorf, für Kalk und Kalksteine, ferner solche „vom Eisenhammer“ und „vom Kupferhammer“.[2])

---

[1]) Bekanntmachung des Oberbergamts zu Clausthal v. 6. Jan. 1869.

[2]) Nach Riedel, Der Brandenburgisch-Preussische Staatshaushalt.

Erst mit den Erwerbungen aus der Jülich-Cleveschen Erbschaft, Cleve, Mark und Ravensberg, gelangte Brandenburg-Preussen in den Besitz bergbautreibender Landestheile, zu denen demnächst Anfang des 18. Jahrhunderts Tecklenburg und Lingen traten. Indess lag auch in diesen Landestheilen der dort zwar alte Bergbau bei der Besitzergreifung durch Brandenburg noch in den Windeln, und einen wirklichen Aufschwung nahm derselbe sogar erst vom vierten Jahrzehnt des 18. Jahrhunderts an. Insbesondere datirt das Interesse an dem wichtigsten dortigen Mineral, der Steinkohle, erst von der Anlegung der Saline Königsborn bei Unna, deren Versorgung mit guten und billigen Kohlen 1734 den Anstoss gab. Aber selbst noch im Jahre 1756 waren in der Grafschaft Mark nur 102 Kohlenzechen, und auch diese nur 9 Monate im Jahre, im Betriebe, und ihre Belegschaft bezifferte sich nur auf ca. 700 Mann.[1]) Erst unter Friedrich dem Grossen und seinem Nachfolger wurde durch die Regelung des dortigen Bergrechts, die Schiffbarmachung der Ruhr, grosse Chausseebauten und andere wirthschaftliche wie organisatorische Massnahmen die Vorbedingungen für die seitdem eingetretene grossartige Entwickelung der dortigen Berg- und Hüttenindustrie geschaffen.

Der durch den Westfälischen Frieden mit dem Erzstift Magdeburg an Brandenburg gelangte Saalkreis besass zwar einen in seinen Anfängen wohl bis in den Anfang des 13. Jahrhunderts zurückgehenden Bergbau auf Kupferschiefer. Aber im dreissigjährigen Kriege war derselbe völlig in Verfall gerathen. Unter Friedrich I. bildete sich daselbst die Rothenburger Gewerkschaft, deren Bergbau demnächst Friedrich der Grosse übernahm und für Staatsrechnung fortsetzte. Damit gelangte Preussen auch in den Besitz des Wettiner Steinkohlenbergbaues.[2])

In Schlesien hatte schon seit dem 13. Jahrhundert Bergbau auf Bleierz stattgefunden, und auch Galmei und Eisenerzgewinnung und -Verhüttung und Steinkohlenabbau war in geringem Umfange vor dem Erwerb des Landes durch Preussen betrieben worden. Als aber das Land durch den Hubertsburger Frieden definitiv in Preussischen Besitz kam, war der Bergbau und Hüttenbetrieb fast gänzlich zum Erliegen gekommen: nicht mehr als 247 Arbeiter waren noch im Bergbau beschäftigt, und das Einkommen des Staates aus dem Bergbau belief sich auf nur etwa 1500 M. Erst den Massnahmen Friedrich des Grossen und seiner Nachfolger ist die Wiederbelebung und Ausdehnung des Schlesischen Berg- und Hüttenbetriebes zuzuschreiben. Sie legten auch durch Gründung der grösstentheils noch heut vom Staat betriebenen Bergwerke und Hütten den Grund zu dem werthvollen Schlesischen Montanbesitz des Preussischen Staates.

---

[1]) Achenbach, Geschichte der Cleve-Märkischen Berggesetzgebung und Verwaltung; Reuss, Mittheilungen aus der Geschichte des Königl. Oberbergamts Dortmund; Festenberg-Packisch, Der deutsche Bergbau.

[2]) Festenberg-Pakisch a. a. O.

Der im 13. Jahrhundert bei Beuthen, im 16. bei Tarnowitz aufgenommene Bleierzbergbau war im dreissigjährigen Kriege völlig zum Erliegen gekommen und auch in der Folgezeit nicht wieder aufgenommen worden. Auch den seit dem 16. Jahrhundert in der Standesherrschaft Beuthen betriebenen Galmeibergbau vernichtete der dreissigjährige Krieg. Doch war dieser schon seit Anfang des 18. Jahrhunderts von Georg v. Giesche wieder aufgenommen worden, dessen Rechtsnachfolger als Bergwerksgesellschaft „Georg v. Giesche's Erben" noch heute zu den bedeutendsten Bergbautreibenden des Staates gehören. Der Goldbergbau bei Liegnitz und Goldberg war schon weit früher endgültig eingegangen. Die Eisengewinnung war nur ein unbedeutendes, sehr geringes Material lieferndes Gewerbe, das nur zur Verwerthung des sonst ganz werthlosen Holzes ausgeübt wurde; der erste Hochofen war 1720 in Halemba errichtet. Steinkohlenbergbau wurde bei dem Uebergange des Landes an Preussen in Oberschlesien nur bei Ruda und Biskupitz, sonst nur noch im Fürstenthum Schweidnitz und der Grafschaft Glatz betrieben.

Der Aufschwung der Schlesischen Montanindustrie knüpft sich hauptsächlich an die Namen des Ministers v. Heinitz und des Oberbergraths v. Reden. Ihre Thätigkeit führte zu wesentlichen Erleichterungen der auf dem Bergbau ruhenden Abgaben, zu der Regelung des Bergrechts und zur Aufnahme staatlicher Betriebe. Schon in den fünfziger Jahren des 18. Jahrhunderts wurden die staatlichen Hüttenwerke in Malapane und Creutzburgerhütte begründet. 1784 wurde der Betrieb der Bleierzgrube „Friedrich" eröffnet, 1786 die Bleihütte gleichen Namens. 1796 folgte die Einrichtung der Gleiwitzer und in den nächsten Jahren der Königshütte. Dem Steinkohlenbergbau war es nach der Besitzergreifung Schlesiens durch Friedrich den Grossen insbesondere hinderlich, dass dieses Mineral dem Verfügungsrecht des Grundbesitzers unterlag. Schon durch K.-O. v. 19. Febr. 1756 wurde daher die Regalität der Steinkohle ausgesprochen. Der fiskalische Steinkohlenbau nahm seinen Ursprung in dem Bedürfniss der Beschaffung von Brennmaterial für die fiskalischen Hütten. Diesem Bedürfniss entsprang 1791 die Aufnahme der Steinkohlenförderung auf den Gruben „Königin Louise" und „König", der demnächst die Eröffnung des „Hauptschlüsselerbstollns" bei Zabrze und der „Hoymgrube" folgte. Im Laufe des 19. Jahrhunderts wurden für die fiskalischen Friedrichs-, Königs- und Königin Louisengrube grosse Felder reservirt.[1])

§ 7. Der Wiener Frieden brachte Preussen ausser dem grössten Theil der 1806 verlorenen auch neue mineralreiche Gebiete, die vormals Sächsischen Landestheile mit Braunkohlenlagern in der Lausitz und dem heutigen Regierungsbezirk Merseburg, dem Mansfelder Kupferschieferbau und mehreren Salinen, das eisenreiche Siegerland und namentlich die linksrheinischen Steinkohlen-, Eisen-, Blei- und Zinkerzlagerstätten. Gerade für den fiskalischen Bergbau waren diese letzteren Erwerbungen von der grössten Bedeutung. Denn sie umfassten das Saarbecken, dessen Steinkohlenbergbau überwiegend Staatseigenthum war und noch heute den ertragreichsten Bestandtheil des staatlichen Montanbesitzes bildet.

Im Saarbecken ging Kohlengräberei bereits seit dem 15. Jahrhundert um. Im 16. und 17. Jahrhundert wurde sie besonders bei Sulzbach, Dettweiler, Wellesweiler, Wiebelskirchen, Schiffweiler, Neunkirchen und Geislautern betrieben, ohne dass sie aber bis zur Mitte des 18. Jahrhunderts erhebliche Bedeutung zu erlangen vermocht hätte. Erst als um diese Zeit die damaligen Landesherrschaften die gesammten Steinkohlengruben für eigene Rechnung übernahmen, begann, begünstigt durch Erschliessung von Absatzwegen und gesteigerte Nachfrage infolge Abnahme der Holzbestände und Ausdehnung der Kalkbrennerei, ein Auf-

[1]) Serlo, Beitrag zur Geschichte des Schlesischen Bergbaues; Voltz, Die Bergwerks- und Hüttenverwaltungen des Oberschlesischen Industriebezirks; Dobert, Die Königl. Friedrichshütte; Seidel, Die Königl. Eisengiesserei zu Gleiwitz; Koch, Geschichte der Friedrichsgrube.

schwung des Kohlenbergbaues, sodass derselbe immerhin schon Ende des 18. Jahrhunderts der Nassau-Saarbrück'schen Landesherrschaft jährliche Ueberschüsse bis zu beinahe 50 000 Gulden lieferte. Die stärksten Förderungen fanden damals in den Gruben bei Wellesweiler, Gersweiler und Duttweiler-Sulzbach statt. Die Französische Regierung hatte die Gruben Anfangs für 71 000 Frcs. verpachtet und übernahm sie erst 1808 wieder in eigene Verwaltung, wie es scheint, in der Absicht, sie zu veräussern. In der Zeit von 1808 bis 1815 wurde der fiskalische Betrieb von 9 auf 12 Gruben ausgedehnt; die Förderung betrug 1808 ca. 1,4 Millionen Zentner.

Die 1815 an Preussen gelangenden fiskalischen Gruben des Saarreviers waren Duttweiler-Sulzbach, Jägersfreude, Russhütte, Gersweiler, Geislautern, Schwalbach, Rittenhofen, Guichenbach, Wahlschied, Illingen, Kohlwald und Wellesweiler. Hierzu kamen in den Jahren 1816 und 1817 folgende bis dahin von Privaten theils pachtweise, theils ohne Rechtstitel betriebenen Gruben: Grosswald, Clarenthal, Bauerwald, Altenwald, Friedrichsthal, Merchweiler und Quierschied. Doch wurden schon innerhalb der nächsten zehn Jahre behufs Konzentrirung des Betriebes Altenwald, Guichenbach, Rittenhofen, Russhütte, Wahlschied, Illingen, Kohlwald, Clarenthal und eine neue, erst 1818 eröffnete Grube bei Herchenbach eingestellt. Das fiskalische Grubenfeld umfasste 154 562 967 Quadrat-Lachter und ist später (1860) um 253 364 326 Quadrat-Lachter erweitert.[1])

Nach den Anlagen des ersten der Volksvertretung vorgelegten Staatshaushaltsetats für das Jahr 1849 umfasste damals der Bergwerks-, Hütten- und Salinenbetrieb des Preussischen Staates: 31 Gruben (in Oberschlesien Bleizeche Friedrichsgrube, Steinkohlenbergwerke Königsgrube, Königin Luisengrube und Hauptschlüsselstolln, Eisenförderungen der Creutzburger- und der Königshütte; in Sachsen die Steinkohlenzechen Wettin und Löbejün und die Braunkohlengruben Zscherben, Altenweddingen, Biere, Dürrenberg, Mertendorf und Voigtstedt; in Westfalen die Steinkohlenwerke Glücksburg-Buchholz und Schafberg bei Ibbenbüren; im Rheinland die Steinkohlenwerke Jägersfreude, Prinz Wilhelm, Gerhard, Geislautern, Duttweiler, Sulzbach, Altenwald, Kronprinz, Merchweiler, Quierschied, Königsgrube, Friedrichsthal und Wellesweiler, die Eisensteingruben bei Horrhausen, der Tiefe Königs-, Reinhold Forster Erb- und Martinshardter Revierstolln im Siegenschen und einen Antheil am Stahlberg); 22 Hüttenwerke (Messingwerk zu Hegermühle, Kupferhammer bei Neustadt-Eberswalde, Eisengiesserei zu Berlin, Eisenwerke zu Eisenspalterei, Kutzdorf und an der Zanze, Eisenhütten Peitz, Torgelow, Vietz, Wondolleck, Silber- und Blechhütte Friedrichshütte, kombinirte Hüttenwerke Königshütte, Eisengiesserei Gleiwitz, Hüttenwerke Creutzburgerhütte, Malapane, Rybnik, Flusssiederei Breslau, Eisenwerk Saynerhütte, Rohstahlwerk Lohe, Metallhütte Lohe und Alaunwerke Freienwalde und Schwemsal); 13 Salinen und Salinenantheile (Colberg, Schönebeck, Stassfurt, Halle, Dürrenberg, Kösen, Artern, Königsborn, Neusalzwerk, Münster am Stein, Antheile an Salzkotten, Westernkotten und Höppe); endlich die Salzmagazine in Halle und Teuditz-Kötzschau, den Kalkbruch zu Rüdersdorf (gemeinschaftlich mit der Stadt Berlin), Gipsbruch zu Sperenberg und die Torfgräberei am Rhin.

[1]) Hasslacher, Geschichtliche Entwicklung des Steinkohlenbergbaues im Saargebiet in Zeitschr. f. Bergwesen XXXII.

§ 8. Da der Bergwerksbetrieb nicht eine Ziehung sich wieder ergänzender Früchte, sondern eine Verminderung der örtlich mehr oder weniger eng begrenzten Substanz an Mineralien darstellt, so unterliegt der Staatsbetrieb im Laufe der Zeit örtlichen Verschiebungen, Einschränkungen und Erweiterungen, indem abgebaute oder nicht mehr lohnende Gruben und Salinen geschlossen, neue eröffnet werden. Dem folgt der vom Bergbau abhängige Hüttenbetrieb. Unterliegt schon hierdurch der Montanbesitz des Staates im Laufe der Zeit in der Natur der Sache begründeten Veränderungen, so trugen hierzu im dritten Viertel des 19. Jahrhunderts auch die damals mehr und mehr zur Geltung gelangenden Ansichten des sogen. Manchesterthums über die Unzweckmässigkeit des Betriebes industrieller Unternehmungen durch den Staat bei.[1]) Insbesondere suchte sich der Staat der Hüttenwerke, deren Betrieb durch den Staat man nicht mehr für zeitgemäss hielt, zu entledigen. In den 50er, 60er und ersten 70er Jahren gelangten daher in den alten Provinzen zur Veräusserung oder Einstellung an Bergbau- oder diesen zugerechneten Betrieben der Gipsbruch bei Sperenberg, die Torfgräberei am Rhin, die drei Stolln im Siegenschen, die Eisensteingruben bei Horrhausen, die Steinkohlenzeche am Schafberg und der Antheil am Stahlberg, von den Salinen Halle, Kösen, Colberg, Königsborn, Münster am Stein, die Antheile an Salzkotten, Westerkotten und Höppe sowie die Salzmagazine, von Hüttenwerken aber Hegermühle, Eisenspalterei, Torgelow, Vietz, Eberswalde, Kutzdorf, Peitz, an der Zanze, Breslau, Rybnik, Sayn, Lohe, die zu Malapane gehörigen Betriebe in Dembiohammer und Jedlitze, ferner Thal-Itter, Schönstein, die Kreutzburgerhütte, die Eisengiesserei in Berlin, die beiden Alaunwerke bei Freienwalde und Schwemsal und die Königshütte. Die Letztere, das bedeutendste der staatlichen Hüttenwerke, wurde Ende 1869, wesentlich um die Kosten der Herstellung einer leistungsfähigen Bessemerei, die das Aufkommen des Bessemerverfahrens erforderlich machte, zu sparen, für 3 918 000 M., d. i. noch nicht das Fünfzehnfache ihres für 1870 veranschlagten Reinertrages, verkauft. Dass namentlich in der zweiten Hälfte der 60er und der ersten der 70er Jahre nicht noch mehr altländische Werke der Veräusserung anheimfielen, lag nur daran, dass keine annehmbaren Kaufgebote für dieselben erfolgten; in den Anlagen zu den Staatshaushaltsetats aus dieser Zeit finden sich stets Verzeichnisse solcher Werke, deren Verkauf die Regierung beabsichtigte, darunter nicht wenige, die noch heute vom Staate betrieben werden.

§ 9. Inzwischen hatten die Ereignisse des Jahres 1866 dem Preussischen Staatsfiskus in den neuen Landestheilen auch sehr

[1]) Ueber die Frage, ob sich die Veräusserung oder Beibehaltung der Staatsbergwerke u. s. w. empfiehlt, vgl. unten § 117.

werthvollen neuen Gruben-, Hütten- und Salinenbesitz gebracht. Der bedeutendste in das Alleineigenthum des Staates gelangte war der fiskalische Bergwerks- und Hüttenbetrieb am Oberharz. Der Erstere umfasste eine grosse Anzahl in der Umgebung der alten Bergstädte Andreasberg, Clausthal, Zellerfeld, Grund, Wildemann und Lautenthal gelegener Gruben, die vorzugsweise Silber- und Bleierze, zum Theil auch Kupfer- und in geringeren Quantitäten Nickel-, Arsenik-, Zink- und Vitriolerze gewannen, sowie einige Eisensteingruben bei Salzgitter und Lautenthal. Zur Verschmelzung der auf diesen Gruben gewonnenen wie auch zugekaufter Erze betrieb der Fiskus die Silberhütten zu Clausthal, Altenau, Lautenthal und Andreasberg und die Eisenhütten Lerbacher Hütte, Altenauer Hütte, Königshütte, Rothehütte und Sollingerhütte.

Der in seinen Anfängen bis ins 13. Jahrhundert zurückgehende Bergbau im Oberharz war ursprünglich gewerkschaftlich. Nachdem der gewerkschaftliche Betrieb schon in den Zeiten des dreissigjährigen Krieges derart erschüttert worden war, dass nur das Eingreifen des Staates ihm wieder in etwas aufhelfen konnte, brachten ihn die sich mit der Nothwendigkeit der Anlage tieferer Schächte häufenden Schwierigkeiten und Kosten der Förderung und Wasserhaltung in Verbindung mit den politischen und handelspolitischen Zuständen am Ende des 18. und Anfang des 19. Jahrhunders in völlig unhaltbare Verhältnisse, die zur Uebernahme fast des ganzen oberharzischen Bergbau- und Hüttenbetriebes durch den Staat führten.[1])

Neben dem Bergbau und Hüttenbetrieb am Oberharz betrieb der Hannoversche Staat, an dessen Stelle nun der Preussische trat, noch für alleinige Rechnung Steinkohlenbergbau am Deister, am Osterwald und bei Borgloh und Oesede in der Nähe der altpreussischen Zechen von Ibbenbüren und bei Rehburg, Braunkohlenbergbau am Steinberg im Kauffunger Walde und im Weenzer Bruch, ferner den Gipsbruch bei Lüneburg und die Salinen Rothenfelde, Sülbeck und Sülze.

Von minder grossem Umfang war der von Kurhessen und Nassau überkommene fiskalische Montanbetrieb. Dort umfasste er die Braunkohlengruben am Habichtswald und Meisner, einige unbedeutende Eisensteingruben, das Kupfer- und Messingwerk bei Kassel, die Eisenhütten Veckerhagen, Lippoldsberg, Holzhausen und Bieber, das Kupfer- und Kobaltwerk Riechelsdorf, das Bleifarbwerk Schwarzenfels, das Thongrubenwerk in Gross-Almerode, Steinbrüche bei Helmarshausen und die Salinen Rodenberg und Sooden, hier eine Anzahl Eisensteingruben bei Dillenburg und Weilburg, einige Phosphorit- und Braunkohlengruben, die Eisenhütten Michelbach, Rod und Burgschwalbach. In dem von Bayern abgetretenen Orb endlich befand sich ein staatlicher Salinenbetrieb.

Ausser in den Besitz aller dieser Montanbetriebe und in das Miteigenthum an der pfännerschaftlichen Saline Lüneburg trat der Preussische Staat auch in das bisher Hannover bezw. Kurhessen zu-

---

[1]) Baniza u. A. Das Berg- und Hüttenwesen des Oberharzes.

stehende Miteigenthum an den bedeutenden **Gemeinschaftswerken** am Unterharz und bei Obernkirchen ein. Die Ersteren bestanden in dem Bergwerke am Rammelsberge, welches hauptsächlich Silber, Blei, Kupfer, Schwefel und Vitriolerze zur Gewinnung brachte, der Herzog Julius-Hütte zu Astfeld, der Frau Sophienhütte zu Langelsheim und dem Messingwerk zu Oker, einem Eisensteinbergwerk bei Grund, der Eisenhütte zu Gittelde und den Schwefelsäurefabriken bei Oker und bildeten bezw. bilden noch heut ein gemeinschaftliches Eigenthum des Hannoverschen, jetzt Preussischen und des Braunschweigischen Staates. Von ihren Einnahmen entfallen $^4/_7$ auf Preussen, $^3/_7$ auf Braunschweig. Von Kurhessen und demnächst Preussen in Gemeinschaft mit Schaumburg-Lippe betrieben wurden und werden die Gesammt-Steinkohlenbergwerke bei Obernkirchen in der Grafschaft Schaumburg. An den Einnahmen und Ausgaben sind beide Theile zur Hälfte betheiligt.

Der „Kommunionharz" ist durch die Erbtheilungen in dem Welfenhause entstanden. Als 1634 die Braunschweigische Linie, in deren Besitz sich die gesammten Harzbergwerke befanden, ausgestorben war, fielen deren Besitzungen an die Lüneburger Linie, die drei Zweige, den Lüneburger, Wolfenbütteler und Harzburger zählte; von diesen hatten der zuerst genannte drei, die beiden andern je zwei der Agnaten. Die Theilung der ererbten Besitzungen erfolgte nach diesen sieben Köpfen mit der Massgabe, dass die Bergwerke und Forsten gemeinsames Eigenthum in dem gleichen Antheilsverhältniss bleiben, also die Linien Wolfenbüttel und Harzburg mit je zwei, Lüneburg mit $^3/_7$ betheiligt waren. Als bald darauf die Harzburger Linie ausstarb, entfiel von deren $^2/_7$ auf jede der beiden andern eins, sodass nunmehr der Wolfenbütteler $^3/_7$, der Lüneburger, später Königlich Hannoverschen $^4/_7$ zustanden. Durch Rezess v. 4. Okt. 1788 fand zwischen Hannover und Braunschweig hinsichtlich der Forsten und der Berg- und Hüttenwerke am Oberharz eine Theilung der Gemeinschaft statt, während sie hinsichtlich des Unterharzes sowohl bezüglich der Landeshoheit als auch des Domanialbesitzes bestehen blieb. Nach der Einverleibung Hannovers ist durch Vertrag zwischen Preussen und Braunschweig v. 9. März 1874 dieses bisherige staatsrechtliche Kondominat beseitigt, dagegen das gemeinschaftliche Privateigenthum beider Staaten an den vorgedachten Bergwerken und Hütten aufrecht erhalten.

Das gemeinschaftliche Eigenthum Kurhessens und Schaumburg-Lippe's an den Obernkirchener „Gesammt-Steinkohlenbergwerken" beruht auf einem Rezess v. 12. Dez. 1647 der beiden Landesherrschaften, der Grafschaft Schaumburg, Hessen-Kassel und Lippe-Bückeburg, nach dem die Bergwerke in derselben gemeinschaftliches Eigenthum beider Staaten blieben.

§ 10. Unter dem Einfluss der oben erwähnten volkswirthschaftlichen Ansichten, aber auch weil es sich zum Theil in der That um kleinere, wenig oder garnicht lohnende Betriebe handelte, wurden in den ersten 10 Jahren nach der Einverleibung auch von den Betrieben in den neuen Landestheilen eine Anzahl veräussert und eingestellt, so die Braunkohlengrube Steinberg, die kleinen Eisensteingruben in Kurhessen und Hannover, die Hüttenwerke Michelbach, Rod, Burgschwalbach, Lippoldsberg, Veckerhagen, Holzhausen, Bieber, Riechelsdorf, Cassel, das Farbenwerk Schwarzenfels, das Thongrubenwerk Gross-Almerode, die Steinbrüche bei Helmarshausen, die Salinen Orb, Rothenfelde, Rodenberg und Sülbeck.

Seit Mitte der 70er Jahre wurde jedoch der Grundsatz, dass der Staat sich nach Möglichkeit der Berg- und Hüttenwerke zu entäussern habe, wieder verlassen, sodass nunmehr solche Entäusserungen nur noch aus besondern Gründen vorgenommen wurden. An Verkäufen ist nur hervorzuheben derjenige der Weilburger Eisensteingruben an die Firma Krupp in Essen mit Schluss des Etatsjahres 1891/92, an Betriebseinstellungen diejenigen der Steinkohlengruben Löbejün (1883/84), Wettin (1893/94) und Borgloh-Oesede (1889/90), des Braunkohlenbergwerks Altenweddingen (1879/80), des Hüttenwerks Wondolleck (1879/80), und der Phosphoritgewinnung im Regierungsbezirk Wiesbaden mit Ende 1896/97.

Andererseits haben aber auch durch Erschliessung neuer Mineralschätze und Ankauf schon vorhandener Werke in den letzten Jahrzehnten einige Erweiterungen des staatlichen Montanbesitzes stattgefunden, von denen hervorzuheben sind neben der Erschliessung der Salzlager bei Stassfurt, bei Stetten in den Hohenzollernschen Landen und im Johannisfelde bei Erfurt in den 50er Jahren, des Gipsbruches und des 1880/81 wieder eingestellten Steinsalzbergwerks bei Segeberg, sowie der Saline Inowrazlaw in den 70er Jahren namentlich die Vermehrungen des Bergwerksbesitzes in Oberschlesien durch die in der zweiten Hälfte der 80er und den 90er Jahren erworbenen Steinkohlengruben Guido, Otto Gustav, Radowitz, Hugo's Freude, Friedrich Eduard, Zero und Double Zero und einige minder bedeutende Grubenfelder und Grundstücke. Für ihren Erwerb sind in den Extraordinarien des Bergetats in den Jahren 1885/86 bis 1897/98 — ausschliesslich des in den Erwerbskosten der Oberschlesischen Eisenbahn enthaltenen Preises für die in deren Besitz befindliche eine Hälfte der Kuxe der Guidogrube — ca. 3 900 000 M. ausgebracht worden. Die erworbenen Gruben, Grubenfelder und Grundstücke sind mit Ausnahme von im Jahre 1897/98 für die Grube König für 40 500 M. angekauften Grundstücken mit der Königin Luisengrube vereinigt worden. Gegenwärtig ist die Anlage eines Kalisalzwerks in Bleicherode im Gange.

§ 11. Infolge aller dieser und anderer wegen ihrer geringeren Bedeutung hier nicht ausdrücklich genannten Veränderungen besteht heute — im Etatsjahr 1899 — der fiskalische Bergwerks-, Hütten- und Salinenbesitz aus folgenden Bestandtheilen:

A. Bergwerke:

a) 17 Steinkohlenbergwerke, nämlich 3 (König, Königin Luise und Bielschowitz) in Oberschlesien, 3 (am Deister, am Osterwald und bei Ibbenbüren) in Hannover und 11 (Kronprinz, Gerhard, Von der Heydt, Dudweiler, Sulzbach, Reden, Heinitz, König, Friedrichsthal, Göttelborn, Camphausen) bei Saarbrücken;

b) 8 Braunkohlenbergwerke, nämlich 4 (bei Eggersdorf, Löderburg, Langenbogen und Dürrenberg) in der Provinz Sachsen, 4 (am Habichtswald, am Meisner – mit der kleinen Grube bei Weenzen in Hannover —, 2 (Gruben Oranien und Nassau) in Hessen-Nassau;

c) 7 Erzbergwerke und zwar „Tönnchen Andreas Rössling" bei Rothehütte in Hannover und 6 (Königszug, Eisenzeche, Steinberg, Bergstein und Adelheid, Ringenberg, Prinzkessel) in der Berginspektion Dillenburg in Hessen-Nassau;

d) 4 Blei, Zink-, Kupfer- und Silberbergwerke, nämlich die Friedrichsgrube in Oberschlesien und die Bergwerke bei Clausthal, Lautenthal und Grund;

e) 4 Salzbergwerke: Stassfurt, Erfurt und Bleicherode in Sachsen und Stetten in den Hoherzollernschen Landen.

B. 10 Hüttenwerke, nämlich die Silber- und Bleihütte Friedrichshütte, die Eisengiesserei in Gleiwitz und die Eisenhütte in Malapane, die 4 Silberhütten Clausthal, Altenau, Lautenthal und 1 St. Andreasbergund die 3 Eisenhütten Rothehütte, Lerbach und Sollingerhütte in Hannover;

C. 6 Salinen in Inowrazlaw in Posen, Schönebeck, Dürrenberg und Artern in Sachsen, Neusalzwerk in Westfalen und Sooden in Hessen-Nassau.

D. dem Kalksteinbruch Rüdersdorf bei Berlin und den Gipsbrüchen bei Lüneburg in Hannover und Segeberg in Hannover.

Von Gemeinschaftswerken werden noch betrieben das Steinkohlenbergwerk bei Obernkirchen, das Erzbergwerk am Rammelsberg, die Herzog Julius-, die Frau Sophienhütte bei Goslar und die Schwefelsäurefabriken und Metallhütte in Oker.

Ausserdem unterstehen der Berg-, Hütten- und Salinenverwaltung die 4 fiskalischen Soolbäder in Elmen bei Schönebeck, Dürrenberg, Artern und Oeynhausen. Von diesen stehen Dürrenberg und Artern in Verbindung mit den dortigen Salinen, Elmen mit der benachbarten in Schönebeck, Oeynhausen, die 1845 gegründete und nach dem Begründer benannte bedeutendste der Badeanstalten, mit Neusalzwerk.

III. Kapitel.

Das Bernsteinregal.

§ 12. Das Recht des Staates auf Aneignung des Bernsteins hat sich unabhängig von dem Bergregal, unter das dieser nie gefallen ist, in den einzelnen Landestheilen verschieden entwickelt. In Alt-, Vor- und Hinterpommern beschränkt es sich auf den vom Meere ausgeworfenen Bernstein und erscheint als Ausfluss der Rechte am

Meeresufer, das nach dem A.L.R. (Th. II Tit. 15 § 80) im Eigenthum des Staates steht. In Westpreussen gelten verschiedene Sonderbestimmungen, nach denen der Bernstein theils dem Staate, theils dem Grundeigenthümer, theils — innerhalb deren Gebiet — der Stadt Danzig (Ges. v. 16. Februar 1857 — G.-S. S. 87) zugesprochen ist. In Ostpreussen dagegen hat sich in der Ordenszeit ein weitgehendes Regal der Landesherrschaft auf allen Bernstein, er mag gefunden sein, auf welche Weise er wolle, entwickelt, vermöge dessen auch derjenige, der ihn findet, nur die Rechte des Finders hat und ihn abliefern muss.[1])

Das Regal wurde in früherer Zeit, wo die Werbung nur durch Sammeln an der Küste, Schöpfen aus dem Seetang und „Stechen", d. i. Loslösen vom Meeresgrund erfolgte, meist durch Selbstbetrieb ausgeübt, wobei den Strandbewohnern die Verpflichtung zur Werbung und Ablieferung gegen geringes Entgelt auferlegt war. Als die Erträge dieser Nutzung immer mehr zurückgingen, wurde das Regal 1811 an ein Konsortium von Kaufleuten verpachtet; die Pachtsumme wechselte, betrug aber bis 1835 durchschnittlich 30 000 M. jährlich. Um die Lage der Strandbewohner zu heben, wurde dieses Pachtverhältniss 1835 gelöst und das Regal 1836 an die an den Strand grenzenden grössern Grundbesitzer und die in „Pachtgesellschaften" vereinigten Bewohner der Fischerdörfer verpachtet. Die Gesammteinnahme des Staates aus dieser Art der Verpachtung blieb bei etwa 30 000 M. Wenn auch hierdurch die wirthschaftliche Lage der Strandbevölkerung eine Besserung erfuhr, so hatte doch der Umstand, dass die Pächter auch zum Graben des Bernsteins berechtigt waren und dieses Recht unwirthschaftlich ausnutzten, schwere Nachtheile durch Raubbau, Zerstörung des Küstenlandes, Herbeiziehen arbeitsloser Leute im Gefolge. Desshalb schloss 1867 der Staat das Graben nach Bernstein in den Uferwänden der See von der Verpachtung aus und behielt es sich vor. Bis zum 31. Dezember 1869 überliess er es nur den Grundstückseigenthümern gegen bestimmte Nutzungsentschädigung, dann auch einigen Unternehmern. Die bedeutenden Unkosten und die Zerstörung der Seeuferberge führten aber Hand in Hand mit Einführung der bergmännischen Gewinnung des Bernsteins im Laufe der 70er Jahre dazu, den Tagebau ganz aufzugeben, sodass nun nur noch in Betracht kommen die Baggerei, die Taucherei, das Lesen, Schöpfen und Stechen am Strande (sogen. Strandnutzung). und der Tiefbau. Die Baggerei war von 1862 bis 1890 verpachtet, und zwar, da Versuche meistbietender Verpachtung wiederholt fehlgeschlagen waren, die ganze Zeit hindurch an die Firma Stantien & Becker, zuletzt gegen eine Jahrespacht von 200 000 M.

---

[1]) Ostpreuss. Provinzialrecht von 1801/1802 Zusatz 228 zu § 80 Th. II, Tit. 15 A.L.R., G. v. 22. Febr. 1867 (G.-S. S. 272).

Nachdem diese Firma wegen Erschöpfung des Meeresgrundes die Pacht zum 30. November 1890 aufgegeben hatte und die öffentliche Ausbietung der Baggerei erfolglos geblieben war, ruhte diese Art der Bernsteinnutzung. Auch die Taucherei war seit 1869 an die gedachte Firma, die bei der Verpachtung als einzige Bieterin aufgetreten war, verpachtet, bis die Klagen der Strandpächter, dass sie durch die Taucherei in ihrer Bernstein-Strandnutzung geschädigt würden, die Staatsregierung 1891 veranlassten, auf eine weitere Verpachtung der Tauchereinutzung nicht einzugehen. Die Einnahmen des Staates aus der Tauchereinutzung hatten im Durchschnitt der 23¼ Jahre 1869 bis 1890/91 jährlich 20 443 M. betragen.

Die Strandnutzung wurde nach wie vor, und zwar vor fiskalischen Ländereien meistbietend, vor Privatfeldmarken freihändig an die Anwohner, aber nicht mehr an „Pachtgesellschaften", sondern an die einzelnen Gutsbesitzer und politischen Gemeinden verpachtet. Hauptpächter waren auch hier Stantien & Becker. Die Einnahmen aus der Strandnutzung, die 1867—1879 jährlich rund 28 000 M. betragen hatten, sanken infolge Rückgangs der Ausbeute mehr und mehr und betrugen 1879—1885 nur noch rd. 13 000 M., 1886/87—1895/96 gar nur rd. 8000 M. jährlich.

Einer Ausübung des Regalrechts durch Tiefbau Seitens des Staates war der Umstand hinderlich, dass ihm ein besonderes Enteignungsrecht oder eine sonstige Ausbeutungsbefugniss gegen den widerstrebenden Grundeigenthümer wie für Bergbauzwecke nicht zusteht. Die Versuche, auf fiskalischem Grund und Boden Bernstein bergmännisch zu gewinnen, wie insbesondere der in den 70er Jahren mit erheblichen Kosten bei Nortycken unternommene hatten keinen Erfolg. Ebensowenig gelang dies auf anderen Privatgrundstücken als denen, in deren Besitz sich die Firma Stantien & Becker bereits — meist schon vor langer Zeit — gesetzt hatte. Diese Firma besass daher thatsächlich auch ein Monopol für den Bernstein-Tiefbau. An den Staat zahlte sie für dessen Gestattung 1875—1883 jährlich 40 000, bis 1891 50 000 M. pro Morgen und mindestens 300 000 M., später 52 500 M. pro Morgen und mindestens 677 600 M. Die Einnahmen des Staates aus dem Tiefbau betrugen in den 22¼ Jahren, von 1874 bis 1. April 1896 9 636 288 M.

Seit dem Ende der 80er Jahre wurden gegen die Geschäftsführung der Firma Stantien & Becker vielfache Beschwerden, insbesondere über eine Ausbeutung ihres thatsächlichen Monopols zum Schaden der Interessenten und der Bernsteinindustrie laut, die schliesslich zur Auflösung des Pachtverhältnisses und zur Erwerbung des gesammten in Deutschland befindlichen Geschäfts- und Gewerbeunternehmens und Besitzes der Firma Seitens des Staates führten, für welchen Zweck durch Gesetz vom 1. Mai 1899 (G.-S. S. 105) 9 750 000 M. zur Verfügung gestellt sind. Zu dem vom Staate erworbenen Unternehmen gehören insbesondere die Güter Gross-

Hubnicken, Palmnicken, Nodems und Lesnicken, ein Mühlen- und ein anderes Grundstück, zusammen 1530 ha, mit allen auf diesen Territorien befindlichen aufgeschlossenen Bernstein- und 5 bisher nicht aufgeschlossenen Braunkohlenbergwerken, ein Grundstück im Kreise Memel, die Fabrikgebäude und das Geschäftshaus in Königsberg, alle Maschinen u. s. w. und das in Deutschland befindliche Lager an Roh- und verarbeitetem Bernstein. Für die Dauer von 5 Jahren garantirt die Firma dem Staate aus der Bernsteingewinnung, -Fabrikation und dem Handel einen Reingewinn von 4,5 Millionen Mark, also im Jahresdurchschnitt 900 000 M. Infolge dieses Vertrages erfolgt die Nutzung des Bernsteinregals nunmehr seit 1. Juli 1899 durch Selbstbetrieb des Staates.

II. Hauptabschnitt.

Organisation, Kosten und Einnahmen der Verwaltung.

I. Abschnitt.

Die Verwaltungsorganisation.

§ 13. Den Preussischen Bergbehörden ist von jeher eine Doppelstellung eigenthümlich gewesen. Es lag und liegt ihnen sowohl die Beaufsichtigung bezw. früher Leitung des Privatbergbaues, als auch die Verwaltung der dem Staate gehörigen Berg-, Hütten- und Salzwerke ob. Ihre historische Erklärung findet diese Stellung in dem Bergregal und in dem bis in die zweite Hälfte dieses Jahrhunderts geltenden sog. Direktionsprinzip, wie dieses in Preussen durch die Bergordnungen Friedrichs des Grossen und das A.L.R. in allen Konsequenzen ausgebildet war. Nicht nur nahm der Staat die Verleihung des Bergwerkseigenthums Kraft seines Regals in Anspruch, sondern er behielt sich auch die Verwaltung des verliehenen Bergwerkseigenthums fast vollständig vor. Seine Behörden liessen den Privatbergbau durch von ihnen angestellte und ihnen allein verantwortliche Steiger versehen, setzten die Preise fest, bestimmten die von den Gewerken etwa zu leistenden Zubussen und entschieden über den Umfang des Betriebes. Mit diesem Verhältniss, welches früher in dem unentwickelten, hülflosen Wirthschaftszustande, in dem Mangel an Unternehmungsgeist, technischen und kaufmännischen Kenntnissen bei den Privatunternehmern seinen guten Grund hatte, wurde auf dem rechten Rheinufer erst durch das „Gesetz über die Verhältnisse der Miteigenthümer eines Bergwerks“ v. 12. Mai 1851 (G.-S. S. 265) gebrochen, während auf dem linken Rheinufer schon die Französische Herrschaft dasselbe beseitigt hatte. Erst dieses Gesetz überliess den Bergwerksbesitzern, welche hierzu, sofern ihrer mehrere waren, einen Repräsentanten oder einen mehrgliedrigen Grubenvorstand zu bestellen hatten, die Leitung und den Haushalt ihres Betriebs und beschränkte die Bergbehörden auf die allerdings wegen der obwaltenden öffentlichen Interessen ziemlich weit, weiter als gegenüber andern Gewerben gehende Aufsicht. Das „Direktions-“ wurde durch das „Inspektionsprinzip“ ersetzt. Hieran hat das allgemeine Berggesetz demnächst festgehalten.

Die älteren Bergordnungen kennen nun eine kollegialisch eingerichtete Bergbehörde nicht, sondern nur einzeln stehende Beamte. Erst die revidirten Bergordnungen sprechen von wirklichen kollegialischen Aemten, welche die Cleve-Märkische Bergordnung Bergamt, die Schlesische Ober-Bergamt, die Magdeburg-Halberstädtische bald Bergamt, bald Ober-Bergamt, das A.L.R. Bergamt nennt. Alle diese Gesetze kennen nur eine kollegialische Bergbehörde in den Provinzen. Unter diesen Aemtern standen Einzelbeamte — Berggeschworene, Obersteiger, Schichtmeister u. s. w. —, welche den Betrieb und Haushalt der Bergwerke führten. Kontrolirt und revidirt wurde ihre Thätigkeit durch die technischen Mitglieder des Kollegiums, die Bergmeister oder Ober-Bergmeister, welchen die allgemeine Leitung des Betriebes durch Feststellung der Betriebs- und Oekonomiepläne oblag. Ihre Spitze hatte die Bergverwaltung in den die verschiedenen Verwaltungszweige zusammenfassenden Zentralbehörden, dem „Geheimen Rath“ und später der „Geheimen Hofkammer“, dem „General-, Domänen- und Finanz-Direktorium“, seit 1723 dem „General-Ober-Finanz-, Kriegs- und Domänen-Direktorium“.[1]) Ein besonderes Departement für die Bergwerksangelegenheiten bestand bei diesen Behörden nicht. Erst Friedrich der Grosse errichtete durch K.-O. v. 9. Mai 1768 bei dem Generaldirektorium ein abgesondertes Bergwerks- und Hüttendepartement, mit dem das Salzwesen verbunden war, und dem die vier Ober-Berg- oder Bergämter in den Provinzen unterstellt wurden.

Allmählich, bei der zunehmenden Ausdehnung des Bergbaues, wurden Kommissionen von den Provinzialbergämtern gebildet, aus denen sich dann weitere selbständige Aemter entwickelten. Nun unterschied man zwischen Bergämtern und Ober-Bergämtern,[2]) deren Ersteren die unmittelbare Leitung, deren Letzteren die Ueberwachung des Betriebes zufiel, während in Bezug auf die Bergwerkserwerbungen jene die Instruktion, diese die Dekretur hatten. Indessen war der Umfang der Geschäfte des Bergamts und des Ober-Bergamts in den verschiedenen Theilen des Staates nicht übereinstimmend begrenzt. Die für Rechnung des Staates betriebenen Berg- und Hüttenwerke hatten theils ihre besondern Inspektionen oder Direktionen, welche dem Ober-Bergamt untergeben waren, theils standen sie unter der Leitung des Bergamts.

---

[1]) Vgl. oben Buch I § 40.

[2]) Das Oberbergamt für die Kur- und Neumark führte bis zur Reorganisation der Behörden im Anfang des 19. Jahrhunderts die Bezeichnung „Bergwerks- und Hüttenadministration zu Berlin“.

§ 14. Die Stein-Hardenbergische Verwaltungsreform liess die Organisation der Ober-Berg- und Bergämter bestehen; Erstere gehörten auch, wohl weil ihre Bezirke sich keineswegs mit den Provinzen deckten, nicht zu denjenigen Provinzialbehörden, welche, wie die Provinzial-Steuerdirektionen, Generalkommissionen u. s. w., der allgemeinen Aufsicht des Oberpräsidenten unterstellt wurden. Zentralinstanz wurde nunmehr die (VI.) Sektion des Ministeriums des Innern für den Bergbau, die Münze, Salzfabrikation und Porzellanmanufaktur. Durch V.-O. v. 27. Okt. 1810 (G.-S. S. 13) wurde dann bestimmt, dass die obere Leitung des Salz-, Berg- und Hüttenwesens unter dem Gewerbedepartement des Ministeriums des Innern stehen, und dass demselben ein Berghauptmann als Direktor vorgesetzt sein solle, dem alle Salzwerks-, Berg-, Hütten- und Torfämter und -Behörden unterstellt wurden. Schon 1813 (K.-O. v. 13. Dez. — G.-S. 1814 S. 3) wurde aber die ganze Leitung des Salz-, Berg- und Hüttenwesens dem Finanzministerium übertragen und der Berghauptmann diesem untergeordnet. Indess 1817 (K.-O. v. 3. Nov. — G.-S. S. 290) kehrte das Berg- und Hütten- — nicht auch das Salzwesen, welches an das demnächst wieder mit dem Finanzministerium vereinigte Ministerium des Schatzes kam — zum Ministerium des Innern zurück; der Berghauptmann führte nunmehr die Bezeichnung „Ober-Berghauptmann". Hierbei blieb es bis 1834, wo (K.-O. v. 28. April 1834) das Berg- und Hüttenwesen wieder an das Finanzministerium kam; dort wurde es von nun an mit dem Salinenwesen von einer besondern Abtheilung unter Leitung des Ober-Berghauptmanns bearbeitet. Als dann durch Erlass v. 17. April 1848 (G.-S. S. 109) ein besonderes Ministerium für Handel, Gewerbe und öffentliche Arbeiten errichtet wurde, erhielt dieses die Berg-, Hütten- und Salinenverwaltung. Bei der Theilung dieses Ministeriums in ein solches für Handel und Gewerbe und ein solches der öffentlichen Arbeiten (Erl. v. 7. Aug. 1878 — G.-S. 1879 S. 25) erhielt letzteres die Berg-, Hütten- und Salinenverwaltung, gab sie aber 1890 (Erl. v. 17. Febr. 1890 — G.-S. S. 35) an ersteres ab, dessen dritte Abtheilung sie gegenwärtig bildet.

§ 15. In der Lokalinstanz hatte sich im Laufe der Zeit nach und nach eine Umwandlung vollzogen. Den Bergämtern waren für die Lokalverwaltung ursprünglich Beamte von überwiegend praktischer Befähigung untergeordnet, die lediglich als Organe der Bergämter bezw. Bergmeister deren Anordnungen zu befolgen hatten, ohne eine selbständige Stellung einzunehmen. Je mehr sich indess der Bergbau ausdehnte, je grösser die sich bei dem Betriebe entwickelnden Schwierigkeiten wurden, und je mehr die zu ihrer Ueberwindung anzuwendenden Mittel an Intelligenz und Erfahrung erforderten, umsomehr wurden die Bergämter und deren Mitglieder genöthigt, diesen Lokal-, den „Revierbeamten" grössere Befugnisse einzuräumen und ihnen allmählich diese und jene Lokalgeschäfte zu überlassen, womit dann nothwendigerweise eine Steigerung der Anforderungen an die Ausbildung der Revierbeamten verbunden war. So gelangten die Revierbeamten zu einer selbständigeren Stellung, und es wurden ihnen nach ihnen ertheilten Instruktionen bestimmte Geschäfte zugewiesen. Auch die Gesetzgebung legte ihnen für gewisse Funktionen, wie in der Bergpolizei, eine gewisse Selbständigkeit bei. Indessen war, hiervon abgesehen, nach den Instruktionen ihre Stellung nicht in allen Bezirken dieselbe, indem sie theils nur als Kommissarien der Bergämter die ihnen speziell übertragenen Geschäfte wahrzunehmen, theils bestimmte, sonst den Bergämtern obgelegene Funktionen selbständig zu verrichten angewiesen waren. Während sich die Revierbeamten in dieser Weise zu einer förmlichen Instanz entwickelten, nahmen das oben erwähnte Gesetz v. 12. Mai 1851 über die Miteigenthümer und ein Gesetz v. 21. Mai 1860, die Aufsicht der Bergbehörden über den Bergbau und das Verhältniss der Berg- und Hüttenarbeiter betreffend (G.-S. S. 201), den Bergämtern in der Direktion der Privatwerke eine ihrer Hauptfunktionen. Ein anderes Gesetz v. 10. April 1854 (G.-S. S. 139) übertrug die bisher den Bergbehörden obliegende Verwaltung und Leitung der Knappschaftsvereine und ihrer Kassen den Vereinen selbst.

Durch das Gesetz, die Kompetenz der Ober-Bergämter betreffend, v. 10. Juni 1861, (G.-S. S. 425) wurden daher die bestehenden 10 Bergämter (in Siegen, Düren, Saarbrücken, Essen, Bochum, Eisleben, Halberstadt, Waldenburg, Tarnowitz und Rüdersdorf) aufgehoben und als Instanzen ausser dem Ministerium nur die Ober-Bergämter und Revierbeamten beibehalten. Für die Führung der Berghypothekenbücher und die Aufnahme von Handlungen der freiwilligen Gerichtsbarkeit im Bereiche des Bergrechts wurde an Stelle der bis dahin zuständigen Justitiarien der Bergämter am Sitze jedes der vier Ober-Bergämter je eine „Berghypothekenkommission“ mit einem Beamten mit Richterqualifikation an der Spitze, bestellt. Nachdem § 246 des allgemeinen Berggesetzes die Abgabe der Berghypothekenbücher an die ordentlichen Gerichte angeordnet hatte, sind auch diese Behörden in Wegfall gekommen.

§ 16. Nachdem in den 1866 erworbenen Landestheilen das allgem. Berggesetz eingeführt war, wurde auch die altpreussische Organisation der Bergbehörden eingeführt. In Hannover blieb zunächst das die fiskalischen Bergwerke, Hütten und Forsten am Harz, daneben aber auch die bergregiminalen Geschäfte verwaltende Berg- und Forstamt zu Clausthal bestehen, und wurden ihm die Befugnisse und Obliegenheiten eines Oberbergamts für den Umfang des früheren Königreichs mit Ausschluss der Landrosteibezirke Osnabrück und Aurich beigelegt (Verord. vom 25. Mai 1867, G.-S. S. 735). Ebenso behielt für Kurhessen zunächst die Oberberg- und Salzwerksdirektion in Kassel die Funktionen des Oberbergamts. Aber schon durch Verord. vom 9. November 1867 (G.-S. S. 1873) wurde das Forstamt in Clausthal aufgehoben und dem dortigen Bergamt auch die Benennung eines Oberbergamts beigelegt. Die übrigen neuen Gebiete wurden, nachdem durch Verord. vom 3. Februar 1868 (G.-S. S. 69) die Oberberg- und Salzwerksdirektion in Kassel aufgehoben war, mit den Bezirken der bestehenden Oberbergämter vereinigt. Hierbei ist es seither verblieben, und bestehen daher zur Zeit folgende fünf Oberbergämter:

1. Breslau für Schlesien, Posen, Ost- und Westpreussen;
2. Halle a./S. für Sachsen, Brandenburg und Pommern, das Amt Neustadt in der Grafschaft Hohenstein und die Enklave Kaulsdorf;
3. Dortmund für Westfalen, mit Ausnahme des Herzogthums Westfalen, der Grafschaften Wittgenstein-Wittgenstein und Wittgenstein-Berleburg, des Fürstenthums Siegen und der Aemter Burbach und Neunkirchen, für folgende Theile der Rheinprovinz: Kreis Rees und Mülheim a./R., Stadtkreis Duisburg, Stadt- und Landkreis Essen, Stadt- und Landkreis Düsseldorf, Kreis Mettmann, Stadtkreis Elberfeld und Barmen, endlich die Regierungsbezirke Osnabrück und Aurich;
4. Bonn für die nicht zu Dortmund gehörigen Theile von Westfalen und der Rheinprovinz, den Regierungsbezirk Wiesbaden und die Hohenzollernschen Lande;
5. Clausthal für die Provinzen Hannover, ausser Osnabrück, Aurich und Amt Neustadt, Schleswig-Holstein und den Regierungsbezirk Kassel.

Innerhalb dieser Bezirke unterstehen den Oberbergämtern auch die in denselben belegenen staatlichen Berg-, Hütten- und Salzwerke, also

dem Oberbergamt in Breslau: die Bergwerke Friedrichsgrube, König, Königin Luise und Bielschowitz, die Friedrichshütte, die Eisengiesserei bei Gleiwitz, die Hütte in Malapane und die Saline zu Inowrazlaw;

dem Oberbergamt in Halle: der Kalksteinbruch zu Rüdersdorf, die Bergwerke bei Eggersdorf, Löderburg, Langenbogen und Dürrenberg, die Salzwerke Stassfurt und Erfurt, die Salinen Schönebeck, Dürrenberg und Artern und die Badeanstalten Elmen, Dürrenberg und Artern;

dem Oberbergamt in Clausthal: die Erzbergwerke bei Clausthal, Lautenthal und Grund, die Bergfaktorei Zellerfeld, die Kohlenbergwerke am Deister, Osterwald, Habichtswald und Meisner, die Gipsbrüche bei Lüneburg und Segeberg, die Hütten Clausthal, Altenau, Lautenthal, Andreasberg, Rothehütte, Lerbach und Sollingerhütte und die Saline Sooden, endlich die Gemeinschaftswerke am Unterharz und bei Obernkirchen;

dem Oberbergamt in Dortmund nur das Bergwerk bei Ibbenbüren, die Saline zu Neusalzwerk und das Bad Oeynhausen;
dem Oberbergamt in Bonn: die Betriebe im Saarrevier, bei Dillenburg und das Salzwerk Stetten.

In berg- und gewerbepolizeilicher Hinsicht sind seit dem 1. Januar 1893 die Staats- wie die Privatwerke der Aufsicht der Regiminalbehörden erster Instanz, den Bergrevierbeamten, unterstehen während, sie bis dahin von deren Zuständigkeit eximirt waren.

Die Zuständigkeit der Bergbehörden ist durch § 189 ff. des allg. Berggesetzes geregelt. Hiernach bilden die Revierbeamten für die ihnen überwiesenen, von dem Minister festzustellenden Reviere die erste Instanz in allen der Bergbehörde obliegenden und nicht ausdrücklich den Oberbergämtern übertragenen Geschäfte; insbesondere handhaben sie die Bergpolizei und haben für die ihnen unterstellten Betriebe Obliegenheiten und Befugnisse der Gewerbeaufsichtsbeamten. Weitere Obliegenheiten sind ihnen auf dem Gebiete der Arbeiterversicherungen, der Dampfkesselrevision, des Aichungswesens u. a. m. für die ihrer Aufsicht unterstellten Betriebe übertragen; auch sind sie Hülfsbeamte der Staatsanwaltschaft.[1])

Die Oberbergämter bilden die Aufsichts- und Rekursinstanz für die Revierbeamten; ihnen steht zu die Aufsicht über die Markscheider, Prüfung und Konzessionirung derselben, Wiederentziehung der Konzession derselben, Ueberwachung der Ausbildung der Bergbaubeflissenen, Entscheidung über Schürfermächtigungen, Muthungen, Bergwerksverleihungen, Bestätigung von Konsolidationen, Feldestheilungen und Gewerkschaftsstatuten, Genehmigung zu gewerblichen Anlagen, Triebwerken, Hülfsbauen, Verfahren zur Aufhebung des Bergwerkseigenthums, Aufsicht über die Knappschaftsvereine, Erlass von Bergpolizeiverordnungen u. s. w.[2]) Sie haben innerhalb ihres Geschäftskreises die gesetzlichen Befugnisse und Verpflichtungen der Regierungen.

Für die Verwaltung der Staatsbetriebe bestehen unter verschiedenen Bezeichnungen besondere Behörden, und zwar zur Zeit:

a) unter dem Oberbergamt Breslau die Berginspektion in Tarnowitz für die Friedrichsgrube, die durch Allerh. Erl. vom 28. November 1892 errichtete Zentralverwaltung in Zabrze für die Steinkohlenbergwerke mit den 3 Berginspektionen in Königshütte für die Königsgrube, in Zabrze für die Königin Luisengrube mit dem Hauptschlüssel-Erbstolln, in Bielschowitz für das dortige Bergwerk, die drei Hüttenämter Friedrichshütte, Gleiwitz und Malapane und das Salzamt zu Inowrazlaw;

b) unter dem Oberbergamt Halle: das Salzamt zu Schönebeck für die dortige Saline, das Soolbad Elmen und die Braunkohlengrube bei Eggersdorf, die Berginspektion Stassfurt für das dortige Salzwerk und die Braunkohlengrube zu Löderburg, die Verwaltung der Braunkohlengrube bei Langenbogen, das Salzamt Dürrenberg für die gleichnamige Saline und Badeanstalt sowie die zu der Saline gehörigen Braunkohlengruben, das von demselben Beamten wie das Bergwerk Langenbogen verwaltete Salzamt Artern für die Saline und das Soolbad daselbst, die Berginspektion Erfurt für das Salzwerk bei

---

[1]) Vgl. das Nähere bei Klostermann-Fürst, Berggesetz, 5. Aufl., S. 544 ff.

[2]) Vgl. Klostermann-Fürst a. a. O. S. 553 ff.

Erfurt, endlich die Berginspektion zu Kalkberge-Rüdersdorf für den dortigen Kalksteinbruch;

c) unter dem Oberbergamt Dortmund: die Berginspektion zu Ibbenbüren für das gleichnamige Steinkohlenbergwerk und das Salzamt zu Neusalzwerk für diese Saline und das Bad Oeynhausen;

d) unter dem Bergamt Bonn: die durch Erlass vom 29. Juni 1861 (G.-S. S. 429) errichtete Bergwerksdirektion in Saarbrücken für die Werke im Saarrevier, die 11 Berginspektionen für die Gruben Kronprinz, Gerhard, v. d. Heydt, Dudweiler, Sulzbach, Reden, Heinitz, König, Friedrichsthal, Göttelborn und Camphausen, sowie die Bergfaktorei Kohlwaage, ferner die Berginspektion zu Dillenburg für die dortigen Eisensteingruben und die Berg- und Salineninspektion zu Stetten für das dortige Salzwerk;

e) unter dem Oberbergamt Clausthal: die 3 Berginspektionen zu Clausthal, Lautenthal und Grund, zu denen ausser den dortigen Bergwerken gehören, und zwar zu Clausthal die dortige Bauverwaltung und Zentralschmiede, zu Grund die Grubenverwaltung zu St. Andreasberg; ferner sind dem Oberbergamt unterstellt die Bergfaktorei zu Zellerfeld, die Berginspektionen für die Gruben am Deister zu Barsinghausen, zu Osterwald für die dortigen Gruben, zu Lüneburg für den dortigen und den Segeberger Gipsbruch, am Habichtswald für die Braunkohlenwerke dort und am Meisner, die 7 Hüttenämter zu Clausthal, Altenau, Lautenthal, St. Andreasberg, Rothehütte, Lerbach und Sollingerhütte für die gleichnamigen Hüttenwerke, endlich für die Saline Sooden das dortige Salzamt.

Die Leitung der preussischerseits vom Oberbergamt Clausthal beaufsichtigten Gemeinschaftswerke erfolgt am Unterharz durch die Berginspektion am Rammelsberge und die beiden Hüttenämter zu Oker und für die Herzog Julius- und Frau Sophienhütte auf ersterer Hütte, zu Obernkirchen durch das dortige Gesammtbergamt.

§ 17. Die Oberbergämter sind kollegialisch organisirt und bestehen aus je einem Berghauptmann als Chef und einer Anzahl von Oberbergräthen, deren Einer mit der Vertretung des Berghauptmanns beauftragt ist. Die Mitglieder besitzen theils die Qualifikation zum Richteramt, theils diejenige zum höheren Berg-, theils endlich zum höheren Baufach. Die Revierbeamten sind durchgängig bergtechnische Beamte. Den Revierbeamten in den Steinkohlenbezirken sind seit dem Etatsjahr 1899 mit Rücksicht auf die in den letzten Jahrzehnten mit der Zunahme der Tiefen und der grossen Ausdehnung der Gruben gesteigerten Gefahren des Steinkohlenbergbaues untere Aufsichtsbeamte, „Revieraufsichtsbeamte“, beigegeben, welche fortgesetzt die Erkundung und Feststellung einzelner thatsächlicher Verhältnisse, insbesondere des Sicherheitszustandes der Gruben vornehmen und damit zugleich die Revierbeamten in ihrem Amt unterstützen und entlasten sollen. Dieselben sollen im Allgemeinen aus dem Aufsichtspersonal der Staatswerke entnommen werden.

Von den Verwaltungen der Staatswerke ist die Direktion in Saarbrücken und die Zentralverwaltung in Zabrze kollegialisch organisirt; jene besteht aus einem Vorsitzenden und einer Anzahl von technischen und juristischen Mitgliedern, diese aus dem Vorsitzenden und 3 Mitgliedern in der Stellung der Bergwerksdirektoren I. Klasse, je einem für das Handels- und das Materialienbüreau und einem Justitiar; ausserdem beschäftigen beide Behörden höhere Beamte als Hilfsarbeiter. An der Spitze der Berginspektionen stehen bergtechnische Direktoren, denen je nach Bedarf berg- und bautechnische Inspektoren und Hülfsarbeiter aus der Zahl der Bergassessoren bezw. Regierungsbaumeister zur Seite stehen. Entsprechend sind die Hütten- und Salzämter organisirt.

Allen Behörden ist das erforderliche Personal an Subaltern- und Unterbeamten beigegeben. Bei den Staatswerken fungiren unter den höheren Beamten Faktoren, Schichtmeister, obere, mittlere und untere Werksbeamte. Ausserdem sind bei ihnen wie bei den Oberbergämtern eine Anzahl Markscheider angestellt, während im Uebrigen die Markscheider nicht Beamte, sondern Gewerbetreibende sind.

§ 18. Die Qualifikation der Beamten anlangend, so erfordert die Anstellung als Revierbeamter oder bergtechnisches Mitglied der höheren Bergbehörden das Bestehen zweier Prüfungen, der Refendariats- und Assessorprüfung. Zum Eintritt in den Vorbereitungsdienst ist erforderlich das Reifezeugniss eines Gymnasiums, Realgymnasiums oder einer Oberrealschule, einjährige praktische Lehrzeit und dreijähriges Universitätsstudium, auf welches der Besuch der Bergakademien Berlin und Klausthal und der technischen Hochschule in Aachen für die Dauer von zwei Jahren, derjenige der Bergakademie in Freiberg oder einer deutschen polytechnischen Schule für die Dauer eines Jahres angerechnet wird. Die technische und geschäftliche Ausbildung als Bergreferendar währt mindestens drei Jahre.

Ueber die Vorbildung der nicht akademisch gebildeten technischen Beamten — mit Ausnahme der beamteten Markscheider — bestehen allgemeine Vorschriften nach Art der für die höheren Beamten erlassenen nicht. Den Zwecken ihrer Vorbildung dienen die Bergschulen, wie solche in Preussen in Tarnowitz, Waldenburg, Eisleben, Klausthal, Bochum, Essen, Siegen, Dillenburg, Wetzlar und Saarbrücken bestehen, mit ihren Vorschulen. Doch ist der Besuch derselben und die Ablegung der Entlassungsprüfung bei ihnen nicht Vorbedingung für die Anstellung; die nöthigen Kenntnisse können vielmehr auch anderweitig erworben werden. (Vgl. über die Bergschulen unten § 26.) Mit den durch den Nachweis der technischen Befähigung bedingten Massgaben gelten im Uebrigen für die Anstellung der Beamten die allgemeinen Grundsätze. Vorzugsweise mit verabschiedeten Offizieren, denen die Aussicht auf Anstellung im Zivildienst verliehen ist, zu besetzen ist ein Theil der Stellen der Rendanten, deren z. Z. allerdings nur eine besteht; Vorbedingung ist $2^1/_2$jährige Beschäftigung als Bureau-Assistent und Bestehen einer Prüfung. Den Militäranwärtern vorbehalten sind, wie in allen Verwaltungen, die Stellen der Kanzlisten und Boten, ferner diejenigen der nicht technischen sonstigen Unterbeamten mit der Einschränkung, dass auf den Kohlengruben als Kohlenmesser und Wächter auch wegen vorgerückten Alters zur Grubenarbeit nicht mehr taugliche Bergleute anzustellen sind. Mindestens zur Hälfte mit Militäranwärtern zu besetzen sind die Stellen der Assistenten und Revier-Bureau-Assistenten und im Wege des Aufrückens der Sekretäre, Buchhalter, Faktoren und Schichtmeister. Wie das bei der überwiegend technischen Natur der Aemter natürlich ist, ist also die Besetzung mit Militäranwärtern bei der Berg- u. s. w. Verwaltung weniger ausgedehnt wie bei anderen Verwaltungen. Nicht mehr als Beamte, sondern als

Gewerbetreibende anzusehen sind seit Erlass der Reichs-Gewerbeordnung die Markscheider. Zur Ausübung ihres Gewerbes bedürfen dieselben einer Konzession, welche das Oberbergamt nach vorgängiger Prüfung ertheilt. Die Markscheiderarbeiten bestehen in Aufnahmen und risslichen Darstellungen zum Zwecke des Angriffs und Fortbetriebes der Werke sowie der Erwerbung, Begrenzung und Sicherung des Bergwerks-Eigenthums und seiner Zubehörungen, sind also denen der Landmesser analog. Nur die bei den Oberbergämtern und den Staatswerken beschäftigten Markscheider sind Staatsbeamte.

Für die Bernsteinverwaltung sind ein leitender Direktor und ein Werksdirektor angestellt, deren Befähigung eine durch die Eigenart des Betriebes bedingte technische und kaufmännische sein soll.

II. Abschnitt.

Die Verwaltungs- und vermischten Ausgaben und die ihnen gegenüberstehenden Einnahmen.

Vorbemerkung.

§ 19. Während, wie wir in den beiden ersten Büchern gesehen haben, die Etats der Domänen- und Forstverwaltung die Ausgaben für die Verwaltung der betreffenden Theile des Staatsvermögens nur unvollständig enthalten, gilt von dem Etat der Berg-, Hütten- und Salinenverwaltung das Gegentheil. Ihm fallen in den Kosten der Aufsichtsbehörden, nämlich der Ministerialabtheilung für das Berg-, Hütten- und Salinenwesen, der Oberbergämter und der Berg-Revierbeamten auch solche zur Last, die nur zum kleineren Theile durch die Staatswerke verursacht werden. Denn die Geschäfte der Ministerialabtheilung und namentlich der Oberbergämter entfallen im Ganzen zu einem erheblicheren Theile auf die allgemeine Aufsicht über den Bergbau mit seinen Nebengewerben, als auf die Kontrole des Betriebes der Staatswerke, und die Revierbeamten haben gegenüber den Letzteren jetzt keine andern Funktionen, wie gegenüber den Privatwerken, während sie früher mit den Staatswerken überhaupt nichts zu thun hatten. Allerdings figuriren andererseits in dem Bergetat auch Einnahmen, die nicht aus dem fiskalischen Montanbesitz fliessen. Indess sind diese im Verhältniss zu den Kosten jener Behörden nach Aufhebung der Bergwerksabgaben doch nur geringfügige.

Ein anderer in die Augen springender Unterschied zwischen dem Bergetat einerseits, den Domänen- und Forstetats andererseits besteht in der bei Ersterem durchgeführten Trennung der Betriebs- von den Verwaltungskosten und der strengen Scheidung der Betriebskosten einschliesslich der Besoldungen der Betriebsbeamten nach den Theilen des fiskalischen Montanbesitzes, den Bergwerken, Hüttenwerken, Salzwerken und Badeanstalten.

Wir schliessen uns dieser Einrichtung des Etats, die den Vorzug der Ersichtlichmachung der Rentabilität der einzelnen Zweige der Betriebsverwaltung besitzt, aber bei der Domänen- und Forstverwaltung nicht durchführbar wäre, an. In diesem Abschnitt werden daher nur die Ausgaben für die Ministerialabtheilung, die Oberbergämter einschliesslich der Revierverwaltung und des Bergunterrichtswesens sowie die ihnen gegenüberstehenden Einnahmen zur Erörterung gelangen, ausserdem aber im Interresse der Uebersichtlichkeit wie auch der Uebereinstimmung mit dem Etat diejenigen Ausgaben und Einnahmen, welche zwar solche des Betriebes, nicht der Verwaltung sind, aber im Etat nicht bei den einzelnen Theilen der Betriebsverwaltung verrechnet werden. Es sind das nach dem Etat für 1899 die Ausgaben der Kap. 19—22 und die Einnahmen Kap. 9 Tit. 13 bis 20. Für eine Vergleichung der Positionen in den Etats der verschiedenen Jahre darf aber nicht übersehen werden, dass, wie die Anlage XXVII ergiebt und in der folgenden Darstellung wiederholt hervorzuheben sein wird, die Verrechnung der Ausgaben bei der einen oder der andern Kategorie im Laufe der Zeit vielfachen Schwankungen unterworfen gewesen ist.

I. Kapitel.

Die Ministerialabtheilung für das Berg-, Hütten- und Salinenwesen.

(Staatshaushaltsetat Kap. 19.)

§ 20. In der unter der Leitung eines Ministerialdirektors mit dem Titel Ober-Berghauptmann stehenden Ministerialabtheilung sind gegenwärtig (1899) an höheren Beamten beschäftigt 5 vortragende Räthe (Geheime Ober- und Geheime Bergräthe), ein Oberberg- und Baurath als ständiger bautechnischer Hülfsarbeiter und als sonstige Hülfsarbeiter der Direktor der geologischen Landesanstalt und Bergakademie in Berlin, zwei andere höhere Berg- und ein Baubeamter. Die Zahl der etatsmässigen Stellen ist daher, wie ein Vergleich mit Anlage XXVIIIa zeigt, in den letzten 40 Jahren trotz des Zutritts der neuen Landestheile und der Vermehrung der Geschäfte durch die Arbeiterversicherungs- und Arbeiterschutzgesetzgebung, die technische Entwickelung des Bergbaues und die ganze Gestaltung unserer Arbeiterverhältnisse nur um die eines vortragenden Rathes vermehrt worden. Wenn nun auch andererseits die Geschäfte durch die im vorigen Abschnitt erwähnte Beseitigung des staatlichen Direktionssystems gegenüber den Privatwerken und die Einschränkung des staatlichen Hüttenbetriebes eine Verminderung erfahren haben, so leuchtet doch ein, dass mit einer so geringfügigen Beamtenvermehrung nur auszukommen ist, indem höhere Anforderungen an die Arbeitskraft des Einzelnen gestellt werden.

Auch die Zahl der Bureaubeamten hat sich nur in wenig stärkerem Verhältniss, von 10 auf 13 erhöht. Die Kanzleien der einzelnen Abtheilungen des Ministeriums sind seit 1892/93 zu einer gemeinsamen Kanzlei vereinigt und ebenso das Unterbeamtenpersonal, sodass seitdem im Bergetat nicht mehr eine bestimmte Anzahl von Kanzlei- und Unterbeamten, sondern ein Antheil der Bergverwaltung an den Besoldungen dieser Beamtenkategorien nachgewiesen wird. Die Rendantenstelle ist schon 1865 als entbehrlich eingegangen.

Die Besoldungsverhältnisse des Direktors, der vortragenden Räthe, Bureau-, Kanzlei- und Unterbeamten sind für alle Ressorts gleichmässig geordnet. Seit 1859 sind die Gehälter des Direktors und der vortragenden Räthe um ca. 25 Proz. erhöht worden, d. i., wie wir sehen werden, weniger, zum Theil sehr erheblich weniger als die Besoldungsverbesserungen der weniger hohen Beamten betragen haben. Der Oberberg- und Baurath rangirt im Gehalt mit den Oberbergräthen bei den Oberbergämtern. Dienstwohnung besitzt keiner der Beamten.

Aus Nebenämtern beziehen z. Z. ein vortragender Rath und der Oberberg- und Baurath je 900 M. für ihre Thätigkeit bei der geologischen Landesanstalt und Bergakademie in Berlin.

Die Besoldungsausgaben (Tit. 1—4) betragen nach dem Etat für 1899 mit 150 800 M. ca. 50 Proz. mehr als im Jahre 1859. Die sonstigen Ausgaben für die Ministerialabtheilung beziffern sich auf rd. 76 500 M., wovon ca. 57 000 M. auf Wohnungsgeldzuschüsse (Tit. 5), Vergütungen für Hülfsarbeiter und Stellvertreter (Tit. 6), Tagegelder, Reise- und Umzugskosten (Tit. 8), der geringe Betrag von 2 700 M. auf Unterstützungen und Remunerationen (Tit. 7) und der Rest von ca. 16 800 M. (Tit. 9) auf Bureaubedürfnisse, wie Schreib- und Zeichengebühren, Drucksachen, Zeitungen, Schreib-, Pack- und Zeichenmaterialien, Feuerung, Beleuchtung, Geräthe, nicht aversionirte Postporto- und Gebührenbeträge, sonstige Frachtgebühren, Telegrammgebühren u. s. w., auf Unterhaltung der dem Ministerium gehörigen Sammlungen, Miethen, Lasten, Abgaben u. s. w. kommt. Die früher, solange die Bergabtheilung in einem besonderen Gebäude untergebracht war, zuletzt mit 2000 M. jährlich in Ansatz gebrachten Kosten der Unterhaltung der Dienstgebäude sind seit 1892/93 infolge Uebersiedelung der Abtheilung in das gemeinsame Dienstgebäude des Ministeriums in Wegfall gekommen.

Die Gesammtausgabe für die Ministerialabtheilung ist seit 1849 von rd. 136 500 auf 227 200 M. gestiegen. Dabei ist aber zu berücksichtigen, dass inzwischen die jetzt allein 23 760 M. betragenden Wohnungsgeldzuschüsse hinzugekommen sind. Einen ungemein geringen Einfluss hat, wie die Zahlen für 1866 und 1869 in der Anlage XXVII beweisen, der Hinzutritt der 1866 erworbenen Landestheile ausgeübt.

II. Kapitel.

Die Oberbergämter.

(Staatshaushaltsetat Kap. 20.)

§ 21. Die in der Anlage XXVIIIa für die Jahre 1859 und 1866 enthaltenen Angaben über Personalbestand und Besoldungsverhältnisse bei den Aufsichtsbehörden in den Provinzen lassen die Umwälzung erkennen, welche das im vorigen Abschnitt (§ 15) besprochene Gesetz v. 10. Juni 1861 durch die Aufhebung der Bergämter hervorbrachte: die Zahl der Beamten bei den Provinzialbehörden ist von 351 auf 175, also die Hälfte, und der Besoldungsaufwand, obwohl die meisten verbliebenen Beamtenkategorien Gehaltsaufbesserungen erfahren haben, von rund 743 000 auf rund 457 000 M., also um ca. 40 Prozent vermindert. Völlig weggefallen sind die Baubeamten, die Direktoren und Rendanten bei den Bergämtern und die Bergmeister, an die Stelle von 82 Berggeschworenen sind 60 Bergrevierbeamte getreten, an die Stelle von 10 Justitiarien bei den Bergämtern 5 Hypothekenrichter, an die von 10 Bergamts- 9 Oberbergamts-Markscheider, während die Zahl der Bureau- und Kanzleibeamten von 132 auf 64, die der Unterbeamten von 26 auf 13 verringert ist. Dagegen ist die Zahl der Oberbergräthe nur um 4, also einen für jedes Oberbergamt, erhöht.

Die Gebietserweiterungen von 1866 hatten, wie oben erwähnt, die Einrichtung eines fünften Oberbergamts in Clausthal zur Folge. Dasselbe wurde mit einem Berghauptmann, 5 Oberbergräthen, 9 Sekretären, 4 Bureauassistenten, 4 Kanzlisten und 3 Kanzleidienern besetzt; Oberbergamts-Markscheider wurden ihm zwei beigegeben, Revierbeamte für seinen Bezirk fünf angestellt. Im Ganzen weist der Etat für 1869 gegen 1866 eine Vermehrung des Beamtenpersonals der Oberbergämter um 28 nach; keine Erhöhung hat die Zahl der Oberbergamts-Markscheider, eine Verminderung die der Hypothekenrichter erfahren.

In der Folgezeit sind die Hypothekenbeamten in Folge der im vorigen Abschnitt erörterten Organisationsveränderungen weggefallen. Die Zahl der bei den Oberbergämtern selbst beschäftigten Beamten hat auch nur eine verhältnissmässig nicht bedeutende Vermehrung erfahren: nach dem Etat für 1899 waren vorhanden 5 Berghauptleute, 32 Oberbergräthe, 14 Oberbergamts-Markscheider, 76 Bureau-, 32 Kanzlei- und 16 Unterbeamte, wozu als neue Beamtenkategorie seit 1887/88 die Zeichner, zur Zeit 16, getreten sind, die bis dahin nur ausseretatsmässig beschäftigt wurden.

Die Zahl der Revierbeamtenstellen ist sogar um zwei vermindert. Durch die ebenfalls im vorigen Abschnitt schon erwähnte Schaffung der „Revieraufsichtsbeamten“ ist aber 1899 eine neue Kategorie bergpolizeilicher Aufsichtsbeamten hinzugetreten, welche zur Zeit 50 Stellen umfasst, 33 erster und 17 zweiter Klasse. Schon vorher, durch den

Etat für 1892/93, war, um die Revierbeamten im Interesse intensiverer Ueberwachung der Arbeiterverhältnisse von Bureaugeschäften zu entlasten und denjenigen von ihnen, die als Vorsitzende der Kammern von Berggewerbegerichten in Aussicht genommen waren (vgl. unten § 24), tüchtige und geschulte Beamte als Gerichtsschreiber zur Seite zu stellen, ein Theil der bisherigen Bureau-Diätarienstellen bei den Revierbeamten in etatsmässige Bureau-Assistentenstellen umgewandelt und hiermit allmählich fortgefahren worden, sodass nach dem letzten Etat 60 solcher Stellen vorhanden sind, also beinahe auf jeden Revierbeamten eine entfällt.

Auf die einzelnen Oberbergämter vertheilten sich die etatsmässigen Stellen folgendermassen:

	Breslau	Halle	Clausthal	Dortmund	Bonn
Berghauptmann	1	1	1	1	1
Oberbergräthe[1])	5	6	5	7	6
Sekretäre[2])	14	13	15	19	11
Kanzlisten	7	6	7	7	5
Zeichner	3	2	2	6	3
Kanzleidiener[3])	3	4	2	3	3
Oberbergamts-Markscheider	3	2	2	5	2
Revierbeamte	9	11	5	17	23
Revier-Bureau-Assistenten[4])	9	6	3	16	16
Revier-Aufsichtsbeamte	14	—	—	34	5

Die stärkste Besetzung weist somit das Oberbergamt in Dormund auf, während es noch Mitte der 80er Jahre an Gesammtzahl der Beamten, abgesehen von den Revierbeamten, hinter Clausthal und nur vor Bonn, an Zahl der Rathsstellen aber hinter Halle und mit Breslau, Clausthal und Bonn rangirte. Diese Veränderung ist dem ausserordentlichen Aufschwung des Kohlenbergbaues im Ruhrgebiet zuzuschreiben, der sich, anders wie der Bergbau in den Bezirken der andern Oberbergämter, ausschliesslich in Privathänden befindet.

Von den höheren Bergbeamten gehören die Berghauptleute der II., die Oberbergräthe der IV., die Revierbeamten, welche den Titel „Bergmeister" führen, der V. Rangklasse an; ältere Revierbeamte erhalten den Charakter als „Bergrath" mit dem Range der Räthe IV. Klasse. Die Oberbergamts-Markscheider, welche die Aufsicht über das Markscheiderwesen des Oberbergamtsbezirk führen und somit entsprechende Funktionen wie die Katasterinspektoren bei den Regierungen haben, gehören ebenfalls zur V. Rathsklasse.

§ 22. Die Besoldungen (vgl. Anlage XXVIIIa und XXVIIIb, Staatshaushaltsetat Kap. 20 Tit. 1—5) der Oberbergräthe, Bureau-, Kanzlei- und Unterbeamten bei den Oberbergämtern entsprechen denen der korrespondirenden Beamtenklassen bei der allgemeinen Verwaltung, d. h. die der Oberbergräthe denen der Regierungsräthe — je ein Oberbergrath bei jedem Oberbergamt als Vertreter des Berghauptmanns bezieht auch, wie der Oberregierungsrath, 900 M. Zulage —, die der Bureaubeamten denen der Regierungs-Bureaubeamten, und haben sich

[1]) Ohne die 1899 neu errichtete Stelle; 2 aus 1898/99 Zentralfonds besoldet.
[2]) Ohne die 1899 neu errichteten 4 Stellen.
[3]) Eine Stelle 1898/99 aus Zentralfonds besoldet.
[4]) Desgl. 10 Stellen.

mit diesen entwickelt. Seit 1859 sind die Gehälter der Oberbergräthe von 3000—4800 auf 4200—7200 M., also, abgesehen von dem in der Einführung der Dienstaltersstufen (vgl. oben Buch I § 44, Buch II § 33) liegenden Vortheil, um 40—50 Prozent gestiegen. Die Bureaubeamten zerfielen früher in zwei Klassen, Sekretäre und Bureauassistenten. Wie in der allgemeinen, so ist auch in der Bergverwaltung seit dem Jahre 1896/97 diese Zweitheilung beseitigt. Die Gehälter, die für Bureaubeamte I. Klasse bis Anfangs der 70er Jahre 1800 bis 3000 M., dann 2100—3600 M., für die II. Klasse zuletzt 1800 bis 1950 M. betrugen, wurden für die nunmehrige einzige Klasse auf 1800—3600 M., demnächst aber bei der allgemeinen Besoldungsaufbesserung von 1897 auf 1800—4200 M. erhöht. Das Maximalgehalt ist also in den letzten 30 Jahren um 40 Prozent gestiegen, und es ist das Aufrücken durch die Dienstaltersstufen geregelt und gewährleistet. Das Gehalt der Kanzlisten aber, denen die Zeichner gleichstehen, weist sowohl von 1859—1866 als auch von 1869—1879/80 und 1879/80 bis 1891/92 Erhöhungen auf, und bei der Aufbesserung der Kanzlei- und Unterbeamten durch den Etat für 1891/92 wurden auch diese Beamten wiederum bedacht, sodass ihr jetziges Mindestgehalt mit 1650 M. fast das ihnen 1859 erreichbare Höchstgehalt (1800 M.) erreicht, ihr jetziges Höchstgehalt von 2700 M. das damalige um 50 Prozent übersteigt. Im Besitz der Vortheile des Altersstufensystems befinden sie sich seit 1893/94. Die Kanzleivorsteher beziehen ausser dem Gehalt eine Stellenzulage von 300 M.

Die Unterbeamten sind im Laufe der letzten 30 Jahre im Mindestgehalt um 33⅓ Proz. (von 750 auf 1000 M.), im Höchstgehalt sogar um 66⅔ Proz. (von 900 auf 1500 M.) aufgebessert worden. Nach dem Dienstalter erfolgt ihr Aufrücken schon seit 1892/93.

Die Oberbergamts-Markscheider erhielten bis 1866 Gehälter von 2400—2700 M. und wurden dann im Höchstgehalt um 300 M. erhöht. Eine sehr erhebliche Aufbesserung erfuhren sie bei den umfassenden Gehaltserhöhungen des Jahres 1872, nämlich auf 3000 bis 4200 M. Vom 1. April 1897 ab beträgt ihr, seit 1894/95 nach Dienstaltersstufen regulirtes Gehalt 3600—5400 M.

Die Revierbeamten standen zuerst im Mindestgehalt den Kreisrichtern gleich, im Höchstgehalt aber 600 M. hinter ihnen zurück, während noch 1859 die letztere Differenz zu Ungunsten der damaligen Berggeschworenen nur 300 M. betragen hatte. Später blieben die Höchstgehälter der Bergrevierbeamten trotz wiederholter Aufbesserungen hinter denen der Richter erster Instanz noch mehr zurück, seit der Neuorganisation der Gerichte um 1500 M., während ihre Mindestgehälter mit denen der Richter Schritt hielten, seit 1890/91 ihnen mit 3000 M. sogar um 600 M. voraus waren. Durch die letzte Neuregelung der Gehälter der höheren Beamten sind die Revierbeamten —

allerdings unter Wegfall der Dampfkesselprüfungsgebühren, vergl. weiter unten – im Mindestgehalt (3600 M.) den Landräthen gleichgestellt und den Amts- und Landrichtern um 600 M. voraus, während ihr Höchstgehalt mit 6300 M. um 300 M. geringer als das dieser Beamten ist. Die Differenz der Höchstgehälter zwischen Bergrevierbeamten und Richtern beruht auf der Normirung des Höchstgehalts der Letzteren auf 6600 M. durch das Abgeordnetenhaus. Die Regierung hatte Richter und Bergrevierbeamte im Höchstgehalt mit 6300 M. einander gleichstellen wollen, wie dies auch der Bedeutung, Verantwortlichkeit und den körperlichen wie geistigen Anforderungen der Stellung der Revierbeamten entspricht.

Die Revieraufsichtsbeamten, neuerdings „Einfahrer" genannt, sind mit Gehältern von 2000—3400 und 1800—2800 M. theils den oberen Werkbeamten I., theils denen II. Klasse (vergl. unten § 56) gleichgestellt, wie sie ja diesen an Ausbildung gleichstehen sollen.

Das Maximalgehalt der Revierbureau-Assistenten endlich, das bis dahin nur 1800 M. betrug, ist 1897 unter Vermehrung der Dienstaltersstufen von 3 auf 7 um die Hälfte, auf 2700 M. erhöht; damit ist die Möglichkeit gegeben, tüchtige Beamten weit länger als bisher in dieser Stellung zu halten und so erst die mit der Schaffung dieser etatsmässigen Stellen verfolgte Absicht voll zu erreichen.

Zieht man als eine weitere Besoldungsaufbesserung die seit 1. Januar 1873 den etatsmässigen Beamten, soweit sie nicht Dienstwohnungen oder freie Wohnung haben, gewährten Wohnungsgeldzuschüssse (Tit. 6) in Rechnung, so ergiebt sich als Gesammtresultat für die Beamten der Provinzialbehörden der Bergverwaltung, dass das Durchschnittsgehalt für einen Beamten betrug 1859: 2116 M., 1866: 2609 M., 1869: 2639 M., 1879/80: 3690 M., 1891/92: 3789 und 1899: 3771 M.; das Herabgehen des Durchschnittsbetrages im Jahre 1899 hat seinen Grund lediglich in dem Hinzukommen der 50 unter dem Durchschnitt besoldeten Revieraufsichtsbeamten; ohne diese würde sich ein Durchschnittsbetrag von mehr als 4300 M. ergeben. Der gesammte Besoldungsaufwand für die Beamten der Provinzialverwaltung ist in den letzten 30 Jahren auf mehr als das Zweiundeinhalbfache, von rund 536 000 auf 1 380 000 M. gestiegen, die Beamtenzahl dagegen nur von 203 auf 366, also das Einunddreiviertelfache.

Neben ihren solchergestalt aufgebesserten Besoldungen bezieht noch ein nicht unerheblicher Bruchtheil Einnahmen aus Nebenämtern, insbesondere bei Knappschaftskassen, Universitäten, Akademien und Bergschulen, Aichungsämtern u. s. w., nach dem Etat für 1899 insgesammt 57 Beamte 32 789 M. 11 Oberbergwerkssekretäre erhalten für Kassen- und Handelsgeschäfte Stellenzulagen von 300—900 M, zusammen 5 400 M., und den am 1. April

1897 in ihrer derzeitigen Stellung verbliebenen Revierbeamten ist der Bezug von 1/4 der in ihren Revieren aufkommenden, zur Staatskasse vereinnahmten Kesselprüfungsgebühren als nicht pensionsfähige Zulage verblieben. Der Gesammtbetrag dieser Bezüge ist für 1899 im Kap. 20 Tit. 8c mit 25 940 M. ausgebracht. Früher bis zu der Besoldungsaufbesserung von 1897 bezogen die Revierbeamten diese Gebühren ganz, sodass sich nach dem Etat für 1896/97 ihre Einnahme hieraus auf 75 000 M. belief. Mit der Zeit, wenn nämlich keine schon am 1. April 1897 in dieser ihrer Stellung befindlich gewesenen Revierbeamten mehr vorhanden sein werden, wird jene Ausgabe wegfallen und die Gebühreneinnahme (Kap. 9 Tit. 15), welche sich 1899 auf 122 565 M. beziffert, ganz dem Staate verbleiben.

Dienstwohnungen haben ausser 11 Kanzleidienern zur Zeit nur 8 Beamte.

§ 23. Von den sonstigen Ausgaben des Kap. 20 kommen die in den Tit. 8—8b ausgebrachten Remunerations- und Unterstützungsfonds, bezüglich deren Verwendung die im § 49 des ersten Buches dargelegten Grundsätze Anwendung finden, mit zur Zeit 19 500 M., ferner die im Tit. 9 für Tagegelder, Reise- und Umzugskosten ausgeworfenen 293 100 M. und die aus Tit. 10 zu bestreitenden Aszendentenrenten, Heilungskosten und Sterbegelder auf Grund des Unfallfürsorgegesetzes (vergl. oben I. Buch § 46)[1]) ebenfalls den Beamten oder ihren Angehörigen zu Gute.

Der Haupttheil des Tit. 10 dient zur Bestreitung der Bureaukosten, Unterhaltung der Sammlungen und zu den verschiedenartigen Lasten und Abgaben, wie Wasserzinse, Kanalisations- und andere für die Dienstgebäude an die Gemeinden zu entrichtenden Beiträge und Gebühren, Gemeindesteuern für Dienstwohnungen u. s. w., während für die bauliche Unterhaltung der Dienstgebäude in Tit. 11 ein besonderer 1899 mit 25 020 M. dotirter Fonds ausgebracht ist.

Von diesen Fonds hat eine auffallende Veränderung seines Betrages in den letzten Jahrzehnten nur Tit. 9 erfahren, indem 1899 die bis dahin aus Kap. 22 Tit. 9 bestrittenen Umzugskosten mit 11 000 M. ihm zugewiesen sind; ausserdem machte die starke Vermehrung der Beamten eine Erhöhung nöthig.

Wenn auch nicht gegen frühere Zeiten, so doch gegen 1898/89 ungewöhnlich gesteigerte Forderungen stellt der Etat für 1899 für Hülfsarbeiter und Stellvertreter von Beamten (Tit. 7). Indess ist die Mehrforderung von 80 750 M. zum grössten Theil, nämlich mit 52 000 M. nur eine scheinbare, da dieser Betrag, der die Vergütungen für Hülfsarbeiter im höheren technischen Dienst und die Stellvertretungskosten derselben enthält, in Folge der andern Anordnung des Etats von Kap. 22 Tit. 8 hierher übernommen ist. Im Uebrigen entspringt sie dem Bedürfniss immer intensiverer Bergpolizeiaufsicht.

Die gesammten im Kapitel 20 erscheinenden Ausgaben für die Provinzialaufsichtsbehörden haben infolge der im Vorangegangenen erörterterten Momente natürlich stark zunehmen müssen, und wenn

---

[1]) Bezüglich der Pensionen, gesetzlichen Wittwen- und Waisengelder gilt sinngemäss das im I. Buch § 46 Bemerkte.

sie mit rund 2079000 M. mehr als das Doppelte des Betrages von **1869 und ca. $^3/_5$ mehr als 1879/80 und noch 1889/90 ausmachen, so ist** das nicht auffallend.

III. Kapitel.

Die Berggewerbegerichte.

(Staatshaushaltsetat Kap. 22 Tit. 5 der Ausgabe, Kap. 9 Tit. 18 der Einnahme.)

§ 24. Mit den Kosten der Aufsichtsbehörden im nahen Zusammenhange stehen die erst in neuester Zeit entstandenen der Berggewerbegerichte.

Durch Reichsgesetz vom 29. Juli 1890 (R.-G.-Bl. S. 141) ist für die Entscheidung von — im Gesetz im Einzelnen aufgeführten — gewerblichen Streitigkeiten zwischen Arbeitern einerseits und ihren Arbeitgebern andererseits sowie zwischen Arbeitern desselben Arbeitgebers die Errichtung von Gewerbegerichten zugelassen, ohne dass durch die Zuständigkeit des Gewerbegerichts die des ordentlichen Gerichts ausgeschlossen wird. Die Errichtung kann entweder für alle oder für bestimmte Arten von Gewerbebetrieben eines gewissen Bezirkes erfolgen und hängt im Allgemeinen von der Entschliessung der Kommunalverbände ab; unter gewissen Voraussetzungen, für Bergwerke, Salinen, Aufbereitungsanstalten und unterirdisch betriebene Brüche und Gruben („Berggewerbegerichte") auch ohne diese Voraussetzungen, kann die Landes-Centralbehörde die Errichtung verfügen. Die Gewerbegerichte bestehen aus einem ernannten Vorsitzenden und mindestens 4 je zur Hälfte von den Arbeitern und den Arbeitgebern aus ihrer Mitte gewählten Beisitzern; das Gericht kann in mehrere Abtheilungen zerlegt werden, in welchem Falle mehrere Vorsitzende bestellt werden können. Bei jedem Gewerbegerichte wird eine Gerichtsschreiberei eingerichtet. Das Verfahren ist das dem Zweck entsprechend vereinfachte amtsgerichtliche. Die durch die Einnahmen nicht gedeckten Kosten sind von den Kommunalverbänden, für durch Anordnung der Landes-Centralbehörde errichtete Berggewerbegerichte aber vom Staat zu tragen. Die Einnahmen bestehen im Wesentlichen aus den dem Zwecke der Gewerbegerichte gemäss sehr niedrig bemessenen einmaligen Gebühren für die Verhandlung des Rechtsstreits und dem Ersatz baarer Auslagen. Die Rechtsmittel gehen an die ordentlichen Gerichte, denen auch die nach den für sie massgebenden Vorschriften sich richtenden Kosten der Rechtsmittel zufliessen.

In Preussen ist nun von der Befugniss der Zentralbehörde Gebrauch gemacht und die Errichtung von 5 Berggewerbegerichten mit dem Sitz in Beuthen O.-S., Waldenburg i. Schl., Dortmund, Saarbrücken und Aachen erfolgt. Bei jedem dieser Gerichte wurde eine entsprechende Anzahl von Kammern, im Ganzen 32 errichtet, und zwar an den Amtssitzen der — ohne besondere Vergütung — mit dem Vorsitz betrauten Revierbeamten. Als Kosten dieser Gerichte wurden im Etat für 1893/94 in Ansatz gebracht 58 500 M., von denen gerechnet wurden 13 700 M. auf Remunerirung von Gerichtsschreibern, Rendanten und Gerichtsdienern sowie Dolmetschergebühren, 9100 M. für Miethen bezw. Mitbenutzungsentschädigungen für die Lokale, 2000 M. für Unterhaltung der Räume und des Inventars, 10 000 M. für Bureaubedürfnisse, 3200 M. für Zustellungskosten, 12 500 M. für Gebühren der Beisitzer und 8000 M. für Zeugen- und Sachverständigengebühren. Die Einnahmen wurden auf 8000 M. veranschlagt. Wie man sich von der Wirksamkeit der Gewerbegerichte wohl übertriebenen Erwartungen hingab, so zeigte sich auch diese Veranschlagung der Ausgaben und Einnahmen der Berggewerbegerichte als viel zu hoch gegriffen. Im Etat für 1897/98 wurde daher der Ansatz jener auf 14 700, dieser auf 490 M. ermässigt. In den beiden nächsten Jahren ist er dann wieder etwas erhöht worden, zuletzt bei den Ausgaben auf 18 552, bei den Einnahmen auf 710 M. Namentlich in den somit hinter den ersten Erwerbungen um mehr als 90 Proz. zurückbleibenden Solleinnahmen spiegelt sich die geringe Inanspruchnahme der Berggewerbegerichte.

Eine einigermassen unerhebliche Thätigkeit hat bisher nur das Gericht in Dortmund zu verzeichnen gehabt, bei dem im Jahre 1897 387 Streitsachen anhängig waren; bei den übrigen betrug die Zahl der Streitsachen in diesem Jahre: Beuthen 25, Waldenburg 1, Saarbrücken 2, Aachen 0. Im Jahre zuvor waren die Zahlen 223, 26, 4, 1 und 0.

IV. Kapitel.

Das bergtechnische Unterrichtswesen.

(Staatshaushaltsetat Kap. 21 und 22 Tit. 2 der Ausgabe, Kap. 9 Tit. 20 der Einnahme.)

§ 25. Die theoretische Ausbildung der höheren technischen Bergbeamten Preussens erfolgte im Anfang des 19. Jahrhunderts durch das „Haupt-Bergeleveninstitut“ in Berlin, später, nachdem dieses aufgehoben war, auf den Universitäten. Während Sachsen bereits seit 1765 die Bergakademie in Freiberg, Hannover seit 1811 diejenige in Clausthal, wenn auch bis 1864 noch nicht unter dem Namen „Akademie“ besass, errichtete Preussen eine solche Anstalt, die Bergakademie in Berlin, erst 1860. Mit der Einverleibung Hannovers übernahm es dann diejenige in Clausthal. Ausserdem erstreckt sich bei der technischen Hochschule in Aachen die Abtheilung für Chemie und Hüttenkunde auch auf den Bergbau, sodass also in Preussen jetzt 3 bergtechnische höhere Lehranstalten zur Verfügung stehen.

Mit der Bergakademie in Berlin ist seit 1875 (Erl. v. 6. März 1875, Zeitschr. f. Berg-, Hütten- und Salinenwesen Bd. XXIII S. 30) die „Geologische Landesanstalt“ verbunden, deren Zweck ist, die geologische Untersuchung des Staatsgebiets auszuführen und die Ergebnisse derselben in solcher Weise zu bearbeiten, dass sie für die Wissenschaft wie für die wirthschaftlichen Interessen des Landes allgemein zugänglich und nutzbringend werden. An ihrer Spitze stehen zwei vom König ernannte Direktoren, deren einer Direktor der Bergakademie ist. Die Mitglieder führen die Bezeichnung „Landesgeologen" oder „Bezirksgeologen"; ausser diesen, deren Zahl gegenwärtig 10 bezw. 6 beträgt, sind an der Anstalt als pensionsberechtigte Staatsbeamte 3 Chemiker angestellt.

Der Lehrplan der Berliner Bergakademie umfasst nach dem Statut v. 8. April 1875 31 Lehrfächer, darunter ausser den eigentlichen berg-, hütten- und salinentechnischen auch die einschlägigen Zweige der Geometrie, höheren Arithmetik, der Naturwissenschaften, Maschinenkunde, Zeichnen und Bergrecht. Der Unterricht ist auf einen dreijährigen Lehrgang berechnet und wird in Form von Vorlesungen ertheilt, die in der Regel in jährigen Lehrkursen gehalten werden, und an die sich praktische Uebungen schliessen. Die Lehrer sind theils ordentliche, die vom Minister angestellt werden, theils ausserordentliche, gegen Honorarbewilligung unter Vorbehalt des Widerrufs mit einzelnen Vorträgen beauftragte. Zu den ordentlichen Lehrern gehören auch die Landesgeologen, sofern sie mit Vorträgen beauftragt werden. Ausserdem kann der Direktor zur Hülfeleistung Assistenten annehmen und geeigneten Personen das Halten bestimmter Vorlesungen gestatten. Der Direktor wird vom König ernannt, nicht, wie bei den Universitäten und technischen Hochschulen, für eine bestimmte Zeitdauer vom Lehrkörper gewählt. Zur Zeit besteht der Lehrkörper, ausschliesslich des Direktors und der Landesgeologen, aber einschliesslich des zweiten Direktors der geologischen Landesanstalt, aus 9 Professoren; drei dieser Professuren sind erst nach 1892/93 errichtet. Einer der Professoren ist zugleich Direktor der seit 1880 mit der Akademie bezw. geologischen Landesanstalt verbundenen chemisch-technischen Versuchsanstalt, welche die Aufgabe hat, an Eisen, andern Metallen und Materialien Versuche im allgemeinen wissenschaftlichen und öffentlichen Interesse anzustellen und auf Grund von Aufträgen der Behörden und Privaten chemische Prüfungen auszuführen. Mit der Stellvertretung des Direktors dieser Anstalt ist ein besonderer Beamter, Chemiker, betraut.

Ausser diesen Beamten sind bei der Berliner Akademie und den beiden mit ihr verbundenen Anstalten zur Zeit noch 1 Bibliothekar, der zu den höheren Beamten gehört, 1 Rendant, 1 Kulturtechniker, 3 Sekretäre und Kalkulatoren, 3 Zeichner, 1 Kanzlist und 8 Unterbeamte etatsmässig angestellt.

Das für die Berliner Anstalten gemeinsame Kuratorium besteht aus 5 vom Minister berufenen Mitgliedern.

Zum Besuche der Akademie berechtigt sind ausser den sich für den Staatsdienst im Bergfach ausbildenden Bergbaubeflissenen auch die Studirenden deutscher Universitäten, technischer Hochschulen und der Bergakademie in Clausthal; andern Personen kann vom Direktor der Besuch einzelner Vorlesungen und Uebungen gestattet werden. Beim Abgange können die Studirenden ein Zeugniss verlangen, nach zurückgelegter Studienzeit eine Prüfung ablegen. Für den Besuch der Vorlesungen sind für das Semester 3 M. für jede Wochenstunde jeder belegten Vorlesung, also für wöchentlich zweistündige 6 M. u. s. w., für Besuch des Probirlaboratoriums 4,5 M., für den chemischer Laboratorien je nach Art der Uebungen im Winter 60 oder 24, im Sommer 45 oder 24 M. zu entrichten.

Die Akademie in Clausthal, welche mit ähnlichen Anstalten wie die Berliner nicht, wohl aber mit einer Bergschule und Bergvorschulen verbunden ist, hat im Wesentlichen eine ähnliche Organisation wie die Berliner. Die Zahl der Lehrfächer ist aber eine beschränktere. Diejenige der Lehrer beträgt zur Zeit einschliesslich derjenigen der Bergschule und des Direktors 9; ausserdem werden nach Bedarf Beamte des Oberbergamts und der Staatswerke zur Ertheilung des Unterrichts herangezogen. An sonstigen Beamten sind 1 Verwaltungsbeamter und 1 Modellmeister und Akademiewart angestellt.

Die Frequenz der beiden Akademien hat betragen:

Berlin				Clausthal			
Sommer-Semester		Winter-Semester		Sommer-Semester		Winter-Semester	
1886:	117	1886/7:	145	1886:	94	1886/7:	81
1887:	120	1887/8:	140	1887:	84	1887/8:	82
1888:	101	1888/9:	107	1888:	95	1888/9:	98
1889:	97	1889/90:	105	1889:	103	1889/90:	115
1890:	92	1890/1:	104	1890:	121	1890/1:	121
1891:	94	1891/2:	114	1891:	122	1891/2:	131
1892:	104	1892/3:	108	1892:	118	1892/3:	124
1893:	83	1893/4:	119	1893:	119	1893/4:	126
1894:	96	1894/5:	142	1894:	116	1894/5:	130
1895:	104	1895/6:	138	1895:	125	1895/6:	136
1896:	129	1896/7:	145	1896:	137	1896/7:	142
1897:	126	1897/8:	136	1897:	162	1897/8:	165
1898:	126	1898/9:	194	1898:	162	1898/9:	190
1899:	142	1899/1900:	192	1899:	238	1899/1900:	235

§ 26. Der Vorbildung der mittleren und untern technischen Gruben-, Salinen-, theilweise auch Hüttenbeamten und der Markscheider dienen die Bergschulen mit ihren Vorschulen, ohne dass jedoch die Anstellung jener Beamten obligatorisch an die Vorbildung gerade durch Besuch einer solchen Schule geknüpft wäre. Staatliche Anstalten sind von den in Preussen vorhandenen — 1897 zehn — Bergschulen nur die schon erwähnte in Clausthal und diejenige in Saarbrücken, während zu einzelnen andern der Staat Zuschüsse leistet. Gegenstände des Unterrichts pflegen zu sein Plan-, Bau- und Maschinenzeichnen, Schönschreiben, deutsche Sprache und Stil, Rechnen einschliesslich der Anfangsgründe der Algebra, Geometrie und Trigonometrie, Feldmessen, Markscheide- und Bergbaukunst, nebenher das Erforderliche aus der Statik, Hydrostatik, Hydraulik und Chemie, Gebirgslehre, zuweilen, u. a. auch bei den beiden Staatsanstalten, die Anfangsgründe der Chemie, Physik, Maschinen- und Baukunde, ferner Gesetzeskunde, Grubenrechnungswesen und in Clausthal auch Hüttenkunde. Der eigentliche Bergschulkursus ist in der Regel zweijährig, je ein Jahr in einer Unter- und einer Oberklasse. Daneben besteht bei einzelnen Schulen, auch in Clausthal und Saarbrücken, eine besondere Markscheider-Fachklasse. Zur Vervollkommnung der häufig sehr mangelhaften elementaren Vorbildung dienen Bergvorschulen, deren Clausthal eine, Saarbrücken zwei, in Neunkirchen und Louisenthal, besitzen; die beiden letztern gehen über den Zweck blosser Vorschulen hinaus, indem sie auch technische Fächer berücksichtigen und die nöthige Vorbildung für die untern Werksbeamtenstellen vermitteln. Vorbedingung für den Besuch ist eine praktische Beschäftigung von gewisser Dauer, und auch während des Schulbesuchs haben die Schüler praktisch zu arbeiten. Der Unterricht pflegt unentgeltlich zu sein, doch an einzelnen, auch den staatlichen Schulen mit der Massgabe, dass von bemittelten Schülern ein bestimmtes Honorar gefordert werden kann. Andererseits erhalten Unbemittelte auch Beihülfen für den Besuch der Schulen. Der Unterricht an den staatlichen Schulen in Saarbrücken wird z. Z. von einem Direktor und einem Lehrer an der Hauptschule, 2 Hauptlehrern an den Vorschulen, im übrigen von nebenamtlich beschäftigten Lehrkräften ertheilt, während in Clausthal der Lehrkörper für Akademie und Bergschule nicht organisatorisch getrennt ist. Neben den Direktoren bestehen Kuratorien, in Clausthal ebenfalls gemeinsam für Schule und Akademie.

Die zur Zeit bestehenden nicht staatlichen Bergschulen sind Tarnowitz und Waldenburg, diese mit (1897) 5 Vorschulen, Eisleben mit 3 Vorschulen, Bochum mit 15 Vorschulen, Essen, Siegen mit 1 Vorschule, Dillenburg und Bardenberg bei Aachen mit 3 Vorschulen, endlich die Berg- Vor- und Steigerschule in Wetzlar. Die Besuchsziffer betrug im Jahre 1897 bei den

	Bergschulen	Vorschulen
Clausthal	20	15
Saarbrücken	7	45
Tarnowitz	48	—
Waldenburg	23	110
Eisleben	36	34
Bochum	275	473
Essen	30	—
Siegen	35	15
Dillenburg	24	—
Bardenberg	25	45
Wetzlar	—	14
zusammen	523	751

Staatszuschüsse erhalten Eisleben, Siegen und Dillenburg, die beiden Ersteren aus Kap. 22 Tit. 2, Letztere 1 050 M aus Fonds der Dillenburger Eisenerzbergwerke. Im Uebrigen werden die Schulen von Bergbauhilfskassen, Gewerkschaftskassen, den betheiligten Werksbesitzern, Dillenburg auch aus städtischen und kommunalständischen Mitteln erhalten.

§ 27. Von den Ausgaben des Staates für die Anstalten in Berlin, Clausthal und Saarbrücken entfällt der grösste Theil auf die an denselben als Lehrer oder in sonstiger Eigenschaft angestellten Beamten. Der Direktor in Berlin erhält ein Einheitsgehalt von 10 000 M., während derjenige in Clausthal den Oberbergräthen gleichsteht, derjenige der Saarbrückener Schule von 3 zu 3 Jahren von 3600 auf 4200, 4700, 5200 und 5700 M. aufrückt. Für die Professoren in Berlin einschliesslich des zweiten Direktors der geologischen Lehranstalt ist wie für die Universitätsprofessoren im Etat nur ein Durchschnittsgehalt und zwar von 6500 M. bestimmt, um die Regulirung von Fall zu Fall zu ermöglichen. Dagegen erhalten die Landesgeologen, die Bezirksgeologen und Chemiker sowie die Professoren in Clausthal, wie die Mehrzahl der Beamten bei wissenschaftlichen und Schulinstituten, auch jetzt noch aufsteigende Gehälter ohne bestimmte Dienstaltersstufen, nämlich die Landesgeologen 4200—7200, im Durchschnitt 5700 M. die Bezirksgeologen und Chemiker 2400—4000 M., im Durchschnitt 3200 M., die Professoren in Clausthal 3800—6600 M., im Durchschnitt 5200 M. Der nicht zu den Professoren gehörige Lehrer bei der Bergschule in Clausthal und die beiden Hauptlehrer bei den Vorschulen in Neunkirchen und Louisenthal steigen wie die technischen, Elementar- und Vorschullehrer an höheren Lehranstalten von 1500 M. in 27 Jahren 3 Mal um 200 und 6 Mal um je 150 Mk. bis auf 3000 M., während der Stellvertreter des Direktors der chemisch-technischen Versuchsanstalt und ein Lehrer an der Bergschule in Saarbrücken (3000 bis 4200 M.), den Betriebsinspektoren bei den Staatswerken, Bibliothekar, Verwaltungsbeamte und Zeichner (1800 bis 4200 M. — die gegenwärtigen Stelleninhaber erhalten noch 2100—4800 M.), den Oberbergamtssekretären, der Modellmeister und Akademiewart in Clausthal (1200—2000 M.), den mittleren Werksbeamten II. Klasse, der Kanzlist (1650—2700 M.) und die Unterbeamten (1000—1500 M.), den gleichen Beamten bei den Oberbergämtern gleichgestellt sind (vergl. Anlage XXVIIIb).

An den Besoldungsaufbesserungen der letzten Jahre haben fast alle Beamten der Lehranstalten in mehr oder minder reichlicherem Masse theilgenommen; im Jahre 1889/90 betrugen die Besoldungen bei den Berliner Anstalten: Direktoren 9000 und 5400 M., Lehrer 4950, 4500, 3450 M., „ständige Geologen“ 4200—4800, Bezirksgeologen 2400—3000, Verwaltungsbeamte und Zeichner 2100—4200, Unterbeamte 960—1200 M.; in Clausthal Direktor 5100, Lehrer 3300—4500 und 2100 M.; in Saarbrücken Direktor 3600—4800, Lehrer 3000 und 2400 M.

Ausser dem Gehalt beziehen sämmtliche Beamte, soweit sie nicht, wie z. Z. der eine Direktor und 4 Unterbeamte in Berlin, der Modellmeister in Clausthal, der Direktor der Bergschule in Saarbrücken und die beiden Hauptlehrer der dortigen Vorschulen, sich im Genusse einer Dienstwohnung befinden, den gesetzlichen Wohnungsgeldzuschuss.

Die Dozenten an den beiden Akademien erhalten ferner $^1/_4$ der — zur Staatskasse fliessenden — Vorlesungsgebühren; vor der Gehaltsregulierung von 1897 betrug ihr Antheil an denselben sogar $^2/_3$ der Gebühren für eigentliche Vorlesungen und $^1/_3$ derjenigen für praktische Uebungen in den Laboratorien. Endlich bezieht der das Direktorat der chemisch-technischen Versuchsanstalt führende Professor hierfür 1 500 M., der Hauptlehrer bei der einen Vorschule der Saarbrücker Bergschule als Hülfslehrer 300 M. und aus nicht bergfiskalischen Fonds ein Professor in Berlin als Mitglied der technischen Deputation für Gewerbe, für Unterricht an der technischen Hochschule und vom Reichs-Patentamt zusammen 6 400 M., ein anderer von der technischen Hochschule und dem Patentamt 6 600 M.

Der Gesammtbetrag der Besoldungen (Kap. 21 Tit. 1 des Etats) beläuft sich 1899 einschliesslich 1210 M. für dieses Jahr in den Fonds des Finanzministeriums erscheinenden Mehrbedarfs für die Besoldungsaufbesserungen auf 268 120 M.; dazu kommen für Wohnungsgeldzuschüsse (Tit. 2 a. a. O.) 37 560 M., Antheil der Dozenten an den Kollegiengeldern (Tit. 3 a. a. O.) 10 270 und Vergütungen für Hülfsbeamte, Hülfslehrer und Stellvertreter 96 780 M. Die Besoldungen einschliesslich der Wohnungsgeldzuschüsse sind infolge Vermehrung der Beamtenzahl, namentlich aber durch die Gehaltserhöhungen seit 1889/90 um 118 390 M. = ca. 63 Proz., seit 1879/80 um 151 510 M. oder fast 100 Proz. gestiegen, während 1869 die Gehälter und Honorare der Lehrer zusammen nur 57 396 M. betrugen. (Vergl. Anlage XXVII. Bis zum Jahre 1873 erschienen im Staatshaushaltsetat nur die durch Einnahmen nicht gedeckten Zuschüsse zu den Anstalten, nicht deren vollständige Ausgaben und Einnahmen.) Der naturgemäss mit der Zahl der Studirenden und der Vorlesungen schwankende Antheil an den Kollegiengelder ist ebenfalls bis 1896/97, wenn man längere Zeiträume in Betracht zieht, fortgesetzt gestiegen. Im Etat für 1897/98 erscheint zwar der bis dahin höchste Betrag von 19 270 M.; da aber am 1. April 1897 die erwähnte Verminderung der Antheil von $^2/_3$ bezw. $^1/_3$ auf $^1/_4$ in Kraft trat, sind hiervon nach der Bemerkung zu der entsprechenden Position der Besoldungsvorlage ca. 4000 M. in Abrechnung zu bringen.

Ausser den für die Besoldung der etatsmässigen Lehrer und Beamten ausgeworfenen Fonds stehen in dem Titel 4 sehr erhebliche Mittel zur Honorirung ausseretatsmässiger zur Verfügung, die hauptsächlich zu Pauschalvergütungen für Hülfsgeologen, Hülfschemiker, Kulturtechniker, Hülfsarbeiter bei der chemisch-technischen Versuchsanstalt und in geringerem Umfange für Hülfslehrer Verwendung finden. Allerdings hat der Titel, wie Anlage XXVII ergiebt, in den beiden Jahren 1898/99 und 1899 gegen die Vorjahre eine Verminderung um ca. 10 000 M., von in der Regel 104 000—108 000 auf 93 000 bezw. 96 000 M. erfahren; aber diese Verminderung ist nur eine scheinbare, indem mit Durchführung der Besoldungsaufbesserung die seit 1886/87 aus ihm an etatsmässig angestellte tüchtige Geologen und Lehrkräfte zu gewährenden Besoldungszuschüsse, für die 15 000 M. bestimmt waren, in Wegfall gekommen sind. Trotzdem, und obwohl in der Zwischenzeit die etatsmässigen Stellen beträchtlich vermehrt sind, beläuft sich der Titel noch jetzt auf mehr als das Doppelte wie Anfangs der 80er Jahre. Hauptsächlich entsprang die seitdem erfolgte Steigerung dem Wunsche nach einer im Interesse der Land- und Forstwirthschaft liegenden Beschleunigung der unter Zuziehung von Kulturtechnikern auszuführenden geologisch-agronomischen Landesaufnahme; zu diesem Behufe wurden namentlich in den Jahren 1883/84, 1884/85, 1885/86 und 1887/88 die Arbeitskräfte bedeutend verstärkt. Die Vergütung derselben erfolgt in fixirten Remunerationen und — aus Titel 6 zu bestreitenden — Tagegeldern.

§ 28. Die übrigen Titel des Kap. 21 sind mit Ausnahme des 1899 mit 14 950 M. dotirten Titels 9 „Zur Unterhaltung der Dienstgebäude" in dem Etat für 1899 in formeller Beziehung durch die schon erwähnte andere Gruppirung des Etats mehr oder minder tiefgreifenden Umgestaltungen unterzogen worden.

Dem Titel 6, „Tagegelder und Reisekosten", sind die bisher wie für die übrigen Beamten der Berg- etc. Verwaltung aus einem nun aufgelösten Titel des Kap. 22 zu bestreitenden Umzugskosten zugewiesen worden. Doch hat derselbe mit Rücksicht hierauf keine Verstärkung erfahren. Die 1899 eingetretene Erhöhung von 61 700 auf 88 000 M. hat vielmehr ebenso wie die meisten früheren ihren Anlass in der Förderung der geologischen Landesaufnahme. Da er ganz überwiegend dieser dient, die Aufnahmen an Ort und Stelle nöthig macht, für die nicht nur an die Geologen und Kulturtechniker, sondern auch an die untergeordneten Hülfskräfte, wie Instrumententräger u. s. w. Tagegelder und Reisekosten zu gewähren sind, so erklärt sich die sonst im Verhältniss zur Beamtenzahl auffällige Höhe der Ausgaben.

Die Titel 5 und 7 waren bis 1899 in einem Titel unter der Bezeichnung „Zu Unterstützungen und Prämien für die Schüler sowie zu Unterstützungen für die Beamten, für die Lehrer der Saarbrücker Bergschule und für das Dienstpersonal, desgleichen zu Beihülfen an Dozenten der vereinigten Bergakademie und Bergschule zu Clausthal" vereinigt und zuletzt, nachdem sie in den 70er und 80er Jahren mit 12—15 000 M. dotirt, dann aber hauptsächlich wegen Vermehrung der Schülerzahl in Saarbrücken bis auf 26 700 M. erhöht waren, auf 22 620 M. normirt. Im Etat für 1899 wurden die bisher schon für Unterstützungen und Remunerationen — bezüglich deren Verwendung die im § 49 des I. Buches besprochenen Grundsätze Anwendung finden — bestimmten 2500 M. ausgeschieden, der für die Schüler verbleibende Rest aber wegen weiterer Erhöhung der Schülerzahl in Saarbrücken auf 29 550 M. erhöht.

Der den Tit. 9 des Kap. 19 und 10 des Kap. 20 entsprechende Tit 8. ist 1899 mit 92 230 M. ausgestattet. Bis dahin waren seine Ausgaben in den Titeln „Zur Beschaffung der Sammlungen, Lehrmittel und Apparate“ (1898/99 : 45 050 M.), „Für Beaufsichtigung, Heizung, Beleuchtung etc. der Gebäude, Anschaffung und Unterhaltung des Mobiliars und der Utensilien, zu Lasten und Abgaben, sowie zu Ausgaben auf Grund des Gesetzes über die Invaliditäts- und Altersversicherung“ (1898/99 : 34 030 M.) vertheilt. Ausser ihnen hat der neue Titel auch die bisher im Tit. 10 neben den Kosten geologischer Karten verrechneten „Verwaltungskosten“ und einige Ausgaben von Tit. 4 übernehmen müssen. Nach den Ansätzen von 1898/99 hätte er sich auf 94 920 M. belaufen müssen; es ist also hier eine kleine Ersparniss eingetreten. Weist er trotzdem schon eine verhältnissmässig erhebliche, durch die Kosten der werthvollen Sammlungen, Lehrmittel und Apparate erklärte Höhe auf, so treten ihm aber als verwandte Ausgaben noch hinzu die in Tit. 10 verrechneten 70 000 M. für geologische Karten, Abhandlungen und Jahrbücher, denen allerdings eine nicht unerhebliche Einnahme aus dem Absatz geologischer Karten gegenüber steht.

Ersparnisse des Tit. 10 können wie solche an den Tit. 5 und 7 in den folgenden Jahren verwendet werden.

Allen diesen einschliesslich des kleinen Tit. 11 nach dem Etat für 1899 sich auf 709 250 M. belaufenden Ausgaben für die bergtechnischen Lehranstalten sind nun noch hinzuzurechnen die in dem Kap. 22 „Sonstige Verwaltungs- und Betriebsausgaben“ unter Tit. 2 nachgewiesenen Zuschüsse zu nicht staatlichen Bergschulen, von deren sich 1899 auf 20 106 M. belaufenden Gesammtbetrage aber nur 12 350 M. für die Bergschule in Eisleben und deren Vorschulen, 3600 M. für die Bergschule in Siegen zur Verausgabung gelangen sollen.

Der jetzt die Bezeichnung „Zuschüsse zu nicht staatlichen Bergschulen“ führende Titel hat im Laufe der Zeit mehrfache Wandlungen durchgemacht. Ursprünglich war der Titel nur zu Beihülfen für bergtechnische Schulen und an Personen, die zu Beamten oder Arbeitern ausgebildet werden sollten oder sich als solche fortbildeten, einschliesslich Reiseunterstützungen bestimmt. Später, mit Zunahme der Fürsorge für die Arbeiterwohlfahrt, kamen dann nach und nach Ausgaben für Fortbildungsschulen, Kleinkinderschulen, Industrieschulen und Arbeiter-Lesevereine hinzu, und allmählich erlangten diese Ausgaben das Uebergewicht über die Zuschüsse zu den bergtechnischen Schulen, die auch in der bis 1899 angewendeten Titelbezeichnung „Unterstützungen und Unterrichtskosten für Zöglinge, welche zu Beamten und Arbeitern herangebildet werden; ferner zur Unterstützung von Fortbildungs-, Industrie- und Kleinkinderschulen, sowie von Lesevereinen für die Arbeiter“ gar nicht einmal deutliche Erwähnung fanden. Insbesondere mussten 1884/85 die bisher aus Mitteln der Knappschaftskasse der Saarbrücker Werke unterhaltenen Industrie- und Kleinkinderschulen wegen Unzulänglichkeit der Mittel dieser Kasse auf Staatsfonds übernommen werden, und die starke Erhöhung des Fonds im Jahre 1891/92 erfolgte für ähnliche Zwecke. Im Etat für 1893/94 wurden ihm sodann 28 449 M. zur Last gelegt, die bis dahin für die Zwecke, denen der Fonds diente, unter den Betriebsausgaben einzelner Staatswerke figurirt hatten. Im Etat für 1899 hat sich nun eine dem gerade entgegengesetzte Umgestaltung vollzogen, indem die ganzen nicht für Zuschüsse zu nicht staatlichen Bergschulen bestimmten Ausgaben dem Tit. 2 Kap. 22 abgenommen und auf die Etats der betreffenden Staatswerke übertragen wurden. Nicht nur dem Tit. 2 abgenommen, sondern völlig aus dem Etat ausgeschieden wurden die Zuschüsse, welche für die Staatswerke an die Kasse der Bergakademie und Bergschule in Clausthal zu leisten sind und die bisher wie hier unter den Ausgaben, so im Kap. 9 Tit 20 unter den Einnahmen der gedachten Anstalten erschienen (vergl. unten § 29).

Lässt man diese somit für eine Vergleichung der verschiedenen Jahre nicht brauchbaren Ausgabetitel ausser Betracht, so ergiebt sich für die Ausgaben für das bergtechnische Unterrichtswesen seit 1874 folgende Skala in Tausenden von Mark:

1874	1879/80	1884/85	1889/90	1894/95	1899
229,3	393,7	453,4	519,9	560,6	709,2

also in einem Vierteljahrhundert eine Steigerung um mehr als das Doppelte und innerhalb der letzten 10 Jahre um nahezu 40, innerhalb der letzten 5 Jahre um mehr als 25 Prozent.

§ 29. Diesen Ausgaben gegenüber stehen die schon erwähnten Einnahmen in Kap. 9 Tit. 20. Bei der geologischen Landesanstalt und Bergakademie in Berlin bestehen dieselben im Wesentlichen aus Kollegiengeldern, den Einnahmen aus dem Vertrieb der geologischen Karten und von Abhandlungen sowie aus den Gebühreneinnahmen für die von der chemisch-technischen Versuchsanstalt für Private ausgeführten Arbeiten, wozu dann noch die von den Inhabern von Dienstwohnungen zu leistenden Abgaben, z. B. für Anschluss an die elektrische Beleuchtung, ferner unter Umständen Miethen für Wohnungen, Erlöse für verkaufte Gegenstände u. a. m. treten. Von dem Etatsansatz für 1899 entfallen auf Kollegiengelder 16 000, geologische Karten u. s. w. 6700, Analysen der chemisch-technischen Versuchsanstalt und des Probirlaboratoriums 13 500 M. Die Einnahmen der Bergakademie und Bergschule in Clausthal bestehen zunächst ebenfalls aus Kollegien- und Schulgeldern und ökonomischen Nutzungen, namentlich aber aus den zur Unterhaltung der Anstalten statutenmässig zu leistenden Beiträgen. Die Unterhaltungskosten sind nämlich zur einen Hälfte aus allgemeinen Staatsfonds und von der Clausthaler Bergbaukasse — und zwar von dieser auf Höhe der durch die akademischen Einrichtungen entstehenden Kosten —, zur anderen Hälfte vom Staate als Eigenthümer der fiskalischen Werke, von den dem

Bergschulverein beigetretenen Gewerkschaften und von den Besitzern der Privat- und Gemeinschaftswerke am Unterharz und bei Obernkirchen zu tragen. Die Vertheilung dieser letzteren Hälfte erfolgt nach der Förderung. Im Tit. 20 des Etats erschien bisher diese letztere Hälfte ganz und von der ersteren der Antheil der Bergbaukasse; erst seit 1899 wird der Antheil der Staatswerke, der, da er entsprechend in Ausgabe gestellt war, im Staatshaushaltsetat nur die Bedeutung eines durchlaufenden Postens hatte, in Einnahme und Ausgabe nicht mehr geführt.

Dieser Aufbringung der Kosten entsprechend werden von den 7 Mitgliedern des Clausthaler Schulkuratoriums 2 aus der Reihe der Privat-Bergwerksbesitzer von diesen gewählt, eins von den Inhabern der Gemeinschaftswerke ernannt, und nur die übrigen 4, nämlich der Berghauptmann, der Direktor der Anstalten, ein Mitglied des Oberbergamts und ein Direktor eines fiskalischen Werkes werden vom Preussischen Staate allein abgeordnet.

Die Clausthaler Bergbaukasse wurde 1703 gegründet, um Bergbauversuche zu treiben, grössere Anlagen zum Nutzen des gesammten Bergbaues zu unterstützen und besonders Zubusskuxe an hoffnungsvollen Gruben mitzubauen. Ihre Speisung erfolgte durch eine in den Oberharzischen Gemeinden erhobene Abgabe auf Wein, Bier und Branntwein.[1]) Einen andern reichen Gewinn brachten ihr ihre Kuxe, insbesondere der Gruben „Dorothea" und „Carolina." Die Accise blieb bestehen, bis im Jahre 1834 der bislang nach den Bergfreiheiten steuerfreie Harz den Hannoverschen Steuern unterworfen wurde. Die Zinsen des Vermögens der Kasse finden hauptsächlich in der oben erwähnten Weise für Clausthaler Lehranstalten Verwendung.

Infolge der erörterten Umstände sind die Einnahmen der Clausthaler Anstalten natürlich weit höher als die der Berliner, denen solche besondere Beiträge nicht zufliessen; auch nach der Streichung des durchlaufenden Beitrages der Staatswerke belaufen sich jene noch (1899) auf fast das Doppelte (65 000 M.) dieser (36 000 M.), und früher, als der Beitrag der Staatswerke noch erschien, betrugen die Einnahmen Clausthals meist ca. das $2^1/_2$fache der Berliner.

Die Einnahmen der Saarbrücker Schulen sind, da der Unterricht in der Regel unentgeltlich ist, minimal; wenn sie vorübergehend in den 80er Jahren einige Hundert Mark betrugen, so waren das im Wesentlichen Wittwen- und Waisengeldbeiträge und Miethen für vorübergehend vermiethete Dienstwohnungen.

Alles in Allem machen die eigenen Einnahmen, wie dies bei dem Charakter der Anstalten, da sie nicht, wie einige Universitäten, grosses eigenes Vermögen besitzen, nur einen geringen Bruchtheil der Ausgaben aus, gegenwärtig etwa $^1/_7$, sodass der Staatszuschuss mehr als 600 000 M. beträgt, während er sich, allerdings ausschliesslich der Saarbrücker Schulen, 1869 nur auf 51 000 M. belief.

---

[1]) Die Kasse hiess denn auch ursprünglich „Bergbauaccisekasse".

V. Kapitel.

Vermischte Verwaltungs- und Betriebsausgaben und -Einnahmen.

(Staatshaushaltsetat Kap. 22 Tit. 1, 3—10 der Ausgabe, Kap. 9 Tit. 13—17 und 19 der Einnahme.)

A. Ausgaben.

§ 30. Die unter der Bezeichnung „Sonstige Verwaltungs- und Betriebskosten“ in dem Kap. 22 des Etats zusammengefassten Ausgaben, von denen wir diejenigen für nicht staatliche Bergschulen (Tit. 2) und für Berggewerbegerichte (Tit. 5), jene wegen ihres engen Zusammenhanges mit den übrigen für Berglehranstalten, diese wegen desjenigen mit den Ausgaben für die Verwaltungsbehörden in der Besprechung vorweg genommen haben, enthalten in den einzelnen Titeln theils reine Verwaltungskosten, theils solche Betriebsausgaben, die entweder nach Auflösung eines Staatswerks übrig geblieben sind oder Versuche zu neuen Betriebsanlagen darstellen oder endlich zwar für die vorhandenen Staatswerke aufzuwenden sind, aber ohne dass etatsrechtlich festgestellt wäre, wieviel von ihnen der einen und der anderen Kategorie der Staatswerke zu Gute kommen soll; andere Titel endlich umfassen sowohl Verwaltungs- als auch Betriebsausgaben.

Gleich der erste Titel gehört zu der letzten Kategorie. Denn es sind aus ihm Unterstützungen für ausgeschiedene Beamte und Wittwen und Waisen von Beamten, für invalide Arbeiter, emeritirte Knappschafts- und sonstige Institutsbeamte, sowie für Hinterbliebene derselben zu bestreiten, ohne dass bezüglich der Beamten die bezw. deren Hinterbliebene bedacht werden können, ein Unterschied gemacht wird, ob sie zu den Verwaltungs- oder zu den Betriebsbeamten gehörten. Bedingung ist nur, dass sich die zu bedenkenden Beamten nicht mehr im Dienst befinden und die Arbeiter invalide sind. Ferner sind Invaliden von veräusserten oder eingestellten Staatsbetrieben nicht aus Tit. 1, sondern aus Tit. 3 zu unterstützen, während die Wittwen und Waisen von solchen Werken aus Tit. 1 unterstützt werden. In allen Fällen darf es sich nur um Unterstützungen handeln; für gesetzliche Pensionen, Wittwen- und Waisengelder dient der Fonds nicht.

In seiner Höhe ist der Titel in den letzten 20 Jahren ziemlich konstant geblieben: er hat nur zwischen 64 400 und 67 700 M. geschwankt. Dagegen war er im Laufe der 70er Jahre im Interesse ausgiebigerer Bemessung der Unterstützungen rasch von 40 000 auf 64 400 M. gesteigert worden.

§ 31. Die beiden Titel 3 und 4 stellen Ausgaben, und zwar im Wesentlichen Betriebsausgaben, für veräusserte und eingestellte Staatswerke dar. Tit. 3 enthält Ausgaben für Knappschaftskassen solcher Werke. Ueber Zweck und Einrichtung der Knappschaftskassen ist Näheres unten im § 64 bemerkt. Besteht eine solche nur für ein einzelnes Werk, so kann mit dessen Betriebseinstellung gleichwohl nicht auch die Knappschaftskasse aufgelöst werden; es müssen vielmehr die Ansprüche der Mitglieder auf die Kassenleistungen auch für die Zukunft sichergestellt und daher in der einen oder anderen Weise solange Fonds verfügbar gehalten werden, als Personen vorhanden sind, die Ansprüche auf Kassenleistungen haben. Gehört das Werk einem mehrere Werke umfassenden Knappschaftsvereine an, so erlischt zwar nach dem Wortlaut des § 175 des Berggesetzes die Beitragspflicht, wenn das Werk keine Arbeiter mehr hat, da sich nach deren Beiträgen die des Werkes richten. Indess treffen die Statuten wohl in einzelnen Fällen Bestimmungen, die durch Statuirung einer Fortdauer einer gewissen Beitragspflicht im Falle der Betriebseinstellung die Kasse vor Benachtheiligung schützen. Selbst dann aber, wenn eine rechtliche Verpflichtung zu ferneren Beiträgen nicht besteht, kann sich gerade der Staat, im Falle er ein Werk eingehen lässt, solchen namentlich dann nicht entziehen, wenn die Knappschaftskasse, der das eingegangene Werk angeschlossen war, durch das Verbleiben der Arbeiterschaft des Werkes, aber Wegfall der von ihm geleisteten Beiträge überbürdet werden würde. Im Falle das Werk endlich behufs Weiterbetriebes veräussert wird, tritt zwar der Erwerber in die Pflichten des Veräusserers ein. Aber es kann vorkommen und ist vorgekommen, dass diese Pflichten der Knappschaftskasse gegenüber dem Erwerber so gross erscheinen, dass er sich nur zum Erwerb bereitfinden lässt, wenn der veräussernde Staat sich zu weiteren Beiträgen verpflichtet.

Schon im Etat für 1849 finden wir daher einen damals 18 058 M. betragenden Fonds für Knappschaftskassen ehemaliger Staatswerke. Damals und auch später bis Anfangs der 70er Jahre wurde er nur im Oberbergamtsbezirk Halle, in dem, wie oben (§ 8) ausgeführt, eine grössere Anzahl kleinerer Staatswerke zur Einstellung oder Veräusserung gelangt war, in Anspruch genommen. Dann kamen auch Ausgaben für die im Bezirk des Oberbergamts Clausthal aufgegebenen Staatsbetriebe hinzu, und in dem letzten Jahrzehnt hat der Fonds 1890/91 wegen Einstellung der Steinkohlenwerke in Borgloh-Oesede um fast 30 000 M. und 1892/93 wegen desjenigen der Steinkohlenwerke Wettin und Löbejün um fast 15 000 M. verstärkt werden müssen. Andererseits tritt durch das Ausscheiden Empfangsberechtigter infolge Absterbens u. s. w. nach und nach eine Verminderung des Bedarfs ein, soweit nicht wieder andere Staatswerke aufgegeben werden, was ja auf die Dauer infolge Abbaues und anderer Ursachen nicht zu vermeiden sein wird.

Eine der eigentlichen Zweckbestimmung des Titels fremde Ausgabe, deren Verpflichtungsgrund einen solchen Charakter allmählichen Erlöschens nicht an sich trägt, ist ihm seit 1868 zugewiesen. In dem Vertrage v. 8. Febr. 1868, durch den sich der Staat gegen baare Abfindung, Ueberlassung seiner Saline in Halle und von Theilen des Zscherbener und Langenbogener Grubenfeldes von der Verpflichtung der Salzentnahme von der Pfännerschaft in Halle befreite, hat er nämlich in Aussicht gestellt, gewisse dortige Kirchen und milde Stiftungen, die an der Pfännerschaft antheilsberechtigt sind, für den Ausfall, welchen ihre Revenuen infolge des Vertrages erleiden würden, bis zur Höhe von jährlich insgesammt 3000 M. schadlos zu halten; dabei ist als Ausfall derjenige Betrag angenommen, um den die Revenuen jeweils hinter einem damals auf Grund von Durchschnittsberechnungen festgestellten Betrage zurückbleiben würden.

Von dem Gesammtbetrage des Titels fanden nach den Anlagen des Etats für 1898/99[1]) Verwendung 32240 M. für Knappschaftskassen im Hallenser, 5300 M. für solche im Clausthaler, 31420 M. für solche im Dortmunder Oberbergamtsbezirk und 2085 M. für die Kirchen und Stiftungen in Halle, und zwar sind im Hallenser Bezirk Zahlungen zu leisten für die ehemaligen Steinkohlengruben Wettin und Löbejün, die Eisengiesserei Berlin, die Hütten in Kutzdorf und Vietz und die Salinen Colberg und Kösen, im Bezirk Clausthal für aufgegebene Braunkohlengruben bei Münden, das Kupfer- und Messingwerk bei Kassel, die Hütten zu Schönstein und Bieber und die Saline Sülbeck, im Bezirk Dortmund für die Steinkohlengruben Borgloh-Oesede.

Der andere für aufgelöste Staatswerke bestimmte (4.) Titel dient, wie seine Bezeichnung besagt, zur Bestreitung der Kosten, welche die zur Abwickelung der Betriebseinstellung, wie zur bestmöglichen Liquidirung der in dem Werke steckenden Werthe, zu Vorkehrungen gegen Gefährdungen der öffentlichen Sicherheit durch Zubruchegehen der eingestellten Gruben u. s. w., nöthigen Arbeiten erfordern, sodann aber auch zur Versorgung der Arbeiter und Invaliden solcher Werke, soweit diese nicht durch Weitergewährung von Beiträgen an die Knappschaftskasse, der das Werk angehörte, erfolgt. Dabei handelt es sich häufig keineswegs nur um binnen kurzem zu erledigende Arbeiten, und die Aufwendungen für die Arbeiter und Invaliden tragen erst recht grossentheils dauernden, d. h. bis zu deren Ableben währenden Charakter. Daher bewirkt die Thatsache, dass einige Jahre lang keine Betriebseinstellungen vorkommen, nicht alsbald ein Herabgehen des Bedarfs, und so hat der 1891/92 wegen Einstellung der Werke in Borgloh-Oesede, Wettin und Löbejün von 20000 auf 33000 M. erhöhte Fonds auch in der Folgezeit, zumal inzwischen kleinere Gruben im Nassauischen eingegangen sind, in dieser Höhe ausgebracht werden müssen, von der ca. $^2/_3$ die Oberbergamtsbezirke Halle und Dortmund in Anspruch nehmen.

§ 32. Der seit seinem Bestehen ständig mit 21000 M. dotirte Tit. 6 „Kosten der Zeitschrift für Berg-, Hütten- und Salinenwesen und sonstiger bergwissenschaftlicher Veröffentlichungen“ dient

[1]) Demjenigen für 1899 ist eine solche Berechnung nicht beigefügt; doch haben sich die Verhältnisse nicht wesentlich geändert.

vorzugsweise jener seit 1854 im Ressortministerium herausgegebenen Zeitschrift.

Die gedachte Zeitschrift erscheint in zwei Theilen, deren erster ausser Personalnachrichten die einschlägigen Gesetze, Verordnungen und dergl., ferner Abhandlungen aus dem Gebiete des Berg-, Hütten- und Salinenwesens, darunter alljährlich eine Darstellung der Verhältnisse der Berg-, Hütten- und Salinenverwaltung Preussens im vorangegangenen Jahre, und Literaturübersichten bringt, während der zweite Theil der Statistik gewidmet ist. Die Abhandlungen rühren von den verschiedensten Verfassern her; keineswegs werden nur Beamte der Staatsbergwerksverwaltung zur Mitarbeit zugelassen, und die Aufsätze berücksichtigen die in- wie die ausländischen Verhältnisse.

§ 33. Der im Etat folgende Titel, jetzt 7, ist der bei den Etats der einzelnen Verwaltungen am Schlusse übliche Sammeltitel, aus dem in bunter Mannigfaltigkeit in andern Titeln nicht unterzubringende Ausgaben verschiedenster Art bestritten werden. Im Bergetat dient allerdings ein Theil — 1898/99 ca. 48000 M. — zu bestimmten, durch die Eigenart der Bergverwaltung erforderten Zwecken, nämlich zu Informationsreisen der Beamten, technischen Versuchen und Untersuchungen. Bisher war der Titel seit geraumer Zeit ständig mit 200000 M., früher mit 210000 M. ausgebracht; 1899 ist er wegen geringeren Bedürfnisses und, nachdem die Rechnungsvergütungen theilweise auf die Schlusstitel anderer Kapitel übertragen sind, auf 120000 M. ermässigt; ob damit auf die Dauer auszukommen sein wird, bleibt abzuwarten und hängt u. a. namentlich auch von den Fortschritten der Bergtechnik im Auslande ab.

§ 34. Bis zum Jahre 1883/84 bildete der jetzige Titel 7 den Abschluss der dauernden Ausgaben; die jetzigen Titel 8, 9 und 10 gehörten bis dahin dem Extraordinarium an. Der Umstand aber, dass sie hier seit einer Reihe von Jahren eine ständige Erscheinung bildeten, gab Veranlassung, sie aus dem Extraordinarium in das Ordinarium zu versetzen.

Bei den Kosten der Bohrversuche (Tit. 8) ist diese Massnahme umsomehr zu rechtfertigen, als es sich bei diesen nicht nur um Tiefbohrungen handelt, die bestimmt sind, zu untersuchen, ob die Anlage eines neuen oder Erweiterung eines bestehenden Staatswerks möglich oder zweckmässig ist, sondern auch um ohne solche Absichten lediglich im Interesse der geologischen Landesuntersuchung erfolgende. Wie sehr die Ausgaben für Bohrversuche den Charakter dauernder angenommen hatten, ergiebt sich daraus, dass hierfür schon seit den 50er Jahren ständig in den Extraordinarien Mittel bewilligt waren. Anfangs waren sie nur für Bohrversuche auf Salz bestimmt, um in den östlichen Provinzen Salzlager aufzufinden. Später fiel diese Beschränkung fort. Schon in den 50er Jahren waren Beträge bis zu 150000 M. ausgeworfen. In den 60er Jahren waren bis 1869 nur spärlichere Mittel zur Verfügung gestellt. Seit 1869 betrugen sie bis 1877 120000, 1873 210000, 1874 und 1875 sogar je 240000 und von 1876 an 150000 M. jährlich. Nach der Uebernahme in das Ordinarium hat der Titel, mit Ausnahme des ersten Jahres, stets 250000 M. zur Verfügung gestellt. Ersparnisse eines Jahres können in die Folgejahre übertragen werden. Ausserdem sind in den Extraordinarien seit 1890/91 alljährlich 150 000 M. zur Verstärkung des ordinären Fonds ausgebracht worden.

Ebenso alt ist das Bedürfniss nach Mitteln zur Ansässigmachung der Arbeiter. Der Mangel an Arbeitern bei den Saarbrücker Werken veranlasste schon seit 1842 die Bereitstellung von Geldern zu Bauprämien für die dortigen Werke, und zwar zuerst unter den „ordinären Ausgaben". Das Bedürfniss blieb bestehen und trat im Laufe der Zeit auch bei andern Staatswerken, zuerst bei dem neuen Salzwerk in Stassfurt hervor. Da man es aber für kein dauerndes hielt, wurde die Ausgabe 1859 in das Extraordinarium versetzt, wo sie bis 1882/83 verblieb. Zu dem fiskalischen Interesse der Heranziehung der nöthigen Arbeitskräfte trat im Laufe der Zeit in Folge der Entwicklung der sozialen Anschauungen dasjenige der Arbeiterwohlfahrt, und man darf sagen, dass heute das Letztere das Erstere überwiegt.

Ausser den Bauprämien, welche als ein freies Geschenk für jedes von den Arbeitern gewissen Normativbestimmungen entsprechend hergestellte Wohnhaus, im Saarrevier je nach der Grösse des Hauses in Höhe von 750—900 M., in Oberschlesien in letzterer Höhe oder aber nur von 300 Mk. neben freiem Bauplatz, gewährt werden, werden seit 1865 fast alljährlich Mittel zur Verfügung gestellt, aus denen die Arbeiter unverzinsliche, innerhalb 10 Jahren ratenweise rückzahlbare Baudarlehne bis zu 1500 M. im Saarrevier, bis zu 2100 M. in Oberschlesien erhalten, und im Extraordinarium sind vielfach auch Fonds zur Erbauung von Arbeiterwohnhäusern auf fiskalische Rechnung ausgebracht worden.

Endlich ist durch G. v. 13. Aug. 1895 (G.-S. S. 521) der Staatsregierung ein durch Anleihe zu beschaffender Betrag von 5 000 000 M. und durch G. v. 2. Juli 1898 (G.-S. S. 157) ein weiterer gleich hoher Betrag zur Verfügung gestellt, um auf fiskalische Rechnung Wohnhäuser zu erbauen, die gegen einen Miethszins, der die Verwaltungs- und Unterhaltungskosten deckt und eine angemessene Verzinsung und Amortisation des Anlagekapitals gewährt, an in fiskalischen Betrieben beschäftigte Arbeiter und gering besoldete Beamte zu vermiethen sind; auch können aus demselben Baudarlehne, jedoch nur gegen Verzinsung, für Erbauung denselben Zwecken dienender Wohnhäuser gewährt werden. Auch an diesen Mitteln hat die Bergverwaltung Antheil, und zwar sind ihr bisher von den ersten 5 Millionen zugeflossen 950 000 M.

Sowohl die Mittel für die Prämien als auch diejenigen für die Darlehne können von einem Jahre in das andere übertragen werden. Verwendung gefunden haben bis Ende 1898/99

im Bezirk	für Bauprämien	für Bauvorschüsse
Saarbrücken	4 455 065 M.	5 193 550 M.
Oberschlesien	319 255 „	1 581 450 „
am Deister	14 950 „	65 460 „
Stassfurt	63 445 „	153 885 „
zusammen also . . .	4 852 815 M.	6 994 345 M.

und es sind im Ganzen bis zu dem gedachten Zeitpunkt prämiirte Bergmannshäuser hergestellt im Saargebiet 6013, in Oberschlesien 1004, am Deister 80, in Stassfurt und Schönebeck 93. Ausserdem sind auch in den Jahren 1867—1874 an 49 Arbeiter der Rüdersdorfer Kalkbrüche neben freien Bauplätzen Prämien von je 450—900 M. gewährt worden, und bis 1871 hatte die Knappschaftskasse der Saarbrücker Werke ihren Mitgliedern, allerdings gegen Zinsen, auch noch 2062117 M. Baudarlehne gewährt.

Aus Mitteln des G. v. 13. Aug. 1895 waren bis Ende 1898/99 erbaut oder in Angriff genommen 60 Wohnhäuser mit 196 Familienwohnungen. Auch diese Bauten gehören überwiegend dem Saarrevier an. Ebenso sind aus diesen Mitteln bis 1899 an 62 dortige Arbeiter ca. 200000 M. Baudarlehne gewährt worden, während 242000 M. von obigen 950000 M. für Arbeiter-Miethhäuser in Oberschlesien Verwendung finden sollen.

Bedingung für Gewährung von Beihülfen aus Tit. 9 oder 10 ist namentlich, dass der Bau innerhalb eines bestimmten Baurayons und nach bestimmten Normen über Grösse, Ausführung u. s. w. erfolgt, dass der Bauplatz hypothekenfrei ist und dass der Nachsuchende ein gewisses Alter erreicht hat, Familie besitzt, gesund ist und sich tadelfrei geführt hat. Ferner bedingt die Gewährung die Verpflichtung, das Haus 10 Jahre lang selbst zu bewohnen bezw. an keinen Andern als einen Arbeitsgenossen und nicht ohne Genehmigung der Werksverwaltung zu veräussern sowie in demselben gewisse Gewerbe nicht betreiben zu lassen. Zuwiderhandlungen wie auch gewisse sonstige Verfehlungen berechtigen zur Rückforderung der Prämie und des Darlehns; für Erstere wird zu diesem Zweck eine Kautionshypothek eingetragen, Letzteres als gewöhnliche Hypothek. Die Tilgung des Darlehns erfolgt in monatlichen Raten, die zusammen jährlich 10 Prozent der Darlehnssumme betragen müssen und durch Lohnabzug eingezogen werden können (Vorschriften für die Saarwerke v. 1. Febr. 1894, für „König“ und „Königin Luise“ in Oberschlesien v. 21 Juli 1893).

Nachdem übrigens im Etat für 1899 die Vertheilung der sonstigen Ausgaben auf diejenigen Objekte, die sie verursachen, konsequenter als bisher durchgeführt ist, wäre es richtig, nunmehr auch die Bauprämien und Baudarlehne an den entsprechenden Stellen, nämlich bei den Kap. 14, 15 und 16 zu verrechnen, allenfalls mit dem Vermerk, dass sie sich zwischen denselben übertragen, d. h. Erfordernisse bei der einen Kategorie der Betriebe aus Ersparnisse bei andern gedeckt werden können.

Die in der Anlage XXVII am Schlusse des Kap. 22 der Ausgaben aufgeführten vier Titel sind 1899 unter Vertheilung der Ausgaben auf andere Kapitel und Titel aufgelöst worden.

Lässt man das Jahr 1899, das in Folge der andern Etatseintheilung hinsichtlich der Höhe des Kap. 22 mit den Vorjahren nicht vergleichbar ist, ausser Betracht und berücksichtigt man, dass die jetzigen Titel 8—10 bis 1883/84 im Extraordinarium standen, so ist die Gesammtausgabe des Kap. 22 mit Ausnahme weniger Jahre eine ziemlich stetige gewesen: mit 1180000 M. war sie 1898/99 nur 110000 M. höher als 10 Jahre früher.

B. Einnahmen.

§ 35. Die in Kap. 9 jetzt in den Titeln 13—20 zusammengefassten „anderen Einnahmen“ sind, seitdem seit 1874 die Ueberschüsse der Gemeinschaftswerke hier nicht mehr zur Verrechnung gelangen, und seit Aufhebung der Bergwerksabgaben auf einen die

„sonstigen Verwaltungs- und Betriebsausgaben“ nicht entfernt mehr deckenden Betrag zusammengeschrumpft.

Dass die Bergwerksabgaben bis zu ihrer Aufhebung hier — im jetzigen Titel 13 — und nicht im Etat der direkten Steuern zur Verrechnung gelangten, beruhte auf ihrer Entstehung. Nach dieser charakterisirten sie sich nicht als Steuern, sondern als Gefälle, die der Staat als Entgelt für die Gestattung des ihm als Regal vorbehaltenen Bergbaues und für die Leitung und Beaufsichtigung des Privatbergbaues erhob. Ihre Regelung war daher auch in Verbindung mit derjenigen dieser Fragen erfolgt und entbehrte in Preussen, wie das Bergrecht überhaupt, früher der Einheit. Erst das Gesetz über die Besteuerung der Bergwerke v. 12. Mai 1851 (G.-S. S. 261) schaffte wenigstens für die rechtsrheinischen Landestheile einheitliches Recht, indem der Bergwerkszehnte auf die Hälfte, den „Zwanzigsten“, d. i. $^1/_{20}$ des Ertrages ermässigt, 24 verschiedene Abgaben aufgehoben und durch eine Aufsichtssteuer von 1 Proz. des Bruttoertrages ersetzt wurden. Bestehen blieb daneben ein Rezessgeld von jährlich 1 Thlr. für jedes vom Staat verliehene Bergwerk. Durch G. v. 22. Mai 1861 (G.-S. S. 225) wurde der Zwanzigste vom 1. Jan. 1862 um $^1/_5$ ermässigt und bestimmt, dass jedesmal, wenn im Vorjahre diese Abgabe zuzüglich der Aufsichtssteuer eine Million Thaler erreicht haben würde, eine bleibende Ermässigung des Zwanzigsten um $^1/_5$ eintreten solle, bis derselbe auf 2 Proz. des Ertrages herabgesetzt sei.

In den linksrheinischen Gebieten blieb die Französische Gesetzgebung (loi des mines v. 21. April 1810 und Dekret v. 6. Mai 1811) bestehen, nach der an die Stelle der früheren besondern Abgaben eine feste Abgabe (redevance fixe) von 10 Frcs. für jedes Quadratkilometer des konzessionirten Grubenfeldes, und eine verhältnissmässige (redevance proportionelle) von 5 Proz. des Reinertrages nebst Zuschlagscentimes und Hebegebühren getreten waren.

Erst das Gesetz, die Bergwerksabgaben betreffend, v. 20. Okt. 1862 (G.-S. S. 351) stellte die Einheitlichkeit für den ganzen Staat her. Der noch 4 Proz. betragende rechtsrheinische Zwanzigste wurde vom 1. Jan. 1863 auf 3, vom 1. Jan. 1864 auf 2 und vom 1. Jan. 1865 ab auf 1 Proz. herabgesetzt, während die einprozentige Aufsichtssteuer bestehen blieb. In den linksrheinischen Gebieten wurde eine zweiprozentige Bergwerkssteuer eingeführt, sodass sich vom 1. Jan. 1865 ab die links- und die rechtsrheinischen Abgaben nur noch in der Bezeichnung, nicht mehr in der Höhe unterschieden. Aufgehoben wurde auch das Rezessgeld. Alle nicht auf privatrechtlichen Titeln beruhenden Befreiungen fielen fort; dagegen wurden die Eisenerzbergwerke von den Bergwerksabgaben allgemein befreit. In den 1866 erworbenen Landestheilen wurde unter Aufhebung der vorgefundenen Abgaben die zweiprozentige Steuer ebenfalls eingeführt.

Durch die Miquel'sche Steuerreform (G. wegen Aufhebung direkter Staatssteuern v. 14. Juli 1893 § 2 — G.-S. S. 119) wurden dann die Bergwerksabgaben, obwohl sie nach ihrer Entstehung einen wesentlich andern Charakter als die Ertragssteuern trugen und die intensive, kostspielige Staatsaufsicht über den Bergbau wohl die Beibehaltung einer mässigen Aufsichtsgebühr hätte rechtfertigen können, auch vom Standpunkt einer solchen die Bruttobesteuerung nicht das über sie gefällte absprechende Urtheil verdient, doch vom 1. April 1895 ab völlig aufgehoben. Der Bergverwaltung entging damit eine Einnahme von zuletzt 6 393 022 M., für die der Staat Schadloshaltung in den Mehrerträgen der reformirten Einkommensteuer und den ihm durch die Steuerreformgesetze v. 14. Juli 1893 erschlossenen Einnahmen gefunden hat.

Die Solleinnahme an Bergwerksabgaben hatte betragen 1849: 1 263 801 M., 1859: 3 265 047 M., 1866: 1 558 551 M., 1869: 1 889 624 M., 1879/80: 3 050 950 M., 1889/90: 4 105 790 M. Bei der Bemessung der Abgaben unterlag ihre Höhe natürlich mit der Lage des Bergbaues grossen Schwankungen. Soweit sie jetzt ihren Ersatz in der Einkommen- und Ergänzungssteuer finden, sind sie allerdings in Folge der Bemessung der Erstern nach dreijährigem Durchschnitt, der Letztern nach dem Vermögenswerth durch ein wenig stabilere Einnahmen ersetzt; andererseits geht dem Staat aber auch, da nicht alle Bergbautreibenden seiner Einkommensteuer, der Ergänzungssteuer aber sogar die meisten und grössten, nämlich alle nichtphysischen Personen nicht unterliegen, ein gutes Theil der Steuerobjekte verloren, die er mit den Bergwerksabgaben erfasste.

Nach Wegfall der Bergwerksabgaben verblieben sind dem Tit. 13 nur noch unbedeutende Gefälle, nämlich Pachteinnahmen für einige Braunkohlengrubenfelder im Oberbergamtsbezirk Halle in Höhe von (1899) 18 597 M., Pachtzins für eine Soolquelle bei Sennewitz in demselben Bezirk, die bei einer vergeblichen Tiefbohrung auf Steinkohlen erschlossen wurde und an eine Fabrik für 7 084 M. verpachtet ist, und die z. Z. ca. 39 000 M. betragende Ausbeute aus dem fiskalischen ($^{10}/_{84}$) Antheil an der pfännerschaftlichen Saline Lüneburg. Sein Anwachsen von 36 000 M. im Etatsjahr 1885/86 auf fast 66 000 M. im Jahre 1899 beruht auf höheren Pachteinnahmen für die Grubenfelder, theils infolge Neuverpachtung, theils infolge stärkerer Förderung und desshalb höheren Förderzinses, auf höheren Ausbeuten in Lüneburg und auf Uebernahme der bis 1897/98 im Tit. 17 verrechneten Einnahme für die Sennewitzer Soolquelle hierher.

§ 36. Nur noch ganz unbedeutend ist die im Tit. 14 verrechnete Einnahme aus Gebühren und Ordnungsstrafen. Bis zum Jahre 1860 waren die Einnahmen an Gebühren und Sporteln, die damals zum grössten Theil noch auf den verschiedenen Bergordnungen beruhten und daher nicht einheitlich geregelt waren, recht erhebliche: der Etat für 1859 wies (Anl. XXVII) beinahe 200 000 M. nach. Da erfolgte durch Gesetz vom 21. Mai 1860 (G.-S. S. 206) die Aufhebung der Gebühren und Sporteln in bergamtlichen Verwaltungsangelegenheiten. Es verblieben aber noch diejenigen für die Akte der freiwilligen Berggerichtsbarkeit. Erst als auch diese für die Bergverwaltung mit Aufhebung der Berghypothekenkommissionen wegfielen, verminderte sich, da inzwischen auch die gebührenpflichtigen Markscheidergeschäfte überwiegend in die Hände der die Gebühren beziehenden gewerbetreibenden Markscheider gelangt waren, die Einnahme auf ein Minimum. Die in derselben noch enthaltenen Gebühren sind hauptsächlich ein Beitrag der Clausthaler Bergbaukasse für deren Verwaltung durch das dortige Oberbergamt, Aichungsgebühren, ferner gewisse früher den Beamten zugeflossene Vergütungen für Geschäfte im Interesse von Bergbautreibenden, z. B. für Prüfung der Gewerksrechnungen, Zehrungskosten, Wein- und Weckengelder u. s. w.

Bis 1894/95, wo ein besonderer Beamter hierfür angestellt wurde, zahlte auch die Akademie und Bergschule in Clausthal für Besorgung ihrer Bureaugeschäfte zu diesem Titel einen Beitrag von 600 M. Gegenwärtig entfällt, wesentlich in Folge des Beitrags der Bergbaukasse, fast die gesammte Einnahme, nämlich 2 645 M. auf Clausthal.

Ebenfalls Gebühreneinnahmen, und zwar solche von ungleich höherem Betrage enthält der Tit. 15 „Für Untersuchung von Dampfkesseln durch Bergrevierbeamte". Wie schon oben (§ 22) berührt, sind die Dampfkessel-Prüfungs- und Untersuchungsgeschäfte und die regelmässigen Untersuchungen der Dampfkessel, soweit nicht besondere Beamten hierfür bestellt sind oder, was die regelmässige Untersuchung betrifft, soweit der Kesselbesitzer nicht einem Ueberwachungsvereine angehört, für die der Aufsicht der Bergbehörden unterstellten Betriebe den Revierbeamten übertragen (Ges. v. 3. Mai 1872 — G.-S. S. 515 — Anw. v. 16. März 1892 [M.-Bl. d. i. V. S. 119] und v. 6. Mai 1893 [M.-Bl. d. i. V. S. 119]).

Die hierfür aufkommenden Gebühren, die, wie oben (§ 29) erwähnt, bis 1897/98 vollständig den Revierbeamten zuflossen, wurden bis 1895/96 nur im Vorschusskonto verrechnet und erschienen daher weder als Einnahme noch als Ausgabe im Etat. Die seitdem erfolgte Steigerung der Einnahmeposition von 75 000 auf 122 565 M. beruht theils auf Einführung einer neuen Gebührenordnung, theils auf Vermehrung der Geschäfte. Da den Revierbeamten nach Kap. 20 Tit. 8c. der Ausgabe 25 940 M. verbleiben, so hat die Einnahme in dieser Höhe nur die Bedeutung einer durchlaufenden Post.

§ 37. Von den übrigen „andern Einnahmen" haben Tit. 18 (Berggewerbegerichte) und 20 (Lehranstalten) schon oben in §§ 24 und 29 Berücksichtigung gefunden, und das zum Verständniss des Tit. 19 („Rückeinnahmefonds auf gewährte unverzinsliche Hausbaudarlehne an Berg- und Hüttenleute") Erforderliche ergiebt ohne Weiteres das über die Gewährung solcher Darlehne im § 34 Bemerkte, während die Bezeichnung des Tit. 16 die Art der Einnahmen nach den im Vorangegangenen enthaltenen Ausführungen über die Einstellung von Staatswerken genügend kennzeichnet. Diese Ausführungen ergaben auch den Grund, wesshalb diese Einnahmen seit Mitte der 70er Jahre immer nur geringfügige sein konnten und in manchen Jahren ganz wegfielen. Dass Letzteres nicht noch öfter der Fall ist, liegt daran, dass die Verwerthung der Produkte, Materialien und Inventarienbestände häufig erst lange nach Einstellung des Werkes vollständig zu ermöglichen ist. Uebrigens ist zu beachten, dass hier nicht auch Erlöse aus dem etwaigen Verkauf zu dem Werke gehöriger Immobilien verrechnet werden. Die Verrechnung dieser erfolgt bei der „allgemeinen Finanzverwaltung“.

Mit dem Tit. 17 schloss, solange die Berggewerbegerichte noch nicht bestanden, für die Lehranstalten nur die Zuschüsse im Etat erschienen und noch keine Rückzahlungen auf Hausbaudarlehne zu verrechnen waren, die Einnahme ab; er umfasst daher die anderwärts nicht unterzubringenden „sonstigen Einnahmen“. Als solche werden in der Titelbezeichnung ausdrücklich hervorgehoben ökonomische Nutzungen von Dienstgebäuden und den dazu gehörigen Ländereien und für verkaufte Inventarienstücke. Indess spielen diese jetzt nur eine untergeordnete Rolle. Die erheblichste Post fliesst dem Titel dadurch zu, dass ein zu dem ehemaligen Hüttenwerk Bieber gehöriges Eisensteinfeld zur privaten Ausbeutung gegen eine nach der Höhe der Ausbeute — mindestens sind 10000 To. jährlich zu entnehmen — sich richtende Pacht überlassen ist. Hieraus und aus der oben erwähnten Verpachtung des Sennewitzer Bohrlochs rührt das Ansteigen der Einnahmen von 11000 M. im Jahre 1887/88 auf 40000 M. 1888/89 und 52000 M. 1889/90. Eine gleichartige Einnahme von zur Zeit ca. 14000 M. fliesst dem Titel aus der Verpachtung der Eisensteingrube „Georg Friedrich“ an die Ilseder Hütte zu. Eine weitere Einnahme von ca. 13000 M. trat mit dem Jahre 1895/96 hinzu in den Verzinsungs- und Tilgungsbeiträgen der Kreise Beuthen und Zabrze und einiger Industrieller für die vom Staat in den Jahren 1892 bis 1895 behufs Wasserversorgung des westlichen Theiles des oberschlesischen Industriebezirks hergestellte Wasserleitung Zawada-Zabrze (vgl. unten § 115). Der Einnahmerückgang von 1897/98 auf 1898/99 betrifft die schon erwähnte Uebertragung der Pacht für das Sennewitzer Bohrloch nach Tit. 13.

Die gesammten Einnahmen der Tit. 13—20 betragen zur Zeit ca. 512000 M. und bleiben damit um mehr als 3,3 Millionen hinter den Verwaltungskosten (Kap. 19—22 des Etats) zurück, sodass die Betriebsüberschüsse zunächst dieses Manko decken müssen, ehe ein Ueberschuss der Berg-, Hütten- und Salinenverwaltung vorhanden ist.

III. Hauptabschnitt.

Die Betriebsergebnisse.

1. Abtheilung.

Die Bergwerke

(mit Ausschluss der Gemeinschaftswerke und der Salzbergwerke).

I. Abschnitt.

Die Einnahme.

(Staatshaushaltsetat Kap. 9 Tit. 1 und 2.)

I. Kapitel.

Die Einnahme für Produkte.

A. Die Betriebsanlagen.

§ 38. Die Nutzung des staatlichen Bergwerkseigenthums erfolgt mit den geringfügigen in den vorigen Paragraphen erwähnten und weiterhin noch zu erwähnenden Ausnahmen durch Betrieb auf eigene Rechnung. Abgebaut werden z. Z. an Bergbaumaterialien Steinkohlen auf 17, Braunkohlen auf 8, Eisenerz auf 7 oben im § 11 einzeln genannten Werken, Zinkerz in Clausthal und Lautenthal, Bleierz auf diesen beiden Werken, ferner in Grund und namentlich auf der Friedrichsgrube, in geringen Mengen auch Kupfererz in Clausthal und Lautenthal, und Silbererz in Grund. An nicht unter das Berggesetz fallenden Steinen und Erden werden gewonnen Kalkstein in Rüdersdorf, Gips bei Lüneburg, Segeberg und in Verbindung mit dem Braunkohlenbergwerk bei Weenzen, endlich in ganz geringen Mengen Kalkspath in Grund. Die Phosphoritgewinnung im Regierungsbezirk Wiesbaden ist seit Ende 1895/96 eingestellt.

Die meisten der oben genannten Bergwerke bestehen aus mehreren Abtheilungen, und zwar von den Oberschlesischen Steinkohlenwerken König aus dem Ost-, West- und Südfeld mit je 2 Förderschächten, Königin Luise aus dem Ost- und Westfeld mit je 3 Förderschächten, Bielschowitz aus dem früheren Südfeld von Königin Luise und der Schachtanlage bei Bielschowitz mit einem gemeinschaftlichen Förderschacht, von den Saarwerken Kronprinz aus den Gruben Schwalbach und Gaislautern, von denen erstere 3 Förderschächte und 1 Förderstollen, letztere 3 Förderschächte besitzt, Gerhard aus den 3 Anlagen

Victoria, Gerhard und Serlo, von denen die zuerst und die zuletzt genannte auf je 2, Gerhard auf einem Schachte fördern, v. d. Heydt aus den Abtheilungen Hauptgrube, Lampennest und Burbachstollen, Hauptgrube mit 3, die beiden andern mit je 1 Förderschacht, Dudweiler aus Dudweiler mit 4 und Jägersfreude mit 1 Förderschacht — eine dritte Grube „Schiedenbornschacht" ist im Abteufen begriffen —, Sulzbach aus Sulzbach und Altenwald mit je 3, Reden aus Reden und Itzenplitz mit 4 bezw. 2, Heinitz aus Heinitz und Dechen mit 3 bezw. 2, König aus König mit 3 Förderschächten, Kohlwald und Wellesweiler mit je einem Förderschacht, Friedrichsthal aus den Gruben Friedrichsthal und Maybach mit — ausser einem auf Maybach im Abteufen begriffenen — je 2 und dem Grubenfeld Helene mit einem Förderschacht, Göttelborn aus den Gruben Göttelborn und Dilsburg, von denen jene auf 2 Schächten, Dilsburg auf einem Stollen und einem flachen Schacht fördert, endlich Camphausen aus den Gruben Camphausen und Brefeld mit je 2 Förderschächten. Bei Ibbenbüren wird zur Zeit von den beiden Abtheilungen Oeynhausen und Buchholz nur die erstere abgebaut.

Von den Erzbergwerken fördert die Friedrichsgrube im Trockenberger Revier auf 2, im Miechowitzer auf 3 Schächten. Clausthal hat 6 Grubenreviere, das I—IV Burgstädter, das Rosenhöher und Zellerfeld-Schulenburger, Lautenthal das Bockswieser und Lautenthaler, Grund die 3 Reviere: 1. Bergwerkswohlfahrt und Ernst August, 2. Neuer Bergstein mit dem vierten Tiefen-Georgstollen-Lichtschacht, dem Knesebeckschacht und den Gruben Hülfe Gottes und Friedrich Wilhelm, 3. Andreasberg mit den unter dem Namen Vereinigte Gruben Samson zusammengesetzten Gruben Katharina, Neufang, Samson, Gnade Gottes, Bergmannstrost, Franz August und Jakobsglück, endlich die Grubenabtheilung Silbernaal mit 5 Tagesschächten.

Die Wasserhaltung und Wetterlösung erfolgt theils durch die Förder-, theils durch besondere Wasserhaltungs- und „ein"- oder „ausziehende" Wetterschächte.

Der Betrieb in Rüdersdorf findet hauptsächlich in dem Alvenslebenbruch statt.

Der Betrieb umfasst die bergmännische Gewinnung und Aufbereitung sowie den Absatz der Produkte. Unter der Aufbereitung versteht man diejenigen Arbeiten, welche nach der durch den „Häuer" mittels Werkzeugen („Gezähe") oder jetzt grösstentheils durch Sprengarbeit bewirkten Gewinnung des Rohminerals in der Grube und nach der Förderung erforderlich sind, um die Erze zur Verhüttung, d. i. der chemischen Umsetzung, Kohlen, Kalk und Gips zum Verbrauche fähig zu machen. Die ersten groben Arbeiten zu diesem Zweck erfolgen, um unnöthige Förderungskosten zu vermeiden, schon in der Grube, indem eine erste Sonderung der die Förderung lohnenden mineralhaltigen „Wände" und des „Grubenkleins" von dem tauben Gestein, den „Bergen" und eine Zerschlagung zu grosser „Wände" stattfindet. Die eigentliche Aufbereitung erfolgt dann „über Tage" theils auf trockenem, theils auf nassem, auf der Verschiedenheit des spezifischen Gewichts beruhenden Wege und gestaltet sich je nach der Art des abgebauten Minerals und der Art seines Vorkommens verschieden. Bei der Kohle, die massiger und reiner auftritt, handelt es sich im Wesentlichen nur um die Aussonderung des der Förderung noch beigemischten tauben Gesteins und Schmutzes, um die etwa noch nöthige Zerkleinerung und um die Sortirung für den Verkauf. Hierzu dienen Siebwerke, Rätter, Kohlenwäschen und Mühlen. Die Erze dagegen, die bei uns nur in geringer Menge rein, als „Stufferze", überwiegend in Verwachsung mit taubem Gestein sowie mit einander auftreten, erfordern eine weit komplizirtere Aufbereitung, der eine grosse Anzahl verschiedenartiger maschineller Vorrichtungen dienen, wie Pochwerke, Walzwerke, Wäschen, Läutertrommeln, Setzmaschinen u. s. w.

Die Staatsbergwerke sind durchgängig mit den erforderlichen Aufbereitungsanstalten versehen.

Insbesondere bestehen bei den Harzwerken für Clausthal die Aufbereitungsanstalten an der Bremerhöhe und bei Mittel-Schulenburg, die Dorotheer Erzwäsche und das Zellerfelder Thalpochwerk, für Lautenthal die Lautenthaler und die Bockswieser Aufbereitungsanstalt, für Grund die Bergwerkswohlfahrter Aufbereitung bei Silbernaal, die Hilfe Gottes'er Wäsche nebst 3 Pochwerken, 3 Pochwerke im obern Innerstethal und das Wildemänner Pochwerk bei St. Andreasberg, die Samsoner Erzwäsche und das Neufanger Pochwerk.[1]) Ein grosser Theil derselben, die zumeist in unmittelbarer Nähe der Förderschächte, deren Erze sie verarbeiten, liegen, sind erst von der Preussischen Regierung angelegt oder doch umgebaut oder erweitert worden.

Eine Koksanstalt — mit 142 Haldy'schen Oefen — wird vom Fiskus nur noch auf Grube Heinitz im Saarrevier betrieben, nachdem andere, früher auf den Saargruben befindliche eingegangen sind. Die ihm gehörige in Zabrze in Oberschlesien ist verpachtet. In Ibbenbüren besteht eine fiskalische Briketfabrik.

Zum Zwecke des Absatzes der Produkte sind alle bedeutenderen Staatswerke mit Bahnanschlussgleisen und Ladestellen versehen. Einzelne, wie insbesondere die Saarwerke und die Rüdersdorfer Kalkwerke, besitzen auch Wasseranschlüsse; für die Verfrachtungen auf dem Saarbrücker Kohlenkanal besteht das Hafenamt in Malstatt und bei Gerhard die Kanalhalde zu Lautenthal. Der Abschluss der Verkäufe erfolgt für die Oberschlesischen Steinkohlenwerke durch das Handelsbureau der Centralverwaltung in Zabrze, für die Saarbrücker durch dasjenige der dortigen Direktion, im Uebrigen durch die einzelnen Werksverwaltungen unter Kontrole und theilweise Genehmigung der höheren Behörden.

B. Menge und Werth der Förderung.

§ 39. Bestimmend für den Rohertrag der Staatsbergwerke sind die Stärke der Förderung und die Produktenpreise. Was die Erstere anlangt, so hängt beim Bergbau, von dem Falle der Erschöpfung der Grubenfelder und besondern Unglücksfällen abgesehen, die Höhe der Produktion mehr als bei Land- und Forstwirthschaft, aber weniger als bei den meisten Industrien im engeren Sinne von der Willkür des Unternehmers ab und folgt daher der Konjunktur. Denn der Landwirth muss auch bei der ungünstigsten Gestaltung der Konjunkturen weiter produziren, will er nicht die Ertragsfähigkeit seiner Grundstücke nachhaltig schädigen, und auch der Forstwirth kann die Hauung hiebreifer Bestände ohne Schaden für diese nur bis zu einem gewissen

---

[1]) Ueber die Aufbereitung am Oberharz vgl. Banniza u. A. „Das Berg- und Hüttenwesen des Oberharzes" S. 205 ff. und 241 ff.

Zeitpunkte aufschieben. Der Fabrikant dagegen ist, soweit ihn nicht Rücksichten auf Erhaltung der Kundschaft oder auf seine Arbeiterschaft hindern, in der Lage, statt mit Verlust zu arbeiten, den Betrieb beliebig einzuschränken oder einzustellen. Der Bergwerksbesitzer kann zwar nicht, wie dieser seine Fabrik, sein Bergwerk einfach zeitweilig schliessen, sondern muss, ganz abgesehen von den bergpolizeilichen Beschränkungen der Betriebseinstellung, will er sich nicht der Möglichkeit berauben, bei Eintritt besserer Zeiten den Betrieb in vollem Umfange wieder aufzunehmen, denselben soweit fortführen, wie dies zur Erhaltung der Grubenausbaue und zur Wasser- und Wetterlösung nöthig ist. Insoweit kann er aber, wenn es nicht möglich ist, was er zumeist zuerst versuchen wird, nämlich durch Steigerung der Produktion die Herstellungskosten zu verringern, die Förderung unterlassen, ohne die Nachhaltigkeit des Ertrages für die Zukunft zu gefährden. Treten dann gute Absatzverhältnisse ein, so kann der Land- und Forstwirth seine Produktion nicht willkürlich steigern, wohl aber, das Vorhandensein der nöthigen Bauten, Maschinen und Arbeitskräfte vorausgesetzt, der Fabrikant. Der Bergwerksbesitzer bedarf zu Ausdehnungen des Betriebes zwar langwierigerer Vorbereitungen wie die meisten Fabrikanten, ist aber, wenn er diese rechtzeitig getroffen hat, immerhin mehr als der Landwirth in der Lage, seine Produktion zu steigern, solange seine Grubenfelder nicht erschöpft sind: ob er diese schneller oder langsamer abbauen will, steht in seinem Belieben. Die infolgedessen den Konjunkturen folgenden Schwankungen der Bergwerksproduktion können für den Einzelnen noch verstärkt werden durch besondere Unglücksfälle, wie Wassereinbrüche, Arbeitseinstellungen u. a. m.

Da die Abnehmer der Mineralien vorzugsweise — auch bei der Steinkohle — die verschiedensten Industrien und bei der Steinkohle die Transportgewerbe sind, so hängen die Konjunkturen des Bergbaues wesentlich von denen dieser ab, und am vielseitigsten ist diese Abhängigkeit bei demjenigen Mineral, das die vielseitigste Verwendung findet, d. i. der Steinkohle. Müssen sich für sie daher die verschiedensten Absatzschwankungen bemerkbar machen, so hängt der Steinkohlenbergbau doch in Preussen in erster Linie von der Lage der Eisenindustrie ab; denn sie ist unter allen Industrien weitaus seine Hauptabnehmerin und gleichzeitig eine der wichtigsten Befrachterin der Eisenbahnen und der Schiffahrt; die durch sie herbeigeführte Erhöhung oder Verminderung des Frachtverkehrs bedeutet also auch eine Einschränkung des Kohlenverbrauchs für Transportzwecke und diese potenzirt sich, indem nun auch wieder die Kohlentransporte zurückgehen und dies den Kohlenverbrauch der Bahnen und Schifffahrt noch weiter vermindert.

Auch der Bergbau des Preussischen Fiskus steht natürlich unter dem Einfluss dieser Verhältnisse. Allerdings wird seine Gesammtförderung, weil sie sich, wenigstens was Kohlen und einzelne Erze anlangt, auf mehrere in verschiedenen Landestheilen gelegene Werke vertheilt, von lokalen Uebeln weniger berührt, als die des Besitzers eines einzelnen Werkes. Dann hat der Staat auch mehr als der Privatunternehmer auf seine Arbeiter Rücksicht zu nehmen und kann daher noch weniger leicht als dieser zu Betriebseinschränkungen schreiten. Endlich muss er auch einen Raubbau im Interesse der Nachhaltigkeit seiner Bergwerke sorgfältiger als jener vermeiden. Alles das wirkt zusammen, um die Förderung der Staatsbergwerke in etwa gleichmässiger zu gestalten als die von Privatwerken.

a) Die Steinkohlenförderung.

§ 40. Die Förderungsmenge. Das weitaus wichtigste Produkt des Bergbaues überhaupt ist infolge der Entwickelung der Technik der Industrien und Transportmittel je länger je mehr die Steinkohle geworden und unter den Erzeugnissen der Preussischen Staatsbergwerke überwiegt sie an Menge und Werth der Förderung weitaus alle übrigen Produkte zusammen genommen; gegenwärtig entfallen auf sie der Förderungsmenge nach, selbst Stein- und Kalisalze eingerechnet, mehr als, dem Werthe nach fast, 90 Proz.

Als Preussen in die Reihe der konstitutionellen Staaten eintrat, waren zwar die Wirren, welche hierzu führten, wie die ganze Weltlage Ende der 40er Jahre auch an seinem Steinkohlenbergbau nicht spurlos vorübergegangen. Als aber ruhigere Zeiten eintraten, erholte sich dieser schnell, sodass die Förderung der Staatswerke (vergl. Anlage XXIX A Sp. 2) schon 1852 mit 981 500 To., diejenige des Jahres 1847 um ca. 140 000 To. übertraf. Von da an beginnt ein geradezu rapides Emporgehen der Förderung, die 1858 ca. 2 468 000 To. erreicht. Dann aber zeigen sich die Wirkungen der politischen Unsicherheit des Jahres 1859 und der schon im Jahre 1857 ausgebrochenen allgemeinen Handelskrisis: die Förderung sinkt 1859 auf 2,1 Millionen To. Schon das nächste Jahr erreicht aber wieder reichlich den Stand von 1858 — anders bezüglich des Werthes, vergl. weiter unten — und es beginnt nunmehr eine Periode stetigen, wenn auch langsameren Steigens, als in den 50er Jahren. Auch die kriegerischen Ereignisse von 1864 und 1866 rufen hierin nur insoweit eine Störung hervor, als die Produktionszunahme von 1865 auf 1866 eine geringere (ca. 145 000 To.) als in den Vorjahren war, wo sie zwischen 200 000 und 500 000 To. schwankte. Im Jahre 1866 hatte die Förderung mit ca. 4 150 000 To. mehr als das Vierfache des Jahres 1852 und das Doppelte von 1859 erreicht.

Die Erweiterung des Staatsgebietes führte zu einer Vermehrung der fiskalischen Produktion an Steinkohlen weniger wie an Erzen, da in den neuen Landestheilen nur die nicht sehr bedeutenden Steinkohlengruben von Borgloh-Oesede, am Deister, Osterwald und bei Obernkirchen sich im Staatseigenthum befanden, die letzteren zudem nur zur Hälfte in dem des annektirten Staates. Die Produktion dieser Gruben, die Obernkirchener zur Hälfte gerechnet, erreichte 1867 mit ca. 215 000 To. noch nicht 5 Proz. derjenigen der altländischen und stieg auch in den Folgejahren über diesen Prozentsatz nicht.

Die Zunahme der Produktion, die bis 1869 angehalten hatte, musste natürlich durch den Krieg von 1870/71 trotz dessen glücklichen Verlaufes eine starke Unterbrechung erleiden, sodass 1870 nur 4,7 gegen 5,3 Millionen To. im Jahre 1869 gefördert werden konnten und auch 1871 mit 5,27 Millionen noch nicht ganz der Stand von 1869 wieder erreicht wurde. Nach dem Kriege kam bekanntlich ein theilweise schwindelhafter Aufschwung von Handel und Gewerbe, dem aber ein schon im Mai 1873 beginnender um so tieferer Sturz folgte. In der Produktion der Staatswerke, die 1872 auf 6,42 und 1873, da noch vor der Krisis ertheilte Aufträge vorlagen, auf 6,66 Millionen To. gestiegen war, äusserte sich diese erst in einem Herabgehen, dann einem nur geringen Steigen und 1877/78 und 1878/79 einem nochmaligen Rückgange. Nur der Umstand, dass man sich gegenüber den stark weichenden Preisen bemühte, durch möglichste Erhaltung oder Steigerung der Förderung die Kosten relativ zu verringern, und dass es theilweise gelang, neue Absatzmärkte zu finden, ist es zuzuschreiben, dass die anhaltende allgemeine Krisis die Produktionsmenge nicht noch stärker beeinflusste.

Das Jahr 1879 war für die Montanindustrie Preussens ein höchst bedeutsames, indem sich im Laufe desselben die Umgestaltung der Wirthschaftspolitik und Zollgesetzgebung des Deutschen Reiches vollzog und am Schlusse der zweiten Hälfte eine erhebliche Besserung der die Industrie in bisher nie dagewesenem Umfange niederdrückenden schlechten Konjunktur eintrat. Während in den ersten drei Quartalen des Jahres die ungünstigen Verhältnisse der Bergwerks- und Hüttenindustrie, mit Ausnahme geringer Schwankungen zum Bessern, in vollem Masse anhielten, trat im Monat November in Folge grosser Aufträge an die Eisenhüttenwerke ein erheblicher Aufschwung der Eisenindustrie ein, von dessen günstigem Einfluss der Steinkohlenbergbau, dessen Absatz sich übrigens schon durch die anhaltende strenge Kälte gehoben hatte, Nutzen zog, sodass die fiskalischen Steinkohlenwerke, trotzdem der Umschwung erst so spät eingetreten war, doch 1879/80 mit einer Mehrförderung von fast 1/2 Million To. abschliessen konnten. Die Hoffnungen auf die Nachhaltigkeit des Aufschwunges erfüllten sich jedoch nur in beschränktem Masse: schon in den nächsten Jahren traten Rückschläge oder doch recht schwankende Konjunkturen ein, und von 1884 an datirt wieder eine entschieden rückläufige Bewegung in der Bergwerksindustrie, die bis zum Jahre 1887/88 anhielt. Die Staatswerke litten zwar auch unter den Schwankungen und Rückschlägen, immerhin aber weniger als die Privatwerke, da sie vermöge ihrer Konzentration auf eine geringe Zahl von Anlagen und der dadurch ermöglichten vortheilhaftesten Verwendung der Arbeitskräfte und voller Ausnutzung der Anlagen der Ungunst der wirthschaftlichen Verhältnisse erfolgreichen Widerstand leisten konnten. So vermochten die fiskalischen Steinkohlengruben wenigstens noch bis zum Jahre 1883/84 alljährlich 5 – 600 000 To. mehr als im jeweiligen Vorjahr zu fördern. Erst von 1884/85 an trat zunächst eine Verminderung der Zunahme, dann 1886/87 sogar eine Abnahme ein. Als dann im Laufe des Jahres 1887/88 beim Bergbau im Allgemeinen eine günstige Wendung erfolgt, steigt auch sofort die Steinkohlenproduktion der Staatswerke von 9,559 Millionen To. im Jahre 1886/87 auf 9,71 im Jahre 1887/88 und 10,364 im Jahre 1888/89. Dass 1889/90 trotz anhaltend günstiger Konjunkturen ein geringer Rückgang erfolgte, lag an der Einstellung der Borgloh-Oeseder Werke und an dem Einfluss und den Nachwirkungen der vom Ruhrgebiet ausgehenden, in der zweiten Hälfte des Mai auf das Saarrevier übergreifenden Arbeiterbewegung; es war hier deshalb trotz erheblicher Vermehrung der Belegschaft nicht immer möglich, der sehr lebhaften Nachfrage des Kohlenhandels in vollem Masse zu genügen. Auch in dem nächsten Jahre dauerte unter der Belegschaft der Saarwerke die Erregung in nur wenig geminderter Stärke fort und beeinträchtigte die Förderung in fühlbarer Weise, sodass zeitweise die ungewöhnlich lebhafte Nachfrage nicht annähernd befriedigt zu werden vermochte und die Gesammtproduktion nur verhältnissmässig wenig, von 10,32 auf 10,59 Millionen To. stieg. Im folgenden Jahre gestaltete sich die allgemeine Geschäftslage wieder ungünstiger; trotzdem war wenigstens bei den Saarwerken die Nachfrage noch eine lebhafte, theilweise stürmische. Die Produktion, die eben in den Vorjahren durch die Arbeiterverhältnisse gehindert worden war, der Nachfrage zu folgen, hob sich daher weiter auf 10,9 Millionen. Länger aber konnte sie der wirthschaftlichen Depression nicht Widerstand leisten, und sie ging daher 1892/93 auf 10,26 Millionen zurück. Die wegen Erschöpfung der Lagerstätte erfolgte Einstellung des Betriebes des Steinkohlenbergwerks bei Wettin trug hierzu nur minimal bei, da dessen Förderung schon in den letztvorangegangenen Jahren wenig mehr als 10 000 To. betragen hatte. Grösseren Einfluss hatte ein vierzehntägiger Arbeiterausstand an der Saar im Dezember 1892, der die dauernde Entlassung von 491 Mann und die zeitweilige Ablegung von 2500 Mann zur Folge hatte, vor allem aber die allgemeine Absatzstockung. Im nächsten Jahre hielt diese zwar im Allgemeinen an; sie wurde aber wenigstens für die Oberschlesische Steinkohle dadurch gemildert, dass während der Streiks in den Englischen Steinkohlenbezirken die Ostseehäfen mehr wie früher ihren Bedarf aus Oberschlesien deckten. Die Gruben König und Königin Luise erzielten daher eine Mehrförderung von 211 000 To., während die Saarwerke eine solche von 149 000 To. nur dadurch erzielten, dass eben der Streik des Vorjahres einen Ausfall von 200 000 To. bedeutet hatte. Alle übrigen fiskalischen Werke hatten Minderförderungen zu verzeichnen.

In der zweiten Hälfte des Rehnungsjahres 1894/95 begann der noch jetzt anhaltende Aufschwung der meisten und namentlich der als Kohlenabnehmer wichtigsten Industriezweige und damit des Eisenbahn- und Schiffahrtsverkehrs, sodass die Staatswerke, allerdings unterstützt durch einzelne lokale Verhältnisse wie auch durch die Strenge des Winters, andererseits aber beeinträchtigt durch das infolge eines Wasserdurchbruchs eingetretene Ersaufen der Hauptgrube des Ibbenbürener Bergwerks, eine halbe Million To. mehr als im Vorjahre fördern konnten. In den nächsten Jahren ging die Förderung jährlich um durchschnittlich ca. 850 000 To. in die Höhe, von 11 070 000 auf 11 737 000, 12 885 000, 13 768 000 und (1898/99) 14 408 000 To. Im Durchschnitt hat die Förderung betragen in Tausenden Tonnen 1869 bis 1878/79[1]) rund 6216, 1879/80—1888/89 8976 und 1889/90—1898/99 11 655. Der Durchschnitt ist also in den beiden letzten zehnjährigen Zeiträumen gegen den ersten gestiegen um 38 bezw. 88 und in dem letzten gegen den zweiten um 30 Proz., gegen den Zeitraum 1852/61 aber, wo immerhin nur die verhältnissmässig unbedeutenden Gruben der neuen Provinzen noch nicht im Eigenthum des Staates standen, dagegen diejenigen von Wettin und Löbejün noch betrieben wurden, um beinahe 500 Proz.

Von der Gesammtsteinkohlenproduktion Preussens decken die Staatswerke gegenwärtig ca. 13 Proz., während sie vor 10 Jahren ca. 18, vor 20 Jahren ca. 18,5, vor 30 Jahren ca. 44, vor 40 Jahren ca. 24 und vor 50 Jahren ca. 20 Proz. deckten. Der Grund für diesen Rückgang liegt in der erfreulichen Vermehrung und Erweiterung des Privatbergbaues, insbesondere im Ruhrbecken: während dieses Revier 1852 zur Gesammtproduktion 20 Proz. beitrug, bezifferte sich seine Betheiligung 1897 auf 57,59 Proz.

Von der gesammten Steinkohlenproduktion der Staatswerke — diejenige von Obernkirchen stets nur mit der Preussischen Hälfte in Ansatz gebracht — entfallen gegenwärtig mehr als 96 Prozent auf die Oberschlesischen und die Saarbrücker Werke (vgl. Anlage XXIXa, Sp. 3 und 4). Früher, namentlich als noch die Bergwerke bei Wettin, Löbejün, Borgloh und Oesede im Betriebe waren und Ibbenbüren grössere Erträge lieferte, war der Antheil jener beiden Hauptwerkskomplexe ja meist geringer, immer aber doch so überwiegend, dass von ihren Ergebnissen das Gesammtergebniss des fiskalischen Steinkohlenbergbaues so gut wie ausschliesslich abhängig war. Von beiden beanspruchen wiederum weitaus den Vorrang die Saarwerke. Doch ist im Laufe der Zeit die Förderung der Oberschlesischen Werke derjenigen der Saarwerke erheblich näher gekommen. Bis zum Jahre 1861 betrug die der Ersteren nur selten und dann auch nur wenig mehr als 25 Prozent derjenigen der Letztern. Dann aber ermöglichten das Aufblühen der Oberschlesischen Industrie, der Uebergang der

[1]) Das I. Quartal 1877 nicht mitgerechnet.

dortigen Bahnen zur Heizung ihrer Lokomotiven mit Steinkohlen statt mit Koks, Bahnanschlüsse und Tarifherabsetzungen eine so starke Ausdehnung des Betriebes, dass die Förderung nach 1861 die 60er Jahre hindurch circa 35—40 Prozent derjenigen bei Saarbrücken betrug: sie belief sich in 1 000 Tonnen 1861 auf 542, 1862 747,5, 1863 910, 1867 1316, 1869 1490, gegen 2 090, 2 087, 2 197, 3 171 und 3 445 in Saarbrücken. In den Jahren des industriellen Aufschwunges 1871 und 1872 betrug die Förderung in Oberschlesien 1 556 bezw. 1 754,5 und stieg auch bis 1876 weiter bis auf 1 960 Tausend To., während sie sich in den entsprechenden Jahren an der Saar auf 3 204, 4 138 und 4 468 stellte. Im Jahre 1880/81 wurde in Oberschlesien die Zahl von 2, an der Saar die von 5 Millionen Tonnen zum ersten Male überschritten. Das Förderungsverhältniss beider Reviere bewegte sich in den 70er Jahren zumeist um 3 : 7 und stieg Anfangs der 80er Jahre auf ca. 6 : 13 und 7 : 15. In der zweiten Hälfte dieses Jahrzehnts erfuhr der fiskalische Grubenbesitz in Oberschlesien die oben (§ 10) erwähnten Erweiterungen, von denen insbesondere der Erwerb der Guidogrube, die in den beiden Jahren 1885/6 und 1886/7, wo sie noch auf eisenbahnfiskalische Rechnung betrieben wurde, rund 307 000 und 320 000 To. förderte, von unmittelbarem Einfluss auf die Produktionsmenge war. Freilich erlitt gerade ihr Betrieb, der mit dem Etatsjahre 1887/8 mit der Königin Luisengrube vereinigt wurde, schon in diesem Jahre in Folge eines Schwimmsand-Durchbruches eine empfindliche Störung. Von Störungen durch Arbeitseinstellungen wurde dagegen Oberschlesien weniger betroffen als das Saarrevier. Diese Umstände und die fortschreitende Verbesserung der Absatzwege, bezüglich deren früher das Oberschlesische gegen das westliche Steinkohlenrevier besonders im Nachtheil war, ermöglichten es den beiden Oberschlesischen Gruben, seit 1887/8 ständig eine 50 Prozent derjenigen der Saargruben übersteigende Tonnenzahl zu fördern: 1887/8 wurde die 3., 1895/96 die 4. und 1898/9 mit 5 069 296 To. die 5. Million überschritten, während die Produktion an der Saar 1884/5 zuerst 6 Millionen überschritt, allerdings 1885/6 und 1886/7 wieder auf 5,97 und 5,87 sank, dann aber bis 1894/5 zwischen 6 und 6,7 Millionen blieb, 1894/5 und 1895/6 7,1 bezw. 7,8 betrug und endlich 1897/8 mit 8 455 455 To. 8 Millionen, 1898/9 mit 8 803 336 To. 8½ Millionen überschritt.

Von den beiden Oberschlesischen Gruben König und Königin Luise — Bielschowitz ist erst 1899 von letzterer abgezweigt — war früher die erstere die weitaus bedeutendere: ihre Förderung betrug 1849: 80 800, 1859: 248 700, 1869: fast 800 000, die von Königin Luise nur bezw. rund 50 000, 156 000 und 574 000 Tonnen. Zuerst 1876 erreichte die Förderung von Königin Luise mit 996 000 Tonnen diejenige der Königsgrube mit 964 000; seitdem hat die erstere, durch die mehrerwähnten Gruben bezw. Grubenfelder Guido, Double Zero u. s. w. vergrösserte Grube die letztere immer mehr überflügelt und ist heute das grösste Steinkohlenbergwerk nicht nur Preussens, sondern vielleicht der ganzen Welt: ihre Förderung betrug 1884/5: 1 757 182 To., 1889/90: 2 481 775 To, 1894/5: 2 701 377 To., 1897/8: 3 157 837 To. und 1898/9: 3 351 259 To., die der Königsgrube in den gleichen Jahren 1 150 331, 1 138 587, 1 273 791, 1 674 629 und 1 718 037 To.

Die Saargruben rangirten nach der Förderungsmenge 1897 in folgender Reihenfolge: Heinitz (ca. 1 138 000 To.), Friedrichsthal, König, Gerhard, Dudweiler, Reden, diese 4 je zwischen 800 000 und 900 000 To., Sulzbach (732 000 To.), Camphausen und v. d. Heydt mit je 600 000—700 000 To., Kronprinz (502 000 To.) und Göttelborn (348 000 To.).

Von den sonstigen fiskalischen Steinkohlenwerken förderten Tonnen

im Jahre . . .	1849	1859	1869	1879/80	1884/5	1889/90	1894/5	1898/9
Wettin }	ca. 26 000	ca. 44 950	52 197 {	10 075	7 228	12 758	—	—
Löbejün }				12 800	—	—	—	—
Ibbenbüren	ca. 19 000	ca. 81 640	113 140	98 416	83 025	110 580	33 757	48 766
Borgloh-Oesede	—	noch nicht zu Preussen gehörig	44 202	50 179	116 955	24 327	—	—
Deister	—		121 005 {	121 315	228 714	364 272	291 866	323 406
Osterwald	—			31 159	39 067	40 018	18 573	22 045

Von Privatzechen förderten 1897 über 1 Million To. in Oberschlesien „Konsolidirte Paulus-Hohenzollern“ (1 298 835 To.) und „Konsolidirte Giesche“ (1 273 905 To.), in Niederschlesien

„Vereinigte Glückhilf-Friedenshoffnung" (1 158 870 To.) und im Ruhrbecken „Zollverein" (1 532 311 To.), „Konsolidirte" (1 263 843 To.) und „Vereinigte Rhein-Elbe und Alma" (1 122751 To.).

Der Absatz vertheilte sich 1898/9 bei den Saarwerken mit 85,1 Proz. auf Deutschland, mit 8,1 Proz. auf die Schweiz, 5,7 Proz. auf Frankreich, 0,6 Proz. auf Luxemburg, 0,3 Proz. auf Oesterreich und 0,2 Proz. auf Italien, während die Oberschlesischen Werke absetzten 88,3 Proz. nach dem Inland, 8 Proz. nach Oesterreich, 3,7 Proz. nach Russland.

§ 41. Die Steinkohlenpreise. Der den Preis der Steinkohle bedingenden Faktoren sind eine grosse Menge. Die chemische Zusammensetzung der Kohle weist erhebliche Verschiedenheiten auf und bedingt ein verschiedenes Verhalten im Feuer, eine verschiedene Heizkraft, verschiedene Gasentwicklung und verschiedene Leuchtkraft ihres Gases. Je nachdem es auf die eine oder die andere Eigenschaft mehr ankommt, ist die eine Kohle für diese, die andere für jene Verwendung geeigneter; so bedarf die Eisenindustrie besonders der zur Verkokung geeigneten backenden Fettkohle; die Gasanstalten brauchen weniger darauf zu sehen, dass die Kohle einen gut gebackenen Koks liefert, und für andere Industrien, die Eisenbahnen, den Hausbrand, ist die schnelle Hitze erzeugende Flammkohle geeigneter. Ferner kommt es auf den Aschegehalt der Kohle an. Für den Durchschnittswerth der Förderung aber spielt, namentlich wenn dieselbe auf grössere Entfernungen versandt werden muss, der Prozentsatz, zu dem sie aus Stückkohle besteht, eine erhebliche Rolle; hierfür bestimmend ist der Härtegrad, indem die härtere Kohle einen höheren Stückkohlenfall liefert wie die weichere, bei der Gewinnung mehr bröckelnde. In allen diesen Beziehungen weisen nun die Kohlen der einzelnen Reviere oder auch der einzelnen Werke, selbst der einzelnen Lagerstätten desselben Werkes, mehr oder minder grosse Verschiedenheiten auf, und je nachdem die Nachfrage nach Kohlen der einen oder anderen Beschaffenheit stärker oder geringer ist, gestaltet sich der Preis im Einzelnen verschieden, so dass beispielsweise zu gleicher Zeit Fettkohle eine sinkende, Flammkohle eine steigende Preistendenz aufweisen kann. Bei dem im Verhältniss zum Werthe grossen Volumen der Kohle spielt weiter die Nähe des Absatzes und die Bequemlichkeit und Billigkeit der Absatzwege für die örtliche Preisbildung eine grosse Rolle, wie es denn z. B. für die oberschlesische Kohle von grosser Bedeutung ist, dass nicht durch den Mittellandkanal die Ruhrkohle billiger als sie nach Berlin gelangen kann. Für das Mass, in dem die Selbstkosten eines Werkes einen Einfluss auf die erzielbaren Preise auszuüben vermögen, kommt es dagegen wesentlich auf die Konkurrenz an: nur wenn der Konsument seinen Bedarf nicht billiger und in gleicher Qualität von anderer Seite decken kann, wird der Produzent bei hohen Selbstkosten seinen Preis entsprechend hoch halten können. Alle diese und andere Umstände, namentlich die wirthschaftliche Lage der verschiedenen Steinkohlen konsumirenden industriellen und Transportunternehmungen bewirken grosse Preisverschiedenheiten zwischen den einzelnen Kohlenqualitäten und zwischen den einzelnen Jahren. Allerdings haben auf Verminderung der örtlichen Preisverschiedenheiten die Verbesserung und Verbilligung der Transportmittel, auf diejenigen der zeitlichen Preisschwankungen in neuester Zeit die Kohlensyndikate, Vereinigungen der Produzenten zum Zwecke der Anpassung der Produktion an die Nachfrage, erheblich eingewirkt.

Sowohl die örtlichen wie die zeitlichen Preisverschiedenheiten treten auch in den Durchschnittspreisen, zu denen der Preussische Staat seine Steinkohlenförderung zu verwerthen vermag (Anlage XXIX A Sp. 6—9) zu Tage. Was zunächst die örtlichen anlangt, so finden wir ausnahmslos höhere Preise für die Saar-, als für die Oberschlesischen Kohlen und bei Letzteren wieder so gut wie ausnahmslos, soweit getrennte Angaben vorliegen, etwas höhere für diejenigen der Königin Luisen- als für die der Königsgrube. Die Gründe sind die oben schon allgemein erwähnten. Die Saarwerke liefern zu einem sehr hohen Antheil gute Kokskohlen für die westdeutsche Eisenindustrie, sind durch Verkehrsmittel und ihre geographische Lage bevorzugt und haben in dem reichen, dichtbevölkerten industriellen Westen auch für die nicht zur Verkokung geeigneten Kohlen nahen und reichlichen Absatz zu Preisen, welche, wie die anderer Konsumtibilien, höher sind als im Osten. Das Oberschlesische Kohlenbecken liefert dagegen mehr magere Kohlen, liegt geographisch in dem Winkel zwischen Russland und Oestereich weniger günstig für den Absatz, hat auch nicht so reichliche Verkehrswege, die dortige Industrie ist, so bedeutend sie an sich ist, dies doch nicht in dem Masse wie die westliche, und die ganze wirthschaftliche Leistungs- und damit Aufnahmefähigkeit für Bedarfsartikel ist geringer. Dazu kommt, dass die Oberschlesischen Staatswerke weit mehr Privatkonkurrenz haben und deshalb weniger den Markt beherrschen als diejenigen bei Saarbrücken; hier liefern die Staatswerke mehr als 98 Proz. der gesammten Fördermenge des Saarbeckens, während in Oberschlesien die fiskalische nur ca. 25 Proz. der Gesammtproduktion ausmacht. Von den beiden Oberschlesischen Staatswerken aber hat Königin Luise vor allen andern dortigen Werken den Vorzug einer gut backenden und dadurch zur Verkokung vorzüglich geeigneten Kohle, sodass sie weniger unter der Konkurrenz der Privatwerke leidet als die Königsgrube, die früher auch ungünstigere Verbindungswege besass. Das Preisverhältniss zwischen Kohlen der Oberschlesischen und solchen der Saarwerke stellte sich im Mittel 1849—1858 auf 3,86 : 7,69, also wie 1 : 2; 1859—1868 auf 37,3 : 80,2, wobei indess zu beachten ist, dass für die Oberschlesischen Werke nicht der durchschnittliche Verkaufspreis, sondern der durchschnittliche Werth der Förderung angegeben ist, der infolge niedrigeren Ansatzes des zumeist minderwerthigen Selbstverbrauchs etc. um ein Geringeres niedriger ist, als der durchschnittliche Verkaufspreis. Für die Jahre 1869—1878/79, 1879/80—1888/89 und 1889/90—1897/98 verhielten sich die mittleren Verkaufspreise der Königin Luisengrube, seit 1895/96 beider Oberschlesischen Gruben zu denen der Saarbrücker Werke wie 6,1 : 10,5, 4,3 : 7,4 und 6,1 : 9,4. Da die Durchschnittspreise auf der Königsgrube sich, wie ein Vergleich zwischen den Spalten 6 und 7 der gedachten Anlage zeigt, im allgemeinen immer mehr denen von Königin Luise genähert und deren Fördermenge, wie wir im vorigen Paragraphen gesehen haben, diejenige der andern Grube immer mehr überflügelt hat, musste schon hierdurch eine Annäherung der Oberschlesischen an die Saarbrücker Preise eintreten. In derselben Richtung wirkten dieselben Umstände, die eine stärkere Zunahme der Oberschlesischen Förderung bedingten; ausserdem ist in Betracht zu ziehen, dass den Saarkohlen durch diejenigen aus dem Ruhr- und dem Aachener Becken verschärfte Konkurrenz gemacht wird.

EineBetrachtung der Zahlen der Spalten 6, 7 und 8 a. a. O. nebeneinander, die durch die graphische Darstellung der Anlage XXX erleichtert wird, ergiebt, dass alle einigermassen erheblichen und nicht nur ganz vorübergehenden Preisbewegungen die Kohlen beider Werkskomplexe und auch diejenigen der beiden Oberschlesischen Gruben miteinander getheilt haben, wenn auch ab und zu das Steigen oder Sinken der Preise hier oder da ein Jahr früher oder später anhub oder sein Ende erreichte. Die erheblicheren Preisbewegungen entsprangen aber und entspringen bei der Vervollkommnung der Transportmittel und der Ausdehnung des Absatzmarktes immer mehr nur über einen weitern Bezirk sich erstreckenden wirthschaftlichen Vorgängen. Sie korrespondiren daher auch mit den Bewegungen der Förderung, wie dies die graphische Darstellung auf Anlage XXX erkennen lässt. Wohl tritt nicht bei rückläufigen Preisen sogleich eine Verminderung der Produktion ein, die ja, wenn die Produktion nicht, wie Anfangs der 70er Jahre, in ungesunder Weise in die Höhe getrieben war, gegenüber dem regelmässigen Fortschreiten der Bevölkerung und Volkswirthschaft schon ein Zeichen sehr ernster Krisen ist; aber die Zeiten sinkender Preise fallen ziemlich zusammen mit langsamerer Vermehrung oder Stillstand, die steigenden mit stärkerer Vermehrung der Produktion. So hat sich z. B. die Förderung der Saarwerke während der weichenden Preise 1858—1863 nur von 1850000 auf 2600000 To., unter den steigenden der Jahre 1865—1877 auf 3200000 To. gehoben. Nach den Erschütterungen der Krisis der 70er Jahre finden wir stärkere Produktionsvermehrungen fast stets in Jahren mit anziehenden, geringere Vermehrungen oder Stillstand in solchen mit weichenden Preisen; man vergleiche z. B. einerseits die Jahre 1880/81, 1882/83, 1883/84, 1888/89 mit 1881/82, 1884/85—1887/88 andererseits. Die Bewegungen der Steinkohlenpreise finden daher im Allgemeinen ihre Erklärung in den oben zur Erläuterung der Produktionsschwankungen angeführten wirthschaftlichen Vorgängen. Wo sie mit den Schwankungen der Förderungsmenge zeitlich nicht ganz zusammenfallen, ist nicht zu übersehen, dass eben häufig der Produzent bei weichenden Preisen den Ausfall zunächst durch Erhöhung der Produktion und die dadurch ermöglichte Verminderung der Generalunkosten auszugleichen sucht und sich erst, wenn dies gegenüber anhaltenden Preisrückgängen als weiterhin undurchführbar erweist, zur Einschränkung des Betriebes entschliesst, dass gerade auf Kohlen oft grosse Abschlüsse für das nächste Jahr gemacht wurden, die in diesem noch eine grosse Förderungszunahme trotz inzwischen stark gewichener Preise ermöglichten, dass andererseits der Bergbau stürmischen Haussen wegen der nöthigen Vorbereitungen für Betriebserweiterungen nicht so schnell zu folgen vermag. Was den Grad der Preisschwankungen anlangt, so bewegten sich dieselben

	in Oberschlesien	an der Saar
1849—1858 zwischen	3,4 und 4,4 M.	6,8 und 9,1 M.
1858—1868 „	3,3 „ 4 „	7,4 „ 8,7 „
1869—1878/9 „	4,01 „ 8,94 „ bei der Königs-, 5,44 „ 9,54 „ bei der Königin Luisengrube	7,69 „ 16,43 „
1879/80—1888/9 „	3,63 „ 3,99 „ bei der Königs-, 4,16 „ 4,4 „ bei der Königin Luisengrube	7,13 „ 7,61 „
1889/90—1898/9 „	4,3[1]) „ 6,47 „	8,78 „ 10,91 „

Sie waren also am geringsten in den 80er Jahren. Immerhin hat auch die industrielle Hausse der letzten Jahre nicht annähernd solche Preissteigerungen zur Folge gehabt, wie manche früheren. Auch für die Staatsfinanzen bedeutet die ruhigere Entwickelung der Kohlenpreise offenbar einen Vorzug, wie es andererseits volkswirthschaftlich auch nur mit Genugthuung zu begrüssen ist, wenn ein wirthschaftlicher Aufschwung nicht mehr ungesunde Preissteigerungen eines für alle Berufe so unentbehrlichen Produktes wie die Kohle im Gefolge hat, sondern der höhere Gewinn mehr in der Vermehrung der Produktion, als in Preistreibereien gesucht wird.

Die Verkaufspreise der übrigen, Preussen allein gehörigen Steinkohlenbergwerke standen in der letzten Zeit meist etwas unter denen von Saarbrücken, aber diesen erheblich näher als den Oberschlesischen: 1897/8 betrugen sie am Deister 8,4, am Osterwald 9,04, in Ibbenbüren 8,32 M. für 1 To.; 1898/9 überstiegen die Preise für Ibbenbürener Kohle mit 10,79 M. sogar die der Saarkohle, während am Deister 8,4 M., am Osterwald 9,06 M. erzielt wurden. Die Durchschnittspreise von Obernkirchen gehen noch über die Saarbrücker hinaus. Die höchsten Preise wurden früher in Wettin (1891/2: 11,85 M.) erzielt; die übrigen jetzt eingestellten Werke wiesen in den letzten Jahren ihres Betriebes Preise auf, die etwa denen der Saar entsprechen. Die Kohle vom Deister besitzt backende Eigenschaften, während diejenige des Osterwaldes mager und aschenreich ist, aber namentlich bei den Kalkbrennereien guten Absatz findet. Ibbenbüren und früher Borgloh-Oesede, Wettin und Löbejün liefern bezw. lieferten theils Back-, theils Sinterkohle.

[1]) Mittel zwischen „König“ und „Königin Luise“.

Bei der Etatsaufstellung für 1899 rechnete man auf Durchschnittspreise von 9,24 M. an der Saar, 6,6 M. für Königin Luise, 6,4 M. für Bielschowitz und 5,75 M. für König.

Von den Steinkohlenrevieren, an deren Produktion der Fiskus nicht betheiligt ist, erzielten 1897 keines so hohe Durchschnittspreise wie das Saarrevier: Niederschlesien 7,05, das Ruhrrevier 7,03, Aachen 6,94 gegen 9,26 M. in Letzterem.

§ 42. Der Werth der Steinkohlenförderung. Aus dem vorstehend Ausgeführten ergiebt sich, dass für den Gesammtwerth (Anlage XXIX A Sp. 9) und demnach für den Durchschnittswerth pro Tonne (Sp. 10 a. a O.) der fiskalischen Steinkohlenförderung massgebend sind die Preise für Saar- und für Oberschlesische Kohlen, die gesammte Förderungsmenge und der Antheil, der hiervon auf die Saarbrücker Werke einerseits, die Oberschlesischen andererseits entfällt; Preise und Förderung der übrigen Werke können bei den gegenwärtigen Verhältnissen keinen bestimmenden Einfluss ausüben. Die gleiche Förderungszu- oder Abnahme an der Saar beeinflusst den Gesammtwerth stärker als in Oberschlesien und ebenso derselbe Preisauf- und Abschlag dort mehr als hier. Der Durchschnittswerth pro Tonne aber muss zwar den Preisen der Saarkohlen näher liegen, als denen der Oberschlesischen, sich indess in den letzten Jahrzehnten, da die Förderungszunahme bei diesen stärker als bei jenen gewesen ist, doch mehr als früher von den Saarpreisen entfernen. Im Durchschnitt lag er unter diesen 1849—1858 6, 1859—1868 16, 1869—1878/79 12, 1879/80—1888/89 16 und 1889/90—1897-98 20 Proz.

Der Gesammtwerth hatte sich unter dem Einfluss der politischen Zustände von 1847 bis 1849 von rund 4 825 000 auf 4 325 000 M. verringert, aber schon 1850 den Stand von 1847 etwas überschritten. 1854 finden wir ihn schon verdoppelt, 1856 verdreifacht, 1858 vervierfacht. Dann ist allerdings eine Erhöhung über den Stand dieses Jahres erst 1864 zu verzeichnen. 1866 steigt der Werth mit 33,2 Millionen über 30, 1871 mit 43,6 über 40, um 1872 67, 1873 sogar 97 Millionen zu erreichen, dann aber infolge der allgemeinen Krisis erst langsamer, dann rapide auf 58,6 Millionen zu sinken und 1878/79 mit 44,4 Millionen den Tiefpunkt seit 1872 zu erreichen. Mehr als ein volles Jahrzehnt musste nun vergehen, ehe wieder der Stand von 1875 erreicht wurde: bis 1889/90 konnte es die fiskalische Steinkohlenförderung nicht über 64,8 Millionen Mark hinaus bringen. Nach dem Aufschwung von 1890/91 und 1891/92 und dem Rückschlag von 1892/93 und 1893/94 ist endlich seit 1894/95 eine andauernde Steigerung zu verzeichnen, die 1898/99 mit 121,7 Millionen M. gegen 1893/94 nicht weniger als 47 oder im Jahresdurchschnitt 9,4 Proz. beträgt. Innerhalb des Jahrzehnts 1889/90—1898/99 hat sich der stärkste Rückgang von einem Jahr zum andern auf 10,5 Mill. M. = ca. 10,8 Proz., der stärkste Rückgang überhaupt auf 10,8 Millionen = 11,5 Proz. belaufen; dieser vertheilt sich auf einen Zeitraum von 3 Jahren. In dem Jahrzehnt 1879/80—1888/89 betrug der grösste Rückschlag von einem Jahre zum nächsten wie überhaupt nur 3,7 Proz., während im vorangegangenen

Jahrzehnt der Förderungswerth von 1874 auf 1875 um 21,6, 1873 auf 1878/79 um 54,5 oder jährlich im Durchschnitt fast 11 Proz. sank. Andererseits wies z. B. das Jahr 1873 gegen das Vorjahr eine Steigerung um 30 Millionen M. oder 45 Proz., 1890/91 eine solche von 23 Milionen oder 31 Proz. auf. Dass derartig enorme Schwankungen möglich und unvermeidlich sind, ergiebt sich schon aus dem oben erörterterten Zusammenhange zwischen der Förderungsmenge und der Preisbildung, vermöge dessen zumeist beide Faktoren in derselben Richtung auf den Förderungswerth einwirken. Zum Glück bedeutet, wie wir weiter unten sehen werden, ein Rückgang des Förderungswerths nicht entfernt eine gleiche hohe Ertragseinbusse für den Fiskus.

b) Die Braunkohlenförderung.

§ 43. Die Förderungsmenge. Die Braunkohle steht der Steinkohle an Heizeffekt bedeutend nach; auch wegen ihrer sonstigen Eigenschaften ist sie in der Industrie weit weniger verwendbar und auch, wenigstens roh, zum Hausbrand weniger geeignet. Unter den Braunkohlen verschiedener Provenienz aber nehmen die Preussens einen ziemlich niedrigen Stand ein, stehen insbesondere weit hinter denen des benachbarten Böhmens zurück. Die Preussische Braunkohle besitzt daher im Verhältniss zur Steinkohle nur geringen Werth, der sehr hohe Gewinnungskosten und hohe Transportspesen nicht verträgt. Infolgedessen ist die Abbauwürdigkeit der Braunkohle eine beschränktere als die der Steinkohle, was freilich einigermassen dadurch ausgeglichen wird, dass ihre Gewinnung nach der Tiefe und Beschaffenheit ihrer Lagerstätten in der Regel eine weit einfachere und billigere ist. Sodann aber ist sie auf den Nahabsatz angewiesen. Auch in diesem wird sie, wenn nicht besondere Umstände ihr zu Hülfe kommen, gefährdet, sobald die Erschliessung naher Lagerstätten, die Schaffung von Transportwegen oder die Verbilligung vorhandener, den einigermassen billigen Bezug höher werthiger Brennmaterialien, insbesondere also der Steinkohle, aber auch der Böhmischen Braunkohle ermöglichen. Infolge dieser Umstände hat die Braunkohlenproduktion, namentlich in den letzten Jahrzehnten mit der Ausdehnung des Eisenbahnnetzes, der Verbilligung der Tarife, der Schiffbarmachung vieler Ströme und Flüsse, mit der Steinkohlenproduktion nicht gleichen Schritt zu halten vermocht, obwohl ihr die seit den 70er Jahren gelungene Herstellung einen guten Hausbrand abgebender Brikets wesentlich zu Hülfe gekommen ist.

Der Preussische Fiskus betrieb bis Mitte dieses Jahrhunderts Braunkohlenbergbau, von einigen ganz unbedeutenden in den 50er Jahren theils zum Erliegen gekommenen, theils verkauften Gruben in Brandenburg (Schönfliess, „Jenny“, „Conrad“, „Ernst“) abgesehen, hauptsächlich nur zur Versorgung seiner Salinen in der Provinz Sachsen, denen die Kohle von den Gruben zum Selbstkostenpreise berechnet wurde. Noch in den 50er Jahren fand ein Verkauf nur von den Gruben bei Altenweddingen, Biere und, nachdem nach Erschöpfung von Biere die Eggersdorfer Gruben erschlossen waren (1858), von diesen statt, während die übrigen, Zscherben, Mertendorf, Voigtstedt, Tollwitz und Pretzsch nur, Löderburg mindestens ganz überwiegend für die fiskalischen Salinen förderten. Soweit ein Verkauf stattfand, erfolgte derselbe vorzugsweise an die Rübenzuckerfabriken und Brennereien und zum Hausbrand, zu Letzterem insbesondere von Altenweddingen. Die Förderungsmenge der fiskalischen Gruben (Anlage XXIX B Sp. 2) erreichte in den 50er Jahren nur einmal 200000 To., während sie im Uebrigen zwischen 128 000 und 189 000 To. schwankte. Von der Gesammtproduktion Preussens machte sie 1852 8,2 Proz. aus und war 1859, nachdem ausser in Biere auch in Mertendorf und Pretzsch der Betrieb eingestellt war, während andererseits die Zahl der Privatgruben, namentlich in Brandenburg, in Sachsen aber der Umfang des Betriebes derselben beträchtlich zugenommen hatte, auf 6,1 Proz. zurückgegangen. Die Einschränkung des Salinenbetriebes führte dazu, dass ein grösserer Theil der Förderung zum Privatdebit disponibel wurde; insbesondere erfolgte seit 1859 auch von Zscherben, seit 1860 auch von Voigtstedt ein Verkauf. Der Bau der Halle-Kasseler Eisenbahn gab weiterhin Veranlassung zur Aufnahme des Bergbaues bei Langenbogen, wo schon früher bis 1840 Tagebau umgegangen war. Lediglich für fiskalische Salinen förderte jetzt nur noch Tollwitz. Namentlich die Ausbreitung der Rübenzuckerfabrikation, daneben der allgemeine wirthschaftliche Aufschwung hatte in den 60er Jahren auch eine rasche Zunahme der fiskalischen Braunkohlenproduktion zur Folge: ohne Rückschläge stieg sie von 189 000 To. im Jahr 1859 auf 393 000 To. im Jahre 1866, obwohl sich bereits die Konkurrenz der Westfälischen Steinkohle empfindlicher fühlbar machte; von der Gesammtförderung im Staate machte sie fast 8 Proz. aus. Die 1867 hinzutretenden Gruben in den neuen Landestheilen, am Habichtswald und Meisner in Kurhessen, die Gruben „Oranien“ und „Nassau“ auf dem Westerwald und bei Weenzen am Osterwald in Hannover lieferten nur geringe Ausbeute, 1867 beziehentlich rund 30 000, 13 000 und 2600 To., sodass auf die Werke in der Provinz Sachsen 1867 rund 438 000 To. entfielen. Mit diesem Jahre hatte aber die fiskalische Braunkohlenproduktion ihren Höhepunkt erreicht. Trotz des Aufschwungs von Handel und Verkehr trat unter dem Einfluss des Vordringens der Steinkohle, der verschärften Konkurrenz der an Qualität überlegenen Böhmischen Braunkohle, seit Anfang der 70er Jahre auch in Folge grossen Arbeitermangels ein Rückgang ein. Dazu trug weiter die Einstellung des Betriebes in Voigtstedt und die oben erwähnte Abtretung von Theilen der Grubenfelder von Zscherben und Langenbogen an die Pfännerschaft in Halle bei — die Förderung der seit 1869 bezw. 1870 verpachteten Feldestheile von Zscherben und Langenbogen ist in der in der Anlage angegebenen Produktion bis inkl. 1872 mitenthalten — Natürlich ging die 1873 beginnende allgemeine Wirthschaftskrisis auch an der Braunkohlenproduktion nicht spurlos vorüber, wenn sie dieselbe bei dem mehr lokalen und für Haushaltungszwecke erfolgenden Absatz dieser Kohle nicht so tangirte wie die Steinkohlenproduktion. Die fiskalische Braunkohlenförderung konnte sich sogar bis 1877/78 auf einem etwas höheren Stande behaupten, als sie ihn vor 1873 eingenommen hatte. Ende der 70er und Anfang der 80er Jahre nahm zwar im Allgemeinen der Braunkohlenbergbau infolge gesteigerter Herstellung von Nass- und namentlich Trockenpresssteinen (Brikets) und der Hebung der Rübenzucker- und chemischen Industrie an Lebhaftigkeit zu, und Mitte der 80er Jahre fand die Braunkohle auch verstärkte Verwendung zur Theerschwälerei, Mineralöl- und Paraffindarstellung. Die Förderung der Staatswerke aber erfuhr, wenn auch mit Unterbrechungen, dieses Jahrzehnt hindurch einen erheblichen Rückgang. Veranlasst wurde derselbe hauptsächlich durch die wegen Auskohlung im Jahre 1879/80 erfolgte Einstellung des ältesten Sächsischen Braunkohlenbergwerks Altenweddingen, durch milde Winter, durch verstärkte Konkurrenz der insbesondere den westlichen Werken nahen Steinkohle und der nach Sachsen auf dem Wasserwege gelangenden Böhmischen Braunkohle, sodann auch durch aus betriebstechnischen Gründen auf einzelnen Gruben nöthig werdende vorübergehende Einschränkungen der Förderung. Ende der 80er und Anfangs der 90er Jahre hob sich die fiskalische Produktion zwar wieder, namentlich infolge einer neuen Schachtanlage in Löderburg, dem nunmehr bedeutendsten Werke. Aber Verminderung des Bedarfs der noch immer die Hauptabnehmer bildenden staatlichen Salzwerke, verstärkte Konkurrenz der Privatgruben und ein Wasserdurchbruch, der im Dezember 1893 Löderburg traf und dieses Werk zeitweilig vollständig zum Erliegen brachte, führten schon 1893/94 wieder zu einer Verminderung auf eine so geringe Förderung, wie sie seit 1864 nicht mehr zu verzeichnen gewesen war. Auch in den nächsten Jahren dauerten die Betriebsstörungen in Löderburg, wenn auch in abnehmendem Umfange, fort, und da 1895/96 auch das Werk am Habichtswald von solchen durch einen Triebsanddurchbruch betroffen wurde, milde Winter den Hausbrandbedarf verminderten und die Mansfelder Kupferschiefer bauende Gewerkschaft wegen der mulmigen Beschaffenheit der Langenbogener Kohle deren Verbrauch zu Gunsten der Steinkohle 1897/98 erheblich einschränkte, konnte die Förderung erst 1898/99 mit 417 333 To. wieder ungefähr den Stand von 1888/89, aber noch nicht denjenigen von 1889/90—1891/92 erreichen.

Von den 1898/9 geförderten 417 333 To. entfielen auf Löderburg 162 831, Eggersdorf 133 384, Langenbogen 50 208, Tollwitz 37 909, auf den Habichtswald 17 018, den Meisner 10 016, die Grube Nassau am Westerwald 3 297, die Grube Oranien daselbst 2 485 und auf Weenzen 185 To. Von der Gesammtförderung Preussens entfielen auf die fiskalischen Werke noch nicht 2 Proz.

§ 44. Die Braunkohlenpreise und der Werth der Förderung. Die von den fiskalischen Werken erzielten Durchschnittspreise und damit der in Rechnung zu stellende Werth der Förderung (Anlage XXIX B Sp. 3) werden dadurch erheblich und in schwankendem Masse herabgedrückt, dass die Kohlen an die staatlichen Salzwerke von einzelnen Werken zu ermässigten Preisen abgegeben werden. Bedingt dies schon eine grosse Verschiedenheit der Durchschnittspreise zwischen den einzelnen Werken, so wird eine solche auch durch die verschiedene Güte der Kohle und die verschiedene Absatzmöglichkeit, insbesondere die Kosten, mit denen die konkurrirenden Heizmaterialien in der betreffenden Gegend bezogen werden können, hervorgerufen. So lagen beispielsweise die Preise für die Preussische Tonne (= ca. 3 Ctr.) 1861 bei den Sächsischen Werken zwischen 6 Silbergroschen 6 Pf. (Altenweddingen) und 1 Silbergroschen 8,9 Pf. (Tollwitz, wo Tagebau betrieben wurde), 1881/82 immerhin noch zwischen 0,263 (Löderburg) und 0,167 M. (Tollwitz) und 1898/99 zwischen 0,2329 (Löderburg) und 0,1709 M. (Tollwitz) für den Hektoliter. Am Habichtswald aber betrug 1898/99 der Durchschnittspreis pro To. 6,6, am Meisner nur 3,18 und in Weenzen 4,66 M.

Der Gesammtwerth der fiskalischen Braunkohlenförderung bezifferte sich 1898/99 auf 1 243 623 M., also noch nicht 1,1 Proz. desjenigen der Steinkohlenförderung, und er hat sich in den 10 Jahren 1889/90 bis 1898/99 zwischen 1 397 000[2]) und 1 094 000, 1879/80—1888/89 zwischen 1 324 000 und 1 059 000, 1869—1878/79 zwischen 1 981 000 und 1 369 000, 1859—1868 zwischen 1 404 000 und 659 000, 1849—1858 zwischen 633 000 und 220 000 M. bewegt; seine Schwankungen sind also geringer gewesen als bei der Steinkohle, was sich schon daraus erklärt, dass die Braunkohle mehr auf den Verbrauch in engeren Bezirken angewiesen ist, weniger von den Bewegungen von Industrie und Handel ergriffen wird, auch bei ihrem im Allgemeinen leichteren Abbau die Förderung sich rascher den Schwankungen der Nachfrage anzupassen vermag.

c) Eisenerze.

§ 45. Solange der Staat Eisenhütten in grösserer Zahl betrieb, fand für deren Zwecke auch eine erheblichere fiskalische Eisenerzgewinnung statt. Im Jahre 1852 wurden auf Staatsrechnung gefördert für die Hüttenwerke Wondollek, Torgelow und Peitz auf 9 Gewinnungspunkten 2400 Preussische Tonnen[1]) des geringwerthigen Raseneisensteins im Werthe von 1149 M., in Oberschlesien für die dortigen staatlichen Hüttenwerke auf 13 Gruben 31 362 To. Brauneisenerze im Werthe von 33 483 M., 8215 To. Thoneisenstein im Werth

---

[1]) Das Verhältniss des Gewichts zum Hohlmass ist bei Eisenerz ungemein verschieden, sodass von einem Durchschnittsgewicht der Tonne nicht die Rede sein kann.

[2]) Der Werth 1873 betrug 1 575 768 M., nicht wie in Anlage XXIX B angegeben, 1 258 102 M.

von 20 340 M. und 8218 To. Sphärosiderite mit einem solchen von 19 842 M., im Westen auf den 3 Horrhauser Gruben im Siegenschen für die Sayner Hütte 18 168 To. Braun- und etwas Spatheisenstein, deren Werth sich auf 51 522 M. belief, also ein relativ hoher war, ferner auf der Grube Stahlberg ca. 10 000 To. Spatheisenstein und auf den 3 fiskalischen Erbstolln „Kronprinz Friedrich Wilhelm“, „König“ und „Reinhold Forster“ einiger Braun- und Spatheisenstein. Die gesammte fiskalische Förderung belief sich auf 68 500 To. im Werthe von ca. 126 000 M. und machte von der Gesammtförderung im Staate der Menge nach ca. 5, dem Werthe nach ca. 5,2 Proz. aus.

In der Folgezeit ging Hand in Hand mit der Verminderung der Hüttenwerke des Staates auch eine Einschränkung seiner Eisenerzförderung. Im Jahre 1866 umfasste dieselbe noch in Ostpreussen 61 To. Raseneisenerz im Werthe von nur 784 M., in Oberschlesien für die Königshütte 6230 To. Sphärosiderit und Thoneisenstein im Werthe von 51 118 M. und 1433 To. Brauneisenstein im Werthe von 34 380 M., für Malapane 1334 To. Brauneisenstein im Werthe von 6534 M. und für die Creutzburger Hütte 808 To. Thon- und 121 To. Raseneisenstein mit einem Werthe von 8 265 M., auf dem „Tiefen Königsstolln“ 1,9 To. Brauneisenstein, insgesammt 22 902 To. = 1,42 Proz. der Gesammtproduktion. Von den fiskalischen Eisenerzgruben der neuen Landestheile waren von einiger Bedeutung diejenigen bei Weilburg und Dillenburg, wo 1867 auf 24 Gruben 67 680 To. Rotheisenstein im Werthe von 472 587 M. gefördert wurden. Auf 2 Gruben in Hannover wurden 611 To. Braun- uud Rotheisenstein, auf 7 in Kurhessen 8 895 To. verschiedener Eisenerze gewonnen; der Werth betrug für die Produktion in Hannover 3498, in Kurhessen 70 290 M. Jetzt findet infolge der oben besprochenen Entwickelung, die zur Veräusserung oder Einstellung der meisten fiskalischen Eisenhütten führte, in den alten Landestheilen seit 1870 eine Eisenerzgewinnung für Staatsrechnung überhaupt nicht mehr, in den neuen seit 1897/98 nur noch auf 6 Gruben der Berginspektion Dillenburg und der 1873 für die Rothehütte erworbenen Grube „Tönnchen Andreas Rössling“ am Harz statt. Die Fördermenge hat sich daher auf 1897/98 80 604 To. = ca. 2 Proz. der Gesammtproduktion Preussens, 1898/99 weiter auf 77 768 To. vermindert. In den 70er Jahren war sie sogar infolge des Darniederliegens der Eisenindustrie, trotzdem damals noch die Weilburger Gruben im Besitz des Staates waren, auf 60 166 To. 1874, 1876 sogar bis auf 57 910 To. herabgegangen (vergl. Anlage XXIX C), und auch 1886/87 und 1895/96 hatte sie, in ersterem Jahre aus dem nämlichen Grunde, 1895/96 hauptsächlich infolge Einstellung einer abgebauten Grube, für die der Ersatz noch nicht fertiggestellt war, nur 73 608 und 74 631 To. betragen, während das Maximum der Produktion seit Ende der 60er Jahre im Jahre 1884/85 117 434 To. betragen hatte. Damals folgte allerdings, wesentlich infolge vermehrter Einfuhr Spanischer und Luxemburgischer

Erze, gleich im nächsten Jahre ein Rückgang auf 88 000 To. Auch sonst sind, wie die gedachte Anlage zeigt, die Produktionsschwankungen ausserordentlich grosse und plötzliche gewesen, so von 1877/78 auf 1878/79 eine Steigerung um 50 Proz.

Noch grösser waren die Werthschwankungen, die sich z. B. von 1875 auf 1876 auf ca. 23 Proz. — bei einer Abnahme der Produktion um nur 13 Proz. —, 1877/78 zu 1878/79 auf ca. 54, 1884/85 zu 1885/86 auf ca. 32 Proz. stellten. Bestimmend hierfür waren nicht nur die allgemeinen Schwankungen der Eisenerzpreise, sondern, da die Gruben der Inspektion Weilburg ein unreineres und geringerwerthigeres Erz liefern als die Dillenburger, das Verhältniss, in dem die Produktion aus diesen und aus jenen stammte, — die Produktion bei Rothehütte, 1898/99 1924 To., ist zu gering, um einen nennenswerthen Einfluss auszuüben — und die in den einzelnen Jahren verschiedene Güte der Erze. Der ganze Werth, 1897/98 849 488 M., 1898/89 nur 783 175 M., ist aber zu gering, als dass die Schwankungen nicht nur den Staatshaushalt, sondern auch nur das finanzielle Ergebniss der Berg- und Hüttenverwaltung erheblich beeinflussen könnten.

Abnehmer der Erze sind bei den Nassauischen Gruben Eisenhütten Westfalens und der Rheinprovinz, während „Tönnchen Andreas Rössling" seine Förderung an die fiskalische Rothehütte liefert.

d) Zinkerz.

§ 46. Eine Produktion von Zinkerzen, nämlich Galmei und Zinkblende fand in Preussen, namentlich auf den Oberschlesischen Galmeigruben schon seit langer Zeit statt, und dieselbe hatte auch im Laufe dieses Jahrhunderts eine bedeutende Höhe erreicht. Der Fiskus war aber bis 1866 an derselben nicht betheiligt. Zwar wurde der Galmei grossentheils in dem reservirten Felde der fiskalischen Friedrichsgrube in Oberschlesien gewonnen, aber von Privaten, die der Staat mit dem Bergbaurecht auf dieses Erz beliehen hatte, während er sich die Bleierze vorbehielt.

Erst durch den Erwerb der neuen Provinzen ist der Fiskus in die Reihe der Zinkerzproduzenten eingetreten. Seine Förderung besteht jedoch nur in Blende; an der Galmeiproduktion ist er auch heute noch unbetheiligt. Die Blende findet sich zusammen mit Blei- und Kupfererzen in den Gängen der Reviere Clausthal und Lautenthal, wird mit diesen Erzen gewonnen und von ihnen durch die Aufbereitung geschieden. In Lautenthal bildet sie das Haupt-, in Clausthal ein nach Menge und Werth jetzt wenigstens noch lohnendes Nebenprodukt neben dem Bleierz als Hauptprodukt. Ihre Verwerthung erfolgt durch Verkauf an Private, nicht, wie die der Bleierze, durch Verhüttung auf fiskalischen Hütten.

Der Gehalt der Gänge in den Oberharzischen Bergwerken an Roherzen ist ein sehr verschiedener und ebenso sind es die Zink-, Blei- und

Kupfererzbestandtheile des Roherzes. Dazu kommt, dass die Werke, Gruben wie Aufbereitungsanstalten, zum grössten Theil Wasser-, nicht Dampfkraft verwenden und daher von den Wasserverhältnissen in hohem Grade abhängig sind. Infolge aller dieser Umstände, zu denen noch die Schwankungen des Zinkmarktes hinzutreten, könnte es nicht überraschen, wenn die Förderung erheblichen Schwankungen unterläge. Gleichwohl zeigt sie (vergl. Anlage XXIX D Sp. 2) wenigstens in den beiden letzten Jahrzehnten eine ziemlich stetig aufsteigende Entwickelung, die dem Umstand, dass am Oberharz in den Gängen der Zinkerzgehalt auf Kosten der Bleierzführung mit zunehmender Teufe wächst, aber auch der unter der Preussischen Herrschaft erfolgten Ausdehnung der Gewinnungsstätten und Erweiterung und Verbesserung der Aufbereitungsanstalten zuzuschreiben ist. Freilich, Rückschläge oder doch Zeiten des Stillstandes in der Produktionsvermehrung sind auch nicht ausgeblieben, so 1870 infolge gänzlichen Darniederliegens des Zinkhandels, 1874 durch Mangel an Betriebswasser, in den mittleren 80er Jahren durch Grubenbrand, Einsturz eines Förderschachtes, Wassereinbrüche und Wassermangel. Seit jener Zeit aber hat bis 1896/97 eine stetige, nur einmal, 1892/93, unterbrochene Zunahme der Blendeproduktion stattgefunden, freilich infolge des schon erwähnten stärkeren Blendegehalts in den tieferen Gängen zum Theil auf Kosten der Bleierzproduktion. Der Rückgang 1897/98 von 18 459 auf 18 281 To. und 1898/99 weiter auf 17 542 To. wurde durch den Abbau ärmerer Erzmittel und 1898/99 auch durch Mangel an Betriebswasser im Herbst 1898 veranlasst.

Unvergleichlich grösser sind die Schwankungen in den für die Blende erzielten P r e i s e n. Kaum ein anderes Metall unterliegt derartigen Preisrevolutionen wie Zink. Zu den in der Weltmarktskonjunktur begründeten treten für die einzelnen Gewinnungsstätten noch Preisverschiedenheiten je nach dem grösseren oder geringeren Metallgehalt der Blende, wie denn der durchgängig höhere Preis der Lautenthaler gegenüber der Clausthaler Blende (vergl. Anl. XXIX D Sp. 3 und 4) hierin seinen Grund hat. In den 22 Jahren 1877/78 bis 1898/99, für die in der Anlage XXIX die Preise für Clausthal und Lautenthal getrennt angegeben sind, haben sie sich dort zwischen 39 und 124, hier zwischen nicht ganz 60 und 156 M. für die Tonne bewegt und sind einmal (1882/83 zu 1883/84) in Clausthal von einem Jahre zum andern um mehr als 50 Proz., einmal (1888/89 zu 1889/90) um mehr als 40 Proz. gestiegen, andererseits auch sowohl hier als auch in Lautenthal um mehr als 25 Proz. gesunken. Der letzte grosse Preissturz, der 1892/93 anhob und bis 1895/96 andauerte, war eine Folge der Auflösung der zwischen den Europäischen Zinkhütten bis dahin bestehenden Vereinbarung. Seitdem ist eine mässige Erhöhung der Preise eingetreten, sodass 1897/98 in Clausthal 77,24, in Lautenthal 98,57 M. erzielt werden konnten. In dem letzten Jahr 1898/99 aber ermöglichte eine stärkere Preissteigerung die Verwerthung der Clausthaler Blende zu 113,3, der Lautenthaler zu 138,11 M., also um fast 50 Proz. höher.

Bei derartigen Preisschwankungen entsprach natürlich die Bewegung des Werthes keineswegs immer auch nur einigermassen derjenigen der Fördermenge; so trat trotz Steigerung der Letzteren ein Sinken des Ersteren ein 1878/79, 1881/82, 1893/94 und 1894/95, andererseits bei geringerer Förderungsmenge eine Werthsteigerung 1872, 1873, 1897/98 und namentlich 1898/99. In dem letzteren Etatsjahr hatte der Gesammtwerth mit 2 110 007 M. den seither höchsten Punkt erreicht. Gegen 1868 war er um mehr als das 9fache, die Förderung noch nicht um das 5fache gestiegen. Für 1899 wurde sowohl auf eine etwas stärkere Produktion als auch auf etwas höhere Preise gerechnet.

Von den beiden Blende fördernden Berginspektionen lieferten 1898/9: Clausthal 12 635 To. im Werthe von 1 432 252 M. und Lautenthal 4 907 To. im Werthe von 677 819 M. Clausthal hat also Lautenthal weit überflügelt, obwohl in dem erstern Revier das Bleierz das Hauptprodukt und die Blendegewinnung erst jüngern Datums als in Lautenthal ist. Als Hannover an Preussen kam, wurde Blende nur auf der Lautenthaler Grube „Lautenthalsglück“ produzirt, und auch später war die Clausthaler Blendeausbeute bis Mitte der 80er Jahre nur unbedeutend. An Quantum übertrifft sie die Lautenthaler erst seit 1891/92. Natürlich hat sich in Folge der Zunahme der Produktion in Clausthal der Durchschnittswerth für das Einheitsgewicht der Gesammtförderung beider Inspektionen immer mehr dem niedrigeren Clausthaler genähert.

Im Etatsjahr 1899 sollten zum Verkauf bringen an Blende Clausthal 13 500, Lautenthal 6000 To.

e) Bleierz.

§ 47. Die Förderungsmenge. Die wichtigste staatliche Erzförderung ist die des Bleierzes. Dasselbe wird, abgesehen von den Kommunionwerken am Unterharz, auf der Friedrichsgrube in Oberschlesien und den 3 Oberharzischen Berginspektionen, früher auch auf der Grube Stahlberg, gewonnen. Das Erz findet sich hier gewinnungswürdig als Bleiglanz und ist am Harze ziemlich stark, in Oberschlesien geringer silberhaltig. Das Erz wird nach erfolgter Aufbereitung, die im Einzelnen bei den Gruben verschieden ist, von der Friedrichsgrube[1]) an die fiskalische Friedrichshütte, von den Oberharzischen Gruben an die fiskalischen Hütten in Clausthal, Altenau, St. Andreasberg und Lautenthal verkauft.

Die gesammte Bleierzgewinnung auf den im Alleineigenthum des Preussischen Staates befindlichen Gruben betrug 1898/99 48 015 To. Hiervon stammt aber thatsächlich nur ein reichliches Drittel, 16 675 To., aus vom Fiskus selbst betriebenen Gruben. Es ist nämlich schon oben bemerkt, dass die Galmeigewinnung innerhalb des Feldes der Friedrichsgrube Privaten überlassen ist, während sich der Fiskus die Bleierze vorbehalten hat. Da die Bleierze und der Galmei zusammen auf einer

[1]) Nach Abgabe des Naturalzwanzigsten an den Grafen Henckel. Vgl. unten § 52.

Lagerstätte brechen, so kann nur eine gemeinsame Gewinnung derselben stattfinden. Der Staat hat es daher den Galmeigruben überlassen, die Gewinnung zu bewirken, und ihnen die Verpflichtung auferlegt, die Bleierze an die Friedrichsgrube abzuliefern. Die Galmeigruben erhalten hierfür nur Ersatz der Förderungs- und Aufbereitungskosten, wofür bestimmte Taxen vereinbart sind, vermöge deren die Grubenbesitzer selbst daran interessirt sind, die Erze mit möglichst konzentrirtem Gehalt abzuliefern. Diese Ablieferungen begannen schon im Jahre 1827, stiegen dann allmählich und überwiegen seit 1858 weitaus das durch die eigenen Betriebe der Friedrichsgrube gewonnene Quantum. 1898/99 standen 31 340 To. abgelieferten nur 2515 To. selbst geförderte Erzen gegenüber.

Infolge der Entwickelung der ablieferungspflichtigen Oberschlesischen Galmeigruben war auch diejenige der fiskalischen Bleierzproduktion (Anlage XXIX E) vor 1866 eine ganz aussergewöhnlich sprungweise. Bis 1858 hatte sie — die ganz unbedeutende Förderung des Stahlbergs ist vor 1860 in der Anlage allerdings nicht berücksichtigt - 1000 To. nicht oder nur wenig überstiegen. Da plötzlich schnellt die von den Galmeigruben abgelieferte Menge in den 2 Jahren 1859 und 1860 von ca. 250 auf 3300 To. und damit, während die eigene Förderung der Friedrichsgrube von 1859 zu 1860 sogar von ca. 1100 auf 568 To. zurückgeht, die Gesammtförderung auf 3874 To. in die Höhe. Auch auf die Produktionsschwankungen der nächsten Jahre übten die Galmeigruben den massgebenden Einfluss aus, wenn auch die Bewegung der Selbstproduktion der Friedrichsgrube mit derjenigen der Ablieferung der Galmeigruben ziemlich korrespondirte.

Die Oberharzer Gruben förderten in dem ersten Jahre der Preussischen Verwaltung, 1867, rd. 10 000 To.; es war somit wiederum bei der Friedrichsgrube eine namhafte Produktionszunahme, und zwar dieses Mal allein bei den Galmeigruben, eingetreten. In der Folgezeit blieb die Förderung auf den im Alleineigenthum des Preussischen Staates stehenden Werken, nachdem sie 1868 und 1869 noch zugenommen hatte, ziemlich stabil auf ca. 24—26 000 To., die sich bis 1873 meistens etwa je zur Hälfte auf Oberschlesien und den Oberharz vertheilen. Dann trat, wesentlich unter dem Einfluss von Wassermangel, ein Rückgang am Oberharz ein, sodass nun die Friedrichsgrube einen Vorsprung erlangte, der aber zunächst noch in der Regel nicht sehr bedeutend war. Gleichzeitig hob sich seit 1875 die Gesammtproduktion auf ca. 28 000—30 000 To., Anfangs der 80er Jahre sogar auf einige 30 000 To., obwohl die Oberharzischen Werke vielfach mit ungünstigen Verhältnissen zu kämpfen hatten. So überschwemmte im Jahre 1877/78 eine Hochfluth die Clausthaler Grube Rosenhof, auf den Schächten „Georg Wilhelm“ und „Anna Eleonore“ brach ein Grubenbrand aus, auf dem Königin Marienschacht stürzte die Radstube ein und in Lautenthal brach ein Teich aus. Weitere Betriebsstörungen waren 1883/84 durch abnorme Witterungsverhält- und Schachtbrüche, 1884/85 durch Wasserzuflüsse in den Gruben, 1885/86 durch einen Schachtbruch und einen mehrere Monate dauernden Grubenbrand, in den beiden nächsten Jahren durch Wassermangel zu verzeichnen. Dazu war seit 1884/85 mehrfach über geringen Blei- und Silbergehalt der Roherze zu klagen. Auch in den 90er Jahren blieben die Oberharzischen Werke von ähnlichen Störungen nicht verschont, indem wiederholt empfindlicher Mangel an Betriebswässern eintrat, 1892/93 sogar in noch nie dagewesenem Masse, 1895/96 infolge von Schachtreparaturen, 1897/98 wegen Neubauten die Förderung bezw. Aufbereitung eingeschränkt werden musste. Ausserdem machte sich der schon oben berührte Rückgang des Blei- gegenüber dem Blendegehalt bei dem Vordringen in grössere Teufe verstärkt fühlbar. Die Friedrichsgrube blieb zwar von bedeutenderen Betriebsstörungen verschont, hatte aber in mehreren Jahren über schlechtere Beschaffenheit der von den Galmeigruben angelieferten Erze infolge deren Galmei- und Blendegehalt zu klagen. Unter dem Zusammenwirken aller dieser Umstände, zu denen noch vielfach ungünstige Konjunkturen traten, ist die Gesammtförderung in den letzten beiden Jahrzehnten bis 1896/97 nicht gestiegen, sondern auf einigen 30 000 To. stehen geblieben; nur einmal 1889/90 hat sie 40 000 To. zu erreichen vermocht. Erst 1897/98 und 1898/99 ist sie mit 42 915 To. und 48 015 To. erheblich über 40 000 To. gestiegen. Dass sie wenigstens nicht zurückgegangen und in den letzten Jahren sogar gestiegen ist, ist aber auch nur der Oberschlesischen Produktion zuzuschreiben, indem seit Anfang der 70er Jahre, wenn auch mit Schwankungen, die eigene der Friedrichsgrube von wenig mehr als 1000 auf über 2000, die der Galmeigruben von ca. 11 000 auf einige 20 000, 1898/99 sogar auf mehr als 31 000 To. gestiegen ist, während diejenige im Oberharz nicht unerheblich zurückgegangen ist: in den letzten Jahren betrug sie nur etwas mehr als 13 000 To. (1897/98: 13 571 To.) und nur 1898/99 etwas mehr als 14 000 To. (14 160 To.), während sie sich vor etwa 20 Jahren gewöhnlich auf ca. 15 000, auch 16 000 To. belief. Freilich muss für das Gesammtergebniss der Oberharzwerke demgegenüber die obenerwähnte Zunahme der Blendeproduktion in Anrechnung gebracht worden. Für 1899 wurde gerechnet auf Verkaufsquanten von 29 450 To. von Friedrichshütte, 15 500 To. vom Oberharz.

§ 48. Die Bleierzpreise. Noch weniger günstig haben sich die Bleierzpreise gestaltet. Da den Oberschlesischen Bleierzen in geringerem, den Oberharzischen in höherem Grade Silbererze eingesprengt sind, so richtet sich ihr Werth nicht nur nach dem Blei-, sondern auch nach dem Silbergehalt und nach den Preisen beider Metalle; denn wenn auch der Silbergehalt hier wie dort im Verhältniss zum

Bleigehalt verschwindend klein ist, so ist doch der Werth des Silbers ein so viel höherer als der des Bleies, dass auch ein kleiner Silbergehalt den Gesammtwerth des Erzes erheblich beeinflusst. Mussten die Preise der Bleierze somit von der bekanntich seit den 70er Jahren eingetretenen Silberentwerthung stark beeinflusst werden, so setzte auch bei dem Blei, das (nach den Hamburger Notirungen) in den Gründungsjahren bis auf mehr als das Anderthalbfache der Preise von 1866 gestiegen war, 1874 eine Entwerthung ein, die mit vorübergehenden Erhebungen bis 1893 anhielt und in diesem Jahre infolge fortschreitender Verdrängung des Deutschen Bleies auf dem Europäischen Markt mit dem nie dagewesenen Preise von 20,8 M. für die Tonne (in Berlin) gegen 63 M. 1873 den Tiefpunkt erreichte, um seitdem einer geringen Besserung Platz zu machen. (Vergl. unten § 82). Infolgedessen konnte natürlich auch der Staat seine Bleierze nur zu erheblich geringeren Preisen verwerthen, als dies früher möglich gewesen war. Da ferner die Marktpreise mehr oder weniger schwankten, die einzelnen Erzanbrüche nicht nur der verschiedenen Werke, sondern auch auf derselben Grube einen sehr ungleichen Blei- und Silbergehalt aufweisen, so waren die Durchschnittspreise der Bleierzförderung (Anlage XXIX E Sp. 6—9) sowohl unter den einzelnen Produktionsstätten als auch in den einzelnen Jahren ausserordentlich verschieden. Durchgängig ist der Einheitspreis auf der Friedrichsgrube weit geringer als am Harz, da das Erz jener, insbesondere das ihr abgelieferte, weniger silberhaltig und mehr mit Galmei und, namentlich neuerlich, Blende durchsetzt ist. Allerdings weisen auch die Oberharzer Erze in der letzten Zeit, hauptsächlich infolge des mehrerwähnten stärkeren Blendégehalts, Verschlechterungen auf, sodass sie an Werth den Oberschlesischen erheblich näher gerückt sind. Auch unter sich haben sich die Bleierze der drei Oberharzer Berginspektionen aus denselben Gründen im Einheitswerth einander in der letzten Zeit beträchtlich genähert, indem der Vorsprung, den früher Lautenthal vor Grund und namentlich Clausthal hatte, sich vermindert hat. Umwälzungen durch neue Erzanbrüche sind indess nicht ausgeschlossen. Im Jahre 1897/98 war das Werthverhältniss zwischen Friedrichsgrube, Clausthal, Lautenthal und Grund 112 : 166 : 188 : 171, 1898/99 115 : 182 : 211 : 184. Der geringste Durchschnittserlös war in den 10 Jahren 1879/80—1898/99 zu verzeichnen auf allen vier Produktionsstätten 1894/95 mit 95, 132, 163 und 130 M. pro Tonne, der höchste auf der Friedrichsgrube 1880/81 mit 170, auf den drei Inspektionen am Harz 1880/81 mit 235, 273 und 269 M. Der Etat für 1899 rechnete mit Preisen von 110,54, 166,9, 196 und 182,88 M.

§ 49. Der Werth der Bleierzförderung. Der Gesammtwerth der Bleierze (Anlage XXIX E Sp. 3) hängt, wie sich aus dem Ausgeführten ergiebt, nicht nur von der Menge der Förderung und den Durchschnittspreisen der einzelnen Produktionsstätten, sondern bei der erheblichen Verschiedenheit dieser Preise wesentlich davon ab, in welchem Verhältniss die Produktionsstätten zu der Förderung beitragen. Er musste daher ungünstig dadurch beeinflusst werden, dass der Förderungsantheil der Friedrichsgrube gestiegen, der der Harzwerke gesunken ist. Dass er auch absolut seit Mitte der 70er Jahre eine sinkende Tendenz zeigt, kann nach dem über die Förderung und namentlich die Preise Bemerkten nicht überraschen. Einschliesslich des nur etwa 100 000—150 000 M. betragenden Preussischen Antheils an der Rammelsberger Förderung (Sp. 4 und 5 a. a. O.) hat er sich 1879/80—1888/89 zwischen 5 452 000 und 6 735 000, 1889/90 bis 1898/99 zwischen 4 138 000 und 6 807 000 M. bewegt, aber in dem letzteren Zeitraum nur ein Mal 6, nur fünf Mal 5 Millionen überstiegen. Immerhin ist seit 1892/93, wo er den tiefsten Stand erreicht hatte, eine ständige Zunahme zu verzeichnen, die ihn 1897/98 auf 5 738 654, 1898/99 auf 6 807 918 M. brachte, wovon 152 165 bezw. 152 701 Mark auf den Rammelsberg entfallen.

Von den drei Berginspektionen des Oberharzes förderten 1898/9 Clausthal 6876, Lautenthal 1620 und Grund 5664 To. gegen beziehentlich 7217, 1524 und 4830 To. im Vorjahre, also die die höchstwerthigen Erze liefernde am wenigsten, diejenige, deren Erze an Werth denen der beiden andern nachstehen, am meisten. Die Gesammtwerthe betrugen beziehentlich 1 248 155, 341 333 und 1 041 443 M. im Jahre 1898/9 gegen 1 201 389, 286 575 und 816 460 M. 1897/8.

f) Sonstige Erze.

§ 50. Wie die Anlage XXIXE zeigt, ist die Kupfererzgewinnung auf den im Alleineigenthum des Staates stehenden Gruben von ganz untergeordneter Bedeutung. Im Jahre 1897/98 wurden gefördert in Clausthal 125, in Lautenthal 25 To., 1898 99 in Clausthal 285 To., in Lautenthal nichts; der Werth der Förderung betrug 1897/98 in Clausthal 5455, in Lautenthal 1523 Mk., also dort ca. 43,7, hier ca. 61 M. pro Tonne, 1898/99 31 790 M. oder 113,3 M. pro Tonne. Das Erz kommt dort in Gestalt von Kupferkies vor, wird als Nebenprodukt gewonnen und nach Aufbereitung an die fiskalische Silberhütte in Altenau zur Verhüttung verkauft. In früheren Jahren war zwar die Förderung eine etwas grössere; sie hat aber nur in den ersten 10 Jahren der Preussischen Herrschaft mehrmals einige Hundert Tonnen betragen. Die aus Spalte 10 a. a. O. ersichtliche Preisentwickelung lässt bis 1897/98 eine stark sinkende Tendenz erkennen, sodass die Produktion eine immer weniger lohnende geworden ist. Ob die 1898/99 eingetretene bedeutende Besserung von Bestand sein wird, bleibt abzuwarten.

Eigentliche, „reiche" Silbererze von verschiedenem Reichthum finden sich in Nestern in dem Andreasberger Revier der Inspektion Grund. Die Förderungsmenge ist daher eine sehr ungleiche, vom Zufall abhängige, aber stets nur ganz geringe: in den 10 Jahren 1889/90 bis 1898/99 betrug sie und ihr Werth:

	Menge in To.	Werth in M.		Menge in To.	Werth in M.
1889/90 . .	88	35 020	1894/95 . .	7,4	36 238
1890/91 . .	156	66 466	1895/96 . .	20	166 567
1891/92 . .	128	78 229	1896/97 . .	6	23 997
1892/93 . .	0,2	12 731	1897/98 . .	5	9 117
1893/94 . .	13,64	82 322	1898/99 . .	12	10 875

Die aufbereiteten Silbererze werden an die Silberhütte in Lautenthal verkauft.

Ein anderes Nebenprodukt, Schwefelkies, wurde bis 1893/94 in der Inspektion Clausthal in ganz geringfügiger Menge gewonnen; der Werth der Jahresproduktion betrug höchstens ein Paar Hundert Mark.

g) Steine und Erden.

§ 31. Obwohl ihre Produkte nicht unter das Berggesetz fallen, werden doch zu den Staatsbergwerken auch die Kalksteinbrüche in Rüdersdorf bei Berlin, die Gipsbrüche bei Lüneburg und Segeberg, die Gipsgewinnung bei Weenzen am Osterwald und die Kalkspathgewinnung bei St. Andreasberg in der Berginspektion Grund gerechnet.

Von einiger finanzieller Bedeutung sind hiervon nur die Rüdersdorfer Kalksteinbrüche. Das Eigenthum an denselben steht dem Staate nur zu $^{5}/_{6}$, zu $^{1}/_{6}$ aber der Stadt Berlin zu. Jedoch erfolgen Verwaltung und Betrieb allein durch den Staat; Berlin erhält von ihm $^{1}/_{6}$ des Ueberschusses ausgezahlt; infolgedessen erscheinen im Etat auch die vollen Einnahmen und Ausgaben und unter den Letztern auch — jetzt Kap. 14 Tit. 10a, bis einschliesslich 1875 in dem Titel „Abgaben etc." (Tit. 10) — der Gewinnantheil Berlins.

Die Produktion Rüdersdorfs besteht in rohen Kalksteinen und gebranntem Kalk und wird vorwiegend nach Berlin und dessen Vororten abgesetzt. Infolgedessen ist für den Absatz und daher auch für die Förderung und die Preise die dortige Bauthätigkeit massgebend. Die Produktion war auch niemals so hoch, wie in den Jahren 1872—1874, wo sie 472 863, 491 701 und 454 354 cbm betrug. Während der darauf folgenden Wirthschaftskrisis ging sie bis 1880/81 ständig bis auf 279 849 cbm zurück, wozu übrigens auch der Umstand beitrug dass infolge Erbauung der Berliner Stadtbahn ungewöhnlich viel Gebäude abgebrochen wurden und die Abbruchsmaterialien den Kalksteinen empfindliche Konkurrenz machten. 1881/82 trat infolge eines milden Winters und grösserer Bauthätigkeit ein geringer Aufschwung ein, der mit Schwankungen bis 1889/90, wo sich die Produktion zum ersten Male wieder über 400 000 cbm (431 388) hob, anhielt, dann aber einem erneuten Rückgang wegen Verminderung der Bauthätigkeit Platz machte. Die Förderung belief sich daher in den Jahren 1890/91 bis 1895/96 nur auf 388 587, 379 250, 318 124, 320 592, 304 042 und 276 642 cbm. Im Jahre 1896/97 trat eine geringe und 1897/98 infolge eines milden, die Bauthätigkeit nicht störenden und eine frühe Eröffnung der Schiffahrt ermöglichenden Winters eine erheblichere Besserung ein, die aber durch Einführung des Betonverfahrens in Berlin, Ersetzung des Kalksteins bei Wasserbauten durch schwereres Schüttungsmaterial und den Wettbewerb anderer Werke beeinträchtigt wurde. Diese Umstände machten sich 1898/99 noch mehr geltend, sodass die Produktion, die 1896/97 286 348 und 1897/98 391 324 cbm betragen hatte, auf 383 993 cbm sank. Hierzu kommen an gebranntem Kalk 1897/98 27 064 To. und 1898/99 26 970 To. Die einzelnen Preise beliefen sich 1897/98 und 1898/99 für 1 cbm Extrabausteine auf 6,53 bezw. 6,55, gewöhnliche Bausteine 5,49 bezw. 5,5, Brennsteine 4,08 bezw. 4,06, Kothen in beiden Etatsjahren 3,5, Zwittersteine 3,01, thonhaltigen Kalkstein 1,17 bezw. 1,79 und für 1 To. gebrannten Kalk auf 14,55 bezw. 14,59 M. Der Gesammtwerth der Produktion, der ausser von den Preisen und der Gesammtmenge auch von dem Antheil abhängt, den diese verschiedenen Kalksorten zu ihr beitragen, belief sich in den gedachten Jahren auf 1 540 166 bezw. 1 516 433 M. gegen ca. 1,38 Millionen in den beiden Vorjahren, 1,46 1894/95, 1,58 1893/94, 1,71 1892/93 und 2—2,3 Millionen in den Jahren 1889/90—1891/92. In den 80er Jahren hatte er zwischen 1 086 790 und 1 944 057 M. geschwankt, ausser 1886/87—1888/89 aber nicht mehr als 1,35 Millionen betragen. Im vorangegangenen Jahrzehnt waren wie bei andern Materialien enorme Preisschwankungen zu verzeichnen gewesen.

Der Gipsbruch bei Lüneburg förderte 1898/99 3060 To. Gipskalk, 5366 To. Gips in Stücken und 226 To. Gipsmehl gegen 3191, 4308 und 972 To. im Vorjahre. Bei einem Durchschnittspreise von 11,37 M. (1897/98 : 11,82 M.) für 1 To. betrug der Gesammtwerth dieser Förderung 94 748 gegen 99 794 M. im Vorjahr. Der Hauptabsatzmarkt ist das nahe Hamburg. Da nun hier die Bauthätigkeit, die schon seit 1890, namentlich aber seit dem Cholerajahr 1892 darniederliegt, noch immer nicht wieder sich zu erholen vermocht hat, waren die letzten Jahre für das Werk keine günstigen.

Günstigere Konjunkturen hatte in den letzten Jahren das Werk bei Segeberg zu verzeichnen, indem es namentlich seit 1894/95 bei Dänischen Cementfabriken einen guten Absatz für Anhydrit, den sich mit dem Gips zusammen findenden wasserfreien, schwefelsauren Kalk, fand. Die Produktion besteht ganz überwiegend in solchem: 1897/98 wurden gefördert Anhydrit 5791 To. im Werthe von 24 433 M., Gipskalk 729 To im Werthe von 6059 M., Gips in Stücken 26 To. im Werthe von 120 M. und Gipsmehl 257 To. im Werthe von 2659 M., 1898/99 Anhydrit 6154 To. für 25 956 M., Gipskalk 818 To. für 7318 M., Gips in Stücken 302 To. für 760 M., Gipsmehl 179 To. für 1915 M. Gegen die Vorjahre bedeutet das eine sehr erhebliche Mehrproduktion. Die Preise betrugen im Durchschnitt aller Produkte 1898/99 4,85 M. für die Tonne gegen 4,81 M. im Vorjahre.

Der kleine, mit dem Braunkohlenwerk verbundene Gipsbruch bei Weenzen am Osterwald lieferte 1898/99 3656 To. im Werthe von 4753 M. gegen 3088 To. im Werthe von 4014 M. im Jahre zuvor, die Kalkspatgewinnung bei St. Andreasberg 57 To. im Werthe von 429 M. (1897/98: 59 To. für 296 M.). Beide sind also von ganz verschwindender Bedeutung.

Die mit Schluss des Etatsjahres 1895/96 wegen völliger Absatzstockung eingestellte Phosphoritgewinnung im Regierungsbezirk Wiesbaden hatte in günstigen Jahren Ausbeuten von etwa 5000—6000 To. im Werthe bis zu einigen 80000 M. geliefert.

C. Die Geldeinnahme für die Bergwerksprodukte.

§ 52. Der im Vorstehenden erörterte Werth der Bergwerksproduktion in den einzelnen Jahren fällt keineswegs zusammen mit der im Kap. 9 Tit. 1 etatisirten Einnahme „für Produkte". Denn einmal wird durchaus nicht immer die ganze Fördermenge innerhalb des Rechnungsjahres abgesetzt. Namentlich soweit die Werke für den Absatz an Dritte produziren, gehen in der Regel mehr oder minder grosse Haldenbestände in das nächste Jahr über, und auch die staatlichen Hüttenwerke können nicht immer die ganze Produktion der Erzbergwerke in demselben Jahre zur Verhüttung übernehmen. Wie infolgedessen ein Theil der Förderung in dem Förderungsjahr unabgesetzt bleiben kann, so kann auch einmal mehr abgesetzt werden, als in dem Jahre gefördert ist, nämlich die Jahresförderung und die aus dem Vorjahr übernommenen Vorräthe.

Sodann kommt aber ein Theil der Förderung garnicht, ein anderer nur zu ermässigten Preisen zum Verkauf. Die Stein- und Braunkohlenbergwerke brauchen einen nicht unerheblichen Theil der geförderten Kohlen, soweit möglich, allerdings die minderwerthigen Sorten, für ihren eigenen Betrieb, zur Heizung der Dampfkessel u. s. w. Ferner erhalten die Bergleute unter gewissen Voraussetzungen bestimmte Kohlenmengen unentgeltlich oder gegen geringere, nur die Selbstkosten deckende Preise; auch einzelne Beamte können ihren Bedarf gegen eine niedrige Entschädigung entnehmen. Weiter werden Kohlen an Arme, auch an Schulen unentgeltlich oder zu niedrigen Preisen abgegeben. Die Saarbrücker Gruben aber müssen auf Grund zweier Kabinetsordres vom 29. April 1819 und 7. Februar 1836 an die Einwohner der Gemeinden des ehemaligen Fürstenthums Nassau-Saarbrücken und der ehemals von der Leyenschen Gemeinden zum Hausbrand jährlich 31 Centner für jede Haushaltung und zum landwirthschaftlichen Gebrauche, nämlich zum Brennen von Kalk zu Düngungszwecken ½ Centner für jeden Morgen Landes gegen Bezahlung der Selbstkosten abgeben, die sogenannten „Gemeindeberechtigungskohlen". Durch die starke Bevölkerungszunahme hat diese Leistung einen sehr bedeutenden Umfang erlangt. Die Berechtigung einzelner Glashütten im Saargebiet, ihren Bedarf ebenfalls zum Selbstkostenpreise zu entnehmen, ist in den Jahren 1867—1879 durch einmalige Naturallieferung bestimmter Kohlenquantitäten, insgesammt 1 169 000 Centner, abgelöst.

Die Vergünstigung der „Gemeindeberechtigungskohlen" hat ihren Ursprung in den früheren wirthschaftlichen Verhältnissen der Gegend. Um diesen aufzuhelfen, gestatteten im 18. Jahrhundert die Landesherrn den Gemeinden theils die Selbstgewinnung, theils die Entnahme der zum Brennen des Düngekalks nöthigen Kohlen für eine geringere Bezahlung. Zuerst im Jahre 1766 wurde diese Berechtigung auch auf Hausbrandkohlen ausgedehnt. Die Selbstgewinnung der Kohlen kam dagegen schon damals in Wegfall. Die Preussische Regierung hat dann durch die gedachten Kabinetsordres die alten Privilegien, die in der Französischen Zeit vielfach verkümmert worden waren, in vollem Umfange aufrecht erhalten. Einzelnen Eisenhüttenwerken und Glashütten war in früheren Jahrhunderten die Berechtigung verliehen worden, ihren Kohlenbedarf aus an sie verpachteten selbstbetriebenen Gruben zu decken. Solche Berechtigungen bestanden Anfangs des 19. Jahrhunderts in den Preussisch gewordenen Gebieten noch für 5 Glashütten. 1816 und 1817 zog der Preussische Staat die „Glashüttengruben" ein und verlieh dafür durch K.O. v. 22. Dez. 1817 den Hütten das erwähnte Recht, die Kohlen zum Selbstkostenpreise von den benachbarten fiskalischen Gruben zu beziehen.

Die fiskalischen Braunkohlengruben in Sachsen wurden, wie oben schon erwähnt, ursprünglich nur zur Deckung des Kohlenbedarfs der Salzwerke betrieben und lieferten die Kohlen an diese zum Selbstkostenpreise. Wenn auch nicht mehr zu diesem, so doch zu einem ermässigten Preise geben sie sie auch jetzt noch die Salzwerke ab.

Insgesammt sind 1898/99 zum Selbstverbrauch, einschliesslich der unentgeltlichen Abgaben des Gutgewichts, der Separations- und Waschabgänge, verwandt worden an Steinkohlen auf den Saarbrücker Werken 872 465 To., in Oberschlesien 364 736 To.[1])

Nach den Etats für 1899 sollten verbraucht werden im eigenen Betriebe der Oberschlesischen Kohlenwerke ca. 211 000 To., der Saarwerke ca. 346 000 To., von Ibbenbüren 11 510 To., unentgeltlich an die Belegschaft abgegeben werden in Oberschlesien 64 500 To. Zum Verkauf an die Belegschaft zu ermässigten Preisen waren ausgeworfen auf den Saarwerken 61 720 To., in Ibbenbüren — einschliesslich der für Schulen — 4350 To., an Gemeindeberechtigungskohlen auf den Saarwerken 92 300 To., wovon die grössten Mengen, 22 600, 17 600, 16 000 und 11 000 To., auf Dudweiler, Gerhard, König und Göttelborn die geringsten, 1400 und 600 To., auf v. d. Heydt und Camphausen entfielen. Zur Verkokung sollten gelangen 116 900 To. der Förderung von Heinitz.

Bei den Braunkohlengruben Eggersdorf, Langenbogen und Tollwitz war der Selbstverbrauch veranschlagt auf beziehentlich rd. 100 000, 20 000 und 16 000 hl, die unentgeltliche Abgabe an die Belegschaft auf ca. 8900, 4500 und 3400 hl. An Salinen sollten abgeben Eggersdorf 1 526 000 und Tollwitz 500 000 hl, so dass der ersteren Grube noch 22 000, der letzteren 3000 hl. zum Verkaufe zu Tagespreisen blieben. Auch von Meisner sollte die Saline Sooden $^1/_3$ der Förderung als Gruskohlen beziehen.

Den Einnahmeausfall durch die Lieferung der Gemeindeberechtigungskohlen bezifferten die amtlichen „Nachrichten von der Verwaltung der Preussischen Staatsbergwerke u. s. w." schon 1893/4 auf 330 380 M., denjenigen für Kohlenlieferungen der Saarwerke an Lehrer u. s. w. zu ermässigten Preisen auf 18 085 M.

---

[1]) Der Verbrauch in Ibbenbüren, am Deister und Osterwald sowie bei den Braunkohlenwerken ist in den amtlichen „Nachrichten" nicht angegeben, fällt aber, wie die ganze Förderung dieser Werke, für das Gesammtergebniss nicht ins Gewicht.

Bei den Erzbergwerken findet natürlich ein ähnlicher Selbstverbrauch und eine Deputatabgabe nicht statt. Dagegen fällt hier der von der Friedrichsgrube an den Grafen Henckel von Donnersmark auf Neudeck gegen Erstattung der Aufbereitungskosten abzuführende Naturalzwanzigste ins Gewicht. Das reservirte Feld der Friedrichsgrube ist nämlich innerhalb des Bezirks gelegen, in dem, wie früher schon erwähnt, der Neudecker Linie der Grafen Henckel von Donnersmarck das Bergregal zusteht. In einem Rechtsstreit hatte der damalige Standesherr im vorigen Jahrhundert gegen den Fiskus das Recht auf den Zehnten von den Bleierzen erstritten. In dem Vergleich vom 16. Januar 1782 begnügte er sich aber mit dem Zwanzigsten. Derselbe wird seitdem von der Friedrichsgrube an die Friedrichshütte abgeführt und dort für Rechnung des Grafen verhüttet; der Graf erstattet der Friedrichsgrube die Aufbereitungs- und Transportkosten, der Friedrichshütte die Verhüttungskosten.

Weitgehende Verpflichtungen zur Abgabe von Produkten gegen ermässigte Preise liegen auch dem Gipsbruch bei Lüneburg ob. Herkömmlich verabfolgt dieser Mauergips für sämmtliche im Fürstenthum Lüneburg gelegene Kirchen-, Pfarr- und Schulgebäude zu dem sogen. „Prälatenpreise", wenn die Begünstigung nachgewiesenermassen schon vor dem Jahre 1803 bestand. Zu demselben Begünstigungspreise erhalten den Mauergips für gewisse Bauten auch die Militär- und die Domänenverwaltung, und ebenso zahlt das Klosteramt in Lüneburg einen geringeren Preis.

§ 53. Infolge dieser Umstände muss in der Regel, wenn nicht abnorm grosse Haldenbestände der Bergwerke aus dem Vorjahr übernommen werden, die Produkteneinnahme erheblich geringer als der Förderungswerth sein.

Beispielsweise betrugen im Rechnungsjahre 1896/97

	die Einnahmen für Produkte	der Werth der Förderung
bei den Steinkohlenwerken	M.	M.
in Oberschlesien . . .	25 598 249	27 194 148
bei Saarbrücken	63 336 834	69 883 137
am Deister	2 192 376	2 309 008
am Osterwald (incl. Braunkohlen und Gips) . .	186 830	194 125
bei Ibbenbüren	92 791	103 886
bei den Braunkohlenwerken		
Eggersdorf	332 662	350 951
Löderburg	434 115	466 030
Langenbogen	126 791	129 962
Dürrenberg	111 092	115 427
am Habichtswald . . .	93 761	106 884
am Meisner	27 694	27 472
bei den Erzbergwerken		
Friedrichsgrube	2 376 807	2 501 902
Berginspektion Clausthal .	2 034 552	2 055 697
„ Lautenthal	814 684	871 653
„ Grund . .	979 513	939 281
Kalksteinbruch Rüdersdorf	1 492 167	1 383 443
Gipsbruch bei Lüneburg .	95 302	89 687
„ „ Segeberg .	24 181	26 849

Wenn somit auch die Einnahme, und zwar die Ist- wie die Solleinnahme, von dem Werth der Förderung erheblich abweicht und am meisten abweicht bei den Steinkohlenwerken, wo das grösste Produktenquantum für Selbstverbrauch und unentgeltliche oder billigere Abgabe in Abgang kommt, so bleibt doch der Werth der Steinkohlenförderung ganz überwiegend bestimmend für die Gesammteinnahme an Bergwerksprodukten.

Von 1849 bis 1859 stieg die (Soll-)Einnahme für Bergwerksprodukte (Anlage XXVII) von 5,8 auf 23,6 Millionen Mark, also auf das Vierfache, während der Förderungswerth der Steinkohlen nur von 4,3 auf 17,6 gestiegen war; indess war letzterer in den beiden Vorjahren vor 1859 schon höher, + rund 19 und 20,9 Millionen, gewesen, und ausserdem war in jenem Jahrzehnt die Produktion der Friedrichsgrube dem Werthe nach auf ungefähr das Vierfache, die der Braunkohlen auf mehr als das Doppelte gewachsen. 1866 hatte die Einnahme 30 Millionen fast erreicht und 1869 betrug sie rund 45,6 Millionen. Mit 74,8 Millionen im Jahre 1874 weist sie wieder eine ganz ungewöhnliche, durch den wirthschaftlichen Aufschwung der ersten 70er Jahre bedingte Zunahme auf, die allerdings geringer ist wie die des Förderungswerthes der Steinkohlen, weil die übrigen Bergwerksprodukte eine ähnlich rapide Zunahme wie diese nicht erfahren hatten und bei der Etatsaufstellung für 1874 auf einen weit stärkeren Einfluss der 1873 begonnenen Krise gerechnet worden war, als er sich demnächst bei dem Rechnungsabschluss für 1874 herausstellte. Da somit die erst später in vollem Masse fühlbar gewordenen Einflüsse der Wirthschaftskrisis schon 1874 theilweise im Voraus escomptirt worden waren, brauchten die Etatsansätze der nächsten Jahre gegen den von 1874 nicht in dem Masse ermässigt zu werden, wie es ohne dies hätte der Fall sein müssen. Die Einnahmen waren daher in den nächsten Jahren nur auf 1875: 76,2, 1876: 67,3, 1877/78: 62,98, 1879/80: 55 und und 1880/81: 48, 48,2 Millionen herabgesetzt, während die Steinkohlenförderung bis auf wenig mehr als die Hälfte ihres Werthes im Anfang der 70er Jahre sank. Seitdem vollzieht sich die Entwickelung der Etatsansätze in grösserer Analogie mit derjenigen der Steinkohlenförderung mit der Massgabe, dass die Letztere in der Ersteren um 1—2 Jahre später zur Erscheinung kommt, weil bei der Etatsaufstellung mit dem derzeitigen Zustande gerechnet werden muss. 1883/84 können wieder 60 Millionen in Einnahme gestellt werden und in den beiden folgenden Jahren steigt dieselbe um je ca. 3 Millionen, um sich dann den Rest des Jahrzehnts auf annähernd gleicher Höhe zu halten. Dann folgen wieder raschere Vermehrungen, auf 76, 92,5 und und 98,7 Millionen. Der neue ungünstige Umschwung auf dem Kohlen- und Metallmarkt drückt die Einnahmen 1893/94—1895/96 wieder nach und nach bis auf 85,96 Millionen herab, bis 1896/97 die bis jetzt anhaltende aufsteigende Entwickelung einsetzt, sodass der Tit. 1 des

Kap. 9 im Etat für 1898/99 mit fast 100 Millionen, für 1899 mit 111138700 M. erscheint.

Unter den Solleinnahmen für 1899 befanden sich für Koks von der Koksanstalt auf Grube Heinitz ca 880000 und für Briketts von Ibbenbüren 232200 M.

II. Kapitel.

Sonstige Einnahmen.

(Staatshaushaltsetat Kap. 9 Tit. 2.)

§ 54. Gegenüber Zahlen, wie sie der Tit. 1 des Einnahmekapitels 9 enthält, von nur untergeordneter Bedeutung sind die im Tit. 2 verrechneten „ökonomischen Nutzungen und sonstigen Einnahmen“. Dieselben setzen sich — nach der Eintheilung in den Werksetats — zusammen aus Einnahmen A) an Pacht und Miethe, B) aus dem Verkaufe alter Materialien und Inventarienstücke beim Grubenbetriebe, C) bei der Oel-, D) bei der Spreng-, E) bei der Gezähe-, F) bei der Schlafhausverwaltung und G) „sonstigen Einnahmen, als Rechnungsdefekten, für Benutzung der Werkstätten u. s. w.

Die Pacht- und Miethseinnahmen erwachsen theils für die Verpachtung der den Werken gehörigen landwirthschaftlich, als Gartenland oder in anderer Weise nutzbaren, für die Zwecke des Werkes zur Zeit entbehrlichen Liegenschaften, für Vermiethung von Wohnungen, entbehrlichen Lagerplätzen und Räumen, für Mitbenutzung von Wasserleitungen und elektrischem Licht seitens der Beamten und Anderer, ferner für Benutzung des Grubenfuhrwerks. Sodann sind hier zu verrechnen die Miethseinnahmen für die auf fiskalische Rechnung auf Grund der Gesetze vom 13. August 1895 und 2. Juli 1898 errichteten Arbeiter- und- Beamtenwohnhäuser (vgl. oben § 34). Dem Bergbau eigenthümliche Pacht- und Miethseinnahmen sind endlich die Förderzinse, d. s. nach der Fördermenge bemessene Pachten für an Dritte zur Ausbeutung verpachtete Theile der Grubenfelder einzelner Werke, und „Stollengefälle“. Soweit die verpachteten Grubenfelder nicht Theile eines noch bestehenden Werkes sind, werden die Pachteinnahmen, wie wir oben (§ 35) gesehen haben, nicht hier, sondern bei Tit. 13 oder 17 verrechnet. Die „Stollengefälle“ sind Zahlungen, die von Privatbergwerksbesitzern für die Mitbenutzung fiskalischer Stollen zu Entwässerungszwecken u. dgl. geleistet werden.

Besonders erhebliche Beträge an Förderzins kommen auf bei der Königin Luisengrube für an die Oberschlesische Eisenbahnbedarfs-Aktiengesellschaft verpachtete Feldestheile (über 130000 M.) und in Langenbogen (49000 M.) für das Pachtfeld V. Die weitaus bedeutendsten Einnahmen für die Abgabe von Wasser haben zu verzeichnen die Zentralverwaltung in Zabrze und das Hafenamt in Malstatt. Ersterer unterstehen die vom Bergfiskus angelegten Wasserleitungen vom Gustavsschacht nach Königshütte und von Zawada nach Zabrze. Nach dem Etat für 1899 sollten an Wasserzins von jener 33776, von dieser 176875 M. aufkommen. Aus dem im Jahre 1881 vollendeten Malstatter Wasserwerk war eine Einnahme von 114515 M. angesetzt.

Schliesslich ist unter den Pachteinnahmen diejenige für die Koksanstalt in Zabrze hervorzuheben, die zur Kasse der Zentralverwaltung in Zabrze fliesst.

Die Einnahmen aus der Oel-, Sprengstoff- und Gezäheverwaltung entstehen dadurch, dass, wie es überhaupt beim Bergbau üblich ist, auch auf den Staatsbergwerken die zur Arbeit nöthigen Lampen, Oel und sonstigen Beleuchtungsmaterialien, die Sprengstoffe und die zu deren Anwendung erforderlichen Geräthe, endlich das „Gezähe", das sind die Werkzeuge, den Arbeitern nicht unentgeltlich geliefert, sondern verkauft werden; auf einzelnen Staatswerken wird indess das Gezähe, auf anderen werden auch die Leucht- und Sprengmaterialien von der Werksverwaltung gehalten, das Oel in Ibbenbüren und im Osterwald, die Sprengstoffe auf den Saarwerken, das Gezähe ausser den Zimmermannswerkzeugen auf den Harzgruben, Gezähe, Leucht- und Sprengmaterialien auf Braunkohlengruben. Der Verkauf erfolgt gemäss der Vorschrift im § 115 Abs. 2 der Reichs-Gewerbeordnung zu den durchschnittlichen Selbstkosten. Die den Arbeitern für die Beschaffung der Arbeitsmaterialien entstehenden Kosten werden bei der Lohnbemessung durch einen bestimmten Zuschlag berücksichtigt. Die Anschaffungskosten für die an die Belegschaft wiederverkauften Materialien und Geräthe sind im Kap. 14 Tit. 6 der Ausgabe enthalten.

Schlafhäuser mit mehr als 5000 Betten bestehen auf den Saarbrücker Werken, um den neu zugewanderten, namentlich aber den in grösserer Entfernung von den Gruben ansässigen Arbeitern ein Unterkommen gegen geringes Entgelt zu verschaffen. Den entfernter ansässigen Arbeitern dient das Schlafhaus für die Wochentage, während es ihnen durch besondere Arbeiterzüge auf den Eisenbahnen und durch geeignete Regelung der Schichtzeit ermöglicht wird, für die Sonn- und Festtage ihre Heimat aufzusuchen. Auch auf der Königsgrube in Oberschlesien besteht ein solches Schlafhaus. Eine der Einnahme aus den Schlafhäusern nahe verwandte, ebenfalls hier zur Verrechnung gelangende Einnahme ist diejenige aus nur für die Belegschaft eingerichteten Kaffeeschänken, wie sie auf der Königin Luise-Grube bestehen.

Ausser den vorgedachten Einnahmen, von denen die unter B und G genannten besonderer Erläuterung nicht bedürfen, kommen noch auf einigen Werken ihnen eigenthümliche, auf anderen nicht entstehende in Betracht, so namentlich auf der Friedrichsgrube die von dem Grafen Henckel zu erstattenden Aufbereitungskosten für den ihm zustehenden Naturalzwanzigsten, im Etatsjahr 1899 52700 M., auf den Gipsbrüchen die Einnahmen aus Säcken, Gebinden und sonstigem Verpackungsmaterial für die verkauften Produkte; die derart, dass die Selbstkosten gedeckt werden, bemessene Solleinnahme hieraus betrug im Jahre 1899 in Lüneburg 9470, in Segeberg 650 M.

Endlich beziehen die Zentralverwaltung in Zabrze (1899 ca. 8000 M.) und in ganz geringer Höhe auch Ibbenbüren Einnahmen aus bergfiskalischen Forsten.

Eine Zusammenstellung, wie sich im Einzelnen die Einnahme des Tit. 2 auf diese verschiedenen Kategorien vertheilt, existirt u. W. nicht. Auf den bedeutendsten Werken war nach den Werksetats für 1899 die Vertheilung auf die wichtigsten Einnahmepositionen folgende:

	Saarbrücker Werke	Oberschlesische Steinkohlenwerke	Ibbenbüren	Friedrichsgrube	Werke am Oberharz	Braunkohlenwerke Eggersdorf und Langenbogen
	M.	M.	M.	M.	M.	M.
Förder- und Wasserzins	215 966	409 329	1300	3 000	10 099	49 000
sonstige Pacht u. Miethe			1334	4 700		4 097
Verkauf alter Materialien und Inventarienstücken	165 810	94 864	3900	—	71 461	483
Oelverwaltung	225 490	160 370	—	4 700	27 100	—
Gezähverwaltung . . .	261 700	16 780	—	11 700	—	—
Sprengstoffverwaltung .	1 197 000[1])	487 160	6000	2 900	67 500	—
Erstattete Aufbereitungskosten	—	—	—	52 700	—	—
Schlafhausverwaltung u. Kaffeeschänken . . .	88 160	16 250	—	—	—	—

Die „sonstigen Einnahmen" sind am bedeutendsten bei der Berginspektion Clausthal, wo sie für 1899 auf 200 265 M. veranschlagt sind. Es befinden sich hierunter die Beiträge der beiden anderen Oberharzischen Berginspektionen und der vier Oberharzer Hütten zu der von Clausthal ressortirenden Maschinen- und Bauverwaltung für die Werke am Oberharz mit 18 000 M. und die Einnahmen der Zentralschmiede mit 182 000 M. Nicht unerheblich sind ferner bei einzelnen Werken die Einnahmen für den Verkauf von Gas und Gaskoks aus ihren Gasanstalten; insbesondere waren für Ersteres bei Heinitz für 1899 ca. 23 000 M. angesetzt.

Die höchste Ziffer unter den Einnahmen des Tit. 2 erreichen, wie obige Beispiele erkennen lassen, die Sprengstoffverwaltung, und vermöge der Einnahmen von den Wasserleitungen und Wasserwerken, die Pacht- und Miethseinnahmen, sodann die Oelverwaltung, der Verkauf alter Materialien und Inventarienstücke, die Gezäheverwaltung und die Einnahmen der Clausthaler Zentralschmiede.

Die Gesammteinnahme beläuft sich im Etat für 1899 auf 4 188 075 M. Wie die Anlage XXVII D erkennen lässt, trat bei ihr eine ausnehmend starke Erhöhung im Jahre 1869 ein: Mit 2,6 Millionen im Jahre 1869 überstieg sie diejenige von 1866 mit 0,9 Millionen um fast das Doppelte. Der Grund hierfür lag weniger, als man vermuthen könnte, in dem Hinzutritt der neuen Provinzen, die vielmehr nur eine Steigerung um ca. 108 000 M. verursachten, sondern hauptsächlich darin, dass bisher

[1]) Die Sprengstoffe werden von der Faktorei Kohlwaage an die Werke verkauft, sodass, da ein Wiederverkauf an die Belegschaft nicht stattfindet, der Einnahme der Faktorei mit 1 197 000 M. eine entsprechende Ausgabe bei dem Werke gegenüber steht.

nur der Nettoerlös aus dem Materialien- und Gezäheverkauf an die Bergleute in Einnahme erschien, 1869 aber der Bruttoerlös, dagegen die Anschaffungskosten in Ausgabe. Schon 1870 kehrte man aber wieder zu dem früheren Verfahren zurück, was natürlich wieder ein entsprechendes Zurückschnellen der Höhe des Tit. 2 zur Folge hatte. Als mit dem Etatsjahr 1882/83 wieder zu der entgegengesetzten, jetzt übrigens gesetzlich durch das sog. Komptabilitätsgesetz festgelegten Praxis übergegangen wurde, ging der Titel um 1 729 455 M. in die Höhe. Seine spätere grössere oder geringere Höhe wird hauptsächlich durch die Stärke der Förderung bedingt; denn nach dieser richtet sich der Verbrauch an Leucht-, Sprengmaterialien, Gezähe und an Materialien und Inventarienstücken, infolgedessen auch wenigstens theilweise die Menge der zum Verkauf gelangenden alten Materialien und Inventarienstücke. Da sich auch die Förderzinse, die Pachthöhe der Zabrzer Kokerei, die Aufbereitungskosten des Gräflich Henckelschen Naturalzwanzigsten, schliesslich im Wesentlichen auch die Beschäftigung der Zentralschmiede in Clausthal für Rechnung Dritter nach der allgemeinen Lage des Bergbaues bezw. des Steinkohlen- und Erzbergbaues richten, so folgt die Gesammteinnahme des Tit. 2 im Grossen und Ganzen den Bewegungen des Tit. 1. Wo es nicht der Fall war, hatte es vorwiegend in auf längere Zeit erfolgenden Neuverpachtungen seinen Grund; für die bei solchen abzugebenden Pachtgebote lassen sich vorsichtige Pachtlustige nicht allein von der momentanen Lage des Bergbaues bestimmen, sondern ziehen voraussichtliche Dauer der augenblicklichen Konjunktur, die Durchschnittsergebnisse längerer Perioden u. s. w. in Betracht.

II. Abschnitt.

Die dauernden Ausgaben.

(Staatshaushaltsetat Kap. 14.)

III. Kapitel.

Ausgaben für die Beamten.

(Staatshaushaltsetat Kap. 14 Tit. 1–5.)

§ 54. Die ausserordentliche Erweiterung des fiskalischen Bergbaues in der zweiten Hälfte des 19. Jahrhunderts, wie wir sie oben in dem Wachsen der Förderung und der Einnahmen kennen gelernt haben, bedingte auch eine entsprechende Vermehrung des Apparates an Betriebsbeamten bei den Werken (vergl. Anlage XXVIII). Allerdings ist diese Vermehrung, wie sie in den blossen Etatsziffern in die Erscheinung tritt, zum grossen Theil nur eine scheinbare. Denn infolge des gewerblichen Charakters der Berg-, Hütten- und Salzwerke war es bei denselben bis in die neueste Zeit üblich, die Mehrzahl der Betriebsbeamten nur vertragsweise, nicht mit Pensionsberechtigung anzunehmen, und die Zahl der in dieser Weise Angestellten kam im Etat nicht zum Ausdruck, ihre Besoldungen wurden nicht unter dieser Bezeichnung, sondern bei den Löhnen verrechnet. Dazu kam, dass die bis zu dem Gesetz vom 10. Juli 1861 bestehenden Bergämter (vergl. oben § 15) auch die Leitung der Staatsbergwerke hatten. Noch 1859 führt daher der Etat als lebenslänglich angestellte Beamte der Bergwerke nur 5 Oberinspektoren, 13 Faktoren, 18 Schichtmeister und Sekretäre, 26 Assistenten und 2 Beamte im Nebenamt auf. Ausser der Zunahme des Bergwerksbetriebes bedingte die Aufhebung der Bergämter eine namhafte Verstärkung des Betriebsbeamtenpersonals. Dasselbe erscheint daher schon 1866 in fast der doppelten Stärke von 1859 (112). Insbesondere sind jetzt, was früher nur bei den Hütten und Salinen der Fall war, auch an die Spitze der grösseren Bergwerke Direktoren, insgesammt 7, gestellt und ist die Zahl der für die bureaumässigen und kaufmännischen Obliegenheiten bestimmten Beamten vermehrt. Der Hinzutritt der neuen Provinzen verursachte natürlich eine sehr starke Beamtenvermehrung, die zeitlich mit der Nothwendigkeit einer gleichen Massnahme infolge Ausdehnung der Saarwerke zusammenfiel. Im Jahre 1869 ist infolgedessen die Beamtenzahl auf 194 gestiegen. Durch das Hinzukommen der zahlreichen selbstständigen Werke ist am meisten vermehrt die Zahl der betriebsleitenden Beamten, nämlich der Direktoren, dirigirenden und sonstigen Inspektoren. Auch in den nächstfolgenden Jahren, in die ja der Aufschwung nach dem Französischen Kriege fiel, machte die Ausdehnung des fiskalischen Bergbaues immer neue Beamtenvermehrungen, in erster Linie an der Saar nothwendig. Ausser dem Vorsitzenden der Bergwerksdirektion in Saarbrücken weist der Etat für 1879/80 auf: 27 Direktoren I. Klasse, einschliesslich der 7 Mitglieder der gedachten Direktion, 11 Direktoren II. Klasse, die an die Stelle der früheren „dirigirenden Inspektoren" getreten sind, 20 Betriebsinspektoren, 5 Bau- und Maschineninspektoren und 170 Faktoren, Schichtmeister, Sekretäre, Assistenten, Buchhalter, Rendanten und Unterbeamte. Auch in den nächsten Jahren fanden alljährlich, wenn auch in geringerem Masse, Stellenvermehrungen statt, denen im Einzelnen nachzugehen hier zu weit führen würde. Freilich bedeuten sie ebensowenig wie die früheren und späteren stets eine Vermehrung des Gesammtpersonals der Berg-, Hütten- und Salinenverwaltung, sondern oft nur Uebertragungen einer Stelle von einem Zweige auf den anderen. Es war und ist nämlich zulässig,

Stellen zwischen Bergwerken, Hütten und Salinen wechselseitig zu übertragen.

Bei allen diesen Stellenvermehrungen war indess die Besonderheit der Bergverwaltung bestehen geblieben, dass die bei dem Betriebe und der Verwaltung der Bergwerke, Hütten und Salzwerke in den verschiedenen Dienstzweigen beschäftigten technischen Beamten niederen Grades, die sogen. Werksbeamten, nicht zu den etatsmässigen Staatsbeamten gehörten, vielmehr zum Staate nur in einem vertragsmässigen, jederzeit kündbaren Dienstverhältniss standen und in Uebereinstimmung hiermit ihr Diensteinkommen nicht aus Besoldungs- oder andern persönlichen Fonds, sondern aus den zu den sächlichen Ausgaben gehörigen Lohnfonds bezogen. Demzufolge hatten die Werksbeamten beim Eintritt der Dienstunfähigkeit keinen Anspruch auf Staatspension, sondern konnten aus Staatsmitteln nur einen Zuschuss zu dem knappschaftlicherseits ihnen gewährten Invalidengelde erhalten; ihre Hinterbliebenen waren von den Wohlthaten des Reliktengesetzes vom 20. Mai 1882 ausgeschlossen. Die Werksbeamten nahmen daher gegenüber gleichartigen Bediensteten anderer Verwaltungszweige und namentlich auch im Vergleich mit den im Bureau-, Kassen- und Rechnungsdienste der Bergwerke beschäftigten Beamten, welche zu den Staatsdienern gehörten, eine untergeordnete Stellung ein, obwohl ihnen, wie diesen, die Beaufsichtigung und Verwaltung von Staatseigenthum anvertraut ist und sie deswegen, gleichwie die Staatsbeamten in Eid und Pflicht genommen waren, und obwohl sie, besonders in den obern Stellen, sehr wichtige und verantwortliche Aemter bekleideten und von ihrer Umsicht, Thätigkeit und eifrigen Pflichterfüllung die finanziellen Erfolge des Werksbetriebes in hohem Masse abhängig sind. Es entsprach deshalb nicht nur den Wünschen der Beamten selbst und mehrfacher Befürwortung im Landtage, sondern lag auch im Interesse der Verwaltung selbst, die Stellen der Werksbeamten in etatsmässige Staatsdienerstellen umzuwandeln. Dabei wurde von folgender Klasseneintheilung der Werksbeamten ausgegangen: I. obere Werksbeamte in wichtigen, mehr oder weniger selbstständigen Dienststellungen, für die eine technische und geschäftliche Ausbildung erfordert wird; mittlere in nicht selbstständigen Dienststellungen, für welche ebenfalls eine technische und geschäftliche Ausbildung erfordert wird, und niedere in Dienststellungen, für die keine besondere Ausbildung erforderlich ist. Zunächst wurden durch den Etat für 1889/90 in das Staatsdienerverhältniss überführt nur die oberen Werksbeamten, zu denen gehören Obersteiger, Maschinenwerkmeister, Bauwerkmeister und sonstige Bautechniker, Fahrsteiger, Oberbohrmeister, Ingenieure, Obermeister, Werkführer, Obersiedemeister, Werksprobirer, Mahlwerksaufseher etc., insgesammt damals 198 Beamten, von denen entfielen auf die Bergwerke 163, auf die

Hütten 17 und auf die Salzwerke 18. Gleichzeitig wurden in etatsmässigen Beamtenstellen umgewandelt diejenige des Chemikers (Gasinspektors), des revidirenden Markscheiders und der Kesselrevisoren des Saarbrücker Bezirks sowie diejenigen der im ausschliesslichen Dienste eines Staatsbergwerks stehenden Grubenmarkscheider, zusammen 25 Stellen. Schon 1891/92 wurde das 1889/90 Begonnene vollendet, indem nun auch die mittleren und unteren Werksbeamten in das Staatsdienerverhältniss überführt wurden; zu den ersteren gehörten die Steiger und technischen Aufseher aller Art sowie die ihnen gleichstehenden, in der Produkten- und Materialienverwaltung beschäftigten Beamten, zu den letzteren Kohlenmesser, Amtsdiener, Wächter u. s. w. Die erstere Kategorie umfasste 945, die letztere 229 Stellen; von jenen entfielen auf die Bergwerke, Hütten und Salzwerke bezw. 811, 78 und 56, von diesen 197, 7 und 25. Da ausserdem in den einzelnen Jahren noch andere Stellenvermehrungen stattgefunden hatten, waren 1891/92 bei der Bergwerksverwaltung die in der Anlage XXVIII a spezifizirten 1520 Stellen vorhanden.

Von den folgenden Jahren des letzten Jahrzehnts des 19. Jahrhunderts ist bis 1899 kein einziges vorübergegangen, ohne dass neue Stellen bei den Bergwerken eingerichtet bezw. von der Hütten- oder Salzwerksverwaltung überführt worden wären. Erheblicher waren hiervon die Stellenvermehrungen 1892/93 (21) und 1899 (36).

Die drei Kategorien der Werksbeamten wurden, die unteren, bei denen dies bereits herkömmlich war, im Etat für 1897/98, die oberen und mittleren gelegentlich der Gehaltsregulirung von 1897, in je zwei Klassen getheilt. Das Endergebniss der Aenderungen in der Zahl und Eintheilung der Beamten, wie es sich im Etat für 1899 ausprägt, ist folgendes: Es sind vorhanden: A. bei der Berwerksdirektion in Saarbrücken 1 Vorsitzender, 9 Mitglieder, 3 Beamte in der Klasse der Betriebsinspektoren, 1 Rendant, 33 Sekretäre, 6 Kanzlisten, ein oberer Werksbeamter I. Klasse, 1 oberer Werksbeamter II. Klasse, 5 mittlere Werksbeamte I. Klasse und 4 Boten, zusammen 64 Beamte; B. bei der — 1897/98 errichteten — Zentralverwaltung in Zabrze 1 Vorsitzender, 3 Direktoren I. Klasse, 2 Betriebsinspektoren, 1 Grubenmarkscheider, 2 Faktoren, 12 Schichtmeister, 1 Kanzlist, 1 oberer Werksbeamter I. Klasse, 5 mittlere Werksbeamte I. Klasse und 4 untere Werksbeamte I. Klasse, zusammen 32 Beamte; C. bei den Werken 22 Direktoren I. und 4 II. Klasse, 3 Bau- und Maschineninspektoren, 36 Betriebsinspektoren, 26 Grubenmarkscheider, 50 Faktoren, 145 Schichtmeister, 10 Kanzlisten, 86 obere Werksbeamte I., 97 II. Klasse, 627 mittlere I., 209 II. Klasse, 162 untere I. und 15 II. Klasse, zusammen 1492 und Alles in Allem 1588 Beamte. Faktoren werden künftig nicht mehr angestellt, sondern ihre Stellen bei Erledigung in Schichtmeisterstellen umgewandelt.

Auf die einzelnen Werke vertheilten sich die Beamten 1898/99 folgendermassen:

	Direktoren I. Klasse	Direktoren II. Klasse	Bau- u Maschineninsp.	Betriebs-Inspektoren	Gruben-Markscheid.	Schichtmstr. Fakt., Sekr.	Kanzlisten	Obere Werksbeamte I. Klasse	Obere Werksbeamte II. Klasse	Mittlere Werksbeamte I Klasse	Mittlere Werksbeamte II. Klasse	Untere Werksbeamte I. Klasse	Untere Werksbeamte II. Klasse	zusamm. Beamte
Saarwerke, einschl Hafenamt in Malstatt	12	—	—	19	19	104	9	61	61	92	—	135	—	976
Königs und Königin-Luisengrube	2	—	—	5	3	23	—	16	8	83	5	25	2	174
Ibbenbüren	1	—	—	1	1	4	—	—	3	2	11	—	3	26
am Deister	1	—	—	1	1	6	—	1	1	3	12	—	5	31
am Osterwald	—	1	—	—	—	1	—	—	1	—	8	—	1	13
Braunkohlenwerke in Sachsen	—	—	—	1	—	2	—	—	4	3	7	—	—	17
Desgl. am Habichtswald und Meisner	—	1	—	—	—	3	—	—	1	—	5	—	1	11
Friedrichsgrube	—	—	—	1	—	4	—	1	1	2	1	—	1	11
Bergwerke am Oberharz und Faktorei Zellerfeld	3	1	2	5	3	24	—	4	12	—	136	—	1	191
Berginspektion Dillenburg	1	—	—	—	—	3	—	—	2	—	17	—	3	26
Steinbruch Rüdersdorf	1	—	—	1	—	9	1	3	—	6	7	1	1	30
Gipsbrüche Lüneburg u. Segeberg	—	1	—	—	—	1	—	—	—	—	3	—	—	5

Den Saarwerken hinzuzurechnen sind die Beamten der Saarbrücker Direktion, denen der Oberschlesischen Steinkohlenwerke die der Zentralverwaltung in Zabrze.

In dem Etat für 1899 sind folgende Aenderungen in obiger Vertheilung der Beamten eingetreten: hinzugekommen sind bei den Saarwerken 2 Betriebsinspektoren, 3 technische Sekretäre, 8 Schichtmeister, 25 mittlere Werksbeamte I. Klasse, in Oberschlesien 1 Direktor I. Klasse für die von der Königin-Luisengrube abgezweigte Berginspektion Bielschowitz und in Ibbenbüren 1 Schichtmeister, in Abgang gekommen bei den Saarbrücker Werken 3 obere Werksbeamte I. Klasse und ohne Bestimmung darüber, bei welchen Werken, 4 mittlere Werksbeamte II. Klasse und 3 untere Werksbeamte II. Klasse, ausserdem verlegt vom Kap. 15 Tit. 1 (Hütten) hierher 1 mittlerer Werksbeamtenstelle I. Klasse, von hier dorthin 1 Schichtmeister- und 1 untere Werksbeamtenstelle I. Klasse.

§ 56. Die Gehälter der Beamten bei den Werken haben namentlich in den letzten Jahrzehnten wiederholt Aufbesserungen erfahren. Von Ende der 50er bis Ende der 60er Jahre waren diejenigen der höheren Beamten und der Faktoren, wie die Anlage XXVIII a zeigt, unverändert geblieben: Direktoren, mit Ausnahme desjenigen der Direktion in Saarbrücken, 3000—4200 M., dirigirende Inspektoren 2700 bis 3000, Inspektoren 2400—2700 M., Bauinspektoren 2400—3000 M., Baumeister 1800—2400 M., Faktoren 1950—2400 M. Dagegen waren erhöht worden diejenigen der Schichtmeister und Sekretäre von 1350 bis 1950 auf 1650—2100 M., die der Assistenten von 900—1200 M. auf 1050—1650, die der Boten von 600—750 M. auf 750—900 M.

Im Jahre 1872 erfolgte eine Gehaltsaufbesserung der Werksdirigenten durch den Bergetat, während im Uebrigen die Beamten der Bergverwaltung an der beim Etat des Finanzministeriums ausgebrachten allgemeinen Besoldungserhöhung betheiligt waren, so dass der durch beide Massnahmen verursachte Mehrbedarf sich bei der Bergverwaltung auf mehr als 130000 M. belief. Schon 1874 folgten weitere Gehaltserhöhungen, so dass am Ende der 70er Jahre sämmtliche Beamtenkategorien bei den Bergwerken — einschliesslich der Direktion in Saarbrücken —, Hütten und Salzwerken erheblich besser als 10 Jahre zuvor standen, und zwar:

	Direktoren	Betriebsinspektoren	Faktoren	Schichtmeister u. Sekretäre
im Mindestgehalt um	600 M. = 20 %	600 M. = 25 %	600 M. = 31 %	150 M. = 9 %
„ Höchstgehalt „	1800 „ = 43 %	600 „ = 20 %	600 „ = 25 %	450 „ = 21,5 %

	Assistenten	Bau- u. Maschineninspektoren	Bau- u. Maschinenmeister
im Mindestgehalt um	300 M. = 28 %	1200 M. = 50 %	600 M. = 33⅓ %
„ Höchstgehalt „	150 „ = 9 %	1200 „ = 40 %	600 „ = 25 %

Prozentual am erheblichsten waren also die Aufbesserungen bei den in den 60er Jahren nicht bedachten Beamten; die besonders reichliche Aufbesserung bei den Bau- und Maschinentechnikern wurde durch die Nothwendigkeit bedingt, diese Beamten ihren Kollegen in anderen Verwaltungszweigen gleichzustellen. Bei der Direktion in Saarbrücken waren die Gehaltserhöhungen, weil man deren Beamten namentlich denen der Eisenbahnverwaltung wie auch der besonderen Bedeutung der dortigen Werke entsprechend dotiren musste, für einzelne Kategorien noch bedeutendere.

Die namentlich auch für die Bergverwaltung finanziell wenig günstigen 80er Jahre liessen umfangreiche Gehaltsaufbesserungen als nicht an der Zeit erscheinen. Gleichwohl war die oben im § 55 erwähnte Ueberführung der Werks- und einiger anderen Beamten in das Staatsdienerverhältniss mit einer Erhöhung ihrer Dienstbezüge verbunden, und durch einen Nachtrag zum Staatshaushaltsetat für 1890/91 wurden die oberen Werksbeamten und die Unterbeamten aufgebessert: es erhielten die Gruben-Markscheider 2400—3600 M., obere Werksbeamte 1800—2800 M., mittlere 1100—2300 M., untere 900 bis 1500 M., die Boten 1000—1500 M., während die bei der Saarbrücker Direktion aus dem Vertrags- in das Staatsdienerverhältniss überführten Beamten den Betriebsinspektoren gleichgestellt waren. Von bisher schon etatsmässigen Beamten erhielten 1889/90 die Bau- und Maschineninspektoren eine Erhöhung ihres Höchstgehalts auf 4800 M. und 1891/92 wurde den Kanzlisten eine solche ihrer Gehälter von 1200 bis 1950 M. auf 1500—2200, endlich den Assistenten bei den Werken eine solche ihres Mindestgehalts von 1350 auf 1800 M.

An den sich auf die ganze Staatsverwaltung erstreckenden Massregeln, welche in dem letzten Jahrzehnt zu Gunsten der Beamten getroffen wurden, hatten auch die bei den Bergwerks- etc. Betrieben angestellten Antheil. Die Vereinigung der Sekretär- und Assistentenstellen erfolgte 1896/97, die Einführung der Dienstaltersstufen für die Boten 1892/93, für die Bureau- und Kanzleibeamten, Faktoren und Schichtmeister 1893/94, für die Direktoren und Inspektoren 1894/95, für die Grubenmarkscheider und Werksbeamten 1897/98. An der in dem letzten Jahre durchgeführten allgemeinen Besoldungsaufbesserung waren sämmtliche Beamtenklassen mit Ausnahme der Kanzlisten, unteren Werksbeamten und Boten betheiligt. Nach der 1899 abgeschlossenen Besoldungsaufbesserung, an der die Beamten bei den Werken nicht betheiligt waren, gruppiren sich diese, wie die Anlage XXVIIIb ergiebt, folgendermassen: Einheitsgehälter von 10 000 bzw. 7500 M. beziehen die Vorsitzenden der Bergwerksdirektion in Saarbrücken und der Zentralverwaltung in Zabrze. Die übrigen Beamten beziehen nach Dienstaltersstufen aufsteigende Gehälter, und zwar gehören den einzelnen Gehaltsklassen an[1]) von den höheren und mittleren Beamten:

Klasse XII 4200–7200 M.: Mitglieder der Bergwerksdirektion in Saarbrücken und Direktoren I Klasse;
„ XXXV 3600–5700 M.: Bau- und Maschineninspektoren und ein dieser Klasse angehörendes Mitglied der Saarbrücker Direktion;
„ XLI 4200–5400 M.: Rendant bei der Direktion in Saarbrücken;
„ LIII 3600–4800 M.: Direktoren II. Klasse;
„ LXIII 3000–4200 M.: Betriebsinspektoren und ihnen gleichstehende Beamte bei der Direktion in Saarbrücken;
„ LXVI 2400–4200 M.: Grubenmarkscheider;
„ LXVIII 1800–4200 M.: Sekretäre;
„ LXXIV 1500–3800 M.: Faktoren und Schichtmeister;
„ LXXIX 2000–3400 M.: obere Werksbeamte I. Klasse;
„ LXXXVI 1800–2800 M.: obere Werksbeamte II. Klasse;
„ LXXXIX 1500–2700 M.: mittlere Werksbeamte I. Klasse;
„ LXXXXV 1200–2000 M.: mittlere Werksbeamte II. Klasse.

Die Kanzlisten stehen mit 1500–2200 M. in der IV. Gehaltsklasse der Kanzleibeamten und Zeichner, die Boten bei der Direktion in Saarbrücken und die unteren Werksbeamten I. Klasse mit 1000–1500 M. in der VIII. und die unteren Werksbeamten II. Klasse mit 900 bis 1500 M. in der IX. Klasse der Unterbeamten.

§ 57. Bei Vermehrungen der etatsmässigen Stellen in dem sich aus § 55 ergebenden Umfange und bei den im vorigen Paragraphen dargestellten Gehaltserhöhungen mussten selbstredend die im Kap. 14 Tit. 1 etatisirten Ausgaben für die Gehälter enorm anschwellen, am meisten in den beiden Jahren, in denen die Umwandlung der Werksbeamtenstellen in etatsmässige erfolgte, nämlich 1889/90 und 1891/92: in ersterem Jahre von 725 400 M. auf 1 161 375 M., in letzterem, in dem überdies eine Gehaltsaufbesserung hinzukam, sogar von 1 181 800 auf 2 941 650 M. Von den übrigen besonders erheblichen aus der Anlage XXVII D ersichtlichen Fondserhöhungen erklärt sich die

[1]) Nach der 1899 erschienenen offiziellen Zusammenstellung.

zwischen 1866 und 1869 durch den Hinzutritt der neuen Provinzen, diejenige von 1898/99 durch die Besoldungsaufbesserung von 1897/98, deren Ausgaben für 1897/98 noch im Etat des Finanzministeriums figurirt hatten. Insgesammt belaufen sich die 1899 ausgeworfenen 3 466 560 M. auf mehr als das Achtfache des Jahres 1869. Allerdings ist dabei zu berücksichtigen, dass die mehrerwähnte definitive Anstellung der Werksbeamten andererseits eine Erleichterung des Lohnfonds (Tit. 7) um 386 926 + 1 235 150 = 1 622 076 M. bewirkte.

§ 58. Neben ihren Gehältern beziehen die aus Tit. 1 besoldeten etatsmässigen Beamten wie alle übrigen, soweit sie nicht im Genusse von Dienstwohnungen sind, Wohnungsgeldzuschüsse nach Massgabe des G. v. 12. Mai 1873 (G.-S. S. 209)[1]). Dieselben erscheinen für die Bergwerke im Tit. 2 Kap. 14 des Etats und sind in ihrem Gesammtbetrage der Vermehrung der Beamten entsprechend gestiegen von 30 708 M. im Jahre 1874 bis 1888/89 auf 36 816, dann infolge der Umwandlung der Werksbeamtenstellen 1889/90 auf 56 808 und 1891/92 von 55 224 auf 205 716 M. Nach dem Etat für 1899 bedingen sie eine Ausgabe von 209 196 M. Im Verhältniss zur Gesammtzahl der Beamten ist dieser Betrag sehr niedrig, weil nicht weniger als 804 Beamte Dienstwohnungen haben.

An sonstigen Naturalbezügen erhalten 20 Beamten gegen eine bestimmungsmässige Entschädigung Feuerungs-, 16 von diesen auch Beleuchtungsmaterial zum eigenen Bedarf und von den unteren Werksbeamten 69 Grubenwärter Wachtmäntel, 8 Wegewärter Dienstkleidung.

Aus Nebenämtern beziehen und zwar aus

	Knappschafts- u. Knappschafts-Berufsgenossenschaftskassen	Bergschulkassen	Bergbauhülfs- u. sonstige Instituten-kassen	Fonds der Steuer-, Post- etc. Verwalt.	sonstigen Kassen	Sum.
	M.	M.	M.	M.	M.	M.
1 Werksdirektor	—	—	600	—	—	600
2 Mitglieder d. Saarbrücker Direktion	2 100	450	—	—	—	2 550
8 Bureau u. Kassenbeamte derselben	905	300	—	—	—	1 205
1 Bau- und Maschinen-inspektor	—	1 003	—	—	—	1 103
5 Betriebsinspektoren	1 500	1 320	—	—	900	3 720
4 Gruben-Markscheider	—	1 220	240	—	—	1 460
100 Faktoren und Schichtmeister	10 439	160	259	1 200	1 494	13 552
5 Kanzlisten	170	—	—	—	—	170
10 obere Werksbeamte	—	1 710	—	—	381	2 091
20 mittlere Werksbeamte	840	770	—	2 400	1 139	5 149
6 untere Werksbeamte	804	—	—	504	270	1 578
zusammen 162 Beamte	16 758	7 033	1 029	4 104	4 184	33 178

[1]) Vgl. Buch I § 44 S. 85, auch wegen Erlasses der Wittwen- und Waisengeldbeiträge, der sich auf alle Beamtenkategorien erstreckt.

§ 59. Ausschliesslich für Beamte verwendbar sind ferner die Tit. 4—4c, nämlich 4 für ausserordentliche Remunerationen und Unterstützungen an Kanzlei- und Unterbeamte, 4a für ausserordentliche Remunerationen für mittlere Beamte, 4b ausserordentliche Unterstützungen an höhere und mittlere Beamte und 4c für Gratifikationen an technische Beamte. Hinsichtlich der Dreitheilung und der Verwendung des Remunerations- und Unterstützungsfonds findet das im § 49 des I. Buches Ausgeführte entsprechende Anwendung. Dass von dem Grundsatze der Nichtgewährung von Gratifikationen zu Gunsten der technischen Beamten bei den Werken eine Ausnahme gemacht ist, rechtfertigt sich durch die besonderen Dienstobliegenheiten derselben. Mehr als andere werden diese Beamten in die Lage versetzt, durch besondere Leistungen, nicht selten unter Einsetzung von Leben und Gesundheit, das Staatseigenthum und auch das Leben der Arbeiter vor Schaden zu bewahren oder durch Erfindungen, zweckmässige Anordnungen u. s. w. dem Staate besonderen pekuniären Nutzen zu schaffen. Es würde ihren Eifer beeinträchtigen, wenn es an Mitteln fehlte, ihre aussergewöhnlichen Leistungen zu belohnen. Doch ist neuerdings auch in solchen Fällen die Einschränkung von Geldbelohnungen an höhere technische Beamte in Aussicht genommen und daher im Etat für 1899 der Titel 4c um 25 230 M. ermässigt worden. Es sind 1899 dotirt Tit. 4 mit 13 880, Tit. 4a mit 9670, 4b mit 19 450 und 4c mit 169 770 M. Lange Zeit, von Aufang der 70er Jahre bis 1888/89, waren diese damals in einem Titel vereinigten Fonds ständig mit 44 700 M. dotirt. Die Verleihung der Beamtenqualität an die Werksbeamten nöthigte dazu, den Titel 1889/90 auf 98 001 und 1891/92 auf 239 607 M. zu erhöhen, womit allerdings eine Ersparniss von 53 301 + 117 450 = 170 751 M. bei dem für Löhne und Gratifikationen der Belegschaft einschliesslich der nicht Staatsdienereigenschaft besitzenden Werksbeamten bestimmten Titel verbunden war.

Nicht nur für etatsmässig angestellte Beamte, sondern auch für zur Hülfeleistung und Vertretung in Beamtenstellungen herangezogene Nichtbeamte dient der Tit. 3 „Vergütungen für Hülfsarbeiter und Stellvertreter von Beamten, sowie nich pensionsfähige Stellenzulagen". Derselbe wird jetzt je zu einem gewissen Theil bestimmt für Hülfsarbeiter im höheren technischen und Verwaltungsdienst, im Bureau- und Kassendienst und im Kanzlei- und Zeichnerdienst, für Stellvertreter und sonstige Hülfsarbeiter, endlich zu Stellenzulagen, und zwar wird ein Theil auf die einzelnen Werksetats vertheilt, ein anderer der Verwendung der Zentralbehörden vorbehalten. Ersteres geschieht in der Regel nur bezüglich der Hülfsarbeiter im Bureau- und Kassendienst und bezüglich der zumeist je 450 M. betragenden Stellenzulagen an die die Rendanturgeschäfte wahrnehmenden Beamten. Bis zum Jahre 1899 wurden die Vergütungen für Hülfsarbeiter im höheren technischen Dienst und die Kosten für

Stellvertretung von Beamten nicht hier, sondern bei dem nun aufgelösten Tit. 8 des Kap. 22 „Remunerirung von Hülfsarbeitern und Stellvertretern von Beamten bei den einzelnen Staatswerken und im Revierdienst“ verrechnet. Mit Rücksicht auf die Erweiterung seiner Zweckbestimmung hat der Tit. 4 Kap. 14 1899 eine Verstärkung um 31 200 M. erfahren. Die Stellenzulagen waren bis 1885/86 ausschliesslich und sind seitdem überwiegend solche an Bureaubeamte für Wahrnehmung von Kassengeschäften. Im Uebrigen wurde die erhebliche Verstärkung des Titels zwischen 1885/86 und 1887/88 dadurch veranlasst, dass bis dahin die Kosten für Hülfeleistung im Inspektions-, Kassen- und Rechnungsdienst bei den Saarbrücker Werken unter den Löhnen verrechnet, 1886/87 aber auf Anregung der Oberrechnungskammer hierher übertragen wurden. Später machten der verstärkte Betrieb höhere Schreiberkosten, namentlich aber die verschiedenartigen Massnahmen zu Gunsten der Arbeiter höhere Ausgaben für Bearbeitung der Arbeiterangelegenheiten nöthig, sodass der Fonds 1895/96 bis auf 196 898 M. angeschwollen war. Als ihm 1896/97 die Schreib- und Zeichengebühren abgenommen und auf den damaligen Titel „Bureaubedürfnisse“ übertragen wurden, von dem sie dann 1899 bei dessen Auflösung auf den jetzigen Tit. 7 (Löhne“) übergingen, konnte er auf 126 660 M. ermässigt werden. Gegenwärtig (1899) beträgt er infolge der erwähnten Bestimmungserweiterung 154 300 M.

Eine Erweiterung seiner Bestimmung haben die formellen Umgestaltungen im Etat für 1899 auch dem bis dahin die Tagegelder und Reisekosten der Beamten enthaltenden Tit. 5 gebracht, indem ihm auch der auf die aus Tit. 1 besoldeten Beamten entfallende Theil des aufgelösten Umzugskostenfonds Kap. 22 Tit. 9 zugewiesen ist. Gleichzeitig ist der Titel von 118 709 auf 134 051 M. erhöht. Seine früheren Erhöhungen hingen mit den Beamtenvermehrungen und den anderweitigen Regulirungen der Reisekosten und Diäten zusammen. Die aus ihm zu gewährenden Reisekosten und Tagegelder gelangen theils zur besonderen Verrechnung, theils — der in die Werksetats eingestellte Betrag des Fonds sogar zum grössten Theil — bestehen sie in Pauschalvergütungen, die insbesondere für regelmässig wiederkehrende Dienstreisen in einem bestimmten Amtsbezirk gewährt werden.

IV. Kapitel.

Ausgaben für die Arbeiter.

(Staatshaushaltsetat Kap. 14 Tit. 7 und 11.)

A. Löhne.

§ 60. Wohl ist auch im Bergbau in grossem Umfange die Maschinenarbeit an die Stelle von Handarbeit getreten und die Häuer arbeiten statt mit „Schlägel und Eisen“ zum grossen Theil mit Sprengstoffen. Gleichwohl bedarf der Bergbau auch heute noch besonders grosser Arbeitermengen, sodass von den Ausgaben der Preussischen Staatsbergwerke gegenwärtig auf diejenigen für die Arbeiter mehr als zwei Dritttheile entfallen, obgleich, wie wir gesehen haben, die Werksbeamten in das Beamtenverhältniss überführt sind und ihre Dienstbezüge seitdem nicht mehr unter den Arbeitslöhnen figuriren.

Die Verhältnisse zwischen den Arbeitgebern und den Bergleuten — einschliesslich den Arbeitern in Aufbereitungsanstalten und Salinen — haben eine umfassendere gesetzliche Regelung als in dem Allgemeinen Berggesetz neuerdings in der Novelle zu demselben vom 24. Juni 1892 (G.-S. S. 131) erfahren, die auch in finanzieller Hinsicht von erheblicher Bedeutung für die Arbeitgeber gewesen ist.

Die Novelle, deren Entstehung auf den grossen Bergarbeiterausstand von 1889 zurückzuführen ist, hält zwar an dem Prinzip fest, dass der Arbeitsvertrag und dessen Inhalt der freien Vereinbarung der Betheiligten unterliegen, beschränkt dasselbe aber in mehrfacher Hinsicht, um den Bergleuten, als den wirthschaftlich schwächeren Kontrahenten, erhöhten Schutz gegen Ausbeutung durch die Arbeitgeber zu gewähren. Der Arbeitgeber wird verpflichtet, eine Arbeitsordnung zu erlassen, was früher in seinem Belieben stand. Dieselbe muss Bestimmungen enthalten über Anfang und Ende der regelmässigen täglichen Arbeitszeit, die Pausen, die Verpflichtung der Arbeiter, über diese Zeit hinaus zu arbeiten, über die Regelung der Ein- und Ausfahrt in die und aus der Grube, über die Ueberwachung der Anwesenheit der Arbeiter in der Grube im Interesse der Sicherheit der Arbeiter, über die zur Festsetzung des „Schichtlohns“, des nach der Zahl der Schichten, d. h. der täglichen Arbeitszeiten, bemessenen Tagelohns, und zum Abschlusse sowie zur Abnahme des „Gedinges“, d. i. derjenigen Dienstmiethe, bei der der Arbeitslohn als Akkordlohn von der Leistung des Arbeiters abhängig gemacht ist (nach Zahl oder Raumgehalt der Fördergefässe, Gewicht der geförderten Mineralien, Länge, Breite und Höhe getriebener Strecken u. s. w.), ermächtigten Personen, über Zeitpunkt des Abschlusses des Gedinges, Beurkundung, Bekanntmachung, Veränderung und Aufhebung desselben, Bemessung des Lohnes bei Nichtzustandekommen des Gedinges. Weiter sind in der Arbeitsordnung zu regeln Zeit und Art der Abrechnung und Lohnzahlung, Abzüge wegen ungenügender oder vorschriftswidriger Arbeit (das sogen. „Nullen“ der Förderwagen) und der Beschwerdeweg gegen solche Anordnungen, von den gesetzlichen Regeln abweichende Kündigungsfristen, Entlassungs- und Austrittsgründe, etwaige Strafbestimmungen sowie, sofern Verwirkung von Lohnbeträgen ausbedungen wird, die Verwendung derselben, endlich die etwaige Verabfolgung und Berechnung von Betriebsmaterialien und Werkzeugen. Unbedingt verboten sind durch das Gesetz Lohnabzüge über den Betrag des durchschnittlichen Wochenlohnes hinaus, Strafbestimmungen, die das Ehrgefühl oder die guten Sitten verletzen, Geldstrafen über die Hälfte, bei gewissen erheblicheren Vergehungen über den vollen Betrag des durchschnittlichen Tagesarbeitsverdienstes der betreffenden Arbeiterklasse. Strafgelder und wegen ungenügender oder vorschriftswidriger Beladung der Fördergefässe gemachte Lohnabzüge müssen der Knappschaftskasse oder einer zu Gunsten der Arbeiter des Bergwerks bestehenden Unterstützungskasse überwiesen werden. Das sogen. „Wagennullen“ können die Arbeiter durch einen Vertrauensmann überwachen lassen. Genügend und vorschriftsmässig beladene Fördergefässe dürfen nicht genullt werden. Wird der Gedingelohn nach Zahl und Rauminhalt der Fördergefässe bemessen, so muss Letzterer auf diesen dauernd und deutlich sichtbar gemacht sein, sofern nicht Fördergefässe gleichen Rauminhalts benutzt werden und Letzterer vor Beginn des Gebrauches bekannt gemacht wird. Bei Gedingen nach dem Gewicht ist das Leergewicht jedes Fördergefässes periodisch festzustellen und an demselben kenntlich zu machen. Abzüge für Waschabgänge, Halden- und sonstige beim Absatz der Produkte gegen die Fördermenge sich ergebende Verluste dürfen den Arbeitern nur mit Genehmigung der Bergbehörde gemacht werden. Die Kündigungsfrist beträgt Mangels anderer Verabredung 14 Tage; abweichende Vereinbarungen sind nur gültig, wenn sie für beide Theile gleiche Fristen bedingen. Entlassung vor Ablauf der Zeit und ohne Aufkündigung gestattet das Gesetz wegen gewisser Täuschungen, Vergehen gegen das Eigenthum, liederlichen Lebenswandels, unbefugter Verlassung der Arbeit, beharrlicher Verweigerung der Erfüllung der übernommenen Verpflichtungen, Ungehorsams, Uebertretung sicherheitspolizeilicher Vorschriften, Thätlichkeiten oder grober Beleidigungen gegen den Arbeitgeber, dessen Stellvertreter, die ihnen vorgesetzten Beamten oder die Familienangehörigen dieser Personen, vorsätzlicher und rechtswidriger Sachbeschädigungen zum Nachtheil dieser Personen oder der Mitarbeiter, Verleitung von Beamten, Mitarbeitern und deren Familienangehörigen zu Handlungen, die gegen die Gesetze oder die guten Sitten verstossen, endlich wegen Unfähigkeit zur Fortsetzung der Arbeit oder ansteckender Krankheit. Aehnliche Gründe und Vorenthaltung des Lohnes berechtigen den Bergmann zur Verlassung der Arbeit. Ausserdem können beide Theile aus wichtigen Gründen sofortige Aufhebung eines auf länger als 4 Wochen oder mit länger als vierzehntägiger Kündigungsfrist vereinbarten Arbeitsverhältnisses verlangen. Der abkehrende grossjährige Bergmann erhält ein Zeugniss über Art und Dauer der Beschäftigung, auf sein Verlangen auch über Führung und Leistungen; untersagt ist den Arbeitgebern, dasselbe mit Merkmalen zu versehen, die den Arbeiter in einer aus dem Wortlaut des Zeugnisses nicht ersichtlichen Weise kennzeichnen. Ohne Zeugniss darf kein schon beim Bergbau beschäftigt gewesener Arbeiter zur Bergarbeit angenommen werden. Für minderjährige Arbeiter sind Arbeitsbücher vorgeschrieben. Arbeitern unter 18 Jahren ist die zum Besuch von Fortbildungsschulen erforderliche Zeit zu gewähren. Statutarisch können diese Arbeiter zum Besuche solcher Schulen, zu denen auch „Industrieschulen“, d. i. Anstalten, die in weiblichen Hand- und Hausarbeiten unterrichten, gehören, verpflichtet werden. Ueber die Arbeitsordnung sind Vertreter der Arbeiter zu hören, und ist dieselbe sodann unter Mittheilung der von diesen geäusserten Bedenken der Bergbehörde einzureichen, die Abänderungen den Gesetzen zuwiderlaufender Ordnungen anordnen kann. Zuwiderhandlungen gegen die gesetzlichen Anordnungen sind mit Strafe bedroht. Für solche Betriebe, in welchen durch übermässige Dauer der täglichen Arbeitszeit die Gesundheit der Arbeiter gefährdet wird, kann das Oberbergamt Dauer, Beginn und Ende der täglichen Arbeitszeit und der zu gewährenden Pausen vorschreiben.

Die Vorschriften der §§ 135 ff. der Reichs-Gewerbeordnung in der Fassung des Gesetzes vom 1. Juni 1891 (R.G.Bl. S. 261) und die auf Grund derselben vom Bundesrath erlassenen Bestimmungen beschränken wie für Fabriken, Hüttenwerke und Salinen so auch für Bergwerke die Beschäftigung jugendlicher und weiblicher Arbeiter. Insbesondere ist die Beschäftigung von Arbeiterinnen unter Tage gänzlich untersagt, über Tage wie die Beschäftigung jugendlicher Arbeiter über und unter Tage hinsichtlich der Schichtdauer, der Pausen und in anderen Beziehungen beschränkt.

Die durch die Kaiserliche Verordnung vom 4. Febr. 1895 (R.G.Bl. S. 11) in Kraft gesetzten Bestimmungen der §§ 105a—f, 105h und 105i des vorgedachten Gesetzes vom 1. Juni 1891 betr. Abänderung der Gewerbeordnung über die Sonntagsruhe finden auf die Berg-, Hütten- und Salzwerke mit den Ausnahmen Anwendung, welche die Bekanntmachung des Bundesrathes vom 5. Febr. 1895 (R.G.Bl. S. 12) vorsieht.

§ 61. Mehr als diese Arbeiterschutzvorschriften hat zur Vermehrung der Lohnausgaben die im Bergbau wie in anderen Produktionszweigen wahrzunehmende, im Bergbau insbesondere durch den Aufschwung der Konjunkturen, welche die Arbeiter nicht vorübergehen lassen, ohne auf Lohnerhöhungen zu dringen, unterstützte Steigerung der Arbeitslöhne beigetragen. Die hierüber geführte Statistik ergiebt für die Jahre 1886 bis 1899 (I.—III. Quartal) bezüglich des wichtigsten Bergbaues, des Steinkohlenbergbaues, folgende reine, d. h. nach Abrechnung aller Nebenkosten, als Knappschaftsbeiträge, Kosten für Geleuchte und Gezähe, verbleibende Löhne:

Jahr.	Unterirdisch beschäftigte eigentliche Bergarbeiter		Sonstige unterirdisch beschäfttgte erwachsene mämmliche Arbeiter		Ueber Tage beschäftigte männliche erwachsene Arbeiter		Jugendliche Arbeiter		Weibliche Arbeiter		Durchschnitt der Gesammtbelegschaft	
	Auf 1 Schicht	Jahresverdienst	Auf 1 Schicht	Jahresverdienst	Auf 1 Schicht	Jahresverdienst	Auf 1 Schicht	Jahresverdienst	Auf 1 Schicht	Jahresverdienst	Auf 1 Schicht	Jahresverdienst
	Mark											
	A. Steinkohlenbergbau in Oberschlesien.											
1886 . .	2,03	536	1,87	539	1,58	444	0,69	166	0,76	205	1,81	490
1887 . .	2,04	537	1,93	542	1,58	452	0,71	183	0,76	206	1,82	492
1888 . .	2,07	565	1,91	558	1,68	498	0,70	182	0,77	213	1,85	516
1889 . .	2,31	638	2,06	614	1,83	539	0,76	202	0,82	230	2,03	575
1890 . .	2,71	748	2,36	699	2,10	633	0,95	256	0,90	251	2,37	671
1891 . .	2,83	774	2,44	728	2,17	649	1,03	278	0,91	255	2,46	693
1892 . .	2,79	739	2,41	709	2,16	639	0,96	245	0,89	244	2,43	669
1893 . .	2,74	727	2,42	704	2,15	622	0,86	208	0,89	237	2,42	661
1894 . .	2,79	730	2,44	708	2,15	619	0,84	197	0,89	236	2,45	664
1895 . .	2,78	740	2,46	713	2,14	634	0,83	206	0,90	241	2,46	675
1896 . .	2,82	768	2,50	731	2,16	640	0,86	215	0,90	246	2,49	697
1897 . .	2,91	794	2,61	765	2,22	648	0,88	230	0,92	252	2,58	721
1898 . .	3,09	856	2,71	803	2,34	680	0,94	253	0,97	270	2,73	771
1899 . .	3,23	—	2,82	—	2,40	—	0,96	—	1,00	—	2,84	—
	B. Staatlicher Steinkohlenbergbau bei Saarbrücken.											
1886 . .	—	—	—	—	—	—	—	—	—	—	2,85	808,5
1887 . .	3,01	857	2,59	734	2,54	697	1,24	353	—	—	2,87	814
1888 . .	3,06	885	2,60	785	2,55	711	1,19	331	—	—	2,92	842
1889 . .	3,44	976	2,87	879	2,70	798	1,31	365	—	—	3,24	933
1890 . .	4,09	1 180	3,23	1 013	2,98	906	1,38	384	—	—	3,79	1 114
1891 . .	4,21	1 212	3,30	1 018	3,01	908	1,37	361	—	—	3,89	1 137
1892 . .	4,23	1 167	2,96	868	2,98	869	1,31	321	—	—	3,69	1 042
1893 . .	3,83	1 021	2,78	794	2,84	812	1,06	256	—	—	3,37	925
1894 . .	3,68	1 020	2,65	711	2,79	810	1,01	245	—	—	3,24	921
1895 . .	3,70	1 030	2,69	796	2,80	826	0,98	236	—	—	3,27	929
1896 . .	3,73	1 079	2,67	821	2,76	826	0,99	250	—	—	3,28	966
1897 . .	3,80	1 101	2,69	838	2,77	820	1,09	246	—	—	3,34	982
1898 . .	3,90	1 146	2,70	855	2,82	839	1,13	256	—	—	3,40	1 015
1899 . .	3,97	—	2,71	—	2,85	—	1,11	—	—	—	3,45	—

Noch höher als bei Saarbrücken sind die Löhne bei dem Steinkohlenbergbau im Oberbergamtsbezirk Dortmund, wo sie für die Schicht bei den vorstehend unterschiedenen Arbeiterkategorien 1899 betrugen 4,80 M., 3,14 M., 3,06 M., 1,23 M., im Durchschnitt 3,92 M., während die entsprechenden Zahlen 1886 waren 2,92 M., 2,17 M., 2,35 M., 1,00 M. und 2,58 M. Das Jahresverdienst aber stellte sich 1898 auf 1387 M., 964 M., 1022 M., 351 M., im Durchschnitt 1175 M. gegen 848 M., 666 M., 762 M., 276 und 772 M. im Jahre 1886. Bei dem niederschlesischen Steinkohlenbergbau sind die Löhne etwas höhere als in Oberschlesien.

Am Oberharz betrugen 1898/99 die Löhne im Durchschnitt der Gesammtbelegschaft für die Schicht 2,14 M., auf der Friedrichsgrube 2,01 M., in der Berginspektion Dillenburg 2,87 M.

Wenn die Löhne im Steinkohlenbergbau nach der enormen Steigerung im Anfang der 90er Jahre wieder theilweise einen kleinen Rückgang erfahren haben, so ist das nur eine natürliche Reaktion gegen die eben in dem vollen Masse in den Verhältnissen nicht begründete, unter der Einwirkung der grossen Streiks und der damaligen ultra-arbeiterfreundlichen Haltung der öffentlichen Meinung wie auch der Regierung gezeigte Nachgiebigkeit gegen die Forderungen der Arbeiter, eine Reaktion, die unter dem Drucke des in der ersten Hälfte der 90er Jahre anhaltenden Preisrückganges zur gebieterischen Nothwendigkeit wurde. Mit dem neuen Aufschwunge des Kohlenbergbaues in der zweiten Hälfte dieses Jahrzehnts gingen auch wieder Lohnerhöhungen Hand in Hand.

Die Arbeitsleistungen sind trotz der ständigen Zunahme der Hülfeleistungen durch Maschinen und Sprengarbeit keineswegs in gleichem Verhältniss wie die Arbeitsverdienste gestiegen. Denn die Jahresleistungen eines Arbeiters betrugen in Tons beim Steinkohlenbergbau

im Jahre	in Oberschesien	in Niederschlesien	im Oberbergamtsbezirk Dortmund	auf den Saarbrücker Werken
1886	325	226	285	236,2
1887	328	228	306	246
1888	354	228	325	256
1889	365	225	302	237
1890	349	202	286	226
1891	331	203	278	225
1892	305	197	267	210
1893	323	209	271	214
1894	329	213	274	219
1895	345	217	274	226
1896	359	221	286	238
1897	366	220	283	241
1898	382	224	274	245

Man kann somit sagen, dass fast die ganze Erhöhung ihres Arbeitsverdienstes den Arbeitern zu Theil geworden ist, ohne dass diese den Arbeitgebern in gesteigerten Arbeitsleistungen einen Gegenwerth geboten hätten.

§ 62. Bei der relativ geringen Zunahme der Arbeitsleistungen musste natürlich die starke Vermehrung der Produktion, wie sie oben für die fiskalischen Werke dargestellt ist, eine ungemeine Verstärkung der Belegschaften nöthig machen. Es betrug die Gesammtbelegschaft im Preussischen Staate

	1867	1877	1887	1897
bei dem Steinkohlenbergbau . . .	102 773	145 915	190 653	302 468
„ „ Braunkohlenbergbau . . .	14 937	18 741	23 266	33 020
„ „ Eisenerzbergbau	23 094	20 019	24 390	23 619
„ „ Zinkerzbergbau	9 677	12 342	13 589	13 646
„ „ Blei-, Silber und Kupfererzbergbau	24 816	25 821	27 845	26 459

Auf die Staatswerke entfielen, und zwar auf den

	1867	1877/8	1887/8	1897/8
Steinkohlenbergbau	25 998	31 271	36 605	51 631
davon in Oberschlesien	4 707	6 219	9 114	13 631
„ „ Wettin-Löbejün	355	268	84	—
„ am Deister u. Osterwald	725	1 665	1 776	1 951
„ in Ibbenbüren	679	706	528	253
„ „ Borgloh-Oesede	329	313	574	—
„ bei Saarbrücken	19 076	22 100	24 529	35 796
Braunkohlenbergbau	1 165	1 158	771	649
davon in der Provinz Sachsen	740	709	525	452
Eisenerzbergbau	1 130	485	769	534
Blei-, Silber-, Kupfer- und Zinkerzberbau	5 335	4 434	4 439	3 998
davon auf der Friedrichsgrube	678	619	748	502
„ am Oberharz	4 434	3 815	3 691	3 496.

Innerhalb des Jahrzehntes 1889/90—1898/9 waren auf den einzelnen Staatswerken beschäftigt Arbeiter und Arbeiterinnen

	1889/90	1890/91	1891/92	1892/93	1893/94	1894/95	1895/96	1896/97	1897/98	1898/99
a) Steinkohlenwerke	**39 858**	**43 050**	**44 604**	**44 184**	**42 376**	**44 192**	**46 144**	**49495**	**52 631**	**53 639**
Königsgrube	3 157	3 548	3 797	3 740	3 657	3 555	3 777	4 335	4 453	4 511
Königin Luisengrube	7 267	8 549	9 216	9 009	8 653	8 475	8 358	8 856	9 178	9 381
Wettin	80	71	66	51	—	—	—	—	—	—
Deister	1657	1 752	1 839	1 902	1 843	1 784	1 724	1 705	1 723	1 650
Osterwald	297	273	250	216	215	220	214	233	228	222
Ibbenbüren	563	565	605	562	534	333	256	222	253	418
Borgloh-Oesede	193	—	—	—	—	—	—	—	—	—
Saarbrücker Gruben	26 644	28 292	28 831	28 704	27 474	29 825	31 815	34 144	35 796	37 457
b) Braunkohlenwerke	**751**	**708**	**793**	**751**	**706**	**699**	[1] **702**	**655**	**649**	**645**
Eggersdorf	205	212	221	210	192	181	162	158	156	160
Löderburg	228	226	215	180	177	178	172	164	164	171
Langenbogen	64	73	97	100	82	97	107	77	71	69
Tollwitz-Kauern	53	56	61	56	59	61	62	62	61	53
Habichtswald	94	91	95	99	96	86	97	93	99	90
Meisner	31	33	32	35	34	35	34	34	26	27
Osterwald	4	11	10	10	9	9	3	3	3	3
Nassau	41	33	26	26	28	28	38	37	37	37
Oranien	31	33	36	35	29	24	27	27	32	35
c) Eisenerzgewinnung	**925**	**921**	**828**	**822**	**781**	**748**	**694**	**642**	**534**	**541**
Rothehütte	14	12	6	6	6	6	6	6	6	6
Berginspektionen Weilburg und Dillenburg	911	909	822	816	775	742	688	636	528[2]	535
d) Blei-, Zink-, Silber- u. Kupfererzgewinnung	**4 183**	**4 048**	**4 101**	**4 050**	**4 091**	**4 082**	**4 093**	**4 033**	**3 998**	**3 924**
Friedrichsgrube	705	647	595	559	585	577	560	530	502	480
Berginspektion Clausthal	1 960	1 906	1 950	1 906	1 897	1 903	1 929	1 943	1 945	1 933
„ Lautenthal	762	757	782	790	791	796	790	773	765	734
„ Grund	756	738	774	795	818	806	814	787	786	770

[1]) Einschl. der in den Vorjahren an dieser Stelle nicht berücksichtigten Grubenbeamten und Pferdeknechte. — [2]) Nur Dillenburg.

In den Kalksteinbrüchen in Rüdersdorf waren in dem gedachten Zeitraum 851 bis 996, 1898/99 851, bei der Gipsgewinnung am Osterwald 4, in dem Lüneburger Gipsbruch 32 bis 63, 1898/99 35, in dem Segeberger 10 bis 17, 1898/99 17 Arbeiter beschäftigt; die jetzt eingestellte Phosphoritgewinnung im Regierungsbezirk Wiesbaden wurde mit einigen 20 bis zu 60 Arbeitern betrieben.

Die Gesammtzahl der Arbeiter hat sich somit in den 10 Jahren vom 1. April 1889 bis dahin 1899 auf den fiskalischen Steinkohlenbergwerken um fast 40 Prozent gehoben. Nur zweimal, 1892/93 und 1893/94, ist eine Verminderung gegen das Vorjahr eingetreten, 1892/93 auch nur in minimalem Umfang. Auch die Verminderung 1893/94 ist aber, von Einzelfällen abgesehen, nicht auf Arbeiterentlassungen, sondern ausschliesslich darauf zurückzuführen, dass mehr Arbeiter durch natürlichen Abgang ausschieden, als neue angelegt wurden. In dem Braunkohlen- und Erzbergbau hat eine durch die Produktionsverhältnisse, bei der Eisengewinnung insbesondere durch den Verkauf der Weilburger Gruben bedingte Verringerung der Gesammtziffer der Belegschaften stattgefunden, aber auch hier im Wesentlichen durch theilweisen Nichtersatz des natürlichen Abganges. Soweit zeitweilig in den Steinkohlen-, Braunkohlen- oder Erzbergwerken die Belegschaft nicht volle Beschäftigung finden konnte, wie z. B. bei dem erheblichen Rückgang der Steinkohlenförderung 1892/93, hat die staatliche Bergverwaltung die für den betroffenen Arbeiter harte Entlassung durch die Einlegung von Feierschichten vermieden, wodurch zwar das Jahresverdienst verringert, aber die gesammte Belegschaft in annähernd gleichem Masse betroffen wird.

§ 63. In der Höhe der aus Tit. 7 zu leistenden Ausgaben für Arbeitslöhne spiegelt sich das Produkt der Lohnerhöhungen und der Belegschaftsvermehrungen wieder.

Der gedachte Titel enthält seit dem Etatsjahr 1899 in den einzelnen Werksetats folgende Positionen: A. Löhne, und zwar a) im Aufsichtsdienst; b) beim Grubenbetriebe und Absatze, nämlich 1. Löhne der Bergleute, 2. Schmiedelöhne, 3. Vermessungskosten, 4. Absatzlöhne; c) Löhne beim Maschinenbetriebe; d) Löhne bei der Schlafhausverwaltung, bei der Königin Luisengrube der Kaffeeschänken; e) sonstige Löhne; B) Schreib- und Zeichengebühren. Bis dahin wurden die Absatzlöhne unter dem besonderen Titel „Debitskosten", die Schreib- und Zeichengebühren unter dem Titel „Bureaubedürfnisse" verrechnet, während andererseits in demselben Titel mit den Betriebslöhnen die jetzt nach Tit. 11 und 12 verwiesenen Ausgaben für Gratifikationen, Remunerationen, Unterstützungen, Umzugskosten und sonstigen Bewilligungen an Arbeiter und für die Knappschaftsfeste vereinigt waren.

Bei den Werken am Oberharz treten zu den obigen Bestandtheilen des Tit. 7 noch hinzu die Ausgaben für das Harzkornmagazin in

Osterode. Von Alters her, seit den Zeiten des 30jährigen Krieges, besteht nämlich am Oberharz die Einrichtung, dass Seitens der Berg- und Hüttenverwaltung ihren Arbeitern Brotkorn zu ermässigten Preisen geliefert wird, eine Einrichtung, die sich, besonders in schlechten Erntejahren, bei den wirthschaftlichen Verhältnissen jenes des rauhen Klimas wegen für den Ackerbau nicht geeigneten Gebirgslandes als von wohlthätigem Einfluss erwiesen hat, wenn sie auch infolge Verbesserung der Verkehrsverhältnisse an Bedeutung wesentlich verloren hat. Das Getreide wird Seitens des Oberbergamts im Wege der öffentlichen Submission angekauft und in dem 1720—1723 erbauten Kornmagazin in Osterode gelagert. Die Arbeiter erhalten aus demselben bestimmte Quantitäten Brotkorn, diejenigen der Hütten in Altenau und Andreasberg wegen der ungünstigen Lage zu Osterode an Stelle des Korns Mehl zu ermässigten Preisen. Das Quantum beträgt monatlich für verheirathete und für mehr als ein Kind besitzende verwittwete Arbeiter 50, für unverheirathete und Wittwer ohne oder mit einem Kinde 25 kg Korn bezw. die von diesen Quanten gewonnene Menge Mehl und Kleie. Der Preis ist zur Zeit 2,6 M. für 25 kg Korn. Den sogenannten „Magazinschaden", d. i. die Differenz zwischen dem Einkaufspreise und diesem niedrigeren Verkaufspreise, tragen zum grössten Theil, gegenwärtig zu ca. $^{10}/_{11}$; die Werkskassen, zum kleineren Theil der Clausthaler Hauptknappschaftsverein. Im Jahre 1898/99 betrug der Beitrag der Ersteren 116 988 M., der des Letzteren 10 247 M., was für den einzelnen Arbeiter eine durchschnittliche Jahreszuwendung von 29,50 M. bedeutet. Im Jahre 1891/92 mit seinen hohen Getreidepreisen stiegen die Zuschüsse der Werke bis auf 263 953,73 M., die des Knappschaftsvereins auf 42 833,92 M.; für den einzelnen Arbeiter stellten sie einen Lohnzuschlag von nicht weniger als 63,69 M. dar, während 1897/98 sich die entsprechenden Beträge nur auf 78 158, 7245 und 19,34 M. stellten.

Den weitaus höchsten Betrag absorbiren natürlich die Löhne an die Bergleute; namentlich ist, nachdem die Werksbeamten aus dem Arbeiter- in das Beamtenverhältniss überführt sind, der Bedarf für Aufsichtslöhne relativ sehr gesunken. Bei den bedeutendsten Staatsbergwerken entfielen 1899 auf

	Saarbrücker Werke[1])	Oberschlesische Kohlenbergwerke[2])	Bergwerke am Oberharz
Aufsichtslöhne	116 130	215 700	500
Löhne der Bergleute (einschl. Aufbereitung)	35 025 600	10 497 000	2 155 000
Schmiedelöhne	69 450	78 000	61 700
Vermessungskosten	55 930	15 500	7 800
Absatzlöhne	1 000 100	740 500	57 600
Löhne beim Maschinenbetriebe	1 503 600	514 500	67 400

[1]) Ausschliesslich der Direktion, Faktorei und des Hafenamts.

[2]) Ausschliesslich der Zentralverwaltung.

	Saarbrücker Werke	Oberschlesische Kohlenbergwerke	Bergwerke am Oberharz
Löhne bei der Schlafhaus- und Kaffeeschänkenverwaltung .	45 910	5 100	—
sonstige Löhne	585 900	164 500	25 550
Schreib- u. Zeichengebühren .	6 680	63 100	16 100

Bei der mit der Inspektion Clausthal verbundenen Zentralschmiede betrugen die Betriebslöhne 35 000, die Absatzlöhne 1525, die Maschinenlöhne 300 M. Geringere Lohnausgaben, in dem gedachten Jahre je 5000 M., erwuchsen ausserdem bei der Berginspektion Clausthal für ein Sägewerk, bei derjenigen in Lautenthal für einen Steinbruch. Für die Direktion in Saarbrücken waren an Löhnen 11 870 M. ausgeworfen; für die Faktorei Kohlwaage 10 050, für das Hafenamt Malstatt 129 910 M., davon 17 000 für das Wasserwerk, für die Zentralverwaltung in Zabrze 54 389 M., davon für die Wasserleitungen 35 834 M. und für den Forst 3500 M.

Der Gesammtbetrag der aus Tit. 7 zu bestreitenden Löhne bezifferte sich (vergl. Anlage XXVII) 1879 auf 59 815 484 M., während 1898/99 beansprucht wurden 55 515 593 M., wovon damals 53 434 876 M. unter diesem, der Rest unter anderen Titeln verrechnet wurden. Die Steigerung von ca. 4,3 Millionen ist somit immerhin noch geringer, als die reichlich 11 Proz. betragende Erhöhung des Einnahmeansatzes, da die Letztere nur theilweise auf der Annahme einer Mehrförderung, zum anderen Theile auf den höheren Verkaufspreisen beruht. Ein Vergleich zwischen 1899 und den Jahren vor 1898/99 ist wegen der mehrerwähnten Umgestaltung des Etats nicht angängig. Bis 1898/99 zeigen die Schwankungen in der Dotirung des Titels wenigstens insoweit eine Uebereinstimmung mit den Einnahmen, als Erhöhungen und Ermässigungen beider zeitlich zusammenfallen. Nur von 1888/89 zu 1889/90 steht einer geringen Erhöhung der Einnahmen eine kleine Abnahme der Lohnausgaben gegenüber, eine Folge der Umwandlung einer Anzahl von Werksbeamtenstellen in etatsmässige Beamtenstellen. Die gleiche Massnahme im Etatsjahr 1891/92, vermöge deren der Besoldungstitel mit einer Mehrausgabe von rund 1,6 Millionen Mark belastet wurde, hat dagegen nicht verhindert, dass gleichzeitig der Lohntitel um mehr als 7½ Millionen anwuchs. Im Ganzen zeigt sich auch hier, zumal in Anbetracht der Erleichterungen der Lohnfonds durch Ueberführung der Werksbeamten in das Beamtenverhältniss, die allgemein zu beobachtende Erscheinung, dass die Lohnausgaben in stärkerem Verhältniss als die Einnahmen für die Produkte gestiegen sind, wenn auch gerade beim Bergbau infolge der starken Schwankungen der Einnahmen, denen die Löhne nicht sofort folgen, hin und wieder, in Jahren mit besonders guten Betriebsergebnissen sich ein günstigeres Verhältniss ergiebt.

B. Ausgaben für Wohlfahrtszwecke.

§ 64. Ungleich älter als in anderen Produktionszweigen ist beim Bergbau infolge der besonderen und augenfälligen Gefahren des Betriebes für Leben und Gesundheit die Fürsorge für die Arbeiter namentlich gegen die Folgen der Krankheit und der Betriebsunfälle. Ihr Ursprung ist noch in vielen Beziehungen in Dunkel gehüllt. Da der älteste Bergbau Eigenlöhnerbergbau war, d. h. die Unternehmer zugleich Arbeiter waren und umgekehrt, so beruhte die Fürsorge auf genossenschaftlicher Grundlage, auf der Vereinigung der Bergknappen, der Knappschaft. Später verpflichteten die Regalherren die Bergwerksbesitzer auch ihrerseits zu Leistungen an die Arbeiter und Zuschüssen an die Knappschaftskassen; diese Zuschüsse wurden meist in Gestalt von, in der Regel 2, Freikuxen geleistet. Die Verpflichtung der Arbeitgeber zur Unterstützung erkrankter oder beschädigter Bergleute war in ihrer Dauer verschieden bemessen, je nachdem die Zechen mit Ausbeute oder Zuschuss arbeiteten. Auf diesem Standpunkt stand auch das Allgemeine Landrecht (Th. II Tit. 16 §§ 134, 214—220). Nur auf dem linken Rheinufer bestand bis 1854 ein Knappschaftszwang nicht; die Unternehmer hatten nur die Verpflichtung, für die ärztliche Behandlung der Arbeiter zu sorgen.

Eine einheitliche Regelung des Knappschaftswesens unter ausnahmsloser Ausdehnung des Knappschaftszwanges auf alle Berg-, Hütten-, Salinen- und Aufbereitungsarbeiter und unter Uebertragung der bis dahin in den Händen der Bergbehörden befindlichen Verwaltung der Knappschaftsvereine an einen je zur Hälfte von den Arbeitgebern und von den Knappschaftsältesten, d. h. den von den Arbeitern gewählten Vertrauensmännern, gewählten Vorstand, mit Beaufsichtigung durch die Bergbehörden, erfolgte durch das Gesetz vom 10. April 1854 (G.-S. S. 134).

Das allgemeine Berggesetz vom 24. Juni 1865 (§§ 165 ff.) beseitigte den Knappschaftszwang für die Hüttenarbeiter und beschränkte die behördlichen Aufsichtsrechte auf Bestätigung der Statuten, Vollstreckbarkeitserklärung der Beiträge, durch einen Kommissar auszuübende Ueberwachung der Beobachtung der Statuten und der statutenmässigen Verwaltung des Vermögens, sowie auf Entscheidung von Beschwerden über die Verwaltung des Vorstandes. Dem Knappschaftszwange unterliegen nach dem Berggesetz nur die Arbeiter; die Werksbeamten und die Verwaltungsbeamten des Knappschaftsvereins sind aber zum Beitritte berechtigt. Die Mitglieder sind theils vollberechtigte, theils nicht vollberechtigte. Zur Erlangung der vollen Mitgliedschaft erfordern die meisten Statuten, dass der Arbeiter männlichen Geschlechts ist, eine gewisse Zeit hindurch dem Vereine als Mitglied angehört, ein gewisses Alter nicht überschritten hat, von Gebrechen und Krankheitsanlagen, die eine vorzeitige Invalidität befürchten lassen, frei und im Besitz der bürgerlichen Ehrenrechte ist. Alle sonstigen Mitglieder einschliesslich der jugendlichen und weiblichen Arbeiter sind minderberechtigte oder unständige. Die Mindestleistungen des Vereins sind an vollberechtigte Mitglieder 1. in Krankheitsfällen freie Kur und Arznei für seine Person, 2. entsprechender Krankenlohn bei ohne eigenes grobes Verschulden entstandener Krankheit, 3. Beitrag zu den Begräbnisskosten der Mitglieder und Invaliden, 4. lebenslängliche Invalidenunterstützung bei ohne grobes Verschulden eingetretener Arbeitsunfähigkeit, 5. Unterstützung der Wittwen bis zur Wiederverheirathung und der Waisen bis nach zurückgelegtem 14. Lebensjahr. Den mindestberechtigten Mitgliedern sind mindestens die unter No. 1 und 2 und im Falle der Verunglückung bei der Arbeit die unter No. 3 und 4 genannten Leistungen zu gewähren. Für die Leistungen unter No. 1—3 oder einzelne derselben können auf den einzelnen zu dem Knappschaftsverein gehörigen Werken oder gruppenweise auf mehreren nach gemeinschaftlichem Beschluss der Werksbesitzer, der Knappschaftsältesten und des Knappschaftsvorstandes besondere Krankenkassen eingerichtet werden. Die erforderlichen Mittel werden, soweit sie nicht auf andere Weise zur Verfügung stehen, durch Beiträge der Arbeiter und Werksbesitzer beschafft. Die der Ersteren sollen in einem Prozentsatz des Lohnes oder einem Fixum bestehen und sind von den Werksbesitzern, die für dieselben verhaftet sind, einzuziehen und abzuführen. Die Beiträge der Letzteren sollen gesetzlich mindestens die Hälfte derjenigen der Arbeiter ausmachen, sind aber thatsächlich fast ausnahmslos ebenso hoch wie diese. Die Knappschaftsältesten bilden neben ihrer Betheiligung bei der Wahl des Vorstandes das Organ der Arbeiter zur Kontrole desselben.

Von wesentlichem Einfluss auf das Knappschaftswesen waren die allgemeinen Arbeiterversicherungsgesetze. Allerdings tritt nach § 74 des Krankenversicherungsges. v. $\frac{\text{15. Juni 1883}}{\text{10. April 1892}}$ (R.-G.-Bl. 1892 S. 379) für die Mitglieder der Knappschaftskassen und knappschaftlichen Krankenkassen weder die Gemeindekrankenversicherung noch die Verpflichtung, einer nach Massgabe dieses Gesetzes errichteten Krankenkasse anzugehören, ein. Aber die knappschaftlichen Veranstaltungen müssen die Mindestleistungen der Betriebskrankenkassen gewähren, nämlich: 1. im Falle der Krankheit oder durch Krankheit herbeigeführten Erwerbsunfähigkeit bis zur Dauer von 13 Wochen freie ärztliche Behandlung, Arznei, Brillen, Bruchbänder und ähnliche Heilmittel und bei Erwerbsunfähigkeit ein Krankengeld in Höhe des durchschnittlichen Tagelohnes derjenigen Klasse der Versicherten, für welche die Kasse errichtet ist, höchstens aber 1,5 M.; 2. an Wöchnerinnen, die innerhalb des letzten Jahres mindestens 6 Monate einer Krankenkasse oder Gemeindekrankenversicherung angehört haben, auf die Dauer von mindestens 4 Wochen eine Unterstützung in Höhe des Krankengeldes; 3. für den Todesfall eines Mitgliedes ein Sterbegeld im zwanzigfachen Betrage des zu No. 1 genannten durchschnittlichen Tagelohnes. Ferner ist die Statuirung einer Wartezeit gegenüber dem Anspruch auf diese Mindestleistungen unzulässig, ebenso die Erhebung eines Eintrittsgeldes von Mitgliedern, welche nachweisen, dass sie schon einer Krankenkasse oder Gemeindekrankenversicherung angehört haben und aus diesem Verhältniss erst innerhalb der letzten 13 Wochen ausgeschieden sind. War ein Mitglied behufs Erfüllung der allgemeinen Wehrpflicht aus der Beschäftigung ausgeschieden und kehrt nach Erfüllung der Dienstpflicht in diese zurück, so erwirbt es sofort und ohne dass ein Eintrittsgeld gefordert werden darf, den Anspruch auf die vollen statutenmässigen Unterstützungen. Endlich finden die in den §§ 56a und 57a des Krankenversicherungsgesetzes getroffenen Bestimmungen über die Gewährung der freien Kur und Arznei durch andere als die von der Kasse bestimmten Aerzte, Apotheken und Krankenhäuser und über die vorläufige Fürsorge für ausserhalb ihres Bezirks wohnhafte oder erkrankende Kassenmitglieder auch auf die Knappschaftskassen Anwendung.

Die reichsgesetzliche Unfallversicherung (Reichsgesetz vom 6. Juli 1884, R.-G.-Bl. S. 69) greift für den Bergbau ebenfalls Platz. Es ist (im § 94) nur nachgelassen, dass die Unternehmer von Betrieben, welche landesgesetzlich bestehenden Knappschaftsverbänden angehören, auf Antrag der Vorstände der letzteren vom Bundesrath zu Knappschafts-Berufsgenossenschaften vereinigt werden können, und diesen gestattet, zu bestimmen, dass die Entschädigungsbeträge auch über 50 Prozent hinaus von den Sektionen zu tragen sind, in deren Bezirken die Unfälle eingetreten sind, dass den Knappschaftsältesten die Funktionen der Arbeitervertreter bei der Wahl der Schiedsgerichtsbeisitzer, bei Begutachtung der Unfall-Verhütungsvorschriften und bei der Wahl zweier nichtständiger Mitglieder des Reichs-Versicherungsamts übertragen werden, dass Knappschaftsälteste stimmberechtigte Mitglieder des Genossenschafts- oder Sektionsvorstandes sind und dass die Auszahlung der Entschädigungen durch die Knappschaftskassen bewirkt wird. Auf Grund dieser Bestimmungen ist für das Deutsche Reich eine „Knappschafts-Berufgenossenschaft“ gebildet, von deren acht Sektionen sechs auf Preussen entfallen. Diese ist somit, soweit die knappschaftliche Versicherung nicht weiter geht, an deren Stelle getreten. Von der Befugniss, mehr als 50 Prozent der Entschädigungsbeträge den Sektionen aufzuerlegen, hat sie nicht Gebrauch gemacht. Die nach dem Unfall-Versicherungsgesetze bei Betriebsunfällen, die nicht von dem Verletzten vorsätzlich herbeigeführt sind, im Falle der Körperverletzung zu gewährenden Leistungen sind Ersatz der von Beginn der 14. Woche nach dem Unfall entstehenden Kosten des Heilverfahrens und von demselben Zeitpunkt ab eine Rente, welche in einem sich nach dem Grade der verbliebenen Erwerbsfähigkeit richtenden Prozentsatz — bei völliger Erwerbsunfähigkeit $66^2/_3$ Prozent — des Arbeitsverdienstes richtet. Von Beginn der fünften Woche an bis zum Eintritt der Unfallrente wird das Krankengeld auf mindestens zwei Drittel des seiner Berechnung zu Grunde gelegten Arbeitsverdienstes erhöht; den Mehrbetrag hat der Betriebsunternehmer der Krankenkasse zu erstatten. Im Falle der Tödtung ist zu leisten als Ersatz der Beerdigungskosten das Zwanzigfache des täglichen Arbeitsverdienstes, mindestens aber 30 M., und eine Rente für die Wittwe bis zur Wiederverheiratung von 20, für jedes Kind bis zum vollendeten 15 Jahre von 15 Prozent, wenn das Kind aber auch mutterlos ist, von 20 Prozent, zusammen für Wittwe und Waisen aber höchstens 60 Prozent des Arbeitsverdienstes; war der Verstorbene der einzige Ernährer von Aszendenten, so erhalten auch diese für die Dauer der Bedürftigkeit, soweit die Renten an die Wittwe und die Kinder 60 Prozent nicht erreichen, eine Rente von 20 Prozent.

Auch die reichsgesetzliche (G. v. 22. Juni 1889 — R.-G.-Bl. S. 97 —, seit 1. Januar 1900 G. v. 13. Juli 1899 — R.-G.-Bl. S. 393) Invaliditäts- und Altersversicherung greift an sich für die Bergleute Platz. Doch genügen in Betrieben des Reiches, eines Bundesstaates oder eines Kommunalverbandes beschäftigte Personen ihrer Versicherungspflicht auch durch Theilnahme an einer für den betreffenden Betrieb bestehenden, eine den reichsgesetzlich vorgesehenen Leistungen gleichwerthige Fürsorge sichernden besonderen Kasseneinrichtung, sofern dieselbe gewissen im § 5 des bisherigen, § 8 des jetzigen Reichsgesetzes normirten Bedingungen genügt; ob dies der Fall ist, entscheidet der Bundesrath, der diese Bestimmungen auch auf die Mitglieder anderer Kasseneinrichtungen erstrecken kann. Derart anerkannte Kasseneinrichtungen erhalten auch den Reichszuschuss zu denjenigen Renten, die auch nach dem Reichsgesetze zu gewähren sein würden. Solche anerkannte Kasseneinrichtungen für Bergleute sind der für die Saarbrücker Staatswerke bestehende Knappschaftsverein, der für den Oberbergamtsbezirk Dortmund bestehende in Bochum und die Norddeutsche Knappschafts-Pensionskasse in Halle a. S., eine lediglich zur Durchführung der reichsgesetzlichen Invaliditäts- und Altersversicherung gebildete Verbindung einer grösseren Zahl mittel- und norddeutscher Knappschaftsvereine zu einer besonderen Kasseneinrichtung. Alle, nicht nur die als gleichwerthig mit der reichsgesetzlichen Versicherung anerkannten Knappschaftskassen und ähnlichen Kasseneinrichtungen, welche für den Fall des Alters oder der Erwerbsunfähigkeit Renten oder Kapitalien gewähren, sind berechtigt, diese ihre Leistungen um den Werth der dem betreffenden Mitglied zustehenden reichsgesetzlichen Renten oder einen Theil desselben herabzusetzen; sie müssen dann aber die Beiträge entsprechend ermässigen oder die durch Herabminderung der Unterstützungen ersparten Beiträge zu anderen Wohlfahrtseinrichtungen für die Betriebsbeamten, Arbeiter oder deren Hinterbliebene verwenden. Hiervon ist in entschiedener

Weise Gebrauch gemacht: der Saarbrücker, Bochumer und Clausthaler Knappschaftsverein rechnet z. B. die ganze, diejenigen im Oberbergamtsbezirk Halle meist nur die halbe Reichsrente an.

Die reichsgesetzlichen Invaliden- und Altersrenten bestehen bekanntlich aus einem von der Versicherungsanstalt zu leistenden, in seiner Höhe sich nach der Lohnklasse, der der Versicherte angehörte, und der Zahl der Betriebswochen sich richtenden Betrage und einem Reichszuschuss von 50 M. Invalidenrente tritt ein bei dauernder Unfähigkeit, einen gewissen im Gesetz (§ 9 Abs. 3 des bisherigen, § 15 Abs. 2 und § 5 Abs. 4 des neuen Gesetzes) bestimmten Arbeitsverdienst zu erzielen, Altersrente nach Vollendung des 70. Lebensjahres; Voraussetzung für die eine wie für die andere Rente ist ausserdem eine gewisse, bisher nach Beitragsjahren, jetzt nach Beitragswochen festgesetzte Wartezeit, die für die Invalidenrente weit kürzer als für die Altersrente ist, und die Leistung von Beiträgen. Die Rentenzahlung ruht, solange und soweit eine reichsgesetzliche Unfallrente gewährt wird, die zusammen mit der Invaliden- oder Altersrente einen gewissen Betrag übersteigen würde. Die Beiträge, welche je zur Hälfte vom Versicherten und seinem Arbeitgeber zu leisten sind, richten sich in ihrer Höhe nach der Lohnklasse, der der Versicherte angehört, diese Lohnklassen, deren das bisherige Gesetz 4, das neue 5 unterscheidet, nach dem durchschnittlichen Jahresarbeitsverdienst, als welcher für Mitglieder einer Knappschaftskasse gilt der dreihundertfache Betrag des von dem Kassenvorstande festzusetzenden durchschnittlichen täglichen Arbeitsverdienstes derjenigen Klasse von Arbeitern, der der Versicherte angehört, mindestens aber des ortsüblichen Tagelohns gewöhnlicher Tagearbeiter des Beschäftigungsorts.

Von der schon durch das Berggesetz vorgeschriebenen knappschaftlichen Invalidenunterstützung unterscheidet sich somit die reichsgesetzliche Invaliditäts- und Altersversicherung, auf deren Organisation hier näher einzugehen zu weit führen würde, namentlich dadurch, dass das Berggesetz eine Altersversicherung überhaupt nicht, eine Invalidenversicherung aber allgemein nur für die vollberechtigten Knappschaftsmitglieder vorsieht und die Arbeitgeber nur zu Beiträgen in Höhe der Hälfte derjenigen der Arbeiter verpflichtet, dass es aber andererseits keine Wartezeit verlangt und den Anspruch nur daran knüpft, dass der Versicherte zur Arbeit als Bergmann unfähig sei, während die gedachten Reichsgesetze die Unfähigkeit, überhaupt, gleichviel durch welche Lohnarbeit einen bestimmten Betrag zu verdienen, verlangt. Die Erhebung der Beiträge bei den als gleichwerthig in dem oben erörterten Sinn anerkannten Kasseneinrichtungen der Knappschaftsvereine kann in Form des Markenklebens erfolgen, braucht es aber nicht und erfolgt thatsächlich nirgends in dieser Weise.

Wesentlich an Bedeutung verloren hat andererseits infolge der Ausdehnung der Arbeiterversicherung die durch das Gesetz vom 7. Juni 1871 (R.-G.-Bl. S. 207) geordnete Verbindlichkeit der Unternehmer zum Schadensersatz für die beim Betriebe von Eisenbahnen — auch Grubeneisenbahnen gehören hierzu —, Bergwerken u. s. w. herbeigeführten Tödtungen und Körperverletzungen. Nach diesem Gesetz tritt die Haftpflicht des Unternehmers ein bei Eisenbahnen, wenn nicht er seinerseits nachweist, dass der Unfall durch höhere Gewalt oder durch eigenes Verschulden des Getödteten oder Verletzten entstanden ist, bei Bergwerken, Steinbrüchen, Gräbereien und Fabriken, wenn einen Bevollmächtigten, Repräsentanten oder eine zur Leitung oder Beaufsichtigung des Betriebes oder der Arbeiter angenommene Person ein Verschulden trifft. Nach dem Unfallversicherungsgesetz (§§ 95—97) wird die Haftung des Unternehmers gegenüber den versicherten Personen und deren Hinterbliebenen auf den Fall des durch strafgerichtliches Urtheil festgestellten eigenen Vorsatzes, und auch dann auf den die Leistungen der Unfallversicherung übersteigenden Betrag beschränkt; in gleicher Weise haften Bevollmächtigte u. s. w. bei eigenem Vorsatz. Den Krankenkassen und Berufsgenossenschaften sind dagegen Unternehmer, Bevollmächtigte u. s. w. für deren Leistungen ersatzpflichtig, wenn der Unfall nach strafrichterlicher Feststellung durch ihren Vorsatz oder durch Ausserachtlassung derjenigen Aufmerksamkeit verursacht ist, zu der sie vermöge ihres Amtes, Berufes oder Gewerbes besonders verpflichtet sind. Wenn auch durch diese Bestimmungen die meisten Fälle dem Hapftpflichtgesetz entzogen sind, so behält es doch für einzelne weitere Geltung.

§ 65. Was nun speziell die Bergwerke des Preussischen Staates anlangt, so besteht für diejenigen an der Saar, wie schon erwähnt, ein besonderer Knappschaftsverein; dasselbe ist der Fall für Ibbenbüren, für das Braunkohlenwerk Dürrenberg mit der gleichnamigen Saline und die Rüdersdorfer Kalkbrüche, während die Oberschlesischen Gruben dem Oberschlesischen Knappschaftsverein, diejenigen am Oberharz, Deister, Osterwald, Meisner und Habichtswald sowie die Gipswerke in Lüneburg und Segeberg dem Hauptknappschaftsverein zu Clausthal, die Braunkohlengruben bei Eggersdorf und Löderburg dem Halberstädter, diejenige bei Langenbogen dem Saalkreiser Knappschaftsverein, endlich die Bergwerke im Regierungsbezirk Wiesbaden dem Allgemeinen Knappschaftsverein Nassau angehören. Die Zuschüsse, die der Staat für seine Bergwerke zu den Knappschaftskassen zu leisten hatte, beliefen sich 1898/99 auf 3 295 534 M. Ausserdem beanspruchten die Bergwerke auf Grund des Unfallversicherungsgesetzes 1 114 799 M. und auf Grund des Invaliditäts- und Alterversicherungsgesetzes 408 975 M.

Von diesen Beträgen entfielen auf die

	Saarbrücker Werke M.	Königs- u. Königin Luisengrube M.	Bergwerke am Oberharz M.	Bergwerke am Deister u. Osterwald M.	Braunkohlengruben in Sachsen M.	Rüdersdorfer Kalkbrüche M.
Zuschüsse zu Knappschaftskassen . . .	2 511 883,36	426 011,82	145 265,21	111 907,81	18 481,07	39 361,42
Ausgaben zur Unfallversicherung	658 653,38	345 460,36	38 732,34	24 151,97	6 875,98	10 689,80
Ausgaben zur Invaliditäts- und Altersversicherung	282 874,77	87 095,58	15 421,60	9 299,84	2 976,21	5 042,58

Sämmtliche 1897 in Preussen bestehenden 73 Knappschaftsvereine hatten in diesem Jahr ein Vermögen von 69 569 670,24 M., eine etatsmässige Einnahme von 34 840 509,08 M., wovon auf die laufenden Beiträge der Arbeiter 17 711 593,88 M., auf diejenigen der Werkseigenthümer 14 596 355,75 M. entfielen, und eine Ausgabe von 31 337 118,18 M. Der ausschliesslich Staatswerke umfassende Saarbrücker Verein war an diesen Zahlen betheiligt, wie folgt: Vermögen 8 537 511,61 M., Einnahmen 5 295 525,38 M., Ausgaben 5 090 390,05 M. In den Jahren 1867, 1877 und 1887 hatten betragen für die Preussischen Knappschaftsvereine das Vermögen 10 585 961 bezw. 20 620 117 bezw. 29 324 445, die Einnahmen 4 969 938 bezw. 11 760 004 bezw. 21 096 396, die Ausgaben 5 220 566 bezw. 11 797 916 bezw. 18 952 356 M. Die Mitgliederzahl hatte sich bis 1887 gegen 1867 nahezu verdoppelt, gegen 1877 um ungefähr ein Drittel vermehrt. Die Zahl der Krankheitsfälle stieg 1867 : 1877 : 1887 im ungefähren Verhältniss von 1 : 1,3 : 1,6, diejenige der unterstützten Invaliden, Wittwen und Waisen wie 1 : 2,2 : 3,5.

Durch Betriebsunfälle kamen zu Tode in den staatlichen Berg-, Hütten- und Salinenbetrieben

Jahre	Arbeiter	Proz.	hiervon im Steinkohlenbergbau	Erz-Bergbau	Braunkohlen-Bergbau	Steinbruch	Hütten	Salzwerke
1879/80	76	0,1812	69	7	—	—	—	—
1880/1	82	0,1884	65	12	1	2	2	—
1881/2	78	0,1731	61	11	—	—	—	6
1882/3	88	0,1885	73	12	—	—	2	1
1883/4	94	0,1923	78	10	—	1	—	5
1884/5	297	0,5935	279	8	—	—	2	8
1885/6	107	0,2102	91	13	3	—	—	—
1886/7	97	0,1940	84	9	1	—	1	2
1887/8	127	0,2529	112	9	1	—	1	4
1888/9	101	0,1971	82	10	2	—	—	7
1889/90	90	0,1687	81	3	2	—	1	3
1890/1	93	0,1614	87	4	1	—	1	—
1891/2	123	0,2067	114	6	1	1	—	1
1892/3	109	0,1852	100	5	2	1	—	1
1893/4	90	0,1583	80	5	1	—	1	3
1894/5	111	0,1896	101	4	1	—	1	5
1895/6	99	0,1634	87	6	3	—	2	1
1896/7	96	0,1507	79	9	2	—	—	6
1897/8	126	0,1902	118	4	3	—	1	—
1898/9	103	0,1555	95	3	—	—	3	2

Eine grosse Katastrophe hat in diesem 20jährigen Zeitraum die Staatswerke nur ein Mal betroffen: in der Nacht vom 17. zum 18. März 1885 erfolgte auf der Grube Camphausen eine Explosion schlagender Wetter, die 181 Arbeitern das Leben kostete und 28 für längere Zeit arbeitsunfähig machte. Im Ganzen stellt vorstehende Uebersicht der Fürsorge der Verwaltung für die Sicherheit des Betriebes ein sehr günstiges Zeugniss aus, zumal wenn man berücksichtigt, dass der Bergbau mit dem Vordringen in grösseren Teufen immer gefährlicher wird.

§ 66. Ausser den Ausgaben für die Knappschaftskassen, die Unfall-, Invaliditäts- und Altersversicherung und denen auf Grund des Haftpflichtgesetzes umfasst der Tit. 11 auch die auf Grund des im I. Buche (§ 46) besprochenen Unfallfürsorgegesetzes vom 18. Juni 1887 zu leistenden Aszendentenrenten, Heilungskosten und Sterbegelder — die Zahlungen an Pensionen, Wittwen- und Waisengeldern erfolgen aus Kap. 62 des Etats des Finanzministeriums —, ferner Unterstützungen für Arbeiter und Unterstützungen und Unterrichtskosten für Zöglinge, welche zu Beamten und Arbeitern herangebildet werden, endlich Beiträge zur Unterstützung von Fortbildungs-, Industrie- und Kleinkinderschulen sowie von Lesevereinen für Arbeiter. Fortbildungsschulen — unter dem Namen Werksschulen — bestanden 1898/99 im Bereiche der Staatswerke in Gleiwitz, Malapane, Friedrichshütte, Königshütte, Zabrze, Stassfurt, auf den vier Oberharzer Werken und im Saargebiet, 11 Industrie- und Haushaltungsschulen, in welchen die aus der Volksschule entlassenen Bergmannstöchter Anleitung in der Anfertigung von Kleidern, Wäsche u. s. w. und in Haushaltungsgeschäften erhalten, und 18 Kleinkinderschulen (Bewahranstalten) im Saarrevier, eine Kleinkinderschule auf Königin Luisengrube. Auch auf diesen Gebieten der Arbeiterfürsorge ist gerade in den letzten Jahren ausserordentlich viel geschehen. Die Mittel hierfür wie für die Unterstützungen und Unterrichtskosten für Zöglinge wurden, wie oben (§ 28) erwähnt, früher theilweise unter den Betriebskosten der Werke, theilweise unter einem besonderen Titel des Kap. 22 verrechnet; seit 1899 sind sie sämmtlich auf Erstere übernommen worden, denen hierdurch eine Mehrausgabe von ca. 100 000 M. zugeführt ist.

§ 67. Die Gesammtdotation des jetzt die Nummer 11 und die Bezeichnung „Wohlfahrtszwecke“ tragenden Titels lässt sich wegen der Umgestaltungen im Etat für 1899 wieder nur für die Zeit bis 1898/99 und zwischen 1898/99 und 1899 vergleichen. Dass ihr Wachsthum ein ausserordentlich starkes sein musste, ergiebt sich schon aus dem oben über das Knappschaftswesen und die Arbeiterversicherung, welche Ausgaben weitaus den Hauptbestandtheil des Titels ausmachen, Ausgeführten. Von Erheblichkeit wurde die Ausgabe erst nach dem Gesetz betr. die Vereinigung der Arbeiter in Knappschaften vom 10. April 1854. Immerhin betrug sie bis 1866 nur jährlich wenige 100 000 M., und selbst nach der Erweiterung der Monarchie in den letzten 60er Jahren nicht viel über 1/2 Million. Dann aber erfuhr sie bis 1874 infolge der Ausdehnung des Betriebes, dem Steigen der Löhne und damit der Knappschaftsbeiträge, sowie dem Erlasse des Haftpflichtgesetzes eine Verdoppelung. Ihr weiteres Steigen bis auf 1 577 000 M. im Jahre 1885/86 war nur ein allmähliches, der Zunahme des Bergbaues entsprechendes. Eine rapidere Steigerung setzte 1887/88 ein. Damals ging der Etatsansatz infolge statutenmässiger Erhöhung der Beiträge bei dem Saarbrücker Knappschaftsverein und infolge des Unfallversicherungsgesetzes von ca. 1 741 000 auf 2 203 000 M. in die Höhe. Im folgenden Jahre mussten mehr in Ansatz gebracht werden für die Unfallversicherung ca. 190 000 und für die Knappschaftskassen und die Haftpflichtausgaben 186 000 M., 1889/90 für die Erstere sogar ca. 329 000 M., 1890/91 für sie 71 000 und für das Knappschaftswesen ca. 167 000 M. Noch sprunghafter waren die Steigerungen der beiden nächsten Jahre, von 3,066 auf fast 3,730 und 4,235 Millionen. Die Veranlassung lag in dem Inkrafttreten der Invaliditäts- und Altersversicherung, die 1891/92 ca. 348 000, 1892/93 ca. 377 000 M. erforderte, in einer Steigerung der Ausgaben für die Unfallversicherung von 757 000 auf ca. 860 000 und 966 000 M. und in weiteren Erhöhungen der Zuschüsse zu den Knappschaftsvereinen, insbesondere dem Saarbrücker. In den letzten Jahren, nachdem einmal die Arbeiterversicherungsgesetze eingeführt waren, gelangte dann die Entwickelung des Fonds wieder in ein ruhigeres, derjenigen des Staatsbergbaues entsprechendes Fahrwasser, sodass der Fonds 1898/99 nur 4 665 318 bezw. unter Hinzurechnung der ihm von 1899 ab neu überwiesenen Ausgaben 4 692 451 M. betrug. 1899 endlich stieg er infolge Vermehrung der Belegschaften auf 4 944 109 M.

V. Kapitel.

Ausgaben für Anlagen, Geräthe und Materialien.

(Staatshaushaltsetat Kap. 14 Tit. 8, 9 und 6.)

§ 68. Nächst den Ausgaben für die Belegschaften nehmen ihrer Höhe nach diejenigen für die Gebäude-, Wege- und Betriebsanlagen und für die zum Betriebe nöthigen Geräthe und Materialien den ersten Rang ein. Diejenigen für die Anlagen werden, soweit es sich um Neubauten und Erweiterungsbauten handelt, aus Tit. 8, soweit es sich nur um Unterhaltung handelt, aus Tit. 9, die Ausgaben für Materialien und Geräthe aus Tit. 6 des Kap. 24 bestritten. Mit den Mitteln des Titels des Ordinariums für Neu- und Erweiterungsbauten werden auch aussergewöhnliche, äusserst kostspielige bauliche Anlagen ausgeführt. Das Extraordinarium wird, soweit es sich um im Betriebe befindliche Werke handelt, wie wir weiter unten sehen werden, nur selten in Anspruch genommen.

Als die kostspieligsten, 100 000 M. erreichenden, sich zum Theil auf mehrere Jahre vertheilenden aus den letzten 20 Jahren seien genannt Separations- und Verladeanlagen auf den Porembaschächten der Königin Luisengrube (Anschlag 110 000 M.), Geleiseanlagen daselbst (220 000 M.), Wasserhaltungsmaschine daselbst (397 000 M.), Wasserhaltungsanlage auf Sulzbach (250 000 M.), Fördermaschine auf Friedrichsthal (134 000 M.), Dampfkesselanlage daselbst (108 000 M.), Kohlenwäsche auf Heinitz (120 000 M.), Seilbahn auf Grube Altenberg in der Inspektion Weilburg (156 000 M.), Rätteranlage auf Friedrichsthal (145 000 M.), Fördermaschine auf Gerhard-Prinz-Wilhelm (100 000 M.),, Fördermaschinenanlage auf Raden (188 000 M.), desgleichen auf Heinitz (114 000 M.), Fördermaschine auf Guido (198 780 M), Schlafhaus für v. d. Heydt (180 000 M.) Fördermaschinenanlage auf Sulzbach (338 000 M), Wasserhaltungsanlage auf Königin Luise (118 000 M), Kessel- und Maschinenanlage am Deister (120 000 M.), Wasserhaltungsanlage auf Dudweiler (185 000 M.), Fördermaschinenanlage auf Reden (113 000 M.), desgleichen auf Heinitz (165 000 M.), Kesselanlage auf Göttelborn (115 000 M.), Bleierzwäsche auf Friedrichsgrube (130 000 M.), Wasserhaltung auf Königsgrube (112 000 M.), Sortirungseinrichtungen daselbst (120 000 M.), Kanalverbindungen in Rüdersdorf (425 000 M.), unterirdische Anlagen in der Inspektion Clausthal (180 000 M.), Fördermaschinenanlage auf Friedrichsthal (160 000 M.), Kohlensortirungsanlage auf Königin Luise (120 000 M.), Reserve-Wasserhaltung daselbst (769 500 M.), Förderungsanlagen auf Kronprinz (106 660 M.), v. d. Heydt (122 000 M.) und Dudweiler (160 000 M.), Wasserhaltungsanlage auf Heinitz (220 000 M.), Förder- und Wasserhaltungsmaschinenanlage auf Göttelborn (160 000 M.), Fördermaschinen auf Camphausen (27 000 M.), Dienstgebäude der Berginspektion auf Königsgrube (120 000 M.), Fördermaschinengebäude, Kesselhaus und Fördergerüst daselbst (250 000 M.), Geleisanlagen auf Königin Luise (140 000 M.), Rätteranlage, Kohlenwäsche und Umänderung des Grubenbahnhofs auf Kronprinz (300 000 M.), Erneuerung der Rätteranlage und Verladegeleise auf König bei Saarbrücken (275 000 M.), desgleichen der Förderanlage daselbst (120 000 M.), Schulgebäude auf Königin Luise (115 400 M.), Wasserhaltungsanlagen am Deister (210 000 M.), Förderungsanlagen auf Gerhard (340 000 M.) und v. d. Heydt (120 000 M.), Rätteranlage und Erweiterung des Grubenbahnhofs auf Reden (180 000 M.), Erneuerung der Rätteranlage, Verladevorrichtungen u. s. w. auf Heinitz (290 000 M.), Fördermaschinenanlage für Friedrichsthal (160 100 M.), Ventilatoranlage daselbst (193 500 M.), Dienstwohnungen auf Grube Camphausen (125 000 M.), Rätteranlage (180 300 M.) und Koksanstalt (312 000 M.), für Königin Luise, Ziegelei bei Bielschowitz (191 000 M.), Förderanlage auf Königin Luise (125 000 M.), Förder- und Wasserhaltungsmaschinenanlage am Deister (140 000 M.), Kohlenwäsche und Briketanstalt in Ibbenbüren (312 500 M.), Kohlenwäsche auf Reden (150 000 M.), Fördermaschinenanlage auf Heinitz (105 000 M.), Verlade- und Sortiranstalt auf Göttelborn (210 000 M.), Umbauten auf Gerhard (333 000 M.), Kohlenwäsche auf Sulzbach (180 000 M.), Fördermaschinenanlage auf Heinitz (120 000 M.), Erneuerung der Rätteranlage auf König bei Saarbrücken (120 000 M.), Rätteranlage und Wäsche auf Friedrichsthal (295 000 M.), Rätteranlage für Königin Luise (150 000 M.), Erweiterung einer Aufbereitungsanstalt in der Inspektion Grund (193 100 M.), Ventilatoranlage für König i. Oberschl. (120 000 M) und Königin Luise (100 000 M.), Wasserhaltungsmaschinen und Pumpen für Löderburg (100 000 M.), Fördermaschinenanlage für Dudweiler (175 000 M.), Dampfkessel- und Förderanlage für Bielschowitz (354 000 M.), wovon bisher ausgeworfen (200 000 M.). Wasserbehälter für die Wasserleitung Zawade-Zabrze (130 000 M.), Wäsche auf Kronprinz (100 000 M.), Förderanlage für Reden (120 000 M.), wovon bisher ausgeworfen (155 000 M), Heinitz (250 000 M.) und Friedrichsthal (100 000 M.), Kohlenwäsche für Friedrichsthal (129 000 M.). Erste Raten von 27 000, 100 000, 120 000, 30 000, 30 000, 30 000, 62 500, 80 000 und 100 000 M. bringt der 1899er Etat für folgende auf je mindestens 100 000 M. veranschlagte Bauausführungen aus: Condensationsanlagen auf König i. Oberschl. (102 000 M.), Wasserhaltung für Bielschowitz (200 000 M.), Pumpen für Ibbenbüren (190 000 M.), Fördermaschinenanlage für Kronprinz (115 000 M.), Umbau einer Rätterhalle und Verladeeinrichtung auf Gerhard (120 000 M), Bau eines Maschinengebäudes daselbst (115 000 M.), Pressluftanlagen auf Sulzbach (100 000 M.), Grobkornwäsche auf König bei Saarbrücken, Fördermaschinenanlage auf Friedrichsthal (170 000 M.).

In Anbetracht der auch aus den vorstehenden Zahlenangaben ersichtlichen ausserordentlichen Kostspieligkeit der von den Bergwerken benöthigten, insbesondere maschinellen Anlagen, wie namentlich derjenigen zur Wasserhaltung, zur Förderung, aber auch der Ventilationseinrichtungen, der verschiedenen Aufbereitungs- und Sortirungsanlagen, der Verladeeinrichtungen, Geleisanlagen u. a. m., und da die grösseren Werke mit mehreren Schächten auch nicht nur eine, sondern mehrere der theueren Maschinen einzelner Gattungen bedürfen — beispielsweise besitzen König O.-S. 7 Förder-, 7 Wasserhaltungs- und 68 andere Maschinen, Königin Luise 8 Förder-, 10 Wasserhaltungs- und 57 andere Maschinen, die Saarbrücker Werke insgesammt 671 Dampfmaschinen mit 52 291 wirklichen Pferdekräften und 654 Dampfkesseln —, erscheint die Ausstattung des Titels 8, 1899 mit 2574820 M., eher niedrig als hoch. Aber auch das aus der Anl. XXVII ersichtliche starke Schwanken derselben kann nicht überraschen, da das Bedürfniss zu Neu- und Erweiterungsanlagen naturgemäss je nach dem Zeitpunkt der Abnutzung vorhandener Anlagen, nach der eine Ausdehnung oder Einschränkung des Betriebes nöthig machenden Marktlage, nach dem Eintreten elementarer Ereignisse, wie z. B. von Wassereinbrüchen, nach der Beschaffenheit des jeweils abgebauten Minerals, nach den Fortschritten der Technik in sehr ungleichem Umfange und mit sehr verschiedener Dringlichkeit hervortritt und in für den Bergbau oder für die Staatsfinanzen ungünstigen Zeiten minder dringliche grössere Ausgaben mehr als in günstigeren zurückgestellt worden sind. So hielten sich die Ausgaben des Tit. 8, nachdem sie zwischen 1869 und 1874 bei dem ausserordentlichen wirthschaftlichen Aufschwunge und der guten Finanzlage von 3 bis auf 6,3 Millionen Mark gestiegen waren und hierdurch Gelegenheit geboten war, alle Bedürfnisse zu befriedigen, so dass der Ansatz schon 1875 um 2,4 Millionen ermässigt werden konnte, Ende der 70er und in den 80er Jahren innerhalb der sehr bescheidenen Grenzen von 900 000 M. bis 1 700 000 M. Ermöglicht war das durch die reichliche Dotirung in den Vorjahren infolge des Sinkens der Löhne und der Materialienpreise in den Zeiten der wirthschaftlichen Krisis, endlich wohl auch durch Zurückstellung so mancher, mindestens sehr wünschenswerther Ausgaben. Als sich dann Anfangs der 90er Jahre die Verhältnisse besserten, wurde das in der ungünstigen Zeit Aufgeschobene rasch nachgeholt und der Baufonds vorübergehend bis auf ungefähr vier Millionen erhöht,[1]) was die Möglichkeit gab, ihn später wieder erheblich zu verringern.

§ 69. Eine aus naheliegenden Gründen erheblich gleichmässigere Entwicklung zeigt der Titel 9: „Unterhaltung der Gebäude-,

---

[1]) Es ist immerhin beachtenswerth, dass dies zeitlich mit dem Wechsel in der Leitung des Finanzministeriums zusammenfällt!

Wege- und Betriebsanlagen". Seit 1874, wo er mit 1 213 323 M. ausgestattet war, bis 1899, wo er sich auf 2 631 810 M. belief, ist seine Steigerung eine ganz allmähliche, durch die Ausdehnung des Betriebes und die damit verbundene Vermehrung der zu unterhaltenden Anlagen sowie die Steigerung der Arbeitslöhne und Materialienpreise vollauf zu erklärende gewesen. Das Anwachsen von 682 614 M. im Jahre 1869 auf nahezu das Doppelte 1874 aber hat seinen Grund in der Ausdehnung des Bergwerksbetriebes in den Zeiten des Aufschwunges nach dem Kriege von 1870/71 und der durch die glänzende Finanzlage gewährten Möglichkeit reichlicher Ausstattung des Etats.

In den Werksetats gliedern sich die Ausgaben dieses Titels in solche für A) Gebäude, und zwar a) Dienstwohnungen, b) Betriebs- und Amtsgebäude, c) Schlafhäuser, d) Miethhäuser, die auf Grund des G. v. 13. Aug. 1895 erbaut worden sind, e) sonstige vermiethete Wohnungen; B) Wege und C) Betriebsanlagen. Die höchsten Beträge nehmen die Betriebsanlagen, die geringsten unter den drei Hauptkategorien A, B, C die Wege in Anspruch.

Für 1899 bestimmten die Etats der hauptsächlichsten Bergwerke, und zwar

	für Gebäude M.	Wege M.	Betriebsanlagen M.
der Oberschlesischen Kohlengruben[1]	105 400	56 500	466 000
„ Saarbrücker Kohlengruben[2]	304 400	149 290	1 060 360
„ Friedrichsgrube	3 600	7 000	20 000
„ Oberharzer Gruben	26 510	3 390	268 660

§ 70. Die aus Tit. 6 zu beschaffenden Materialien und Geräthe sind überwiegend solche zum Betriebe und Absatz, zu einem kleinen Theile solche für die Schlafhausverwaltungen, ferner solche für die Bureaus (Drucksachen, Zeitungen, Schreib-, Pack- und Zeichenmaterialien u. s. w.) und für Ergänzung und Unterhaltung der auf den einzelnen Werken gehaltenen Sammlungen. Bis 1899 wurden diese Ausgaben für den Absatz aus dem jetzt aufgelösten Titel „Debitkosten", für die Bureaus und Sammlungen aus demjenigen „Bureaubedürfnisse" bestritten, während der jetzige Tit. 6 dementsprechend nur die Bezeichnung führte: „Betriebsmaterialien und Utensilien." Die zum Grubenbetriebe dienenden Materialien und Geräthe sind natürlich äusserst mannichfacher Art. Es gehören hierher einmal diejenigen, welche, wie oben im § 54 ausgeführt ist, auf einem Theil der Staatswerke an die Belegschaft zum Selbstkostenpreise wieder verkauft werden, nämlich Oel, Sprengstoff und das „Gezähe" genannte Handwerkszeug sowie die Lampen und Hülfsmittel für Verwendung der Sprengstoffe. Soweit ein solcher Wiederverkauf stattfindet, steht der Ausgabe im Tit. 6 eine entsprechende Einnahme im Kap. 9 Tit. 2 gegenüber. Unter den nicht zum Wiederverkauf gelangenden Materialien seien hervorgehoben das für die Grubenbaue erforderliche

[1] Einschl. der Zentralverwaltung. [2] Einschl. Direktion, Faktorei und Hafenamt.

Grubenholz und Mauermaterial, soweit dieses nicht aus eigenen Steinbrüchen und Ziegeleien beschafft oder hierzu die „Berge", d. i. das taube Gestein, verwendet werden, ferner die verschiedenartigen Eisenmaterialien, die Wagen („Hunde" und grössere Wagen) und sonstigen Geräthe (Karren, Tröge, Körbe u. s. w.) zur Grubenförderung, d. h. dem Transport der Massen vom Gewinnungsort bis zum Förderschacht, die für diesen Transport vielfach verwendeten Pferde, deren allein auf den Saarbrücker Werken Ende des Rechnungsjahres 1898/99 nicht weniger als 1241 in Verwendung standen u. a. m. Die Materialien und Geräthe zum Absatz bestehen in Massen, Gewichten, Verpackungsmaterialien (z. B. Säcke für Gips) u. s. w.

Die Gesammtausgabe des Tit. 6 beträgt im Etat für 1899 nicht weniger als 17 398 207 M., wovon der weitaus grösste Theil auf die nicht zum Wiederverkauf an die Belegschaft bestimmten Betriebsmaterialien und Utensilien entfällt. Demnächst partizipiren die Sprengstoff- und die Oelverwaltung daran.

Auf den bedeutendsten Werken betrugen 1899 die einzelnen Ausgabepositionen

	Oberschlesische Steinkohlengruben [1]) M.	Saarwerke [2]) M.	Bergwerke am Oberharz M.
Zum Betriebe und Absatz	2 573 750	9 880 550	1 032 550
„ Wiederverkauf:			
Oelverwaltung	160 370	225 490	26 100
Sprengstoffverwaltung . . .	487 160	—	57 300
Gezäheverwaltung	16 780	261 700	—
Schlafhaus- u. Kaffeeschänkenverwaltung	15 850	25 970	—
Für Bureaus	22 000	—	11 202
„ Sammlungen	700	1 920	760

Zu bemerken ist hierzu, dass zum Betrieb und Absatz bei den Saarwerken die dort nicht zum Wiederverkauf kommenden Sprengmaterialien, in den Ausgaben für die Bergwerke am Oberharz auch diejenigen für die Zentralschmiede in Clausthal enthalten sind.

Mit der Ausdehnung des Bergwerksbetriebes und den allgemeinen Preissteigerungen der letzten Jahrzehnte mussten die Ausgaben für Materialien und Geräthe sehr bedeutend steigen. Berücksichtigt man diese Momente und vergleicht die Gesammtausgabe des Titels mit den Einnahmen aus dem Bergbau, so kann aus der Zahlenreihe der Anlage XXVII. wohl nur auffallen die Steigerung von rd. 56 000 M. im Jahre 1849 auf 3,7 Millionen 1859, von 4 auf 8,5 Millionen von 1866 bis 1869, das Herabgehen auf 8,3 Millionen im Jahre 1874 trotz der Produktionsvermehrung und dann wieder die Steigerung von 7,15 auf 9,9 Millionen zwischen 1881/82 und 1883/84.

---

[1]) Ausschl. Zentralverwaltung. [2]) Ausschl. Direktion, Faktorei und Hafenamt.

Zu der Steigerung von 1866 bis 1869 wirkten zusammen der Hinzutritt der neuen Provinzen, die Verstärkung der Produktion und die oben im § 54 erwähnte Umgestaltung im Rechnungswesen, vermöge deren überhaupt erst die Anschaffungskosten für die zum Wiederverkauf gelangenden Materialien und Geräthe in Ausgabe erschienen. Die Rückkehr zu der früheren Verrechnungsart seit 1870 bewirkte dann wieder einen Rückgang der Ausgabe, der ohne die andererseits eingetretene Bedarfsvermehrung sehr viel grösser gewesen sein würde. Als dann 1882/83 wieder die Einstellung der Bruttoerlöse aus dem Wiederverkauf und der Anschaffungskosten erfolgte, schnellten die ohnehin im naturgemässen Steigen begriffenen Ausgaben plötzlich gegen das Vorjahr um mehr als 2 Millionen, andererseits aber die Einnahmen aus ökonomischen Nutzungen um 1,7 Millionen in die Höhe.

Um die Materialien und Geräthe möglichst im Grossen und dadurch entsprechend billiger beschaffen zu können, sind für die Saarwerke in Kohlwaage und für die Berg- und Hüttenwerke am Oberharz in Zellerfeld je eine „Bergfaktorei" errichtet. Diese Faktoreien besorgen den Einkauf der Materialien etc., die Zellerfelder auch für die fiskalischen Forsten und Sägemühlen, und halten einen entsprechenden Vorrath, aus dem die einzelnen Bergwerke etc. ihren Bedarf entnehmen. Die den Werken berechneten Preise werden so gestellt, dass neben den Einkaufspreisen die Unkosten der Faktorei gedeckt werden; für 1899 balanzirten die Etats für Kohlwaage mit 1 267 970, für Zellerfeld mit 23 000 M.; der Umsatz war für Zellerfeld veranschlagt an Bergwerks-, Hütten- und Faktoreimaterialien auf 254 500, an Wald- und Sägemühlenmaterialien auf 268 500 M. Die gegenüber Zellerfeld unverhältnissmässig hohe Einnahme und Ausgabe von Kohlwaage erklärt sich daraus, dass bei Zellerfeld nur der Ueberschuss aus dem Verkauf an die Werke in Einnahme erscheint, dagegen in Kohlwaage die Sprengmaterialien voll — 1899 mit 1 197 000 M. — in Einnahme und Ausgabe erscheinen.

VI. Kapitel.

Abgaben, Grundentschädigungen und Landerwerb sowie Antheil der Stadt Berlin an dem Ueberschuss des Rüdersdorfer Kalksteinbruchs.

(Staatshaushaltsetat Kap. 14 Tit. 10 und 10a.)

§ 71. Von den Staatssteuern waren und sind die Staatsbergwerke befreit; insbesondere waren sie es auch von den bis zum 1. April 1895 erhobenen Bergwerksabgaben. Ihre Heranziehung zu den Gemeindeabgaben folgte und folgt, soweit es sich um die auf den Grundbesitz gelegten handelt, den im § 62 des I. Buches dargestellten Grundsätzen. Ihre Heranziehung zu den auf den Gewerbebetrieb gelegten Gemeindeabgaben konnte, da die Bergwerke der staatlichen Gewerbesteuer nicht unterlagen und die Bergwerksabgaben keine Gewerbesteuer waren, nur auf Grund eines besonderen Gemeindesteuerregulativs erfolgen, soweit die Gemeindeverfassungsgesetze derartige Regulative zuliessen. Allgemein angeordnet ist ihre Heranziehung durch § 28 No. 3 bezw. für die Staatsbergwerke No. 6 des Kommunalabgabengesetzes vom 14. Juli 1893 (G.-S. S. 152).[1])

Steuerberechtigt sind diejenigen Gemeinden, in denen ein Betrieb stattfindet; dazu gehören nur diejenigen, in deren Bezirk oberirdische Betriebsanlagen vorhanden sind; doch ist nicht erforderlich, dass sich in der Gemeinde eine Betriebsstätte in dem Sinne befindet, wie sie für Begründung der Einkommensteuerpflicht (vergl. weiter unten) erfordert wird. Die Veranlagung der Gewerbebetriebe des Staates zur Gewerbesteuer nach dem Gesetze vom 24. Juni 1891 (G.-S. S. 205) erfolgt nach den im § 62 des I. Buches skizzirten Vorschriften. Nach derjenigen für 1899 erstreckte sich der Betrieb der Staatsbergwerke auf 70 Gemeinde- und 14 Gutsbezirke; ein Theilbetrag des Steuersatzes entfiel auf 55 Gemeinde- und 8 Gutsbezirke, während die übrigen einen solchen nicht erhielten, weil das betreffende Werk im Jahre zuvor einen Reinertrag nicht geliefert hatte oder hiervon so wenig auf den betreffenden Bezirk entfiel, dass ein Theilbetrag des Steuersatzes in unserer Münze nicht auszudrücken war.[2]) Hierdurch wird jedoch für diese Gemeinden die thatsächliche Heranziehung des Bergfiskus nur dann ausgeschlossen, wenn sie Prozente der staatlich veranlagten, nicht auch wenn sie eine besondere Gewerbesteuer erheben.

Ein nicht unerheblicher Theil der steuerberechtigten Gemeinden ist aber zur Erhebung besonderer Gewerbesteuern auf Grund des § 29 des Kommunalabgabengesetzes übergegangen; insbesondere werden an der Saar solche Steuern nach dem Massstabe der gezahlten Gehälter und Löhne erhoben; auch in einzelnen gegenüber dem Bergfiskus steuerberechtigten Gemeinden Oberschlesiens sind besondere Gewerbesteuern eingeführt, welche die stärkere Erfassung gerade der Grossbetriebe bezwecken. Die Belastung geht in solchen Gemeinden zumeist, namentlich bei geringem Ertrage, weit über das hinaus, was der Fiskus zu leisten haben würde, wenn die Gewerbesteuersumme nach dem Gesetze vom 24. Juni 1891 aufgebracht würde, und welche erhebliche Belastung das bedeutet, erhellt daraus, dass von dem Gewerbesteuersatz der Staatsbetriebe gerade auf solche Gemeinden theilweise besonders hohe Theilbeträge entfallen.

Nach der Vertheilung für 1899 kamen die höchsten Beträge auf folgende Gemeinden: Zabrze 33 798, Neunkirchen 23 932, Königshütte 20 417, Dudweiler 15 839, Sulzbach 13 969, Friedrichsthal 12 858, Guichenbach 9266, Püttlingen 8880, Landsweiler 8157, Wiebelskirchen 5953 M., mit Ausnahme von Zabrze und Königshütte alles Gemeinden im Saarbecken.

Die Gemeindeeinkommensteuerpflicht der staatlichen Bergbaubetriebe wurde und wird ebenfalls durch dieselben Gesetze ge-

---

[1]) „Den Gewerbesteuern unterliegen in den Gemeinden, in denen der Betrieb stattfindet: 3. der Bergbau; 6. die Gewerbebetriebe des Staates und der Reichsbank."

[2]) Ueber die bei der Zerlegung des auf die Staatsbetriebe entfallenden Gewerbesteuersatzes vergl. Entsch. des Oberverwaltungsgerichts in Staatssteuersachen Bd. IV S. 401 und Falkmann u Strutz, Preuss. Gewerbesteuergesetzgebung 3. Aufl. Anm. 3 Abs. 3 zu § 3 S. 53.

regelt, wie diejenige der Domänen (I. Buch § 62). Doch enthalten diese Gesetze besondere Vorschriften über die Heranziehung des gewerblichen Einkommens.

Der Staat unterliegt der Gemeindeeinkommensteuer nach § 33 des Kommunalabgabengesetzes „bezüglich seines Einkommens aus den von ihm betriebenen Eisenbahn-, Bergbau- und sonstigen gewerblichen Unternehmungen, also nicht von verpachteten, wohl aber von erpachteten. Jeder seiner steuerpflichtigen Unternehmungen gilt in Beziehung auf die Besteuerung als selbständige Person. Ein die Steuerpflicht begründender Betrieb findet nach § 35 a. a. O. nur in denjenigen Gemeinden statt, „in welchen sich der Sitz, eine Zweigniederlassung, eine Betriebs-, Werk- oder Verkaufsstätte oder eine solche Agentur des Unternehmens befindet, welche ermächtigt ist, Rechtsgeschäfte im Namen und für Rechnung des Inhabers abzuschliessen". Der Begriff „Betriebsstätte" ist enger als der des „Stattfindens" des Betriebes im Sinne des § 28 a. a. O. Insbesondere sind nicht alle oberirdischen Betriebsanlagen eines Bergwerks Betriebsstätten in diesem Sinne, sondern allgemein nur die Förderschächte und -Stollen, Wasserhaltungsschächte, Aufbereitungsanstalten, andere Schächte und Stollen nur, wenn auf oder bei denselben Maschinen-, Feuerungs-, Werkstätten oder sonstiger Betrieb umgeht, nicht also z. B. ein blosser Luftschacht ohne Maschinenbetrieb. Die Veranlagung erfolgt durch die Gemeinden, ohne dass, wie bei den Domänen, Forsten und Eisenbahnen, eine Feststellung des Einkommens durch den Ressortminister geschieht. Erstreckt sich der Betrieb über mehrere Preussische Gemeinden, so geschieht die Vertheilung des steuerpflichtigen Einkommens prinzipaliter nach einem von den Gemeinden zu vereinbarenden Massstab, wenn aber eine solche Vereinbarung nicht erfolgt, nach Verhältniss der Gehälter, Löhne und Tantièmen des Verwaltungs- und Betriebspersonals und, wenn sich die einzelne Betriebsstätte über mehrere Gemeinden erstreckt, „nach Lage der örtlichen Verhältnisse unter Berücksichtigung des Flächenverhältnisses und der den betheiligten Gemeinden durch das Vorhandensein der Betriebsstätte erwachsenen Kommunallasten" (§ 47 a. a. O.). Alle diese Vorschriften des Kommunalabgabengesetzes entsprechen den schon in dem sogen. Kommunalsteuernothgesetz vom 27. Juli 1885 enthaltenen.

Keine besondere Belastung für den einzelnen Betrieb bedingt zwar die im § 53 des Kommunalabgabengesetzes der sogen. Arbeiterwohnsitzgemeinde eingeräumte Befugniss, von der Betriebsgemeinde Zuschüsse zu den Volksschul- und Armenlasten zu fordern; sie wird aber leicht der Betriebsgemeinde Anlass geben, ihrerseits den Betrieb auf Grund des § 31 a. a. O. in der Gewerbesteuer höher zu belasten.

Zu den durch das Kommunalabgabengesetz geregelten Gebühren und Beiträgen können die Staatsbergwerke ebenfalls wie alle anderen herangezogen werden.

Zu den Kreissteuern hat der Fiskus in Kreisen, in denen er Bergbau betreibt, d. h. eine oberirdische Betriebsstätte besitzt, insoweit beizutragen, als sie auf den Grundbesitz und den zu diesem Zweck vom Kreisausschuss fingirt zur Gewerbesteuer zu veranlagenden Bergbau gelegt werden, nicht dagegen nach seinem Einkommen aus dem Bergbau; dafür kann er aber, wie bezüglich der Domänen und Forsten, so auch bezüglich des Bergbaues um die Hälfte desjenigen Prozentsatzes, mit dem die Einkommensteuer herangezogen wird, höher mit der Grund- und Gebäudesteuer, nicht auch mit der Gewerbesteuer belastet werden (§ 14 der Kreisordnungen). Dieselben Grundsätze wie für die Kreis- gelten für die Provinzial- und Hessen-Nassauischen Bezirkssteuern. (Vergl. I. Buch § 62 S. 122.)

Eine erhebliche Bedeutung für die fiskalischen Montanbetriebe haben auch die Verpflichtungen zu Präcipualleistungen für den

Wegebau wie sie durch für die einzelnen Provinzen in den 70er, 80er und 90er Jahren erlassenen Gesetze statuirt sind.

Was im Vorstehenden für die Besteuerung des Bergbaues, d. i. der unter das Berggesetz fallenden Betriebe des Fiskus durch die Kommunalverbände ausgeführt ist, gilt auch für seine unter den Bergwerken behandelten, nicht dem Berggesetz unterliegenden Betriebe; nur findet bezüglich ihrer eine fingirte Veranlagung zur Gewerbesteuer durch den Kreisausschuss nicht statt, was man übrigens auch für den Bergbau nach dem Inkrafttreten des Kommunalabgabengesetzes annahm, bis das Oberverwaltungsgericht das Gegentheil aussprach.

Zu den Kirchen-, Schul-, Armen- und sonstigen Sozietätslasten wird der Bergfiskus nach Massgabe der gesetzlichen, statutarischen und observanzmässigen Bestimmungen, wie sie im ersten Buche (§§ 52 - 55, 58 und 63) erörtert sind, herangezogen, insoweit die Voraussetzungen der Beitragspflicht im einzelnen Falle auf ihn zutreffen. Ausserdem hat er für einzelne auf bergfiskalischen Gutsbezirken oder ausschliesslich für seine Werke errichtete Schulen besondere Lasten zu tragen. Eine besondere, sehr erhebliche Last für Kirche und Schule ruht sodann auf seinen schlesischen Bergwerken in Gestalt der Freikuxe. Sowohl nach der revidirten Schlesischen Bergordnung wie nach § 134 A. L.-R. Th. II Tit. 16 und anderen Bergordnungen sind von jedem Bergwerk zwei Freikuxe für die Kirche und Schule, unter deren Sprengel die Zeche liegt, mitzubauen.

Da die Schlesische Bergordnnng das Bergwerkseigenthum in 128 Kuxe einschliesslich, das A. L.-R. in 128 Kuxe ausschliesslich 6 Erb- und Freikuxen theilt und die zwei Freikuxe für Knappschafts- und Armenkasse zwar nach dem Knappschaftsgesetz vom 10. April 1854 aufgehoben, aber bei Berechnung des Ausbeuteantheils nach wie vor mitzuzählen sind, so bedeuten die beiden Freikuxe der Kirche und Schule in Schlesien $^{2}/_{128}$, in Gebieten, wo das A. L.-R. gilt, $^{2}/_{134}$ der Ausbeute. Das Freikuxrecht besteht nach § 224 des Berggesetzes nur in einer Realberechtigung auf den entsprechenden Ausbeuteantheil, nicht in einem Miteigenthumsrecht. Die Freikuxe sind nach freier Vereinbarung der Betheiligten ablösbar. Die Ausbeute der Freikuxe in Schlesien fliesst nach K.-O. vom 9. März 1830 (G.-S. S. 48), wie schon seit 1778, nicht der betreffenden Kirche und Schule zu, sondern zu dem für die ganze Provinz gemeinsamen Schlesischen Freikuxgelderfonds, welcher „von den Behörden nach dem jedesmaligen Bedürfnisse für kirchliche und Schulzwecke, auch vorzüglich zum Besten der Knappschaftsgenossen und deren Kinder ohne Unterschied der Konfession auch an solchen Orten zu verwenden ist, wo der eigentliche Freibau jener Kuxe nicht stattgefunden hat“. Der Fonds wurde bis 1869 von dem Handels- und dem Kultusminister verwaltet; seitdem untersteht er dem Oberpräsidenten von Schlesien unter Oberaufsicht der beiden Minister.

Die Beiträge der Staatswerke zu demselben betrugen nach dem Etat für 1899 von den Steinkohlenwerken 131 000, von der Friedrichsgrube 11 592 M. Dieselben haben die Natur öffentlicher, der Beitreibung im Verwaltungszwangsverfahren unterliegender Abgaben.

Auch Rentenbankrenten sind, wenn auch in unbedeutender Höhe, von einzelnen zu den Bergwerken gehörigen Grundstücken zu entrichten.

§ 72. Die zweite Hauptkategorie der aus Tit. 10 zu bestreitenden Ausgaben sind die Grundentschädigungen. Der Bergbau bewirkt für die über den Bergwerken liegenden Grundstücke häufig mehr oder minder schwere Beschädigungen. So kommt es, namentlich beim Braunkohlenbergbau, vor, dass die Tagesoberfläche in die entstehenden Hohlräume allmählich oder plötzlich nachsinkt, „zu Bruche geht“; bisweilen findet sogar ein planmässiges Zubruchebauen statt, weil der Betrieb rationell erst dann weiter geführt werden kann, wenn die abgebauten Hohlräume durch Nachstürze der Oberfläche ausgefüllt sind. In andern Fällen tritt nur eine geringere Senkung ein, die zu Rissen in den darüber liegenden Gebäuden führt, oder es wird den Brunnen, Teichen etc. das Wasser entzogen u. a. m.

Für alle solche sogen. „Bergschäden“, d. h. „allen Schaden, welcher dem Grundeigenthume oder dessen Zubehörungen durch den unterirdisch oder mittelst Tagebaues geführten Betrieb des Bergwerks zugefügt wird“, hat der Bergwerksbesitzer nach den Vorschriften in den §§ 148ff. des Berggesetzes „vollständige Entschädigung zu leisten, ohne Unterschied, ob der Betrieb unter dem beschädigten Grundstücke stattgefunden hat oder nicht, ob die Beschädigung von dem Bergwerksbesitzer verschuldet ist und ob sie vorausgesehen werden konnte oder nicht“. Es liegt also dem Grundbesitzer nur der Nachweis eines Schadens und seines Zusammenhanges mit dem Bergwerksbetriebe ob. Für Schäden an beweglichen Sachen findet eine Haftung nur nach den Bestimmungen des allgemeinen bürgerlichen Rechts statt.

Grundentschädigungen sind ferner zu leisten, wenn die Benutzung eines Grundstücks für das Bergwerk in Anspruch genommen wird, ohne dass der Bergwerkseigenthümer das Eigenthum erwirbt, wie dies in der mannigfachsten Weise geschieht, z. B. für Bohrungen, für Ladebühnen, für Drahtseilbahnen, zur Abführung der Grubenwässer.

Das Berggesetz (§§ 135 ff.) verpflichtet den Grundbesitzer, er sei Eigenthümer oder Nutzungsberechtigter, wenn sein Grundstück zu Grubenbauten, Halden-, Ablade- und Niederlageplätzen, Wegen, Eisenbahnen, Kanälen, Maschinenanlagen, Wasserläufen, Teichen, Hülfsbrunnen, Zechenhäusern und anderen für Betriebszwecke bestimmten Tagegebäuden, Anlagen und Vorrichtungen, zu Aufbereitungsanstalten, Soolleitungen und -Behältern nothwendig ist, die Benutzung hierzu zu gestatten, es handle sich denn um den mit Wohn-, Wirthschafts- oder Fabrikgebäuden bebauten Grund und Boden und damit in Verbindung stehende eingefriedigte Hofräume. Der Bergwerksbesitzer hat vollständige Entschädigung zu leisten und das Grundstück nach beendigter Benutzung zurückzugeben. Tritt eine Werthsverminderung durch die Benutzung ein, so muss er nach Wahl des Eigenthümers entweder ausserdem den Minderwerth ersetzen oder das Eigenthum des Grundstücks erwerben. Letzteres kann der Eigenthümer auch dann verlangen, wenn feststeht, dass die Benutzung länger als 3 Jahre dauern wird, oder wenn sie nach 3 Jahren noch fortdauert, oder endlich wenn das Grundstück durch Abtretung einzelner Theile so zerstückelt werden würde, dass die übrig bleibenden Theile nicht mehr zweckmässig benutzt werden können. Die im Falle der Nichteinigung bei Abtretung sowohl der Benutzung wie des Eigenthums eintretende Zwangsenteignung ist im Berggesetz näher geregelt; sie liegt in der Hand des Bezirksausschusses und des Oberbergamts; gegen deren Enteignungsbeschluss findet Rekurs an die Ressortminister, gegen die Festsetzung der Entschädigung und Kaution der Rechtsweg statt.

Soweit es sich um eigenthümlichen Erwerb von Grundstücken für die Staatswerke handelt, sind die Kosten nicht unter „Grundentschädigungen", sondern unter „Landerwerb" im Tit. 10 zu verrechnen. Aus dieser Position werden auch die Mittel entnommen zum Ankauf von von dem Grundeigenthum getrennten sogen. Kohlenabbau-Gerechtigkeiten, wie sie das Gesetz vom 22. Febr. 1869 (G.-S. S. 401) für die Gebiete, in denen das Kursächsische Mandat vom 19. Aug. 1743 gilt, kennt; beispielsweise waren zu diesem Zwecke in dem Etat des Tollwitzer Werkes für 1899 7500 M. ausgeworfen. Für besonders grosse Landerwerbungen, wie sie namentlich für die Oberschlesischen Kohlengruben stattgefunden haben, hat indess der Tit. 10 nicht immer ausgereicht; hierfür sind, was auch bei dem Charakter der Ausgabe durchaus berechtigt ist, wiederholt extraordinäre Mittel zur Verfügung gestellt worden. Immerhin sind auch die Kaufpreise für einzelne grosse Erwerbungen aus dem Tit. 10 bestritten worden, so nach dem Etat für 1876 derjenige von 96 ha Zabrze'r Dominialterrain für die Königin Luisengrube mit 576 000 M, 1877/78 und die folgenden Jahre in 5 Jahresraten 540 000 M. für im Interesse der Königsgrube angekaufte 150 ha.

§ 73. Bei dem Charakter der in dem Tit. 10 vereinigten Ausgaben, zu denen bis 1875 einschliesslich auch der Ausbeuteantheil der Stadt Berlin an dem Rüdersdorfer Kalksteinbruch gehörte, ist es natürlich, dass die Höhe des Erfordernisses erheblichen Schwankungen unterworfen gewesen ist. Denn das Bedürfniss zu Grundentschädigungen und Landerwerb tritt in den einzelnen Jahren in sehr verschiedenem Masse hervor, und die meisten Abgaben richten sich nach dem schwankenden Bedarf der hebeberechtigten Verbände, nach der jeweiligen Steuerkraft der Abgabepflichtigen und zum grossen Theil nach den Betriebsergebnissen der Staatsbergwerke. Im Ganzen aber musste der Titel infolge der Ausdehnung des Bergbaues, der Erweiterung des Besteuerungsrechts und des wachsenden Steuerbedarfs der Kommunalverbände eine entschieden steigende Tendenz zeigen. Von 1849 bis 1859 stieg die Ausgabe wesentlich durch die Ausdehnung des Betriebes von rund 87 000 auf rund 281 000 M., bis 1866 weiter auf rund 357 000 M. Nachdem die neuen Landestheile hinzugekommen waren, verdoppelte sie sich zwischen 1869 und 1874 nahezu (1869: 691 000, 1874: 1 344 000 M.), wieder hauptsächlich infolge des Aufschwunges des Bergbaues, in erster Linie desjenigen bei Saarbrücken. In den nächsten Jahren bewirkten die schon erwähnten Landankäufe in Oberschlesien und die Anpachtung des Grubenfeldes „zum hohen Kreuz" namhafte Erhöhungen des Titels, bis dann Anfangs der 80er Jahre bei der ungünstigen Lage des Bergbaues der Rückgang der nach dem Ertrage bemessenen Steuern und die Einschränkung des Landerwerbs eine starke Herabminderung des Erfordernisses ermöglichten, 1885/86 nur rund 1 081 000, 1884/85 sogar nur 1 069 000, gegen 1 889 000 M. im Jahre 1879/80. In der 2. Hälfte der 80er Jahre bewirkten dann Erhöhung der Steuern infolge des Kommunalsteuer-Nothgesetzes, des grösseren Ertrages, grösseren Kommunalbedarfs und infolge des Ankaufs der Guidogrube sowie höhere Grundentschädigungen, namentlich für durch Grubenwasser herbeigeführten Schaden, wieder eine Ausgabevermehrung, die die 90er Jahre hindurch, von geringen Schwankungen abgesehen, unter dem Einfluss steigender Ausgaben und höherer Grundentschädigungs- und Landerwerbskosten infolge Ausdehnung des Betriebes in verstärktem Masse anhielt, sodass für 1899 nicht weniger als 2 137 160 M. erforderlich wurden.

Auf die 3 Unterabtheilungen des Tit. 11 vertheilt sich die Gesammtausgabe 1899 bei den die höchsten Anforderungen stellenden Staatsbergwerken folgendermaassen:

	Abgaben M.	Grundentschädigungen M.	Landerwerb M.
Oberschlesische Kohlenwerke einschl. Zentralverwaltung	405 160	114 798	130 000
Saarbrücker Werke einschl. Direktion, Faktorei und Hafenamt	672 500	286 980	2 555 000
Ibbenbüren	9 450	6 500	—
Eggersdorf	830	18 650	2 500
Bergwerke am Oberharz	12 850	400	500

§ 74. Wie schon beiläufig erwähnt, wurde bis zum Jahre 1876 auch der an die Stadt Berlin abzuführende Antheil an dem Ueberschuss des Kalksteinbruches in Rüdersdorf in dem Titel für Abgaben u. s. w. verrechnet. Seitdem wird er in dem besonderen 1899 die Nummer 10a tragenden Titel ausgeworfen. Das Verhältniss ist seit dem Jahre 1855 dahin geordnet, dass Berlin den ihm gehörigen Kalksteinbruch dem Fiskus überlassen hat und dafür $^1/_6$ des Ueberschusses erhält, den der Fiskus aus den nunmehr in seiner Hand vereinigten Rüdersdorfer Brüchen erzielt; nur an den von den Ländereien erzielten Pachteinnahmen partizipirt Berlin nicht, da die Ländereien dem Fiskus allein gehören.

VII. Kapitel.

Vermischte Ausgaben.

(Staatshaushaltsetat Kap. 14 Tit. 12.)

§ 75. Der erst bei der Umgestaltung des Bergetats 1899 gebildete Sammeltitel „Vermischte Ausgaben" umfasst eine Anzahl bis dahin in verschiedenen Titeln verstreuter Ausgaben, die sich 1898/99 auf 436 450 M., 1899, weil in diesem Jahre auf den Saar- und Oberharzer

Staatswerken Knappschaftsfeste nicht stattzufinden hatten, auf nur 226 550 M. beliefen.

Wie schon dieser Unterschied in der Dotation erkennen lässt, bilden den bedeutendsten Bestandtheil des Titels die früher aus dem Titel „Betriebslöhne" zu bestreitenden Kosten der Knappschaftsfeste. Für diese auf den einzelnen Werken in der Regel alle 2 Jahre zu feiernden Feste wird ein bestimmter Betrag für den Kopf der Belegschaft ausgeworfen, der bei den einzelnen Werken verschieden ist, und sich gegenwärtig zwischen 2 und 6 M. bewegt: an der Saar beträgt der Satz 5,5 M., in Oberschlesien bei den Kohlenwerken 3, auf Friedrichsgrube 2, am Oberharz 4 M. Eine Verpflichtung der Verwaltung zur Veranstaltung dieser Feste der Belegschaft gegenüber besteht nicht.

Andere aus dem neuen Tit. 12 zu bestreitende Ausgaben sind die früher in dem jetzt aufgelösten Titel „Bureaubedürfnisse" verrechneten Bekanntmachungskosten, Gerichtskosten, Porto- und sonstige Gebühren, Frachtspesen für dienstliche Sendungen, Telegramm- und Telephongebühren, Kosten für Reinigung und Heizung der Diensträume, ferner die Ausgaben für die Grubenfeuerwehren und die auf einzelnen Werken bestehenden Musikkorps, Reise- und Umzugskosten für heranzuziehende Arbeiter, Belohnungen für Entdeckung von Diebstählen und Beschädigungen an fiskalischem Eigenthum, Miethe für Eisenbahnwagen, Ausgaben für Wiederherstellung beschädigter Eisenbahnwagen, statistische Gebühren, Vermittelungsgebühren, bei der Berginspektion Clausthal auch Absatzlöhne der Zentralschmiede u. a. m.

Einen recht erheblichen Antheil an dem Titel beanspruchen bei den Harzwerken die Kosten der dortigen Wasserwirthschaft. Wie schon oben erwähnt, dient als Triebkraft den Oberharzer Werken von jeher hauptsächlich Wasser, was in erster Linie auf die fast das Doppelte des Mittels für Deutschland betragende durchschnittliche Menge der atmosphärischen Niederschläge auf dem Plateau von Clausthal zurückzuführen ist. Um diese rationell für den Betrieb auszunutzen, ist im Quellengebiet der Oker, Söse und Innerste ein umfangreiches System von Teichen, Anfangs der 90er Jahre 67 mit einem Flächenraum von 245 ha und einem Fassungsvermögen von 9,5 Millionen Kubikmetern, ihnen das Wasser zuführenden Sammel- und aus den Teichen den Werken das Betriebswasser zuleitenden Aufschlagsgräben angelegt; die Sammelgräben hatten Anfangs der 90er Jahre eine Gesammtlänge von 16½, die Aufschlagsgräben eine solche von 11 Meilen.[1]) Die laufenden Kosten dieser Anlagen werden von der Berginspektion Clausthal unter Beisteuer bestimmter Beträge Seitens der anderen fiskalischen Berg- und Hüttenwerke, z. Z. je 4000 M. von der Berginspektion Lautenthal und den Silberhütten Clausthal und Lautenthal

[1]) Vgl. Näheres bei „Das Berg- und Hüttenwesen des Oberharzes" von Baniza u. A. S. 164 ff.

und 8000 M. von der Berginspektion Grund bestritten; sie beliefen sich nach dem Etat für 1899 auf 58 400 M., wovon ca. 55 Prozent auf Arbeitslöhne, 28 auf Betriebsmaterialien und 17 auf die laufende Unterhaltung der Anlagen entfielen.

VIII. Kapitel.

Der Gesammtbetrag der dauernden Ausgaben

(Staatshaushaltsetat Kap. 14)

— § 76 — belief sich nach dem Etat für 1899 auf 93 958 017 M. oder rund 81 Prozent der Einnahmen. In den in der Anlage XXVII berücksichtigten Jahren stellte sich dieses Verhältniss folgendermassen:

1849	1859	1866	1869	1874	1879/80	1881/82
62	76	79	82	70	85	83

1883/84	1885/86	1887/88	1889/90
82	82	84	85

1889/90	1890/91	1891/92	1892/93	1893/94
85	85	83	85	87
1894/95	1895/96	1896/97	1897/98	1898/99
89	88	87	85	84

Seit 1879/80 ist somit das Verhältniss ziemlich gleich geblieben. In der ersten Hälfte der 80er Jahre gestaltete es sich in Folge Steigerung der Einnahmen durch Mehrproduktion und theilweise ein wenig anziehende Kohlenpreise etwas günstiger, in der zweiten Hälfte ungünstiger, weil die Produktion wenig oder gar nicht stieg, die Preise aber fielen, während die Ausgaben für Löhne und in Folge der Arbeiterversicherungsgesetze für Wohlfahrtszwecke eine Erhöhung erfuhren. Als seit 1889/90 erheblich bessere Preise kamen, hinderten die oben erwähnten Lohntreibereien in Folge der Streiks eine Besserung des Reinertragskoeffizienten, der sich, als dann seit 1892/93 ein entschiedener Preisrückgang eintrat, sogar wieder verschlechterte, bis bei erheblich verstärkter Förderung und etwas erhöhten Preisen seit 1897/98 wieder dasjenige Verhältniss erreicht wurde, das ungefähr als das mittlere der beiden letzten Jahrzehnte des 19. Jahrhunderts zu bezeichnen ist. Zieht man die früheren Jahrzehnte in Betracht, so ergiebt sich allerdings, selbst unter Ausscheidung der abnormen Jahre 1871 bis 1874, die auch bei der Domänen- und Forstverwaltung beobachtete Neigung der Ausgaben, stärker als die Einnahmen zuzunehmen. Zu ihrer Erklärung braucht nur daran erinnert zu werden, dass zwischen 1869 und 1899 die Einnahmen um 140 Proz. gestiegen sind, dagegen die Ausgaben für Löhne um 148, für die Beamten um fast 900, für Wohlfahrtszwecke um 770 Proz., für Abgaben, Grundentschädigungen und Landerwerb um ca. 200 Proz., für Unterhaltung der Gebäude etc. um fast ebenso viel. Vor Allem sind es also die Ausgaben für die in den Betrieben beschäftigten Personen, deren stärkeres Steigen die prozentuale Verringerung des Reinertrags bewirkt. Denn wenn auch die Hauptpost, die Lohnausgaben, nur in wenig stärkerem Verhältniss als die Einnahmen gestiegen sind, so beeinflusst doch dieses Wenig das Ergebniss nicht minder stark, als eine weit stärkere Steigerung anderer Positionen, da die Lohnausgaben — nach dem Etat für 1899 — nicht weniger als 63 Prozent der Gesammtausgabe ausmachen, während entfallen auf die Besoldungen und anderen Bezüge der Beamten sowie auf Wohlfahrtszwecke je ca. 5 Proz., auf Materialien und Geräthe fast 19 Proz., Bauten 2,7 Proz., Unterhaltungskosten 2,8 Proz. Abgaben etc. 2,3 Proz.

Wie sich nach dem Etat für 1899 die Einnahmen und Ausgaben und Reinerträge auf die einzelnen Bergwerke vertheilen, zeigt die Anlage XXXIV, wo unter A die Bergwerke, erst oberbergamtsweise einzeln, dann unter „Wiederholung" summarisch aufgeführt sind. Demnach ergiebt sich ein Fehlbetrag nur bei dem Bergwerk am Osterwald und bei dem erst von der Königin Luisengrube abgezweigten Bielschowitz; bei letzterem Werke erklärt sich diess ohne Weiteres daraus, dass für dasselbe für nicht weniger als 303 500 M bauliche und maschinelle Neuanlagen vorgesehen waren. Weniger als 10 Proz. der Bruttoeinnahme verblieben als Ueberschuss am Deister, in Ibbenbüren, Reden, Eggersdorf, am Habichtswald und Meisner und bei den Bergwerken am Oberharz. Mehr als 30 Proz. sollten abwerfen Königin Luise, Langenbogen, Lüneburg und Segeberg; mehr als 25—30 Proz. König O.-S., Gerhard und Göttelborn, mehr als 20—25 Proz. Camphausen, Tollwitz und Friedrichsgrube. Für die Saarbrücker Werke im Ganzen stellte sich der Ueberschuss auf ca. 16, für die 3 Oberschlesischen Kohlenwerke auf fast 32, für die Oberharzischen Bergwerke nur auf 3½ Proz.

---

2. Abtheilung.

Die Hüttenwerke.

I. Abschnitt.

Die Einnahme.

(Staatshaushaltsetat Kap. 9 Tit. 3 und 4.)

I. Kapitel.

Menge und Werth der Hüttenprodukte.

A. Die Produktion der Eisenhütten.

§ 77. Von den 10 gegenwärtig vom Staate betriebenen Hüttenwerken sind 5 Eisenhütten und 5 Blei- und Silberhütten. Die Eisenhütten sind die Eisengiesserei in Gleiwitz und das Hüttenwerk in Malapane in Oberschlesien, die Rothehütte, Sollingerhütte und Lerbacher Hütte in Hannover.

Die Gleiwitzer Hütte, deren erster Hochofen als überhaupt erster Kokshochofen des Festlandes am 21. Sept. 1796 angeblasen wurde, umfasst z. Z. eine Hochofenanlage, eine Eisen- und Stahlgiesserei mit 5 Kupolöfen, 2 Flammöfen und einem Martin-Stahlofen, eine Maschinenwerkstatt mit Zeugschmiede, Modelltischlerei, Kesselschmiede und Gelbgiesserei sowie, hauptsächlich für den eigenen Bedarf, eine Koksanstalt mit 30 Oefen. Sie produzirt Roheisen, Gusswaaren, Stabeisen und Eisenfabrikate, insbesondere Maschinen und Kessel für die Oberschlesischen Staatsbergwerke und Eisenkonstruktionen, seit 1893/94 auch Stahlfaçonguss. Wie die Anlage XXXI A zeigt, entfielen auf diese einzelnen Arten in den letzten Jahren der Tonnenzahl nach etwa auf Roheisen $^2/_3$, auf Gusswaaren reichlich $^1/_4$ bis nahezu $^1/_3$, auf Stabeisen und Eisenfabrikate $^1/_{30}$—$^1/_{25}$ und auf Stahlguss $^1/_{60}$—$^1/_{40}$, wobei indess zu beachten ist, dass von dem Roheisen ein sehr erheblicher Theil, 1897/98 ca. 10 000, 1898/99 8759 To. an die eigene Giesserei abgegeben wird. Die Gusswaaren sind gegenwärtig zur reichlichen Hälfte Röhren. Der Werth der Erzeugnisse stellte sich 1898/99 für Roheisen auf 1 461 409, Gusswaren 1 475 712, Stabeisen und Eisenfabrikate 732 364, Stahlfaçonguss 277 739 M.

Das Hüttenwerk in Malapane, 1754 in Betrieb gesetzt, besteht, nachdem der Hochofenbetrieb 1871 als unlohnend eingestellt ist, aus Eisen- und Stahlgiesserei und Maschinenfabrik mit Walzendreherei und besitzt 3 Kupolöfen, 1 Flammofen, 3 Temperöfen, 1 Erkaltungs- und 1 Siemens-Martinofen. Es produzirt Gusswaaren, Stabeisen und Eisenfabrikate und seit 1881/82 Stahlguss; der Menge nach entfielen 1898/99 auf diese 3 Arten von Produkten ca. 36, 36 und 28 Proz., dem Werth nach 161 491, 360 952 und 186 954 M.

Die Rothehütte bei Elbingerode arbeitet mit 2 Hoch- und 2 Kupolöfen, einer Giesserei, einem Zain- und Reck-, einem Bohr- und Dreh- und einem Putz- und Schleifwerk und produzirte 1898/99 1547 To. Roheisen, 1098 To. Gusswaaren und 12 To. Stabeisen und Eisenfabrikate, deren Werthe betrugen beziehungsweise 193 310, 240 253 und 8696 M.

Die Lerbacher Hütte besitzt eine Kupolofen-Giesserei mit Hülfswerkstätten, ein Emaillirwerk und eine Maschinenwerkstatt und produzirte 1898/99 1627 To. Gusswaaren im Werthe von 336 178 M. Sie liefert ihre Produkte hauptsächlich an die fiskalischen Werke am Oberharz.

Auf der Sollingerhütte wird Giesserei, Modellschmiederei und Stahlerzeugung betrieben, 1898/99 mit einem Ausbringen von 653 To. Gusswaaren, 1 To. Stabeisen und Eisenfabrikaten, 49 Guss- und 16 To. Raffinirstahl; der Werth dieser Produktenmengen belief sich auf bezw. 131 853, 885, 53 556 und 5903 M.

Wie die vorstehenden Zahlen ergeben, übertrifft die Gleiwitzer Hütte, sowohl was Menge als auch was Werth der Produkte anlangt, die übrigen 4 Hütten zusammengenommen, unter denen an erster Stelle Malapane, an letzter die Sollingerhütte rangiren.

Die Gesammtproduktion der fiskalischen Eisenhütten betrug nach Anlage XXXIA 1898/99 rund 45861 To, d. i. noch nicht 1 Proz. der Gesammtproduktion Preussens. Im Jahre 1869, als die Zahl der fiskalischen Hütten, wie oben (§§ 8, 9) dargestellt, noch eine erheblich grössere war, insbesondere sich die Königshütte noch im Staatsbesitz befand, belief sich die fiskalische Produktion auf ca. 99000 To., wovon auf die Königshütte allein ca. 69600 To. Roheisen und Walzwerksfabrikate entfielen. Mitte der 70er Jahre — die auffallend geringe Roheisenproduktion von Gleiwitz 1871 hatte ihren Grund in dem Einsturz des Kernschachts des Hochofens — belief sie sich auf 29—30000 To., wozu mehr als drei Viertel die Gleiwitzer Hütte beitrug, deren Roheisenproduktion in den Jahren des wirthschaftlichen Aufschwunges 1871 bis 1874 von 8452 auf 15385 To. gestiegen war. Die dann einsetzenden ungünstigen Zeiten führten zu einem bis 1880/81 anhaltenden Rückgang der Produktion, an dem namentlich Eisengusswaren, Stabeisen und Eisenfabrikate betheiligt waren. Die allmähliche Gesundung der Verhältnisse in den ersten 80er Jahren machte sich auch in einem geringen Steigen der fiskalischen Eisenhüttenproduktion geltend, die insbesondere durch die 1883/84 erfolgte Inbetriebsetzung einer Anlage zum Röhrenguss in Gleiwitz und durch sehr rege Thätigkeit in der Roheisenerzeugung auf Rothehütte ermöglicht wurde. Doch blieben in Folge der schon in diesem Jahre einsetzenden Verschlechterung der Konjunkturen so starke Roheisenvorräthe, insbesondere auf dem letztgenannten Werke, unverkauft, dass im folgenden Jahre die Produktion ganz erheblich eingeschränkt werden musste. In dem nächsten Jahre und der ersten Hälfte des übernächsten Jahres hielt eine ungünstige Marktlage, vornehmlich für Roheisen, an, besonders unter dem Einfluss eines unerwarteten Rückgangs in der Ausfuhr. Immerhin hatten Gleiwitz von 1884/85 zu 1885/86, Rothehütte von 1885/86 zu 1886/87 eine Mehrproduktion an Roheisen aufzuweisen. Malapane hatte sich einer lebhaften Nachfrage nach Hartguss und Temperstahlguss, die Hannoverschen Hütten nach Gusswaren zu erfreuen. In der zweiten Hälfte 1886/87 trat nach dem Umschwunge auf dem Nordamerikanischen Markte und der darauf folgenden Belebung des Englischen und Schottischen Eisenhandels auch eine Besserung in der Lage der Deuschen Eisenindustrie ein, die auch auf den staatlichen Eisenhütten eine Erhöhung der Produktion von 29637 To. im Jahre 1886/87 auf 34224 To. 35594 To. und 36521 To. in den drei nächsten Jahren ermöglichte. Dann aber in ihrem Anfang schon 1890/91, namentlich im Absatz von Gusswaren von Rothehütte, bemerkbar werdend, brachen trübe Zeiten für die Deutsche Eisenindustrie herein, die erst im Jahre 1896/98 einem entschiedenen Aufschwung Platz machten. Im Jahre 1891/92 waren die Oberschlesischen Staatshütten noch ausreichend für die Staatsbergwerke und auch für Private bebeschäftigt. Dann aber kamen empfindliche Absatzstockungen, die noch vermehrt wurden durch Massnahmen der Russischen Zollpolitik. In Gleiwitz gesellten sich 1892/93 dazu noch Störungen im Hochofenbetriebe infolge Beschädigung des Ofens und der Gebläsemaschine. Etwas günstiger gestaltete sich nur 1893/94 die Gusswarenfabrikation in Gleiwitz durch sehr rege Nachfrage nach Wasserröhren. Den weitaus grössten Rückgang, von 34 868 auf 24 500 t, erfuhr jedoch die Produktion der fiskalischen Eisenhütten 1894/95 dadurch, dass im Juli 1894 der Hochofenbetrieb in Gleiwitz wegen Umbaues eingestellt wurde. Seine Wiedereröffnung erfolgte erst im Januar 1896, und nun, nachdem inzwischen auch günstige Eisenkonjunkturen eingetreten waren, hob sich die Gleiwitzer Roheisenproduktion 1896/97 auf die noch nicht dagewesene Höhe von 23 520 To., 1897/98 auf 23 885 To. und 1898/99 auf 25 100 To. Auch auf Rothehütte war im Etatsjahr 1895/96 der Hochofen wegen Umbaues ausgeblasen und der zweite Ofen erst nach siebenmonatlicher Pause angeblasen worden, um erst mit den übermässig angehäuften Roheisenbeständen der Vorjahre etwas zu räumen. In Folge dessen blieb dort die Roheisenproduktion 1895/96 gegen das Vorjahr um mehr als die Hälfte zurück; im nächsten Jahre erreichte sie wieder reichlich den Stand von 1894/95. Auch im Uebrigen wiesen die Staatshütten in den drei Jahren 1896/97 bis 1898/99 Fortschritte in der Produktion auf, so dass die Gesammtmenge 44 539 To., 44 751 To. und 45 861 To. erreichte.

In der Zeit vor 1869 hatte auf der Gleiwitzer Hütte die Jahresproduktion des Hochofenbetriebes sich von 1850 bis 1856 von ca. 1500 To. auf ca. 5000 To., die der Giesserei von ca. 2000 auf etwa 3700 To., der Werth derjenigen der Maschinenwerkstätte von noch nicht 150 000 M. auf fast 700 000 M. gehoben. Die 1857 hereinbrechende allgemeine Krisis bewirkte einen Rückgang, der 1859 fast den Stand von 1850 erreichte, so dass 1860 sogar der Hochofenbetrieb ganz eingestellt wurde. Von 1861 bis 1866 hob sich die Hochofenproduktion wieder ungefähr auf den Stand von 1856, die der Giesserei bis auf fast 4500 To., 1865 sogar über 5000 To., während diejenige der Maschinenfabrik nicht über 400 000 M. kam. Das damals bedeutendste fiskalische Hüttenwerk, die Königshütte, steigerte seine Roheisenproduktion zwischen 1850 und 1866 von 4546 auf 27 390 To., seine Walzwerksproduktion von 1984 To. auf 19 048 To., während in Malapane der Hochofenbetrieb und die Stabeisenerzeugung in dieser ganzen Zeit so wenig prosperirte, dass schon 1856 der Verkauf des Werkes erwogen und 1863 bzw. 1865 wenigstens die mit Malapane verbundenen Werke in Dembrohammer und Jedlitze veräussert wurden. Die Gesammtproduktion der fiskalischen Eisenhütten betrug (in Tonnen)

	Roheisen	Rohstabeisen	Eisengusswaren	sonstiges Eisen	Stahl
1850 . .	6 887	374	3023	5030	—
1866 .	31 768	17 812	9310	2597	33

§ 78. Der **Preis** des Roheisens, dessen Preisbewegungen Gusswaren und Eisenfabrikate im Wesentlichen folgen, stand in Preussen im Anfang der 50er Jahre zwischen 85 und 90 M. für die Tonne und stieg bis 1856 fortdauernd bis auf fast 125 M., um in den Jahren bis 1860 unter dem Einfluss der mehrerwähnten Krisis wieder bis auf ca. 85 M., d. i. noch unter den ungünstigsten Stand der 40er und ersten 50er Jahre, zurückzugehen. In den ersten drei Quartalen des Jahres 1861 sanken sie sogar, wenigstens in Oberschlesien, noch weiter, bis unter 70 M. Die ganzen 60er Jahre hindurch behielten sie ein tiefes, in Oberschlesien zwischen 66 M. und 85 M. sich bewegendes Niveau bei. Der wirthschaftliche Aufschwung zu Anfang der 70er Jahre liess auch das Roheisen im Preise rapid in die Höhe schnellen, so dass es loco Gleiwitz im zweiten Quartal 1873 ca. 145 M. gegen 74 M. Ende 1869 notirte. Noch rapider war aber der alsdann in Folge des Krachs einsetzende Preissturz: 1874 stellte sich der Preis in Gleiwitz auf ca. 76, 1876 gar nur auf 56—60 M., und er vermochte sich auch in den letzten 70er Jahren nicht zu erholen, ja im Etatsjahr 1879/80 betrug auf der Gleiwitzer Hütte der durchschnittliche Verkaufswerth nur 51,6 M. Die oben erwähnte, 1880/81 eintretende allmähliche Besserung in der Lage des Eisenmarktes führte nur vorübergehend zu Preiserhöhungen: 1880/81 hob sich der Verkaufspreis des Gleiwitzer Roheisens auf 67 M.; aber schon im folgenden Jahre sank er wieder auf 54,2 M. In den nächsten Jahren stellte er sich

	1882/83	1883/84	1884/85	1885/86	1886/87
auf	61,08	57,93	55,38	50,72	47,24

Erst von 1887/88 ab führte die Ende 1886/87 eingetretene Belebung des Eisenmarktes zu einer nunmehr vier Jahre lang anhaltenden Preisaufbesserung, so dass sich in diesen Jahren der Werth in Gleiwitz auf 49,43 M., 50,45 M, 55,49 M. und 61,63 M. belief. Der 1890/91 erfolgende Umschlag liess in den Jahren 1891/92—1893/94 die gedachten Werthe wieder auf 56,84 M., 53,15 M. und 51,34 M. zurückgehen. Der alsdann einsetzende, 1899 noch anhaltende Aufschwung bewirkte deren Erhöhung in den Jahren 1894/95—1896/97 auf 52,19 M., 52,67 M. und 56,35 M.; 1897/98 war zwar ein kleiner Rückgang auf 54,82 M. zu verzeichnen, derselbe wurde aber im folgenden Jahre mit 57,81 M. wieder mehr als eingebracht. Für 1899 war dem Etat ein Preis von 58,3 M. zu Grunde gelegt. Für die sonstigen Produkte nahm der letztere Etat in Aussicht für Gleiwitzer Gusswaren 136 M., für dortige Stahlgusswaren 310 M., für Roheisen von Rothehütte 125 M., für dortige Gusswaren 219,67 M. und für Lerbacher Gusswaren 218,08 M. Im Jahre 1898/99 waren die Preise gewesen in Malapane für Gusswaren 108,83 M., für Stahlgusswaren 256,81 M., auf der Sollingerhütte 201,96 M. für Gusswaren, 1099,85 M. für Gussstahl und 337,81 M. für Raffinirstahl, alles für eine Tonne. Der somit mehr als doppelt so hohe Werth des Roheisens von Rothehütte gegenüber dem Gleiwitzer hat seinen Grund darin, dass dasselbe dort mit Holzkohle, in Gleiwitz mit Koks hergestellt wird und das Holzkohleneisen Eigenschaften hat, die ihm einen so viel höheren Werth als dem Kokseisen verleihen.

§ 79. Unter dem Einfluss der in den beiden vorigen Paragraphen geschilderten Gestaltung der Produktion und der Preise hat, wie die Anlage XXXI A in Spalte 17 im Einzelnen nachweist, der Gesammtwerth der Erzeugnisse der fiskalischen Eisenhütten in den 20 Jahren von 1879/80 bis 1898/99 zwischen 2,84 (1879/80) und 5,63 Millionen Mark (1898/99), also um fast 100 Proz. des Mindestbetrages geschwankt. Am geringsten waren die Schwankungen in den ersten 5 Jahren dieses Zeitraums, die aber sämmtlich in eine Zeit tiefer wirthschaftlicher Depression fielen, am grössten in den letzten fünf Jahren, wo auf der einen Seite in den Jahren 1894/95 und 1895/96 die fast völlige Einstellung des Gleiwitzer Hochofenbetriebes mit, wenn auch anziehenden, so doch immerhin meist hohen Preisen zusammentraf, andererseits 1896/97 und bis 1898/99 ein ausserordentlicher Aufschwung zu verzeichnen war. Eine länger als 3 Jahre anhaltende Werthsteigerung ist in dem gedachten 20jährigen Zeitraum nur ein Mal, 1887/88—1890/91, zu verzeichnen gewesen, während die rückläufige Bewegung ein Mal, 1890/91—1895/96, 5 Jahre lang angehalten hat, indess nur infolge der mehrgedachten Betriebsunterbrechung in Gleiwitz. In der Zeit von 1871—1877/78 bewegten sich die Produktenwerthe bis 1873 in von rund 3,9 auf 6,5 Millionen Mark aufsteigender, dann in ständig bis auf 3,8 Millionen fallender Richtung. In den Jahren von 1850—1866 war die Zusammensetzung des staatlichen Eisenhüttenbesitzes eine derart andere, dass Vergleiche mit der späteren Zeit hinsichtlich des Werthes der Produktion ausgeschlossen sind. Die bedeutendste der noch jetzt im Staatsbesitz befindlichen damaligen fiskalischen Hütten, Gleiwitz hatte als höchsten Werth ihrer Produktion ca. 1,3 (1856), als niedrigsten ca. 0,5 Millionen Mark (1861 und nur wenig mehr 1850 und 1859) zu verzeichnen.

B. Menge und Werth der Produktion der Blei- und Silberhütten.

§ 80. Die fiskalischen Blei- und Silberhütten sind die Friedrichshütte in Oberschlesien und die vier Silberhütten zu Clausthal, Lautenthal, Altenau und St. Andreasberg am Oberharz.

Die 1786 gegründete Friedrichshütte verarbeitet die auf der Friedrichsgrube und den in deren Felde bauenden Galmeigruben gewonnenen, auf der Friedrichsgrube aufbereiteten Bleierze (vergl. oben § 47). Bis 1862 erfolgte die Verarbeitung durch die sogen. „Niederschlagsarbeit“ im Schachtofen, die Entsilberung durch Treibarbeit und Feinbrennen. Seit 1862 trat, als die verstärkte Erzlieferung Betriebserweiterungen nöthig machte, hinzu die Bleidarstellung durch Röstreaktionsarbeit im Flammofen und die Zinkentsilberung, d. h. die Silberausscheidung durch Zusatz von Zink, das die Friedrichshütte jetzt aus der angelieferten zinkhaltigen Bleischliche selbst gewinnt. Als bei zunehmender Teufe des Bergbaues ärmere und stärker mit Schwefelkies und Zinkblende durchsetzte Erze angeliefert wurden, ging man seit 1886 dazu über, die Erze für den Flammofen in „Fortschaufelungs- oder Sinteröfen" vorzurösten, wodurch ein Theil der auszuscheidenden Stoffe verflüchtigt wird. Es befinden sich daher gegenwärtig auf der Hütte ausser einer Erzwäsche im Betriebe Sinteröfen, Flammöfen, Schachtöfen, Bleiraffiniröfen, Entsilberungskessel, Treiböfen, Zinkdoppelöfen, ein Retorten- und ein Feinbrennofen. Die Hütte produzirt als Hauptprodukt Kaufblei, als Nebenprodukte Feinsilber, Bleiglätte, das ist das bei der Entsilberung durch Treibarbeit gewonnene Bleioxyd, seit 1883/84 auch Zink, ferner seit 1896/97 in geringer Menge Zinkvitriol und regelmässig seit 1887/88 bleiische Farben.

Von den Oberharzer Hütten verhüttet die Clausthaler, gegründet 1554, die — in Schlichform bezw. als gepochtes Stufferz angelieferten — Bleierze aus den Berginspektionen Clausthal und Grund zu Werkblei, Blicksilber und Schwarzkupfer und überweist von diesen ungereinigten Halbfertigprodukten das Werkblei und Blicksilber an die Lautenthaler, das Schwarzkupfer an die Altenauer Hütte. Die Hütte besitzt 13 Schmelzöfen, 1 Treibofen, Krätzpochwerk, Thonschiefer- und Gestübbepochwerk. Mit der Hütte verbunden ist das Königliche Laboratorium, das in eine chemische und eine Probirabtheilung zerfällt und die von den fiskalischen Hütten und Gruben, sowie auch von Privaten eingelieferten Proben untersucht. Die durch die Gebühren für Analysen für Private nicht gedeckten Unterhaltungskosten des Laboratoriums werden durch Zuschüsse der einzelnen fiskalischen Hütten am Oberharz bestritten.

Die 1612 angelegte Altenauer Hütte verarbeitet ausser Oberharzer Blei- und Kupfererzen und dem von den anderen Hütten überwiesenen Schwarzkupfer und silberhaltigen Kupferstein auch ausländische edelmetallhaltige, nach dem Metallgehalt angekaufte Blei- und Kupfererze. Sie besitzt 9 Schmelz-, 2 Fortschaufelungs- 2 Röstschachtöfen, 1 Kiesbrenner, 1 Bleikammersystem, 2 Treiböfen, 1 Kupferverblaseofen, 1 Blei- und 1 Kupferraffinirofen, 1 Batterie zur Werkbleientsilberung, Kupfervitriolsiederei und elektrolytische Scheideanstalt. Sie stellt her Gold als güldisches Blicksilber, Silber als Blicksilber, Kaufblei, elektrolytisches Kupfer, Kupfervitriol, Schwefelsäure, Glaubersalz und bleiische Farbe. Alles Blicksilber wird der Lautenthaler Hütte zur Weiterverarbeitung überwiesen.

Die Lautenthaler Hütte verhüttet Lautenthaler und einen Theil der Grunder Erze, entsilbert das in Clausthal hergestellte Werkblei und verarbeitet das sämmtliche Blicksilber der Oberharzer Hütten zu Feinsilber und Goldbarren. Hierzu sind vorhanden 4 Schmelzöfen für die Bleigewinnung, 1 Krumm- und 1 Flammofen für die Kupferarbeit, 11 Kessel zur Zinkentsilberung, 1 Treibofen zur Entsilberung des wegen hohen Kupfergehalts zur Zinkentsilberung nicht geeigneten Werkbleies, 1 Ofen zum Feinbrennen des Blicksilbers, eine Goldscheideanstalt und 1 Schwefelsäurefabrik. Dargestellt werden Gold, Feinsilber, Kaufblei, silberhaltiges Schwarzkupfer, das an die Altenauer Hütte abgegeben wird, Eisen- und Zinkvitriol, Zinkstaub, Schwefelsäure, Glaubersalz und bleiische Farbe.

Die St. Andreasberger Hütte verarbeitet die Bleischliche und Silbererze der Andreasberger Gruben „Vereinigte Samson", silberreichere Schliche von Silbernaal, sowie ausländische edelmetallhaltige Erze zu Blicksilber, güldigem und goldfreiem Brandsilber, Kaufblei, silberhaltigem Kupferstein, Blei-, Zinkoxyd und arsenhaltigem Hartblei. Hiervon wird alles Silber, Bleizinkoxyd und arsenhaltiges Hartblei der Lautenthaler, der Kupferstein der Altenauer Hütte zur Weiterverarbeitung überwiesen. Zur Röstarbeit stehen 1 Flamm- und 4 Schachtröstöfen, zum Schmelzen 7 Hochöfen, zur Treibarbeit 3 Treiböfen, zur Zinkentsilberung 3 Kessel zur Verfügung; ferner ist ein Pochwerk vorhanden.

Die rechnungsmässige Ausgleichung bei dem somit ineinandergreifenden Betriebe der vier Oberharzer Hütten erfolgt seit 1871 in der Weise, dass Werkblei, Schwarzkupfer, Kupferstein u. s. w. der anliefernden von der empfangenden Hütte nach einem vom Obergamt festzusetzenden Tarife bezahlt werden. Für das goldfreie Blicksilber erhält seit 1877/78 die anliefernde Hütte den vollen Verkaufspreis des daraus erfolgenden Brandsilbers, während das goldhaltige von der Lautenthaler Hütte nach dem probemässigen Feingehalt bezahlt wird; die anliefernde Hütte hat andererseits der Lautenthaler die Kosten des Feinbrennens des Blicksilbers und Scheidens des güldischen Brandsilbers zu vergüten.

§ 81. Die Jahresproduktion der Friedrichshütte, der bis 1866 einzigen Blei- und Silberhütte des Staates, betrug zwischen 1849 und 1860 nie mehr als 853 kg Silber (1860), 522 To. Kaufblei (1852) und 723 To. Bleiglätte (1860), während die in früherer Zeit erreichte Höchstproduktion war 753 To. Silber (1848), 764 To. Blei (1836) und 667 To. Glätte (1816). Mit dem Jahre 1861 trat, hauptsächlich in Folge der Ausdehnung des Privatgalmeiabbaues in dem reservirten Feld der Friedrichsgrube (vgl. oben § 47) eine ungemeine Vermehrung der Produktion ein, zu welchem Zweck die Werksanlagen bedeutend erweitert und umgestaltet wurden (vgl. den vorigen Paragraph). In Folge dessen stieg die Silberausbeute 1861 auf 2090, 1862 auf 4016 kg und hielt sich dann die 60er Jahre hindurch auf 4497 (1868) bis 5141 kg (1869). Die Kaufbleiproduktion aber hob sich sogar von 487 To. im Jahre 1860 auf 1414 To. im Jahre 1861, 2973 im Jahre 1862; in den nächsten sieben Jahren schwankte sie zwischen 2905 (1863) und 4200 To. (1866). Nicht in gleichem Masse stieg in Folge der neueren Werkbleientsilberung die Glätteproduktion: sie betrug in den 60er Jahren 721 (1866) bis 995 (1864). Die Steigerung der Produktion hielt, allerdings mit Rückschlägen in den Jahren 1872—1874, an bis 1876, wo sie mit 8099 kg Silber, 9211 To. Kaufblei und 1220 To. Glätte ihren Höhepunkt erreichte. Dann aber trat in Folge der Entwerthung des Bleies, die die Galmeigruben zur thunlichsten Einschränkung des Verhiebes bleierzhaltiger Pfeiler nöthigte, ein bis 1879/80, bei Glätte bis 1880/81 anhaltender Rückgang ein (vgl. Anl. XXXIB Sp. 2—4). Der in der Silberproduktion auch 1881/82 und 1882/83 beobachtete Rückgang hatte seinen Grund in der geringen Beschaffenheit der von den Privatgruben angelieferten Erze, die zudem wegen ihres hohen Zinkblende- und Schwefelkiesgehaltes nur theilweise aufgearbeitet werden konnten. Als später aus letzterem Grunde die Betriebsanlagen erweitert worden waren und nun die aus den Vorjahren verbliebenen Vorräthe allmählich aufgearbeitet wurden, trat wieder eine Produktionssteigerung ein, die bei Silber mit 9221 kg im Jahre 1886/87, bei Blei mit 15 933 To. 1887/88, bei Glätte mit 1953 To. 1888/89 ihren Höhepunkt erreichte. Seit 1883/84 wurde auch in steigendem Masse in Folge Verbesserung der Einrichtungen zur Verwerthung der bei der Zinkentsilberung sich ergebenden Blei-Zink-Silber-Legirung, des „Zinkschlamms“, und des stärkeren Blendegehalts der angelieferten Bleierze Zink produzirt. Die seit 1887/88 zu verzeichnenden Schwankungen in der Silber-, Blei- und Zinkproduktion, bei Silber zwischen 5663 und 7092 kg, bei Kaufblei zwischen 13 337 To. und 19 172 To., bei Glätte zwischen 697 To. und 1953 To., bei Zink zwischen 143 To. und 146 To., sind in der grösseren oder geringeren Menge und dem verschiedenen Metallgehalt der angelieferten Erze begründet. Die Kaufbleiproduktion von 1898/99 ist mit 19 172 To. die höchste bis dahin erreichte.

Die aus den Spalten 8—15 der Anlage XXXIB ersichtlichen starken Schwankungen in der Produktion der Silber- und Bleihütten am Oberharz sind durch Umstände verschiedentlicher Art bedingt gewesen. Wie im vorigen Paragraphen mitgetheilt ist, verarbeiten diese Hütten, um die Betriebseinrichtungen voll ausnutzen zu können, ausser den Erzen der fiskalischen Gruben auch ausländische, welche an Silber- und Goldgehalt weit reicher als jene sind. Neben der Stärke und dem Metallgehalt der einheimischen fällt also die verschiedene Menge und Beschaffenheit der angekauften ausländischen Erze in die Wagschale. Wenn nun auch der Zukauf selten mehr als 20—25 Proz. der selbstgewonnenen Erze betragen hat, so spielt er vermöge des reicheren Gehaltes doch eine weit erheblichere als die seiner Menge entsprechende Rolle, ganz besonders für das Gold- und Silberausbringen. In wieweit ein Zukauf stattfindet, richtet sich aber nicht nur nach der Stärke der Produktion der fiskalischen Gruben, sondern vor allem nach den jeweiligen Marktverhältnissen der ausländischen Erze, ob nämlich solche in genügender Menge und zu einer einigermassen lohnenden Verarbeitung und Verwerthung ermöglichenden Preisen zu haben sind. In Folge dessen konnte in den besonders ungünstigen Jahren nach der Krisis von 1873 die Silberproduktion sehr vermindert werden. In den Jahren 1894/95—1896/97 aber war die Zufuhr fremder Erze in anhaltendem Rückgang begriffen in Folge des Wettbewerbs ausländischer und einheimischer Metallhütten beim Ankaufe; dieser Wettbewerb hat eine solche Steigerung der Erzpreise hervorgerufen, dass in Anbetracht der Preisschwankungen auf dem Metallmarkte ein Gewinn bei der Verhüttung häufig fraglich erschien. Es wurden daher in den Jahren 1894/95—1896/97 nur 2299, 2027 und 2053 To. gegen 3520, 4125, 3163 und 3854 To. 1890/91—1893/94 angekauft. 1897—98 ist dann der Zukauf wieder auf 3134 To. heraufgegangen, um aber schon 1898/99 sogar bis auf 1687 To. zu sinken. Von den beiden bedeutendsten Rückschlägen, welche die Bleiproduktion in den letzten 20 Jahren vor 1898/99 zu verzeichnen hatte, war der erste, 1885/86, eine Folge einer um ca. 9 Proz. geringeren Förderung auf den Harzgruben und eines fast gleich grossen Rückgangs des Metallgehalts derselben, der zweite, 1892/93, eine solche der durch Wassermangel hervorgerufenen Betriebsstörungen auf den Gruben und geringerer Anlieferung von Fremderzen.

Die in den letzten Jahren bemerkbaren Einschränkungen in der Vitriol- und Schwefelsäureerzeugung haben in Absatzstockungen ihren Grund.

Betheiligt waren 1898/9 an der Silberproduktion alle 4 Hütten, an der Kaufbleidarstellung Altenau mit 1175, Lautenthal mit 8771 und Andreasberg mit 1157 To., während Clausthal 6325 To. Werkblei an Lautenthal ablieferte, in dessen Kaufbleiproduktion dieselben somit enthalten sind. Das Kupfer und Kupfervitriol (1898/9 484 To.) wird nur von Altenau, Eisen- und Zinkvitriol (1889/9 17 bezw. 86 To.) nur von Lautenthal, Schwefelsäure, Glaubersalz und Farbe von Altenau (292, 9 und 2 To.) und Lautenthal (1396, 11 und 70 To.) dargestellt.

§ 82. Bei dem Mengenverhältniss der Erzeugnisse der fiskalischen Silber- und Bleihütten sind für den Gesammtwerth derselben von den Preisen ausschlaggebend diejenigen des Silbers und Bleies.

Bekanntlich hat sich unter dem Einfluss der Produktionssteigerung und der Bedarfsverminderung, durch die immer weitere Ausbreitung der Goldwährung in den letzten Jahrzehnten eine beispiellose Entwerthung des Silbers vollzogen. Während der Preis desselben auf dem Weltmarkte London vor 1870 in dem 19. Jahrhundert nur zwischen

$58^{1}/_{2}$ und $62^{3}/_{4}$ Pence für die Unze von Standartfeinheit“ ($^{37}/_{40}$) geschwankt hat, betrug er an seinem niedrigsten und höchsten Stande:[1])

Jahr	niedrigster	höchster	Jahr	niedrigster	höchster
1870 . . .	$60^{3}/_{8}$	$60^{5}/_{8}$	1884 . . .	$49^{1}/_{2}$	$51^{3}/_{8}$
1871 . . .	$60^{3}/_{16}$	61	1885 . . .	50	$46^{7}/_{8}$
1872 . . .	$59^{5}/_{8}$	$61^{1}/_{8}$	1886 . . .	42	47
1873 . . .	$57^{7}/_{8}$	$59^{15}/_{16}$	1887 . . .	$43^{1}/_{4}$	$47^{1}/_{8}$
1874 . . .	$57^{1}/_{4}$	$59^{1}/_{2}$	1888 . . .	$41^{15}/_{16}$	$44^{9}/_{16}$
1875 . . .	$55^{1}/_{2}$	$57^{5}/_{8}$	1889 . . .	42	$44^{1}/_{16}$
1876 . . .	$46^{3}/_{4}$	$58^{1}/_{8}$	1890 . . .	$43^{5}/_{8}$	$54^{5}/_{8}$
1877 . . .	$53^{1}/_{2}$	$58^{1}/_{8}$	1891 . . .	$41^{1}/_{2}$	$48^{3}/_{4}$
1878 . . .	49	55	1892 . . .	$37^{7}/_{8}$	$43^{3}/_{4}$
1879 . . .	$48^{7}/_{8}$	$53^{1}/_{2}$	1893 . . .	$31^{1}/_{2}$	$38^{1}/_{16}$
1880 . . .	$51^{5}/_{8}$	$52^{7}/_{8}$	1894 . .	27	$31^{3}/_{4}$
1881 . . .	$51^{3}/_{8}$	$52^{1}/_{8}$	1895 . . .	$27^{3}/_{16}$	$31^{3}/_{8}$
1882 . . .	50	$52^{7}/_{16}$	1896 . . .	$29^{3}/_{4}$	$31^{13}/_{16}$
1883 . . .	50	51	1897 . . .	$23^{3}/_{4}$	$29^{13}/_{16}$

In Folge dieser Gestaltung des Weltmarktpreises stellte sich der Werth eines Kilogramms Feinsilber von der Friedrichshütte in den 50er Jahren bis 1851 auf 213,4, dann, ausser 1856 mit nur 162,71 M. und 1857 mit 172,71 M., nie unter 177,63 M. (1858) und nie über 180,05 M. (1859), in den 60er Jahren auf 178,14 M. (1862) bis 181,32 M. (1866). Dagegen betrug er 1870—1879 bezw. 178,71 M., 180,05 M., 179,93 M., 175,75 M., 172,38 M., 168,34 M., 156,65 M., 160,17 M., 156,4 M., 153,18 M., von 1880—1889 aber 155,03 M., 153,97 M., 153,2 M., 150,69 M., 150,64 M., 144,15 M., 134,58 M., 132,08 M., 127,32 M., 126,77 M. In den Etatsjahren 1890/91—1898/99 stellte er sich auf 144,16 M., 128,38 M., 115,48 Mk., 94,34 M., 84,77 M., 92,29 M., 90,32 M., 79,85 M. und 82,03 M., während er bei der Etatsaufstellung für 1899 auf 77 M. veranschlagt wurde. Der Preis des Harzsilbers differirte von dem des Friedrichshütter nur ganz unerheblich.

Für Kaufblei stellten sich die Preise auf der Friedrichshütte für die Tonne in den Jahren 1849—1860 auf 296,95 M. (1849) bis 502,73 M. (1859), in den 60er Jahren auf 346,32 M. (1862) bis 372 M. (1868), indem fortwährend sinkende mit aufsteigenden wechselten: eine länger als zwei Jahre anhaltende Aufwärtsbewegung war nur 1852—1855 (1852: 309,4 M., 1855: 496,58 M.) und 1865—1868 (335,29—372 M.), ein ununterbrochener Rückgang von 502,73 M. bis auf 346,32 M. 1859 bis 1862 und von 372 auf 333,33 M. 1868—1871 zu verzeichnen. Nach den Jahren wirthschaftlicher Blüthe 1872—1874 mit Bleipreisen von 360 M., 399,83 M. und 431,16 M. trat ein erst langsamerer, dann stärkerer Rückgang ein, der die Preise 1879 bis auf 258,57 M. hinabführte und sich nach vorübergehender Erholung 1880 (297,8 M.) fortsetzte (1881: 277,61 M., 1882: 262,81 M., 1883; 231,49 M.), bis er im Etatsjahre 1884/85 den seit Bestehen der Hütte noch nicht dagewesenen Tiefpunkt von

[1]) Nach Lexis im Handwörterbuch der Staatswissenschaften.

194,51 M. erreichte. Alsdann besserten sich die Preise in den Etatsjahren 1885/86–1888/89 auf 210,95 M., 234,82 M., 238,74 M., 240,03 M. Mit 1889/90 begann eine Periode schwankender Preise, die endlich 1895/96 von einer anhaltenden Aufwärtsbewegung abgelöst wurde. Die Preise stellten sich 1889/90—1897/98 auf 236,68 M., 239,83 M., 214,84 M., 187,65 M., 183,56 M., 184,82 M., 282,80 M., 228,14 M., 254,27 M. und 264,99 M., und für 1899 wurde auf 250 M. gerechnet.

Für das Harzblei waren die Durchschnittspreise die 80er und ersten 90er Jahre hindurch mehr oder weniger, bis um mehr als 30 M. für die Tonne höher als für das Oberschlesische. Seitdem haben sich die Werthe mehr und mehr genähert, und in einzelnen der letzten Jahre waren sie sogar auf der Friedrichshütte höher wie am Oberharz, wo übrigens wieder die Preise zwischen den einzelnen Hütten etwas zu differiren pflegen.

Die Bleiglätte, die seit 1881/82 nur von der Friedrichshütte, vorher hin und wieder in geringer Menge auch von den Harzwerken zum Verkauf gebracht wird, hat im Preise meist nur wenig vom Kaufblei differirt, und zwar stand sie bis 1857 bald höher, bald niedriger als dieses, von 1858–1870 stets niedriger, dann wieder in dem einen Jahre höher, in dem anderen niedriger. Seit 1887/88 hat sie ständig einen sich vergrössernden Vorsprung vor dem Friedrichshütter Kaufblei behauptet, der 1888/89 und 1889/90 ca. 15 M., seitdem ca. 25—30 M. für die Tonne betragen hat.

Die Mengen der sonstigen von den staatlichen Silber- und Bleihütten zum Verkauf hergestellten Waaren sind zu gering, als dass die Bewegung ihrer Preise von erheblicherer Bedeutung für das finanzielle Gesammtergebniss der Hütten wäre. Im Jahre 1898/99 stellten sich die Preise derselben für Gold auf 2800 M. pro kg, für elektrolytisches Kupfer auf 1075,16, für Kupfervitriol auf 314,34, für Eisenvitriol auf 14,05, für Zinkvitriol auf 51,11, für Schwefelsäure auf 15,92, für Glaubersalz auf 11,43 und für Farben auf 170,14 M., alles für 1 To., gegen bezw. 2800 M, 1018,6 M., 325,62 M., 17,38 M., 51,11 M., 14,14 M., 10,2 M. und 167,12 M. im Jahre zuvor.

§ 83. Aus der im vorigen Paragraphen dargestellten Entwickelung der Silberpreise erklärt es sich, dass, wie die Anlage XXXI B erweist, der Werth der Gold- und Silberproduktion einen ausserordentlich starken Rückgang erfahren und in den letzten Jahren nur etwa die Hälfte desjenigen betragen hat, den Mitte der 70er Jahre eine gleiche Menge darstellte, und dass z. B. 1897/98 45 413 kg Silber weniger werth[1]) waren als im Jahr zuvor 40 716 kg. Während in dem Jahrfünft 1878/79—1882/83 bei nur ein Mal bis auf 37 711 kg steigender Produktion der Werth — einschliesslich des Goldes — nie unter 4,82 Millionen Mark sank, betrug er 1893/94—1897/98 nur ein Mal, bei

[1]) Nach Abzug des Werthes des Goldes von Sp. 16 der Anlage XXXI B.

einer Silbermenge von mehr als 53 000 kg, 5,16, sonst nie mehr als 4,12 Millionen, obwohl die Silbererzeugung nie unter 39 500 kg herabging. Der Durchschnitt betrug in den 5jährigen Zeiträumen;

1878/79-1882/83	1883/84-1887/88	1888/89-1892/93	1893/94-1897/98
Silberproduktion kg			
33 501	55 235	53 524	44 546
Werth der Silber- und Goldproduktion M.			
5 301 135	7 985 890	7 065 423	4 066 484

In dem letzten in der Anlage berücksichtigten Jahre 1898/99 hat die Silberproduktion sich gegen 1897/98 um 189 kg gehoben, während der Werth des Goldes und Silbers sich infolge des starken Rückganges der Goldproduktion etwas vermindert hat.

Weniger ungünstig stellt sich das Ergebniss der Blei-(Kaufblei- und Glätte-)produktion; hier betrug der Durchschnitt:

1878/79-1882/83	1883/84-1887/88	1888/89-1882/93	1893/94-1897/98
der produzirten Menge To.			
18 371	23 865	24 418	25 689
des Werthes M.			
5 156 165	5 617 087	5 440 596	5 428 585

und 1898/99 die Menge 31 498 To., der Werth 8 306 551 M.

Es ist also hier, auch abgesehen von dem sehr günstigen Jahre 1898/99, noch gelungen, den Rückgang der Preise dergestalt durch eine höhere Produktion auszugleichen, dass wenigstens keine nennenswerthe absolute Verminderung der Durchschnittswerthe eingetreten ist. Zwischen den einzelnen Jahren treten allerdings auch bei der Bleiproduktion, wie die Sp. 17 der Anlage XXXIB erweist, ähnlich erhebliche Werthschwankungen hervor, wie bei der Silberproduktion; nur haben sie keine so ausgesprochene Tendenz nach unten wie bei dieser.

Am allergrössten, aber bei der geringen Höhe der Gesammteinnahme ohne besondere Bedeutung, sind die Schwankungen im Werthe der Nebenprodukte Kupfer, Zink, Vitriol, Schwefelsäure, Glaubersalz und Farbe (Anlage XXXIB Sp. 18 und 19), da hier die Produktionsmengen, theilweise auch die Preise ausserordentlich verschieden waren. Von den Werthen für 1898/99 entfallen auf Kupfer 239 388, Zink 84 256, Eisenvitriol 238, Zinkvitriol 4419, Kupfervitriol 152 243, Schwefelsäure 28 060, Glaubersalz 242 und Farbe 12 167 M.

II. Kapitel.

Die Geldeinnahme der Hütten.

(Staatshaushaltsetat Kap. 9 Tit. 3 und 4.)

§ 84. Wenn man die Summe der in Sp. 17 der Anlage XXXI A und den Sp. 16—19 der Anlage XXXI B angegebenen Produktenwerthe mit den etatsmässigen Einnahmen für **Produkte** (Staatshaushaltsetat

Kap. 9 Tit. 3) in Anlage XXVII E vergleicht, so ergiebt sich, dass die Letzteren regelmässig um mehrere Millionen höher sind, als die Ersteren. Da Absatz und Produktion in den einzelnen Jahren sich nicht decken, vielmehr bald grössere, bald geringere Vorräthe von einem Etatsjahr in das andere übergehen und daher bald mehr, bald weniger als die Produktionsmenge des betreffenden Etatsjahres abgesetzt wird, da ferner ein grosser Theil des Roheisens in derselben Hütte zu anderen Waaren verarbeitet wird und daher in den Produktenmengen und -Werthen doppelt, in der Geldeinnahme aber nur ein Mal, erscheint, und da endlich die Hütten auch noch Einnahmen von allerdings nur geringem Betrage für andere als die in der Anlage XXXI genannten Nebenprodukte, z. B. für Schlackensteine, haben, so können die Produktenwerthe nicht mit den Ist-, geschweige denn mit den Solleinnahmen übereinstimmen. Dass sie aber stets hinter den Einnahmen bedeutend zurückbleiben, beruht in dem Verhältniss, in dem die Oberharzer Hütten nach § 80 zu einander stehen. In den Produktenmengen und -Werthen erscheinen nur die fertigen Produkte, in den Einnahmen dagegen auch diejenigen für die von einer Hütte an die andere gegen einen bestimmten Preis zur Weiterverbreitung abgegebenen Halbfertigprodukte, also insbesondere unter der Einnahme der von der Lautenthaler an die Clausthaler Hütte gezahlte Preis für das Werkblei, der von ihr an die anderen Hütten gezahlte für Blicksilber, der von der Altenauer an die anderen Harzhütten gezahlte für Schwarzkupfer und Kupferstein und der von der Lautenthaler und Altenauer Hütte für das hieraus hergestellte Gold, Feinsilber, Kaufblei und Kupfer erzielte Preis, dagegen unter den Produktenwerthen nur der Werth dieser Fertigprodukte.

Trotz der infolge dieser Umstände naturgemäss zwischen dem Produktenwerth und der Einnahme für Produkte obwaltenden Differenzen folgt die Letztere doch ebenso naturgemäss im Wesentlichen der Stärke der Produktion und der Gestaltung der Preise. Sie hat sich daher in dem letzten Jahrzehnt bei der Abnahme der Silberproduktion, dem Preissturz des Silbers und dem auch mehr oder weniger niedrigen Bleipreise nur ungünstig gestalten können, während sie in den letzten 80er und ersten 90er Jahren 25 bis nahezu 27 Mill. Mark betrug, sank sie 1893/94 auf 21,8 und stellte sich in den folgenden Jahren nur auf 19,5, 17,8, 18,1, 17,5, 18,6 Millionen; erst 1899 konnte sie mit 1 997 542 M. wieder auf nahezu 20 Millionen veranschlagt werden, da die Gestaltung der Konjunkturen es zulässig erscheinen liess, eine etwas stärkere Produktion in Aussicht zu nehmen und auf etwas höhere Gusswaren-, Blei- und Kupferpreise zu rechnen. In den Etats für 1871 und für 1877/78 trat infolge Einführung der oben erwähnten Verrechnungsart zwischen den Hütten am Oberharz eine wesentliche Erhöhung des Ansatzes, um ca. 4 und um mehr als 1 Mill. Mark ein, der entsprechende Mehrausgaben für Materialien gegenüberstanden.

§ 85. Im Verhältniss zu den Einnahmen für Produkte von noch erheblich geringerer Bedeutung als bei den Bergwerken sind bei den Hütten die **ökonomischen Nutzungen und sonstigen Einnahmen** (Staatshaushaltsetat Kap. 9 Tit. 4). Nach dem Etat für 1899 betragen sie 119 090 M.; sie setzen sich zusammen aus Einnahmen für den Verkauf alter Materialien und Inventarienstücke, aus den von dem Grafen Henckel von Donnersmarck auf Neudeck der Friedrichshütte zu erstattenden Verladungs- und Verhüttungskosten für den von ihr zu verhüttenden Naturalzwanzigsten von den im Felde der Friedrichsgrube gewonnenen Erzen (vergl. oben § 52), den der Lautenthaler Hütte von der Altenauer und Andreasberger zu erstattenden Kosten für das Silberfeinbrennen und die Goldscheidung (vergl. oben § 80, 1899: 17 540 Mark), auf geringe Posten an Förder- und Wasserzins, Pachten und Miethen, aus Einnahmen für von der Lautenthaler Hütte verkauftes Schützenblei, Einnahmen der Schule in Friedrichshütte u. a. m. Die Zahlung des Grafen Henckel betrug nach dem Etat für 1899: Verladungskosten 21 685, Meistergroschen 5812, Beitrag zu den Kosten der Unterhaltung der Anlagen 3100 und Beitrag zu den Kosten der Knappschafts, Unfall-, Alters- und Invaliditätsversicherungslasten 848 M. In dem Etat für 1889/90 wurden hier auch die Beiträge der Oberharzer Hütten zu den Unterhaltungskosten des Clausthaler Laboratoriums und dafür die Unterhaltungskosten bei den Ausgaben verrechnet; seitdem werden wie vorher nur die Beiträge unter den Ausgaben, die Unterhaltungskosten aber nur durchlaufend verrechnet. Das letztere Verfahren bestand bis 1889/90 auch bezüglich der Kosten für das Silberfeinbrennen und die Goldscheidung. Andererseits gelangten bis einschliesslich 1887/88 im Tit. 4 auch die seitdem auf Tit. 3 übernommenen Einnahmen für Hochofennebenprodukte bei der Eisengiesserei in Gleiwitz zum Nachweis. Im Uebrigen beruhen die Schwankungen in den Ansätzen des Tit. 4 in dem natürlichen Wechsel in dem Verkauf alter Materialien, der Menge des Henkel'schen Naturalzwanzigsten, des zur Feinbrennung und Scheidung gelangenden Silbers und Goldes u. s. w.

II. Abschnitt.

Die dauernden Ausgaben der Hütten.

(Staatshaushaltsetat Kap. 15.)

§ 86. Vorbemerkung. Die Gruppirung der dauernden Ausgaben ist im Staatshaushaltsetat, wie die Anlage XXVII ersehen lässt, bei den Hütten genau die gleiche wie bei den Bergwerken, sodass die Nummern und Bezeichnungen der Titel des 15. Kapitels desselben vollständig denen des 14. entsprechen, nur dass ein dem Titel 10a des letztern „Antheil der Stadt Berlin an dem Ueberschusse des Kalksteinbruches zu Rüdersdorf" entsprechender Titel im 15. fehlt. Auch die gesetzlichen und adminisirativen Grundlagen der Ausgaben sind im Allgemeinen bei den Hütten gleiche wie bei den Bergwerken. Es genügt daher, im Folgenden die in dieser Beziehung von den Ausführungen im II. Abschnitt der vorigen Abtheilung bestehenden Abweichungen und die finanzielle Gestaltung der Etatstitel hervorzuheben.

§ 87. Ausgaben für die Beamten. Eine völlige Uebereinstimmung mit den Bergwerken besteht gleich bei den die ersten 5 Titel beanspruchenden Ausgaben für die Beamten, dergestalt, dass sich die Tit. 1, 2—4c zwischen den Kapiteln 14—17, Besoldungen indess nur innerhalb derselben Beamtenklasse, gegenseitig übertragen, es also ohne Weiteres zulässig ist, den Mehrbedarf eines Titels des einen Kapitels aus dem Minderbedarf des gleichen Titels eines andern dieser Kapitel zu decken.

Während somit die Beamten der Hüttenwerke denen der Bergwerke hinsichtlich ihrer Dienstbezüge von jeher vollständig gleich standen, hat sich (vergl. Anlage XXVIII) ihre Zahl und damit der Geldbedarf für sie vollständig entgegengesetzt entwickelt, da die Verminderung der staatlichen Hütten auch eine entsprechende Einschränkung des Beamtenpersonals zur Folge hatte, soweit nicht der Hinzutritt der Werke in den neuen Provinzen und die Ueberführung der Werksbeamten aus dem Arbeiter- in das Beamtenverhältniss durch die Etats für 1889/90 und 1891/92 Vermehrungen bedingte. Die letztere Massnahme hatte 1889/90 die Errichtung von 17, 1891/92 von 85 etatsmässigen Stellen mit einem, zum grössten Theil durch Minderausgaben von 29 950 M. und 117 800 M. an Löhnen gedeckten, Mehrbedarf von 35 700 M. und 141 000 M. neben entsprechenden Mehrausgaben für Wohnungsgeldzuschüsse, ausserordentliche Remunerationen und Unterstützungen zur Folge. Bringt man von der Ausgabe des Titels 1 an Besoldungen für 1899 mit 376 830 M. diese 176 700 M. in Abzug, so verbleibt eine nur um 25 000 M. höhere Ausgabe als im Jahre 1849 und eine um 46 000 M. niedrigere als 1869.

Mit jenen 376 830 M. werden besoldet 7 Direktoren I., 3 II. Klasse, 10 Betriebsinspektoren, 10 Faktoren, 31 Schichtmeister, an Werksbeamten 6 obere I., 12 II. Klasse, 29 mittlere I., 43 II. Klasse, 2 untere I., 4 II. Klasse.

Auf die einzelnen Hütten vertheilen sich die Beamten folgendermassen:

	Direktoren		Betriebsinspektoren	Faktoren	Schichtmeister	Werksbeamte obere		Werksbeamte mittlere		Werksbeamte untere	
	I. Klasse	II. Klasse				I. Klasse	II. Klasse	I. Klasse	II. Klasse	I. Klasse	II. Klasse
Gleiwitz . . .	1	—	3	4	8	2	2	22	4	1	2
Malapane . .	—	1	1	—	3	1	1	2	5	1	—
Rothehütte . .	1	—	1	1	2	—	2	—	—	—	—
Lerbach . . .	—	1	—	1	2	—	2	—	1	—	—
Sollingerhütte .	—	1	—	1	1	—	1	—	2	—	—
Friedrichshütte	1	—	2	1	2	1	1	5	7	—	2
Clausthal . .	1	—	1	2	2	1	1	—	10	—	—
Altenau . . .	1	—	1	—	4	—	1	—	3	—	—
Lautenthal . .	1	—	1	—	4	1	—	—	6	—	—
St. Andreasberg	1	—	—	—	3	—	1	—	5	—	—

Der Bedarf an Wohnungsgeldzuschüssen, ausserordentlichen Remunerationen, Unterstützungen und Gratifikationen für technische Beamte belief sich 1899 auf Tit. 2: 20 844 M., Tit. 4: 1560 M., Tit. 4a: 1100 M., Tit. 4b: 2140 M., Tit. 4c: 18 000 M.

Wenn auch die Ausgaben für Hülfsarbeiter (Tit. 3) in den ersten 90er Jahren, also gerade, nachdem die etatsmässigen Beamtenstellen so stark vermehrt waren, auffallend stiegen, so lag das an der Mehrarbeit, die die Bearbeitung der Arbeiterversicherungsangelegenheiten verursachte, und an der Gewährung von Stellenzulagen an Bureau- und obere Werksbeamte, die besonders verantwortungsvolle Stellen bekleiden. 1896/97 ging der Bedarf dann wieder von rund 34 000 M. auf 25 500 und 1897/98 auf rund 16 000 zurück, weil die Schreib- und Zeichengebühren auf den seit 1899 aufgelösten Titel „Bureaubedürfnisse" übertragen wurden, während die Erhöhung auf 19 300 M. im Etat 1899 eine Folge der Ueberweisung der Kosten für Hülfsarbeiter im höheren technischen Dienst und für Stellvertretung von Beamten von dem bisherigen Titel „Remunerirung von Hülfsarbeitern und Stellvertretern von Beamten bei den Staatswerken und im Revierdienst" des Kap. 22 ist.

Der Tagegelder-, Reise- und — seit 1899 — Umzugskostenfonds (Tit. 5) hat trotz der Vermehrung der Beamten um die Werksbeamten und trotz der Uebernahme der Umzugskosten seit Mitte der 80er Jahre nur eine Erhöhung um rund 8000 M. auf 21 898 M. erfahren.

Dienstwohnungen haben 93 von den vorhandenen 157 Beamten. Aus Nebenämtern beziehen z. Z. (1899), und zwar aus Schulfonds 2 obere Werksbeamte 230, 3 mittlere 150 M., aus Knappschaftskassen 2 Bureaubeamte 720, von Gewerkschaften und sonstigen Kassen 2 obere Werkbeamte 12, 3 mittlere 275 M., insgesammt also diese Beamten 2287 M.

§ 88. Ausgaben für die Arbeiter. Wie überhaupt seit dem Gesetze vom 10. Juni 1861 (G.-S. S. 425), so finden auch bezüglich der Verhältnisse der Arbeiter auf die Hütten, abgesehen von dem fakultativen Anschluss an Knappschaftskassen, die Bestimmungen der Berggesetzgebung keine Anwendung. Massgebend sind vielmehr die Reichs-Gewerbeordnung und die zu ihrer Ausführung und Ergänzung erlassenen Vorschriften. Nach denselben sind die Hütten im Allgemeinen den Fabriken gleichgestellt, insbesondere auch hinsichtlich der Beschränkung in der Beschäftigung von Arbeiterinnen und jugendlichen Arbeitern und bezüglich des Erlasses und Inhalts von Arbeitsordnungen, der Lohnzahlung, Kündigung u. s. w. (Gewerbeordnung §§ 134—139b).

Eine besondere Beschränkung in der Beschäftigung von Arbeiterinnen und jugendlichen Arbeitern greift für Walz- und Hammerwerke nach den Bekanntmachungen des Bundesraths vom 29. April 1892 (R.-G.-Bl. S. 602) und 1. Febr. 1895 (R.-G.-Bl. S. 8) Platz. Bezüglich der Sonntagsruhe sind für die Hüttenwerke durch Art. Nr. 2, 3, 5—7 der Tabelle zu der Bekanntmachung des Bundesraths vom 5. Febr. 1895, abgeändert durch Bekanntmachungen vom 25. Okt. 1895, 20. April, 26. Juni, 14. Juli und 27. Nov. 1896 (R.-G.-Bl. 1895 S. 12, 448, 1896 S. 104, 177, 191, 744) gewisse Ausnahmen zugelassen für den Betrieb der Röstöfen, der Kondensations- und Konzentrationseinrichtungen bei Säuregewinnung und für den Transport der Säure in den Lagerraum, für den Betrieb von Koksöfen und Hochöfen, der Gewinnung von Metallsalzen, von Metalloxyden und Metallen auf nassem Wege, für Flammöfen, Zinkentsilberung des Werkbleies, Zinkreduktionsöfen und für gewisse andere Arbeiten auf Eisen-Hochofenwerken, allgemein endlich unter gewissen Bedingungen für Bessemer-, Thomas-, Martin- und Tiegelgussstahlwerke, Puddelwerke und zugehörige Walz- und Hammerwerke sowie Hochofengiessereien.

Wenn nun auch in dieser und anderen Beziehungen die Hütten den Fabriken und nicht den Bergwerken gleich behandelt werden, so stehen doch gerade die Staatshütten nach ihrer Lage wie nach der Art des Betriebes in zu engem Zusammenhange mit den Staatsbergwerken, als dass sich die Lohnbewegungen nicht von Letzteren auf Erstere mehr oder weniger übertragen müssten. Insbesondere erfolgten daher auch auf den Hütten 1889—1891 Lohnerhöhungen, die weit erheblicher waren, als es nach der Steigerung der Etatsansätze im Tit. 7 den Anschein hat: denn sie fielen zeitlich zusammen mit der Umwandlung der Werksbeamtenstellen in wirkliche Beamtenstellen, so dass die hierdurch dem Tit. 7 abgenommenen Ausgaben dem Etatsbedarf dieses Titels hinzugerechnet werden müssen, um den thatsächlichen Mehrbedarf an Arbeitslöhnen zu ermitteln. Weniger in Lohnerhöhungen als in Verstärkung der Produktion haben die übrigen, meist geringfügigen Verstärkungen des Lohnfonds in den 80er und 90er Jahren ihren Anlass; insbesondere trug in den Jahren 1895/96 und 1896/97 hierzu die Einrichtung der Koksanstalt auf der Gleiwitzer Hütte bei. Ein anderes Moment, welches 1889/90 einen Mehransatz mitbedingte, war, dass seit diesem Jahre die Beiträge der Oberharzer Hütten zu den Kosten des Laboratoriums, des Silberfeinbrennens und der Goldscheidung im Tit. 7 in Ansatz kamen; jetzt erscheinen sie unter den „verschiedenen Ausgaben“. Eine weit erheblichere Rolle für die Höhe des Lohnfonds als bei den Bergwerken spielt bei den Hütten auch der wechselnde Zuschuss zu dem Harzkornmagazin (vgl. oben § 63), da der Prozentsatz der an demselben betheiligten Arbeiter weit höher ist, als bei den Bergwerken. Die Verminderung der Lohnausgaben von 1869 bis 1874 um fast 50 Proz. schreibt sich von der Veräusserung von Hüttenwerken, vor Allem der Königshütte, her, und würde ohne den auch in Lohnsteigerungen zum Ausdruck gekommenen wirthschaftlichen Aufschwung zu Anfang der 70er Jahre noch weit grösser gewesen sein.

Die Zahl der beschäftigten Arbeiter betrug in den 11 Jahren 1888/89 bis 1898/99 2992, 3017, 3077, 2962, 2870, 2846, 2895, 2957, 2949, 2951 und 3070.

Auf den einzelnen Werken waren beschäftigt:

	1888/9	1889/90	1890/1	1891/2	1892/3	1893/4	1894/5	1895/6	1896/7	1897/8	1898/9
Gleiwitz .	856	865	879	857	822	846	881	960	948	985	1028
Malapane .	167	179	213	210	190	175	190	222	284	310	315
Rothehütte	244	239	239	242	248	246	250	224	228	218	225
Lerbach .	147	157	157	152	150	147	145	149	145	146	146
Sollingerhütte . .	112	112	112	112	101	100	100	96	90	96	101
Friedrichshütte . .	615	622	638	572	531	484	502	498	502	498	566
Oberharzer Hütten .	851	843	839	817	828	838	827	808	752	698	689

Von dem 1899 sich auf 2 137 055 M. belaufenden Gesammtbetrage der Löhne entfält der weitaus grösste Theil, ca. 1 840 000 M., auf die Hüttenleute, der Rest auf Aufsichts-, Schmiede-, Absatz-, Maschinenlöhne, Vermessungskosten, Schreib- und Zeichengebühren, Zuschüsse zur Harzkornmagazinverwaltung und Löhne vermischter Art.

Die Hauptpositionen betragen nach dem Etat 1899 auf den einzelnen Werken:

	Aufsicht	Hüttenbetrieb	Schmiede	Absatz	Maschinen	Kornmagazine	Diverse Löhne
	M.	M.	M.	M.	M.	M.	M.
Gleiwitz	36 290	750 270	—	32 400	16 500	—	13 180
Malapane	—	141 500	—	1 700	400	—	2 635
Rothehütte	1 240	127 655	—	2 600	1 705	—	1 620
Lerbach	—	99 335	—	3 305	—	—	1 350
Sollingerhütte . . .	—	62 110	—	600	—	—	1 100
Friedrichshütte . . .	100	300 000	9 500	5 200	5 100	—	5 950
Clausthal	7 300	106 000	6 800	600	3 000	6 045	30 895
Altenau	5 700	90 000	—	1 300	—	4 735	24 000
Lautenthal	3 000	111 900	2 000	3 900	3 605	5 005	720
St. Andreasberg . . .	1 100	47 100	—	2 100	—	2 850	21 200

§ 89. Der Tit. 11 „Wohlfahrtszwecke“ setzt sich, da auch die staatlichen Hütten sämmtlich in Knappschaftsverbänden, die Oberschlesischen in dem Oberschlesischen, die übrigen in dem Clausthaler, verblieben sind, aus denselben Ausgabekategorien wie der gleiche Titel des Etats der Bergwerke zusammen und umfasst im Wesentlichen die Zuschüsse zu Knappschaftskassen und die Ausgaben für Unfall-, Invaliditäts- und Altersversicherung und Haftpflicht. Von dem Etatssoll für 1899 mit 145 111 M. entfallen auf die Zuschüsse zu Knappschaftskassen rund 103 500, auf Unfallversicherung und Haftpflicht rund 20 000, auf Invaliditäts- und Altersversicherung rund 17 200 M.

Auf die einzelnen Hütten vertheilten sich die Istausgaben dieser 3 Posten für 1898/9 folgendermassen:

	Knappschaftskassen M	Unfallversicherung etc. M.	Invaliditäts- etc. Versicherung M.
Gleiwitz . . .	31 278	9 731	6 345
Malapane . . .	6 882	1 787	1 524
Rothehütte . .	7 768	1 309	1 090
Lerbach . . .	6 627	1 089	661
Sollingerhütte .	4 420	572	448
Friedrichshütte	15 966	1 951	3 384
Clausthal . . .	10 861	854	1 091
Altenau . . .	7 542	659	744
Lautenthal . .	8 043	757	847
St. Andreasberg	4 756	403	476

Wenn die Steigerung des Tit. 11 bei den Hütten keineswegs eine so starke gewesen ist, wie bei den Bergwerken, so liegt das daran, dass, wie die oben angegebenen Arbeiterzahlen ergeben, bei jenen keine solche Vermehrung der Arbeiterschaft wie bei dieser stattgefunden hat. Der Einfluss der Arbeiterversicherungsgesetze zeigt sich aber auch hier in den starken Steigerungen der Etatsansätze Ende der 80er und Anfangs der 90er Jahre, während für 1882/83 und 1883/84 Erhöhungen der Beiträge zu den beiden in Betracht kommenden Knappschaftsvereinen, 1887/88 Umgestaltungen bei dem Clausthaler Knappschaftsverein Mehransätze bedingten.

§ 90. Ausgaben für Anlagen, Geräthe und Materialien. Die Ausgaben für Neu- und Erweiterungsbauten (Staatshaushaltsetat Tit. 8) haben bei den Hütten ebenso wie bei den Bergwerken ausserordentlich geschwankt. Nachdem der Hinzutritt der neuen Provinzen zu einer wesentlichen Steigerung geführt hatte und in den letzten 60er Jahren viele grosse Anlagen ausgeführt waren, ermöglichte die Veräusserung eines Theils der Hütten und das in den Vorjahren befriedigte Bedürfniss wieder eine Herabsetzung, sodass 1874 der Etatsansatz trotz erheblicher Kosten für Erweiterung der Anlagen auf den Harzhütten mit rund 650 000 M. nur um reichlich 100 000 M. höher war als für 1866, während 1871 nur rund 102 200 M. und 1872 trotz Anlage der Schwefelsäurefabrik in Lautenthal nur rund 330 000 M. gefordert wurden. In den nächsten, wirthschaftlich ja so ungünstigen und desshalb zur Sparsamkeit mahnenden Jahren trat eine ganz ausserordentliche Verminderung der Bauausgaben ein, die dadurch ermöglicht war, dass eben in den früheren besseren Jahren die baulichen Bedürfnisse in ausgiebiger Weise befriedigt waren. Der Ansatz betrug in den Jahren 1875—1879/80 nur 176 340 M., 365 400 M. (Erweiterung der Gleiwitzer Hütte) 74 810 M., 32 700 M. und 65 500 M. In den Jahren 1880/81, 1881/82, 1882 83 und 1883/84 machten besonders ein Hochofenumbau und der Neubau der Röhrengiesserei in Gleiwitz sowie bauliche Verbesserungen bei den Harzhütten und der Bau eines Erzmagazins auf der Friedrichshütte wieder vorübergehend erheblich höhere Etatsansätze von 87 000—188 000 M. nothwendig. In den letzten 12 Jahren, 1888/89—1899, ist der Tit. 8 insbesondere durch folgende Neuanlagen, für die die in Klammer angegebenen Beträge ausgeworfen werden mussten, in Anspruch genommen worden:

Zentralanlage zum Betriebe der Gebläse u. s. w., Vergrösserung der Niederschlagskammern der Treiböfen, der Flammofen-Rauchkanale und Kondensationsthürme (142 700 M.) auf Friedrichshütte, Rohrleitung in Lautenthal (26 000 M.), Verlegung der Kesselhütte in Andreasberg (32 000 M.), Schulbau Friedrichshütte (31 000 M.), Beamtenwohnhaus Gleiwitz (51 000 M.), desgleichen auf Friedrichshütte (40 000 M), Erweiterung der Anlagen zur Niederschlagung des Hüttenrauchs daselbst (75 000 M.), Arbeiterwohnhäuser in Friedrichshütte, Gleiwitz und Lautenthal (48 000 M), Hülfsmaschinenhalle mit Maschinen in Friedrichshütte (75 000 M.), Montirungsraum und Martinofenanlage in Gleiwitz (70 000 M.), Beleuchtungsanlage daselbst (56 000 M.), Gusswaaren-Schleifwerk daselbst (57 000 M.), Hüttenwerksgebäude Andreasberg (40 000 M.), Dienstgebäude in Altenau (20 000 M.), maschinelle Anlagen zum Schlackentransport in Clausthal (20 000 M), Dach und Gichtbrücke für eine Flammofenhütte (27 000 M.) und Steinrösthütte (20 000 M.) in Friedrichshütte, Hochofenneubau (132 800 M.), neue Gebläsemaschine (83 500 M.), Winderhitzungsapparate (76 700 M.), Bearbeitungsmaschinen für die Stahlgiesserei (55 000 M.) und 1 hydraulische Nietmaschine (27 000) in Gleiwitz, Umbau der grossen Schmelzhütte in Clausthal (114 500 M.), Erweiterung einer Sinterofenanlage in Friedrichshütte (28 000 M.), Ausrüstung des Hochofens und der Winderhitzer in Gleiwitz (90 000 M.), Martinofenanlage in Malapane (40 000 M.), Fortschaufelungsofen in Andreasberg (25 000 M.), elektrische Zentrale auf Friedrichshütte (105 000 M.), Verbesserung der Verladeeinrichtung (23 000 M.) und Erweiterung der Stahlhütte (61 000 M.) in Gleiwitz, neue Sinterofenanlage auf Friedrichshütte (129000 M.), Beamtenwohnhaus in Lautenthal (42000 M.).

Insgesammt sind in dem gedachten 12 jährigen Zeitraum an Baukosten ausgeworfen für Friedrichshütte 1 060 950, Gleiwitz 1 107 500, Malapane 210 600, Rothehütte 8000, Lerbach 31 175, Sollingerhütte 7 600, Clausthal 134 500, Altenau 48 500, Lautenthal 151,300 und St. Andreasberg 135 000 M.

Die Dotation des Titels ist so hoch wie 1899 mit 370 500 M. in dem ganzen Verlaufe der 80er und 90er Jahre nicht gewesen.

Die Kosten der Unterhaltung der Gebäude, Wege und Betriebsanlagen (Staatshaushaltsetat Tit. 9) sind in den letzten 10 Jahren nur verhältnissmässig geringen Schwankungen, zwischen 356 120 M. (1890/91) und 426 680 M. (1893/94), unterworfen gewesen; der Ansatz für 1899 mit 382 650 M. bildet ungefähr das Mittel zwischen diesen Beträgen. Die immerhin in den 90er und wie auch in den 80er Jahren wahrnehmbare Tendenz zum Steigen erklärt sich genügend aus der Erhöhung der Löhne und Materialienpreise. Von dem Etatsansatz für 1899 entfielen auf Gebäude 85 750, Wege 28 770 und auf Betriebsanlagen 382 650 M.

Bei den einzelnen Werken stellten sich die Sollausgaben für 1899 wie folgt:

	Gebäude M.	Wege M.	Betriebsanlagen M.		Gebäude M.	Wege M.	Betriebsanlagen M.
Gleiwitz	20 800	10 000	57 000	Friedrichshütte	15 300	15 000	70 000
Malapane	4 530	500	18 000	Clausthal	12 100	1 700	30 000
Rothehütte	5 700	500	10 000	Altenau	6 800	650	17 100
Lerbach	2 300	300	3 080	Lautenthal	11 200	—	40 000
Sollingerhütte	1 220	70	4 650	St. Andreasberg	5 800	50	18 300

Anders wie bei den Bergwerken verursachen bei den Hütten, die nicht, wie jene, Rohmaterialien gewinnen, sondern Rohstoffe verarbeiten und diese, abgesehen von der geringfügigen eigenen Erzförderung der Rothenhütte auf „Tönnchen Andreas Rössling", ankaufen müssen, die Materialien und Geräthe (Staatshaushaltsetat Kap. 15 Tit. 6) die weitaus höchsten Ausgaben. Von den für 1899 ausgeworfenen 16 058 578 M. entfallen auf Materialien und Geräthe zum Betriebe und Absatz 16 040 558, auf Bureauutensilien 16 715 und auf die Sammlungen 1305 M., welche beide Positionen bisher unter dem aufgelösten Titel „Bureaubedürfnisse" verrechnet wurden. Von den Betriebs- und Absatzmaterialien beanspruchen weitaus den grössten Theil der Kosten die angekauften Schmelzgüter beziehungsweise bei der Lautenthaler Hütte das angekaufte Werkblei und Blicksilber, bei der Altenauer auch das allerdings keine so erhebliche Post ausmachende angekaufte Schwarzkupfer, und sodann die Feuerungsmaterialien. Dazu kommen die verschiedenen den Erzen bei der Verschmelzung beigegebenen Beschickungsmaterialien, soweit sie nicht im eigenen Betrieb gewonnen werden, Zink zur Entsilberung des Bleies, Herdmaterialien, Säuren und Chemikalien, endlich die mannigfachen Geräthe, Eisen-, Holz- und sonstige nicht zur Verarbeitung dienende Materialien.

Auf die einzelnen Werke entfallen von der Sollausgabe 1899 für

	Betriebs- u. Abatzmater. u. Geräthe M.	Bureaus M.	Sammlungen M.		Betriebs- u. Absatzmater. u. Geräthe M.	Bureaus M.	Sammlungen M.
Gleiwitz	1 686 158	4 360	300	Friedrichshütte	4 037 400	1 900	200
Malapane	243 000	1 900	180	Clausthal	1 862 775	825	90
Rothehütte	242 100	1 630	100	Altenau	961 105	1 500	75
Lerbach	116 500	1 700	100	Lautenthal	5 242 500	1 000	120
Sollingerhüte	89 140	800	40	St. Andreasberg	1 559 880	1 100	100

Von der ersten Position kommen z. B. bei der Friedrichshütte auf Erze aus dem Felde der Friedrichsgrube 3 255 300, auf sonstiges Schmelzgut 51 500, auf angekauftes Werk- und Zinkblei 254 300, auf den Harzhütten Clausthal, Altenau, Lautenthal und Andreasberg auf Erze bezw. Halbfertigprodukte (Werkblei, Blicksilber, Schwarzkupfer) beziehentlich 1 660 420 M., 770 270 M., 5 036 130 M. und 1 536 490 M., auf Brennmaterialien 112 897 M., 95 740 M., 85 500 M. und 41 050 M., auf Zuschlagsmaterialien 49 188 M., 8 906 M., 15 250 M. und 8 450 M., auf Zink in Altenau 11 696 M., Lautenthal 52 200 M. und Andreasberg 5 000 M., auf Säuren und Chemikalien (Chilisalpeter, Schwefelsäure, Salpeter, Salpetersäure u. s. w.) in Altenau 2322, in Lautenthal 5 810 M.

Soweit die Ausgaben von einer fiskalischen Hütte an die andere zu leisten sind, steht ihnen natürlich eine gleiche Einnahme im Kap. 9 Tit. 3, soweit sie an Staatsbergwerke zu leisten sind, im Tit. 1 a. a. O. gegenüber.

Bei dem Ueberwiegen der Ausgaben für Verhüttungs- und Brennmaterialien in dem Tit. 6 hängt natürlich die Höhe des Erfordernisses in erster Linie ab von der Stärke der Produktion der Bergwerke, deren Förderung die Hütten zu übernehmen haben, von der Stärke des Betriebes der Hütten und von den Erz- und Kohlenpreisen, sowie auch wegen des Verhältnisses der Harzer Hütten zu einander von den Silber- und Kupferpreisen, und da wieder die Ausgaben für Brennmaterialien weit zurücktreten gegen die für die Verhüttungsmaterialien, die Erzpreise aber sich nach den Metallpreisen und dem Metallgehalt richten, so folgt die Bewegung der Gesammtausgabe im Wesentlichen derjenigen der Produkteneinnahmen. Wie ein Blick in die Anlage XXVII zeigt, sind die Ausgaben des Tit. 6 in allen dort angegebenen Etats mit der Einnahme Kap. 9 Tit. 3 gestiegen und gefallen. Wenn sich das Verhältniss beider Titel zu einander in den letzten 30 Jahren etwas ungünstiger und von einem Jahr zum andern etwas verschieden gestaltet hat, so liegt das einmal daran, dass durch die mehrerwähnte Abrechnungsart zwischen den Harzhütten beiden Titeln gleich hohe Beträge zugetreten sind und sodann an den Preisbewegungen der fremden Erze, der verschiedenen Materialien und Geräthe und an dem verschiedenen Verhältniss, in dem Herstellung und Erlös der verschiedenen Produkte in den einzelnen Jahren an der Einnahme und Ausgabe betheiligt sind.

§ 91. Abgaben, Grundentschädigungen und Landerwerb. (Staatshaushaltsetat Kap. 15 Tit. 10.) Die Gemeinde-, Kreis-, Provinzial- und Sozietätsabgabenpflicht des staatlichen Hüttenbetriebes folgt denselben Bestimmungen wie diejenige der fiskalischen Bergwerke. Der Gemeindebesteuerung unterworfen sind die Gleiwitzer Hütte in der Stadt Gleiwitz, die Rothehütte in den Gemeinden Rothehütte und Elbingerode, die Lerbacher Hütte in der gleichnamigen Gemeinde, die Sollingerhütte in Uslar, die Hütten bei Clausthal, Altenau, Lautenthal und Andreasberg in diesen Gemeinden, endlich die in der Hauptsache in dem Gutsbezirk Friedrichshütte belegene Hütte dieses Namens zu einem kleinen Theil in der Gemeinde Piassetzna, während die Malapaner Hütte ganz in dem Gutsbezirk dieses Namens liegt. Die Ausgaben für Grundentschädigung und Landerwerb sind bei der Art des Hüttenbetriebes, der gleiche Beschädigungen anderer Grundstücke wie der Bergbau nicht verursacht, häufig ganz gering, können aber auch sehr erheblich werden, wenn es nicht gelingt, grössere Schäden an fremden Wäldern u. s. w. durch Hüttenrauch oder die Verunreinigung von Gewässern, auf deren Benutzung Dritten ein Recht zusteht, zu verhüten, oder wenn die Erweiterung der Anlagen den Zukauf von Grundstücken nöthig macht. Ein

Zwangsenteignungsrecht wie den Bergwerken steht den Hütten nicht zu, sofern nicht ausnahmsweise die Voraussetzungen des allgemeinen Enteignungsgesetzes vom 11. Juni 1874 (G.-S. S. 221), nämlich Gründe des öffentlichen Wohles, vorliegen.

Von der Gesammtausgabe des Tit. 10 rechnen die Werksetats für 1899 auf Abgaben einschliesslich 2010 M. für die Hüttenschule und 720 M. für die Seelsorge auf der Friedrichshütte 33 252 M., auf Grundentschädigungen 458 M., auf Landerwerb nichts.

Auf die einzelnen Hütten vertheilt sich die Sollausgabe für 1899 in folgender Weise:

	Abgaben M.	Grundentschädigungen M		Abgaben M.	Grundentschädigungen M.
Gleiwitz	14 350	260	Friedrichshütte	6 330	—
Malapane	300	—	Clausthal	3 150	—
Rothehütte	1 662	168	Altenau	2 480	—
Lerbach	1 314	26	Lautenthal	950	—
Sollingerhütte	1 516	4	Andreasberg	1 200	—

Im Laufe der Zeit, seitdem der staatliche Hüttenbesitz im Wesentlichen die gegenwärtige Zusammensetzung aufweist, d. i. etwa seit Mitte der 70er Jahre, hat sich die Gesammtausgabe, wie bei den Bergwerken, in Folge des Steigens der Kommunalabgaben im Allgemeinen und in Folge der die Heranziehung des Fiskus in höherem Masse ermöglichenden Aenderungen der Gesetzgebung sehr erheblich gesteigert. Ihre auffallenden Schwankungen, wie z. B. von 1890/91 bis 1893/94 zwischen 18 339 M., 44 409 M., 32 100 M. und 15 235 M., erklären sich namentlich aus dem wechselnden Bedürfnisse zu Landerwerb. Wenn für 1899, trotzdem für Landerwerb nichts, für Grundentschädigungen nur 458 M. vorgesehen waren, doch 33 700 M. gefordert werden mussten, so gestattet dies den Schluss, dass, wenn nicht die Erträge der Hütten sinken, auf erheblich geringere Ansätze für die Zukunft nicht mehr zu rechnen ist.

§ 92. Verschiedene Ausgaben. Die unter dieser Bezeichnung seit 1899 in dem Tit. 12 Kap. 15 des Staatshaushaltsetats vereinigten Ausgaben in Höhe von 101 874 M. sind theils gleicher Art wie diejenigen des gleichen Titels im Etat der Bergwerke, nämlich für Bekanntmachungs-, Gerichtskosten etc., Postportos und sonstige Gebühren, Knappschaftsfeste, Musik, Feuerwehr, Reisekosten etc. für Arbeiter, Repräsentationskosten der Werksdirektoren u. s. w., theils besonderer Art. In letzterer Beziehung sind hervorzuheben der Antheil der Beamten — mit Ausnahme des Direktors — der Friedrichshütte an den von dem Grafen Henckel gezahlten Meistergroschen (oben § 85) bis zur Hälfte desselben, 1899 2906 M., die Beiträge der Oberharzer Hütten zur Wasserwirthschaft, zur Unterhaltung des Laboratoriums, zur Maschinen- und Bauverwaltung und zu den Kosten des Silberfeinbrennens und der Goldscheidung.

Für 1899 betrugen die Beiträge:

	Zur Wasserwirthschaft	zum Laboratorium	Zur Maschinen- u. Bauverwalt.	zum Silberfeinbrennen u. zur Goldscheid.
	M.	M.	M.	M.
Clausthal	4000	5360	3000	—
Altenau	—	7500	3000	6 460
Lautenthal ...	—	7500	3000	—
St. Andreasberg	—	7500	3000	11 080

Es entfallen somit auf diese Beiträge 61 400 M. oder ca. 60 Proz. der Gesammtausgabe. Für Knappschaftsfeste — in Gleiwitz, den drei westlichen Eisenhütten, Altenau und Lautenthal — sind ca. 8000, für Bekanntmachungs- etc. Kosten ca. 2000, für Portos und sonstige Gebühren ca. 18 000 M., für Repräsentationskosten 1650 M. ausgeworfen.

§ 93. Gesammtbetrag der dauernden Ausgaben. Insgesammt belaufen sich die dauernden Ausgaben nach dem Etat für 1899 auf 19 691 140 M. Davon entfallen mehr als 81 Proz. auf Materialien und Geräthe, nicht ganz 11 auf Löhne, ca. 2,3 auf die Bezüge der Beamten, je nicht ganz 2 Proz. auf die Bau- und die Unterhaltungskosten. Für die Gesammthöhe der Ausgaben ausschlaggebend sind somit in erster Linie die Ausgaben für Materialien und Geräthe. Diese aber richten sich nach der Stärke des Betriebes und den Preisen, hauptsächlich für die Rohmaterialien und Halbfabrikate. Da deren Preise wieder den Metallpreisen folgen, so ist es natürlich, dass die Ausgabe für Materialien und Geräthe und, durch sie bedingt, die Gesammtausgabe, wie die Anlage XXVII erweist, dem Auf und Nieder der Produkteneinnahmen gefolgt ist, wenn auch nicht immer in dem Prozentsatz der Zu- und Abnahme. In den in der gedachten Anlage berücksichtigten Jahren seit 1874 steht bei jenem Ausgabetitel nie, bei der Gesammtausgabe nur ein Mal die Bewegung gegen das Vorjahr im Widerspruch mit derjenigen der Produkteneinnahme, und dieses eine Mal, 1896/97, ist Letztere nur ganz geringfügig gestiegen, die Gesammtausgabe infolge starker Verminderung der, wie wir gesehen haben, sehr schwankenden Baukosten, ganz minimal gesunken.

Weit weniger im Einklang mit den Einnahmen steht die Bewegung der Lohnausgaben. Abgesehen von 1891/92, wo die Ursache in der Aenderung der Stellung der Werksbeamten lag, hat dies seinen Grund darin, dass die Höhe der Lohnsätze den Konjunkturen nur theilweise sich anzuschliessen und auch erst nachzufolgen, also häufig eine Lohnerhöhung erst ein oder zwei Jahre nach dem in den Einnahmen zum Ausdruck gekommenen Aufschwung, eine Lohnherabsetzung aber nur selten, und dann erst nach mehrere Jahre anhaltendem, besonders schweren Niedergange einzutreten pflegt. Da überdies die Staatswerke zu dem Mittel der Arbeiterentlassung nur im äussersten Nothfall zu greifen und, so lange es irgend möglich ist, kritische Zeiten durch Einlegung von Feierschichten zu überstehen suchen, so ist namentlich ein Rückgang der Einnahmen nicht immer mit einem solchen der Lohnausgaben in annähernd gleichem Verhältniss verbunden gewesen. Wie viel günstiger für die Arbeiter infolge solcher Umstände die Entwickelung der Löhne gewesen ist, als es durch die Entwickelung der Einnahmen gerechtfertigt ist, lässt sich aus den Zahlen der gedachten Anlage ablesen: obwohl in den Jahren 1889/90 und 1891/92 an Ausgaben für Werksbeamte dem Lohnfonds mehr als 180 000 M. abgenommen worden sind, hat er seit 1895/96 alljährlich mehr als 10 Proz. der Einnahmen beansprucht, während er vorher diesen Prozentsatz nie erreicht hat.

Von den Solleinnahmen haben die dauernden Ausgaben folgende Prozentsätze ausgemacht:

1869	1874	1879/80	1881/82	1883/84	1885/86	1887/88
91,7	95,5	94,4	95	97,3	94,8	96,3
1888/89	1889/90	1890/91	1891/92	1892/93	1893/94	1894/95
96,1	96,4	96,5	97,4	97,5	97,1	97,5
1895/96	1896/97	1897/98	1898/99	1899		
98,1	96,8	96,6	97,2	fast 98.		

Durchweg ist also nur ein äusserst bescheidener Prozentsatz der Bruttoeinnahmen als Nettoüberschuss verblieben, ein weit geringerer, als bei den Bergwerken, und dieser ohnehin geringe Ueberschuss hat in dem letzten Jahrzehnt sich noch niedriger gestellt, als im vorangegangenen. Es ist das wesentlich eine Folge der Steigerung der Löhne und Gehälter einerseits, des Rückgangs des Silberpreises neben auch nicht hohen Bleipreisen und der Verhüttung grossentheils ärmerer Erze andererseits. Wenn von 1869 zu 1874 eine besonders starke Verringerung des Reinertragskoeffizienten eingetreten ist, so ist das neben der wirthschaftlichen Entwickelung und der Einführung der mehrerwähnten Verrechnungsart zwischen den Harzhütten auch der Veräusserung der Königs- und Creutzburgerhütte zuzuschreiben, die 1869 einen Sollreinertrag von 147 310 M. oder 7,7 Proz. der Bruttoeinnahmen hatten.

In Anbetracht dieses Umstandes und der Entwickelung, welche die Königshütte seitdem genommen hat, kann man, selbst wenn man sich auf den damaligen Standpunkt stellt, dass die Veräusserung der Hüttenwerke zu erstreben sei, füglich mindestens stark in Zweifel ziehen, ob es geschickt war, damals gerade diese Hütte zu veräussern anstatt hiermit zu warten, bis die minder lukrativen Werke abgestossen waren.

Auf die einzelnen Hütten vertheilt sich 1899 der Sollüberschuss wie aus der Anlage XXXIV zu ersehen ist. Demnach stellt er sich auf zwischen 5 - 6 Proz. der Bruttoeinnahme in Malapane, auf 4 - 5 Proz. auf den drei Hannoverschen Eisenhütten, auf 3 bis 4 Prozent für Friedrichshütte, 2—3 Proz. für Gleiwitz und Clausthal, auf 1—2 Proz. für Altenau und Lautenthal und auf nicht ganz 1 Proz. in St. Andreasberg. Eine Unterbilanz hat kein

---

[1]) Ueber die Frage, ob sich die Veräusserung im allgemeinen empfiehlt, vgl. unten § 118.

Werk aufzuweisen. Der Reinertrag ist somit bei den Eisenhütten höher als bei den Metallhütten, und unter Letzteren wieder ungünstiger für die Harzhütten als für die Friedrichshütte.

---

3. Abtheilung.

Die Salzwerke und zugehörigen Badeanstalten.

I. Abschnitt.

Die Einnahme.

(Staatshaushaltsetat Kap. 9 Tit. 5—8.)

I. Kapitel.

Menge und Werth der Salzproduktion.

§ 94. Die Produktionsstätten. Das Salz wird theils als Steinsalz bergmännisch, theils aus natürlichen oder künstlich erbohrten salzhaltigen „Soolquellen" durch Gradiren und Sieden gewonnen. Das Steinsalz ist indess nur selten so rein, dass es nach blosser Vermahlung als Kochsalz verwendbar ist, meist muss es zur Herstellung von Kochsalz in heissem Wasser aufgelöst werden, worauf sich das reine Kochsalz als Siedesalz beim Verdampfen ausscheidet.

In Preussen war vor dem Jahre 1837 das Vorkommen von Steinsalz überhaupt unbekannt. Alles Salz, welches der Bedarf erforderte, wurde durch Gradiren und Sieden von Soole gewonnen oder aus dem Auslande bezogen. Die Salinen im engeren Sinne, d. i. die das Salz aus natürlicher Soole gewinnenden Salzwerke, befanden sich zwar überwiegend, aber nicht ausschliesslich im Besitze des Staates; denn das bis 1867 bestehende Salzmonopol erstreckte sich seit Erlass des Allgemeinen Berggesetzes allenthalben nur noch auf den Vertrieb, nicht auch auf die Gewinnung des Salzes; vor dem Berggesetz hatte allerdings in den Gebieten des Gemeinen Rechts und der Schlesischen, Cleve-Märkischen und Magdeburg-Halberstädter Bergordnungen auch ein Salzgewinnungsregal bestanden.

Im Jahre 1837 wurde zu Artern ein Steinsalzlager erbohrt. Doch gelang dessen Ausbeutung nicht, da der abgeteufte Schacht vor Erreichung des Zieles wegen allzu starken Wasserandranges aufgegeben werden musste.

In Stassfurt, wo die bisher benutzte starke Soole Veranlassung zu Bohrversuchen gab, wurde 1843 bei 816 Fuss Tiefe das erste Steinsalz erbohrt und in den nächsten Jahren, in denen der Bohr 1851 die Tiefe von 1851 Fuss erreichte, das Vorhandensein fast unerschöpflicher

Salzlager festgestellt. Der bergmännische Abbau begann hier 1851 auf einem, 1852 auf einem zweiten Schacht; aber erst unter 974 Fuss wurde brauchbares Kochsalz, dieses allerdings auch von vorzüglicher Güte, gefunden. Die darüber lagernden unreinen oder Abraumsalze waren damals in ihrem Werthe noch nicht erkannt. Bald aber entdeckte man in diesen den bedeutenden Kaligehalt, und nach und nach hat infolgedessen die Gewinnung der dortigen Kalisalze, unter denen von besonderer Wichtigkeit der Carnallit, Kainit und Sylvin sind, diejenige der reinen Salze an Bedeutung überflügelt; andere dort gewonnene Abraumsalze sind Anhydrit (Karstenit), Borazit (Stassfurtit), Kieserit, Polyhalit und Tachhyhydrit. Der Carnallit dient zur Herstellung von Kalisalzen in reiner Form, besonders von Chlornatrium, Kalisalpeter, Brom und Pottasche, der harte Kainit besonders als Düngemittel, der Sylvin zur Herstellung von schwefelsaurem Kalium und Pottasche sowie ebenfalls als Düngemittel. Da sich das Vorkommen dieser Kalisalze nicht auf das fiskalische Salzwerk in Stassfurt beschränkt, sondern auch auf die Umgebung erstreckt, so hat sich allmählich dort eine grossartige chemische Industrie entwickelt, zumal nachdem Ende der 70er und Anfang der 80er Jahre in den rohen Kalisalzen, besonders in dem Kainit, das wichtigste und billigste Kalisalz für die Landwirthschaft erkannt wurde.

Weitere Steinsalzlager wurden für fiskalische Rechnung 1857 in Stetten bei Haigerloch in den Hohenzollernschen Landen und 1862 bei Erfurt erschlossen, das erstere bei 300, das letztere bei 1069 Fuss Tiefe.

Nachdem wie oben (§§ 8 und 10) erwähnt, der Staat sich der kleineren Salinen zum grossen Theil entäussert hat, betreibt er gegenwärtig die Steinsalzbergwerke Stassfurt, Erfurt und Stetten und die Salinen zu Inowrazlaw, Schönebeck, Dürrenberg, Artern, Sooden und Neusalzwerk. Erst in der Errichtung begriffen ist das Salzbergwerk bei Bleicherode, welches die Ausbeutung der ausgedehnten fiskalischen Kalisalzfelder im Süden des Harzes bezweckt. Von den Steinsalzwerken stellen Erfurt und Stetten auch Siedesalz durch Auflösung und Versiedung eines Theiles, Stetten des weitaus grössten Theiles, ihrer Steinsalzproduktion her. Die Saline Schönebeck gewinnt einen Theil ihrer Produktion auf dieselbe Weise aus dem dortigen Steinsalzschacht, wobei die Auflösung theils im Schacht, theils auf dem Gradirwerk in Elmen stattfindet, den übrigen aus der aus dem Soolbrunnen in Grosssalze gehobenen, dort gradirten und sodann nach Schönebeck geleiteten Soole. Im Uebrigen wird das Steinsalz theils in Stücken, theils gemahlen und, ebenso wie das Siedesalz, zum Theil als Speisesalz (weisses), zum anderen Theil denaturirt als Vieh- oder Gewerbesalz abgegeben. Die Stassfurter Kalisalze wurden bis 1887/88 sämmtlich in rohem Zustande an die Fabriken abgesetzt. Nachdem aber die Privatkalibergwerke sämmtlich in Verbindung mit ihrer Bergbauanlage die Einrichtungen zur Verarbeitung der Rohsalze getroffen und dadurch dem fiskalischen Bergwerke gegenüber ein Uebergewicht erlangt hatten, das zwar durch eine Konvention des Staatswerks mit den Privatwerken gemildert war, sich aber, wenn diese Konvention einmal wegfiel, in empfindlichster Weise hätte geltend machen können, wurde 1887/88 zu der, eine verhältnissmässig einfache Manipulation darstellenden Verarbeitung der Carnallitförderung des Achenbachschachtes zu Chlorkalium eine Lösestation eingerichtet. In den Jahren 1891/92, 1894/95, 1895/96 und 1897/98 hat diese als Kalifabrik oder Aufbereitungsanstalt bezeichnete Anlage Erweiterungen, in dem letzgenannten Jahre durch eine Bromfabrik, erfahren. In dem Etatsjahre 1898/99 verarbeitete sie — mit 234 Arbeitern — mehr als ein Drittel der Kaliförderung des Stassfurter Werkes, nämlich 100 439 To. Carnallit, 6296 To. Kainit und 5621 To. Sylvinit, und stellte hieraus 15 768 To. Chlorkalium, 3149 To. calcinirte Düngesalze, 1925 To. calcinirte Kalimagnesia, 425 To. schwefelsaure Kalimagnesia, 3657 To. Kieserit, 34 To. Borazit und 49 853 kg Brom her. Als Nebenprodukte gelangen auf den Siedesalz herstellenden Werken zur Darstellung und Veräusserung Pfannenstein, d. i. der beim Versieden des Salzes auf dem Boden der Sudpfannen verbleibende, grösstentheils aus Gips bestehende feste Rückstand, Mutterlauge und Mutterlaugensalze.

Im Betriebe stehen z. Z. in Stassfurt 4 Förderschächte, der „Achenbach“-, „Berlepsch-“, „Maybach-“ und „Brefeldschacht“ mit eben so vielen Fördermaschinen, 2 Wasserhaltungsmaschinen und 3 Ventilatoren; zum Vermahlen sind Steingänge und Schleudermühlen in grösserer Anzahl vorhanden. In Erfurt wird auf einem Schacht mit einer Fördermaschine gefördert, während ein zweiter zur Fahrung dient. Die Auflösung des Steinsalzes findet über Tage statt; zum Vermahlen sind Mahlwerke, zur Siedung 2 Pfannen vorhanden, daneben ein kleiner Flammofen zum Brennen der Viehsalzlecksteine. Das kleine Werk in Stetten fördert ebenfalls auf einem Schacht mit einer durch Wasserkraft — zur Reserve ist eine Lokomobile vorhanden — betriebenen Fördermaschine, Pumpe, Ventilator, 2 Walzwerken und 4 Mühlen; zur Siedung stehen 2 Pfannen zur Verfügung. Auf der Saline Schönebeck wird die Soole in der Hauptsache durch Auflösung von Steinsalz im „Moltkeschacht“, zum kleinern Theil auf dem Gradirwerk in Elmen gewonnen. Das Werk besitzt 11 Siedehäuser mit 40 Pfannen und wird durch 21 Dampfmaschinen betrieben. Mit demselben ist eine Zentralbohrschmiede mit Dampfhammer und Dampfmaschine und eine Ringofenziegelei verbunden. Der An- und Abfuhr dienen Anschlussgeleise nach der Station Schönebeck und der „Salinenkanal“ zur Elbe. Die im Moltkeschacht ausser dem Steinsalz gewonnene Soole enthält auf 1 cbm 160, die in Elmen 290 kg Salz.

Dürrenberg gewinnt aus dem „Bohrloch“ und „Witzlebenschacht“ Soole mit nur 94 kg Salzgehalt, die durch Erfurter Steinsalz angereichert, gradirt und in 10 Siedehäusern mit eben so viel Pfannen gesiedet wird. Der Betrieb erfolgt durch Wasser-, Dampf- und Windkraft. Die in Artern aus dem „Sohlschacht“ gehobene Soole bedarf bei 319,4 kg Gehalt keiner Anreicherung; zu ihrer Siedung sind 6 Pfannen vorhanden. Als Triebkraft dient Wasser. In Neusalzwerk wird aus dem „Bülowbrunnen“ Soole von 97,04 kg Gehalt gewonnen, gradirt und in 6 Pfannen gesiedet. Triebkraft ist auch hier Wasser. Sooden besitzt 2 Soolbohrlöcher, Gradirwerke und 2 Siedehäuser; die Wasserkraft bringt der aus der Werra abgeleitete „Soolgraben“. Der Gehalt der Soole beträgt 107,1 kg. Inowrazlaw reichert die unterirdisch zufliessende, auf einem Schacht — ein zweiter dient zur Fahrung und Wasserhaltung — geförderte Soole mit dem ebendort gewonnenen Steinsalz an. Vorhanden sind 2 Förder- und 1 Wasserhaltungsmaschine, 4 Siedehäuser mit Siede- und Trockenpfannen, Trockenapparaten und Zentrifugen. Die Kraft liefern 3 Dampfmaschinen.

Das Werk bei Bleicherode, dessen Fertigstellung zum Betriebe und zur Förderung für 1902 in Aussicht steht, soll einen Schacht, Mahlwerk und eine Chlorkaliumfabrik umfassen.

Die Denaturirung des Viehsalzes erfolgt auf den Staatswerken mit $^1/_4$ Proz. Eisenoxyd und $^1/_4$ Proz. Wermuthpulver, die des Gewerbesalzes mit den vom Abnehmer zu liefernden Mitteln.

§ 95. Die fiskalische Produktion an **Steinsalz** (Anl. XXXII Sp. 2—5), von der fast stets mindestens 70—80 Proz. auf Stassfurt entfielen, während an dem Rest in den letzten Jahren Erfurt mit ungefähr demselben Prozentsatz betheiligt war und das für den Absatz ungünstig gelegene Stetten seit 1885/86 nie mehr eine Produktion von 3000 To. erreicht hat, ist ähnlichen Schwankungen wie die Förderung der Bergwerke unterworfen gewesen. Ihren Grund hatten dieselben hauptsächlich in der verschiedenen Nachfrage der Industrie, namentlich der Sulfonnatron- und Sodaindustrie, nach Steinsalz und in der Konkurrenz anderer Werke. Insbesondere schrieb sich der auf die starke Produktionsvermehrung, welche Ende der 60er, Anfang und zum Theil auch Mitte der 70er Jahre stattgefunden hatte, folgende Rückgang in den letzten 70er Jahren von dem Darniederliegen der gedachten Industriezweige und von der Konkurrenz des Neustassfurter Privatwerks her. Die alsdann eintretende bessere Konjunktur konnte von den Staatswerken voll ausgenutzt werden, weil die Leistungsfähigkeit Stassfurts durch Vollendung der neuen Förderanlage auf Achenbachschacht und neue Aufschlüsse reichhaltiger Steinsalzmittel wesentlich erhöht war. Die Förderung stieg daher von 1879/80 bis 1882/83 von 58 846 auf 88 144 und, nach einem vorübergehenden, auf Erfurt entfallenden geringen Rückgang im Etatsjahr 1883/84, weiter bis auf 102 048 To. im Jahre 1886/87. In den beiden nächsten Jahren musste die Produktion in Folge ungünstigen Absatzes im Auslande nicht unerheblich eingeschränkt werden. Auch das nach dem Aufschwung der Jahre 1889/90 und 1890/91 einsetzende Sinken der Förderungsmenge wurde durch die Lage des Auslandsmarktes bedingt, indem ausserhalb Europas in Folge zu starker Verschiffungen in den Vorjahren die Nachfrage erheblich nachliess. In den letzten Jahren bis 1898/99 liess sich trotz des allgemeinen wirthschaftlichen Aufschwungs eine konstant günstige Entwicklung der fiskalischen Steinsalzproduktion nicht konstatiren, indem diese zwar 1896/97 die Höhe von mehr als 105 000 To., in den beiden nächsten Jahren aber nur 83 221 To. und 90 131 To. erreichte.

Der grösste Theil des von den Preussischen Steinsalzbergwerken gewonnenen Salzes wird für gewerbliche Zwecke, insbesondere zur Soda- und verwandten Fabrikation, ein geringerer Theil als Viehsalz und Düngemittel, und nnr der geringste als Speisesalz abgesetzt. Die Steinsalzpreise richten sich daher nach der Lage der betreffenden

Industrien, haben aber in den letzten Jahrzehnten im Ganzen eine Neigung zum Sinken gezeigt, die wohl auf das stärkere Angebot in Folge Erschliessung neuer reicher Salzlager zurückzuführen ist. Ende der 50er und Anfang der 60er Jahre stellten sie sich auf ca. 10 bis 12 M. für eine Tonne, Mitte der 60er Jahre nur noch auf ca. 6 bis 7 M. Die allgemeine Preissteigerung in den ersten Jahren des achten Jahrzehnts brachte sie wieder 1873 bis auf ca. 10 M., während in den nun folgenden Zeiten der Depression die Steinsalzpreise bis Ende des Jahrzehnts fortgesetzt bis auf ca. 5,8 M. herabgingen. Nach einer geringen, nur ca. 10 Pf. auf die Tonne betragenden Aufbesserung in den Jahren 1881/82 und 1882/83 ging in der Folgezeit der Preis weiter herunter, um 1889/90 mit 4,8 M. den tiefsten Stand zu erreichen. Seitdem stellte er sich in den einzelnen Jahren von 1890/91—1898/99 auf bezw. 5,16 M., 5,16 M., 5,01 M., 5,21 M., 5,14 M., 4,58 M., 4,76 M., 4,8 M. und 4,67 M.

Zwischen den auf den einzelnen Werken erzielten Durchschnittspreisen bestehen, bedingt durch die verschiedene Beschaffenheit und Verwendung des Salzes, nicht unerhebliche Verschiedenheiten, indem die Durchschnittspreise jetzt in Erfurt und Stetten höher als in Stassfurt sind. Der Durchschnitt für alle 3 Werke stellt sich bei dem Ueberwiegen der Stassfurter Produktion um ein Geringes höher, als der Stassfurter; so betrug der Durchschnittspreis 1898/9 in Stassfurt 4,3, Erfurt 6,3 und Stetten 9,4 M., derjenige für den Staat 4,67 M. Für 1899 wurde bei der Etatsaufstellung für Stassfurt mit einem Preise von 4,4 M. gerechnet.

Selbstverständlich konnte, da somit in den letzten Jahrzehnten keine nachhaltige starke Vermehrung der Förderung stattfand, die Preise aber mehr zum Weichen als zum Steigen neigten, eine günstige Entwickelung des Gesammtwerths der fiskalischen Steinsalzförderung (Anlage XXXII Sp. 6) nicht zu verzeichnen sein. Der Werth bewegte sich 1879/80—1883/84 zwischen 0,39 und 0,51, 1884/85 bis 1888/89 zwischen 0,37 und 0,54, 1889/90—1893/94 zwischen 0,41 und 0,52 und 1894/95 und 1898/99 zwischen 0,35 und 0,50 Millionen Mark, hat also in diesem zwanzigjährigen Zeitraum Fortschritte nicht gemacht. Für den Staatshaushalt und selbst für die Gesammteinnahme von den Salzwerken hat das aber bei dem verhältnissmässig geringen, hinter dem Werthe der Kali- und Siedesalzproduktion weit zurückbleibenden Betrage nicht viel zu sagen.

§ 96. Weit günstiger hat sich die auf Stassfurt beschränkte fiskalische Produktion an **Kalisalzen** entwickelt, trotz der Konkurrenz die ihr durch in der Umgebung Stassfurts entstandene Privatwerke erwachsen ist. Bereits 1860 überstieg sie an Menge (Anlage XXXII Sp. 7) die Steinsalzproduktion Stassfurts und bald auch diejenige aller drei fiskalischen Steinsalzbergwerke. Selbst die wirthschaftlich so ungünstigen Jahre nach dem Krach von 1873 konnten nur einen Stillstand in der Produktionszunahme, keine positive Abnahme bewirken, sodass immerhin 1878/79 die Förderung noch um ein Geringes höher als 1874 und um 16 270 To. oder fast 15 Proz. höher als 1869 war. Schon 1879/80 begann dann, nachdem günstige

Kainitaufschlüsse gemacht waren, ein neuer Aufschwung der Produktion, die 1880/81—1882/83 auf 191 397, 289 574 und 341 088 To. stieg. Letztere Menge bedeutet freilich auch das weder vorher noch bis jetzt wieder erreichte Maximum. Nachdem die Förderung in den folgenden Jahren nur 0,3, 0,19 und 0,2 Mill. To. betragen hatte, stieg sie 1886/87 auf 263 431 To. und hielt sich dann mit Ausnahme von 1889/90, 1890/91 und 1894/95, bis 1896/97 zwischen 0,24 und 0,27 Mill., um endlich 1897/98 auf 278 737, 1898/99 auf 296 626 To. zu steigen. Der Rückschlag 1889/90 und 1890/91 war hauptsächlich durch geringere Kainitnachfrage auf dem amerikanischen Markt, derjenige von 1894/95 vorwiegend durch geringeren Inlandsbedarf infolge ausserordentlich lange anhaltenden Frostwetters, welches die Verwendung von Kainit, Sylvinit und Chlorkalium in der Landwirthschaft hinderte, verursacht. Immerhin waren diese Rückschläge, um rund 29 000 und 26 000 To., weit geringer als bisweilen in früheren Jahren. Wenn somit die Produktion in den letzten 12—13 Jahren bis 1898/99 eine stetigere als früher geblieben ist, so dürfte das mindestens zum wesentlichen Theil dem in der heutigen Gestalt seit 1888 bestehenden sogen. „Kalisyndikat" zuzuschreiben sein, zu dem sich die Kaliwerke von Stassfurt und Umgegend, darunter auch das fiskalische, vereinigt haben.

Eine Konvention zwischen den Kalifabriken kam schon 1876 zu Stande, während die beiden damals einzigen Besitzer von Kalisalzbergwerken, der Preussische und Anhaltische Fiskus, stillschweigend übereinstimmende Preise hielten. Die Konkurrenzgefahr für die beiden fiskalischen Werke durch die neu entstandenen Privatwerke Douglashall bei Westeregeln und Neustassfurt führte dann 1879 zu einer Konvention dieser 4 Werke zur gemeinschaftlichen Regelung der Förderung und des Vertriebes des zu fabrikatorischen Zwecken erforderlichen Carnallits. 1880 schlossen die beiden fiskalischen Werke und Neustassfurt eine ähnliche Convention hinsichtlich des Kainits zu Düngezwecken. Neue Verträge wurden für die Dauer von 1883—1888 zwischen den gedachten 4 alten und den neuen Werken Schmidtmannshall und Ludwig II abgeschlossen, und auch zwischen den Kalifabriken kam 1883 eine analoge Einigung zu Stande, der der Preussische Fiskus mit seiner 1887 errichteten Fabrik zwar nicht beitrat, sich aber zur Innehaltung gleicher Preise und Verkaufsbedingungen verpflichtete. Die 1888 auf 10 Jahre geschlossene, seitdem aber mit gewissen Aenderungen verlängerte Konvention, das „Verkaufssyndikat der Kaliwerke zu Stassfurt-Leopoldshall" umfasst sämmtliche 12 z. Z. in Deutschland bestehende Kalisalzwerke, nämlich ausser den schon genannten sechs Hercynia bei Vienenburg, Solvayhall bei Bernburg, Thiederhall bei Thiede, Wilhelmshall bei Anderbek, Glückauf bei Sondershausen und Hedwigsburg bei Neinstedt und besteht aus 7 den Absatz der einzelnen Salze und Fabrikate regelnden Verträgen. Nach denselben bestimmen die Organe des Syndikats das Förderquantum von Carnallit und Kainit zu fabrikatorischen Zwecken und vertheilen es nach einem kontraktlich festgelegten Verhältniss auf die einzelnen Werke. Soweit die Theilnehmer eigene Fabriken haben, können sie diesen ihren Antheil auf diesen verarbeiten; sie dürfen aber von keinem ausserhalb des Verbandes stehenden Werk Rohsalze beziehen. Soweit die Theilnehmer, wie Anhalt, eine eigene Fabrik nicht besitzen, oder, wie Preussen, auf derselben nur einen Theil der Förderung verarbeiten, dürfen sie die Rohsalze an gesondert stehende Fabriken nur verkaufen, wenn durch Verträge mit diesen dem Salzwerk der im Interesse der Zwecke des Syndikats nöthige Einfluss gesichert ist. Die Verkaufspreise für die Rohsalze bestimmt in diesem Fall das Syndikat nicht. Dagegen ist bezüglich des Carnallits und Kainits zu Düngezwecken und — in geringen Mengen — zu Badezwecken u. s. w. nicht nur die Lieferung auf die Theilnehmer vertheilt, sondern der ganze Verkauf erfolgt durch eine Zentralstelle des Syndikats oder doch, soweit eigenmächtiger Verkauf gestattet ist, unter den Bedingungen des Syndikats, dem jeder solcher Verkauf auch behufs Ausgleichung der Vertheilung der Lieferungen anzumelden ist. Aehnlich sind die Vereinbarungen bezüglich der Fabrikate Chlorkalium, Kieserit, schwefelsauren Kalierzeugnisse einschliesslich der sog. calcinirten Düngemittel; auch der Verkauf dieser erfolgt durch eine gemeinschaftliche Verkaufsstelle. Die Sonderfabriken müssen, um Rohsalzlieferungen von den Syndikatswerken zu erhalten, die Pflichten der Syndikatsfabriken als auch für sich verbindlich anerkennen. Im Interesse der Konsumenten sind Vorkehrungen für gleichmässige Beschaffenheit u. s. w. der Waaren getroffen, über die ein Syndikatslaboratorium durch Kontrollanalysen wacht. Die Verwaltung erfolgt durch einen Gesammtausschuss der Vertreter der Konventionswerke und einen kaufmännischen Vorstand mit den nöthigen Unterbeamten. Dem Preussischen Fiskus sind bei der Verwaltung gewisse Sonderrechte eingeräumt.[1])

Im Jahre 1898/9 setzte das Syndikat ab an rohen Kalisalzen zu nicht fabrikatorischen Zwecken 1 150 658 To., wovon nur 4715 To. zu gewerblichen, der ganze Rest, davon an Kainit und Sylvinit 1 081 871 To., zu landwirthschaftlichen Zwecken abgegeben wurde; von den 1 081 871 To. Kainit und Sylvinit, die zur landwirthschaftlichen Verwendung gelangten, bezog das Inland 745 834, das Ausland 336 037 To. Bergkieserit und Carnallit wurden 68 787 To. abgesetzt, davon 61 849 To. im Inland. An Hauptfabrikaten wurden abgesetzt: Chlorkalium 157 415, schwefelsaures Kali 19 185, calcinirte schwefelsaure Magnesia 10 472, krystallisirte schwefelsaure Kalimagnesia 823 To., und weitere 16 549 To. Chlorkalium wurden in den zu den Syndikatswerken gehörigen Fabriken auf Pottasche, Salpeter und chlorsaures Kali verarbeitet. Von den 157 415 To. Chlorkalium gelangten zur Ausfuhr 107 473 To., davon 52 398 To. nach den Vereinigten Staaten von Nordamerika. Zu landwirthschaftlichen Zwecken bezog an Chlorkalium das Inland 800, das Ausland 65 349 To.

Die Verkaufsbedingungen des Syndikats sind, um der Landwirthschaft die Entnahme von Kalisalzen zu erleichtern, folgende: Von den vom Syndikat für Carnallit, Kieserit, z. Z. auf 9 M., für Kainit und Sylvinit auf 15 M. festgesetzten Grundpreisen werden im Inlandsabsatze bei Entfernungen von mehr als 400 km Staffelpreisvergütungen gewährt, die für je 20 km 0,1 M. beim Absatz nach den östlichen Provinzen, im Uebrigen 0,05 M. betragen. Von den hiernach sich ergebenden Preisen erhalten die landwirthschaftlichen Vereine, welche den Absatz an ihre Mitglieder vermitteln, die Düngerfabriken und Agenten Provisionen, welche mit der Bezugsmenge bei Carnallit und Kieserit von 4 bis 14 Proz. (bei mehr als 10 000 To.), bei Kainit und Sylvinit von 3 bis 10 Proz. (bei mehr als 300 000 To.) ansteigen. Ferner erhalten die landwirthschaftlichen Vereine eine Propagandavergütung von 1 vom Hundert und eine gleich hohe Delkrederevergütung. In für die Landwirthschaft besonders ungünstigen Jahren sind die Grundpreise der einzelnen Salze ermässigt worden.

Für den Auslandsabsatz beträgt der Grundpreis für eine Tonne Carnallit und Kieserit 12, für Kainit und Sylvinit 19 M., beide bei durchschnittlich 5 Proz. Rabatt; für den amerikanischen Markt ist der Preis für Kainit und Sylvinit auf 16,5 M. festgesetzt, ohne weitere Vergütung.

Wie auf die Höhe der Produktion so hat zweifellos auch auf die Preise das Kalisyndikat eine nivellirende Wirkung ausgeübt. Allerdings standen seit 1866—1878 die Durchschnittspreise für Carnallit auch ziemlich gleichmässig auf 8 M. für die Tonne, während sie 1879 auf 10 M. stiegen, sich bis 1883 auf dieser Höhe hielten und dann auf 11,2 M. stiegen, um 1882—1891 8 M., 1892—1893 9 M., dann wieder bis 1898/9

[1]) Näheres bei Engelcke, „Das deutsche Kalikartell" in Bd. 60 der Schriften des Vereins für Sozialpolitik S. 1—39.

8,05—8,1 M. zu betragen. Wenn somit die Preisschwankungen zwar auch vor Gründung des Syndikats keine grossen waren, so ist doch zu berücksichtigen, dass damals die Zahl der konkurrirenden Werke eine weit geringere war und daher von einem gegenseitigen Unterbieten viel weniger die Rede sein konnte, als es heut ohne das Syndikat der Fall sein würde. Die von dem Syndikat für Kainit erzielten Preise betrugen — pro Tonne — 1887 16,2 M., 1888—1893 konstant 15 M., 1894 14,8 M., 1895 14 M., 1896 13,9 M., 1897 13,8 und 1898 13,87 M., wobei sich der Inlandspreis immer nicht unerheblich unter diesen Durchschnitt stellte. Zu berücksichtigen ist hierbei, dass der Rückgang der Preise vorwiegend der Deutschen Landwirthschaft zu Gute gekommen ist, theilweise durch freiwillige Preisermässigungen mit Rücksicht auf die Lage der Landwirthschaft herbeigeführt, also eine volkswirthschaftlich erfreuliche Erscheinung ist, die, soweit sie auf freiwilligem Entgegenkommen der Werke beruht, ohne das Syndikat wahrscheinlich unterblieben oder nur auf Kosten der fiskalischen Werke ermöglicht sein würde. Bergkieserit wird im Preise dem Carnallit gleich gehalten, Sylvinit bis vor Kurzem dem Kainit: 1897 und 1898 stellte es sich 1,9 und 1,37 M. theurer als Letzteres. Nicht in gleichem Masse konstant blieben die Preise der Kalifabrikate, wozu erheblich die zunehmende Verwendung nicht kalihaltiger Sprengstoffe beitrug. In den Jahren 1888/9—1898/9 schwankten sie auf dem Stassfurter Werk zwischen 100,01 und 142,7 M. pro Tonne, diejenigen für rohe Kalisalze aller Art und Borazit nur zwischen 12,4 und 14,7 M. Immerhin waren auch für Kalifabrikate die Preisdifferenzen früher weit grössere gewesen, so für 80prozentiges Chlorkalium in den 60er Jahren 360—125, in den 70er 185—92 M.

Der Werth der Stassfurter Kalisalzproduktion weist der Entwicklung, der Förderung und den Preisen entsprechend denn auch in den letzten 10—12 Jahren eine grössere Stetigkeit auf, als früher (Anl. XXXII Sp. 8). Während er z. B. in den Jahren 1878/9—1881/2 von einer auf 3,2 Millionen stieg, dann 1882/3 und 1883/4 auf 3,8 und 3,65 blieb, um 1884/5 um mehr als 1$^1/_3$ Million zu fallen, betrug der seitdem zu verzeichnende stärkste Rückgang von einem Jahr zum andern nur (1894/5) 300000 M., die stärkste Zunahme (1891/2) 434000 M. Die letzten 4 Jahre 1895/6—1898/9 weisen bei ruhiger Zunahme der Förderung und wenig schwankenden Preisen einen stetigen Fortschritt, auf 3,48, 3,76, 4,09 und 4,13 Millionen M. auf.

§ 97. Die grösste Stetigkeit zeigt, wenn man von den Veränderungen in dem Bestande der Salinen absieht, also nur die gegenwärtig im Staatsbetriebe befindlichen in Betracht zieht, die Produktion an **Siedesalz** auf den fiskalischen Salinen (Anl. XXXII Sp. 15); seit 1878/9 hat sie nur zwischen 106951 und 125035 To. geschwankt und ist nur 2 Mal unter 110000 To. gesunken, nur 4 Mal über 120000 gestiegen. Der einzige auffallend starke Rückschlag von 1883/4 zu 1884/5, um mehr als 13000 To., war eine Folge von Zollmassregeln Russlands, das einheimisches Salz von jeder Produktionssteuer befreite, importirtes aber mit einem hohen Zolle belastete, wodurch besonders Inowrazlaw getroffen wurde, und immer steigender Konkurrenz der Privatsalinen. Im Ganzen zeigt der Siedesalzverbrauch deshalb eine grössere Konstanz als derjenige des Steinsalzes und der Kalisalze, weil das Siedesalz überwiegend als Speise- und Viehsalz und nur zu einem geringen, in den letzten Jahrzehnten noch sehr zurückgegangenen Prozentsatz zu gewerblichen und Düngezwecken verbraucht wird, während beim Stein- und Kalisalz das Verhältniss ein umgekehrtes ist; die Steigerung des Konsums im Speise- und Viehsalz hat aber natürlich ihre eng, im Wesentlichen durch die Zunahme der Bevölkerung und des Viehstandes gezogenen Grenzen. Wenn nun die fiskalische Produktion auch nicht einmal mit der Bevölkerungszunahme gestiegen ist, so liegt das an der Vermehrung und Erweiterung der Privatsalinen: die Gesammtzahl der Salinen in Deutschland ist von 1872—1897 von 61 auf 71 gestiegen. Dazu kommt, dass die kleinen fiskalischen Salinen Sooden und Neusalzwerk unter wenig günstigen Verhältnissen arbeiten bezw. arbeiteten, die insbesondere in der Abhängigkeit der Gradirung — auf den andern Staatssalinen werden geringhaltigere Soolen ausschliesslich oder grösstentheils mit Steinsalz angereichert —, von der Witterung, der Konkurrenz der Süddeutschen und Lothringischen Salinen liegen. Auch Artern befand sich, bis es 1879 Bahnverbindung erhielt, gegenüber den konkurrirenden Salinen in sehr ungünstiger Position.

Von der Gesammtproduktion der fiskalischen Salinen liefert seit jeher Schönebeck (Anl. XXXII Sp. 10) mehr als die Hälfte, in den letzten 20 Jahren jährlich 54,6—66,5 Tausend Tonnen. Am gleichmässigsten blieb die Produktion von Dürrenberg (Spalte 11 a. a. O.), seit 1878/9 hat sie nur ein Mal 26 000 To. erreicht, nur zwei Mal weniger als 23 000 To. betragen. Inowrazlaw (Sp. 9 a. a. O.), das in der ersten Hälfte der 80er Jahre seine Produktion von 17 700 bis auf mehr als 20 000 To. gesteigert hatte, hat die Einbusse, die es dann durch die erwähnten Russischen Zollmassnahmen erlitt, beim Steigen der Russischen Valuta und durch Ausdehnung des Absatzes nach Ost- und Westpreussen und Pommern wieder theilweise ausgeglichen, indessen seit 1883/4 zum ersten Male 1898/9 wieder 19 000 To. erreicht. Von den 3 kleineren Salinen hat Artern (Sp. 12 a. a. O.) seine Produktionsmenge seit Erbauung der Bahn Sangerhausen-Erfurt etwas zu steigern vermocht, so dass sie seitdem mit Ausnahme eines Jahres (1892/3) immer mehr als 8000 To., in 7 Jahren mehr als 9000 To. betrug. Auch Sooden (Sp. 13 a. a. O.) hat sich etwas gehoben, während Neusalzwerk (Sp. 14 a. a. O.) seit 1884/5 nur zwei Mal mehr als 1700 To. geliefert hat.

Der Preis des Siedesalzes beruhte, solange der Salzhandel Monopol war, auf einseitiger Festsetzung der Staatsgewalt. Als er mit Beseitigung des Monopols dem Angebot und der Nachfrage unterworfen wurde, erfuhr er eine starke Ermässigung um mehr als 25 Proz. und bewegte sich, inklusive Steuer, bis Mitte der 70er Jahre mit geringen Schwankungen im Durchschnitt des Staates für Kochsalz um 26 M. pro Tonne. Ein weiterer Rückgang auf 25,08 M., 24,6 M., 24,2 M., 23,8 M. trat in den Jahren 1876—1879 ein infolge der steigenden Konkurrenz der Salinen, der gegenüber Kartellbestrebungen noch wenig Erfolg hatten.[1]) Als im Jahre 1879 eine umfassende Einigung der Salinen gelang, kam auch der Preisrückgang zum Stehen, sodass sich der Werth stellte 1880 auf 24,35 M., 1881 auf 24,54 M., 1882 auf 24,52 M., 1883 auf 24,46 M. Die Auflösung der Westfälischen, Norddeutschen und Sächsisch-Thüringischen Salinenvereinigungen in den Jahren 1883 und 1885 hatte wieder einen lebhaften Konkurrenzkampf und mit ihm ein allgemeines Herabgehen der Preise im Gefolge, 1884 auf 23,89 M., 1885 auf 23,19 M., 1886 auf 22,39 M. Speziell im Durchschnitt der fiskalischen Salinen betrug der Preis in dem Etatsjahr 1886/87 22,47 M. In den beiden folgenden Etatsjahren stellte er sich für diese auf 21,59 und 20,74 M. Nachdem seit 1887 sich die Salinen wiederum in festeren als den früheren Konventionen geeinigt hatten, vermochten sie auch wieder bessere Preise zu erzielen, der Preussische Fiskus 1889/90 25,46 M., 1890/91 25,82 M. In den folgenden Jahren hielten sich die Preise auf diesem oder doch einem nur wenig niedrigeren Stande; 1897/98 stellten sie sich auf 24,98 M., 1898/99 auf 26,6 M.

Zwischen den einzelnen fiskalischen Salinen bestehen nicht unerhebliche Preisverschiedenheiten: 1898/9 erzielten Dürrenberg 28,6 M., Neusalzwerk 27,4 M., Schönebeck 25,1 M., Artern 23,6 M., Sooden 23,3 M. und Inowrazlaw 21,9 M. In den einzelnen Jahren hat sich die Reihenfolge, in der sie nach der Preishöhe rangirten, indessen mehrfach geändert; insbesondere nahm Inowrazlaw vor dem oben erwähnten theilweisen Verlust des Russischen Marktes die dritte oder vierte Stelle nach Neusalzwerk, Dürrenberg und Sooden ein.

Wenn somit auch die Preisschwankungen des Siedesalzes keine übermässig grossen gewesen sind, so ist doch der Gesammtwerth der fiskalischen Gewinnung (Anl. XXXII Sp. 16), wieder von den inzwischen veräusserten Salinen abgesehen, hin und wieder ziemlich erheblichem Wechsel unterworfen gewesen, weil Einschränkungen und Vermehrungen der Produktion mit Sinken und Steigen der Preise zusammentrafen. In den letzten 20 Jahren belief sich sein höchster Betrag auf (1896/97) 3 178 400 M., sein niedrigster (1887/88) 2 411 144 M., die grösste Differenz von einem Jahr zum andern ein Mal (1888/89 zu 1889/90) mehr als 1/2 Million oder 20 Proz., 2 Mal (1879/80 zu 1880/81 und 1883/84 zu 1884/85) mehr als 300 000 M. In dem Jahrzehnt 1889/90—1898/99 bewegte der Werth sich indess nur zwischen 2 813 870 und 3 178 400 M., war also ein recht gleichmässiger. In der Zeit von 1866 zu 1869 hatte er trotz Zunahme der Produktion um mehr als 12 Proz. um ca. 10 Proz. abgenommen infolge des Sinkens des Preises nach Aufhebung des Monopols. Im Jahre 1874 finden wir bei weiter um 17 Proz. gestiegener Menge einen um ca. 45 Proz. höheren Werth, der dann bis 1878/79 unter dem Zusammenwirken von Produktionseinschränkung und Preisrückgang sich um fast 1/2 Million oder 19 Proz. verringert. Ende der 60er und Anfangs der 70er Jahre kam zu der in Spalte 16 angegebenen Summe noch hinzu der nicht unerhebliche

---

[1]) Vergl. Wurst, „Die Kartelle der deutschen Salinen“ im Bd. 20 der Schriften des Vereins für Sozialpolitik S. 129.

Werth der Produktion der inzwischen veräusserten Salinen Königsborn, Rothenfelde, Münster a. St., Sülbeck und Rodenberg, früher derjenige von Halle und Königsborn.

II. Kapitel.

Die Geldeinnahmen der Salzwerke.

(Staatshaushaltsetat Kap. 9 Tit. 7 und 8.)

§ 98. Von den Momenten, welche das starke Differiren der Soll- und Isteinnahme für Produkte von den Produktionswerthen bei den Bergwerken und bei den Hütten verursachen, entfallen bei den Salzwerken der starke Selbstverbrauch und die Abgabe von Halbfertigprodukten von einem Werke an das andere; die Abgabe von Deputatsalz an die Arbeiter und einzelne milde Stiftungen ist nur ganz unerheblich. Dagegen fällt natürlich auch hier die Produktenmenge und ihr Werth nur ausnahmsweise mit Menge und Werth des Absatzes des betreffenden Rechnungsjahres zusammen. Ausserdem treten zu den Einnahmen für Salz noch einige tausend Mark für Nebenprodukte, wie Pfannenstein und Mutterlauge hinzu. Im Ganzen aber hat sich, wie ein Vergleich der Anlage XXVII F mit Spalte 17 der Anlage XXXII ergiebt, die **Solleinnahme für Produkte** (Staatshaushaltsetat Kap. 9 Tit. 5) nur selten erheblich von dem Werth der Salzproduktion entfernt. Auch die Etatsansätze zeigen daher eine verhältnissmässig grosse Stetigkeit. In den letzten 10 Jahren, von 1890/91—1899, hat die Differenz zwischen zwei auf einander folgenden Jahren nur ein Mal, 1896/97 zu 1897/98, zwischen 5 und 6 und ein Mal, 1898/99 zu 1899, ca. 8 Proz. betragen, und auch im vorangegangenen Jahrzehnt erreichte sie nur ein Mal, zwischen 1887/88 und 1888/89, 10 Proz., wenn auch im Ganzen die Entwickelung eine etwas unruhigere war. Eine Höhe, wie 1899 mit 7 938 205 M. hat sie nie zuvor erreicht und sich auch niemals dauernd auf solcher Höhe erhalten, wie seit 1893/94, seit welchem Jahre sie ständig mit mehr als 7 Millionen angesprochen werden konnte. Mit dem Ansatze für 1899 beträgt sie fast das Doppelte derjenigen von 1869 und mehr als das Anderthalbfache derjenigen in den 70er Jahren, während sie über das Doppelte der 50er und ersten Hälfte der 60er Jahre hinausgeht. Diese überaus günstige Gestaltung ist, wie sich aus dem oben ausgeführten ergiebt, ganz überwiegend der Entwickelung der Stassfurter Kalisalzgewinnung zuzuschreiben.

Im Verhältniss zu den Einnahmen für Produkte von etwas grösserem Belange als bei den Bergwerken und Hütten sind bei den Salzwerken diejenigen an **ökonomischen Nutzungen** etc. (Staatshaushaltsetat Kap. 9 Tit. 6). Die grössten Posten hierunter bilden die Einnahmen für die zur Versendung des Salzes mitgelieferten Säcke und Verpackungsmaterialien, die Einnahmen der Zentralbohrschmiede in Schönebeck mit für 1899 50000 M., für der Belegschaft, namentlich der Steinsalzbergwerke, gelieferte Sprengstoffe, Gezähe und Beleuchtung, ferner Ackerpächte, Miethen, Erlöse für alte Materialien und Inventarienstücke, für an die Soolbäder abgegebene Soole (vergl. unten § 99 und 102).

Für 1899 wurden die einzelnen hauptsächlichsten Posten veranschlagt:

	Stassfurt	Erfurt	Stetten	Bleicherode	Inowrazlaw	Schönebeck	Dürrenberg	Artern	Neusalzwerk	Sooden
	Mark									
Miethe für auf Grund d. G. v. 13. Aug. 1895 erbaute Häuser . .	8 888	180	—	—	—	640	—	—	—	—
sonstige Pacht und Miethe, Wasser- u. Förderzinse u. dgl.	16 912	105	—	1 400	1 690	29 000	9 000	[2]) 6 980	4 363	1 422
Fuhrwerk	300	—	—	—	—	—	—	—	—	—
alte Materialien usw.	7 000	500	[1])	100	1 500	5 310	2 650	1 700	750	110
Säcke u. s. w.	100 000	3 200	9 650	—	500	400	200	6 000	380	5 100
Sprengstoffe	95 000	4 100	580	1 500	50	2 780	} 1 200	—	—	—
Gezähe u. Material. .	4 500	1 300	140	1 500	—	—	}	—	—	32
Badesoole	—	—	—	—	—	—	—	—	6 700	—
Sonstiges	3 120	8 115	330	—	265	970	1 200	320	2 097	6
zusammen . .	**234 500**	**17 500**	**10 700**	**4 500**	**4 005**	**39 100**	**13 050**	**15 000**	**12 290**	**6 670**

Die Höhe der Einnahmen des Tit. 6, welche für 1899 auf 407 315 M. veranschlagt waren, hängt bei ihrer Zusammensetzung naturgemäss in erster Linie von dem Absatz, für den die Säcke gebraucht werden, ab. Wenn sie im Jahre 1889/90 eine auffallend geringe war, so lag das daran, dass von da an die Verpackungsgebühren für Kalifabrikate mit dem Verkaufspreis der Letzteren in Tit. 5 zur Verrechnung gelangten, und in einem Minderbedarf für Sprengstoffe in Stassfurt, während die Steigerung im nächsten Jahre durch Mehrerlös aus Säcken, Tonnen etc. ebendort bedingt war. Als mit dem Etatsjahr 1893/94 auch die Säcke für aufbereitete Kalisalze mit dem Verkaufspreise in Tit. 5 zur Verrechnung gelangten, bewirkte dies wiederum einen Rückgang der Einnahme des Tit. 6. Die starken Schwankungen in den 70er und ersten 80er Jahren endlich beruhten vorwiegend in der oben (§ 70) erörterten verschiedenen Berechnung der zum Wiederverkauf an die Belegschaft gelangenden Sprengstoffe etc.

III. Kapitel.

Die Einnahmen der Badeanstalten.

(Staatshaushaltsetat Kap. 9 Tit. 5 und 8.)

§ 99. Mit den Salinen Schönebeck, Dürrenberg, Artern und Neusalzwerk sind fiskalische Soolbadeanstalten, und zwar mit Dürrenberg und Artern gleichen Namens, mit Schönebeck Elmen und mit

[1]) in „Sonstiges". — [2]) Hiervon 4 800 M. für verpachteten Kohlenfelder.

Neusalzwerk die weitaus bedeutendste und bekannteste, Oeynhausen in der Weise verbunden, dass sie die Badesoole von der betreffenden Saline beziehen — in Oeynhausen ist jedoch im Juli 1898 auch eine eigene, in der Minute etwa 1400 Liter Thermalsoole liefernde Thermalquelle erschlossen worden —, und unter der Leitung des Leiters der Saline stehen. In Dürrenberg fliessen auch auf Grund einer Bestimmung des Knappschaftsstatuts etwaige Ueberschüsse des Bades zu der Knappschaftskasse der Saline. Dasselbe war bis 1879/80 in Artern der Fall, und bis 1874 wurden sämmtliche vier Badeanstalten als selbständige Institute behandelt, deren Einnahmen und Ausgaben nicht durch den Etat gingen, sondern nur in einer Anlage zu demselben nachgewiesen wurden. Seitdem bilden die Einnahmen zwei besondere Titel (7 und 8) des Kap. 9, die Ausgaben ein besonderes Kapitel, jetzt das 17.

Die „Einnahmen aus dem Badebetriebe" (Staatshaushaltsetat Kap. 9 Tit. 7) bestehen aus den Gebühren für Bäder und Badewäsche und sonstigen Einnahmen aus dem Badebetriebe; seit 1899 werden hier auch die Kur- und Musiktaxen, die bis dahin unter dem Tit. 8 verrechnet wurden, vereinnahmt, was eine Erhöhung des Ansatzes in Tit. 7 und Verminderung in Tit. 8 um 73 240 M. bedingte. Die jetzt noch im Tit. 8 verrechneten Einnahmen bestehen aus Pachten und Miethen in Oeynhausen (1899: 13 260 M.), aus Erlösen für alte Materialien und Inventarienstücke, Beiträgen der Kurgäste für arme Heilbedürftige und verschiedenen kleinen Einnahmen. Die Gesammteinnahme der vier Badeanstalten hängt natürlich von dem wechselnden Besuch ab, hat aber in Folge des Aufblühens von Oeynhausen, das, 1845 gegründet, 1893/94 mit 6900 Personen die höchste Besuchsziffer seit Bestehen des Bades aufwies, 1895/96 von mehr als 7000, 1896/97 und 1897/98 von mehr als 8000 und 1898/99 von 9759 Kurgästen besucht wurde, eine erfreuliche Entwicklung genommen (vergl. Anl. XXVII G) und 1899 mit 290 250 M. den höchsten Etatsansatz erreicht. In den 70er Jahren bewegte sie sich zwischen 100 000 M. und 150 000 M., in den 80er zwischen 150 000 und 200 000 M., in den 90er zwischen 200 000 M. und 300 000 M.; es darf gehofft werden, dass sie mit Beginn des Jahrzehnts das vierte Hunderttausend erreichen wird.

Nach dem Etat für 1899 sind veranschlagt die Einnahmen

für	in Oeynhausen M.	Elmen M.	Dürrenberg M.	Artern M.
Kur- und Musikgeld	57 200	14 930	12 150	3000
Bäder und Wäsche	146 340	52 555		
sonstige Einnahmen a. dem Badebetriebe	6 810	1 335		
Oekonom. Nutzungen etc. .	13 500	890	50	200

Mehr als $^3/_4$ der Gesammteinnahme bringt somit Oeynhausen, Dürrenberg und Artern zusammen nur noch nicht 16 000 M.

II. Abschnitt.

Die dauernden Ausgaben der Salzwerke und Badeanstalten.

(Staatshaushaltsetat Kap. 16 und 17.)

§ 100. Vorbemerkung. Hinsichtlich der Gleichartigkeit und gleichen Gruppirung der Ausgaben mit denen der Bergwerke gilt für die Salzwerke und Badeanstalten das in der Vorbemerkung § 86 Gesagte. Zwischen den Ausgaben der Salzwerke und denen der Bergwerke ergiebt sich sogar insofern eine noch weitergehende Gleichartigkeit wie zwischen denen der Bergwerke und denen der Hütten, als auch die Salzwerke und Salinen unter das Allgemeine Berggesetz fallen, allerdings mit Ausnahme der Salinen in Hannover und mit gewissen Modifikationen für den Stein- und Kalisalzbergbau in dieser Provinz, worauf hier um so weniger näher einzugehen ist, als der Staat z. Z. dort weder Salzbergwerke noch Salinen betreibt. Es finden also u. a. die für die Bergwerke geltenden Bestimmungen über Bergschäden, Grundabtretung und über das Knappschaftswesen auch auf die Salzwerke Anwendung, während auf die Hütten nur die letzteren fakultativ angewendet werden.

§ 101. Ausgaben für die Beamten. Auch was im § 87 hinsichtlich der gleichmässigen Behandlung der Beamten der Berg- und Hüttenwerke und bezüglich der Uebertragbarkeit der Stellen von einer Verwaltung auf die andere gesagt ist, gilt gleichmässig auch für die Salzwerke und Badeanstalten.

Die Zahl der etatsmässigen Beamten der Salzwerke hatte, wie Anlage XXVIII zeigt, vor 1866 infolge Verminderung der Zahl der Werke abgenommen; wenn sich dies nach 1866 trotz der Veräusserung und Einstellung mehrerer Salinen nicht fortsetzte, so erklärt sich dies schon durch die Ausdehnung des Betriebes in Stassfurt. Die definitive Anstellung der Werksbeamten hatte für die Salzwerke die Vermehrung der Zahl der etatsmässigen Stellen 1889/90 um 18 und 1891/92 um weitere 81 zur Folge; es bedingte das bei Tit. 1 des Kap. 16 ein Mehrerforderniss von im ersteren Jahr 37 800, im letzteren 125 200 M., denen Ersparnisse an Löhnen (Tit. 7) von 38 176 und — einschliesslich der Ersparnisse an Soolförderungs- und Gradirlöhnen in Schönebeck — 99 785 M. gegenüberstanden. Inzwischen ist die Zahl der Beamten, einschliesslich der aus Kap. 22 Tit. 8 (Ausführung von Bohrarbeiten) besoldeten Bohrbeamten — z. Z. ein Oberinspektor in der Klasse der Direktoren I. Klasse, 2 obere Werksbeamte II. Klasse, 4 mittlere I. und 3 II. Klasse — infolge Erweiterung des Betriebes in Stassfurt und Schönebeck und der Neuanlage des Werkes bei Bleicherode weiter von 165 im Jahre 1891/92 auf 177 im Jahre 1899 gestiegen.

Das Beamtenpersonal besteht nach dem Etat für 1899 aus 8 Direktoren I. Klasse einschliesslich eines höheren Bohrbeamten, 2 Direktoren II. Klasse, 2 Bau- und Maschineninspektoren, 6 Betriebsinspektoren, 15 Faktoren, 37 Schichtmeistern, 2 Kanzlisten, 7 oberen Werkbeamten I. und 14 II. Klasse, 30 mittleren I. und 29 II. Klasse, 12 unteren I. und 14 II. Klasse.

Auf die einzelnen Werke vertheilen sich 1899 die Beamten folgendermassen:

	Direktoren		Bau- u. Maschineninsp.	Betriebs-Inspektoren	Faktore und Schichtmstr.	Kanzlisten	Obere Werksbeamte		Mittlere Werksbeamte		Untere Werksbeamte	
	I. Klasse	II. Klasse					I. Klasse	II. Klasse	I. Klasse	II. Klasse	I. Klasse	II. Klasse
Stassfurt	1	—	1	3	20	1	4	2	11	3	3	3
Erfurt	—	1	—	—	3	—	—	1	1	—	1	—
Stetten	—	—	—	1	—	—	—	1	—	—	—	—
Inowrazlaw	1	—	—	—	3	—	—	1	3	1	1	2
Schönebeck	2[1])	—	1	1	10	1	2	5	11	14	4	4
Dürrenberg	1	—	—	1	6	—	—	2	1	7	2	3
Artern	1	—	—	—	4	—	—	2	—	1	1	—
Neusalzwerk	1	—	—	—	3	—	—	—	—	1	—	—
Sooden	—	1	—	—	2	—	—	—	—	2	—	1
Bleicherode	1	—	—	—	1	—	1	—	3	—	—	1

Bei den Badeanstalten waren die Betriebsbeamten bis 1895/6 sämmtlich nur im Vertragsverhältniss gegen Lohn beschäftigt; erst in diesem Etatsjahr wurden, und zwar sämmtlich für Oeynhausen, etatsmässige Stellen für einen mittleren und 4 untere Werksbeamte errichtet in der Weise, dass die Stelle des ersteren vom Etat der Hütten, die der 4 letzteren von dem der Bergwerke hierher verlegt wurden. Durch den Etat für 1897/8 wurden dann die Stellen eines oberen und eines mittleren Werksbeamten von den Bergwerken, die eines weiteren mittleren von den Hütten auf die Badeanstalten und umgekehrt die Stellen dreier unterer von den Letzteren auf die Bergwerke übertragen und 1899 eine Diätarstelle in eine etatsmässige Schichtmeisterstelle verwandelt. Die somit vorhandenen 1 Schichtmeister, 1 oberer Werksbeamter II. Klasse, 3 mittleren II. Klasse und 1 unterer I. Klasse sind sämmtlich in Oeynhausen angestellt.

Die Ausgaben für Besoldungen sind (vergl. Anl. XXVII) bei den Salzwerken in Folge Vermehrung der etatsmässigen Beamten und der oben im § 56 dargestellten Aufbesserungen seit 1869 auf fast das Dreifache, von 139 800 auf (1899) 398 290 M., in den 10 Jahren 1890/1 bis 1899 auf das Doppelte gestiegen, während sie bei den Badeanstalten 1899 10 910 M., 1895/6 7250 M. betrugen.

Auch an Wohnungsgeldzuschüssen ist in Folge der etatsmässigen Anstellung der Werkbeamten bei den Salzwerken das Doppelte des Betrages von 1890/1, für 1899 11 016 M., bei den Badeanstalten sind 288 M. aufzuwenden. Diese Beträge entfallen indessen nur auf eine Minderzahl der Beamten, da bei den Salzwerken 127, bei den

[1]) Hiervon ein höherer Bohrbeamter.

Badeanstalten 4 Beamte Dienstwohnungen haben. Aus der verschiedenen Zahl der zur Verfügung stehenden Dienstwohnungen erklärt sich das mit der Zahl der Beamten nicht konforme Schwanken des Bedarfs des Tit. 2 Kap. 16 in der ersten Hälfte der 90er Jahre.

Die sprungweise Erhöhung der Remunerations- und Gratifikationsfonds Kap. 16 Tit. 4—4c von 13086 M. bis 1890/1 auf 22833 M. von 1891/2—1897/8 hatte ebenfalls in der Umwandlung der Werksbeamtenstellen ihren Grund. Der Bedarf für 1899 beziffert sich in Tit. 4 auf 2115 M., 4a auf 1200 M., 4b auf 2700 M., 4c 18000 M., bei den Badeanstalten, bei denen diese Titel wegen ihres geringen Betrages und des Fehlens von höheren Beamten noch vereinigt sind, auf 840 M.

Die Entwicklung des jetzt die Bezeichnung „Vergütungen für Hülfsarbeiter und Stellvertreter von Beamten, sowie nicht pensionsfähige Stellenzulagen“ tragenden 3. Titels der dauernden Ausgaben der Salzwerke und Badeanstalten stand unter dem Einfluss der oben im § 59 bei den Bergwerken erörterten Umstände. Für 1899 ist der Bedarf bei den Salzwerken 19930, bei den Badeanstalten 4140 M. Auch bei den Salzwerken erhalten aus diesem Titel die die Kassengeschäfte besorgenden Beamten Stellenzulagen von je 450, in Erfurt, Stetten und Sooden von je 300 M. Bei den Badeanstalten werden aus diesem Titel die Vergütungen an die Salzwerksbeamten für Wahrnehmung der Geschäfte bei den Badeanstalten bestritten.

Auch bezüglich des Tagegelder-, Reise- und Umzugskostenfonds (Tit. 5 Kap. 16 und 17) kann auf das bei den Bergwerken (§ 59) Bemerkte Bezug genommen werden. Für 1899 sind für die Salzwerke 18685, für die Badeanstalten 1150 M. ausgeworfen.

Aus Nebenämtern bezogen von Beamten der Salzwerke ein Direktor aus einer Badekasse (Oeynhausen) 1000, 4 mittlere Werksbeamte aus gleichen Kassen zusammen 240, 3 obere Werksbeamte von dem Kalisyndikat zusammen 150, 5 Bureau-, 3 obere, 4 mittlere und 2 untere Werksbeamte insgesammt 1473 M.

§ 101. Ausgaben für die Arbeiter (Staatshaushaltsetat Tit. 7 u. 11 der Kap. 15 und 16). Die Lohnausgaben (Tit. 7) nehmen auch bei den Salzwerken, bei denen es sich ja auch um Gewinnung natürlicher Bodenschätze handelt, wie bei den Bergwerken, die erste Stelle ein, wenn sie auch nicht so wie bei diesen überwiegen, da ja die Salzwerke nicht, wie die Bergwerke, das Feuerungsmaterial selbst gewinnen, sondern bezahlen müssen. Der Lohnfonds der Salzwerke ist 1899 dotirt mit 2203180 M., d. i. mehr als dem Doppelten des Betrages 20 Jahre zuvor, während die Produkteneinnahme sich in dem gleichen Zeitraum nur um einige 70 Proz. gehoben hat. Dabei ist allerdings zu berücksichtigen, dass ihm die früher in dem Titel Debitskosten verrechneten Absatzlöhne und Kosten der Syndikate sowie die geringen Schreib- und Zeichnerlöhne zugewiesen sind. Andererseits sind ihm aber die Unterstützungen u. s. w. und die Umzugskosten für Arbeiter, die Kosten der Knappschaftsfeste und vor Allem die Löhne der jetzt etatsmässigen

Werksbeamten abgenommen, sodass jedenfalls eine stärkere Vermehrung der Lohnausgaben als der Einnahmen sich ergiebt. Das zeigt insbesondere eine Vergleichung der Lohnausgaben mit der Arbeiterzahl. Denn Letztere betrug in den 10 Etatsjahren 1. April 1889 bis dahin 1899: 2001, 1899, 1929, 1942, 1892, 1796, 1750, 1767, 1852 und 1826, ist also nicht nur nicht gestiegen, sondern etwas zurückgegangen.

Auf den einzelnen Werken betrug die Belegschaft

	1889/90	1890/1	1891/2	1892/3	1893/4	1894/5	1895/6	1896/7	1897/8	1898/9
Stassfurt . .	1057	937	926	952	960	896	850	873	967	931
Schönebeck.	460	166	488	483	439	395	394	393	401	405
Dürrenberg.	164	175	189	188	191	193	194	192	184	181
Inowrazlaw.	116	117	118	114	107	99	99	99	99	108
Artern . . .	64	64	66	67	64	65	62	63	62	63
Erfurt . . .	58	61	62	58	58	63	68	66	69	70
Sooden . . .	33	33	33	31	28	28	28	26	25	25
Stetten . . .	26	23	25	26	24	33	31	31	21	20
Neusalzwerk	23	23	22	21	23	24	24	24	24	23

Die Verminderung der Schönebecker Belegschaft seit 1893/4 ist auf die Vollendung des Steinsalzschachtes zurückzuführen, auf dem bis 1893/4, als er noch vorgerichtet wurde, mehr als 100, 1898/9 nur noch 68 Arbeiter beschäftigt wurden.

Auf die einzelnen Kategorien von Löhnen vertheilt sich 1899 die Sollausgabe in Mark bei den einzelnen Werken in folgender Weise:

	Stassfurt	Schönebeck	Dürrenberg	Inowrazlaw	Erfurt	Artern	Stetten	Sooden	Neusalzwerk	Bleicherode
Aufsicht . . .	[1])47 250	160	200	150	80	—	—	—	1 500	1 000
Bergwerks- bezw. Salinenbetrieb einschl. Schmid'sche.	930 000	198 420	69 000	52 900	41 900	19 200	12 300	8 570	8 300	91 780
Mahlwerk . . .	17 000	—	—	—	2 500	—	—	—	—	—
Aufbereitung . .	18 800	—	—	—	—	—	—	—	—	—
Vermessung . .	2 000	350	50	210	350	20	200	10	—	100
Absatz	[2])182 000	51 600	21 200	10 400	4 000	11 000	2 500	2 250	1 170	—
Maschinenbetrieb	97 500	33 100	—	3 100	4 500	3 820	1 300	630	—	6 000
sonstige Löhne .	48 200	8 780	1 500	2 140	4 870	3 050	1 200	840	—	1 000
Schreib- u. Zeichengebühren . . .	1 500	130	50	900	180	400	10	—	—	—
zusammen	**1 513 400**	**292 540**	**92 000**	**69 800**	**58 380**	**37 790**	**16 510**	**11 700**	**10 960**	**100 380**

Bei den Badeanstalten betragen die Löhne nach dem Etat für 1899 30 820 M.; die in den Jahren zuvor hier etatisirten Mehrbeträge sind auf den neuen Titel „Verschiedene Ausgaben" übergegangen, so dass die Verminderung nur eine scheinbare ist.

Bei der bedeutendsten Badeanstalt, Oeynhausen, entfallen 1899 auf Aufsichtslöhne 1280, Betriebslöhne 11 000, Maschinenlöhne 2850, Reinigung der Badewäsche 6500, sonstige Löhne

[1]) davon Fabrik 15 000 M. [2]) davon 40 000 M. Verwaltungskosten des Kali- und Steinsalzsyndikats.

480, Schreib- und Zeichengebühren 480 M. Oeynhausen beansprucht also insgesammt mit 22 410 M. mehr als 2/3 der Gesammtausgabe.

Der infolge der Arbeiterversicherungsgesetze und der Betriebserweiterung 1899 bei den Salzwerken auf 150 895 M. angeschwollene Tit. 11 „Wohlfahrtszwecke" wird, wie die nachstehende Tabelle ergiebt, zum grössten Theil für die Knappschaftskassen erfordert.

Im Jahre 1898/9 betrug die Istausgabe in Mark

	Knappschafts-kassen	Unfallver-versicherung	Invaliditäts- u. Altersver-sicherung
Stassfurt . .	48 790	24 456	7137
Schönebeck.	13 056	3 844	2991
Dürrenberg.	9 318	1 009	836
Artern . . .	5 733	427	354
Inowrazlaw.	3 596	863	708
Erfurt . . .	2 832	1 098	386
Neusalzwerk	3 050	69	130
Sooden . . .	877	157	112
Stetten . . .	545	189	153

Für Bleicherode sind für 1899 etatisirt 3500 M., 1500 M. und 700 M.

Für Dürrenberg und Neusalzwerk bestehen eigene Knappschaftsvereine, für Dürrenberg gemeinsam mit dem Braunkohlenwerk, während Stassfurt, Bleicherode und Schönebeck zum Halberstädter, Artern und Erfurt zum Neupreussischen, Inowrazlaw zum Brandenburgischen, Stetten zum Knappschaftsverein der Hohenzollernschen Lande, Sooden zum Haupt-Knappschaftsverein zu Clausthal gehören.

Bei den Badeanstalten betragen die Ausgaben des Tit. 11 nach dem Etat für 1899 2516 M. Die im Etatsjahr 1895/96 eingetretene Verminderung von 14 326 M. auf 2256 M. war nur eine scheinbare. Bis dahin umfasste nämlich der die Nummer 8 führende Titel auch eine Reihe anderer Ausgaben, die, als 1895/96 die Eintheilung in Uebereinstimmung mit derjenigen bei den Berg-, Hütten- und Salzwerken gebracht wurde, auf andere Titel, insbesondere den Lohnfonds, übertragen wurden. Die auf den Badeanstalten Elmen, Dürrenberg und Artern beschäftigten Arbeiter gehören denselben Knappschaftskassen wie diejenigen der zugehörigen Salinen an, während die Oeynhausener den Arbeiterversicherungen nach den allgemeinen Bestimmungen unterliegen.

Im Etatsjahr 1898/9 betrug die Istausgabe (in Mark) für

in	Knappschaftskassen bezw. Krankenversicherung	Unfall-versicherung	Invaliditäts- und Altersversicherung
Oeynhausen	[1]) 350	369	410
Elmen . . .	368	100	121
Dürrenberg	19	39	8
Artern . . .	31	12	4

[1]) Sollausgabe für 1899.

§ 102. Ausgaben für Anlagen, Geräthe und Materialien (Staatshaushaltsetat Tit. 5, 8 und 9 der Kap. 16 und 17). Der Fonds für Neu- und Erweiterungsbauten (Tit. 8) betrug nach dem Etat für 1899 für die Salzwerke 469 200 M., für die Badeanstalten 6000 M. Die Schwankungen in der Höhe desselben waren im Laufe der Zeit noch grösser als bei den Berg- und Hüttenwerken, weil bei dem kleineren Umfang des Besitzes weniger eine Ausgleichung zwischen den Erfordernissen der einzelnen Jahre eintritt, jeder grössere Bau den Gesammtbedarf mehr beeinflusst. Die höchsten Beträge, 630 400 M. und 645 750 M., wurden für die Salzwerke 1891/92 und 1897/98 gefordert, in jenem Jahre besonders für Arbeiterhäuser und Erweiterung der Mahlwerke in Stassfurt, in diesem für den neuen Brefeldschacht in Tarthun bei Stassfurt und für die Erweiterung der Stassfurter Aufbereitungsanstalt. Insgesammt sind allein in den 10 Jahren 1890 bis 1899 für Stassfurt ausgeworfen worden 3 231 250 M., für Schönebeck 549 200 M.

Je mehr als 20 000 M. wurden seit 1889/90 bewilligt für folgende Anlagen: Soolbehälter und Soolleitungen in Schönebeck (40 000), Beamtenwohnhäuser in Stassfurt (63 000), Betriebseinrichtungen und Bauten verschiedener Art, bei den neuen Förderschächten daselbst, wofür schon 1885—1889 688 000 M. ausgeworfen waren (insgesammt 1 812 000), Siedehaus in Sooden (50 000), Zechenhaus in Schönebeck (27 500), Beamten- und Arbeiterwohnhaus daselbst (30 000 und 25 000), Umwährungen, Zechen- und Arbeiterwohnhaus, Erweiterung der Mahlwerke, Fördergerüst und elektrische Beleuchtungsanlage in Stassfurt (28 000, 100 000, 30 000, 45 000, 83 000, und 30 000), Erweiterungen der Fabrik daselbst (30 000, 28 000, 50 000, 40 000, 50 000 und 60 000), neue Soolhebungs- und Wasserversorgungsanlage in Artern (55 000), Beamtenwohnhaus und Erweiterung der Geleisanlagen in Schönebeck (29 700 und 25 000), Beamtenwohnhaus und Wasserrösche in Stassfurt (22 000 und 25 000), Fördereinrichtung für den Achenbachschacht in Stassfurt (110 000), Erweiterung des Salinenkanals und Hebewerk in Schönebeck (34 500), Siedehaus in Schönebeck (166 000), Fördereinrichtung, Wasserhaltung und elektrische Betriebseinrichtung auf Maybachschacht in Stassfurt (112 750, 52 000 und 50 000), Beamtenwohnhäuser in Stassfurt (102 000), Aenderung der Wasserhaltungseinrichtungen des v. d. Heydtschachts daselbst (28 000), Magazingebäude in Schönebeck (35 000), Bauten am Salinenkanal daselbst (1. Rate 30 000), Geleisanschluss und Kesselanlage in Bleicherode (80 000 und 1. Rate 55 000) von 160 000 M.

Wenn die in der Anlage XXVII gegebenen Zahlen für die letzten Jahrzehnte ein Anwachsen des Baufonds unverkennbar ergeben, so kann diese Erscheinung bei der Ausdehnung des Betriebes in Stassfurt und Schönebeck keineswegs überraschen.

Der Baufonds der Badeanstalten war 1899 nur mit 6000 M. notirt, 1897/98 dagegen mit dem bis dahin höchsten Betrage von 9 000 M. Im Grossen und Ganzen ist hier der Bedarf in den letzten Jahrzehnten ziemlich gleich geblieben, da die grösseren Erweiterungsanlagen in Oeynhausen aus dem Extraordinarium bestritten sind, ein Verfahren, das vom praktischen Standpunkt durchaus zu billigen ist, da z. B. der Bau eines neuen Badehauses einen ganz anders extraordinären Charakter trägt, wie etwa die Ausrüstung eines neuen Schachtes, geschweige denn der Bau von Zechenhäusern u. dergl.

Man kann auch zweifelhaft sein, ob man nicht z. B. in der Belastung des Ordinariums mit den Kosten der Tarthuner Schachtanlage in Stassfurt zu weit gegangen ist und diese dem Extraordinarium hätte füglich aufbürden können.

Von je mehr als 20 000 M. erfordernden Bauten sind bei den Badeanstalten aus Tit. 8 seit 1889/90 nur bestritten der Umbau eines Wirthschaftsgebäudes in Oeynhausen (24 000) und die Errichtung einer Molkerei daselbst (36 000 M.).

Naturgemäss steigen mussten in den letzten Jahrzehnten die Kosten der Unterhaltung der Gebäude, Wege und Betriebsanlagen (Tit. 9) der Salzwerke, da, abgesehen von den höheren Arbeitslöhnen und Materialienpreisen, die in den letzten Jahrzehnten in Stassfurt und Schönebeck ausgeführten Neuanlagen höhere Unterhaltungskosten erfordern, als es die veräusserten oder eingestellten kleinen Salinen thaten, überdies Stassfurt durch Grubenwässer und Gebirgserschütterungen bedroht, Schönebeck durch Ueberschwemmungen geschädigt worden ist. Die Ausgaben mussten daher seit 1894/95 alljährlich auf mehr als 400 000 M., 1899 auf 476 470 M. bemessen werden, während sie bis dahin seit 1887/88 stets nur zwischen 300 000 M. und 400 000 M. betrugen, vorher nur selten 300 000 M. erreicht hatten. Der grösste Theil des Bedarfs entfällt natürlich auch hier auf die Betriebsanlagen, wie die nachstehende Zusammenstellung der Sollausgaben für 1899 bei den bedeutenderen Werken erkennen lässt:

	Gebäude	Wege	Betriebs-Anlagen		Gebäude	Wege	Betriebs-Anlagen
		Mark				Mark	
Stassfurt . . .	32 000	22 300	120 000	Artern	6 600	5 700	15 500
Schönebeck. .	25 700	16 000	74 210	Erfurt.	2 100	1 200	6 200
Dürrenberg. .	11 900	12 800	40 000	Neusalzwerk .	2 800	10	10 400
Inowrazlaw .	8 550	7 200	25 000	Bleicherode .	800	600	9 000

Auch bei den Badeanstalten sind die baulichen Unterhaltungskosten in Folge Erweiterung des Bades Oeynhausen, höherer Löhne und Materialienkosten gestiegen von 59 364 M. 1895/96 auf 73 350 M. 1899, während sie sich in der ersten Hälfte der 90er Jahre zwischen 50 000 M. und 56 000 M. bewegten und in den 70er und 80er Jahren allmählich von einigen 20 bis auf einige 40 000 M. erhöht hatten.

Von dem Bedarf für 1899 beanspruchten

	für Gebäude	für Wege- und Gartenanlagen	für Badeeinrichtungen
	M.	M.	M.
Oeynhausen	18 500	20 340	1200
Elmen . . .	3 500	11 620	1500

so dass für Dürrenberg und Artern zusammen nur 5 890 M. entfielen.

Die Ausgaben für Materialien und Geräthe (Tit. 6) erreichen bei den Salzwerken gegenwärtig (1899) mit 2 187 620 M. nahezu diejenigen für Löhne, während sie bei den Berwerken hinter Letzteren weit zurückbleiben, bei den Hüttenwerken sie weit übersteigen. Die erheblichste Rolle hierbei spielen die zum Betriebe der Maschinen, namentlich aber zur Siedung erforderlichen Kohlen. Durch Auflösung des Titels „Debitskosten" sind dem Tit. 6 ferner die sehr erheblichen Ausgaben für Säcke, Tonnen und andere Verpackungsmaterialien hinzugetreten, denen, wie oben im § 98 erwähnt, allerdings auch bedeutende Einnahmen gegenüberstehen. Abgesehen von der hierdurch bedingten Erhöhung ist der Bedarf, wie die Anl. XXVII ergiebt, seit 20 Jahren ziemlich konstant geblieben, soweit es sich um die vor 1899 aus dem Titel zu bestreitenden Ausgaben handelt, und nur die Debitskosten haben mit Vermehrung des Absatzes, namentlich an Kalisalzen, erheblich zugenommen.

Nach dem Etat für 1899 entfallen auf	in Stassfurt	Schönebeck	Dürrenberg	Inowrazlaw	Artern
Betrieb und Absatz	880 000	470 420	219 800	162 000	75 500
zum Wiederverkauf an die Belegschaft gelangene Sprengstoffe, Gezähe u. Materialien	99 500	2 780	600	50	1 110
Bureaubedürfnisse	6 400	3 400	2 040	900	130
Sammlungen	1 100	400	200	150	—
	in Erfurt	Stetten	Sooden	Neusalzwerk	Bleicherode
Betrieb und Absatz	52 430	30 200	26 600	19 970	[1]) 120 220
zum Wiederverkauf an die Belegschaft gelangene Sprengstoffe, Gezähe u. Materialien	4 000	720	30	340	3 000
Bureaubedürfnisse	650	250	400	30	[2]) 2 000
Sammlungen	70	30	—	—	200

Bei den Badeanstalten hat der Tit. 6 durch die Uebernahme von Bureaukosten, für die in dem früheren diese Bezeichnung tragenden Titel 1898/99 10 358 M. ausgeworfen waren, 1899 eine Erhöhung auf 50290 M. erfahren, wovon auf Oeynhausen 35 050 M., Elmen 12510 M., Dürrenberg 2100 M., Artern 630 M. entfallen. Hier spielen eine erhebliche Rolle die Ausgaben für Badesoole, die von Oeynhausen und Elmen an die Salinen Neusalzwerk und Schönebeck, nach dem Etat für 1899 mit 6700 bezw. 5 400 M., bezahlt wird, während sie in Dürrenberg und Artern der Badekasse nicht in Ausgabe, der Salinenkasse nicht in Einnahme gestellt wird. Hervorzuheben sind auch die Ausgaben für die Badewäsche und für Zeitungen u. dergl. zur Unterhaltung der Badegäste.

§ 103. Abgaben, Grundentschädigungen und Landerwerb. (Staatshaushaltsetat Tit. 10 Kap. 16 und 17.) Aus den bei Besprechung der gleichartigen Ausgaben der Bergwerke dargelegten Gründen erklärt sich das ausserordentliche Schwanken derselben auch bei den Salzwerken. Wenn sie insbesondere 1883/84—1885/86 von ca. 130 000 M. vorübergehend auf mehr als 400 000 M., 1886/87 sogar auf 623 630 M. stiegen, so verursachten das erhebliche Bergschäden durch Bodensenkungen in Stassfurt und Arealankäufe für den neuen

---

[1]) Nur Betrieb. [2]) Erstmalige Einrichtung.

Schacht daselbst. Die Fortdauer des Bedürfnisses zu Grundstückserwerbungen bei diesem Werk und die Entwickelung der Kommunalbesteuerung in Verbindung mit der Zunahme der Erträge haben es dann verhindert, dass der Bedarf wieder auf so geringe Summen wie Anfangs der 80er Jahre zurückging. Immerhin bewegen sich die Beträge der letzten Jahre mit 219 653 M. (1897/98) bis 316 713 M. (1899) wieder auf einem etwas niedrigeren Niveau wie in der zweiten Hälfte der 80er und ersten der 90er Jahre.

Auf die 3 Hauptkategorien Abgaben, Grundentschädigungen und Landerwerb vertheilen sich die Sollausgaben 1899 bei den hauptsächlich betheiligten Werken Stassfurt, Schönebeck und Bleicherode mit 148 300, 24 264 und 600 M. auf Abgaben, 15 300, 261 und 200 auf Grundentschädigungen und 14 900 M. für Stassfurt und 62 000 M. für Bleicherode auf Landerwerb. Im Etat der Saline Sooden bildet die Hauptpost dieses Titels die auf Grund der mehrerwähnten „ewigen Lokation" zu zahlende Pfännerpacht von 32 511,38 M., wozu künftig die Forstverwaltung für den Pfännerwald 1500 M., die unter Tit. 6 der Einnahmen vereinnahmt werden, beiträgt. Gegenstand dieser ewigen Lokation bildet jetzt, nachdem die pfännerschaftlichen Siedehäuser abgebrochen sind, nur noch die Benutzung des Soolbrunnens und der Wald. Eine Aufkündigung des jetzt für den Fiskus höchst unvortheilhaften Vertrages ist nur zulässig, wenn die Gehölze und Braunkohlen am Meisner sich soweit vermindern, dass der Betrieb der Saline mit dem Holze und der Kohle von dort nicht mehr möglich ist.

Ein Besteuerungsrecht steht gegenüber den Salzwerken folgenden Gemeinden zu: Stadt Inowrazlaw gegen die dortige Saline, Stadt Stassfurt und Gemeinde Tarthun gegenüber dem Stassfurter, den Städten Schönebeck und Gross-Salze gegen das Schönebecker, der Gemeinde Tollwitz gegen das Dürrenberger, den Gemeinden Keuschberg, Poppitz-Poyzitz, Ostrau-Lennwitz und Balditz gegenüber dem Arterner Werk, Stadt Oeynhausen gegen Neusalzwerk, Stadt Erfurt gegen das dortige Werk, Sooden, Allendorf und Ellershausen gegen Sooden. Die Haupttheile der Dürrenberger und Arterner Saline liegen jedoch in Gutsbezirken.

Das Salzwerk Stetten wird nach Lage der bisherigen Hohenzollernschen Gesetzgebung zu der staatlichen Grund- und Gebäudesteuer und zu den Gemeinde-, Amts- und Landeskommunalzuschlägen herangezogen, nicht dagegen zur Gewerbesteuer, da das Gesetz eine Heranziehung von Salzwerken, deren es bei Erlass des Gesetzes in Hohenzollern nicht gab, nicht vorsieht.[1]) Bei der geplanten Ausserhebungsetzung der gegenwärtigen Staatssteuern würde die Heranziehung zu einer solchen entfallen, nicht dagegen diejenige zu Kommunalabgaben. Die Höhe der Abgaben betrug 1898/9 30,84 M., wovon $^{17}/_{52}$ auf die Staatssteuern entfielen.

Die gleichen Ausgaben für die Badeanstalten, die bis dahin in der Regel jährlich nicht mehr als 1000—1800 M. betrugen, stiegen 1893/4 wegen Uebernahme einer Kellereianlage bei Oeynhausen vorübergehend auf 4650 M. Nachdem sie in den beiden folgenden Jahren wieder auf die Höhe früherer Jahre herabgegangen waren, wurde mit Rücksicht auf die Gemeindesteuern der Fonds 1896/7 auf 5270 M. erhöht, dann aber auf 3590, 3880 und 3058 M. ermässigt. Derselbe entfiel 1899 mit Ausnahme von 18 M. für Grundentschädigungen in Oeynhausen ganz auf Abgaben, und zwar auf dieses Bad mit 2660 M., worunter 600 M. widerrufliche Zulagen an die Geistlichen, 300 M. auf Dürrenberg und 80 M. auf Elmen, während das in einem Gutsbezirk liegende Bad Artern, das überdies mit Verlust abschloss, nichts erforderte.

---

[1]) Allerdings nicht unzweifelhaft. Eine Ministerialentscheidung vom 23. Juni 1864 erscheint recht anfechtbar.

§ 104. Verschiedene Ausgaben (Staatshaushaltsetat Tit. 12 Kap. 16 und 17). Dieser erst 1899 geschaffene, bei den Salzwerken mit 32 231, bei den Badeanstalten mit 43 524 M. ausgestattete Titel umfasst bei den Ersteren vorwiegend Ausgaben im Interesse des Absatzes, wie Wagenmiethe, Vermittlungsgebühren u. s. w. und für die Knappschaftsfeste, die alle 2 Jahre stattfinden und für die dann in Stassfurt 6, auf den anderen Werken 5 M., 2,5 M., meist 3 M. für den Kopf der Belegschaft ausgeworfen werden, demnächst Ausgaben für Bekanntmachungen, Porto- und andere Gebühren und geringe Beträge für Feuerwehr, Musik sowie zur Heranziehung von Arbeitern. Der verhältnissmässig sehr bedeutende Betrag bei den Badeanstalten wird ganz überwiegend für die Bademusik und für Unterhaltung der Kurgäste erforderlich.

Die Kosten der Musik sind für 1899 veranschlagt in Oeynhausen auf 24 250, Elmen 8200, Dürrenberg 1000, diejenigen für Unterhaltungen in Oeynhausen auf 4000, Elmen 1640 M.

§ 105. Gesammtbetrag der dauernden Ausgaben. Der Gesammtbetrag der dauernden Ausgaben der Salzwerke ist 1899 auf 6 308 245 M. etatisirt. Hiervon entfallen je ca. 34 Proz. auf die Löhne und auf die Materialien und Geräthe; es hat also hier nicht, wie bei den Bergwerken und Hütten, die eine oder die andere Position ein für die Höhe der Gesammtausgabe entscheidendes Uebergewicht. Auch andere Titel, wie Besoldungen, Neu- und Umbauten, Unterhaltungskosten, Abgaben etc. spielen hier für die Gesammtausgabe eine prozentual weit grössere Rolle wie bei den Bergwerken und Hütten; sind doch die Tit. 1, 8, 9 und 10 bei den Salzwerken höher, Tit. 10 sogar fast 10 Mal so hoch dotirt, wie bei den Hütten, während die Gesammtausgabe jener noch nicht $^1/_3$ von dieser ausmacht. Insofern unterscheiden sich also die Ausgaben der Salzwerke sehr erheblich von denen der Bergwerke und Hütten. Der Grund liegt vorwiegend darin, dass bei den Salzwerken zum Theil eine den Bergwerken gleiche, zum Theil eine den Hütten ähnliche Art der Produktion stattfindet, und dass zwar nicht, wie bei den Letzteren, das zu verarbeitende Rohmaterial angekauft wird, andererseits aber den Salzwerken auch nicht die die höchsten Kosten verursachenden Hülfsstoffe, die Kohlen, wie den Kohlenbergwerken, ohne Bezahlung zur Verfügung stehen.

In Folge der grösseren Rolle, die solche Ausgaben spielen, deren Höhe nicht oder doch nur in beschränktem Masse von der Produktion des betreffenden Jahres abhängig sind, hat denn auch das Verhältniss zwischen Einnahmen und Ausgaben bei den Salzwerken stärker als bei den Berg- und Hüttenwerken geschwankt. Seit 1889/90 betrugen die Ausgaben der Ersteren vom Hundert der Einnahmen rd.

1889/90	1890/1	1891/2	1892/3	1893/4	1894/5	1895/6	1896/7
76,3	72	73,1	73,8	73,7	69,7	69	72,9

1897/8	1898/9	1899
72,7	75,7	75,8

und z. B. 1885/6 70,6, 1887/8 dagegen 77,8, 1879/80 80, 1881/2 nur 73,3.

Wenn somit auch der Reinertragskoeffizient bei den Salzwerken ein sehr wenig gleich bleibender ist, so ist es desto mehr, analog wie bei den Einnahmen, der absolute Betrag der Ausgaben. Denn derselbe hat in den letzten 10 Jahren nur um ca. 20, bis 1898/9 sogar nur um ca. 12 Proz. des Mindestbetrages geschwankt.

Unverkennbar tritt aber auch bei den Salzwerken das prozentual stärkere Anwachsen der Ausgaben für Arbeiter und Beamte gegenüber anderen Ausgaben hervor.

Die aus Anlage XXXIV ersichtliche Gesammteinnahme und Gesammtausgabe der einzelnen Werke für 1899 ergiebt einen ungemein verschieden hohen Nettoertrag. Mit Verlust arbeiteten Sooden wegen der Pfännerpacht, die mehr als der Zuschuss beträgt, Neusalzwerk und natürlich das noch nicht produzirende Bleicherode, mit einem Ueberschuss von weniger als 5 Proz. der Bruttoeinnahme Erfurt, mit 5—10 Proz. Inowrazlaw, mit 10—15 Proz. Stetten und Artern, mit ca. 27 Proz. Schönebeck, mit fast 32 Proz. Dürrenberg und mit 36 Proz. Stassfurt.

Auch die Badeanstalten, deren Gesammtausgabe 1899 auf 226 886 M. veranschlagt ist, liefern jetzt einen immerhin verhältnissmässig erheblichen Ueberschuss, der sich freilich in Wirklichkeit verflüchtigt, sobald, wie 1899, aus extraordinären Mitteln ein irgend erheblicher Bau zu bestreiten ist. Wie indess schon bei früherer Gelegenheit (im § 36 des I. Buches) bemerkt ist, würde es grundverkehrt sein, wollte der Staat die ihm gehörigen Heilbäder vorzugsweise als Einnahmequelle ausnutzen oder durch Veräusserung derselben die Hand dazu bieten, dass dies seitens Anderer geschähe. Gerade bei den Soolbädern, deren Heilwirkungen sich vorzugsweise auf Kinder, diejenigen von Oeynhausen auf Rückenmarks-, Nerven- und Frauenkrankheiten erstrecken, wäre dies heute, wo den Kindern der grossen Städte die Bewegung in frischer Luft und der Aufenthalt in luftigen Wohnungen immer mehr verkümmert wird, die Nervenleiden immer mehr zunehmen, dabei nur verhältnissmässig wenigen Familien kostspielige Badereisen ohne schwere Entbehrungen möglich sind, nicht zu verantworten. Es wäre sogar vielleicht nicht unberechtigt, wenn grundsätzlich auf jeden Ueberschuss der Einnahmen über die dauernden und extraordinären Ausgaben für die Staatskasse verzichtet und dieser zu Erleichterungen für unbemittelte Kranke verwendet würde.

4. Abtheilung.

Die Gemeinschaftswerke.

Vorbemerkung.

§ 106. Ueber die Entstehung der Gemeinschaftswerke vergl. oben § 9. In dem Preussischen Staatshaushaltsetat erschien bis einschl. 1873 nur der auf Preussen entfallende Antheil an den Ueberschüssen derselben und zwar unter „Anderen Einnahmen" der Berg-, Hütten- und Salinenverwaltung, während die einzelnen Einnahme- und Ausgabeposten in einer Anlage zum Etat nachgewiesen wurden. Seit 1874 laufen die einzelnen Einnahmen und Ausgaben mit dem dem Antheil Preussens entsprechenden Betrage, also diejenigen der Kommunionwerke am Unterharz mit $^4/_7$, die der Obernkirchener Werke mit $^1/_2$ der Gesammtbeträge durch den Etat. Die Eintheilung ist hier dieselbe wie die der Einnahmen und Ausgaben der im Alleinbesitz Preussens stehenden Werke; nur treten den Ausgaben noch Titel für „Pensionen für Beamte, Unterstützungen für ausgeschiedene Beamte, invalide Arbeiter und deren Hinterbliebene", „Wittwen- und Waisengelder", „sonstige Verwaltungs- und Betriebsausgaben" hinzu, die für die im Alleinbesitz Preussens befindlichen Werke in dem Kapitel „Sonstige Verwaltungs- und Betriebsausgaben" stehen.

Der in dem Etat und den dem Landtage vorgelegten „Nachrichten von der Verwaltung der Preussischen Staatsbergwerke u. s. w." angewandten Berechnungsart soll auch die folgende Darstellung sich anschliessen. Wo also nicht etwas anderes ausdrücklich bemerkt ist, umfassen die Zahlenangaben über Menge und Werth der Produktion, Einnahmen und Ausgaben nur den Preussischen Antheil, also bei den Werken am Unterharz $^4/_7$, bei Obernkirchen $^1/_2$ des wirklichen Betrages.

I. Abschnitt.

Die Einnahme.

(Staatshaushaltsetat Kap. 9 Tit. 9—12.)

I. Kapitel.

Die Einnahme der Kommunionwerke am Unterharz.

§ 107. Die Kommunionwerke am Unterharz bestehen, nachdem die Eisenhütte in Gittelde 1868 verkauft ist, aus dem Erzbergwerk am Rammelsberg bei Goslar, der Herzog Juliushütte bei Astfeld, der Frau Sophienhütte bei Langelsheim und den Hütten in Oker.

Das Bergwerk am Rammelsberg besteht aus den 4 Steigerrevieren „Lüdersüll unter Tage“, „Serenissimorum Tiefste“, „Kanekuhle“ und „Kunststrecke“ und fördert Kupfererze, Bleierze, Schwefelkies und sonstige Vitriolerze. Die Erze werden über Tage sortirt und an die Kommunionhütten zur Verhüttung verkauft, Schwefelerze und Kupferrauch auch an Private. Mit dem Bergwerk verbunden ist eine Schmiederei und ein Steinbruch, welch letzterer die zum Grubenausbau nöthigen Mauersteine liefert, während der Abfall als Landstrassenbau-Material verkauft wird.

Die Herzog Julius- und Frau Sophienhütte, von denen erstere eine Schmelzhütte und zwei Vitriolsiedereien, letztere eine Schmelzhütte und eine Vitriolsiederei umfasst, beide mit Rösthäusern und Materialienschuppen, verschmelzen die Rammelsberger Bleierze zu Werkblei, wobei als Nebenprodukte gewonnen werden Zinkvitriol, Schwefel und Ofengalmei. Die Nebenprodukte werden an Private, das Werkblei wird an die Oker'schen Hütten verkauft.

Die Hütten zu Oker bestehen aus Schwefelsäurefabrik, Schmelzhütte, Spur- und Raffinirhütte, Kupfervitriolsiederei, Treibhütte, Zinkentsilberungsanstalt, elektrolytischer Kupferscheideanstalt, Goldscheidung, Zinkvitriolsiederei, Schmiede und Bleiwalzwerk. Sie verarbeiten die Roherze des Rammelsberges, das — silberhaltige — Werkblei der Herzog Julius- und Frau Sophienhütte, nach Bedarf auch fremde Erze und stellen dar Feingold, Feinsilber, Kaufblei — bis 1888/9 auch Bleiglätte —, elektrolytisches Kupfer, Kupfervitriol, Schwefelsäure und als Nebenprodukte rohen Zinkvitriol, Eisenvitriol, Farbe (Bleigelb), Ofengalmei, schwefelsaures Natron und edelmetallhaltige Wismuthgekrätze.

Die Beschaffenheit der Rammelsberger Erze ist eine sehr wechselnde, sodass die Produktion des Bergbaues wie der von ihm abhängigen Hütten, denen auch fremde Erze ebensowenig wie den Oberharzer Hütten nicht immer in genügender Menge zur Verfügung standen, erheblichen Schwankungen unterworfen gewesen ist. Gleichwohl lassen die Produktionstabellen in den Anlagen XXIX und XXXIII im Ganzen eine ausserordentlich starke Vermehrung der Produktion seit der Einverleibung Hannovers erkennen. Dieselbe datirt besonders von der Einführung der Maschinen-Bohrarbeit beim Bergbau, die seit dem 1. Juli 1876 im Gange ist, und von günstigen Erzaufschlüssen im Anfang der 80er Jahre sowie von Erweiterungen und Verbesserungen der Hütteneinrichtungen, insbesondere der elektrolytischen Kupferscheideanstalt und der Entsilberung in den 80er Jahren, die wieder einen erhöhten Zukauf fremder Erze ermöglichten. In den ersten 70er Jahren betrug die Förderung an Kupfererzen, die dem Werthe nach die erste Stelle einnehmen, nur ca. 4000, Mitte dieses Jahrzehnts schon mehr als 6000, Ende desselben 9000—10 000 To., in den 80er

Jahren 10000—13000, in den 90er Jahren 11000—15000 To., die an Bleierzen in den gleichen Zeiträumen 4000—5000, 5000—6000, 10000 bis 13000, 15000 18000 und 18000—21000 To. An Schwefelkies und sonstigen Vitriolerzen wurden 1898/9 gewonnen 1630 To im Werthe von 20264 M. Die Hütten aber stellten dar

	Gold kg	Silber kg	Kupfer To.
bis 1878/9 nie mehr als rd.	12,5	1600	300
1879/80—1888/9	10,92—24,98	1117—3731	263—520
1889/90—1898/9	32,19—51,99	3964—5885	597—797

	Blei To.	Vitriole To.	Schwefelsäure To.
bis 1878/9 nie mehr als rd.	825	1370	9650
1879/80—1888/9	936—2194	1457—1835	8693—11403
1889/90—1898/9	2368—2920	2043—3177	10104—12710

Die hiernach erreichten höchsten Produktionsziffern fallen bei allen diesen Hüttenprodukten mit Ausnahme von Blei und Schwefelsäure in die letzten vier Etatsjahre vor 1899, für Silber, Kupfer und Vitriole in das Jahr 1898/9, für Gold in 1897/8, für Blei in 1893/4, Schwefelsäure in 1892/3. Die Jahresproduktion hat in den 10 Jahren 1889/90 bis 1898/9 betragen beim Gold weniger als 40 kg 3 Mal, Silber weniger als 4000 kg 1 Mal, weniger als 4400 kg 4 Mal, Kupfer weniger als 600 To. 1 Mal, weniger als 650 To. 5 Mal, Blei weniger als 2500 To. 1 Mal, weniger als 2800 To. 4 Mal, Schwefelsäure weniger als 11000 To. 4 Mal, weniger als 12000 To. 7 Mal, Vitriolen weniger als 2500 To. 5 Mal.

Wenn der Werth der Produktion der Kommuminwerke sich nicht ebenso günstig entwickelt hat, wie die Produktionsmenge, so liegt das einmal, wenigstens was die Erze anlangt, an deren sehr wechselndem Metallgehalt und sodann an der Gestaltung der Preise; nur in dem Werth der Bleierze kommen diese Momente nicht voll zum Ausdruck, weil diese Erze ohne Rücksicht auf deren Gehalt zu einem festen Preise von den Hütten übernommen werden. Die wenig günstige Gestaltung der Silber- und Bleipreise ist schon oben (§ 82) erörtert. Der Kupferpreis aber ist im allgemeinen in den letzten Jahrzehnten fortgesetzt gesunken. Der fünfjährige Durchschnittspreis betrug in Hamburg[1]) 1866—70: 163,02, 1871—75: 179,6, 1876—80: 154,4, 1881—85: 130,05, 1886—90 112,44 M. für 100 kg, und die höchsten in diesen fünfjährigen Zeiträumen von 1871 ab erzielten Preise waren 191,5 M., 181,6 M., 143,23 M., 142,79 M., die niedrigsten 155,58 M., 131,82 M., 110,92 und 96,31 M. Seit 1890 sind die Kupferpreise, nachdem sie

[1]) Nach Lindsay, „Preisbewegung der Edelmetalle."

in diesem Jahre und 1891 etwas angezogen hatten, bis einschliesslich 1894 fortgesetzt gesunken bis auf das noch nie erreichte Niveau von weniger als 90 M. pro Doppelzentner. Die seitdem eingetretene Preisaufbesserung war im Verhältniss zu dem vorangegangenen Rückgang auch nur eine mässige, bis 1898/9 ca. 20 M. Noch ungünstiger haben sich, wie ein Vergleich der Spalten 12 und 13 der Anlage XXXIII ergiebt, die Preise der Schwefelsäure entwickelt: während diese noch Anfang der 80er Jahre auf ca. 30 M. und darüber (für die Tonne) standen, sind sie seitdem fast ununterbrochen gefallen und stehen schon seit 1892/3 auf weniger als 20 M.; 1896/7 und 1897/8 waren sie sogar auf wenig mehr als 14 M., also unter die Hälfte der Preise aus dem Anfang der 80er Jahre heruntergegangen; 1898/9 haben sie wenigstens 15 M. wieder um ein Geringes überschritten. Die Zahlen der Spalten 10, 11 und 20, 21 der gedachten Anlage lassen endlich erkennen, dass auch die Gestaltung der Preise für die verschiedenen Vitriole keine günstige gewesen ist; dabei ist allerdings zu beachten, dass bis 1891/2 die Okerschen Hütten nur Kupfer- und in ganz geringer Menge Eisenvitriol produzirten; seit 1892/3 stellen sie auch, und zwar in den seitdem verflossenen Jahren in Mengen von 365, 210, 173, 99, 226, 267 und 238 To. Zinkvitriol her, dessen Werth nur den fünften oder sechsten Theil desjenigen des Kupfervitriols beträgt, worauf die Verschiebung in dem Verhältniss zwischen den Spalten 10 und 11 von 1881/2 zu 1882/3 und den folgenden Jahren in erster Linie zurückzuführen ist.

Die in dem Etat und den Rechnungen erscheinende Einnahme der Kommunionwerke für Produkte muss nach dem vorher über das Verhältniss der einzelnen Werke zu einander Gesagten, wenn nicht ungewöhnlich grosse Vorräthe von einem Jahre in das andere übergehen, erheblich höher als die Summe der Produktionswerthe der einzelnen Werke sein, weil bei den Einnahmen sowohl der Erlös des von der Herzog Julius- und Frau Sophienhütte an die Okerschen Hütten verkauften Werkbleies als auch derjenige der von diesen aus dem Werkblei hergestellten Produkte, in den Produktionswerthen aber nur der letztere erscheint. Der Werth der von dem Bergwerk an die Hüttenwerke abgesetzten Erze ist dagegen sowohl in den Einnahmen als auch in den Produktionswerthen doppelt enthalten.

Nach dem Etat für 1899 betragen die von einem der Kommunionwerke an das andere zu leistenden Zahlungen, für die Werke im Ganzen, nicht nur auf den preussischen Antheil berechnet: an das Bergwerk für Erze von Oker 522 750, von Herzog Julius- und Frau Sophienhütte 297 000 M., von Oker an diese Hütte für Werkblei 1 131 000 M.

Wie die Anlage XXVIIH erweist, hat der Preussische Antheil an den Produkteneinnahmen in den letzten 20 Jahren sich um 3 Millionen Mark bewegt und sich trotz der ungünstigen Gestaltung der Preise vermöge der Ausdehnung und Verbesserungen des Betriebes gegen die erste Hälfte der 70er Jahre um ca. 50 Proz. gehoben. Mit 3 560 624 M. für 1899 ist der bisher höchste Etatsansatz erreicht.

Der unbedeutende Tit. 10 „Oekonomische Nutzungen" u. s. w., 1899 auf den Preussischen Antheil 15 424 M., setzt sich aus gleichen Arten von Einnahmen zusammen, wie der entsprechende bei den Staatsbergwerken und -Hütten und entfällt zum grössten Theil auf die Okerschen Hütten.

II. Kapitel.

Die Einnahme der Gesammt-Steinkohlenbergwerke bei Obernkirchen.

§ 108. Der Preussisch-Schaumburg-Lippe'sche Steinkohlenbergbau bei Obernkirchen, an dem Preussen zur Hälfte betheiligt ist, umfasst z. Z. folgende Betriebsstätten: a) auf Preussischem Gebiet den Hühnerbach-, Lieth-, Ober-, Mittel- und Unterstollen in der Oberförsterei Obernkirchen, den Liekweger Stollen in der Gemeinde Liekwegen und den Beckedorfer Stollen in der Gemeinde Beckedorf; b) auf Schaumburg-Lippeschem Gebiet die Förderschächte B 4, WD 3, OD 4, E, F und — erst im Abteufen begriffen — G in den Gemeinden Hörkamp, Gelldorf, Wendhagen-Ehlen und Stadthagen, an Förderstollen den Sülbecker und den Hörstollen in den Gemeinden Sülbeck und Hörkamp, die Kokerei in der Gemeinde Nienstädt, 2 Maschinenwerkstätten, 4 Wasserhaltungs- und 3 Ventilationsschächte.

Von der Kohle, welche backende Eigenschaften besitzt, wird die zweite Sorte — für 1899 sind hierfür 52 000 To., also für den Preussischen Antheil 26 000 To., in Aussicht genommen — in der eigenen Koksanstalt zu Koks verarbeitet.

Die Produktion in Obernkirchen (vergl. Anl. XXIX Sp. 5 u. 11) hat sich in der Preussischen Besitzzeit verdoppelt. Sie betrug, auf den Preussischen Antheil gerechnet, Ende der 60er Jahre ca. 70 000 To., 1897/8 140 543, 1898/9 141 576 To. Allerdings ist sie in der Zwischenzeit von Rückschlägen nicht verschont geblieben; insbesondere waren solche Ende der 70er Jahre aus den bei der Besprechung der Preussischen Steinkohlenwerke erörterten Gründen und Mitte der 80er Jahre wegen Absatzstockungen und Durchführung eines anderen Wetterversorgungsplanes zu verzeichnen.

Die Preise der Obernkirchener Kohlen pflegen reichlich so hoch wie die der Saarkohlen zu sein; an den oben dargestellten Bewegungen der Kohlenpreise haben natürlich auch sie theilgenommen.

Die Einnahmen für Produkte (Tit. 11 des Staatshaushaltsetats) erwachsen z. Z. zu etwa vier Fünfteln aus dem Verkauf von Kohlen, zu einem Fünftel aus dem von Koks. Der Preussische Antheil hieran betrug die 90er Jahre hindurch nur selten unter 1 Million Mark im Maximum (1893/4) 1 142 000, im Minimum (1890/1) 903 350 M. In den 70er und 80er Jahren hat er, wie überhaupt die Einnahme aus den Kohlenbergwerken, ausserordentlich geschwankt (vergl. Anl. XXVII H).

Die Einnahmen aus ökonomischen Nutzungen u. s. w. (Tit. 12) haben sich für 1899 von 49 706 auf 19 310 M. vermindert, weil die Einnahme von 31 240 M. aus der Kohlenzweigbahn Osterholz-Stadthagen infolge Verkaufs derselben in Fortfall gekommen ist. Sie entspringen jetzt zu etwa 40 Proz. aus dem Wiederverkauf von Sprengstoffen an die Belegschaft, zu 25 Proz. aus ökonomischen Nutzungen, zu 10 Proz. aus dem Verkauf alter Materialien und Inventarienstücke, der Rest sind Einnahmen verschiedener Art.

II. Abschnitt.

Die Ausgaben.

(Staatshaushaltsetat Kap. 18.)

§ 109. Ausgaben für die Beamten. (Staatshaushaltsetat Kap. 18 Tit. 1—5, 13, 14 und 16—20, 28 und 29.) Die Behörden und Beamten der Gemeinschaftswerke geniessen nach Aussen diejenigen Gerechtsame, welche den Behörden und Beamten desjenigen Staates zustehen, in welchem sie ihren Sitz haben, und zwar sowohl in ihrer amtlichen Thätigkeit als auch u. A. gegenüber den Gemeinden in Ansehung der Besteuerung u. s. w. Den Diensteid leisten die Beamten beiden Landesherren. Ihre Dienstbezüge sind in Uebereinstimmung mit denen der gleichartigen Preussischen Beamten gebracht.

Das Beamtenpersonal besteht nach dem Etat für 1899 am Unterharz aus 3 Directoren 1. Klasse, 4 Inspektoren, 1 Grubenmarkscheider, 4 Faktoren, 7 Schichtmeister, 1 oberen Werksbeamten 1. Klasse, 5 desgleichen 2. Klasse und 27 mittleren Werksbeamten 2. Klasse, in Obernkirchen aus 1 Direktor 1. Klasse, 1 Inspektor, 1 Grubenmarkscheider, 2 Faktoren, 4 Schichtmeistern, 7 oberen Werksbeamten 2. Klasse, 29 mittleren 2. Klasse und 1 unteren 2. Klasse.

Auf die einzelnen Werke am Unterharz vertheilen sich die Beamten wie folgt:

	Direktoren	Inspektoren	Markscheider	Faktoren	Schichtmeister	Werksbeamte obere 1 Kl.	Werksbeamte obere 2 Kl.	Werksbeamte mittlere 2. Kl.
Rammelsberg	1	—	1	—	2	—	1	8
Herzog Julius- und Frau Sophienhütte	1	1	—	1	1	—	1	6
Oker	1	3	—	3	4	1	3	13

Der von Preussen für die Besoldung der Beamten aufzuwendende Betrag (Tit. 1 und 16) beziffert sich 1899 ausschliesslich der, wie oben erwähnt, in diesem Jahre noch aus dem Etat des Finanzministeriums zu bestreitenden Kosten der Besoldungsaufbesserung für die unteren

Werksbeamten, auf 72 543 M. für den Unterharz und 48 135 M. für Obernkirchen, während für Wohnungsgeldzuschüsse (Tit. 2 und 17) — am Unterharz haben 32, in Obernkirchen 11 Beamte Dienstwohnung — 2606 und 3240 M. zu zahlen sind. Die Etatisirung der Werksbeamtenstellen, die bei den Gemeinschaftswerken ein Jahr später als bei den im Alleineigenthum Preussens befindlichen Werken erfolgte, verursachte für Preussen bei den Unterharzwerken Mehrausgaben für Besoldungen 1890/1 von ca. 7000 und 1892/3 von ca. 23 000 M., in Obernkirchen von ca. 8000 und ca. 20 000 M., für Wohnungsgeldzuschüsse dort von 206 und 2092 M., hier von 540 und 2160 M. Die Gehaltsaufbesserung von 1897 bedingte dann die starke Erhöhung der Tit. 1 und 16 im Etat für 1898/9.

An Vergütungen für Hülfsarbeiter und Stellvertreter von Beamten sowie für Stellenzulagen werfen Tit. 3 und 18 für 1899 3400 bezw. 1875 M. aus. Wenn der Betrag im Tit. 3 bis 1895/6 weit höher war, so hatte dies seinen Grund darin, dass bis dahin Schreib- und Zeichengebühren hier, seitdem bis 1899 unter Bureaubedürfnissen zu verrechnen waren, während sie jetzt unter Löhnen zu verrechnen sind. Die starke Ausgabeverminderung aber, die im Tit. 18 mit dem Jahre 1892/3 eintrat, schrieb sich von der Vermehrung der etatsmässigen Beamten, die neuerliche Steigerung von 1899 von den Umgestaltungen des Etats her.

Die Unterstützungs- und Gratifikationsfonds (Tit. 4 und 4a, 19 und 19a) haben mit der Vermehrung der etatsmässigen Beamten erhöht werden müssen, sodass sie jetzt (1899) betragen für den Unterharz 1632 und 3608, für Obernkirchen 963 und 2915 M. Auch an Tagegeldern und Reisekosten (Tit. 5 und 20) mussten nach dem Hinzutritt der Werksbeamten höhere Beträge eingestellt werden, und die Uebernahme der Umzugskosten von den Titeln „sonstige Verwaltungs- und Betriebsausgaben" in Folge der mehrerwähnten 1899 vorgenommenen Veränderungen in der Etatseintheilung machte eine weitere geringe Erhöhung nöthig, sodass 1899 erscheinen in Tit. 5 2072, in Tit. 20 3250 M.

Nicht ausschliesslich für Beamte, sondern auch zu Unterstützungen für ausgeschiedene Beamte, invalide Arbeiter und deren Hinterbliebene dienen die Pensionsfonds Tit. 13 und 28, ersterer 1899 mit 9808, letzterer mit 3170 M. dotirt. Ihre Höhe hängt von dem bei so kleinen Verwaltungen durch Zufälligkeiten, wie Ableben von Pensionären und dergl., stärker als bei grossen beeinflussten wechselnden Bedarf ab. Dasselbe gilt von Wittwen- und Waisengeldern, für die 1899 in Tit. 14 und 29 2000 bezw. 3101 M. ausgeworfen sind.

§ 110. Ausgaben für Arbeiter (Staatshaushaltsetat Kap. 18 Tit. 7 und 11, 22 und 26).

Die Belegschaft der Gemeinschaftswerke, zu $^4/_7$ bezw. die Hälfte gerechnet, wies in den letzten 10 Jahren 1889/90—1898/9 folgende Zahlen auf:

	1889/90	1890/1	1891/2	1892/3	1893/4	1894/5	1895/6	1896/7	1897/8	1898/9
Rammelsberg . .	193	221	222	225	231	231	228	228	223	224
Herzog Julius- u. Fr. Sophienhütte	218	208	203	204	198	204	202	194	191	193
Oker	332	342	342	355	361	359	358	357	359	359
Summe Kommunionwerke	**743**	**771**	**767**	**784**	**790**	**794**	**788**	**779**	**773**	**776**
Oberkirchen . . .	781	827	808	853	829	809	852	857	918	931

Am Unterharz ist die Arbeiterzahl in diesen 10 Jahren somit ziemlich gleich geblieben, in Obernkirchen dagegen um 19 Proz. gestiegen. Weitere 10 Jahre zuvor betrugen die Zahlen für Obernkirchen 624, für den Unterharz 622 (Rammelsberg 189, Julius- und Sophienhütte 158, Oker 285). Der Lohnfonds bezifferte sich bei den Unterharzwerken (Tit. 7) 1879/80 auf 436 736, 1889/90 auf 533 960 und 1899 auf 606 864 M., für Obernkirchen auf 394 425, 488 350 und 711 900 M. Dabei ist zu berücksichtigen, dass inzwischen gerade die Löhne für die höchstbezahlten Arbeiter, die Werksbeamten, und 1899 auch die Ausgaben für Gratifikationen, Remunerationen und Unterstützungen für Arbeiter, Reise- und Umzugskosten für heranzuziehende Arbeiter, für Knappschaftsfeste und sonstige Bewilligungen an Arbeiter den Lohnfonds abgenommen sind. In Berücksichtigung dieser Umstände ergiebt sich auch für die Arbeiter auf den Gemeinschaftswerken eine ganz bedeutende Steigerung ihres Arbeitsverdienstes in den letzten Jahrzehnten. Ist doch selbst unter Ausserachtlassung der vorgedachten Aenderungen in der Bestimmung der Tit. 7 und 22 ihr Betrag gestiegen in Obernkirchen von 1879/80—1889/90 um ca. 24, von 1889/90—1898/9 um ca. 46, am Unterharz um 22 und 14 Proz., die Belegschaft dort um 24 und 19, hier nur um 19 und 4,4 Proz. Gerade in dem letzten Jahrzehnt hat sich somit sowohl am Unterharz als auch in Obernkirchen eine ungleich stärkere Erhöhung der Lohnausgaben als der Zahl der Lohnempfänger vollzogen.

Auf die einzelnen Kategorien von Löhnen vertheilen sich 1899 die Lohnfonds, für die ganzen Betriebe berechnet (in Mark) folgendermassen:

	Rammelsberg	Julius- und Sophienhütte	Oker	Obernkirchen
Aufsichtslöhne	5 900	3 000	6 000	—
Berg- resp. Hüttenbauten	260 360	245 036	401 500	1 150 000
Aufbereitung (bezw. Verkokung)	19 000	—	—	87 400
Schmiedelöhne	11 000	4 200	9 900	29 500
Vermessungskosten	1 000	—	—	1 000
Absatzlöhne	196	9 400	6 000	46 800
Maschinenlöhne	5 800	5 000	2 500	73 300
Steinbruch	11 500	—	—	—
sonstige Löhne	2 500	50	20 500	35 600
Schreib- u. Zeichengebühren	3 008	1 162	5 000	200

Die Ausgaben für Wohlfahrtszwecke (Tit. 11 und 26) umfassen gleichartige Ausgaben wie die entsprechenden Titel der Etatskapitel 14 und 15. Auch soweit der Betrieb am Unterharz in Braunschweig stattfindet, gelten hinsichtlich der Knappschaftsvereine gleiche Bestimmungen wie in Preussen. Die Unterharzwerke gehören dem Unterharzischen, die Obernkirchener dem Clausthaler Knappschaftsverein an. Die auf Preussen entfallenden Istausgaben betrugen 1898/9 an Zuschüssen zu den Knappschaftskassen am Unterharz 22 883, für Obernkirchen 56 807 M., für Unfallversicherung und Hapftpflicht 5242 und 15 561, für Invaliditäts- und Altersversicherung 3830 und 5291 M.

Die Sollausgaben für 1899 betragen im Einzelnen, für die ganzen Werke:

	Rammelsberg	Julius- u. Sophienhütte	Oker	Obernkirchen
Knappschaftskassen	11 482	12 123	19 200	101 600
Unfall- und Haftpflichtversicherung	5 300	2 465	8 800	36 100
Aszendentenrenten etc. auf Grund des Unfallfürsorgegetzes	150			60
Invaliditäts- etc. Versicherung	2 352			12 500
Unterstützungen für Arbeiter	200			400
Unterstützungen für Zöglinge, Fortbildungs- etc. Schulen etc.	3 700			1 340

Das ausserordentliche Anschwellen dieser Ausgaben infolge der Arbeiterversicherungsgesetze ist natürlich auch hier zu erkennen; für 1899 sind ausgeworfen 37 584 M. für den Unterharz und 73 000 M. für Obernkirchen gegen 24 068 M. und 17 000 M. im Etat für 1883/84.

§ 111. Ausgaben für Anlagen, Materialien und Geräthe (Staatshaushaltsetat Kap. 18 Tit. 6, 8, 9 und 21, 23, 24). Bei dem im Verhältniss zu dem Alleinbesitz Preussens an Bergwerken und Hütten so viel kleineren Umfang der Gemeinschaftswerke beeinflusst natürlich hier jeder grössere Baufall das Etatserforderniss mehr als dort, und haben daher die Tit. 8 und 23 des Kap. 18 noch mehr als die entsprechenden Titel im 14. und 15. Kapitel des Etats in ihrer Höhe geschwankt. So hat in den 70er Jahren die Erweiterung und Verbesserung der Betriebsanlagen in manchen Jahren den Tit. 8 bis auf mehr als 100 000 M., 1874 sogar auf 194 000 M., den Tit. 23 bis auf mehr als 70 000 M., ja 1874 bis auf 193 000 M. anschwellen lassen, während in anderen Jahren nur ein sehr geringer Betrag aufzuwenden war. In den 80er und 90er Jahren zeichneten sich durch besonders hohe Erfordernisse im Tit. 8 aus die Jahre 1881/2 (80 000 M.), 1883/4 (106857 M.), 1884/5 (104 043 M.) und 1885/6 (97 143 M.), während in anderen Jahren nur der dritte oder vierte Theil dieser Summen erforderlich war und der Tit. 23 z. B. im Etat für 1883/4 mit 25 000, 1884/5 mit 50 000, (1885/6 mit 37 500 M.), dagegen 1882/3 mit 6000, und nachdem die jene hohen Kosten bedingende neue Tiefbauanlage beendet war, 1886/7 und später nur mit 2000 M. erscheint. 1899 machten am Unterharz zwei neue Dampfkessel, eine mechanische Reparaturwerkstätte und ein

Aufseherhäuschen den Ansatz von 62 286 gegen 38 286 M. im Vorjahre erforderlich, während der Bedarf für Obernkirchen infolge Verkaufs der Kohlenbahn Osterholz-Stadthagen von 15 000 auf 12 500 M. ermässigt werden konnte.

Gleichmässiger haben sich die Ausgaben für die laufende Unterhaltung der Gebäude, Wege und Betriebsanlagen (Tit. 9 u. 24) gestaltet, wenn sie auch immerhin nicht unerhebliche Schwankungen aufweisen. Im Ganzen ist infolge Ausdehnung der Betriebsanlagen und Steigen der Löhne und Materialienpreise in den letzten Jahrzehnten ein geringes Anwachsen wahrzunehmen. Für 1899 sind für den Unterharz 117 327, für Obernkirchen, wo der mehrerwähnte Verkauf der Kohlenbahn eine Herabsetzung ermöglichte, 20 300 M. ausgeworfen, und auch in den übrigen 90er Jahren waren die Ausgaben im Tit. 9 nur einmal (1898/9) um ein Geringes unter 100 000, im Tit. 24 nie unter 20 000 M. gesunken, während sie in den 80er Jahren dort nur selten 100 000 M. erreichten, hier immerhin einige Male unter 20 000 M. sanken.

Von dem Gesammtbetrage des Tit. 9 fallen nach dem Etat für 1899 auf das Bergwerk ca. 9 000, auf Herzog Julius- und Frau Sophienhütte ca. 18 000 und auf die Oker'schen Hütten, wo namentlich die Schwefelsäurefabriken, in denen die Säuren natürlich die Einrichtungen sehr angreifen, hohe Unterhaltungskosten erfordern, ca. 90 000 M.

Die Ausgaben für Materialien und Geräthe nehmen am Unterharz (Tit. 6) mit seinem Hüttenbetrieb wie bei den Preussischen Staatshütten die erste, in Obernkirchen (Tit. 21) wie bei den Preussischen Staatsbergwerken die zweite Stelle ein und belaufen sich nach dem Etat für 1899 dort auf 1 998 964, hier auf 108 950 M. Am Unterharz bilden den grössten Faktor hiervon die auch in der Einnahme erscheinenden Zahlungen des einen Werks an das andere für Erze bezw. Werkblei; im Uebrigen finden sich hier die gleichen Posten wie bei den Preussischen Bergwerken und Hütten; nicht unerheblich sind hier auch die 1899 von dem aufgelösten Titel „Debitskosten“ übernommenen Kosten für Verpackungsmaterialien, namentlich der Schwefelsäure und Vitriole. Da die Erzpreise den Metallpreisen folgen und die Menge der Produkte von derjenigen der einzukaufenden Erze abhängt, so korrespondiren die Schwankungen des Erfordernisses im Tit. 6 mit denen der Produkteneinnahme, wenn auch nicht in dem Grade der Schwankung, auf den auch der Umstand einwirkt, dass die Vitriol- und Schwefelsäurepreise weniger als die Metallpreise die Erzpreise beeinflussen, und dass die Bleierze des Rammelsberges zu einem festen Preise an die Hütten abgegeben werden. Bei einem Bergwerk wie Obernkirchen sind die Ausgaben für Materialien und Geräthe zwar von der Stärke des Betriebes, aber nicht von den Produktenpreisen abhängig und folgen deshalb der Produkteneinnahme weniger. Uebrigens zeigt die in der Anl. XXVII H für 1898/9 in Klammern beigefügte Zahl, dass in Obernkirchen die anderweitige Einrichtung des Etats eine ganz erhebliche Entlastung des Tit. 21 bedeutete.

§ 112. Abgaben, Grundentschädigungen und Landerwerb. (Tit. 10 und 25.) Soweit sich der Betrieb der Gemeinschaftswerke in Preussen vollzieht, finden hinsichtlich der Besteuerung des Einkommens gleiche Grundsätze statt, wie für die im Alleineigenthum Preussens stehenden Werke, d. h. das Einkommen unterliegt nicht der Staats-, wohl aber der Gemeindeeinkommensteuer. Ebenso gelten gleiche Grundsätze hinsichtlich der Grund- und Gebäudesteuer. Zu den Gewerbebetrieben des Staates im Sinne des § 28 des Kommunalabgabengesetzes gehören die Gemeinschaftswerke zwar nicht, da hierunter nur von dem Preussischen Staat allein betriebene Werke fallen. Materiell macht dies indess für die Gewerbesteuerpflicht keinen Unterschied; denn bis zum 1. April 1895 waren die Bergwerke von der Gewerbesteuer frei, die Hütten am Harz aber liegen in Braunschweig. Auch von der Bergwerksabgabe waren die Bergwerke am Rammelsberg und bei Obernkirchen frei; seit dem 1. April 1895 unterliegen sie wie die Staatsbergwerke der Gewerbesteuer, und der Unterschied von diesen besteht nur darin, dass sie, weil nicht im Alleineigenthum des Preussischen Staates befindlich, besonders veranlagt werden.

Auch in Braunschweig unterliegen die Kommunionwerke einer Staatssteuer nicht. Zu den Gemeindelasten trugen dieselben dort von 1875 bis 1899 — vor 1875 waren die Kommunionwerke sowohl gegenüber Preussen als auch gegenüber Braunschweig exterritorial — nur in Gestalt freiwilliger Zuschüsse bei, so z. B. die Okerschen Hütten zu einem Schulneubau, zu den Kirchenlasten und zum Pastorengehalt. Das Braunschweigische Gemeindeabgabengesetz vom 11. März 1899 aber unterwirft auch die Kommunionwerke der Besteuerung durch die Gemeinden.

Soweit die Obernkirchener Werke auf Schaumburg-Lippeschem Gebiete belegen sind, waren sie bisher von Staats- und Gemeindesteuern frei. Neuerdings ist aber der Preussische Bergfiskus auf Grund des Schaumburg-Lippeschen Gesetzes vom 15. Mai 1899 mit seinem Einkommen aus den Obernkirchener Werken zur Staats- und Gemeindesteuer veranlagt. Doch schwebt hierüber noch eine von der Schaumburg-Lippe'schen Hofkammer, die nach einem früheren Abkommen diese Steuer an Preussen würde vergüten müssen, unter Berufung auf den Staatsvertrag über die Theilung der alten Grafschaft Schaumburg eingelegte Reklamation. Sollte diese keinen Erfolg haben, so würde dies doch voraussichtlich ohne finanziellen Effekt für den Preussischen Fiskus sein, da eben die Schaumburg-Lippe'sche Hofkammer diese Steuer würde zurückvergüten müssen.

Der Gesammtbetrag an Abgaben aller Art ist für 1899 veranschlagt für die ganzen Werke am Rammelsberg auf 11 436, Herzog Julius- und Frau Sophienhütte 2800, Oker 3580 und Obernkirchen

1200 M., während für 1900 allein für Oker infolge des Braunschweigischen Gemeindeabgabengesetzes vom 11. März 1899 ein Betrag von 13 660 M. ausgeworfen ist.

Die Grundentschädigungen sind bei den Hütten am Unterharz verhältnissmässig erheblicher als sie sonst bei Hüttenwerken zu sein pflegen, weil die Art der dortigen Betriebe Schäden durch die Einwirkung des Rauches verursacht: für 1899 sind ausgeworfen für diese Werke 6580 und 3580 M., für Obernkirchen dagegen 12 000 M.

Die Ausgaben für Landerwerb wechseln natürlich ausserordentlich; im Allgemeinen verursacht hier, wie in Preussen allgemein die Kohlenbergwerke, Obernkirchen die höchsten Ausgaben.

Der auf Preussen entfallende Gesammtbetrag der Tit. 10 und 25 beziffert sich 1899 auf 22 112 und 9 100 M. Die seit Mitte der 80er Jahre eingetretene starke Erhöhung der Ausgaben des Tit. 10 ist hauptsächlich eine Folge der Rauchschäden der Herzog Julius- und Frau Sophienhütte sowie der Aenderungen der Preussischen Steuergesetzgebung, das vorübergehende Hinausgehen über den in den letzten Jahren aufzuwendenden Betrag von ca. 21 000—22 000 M. im Anfang der 90er Jahre eine solche von Landerwerbungen für die Hütten.

§ 113. Sonstige Ausgaben. Der 1899 gebildete und mit 3 856 und 2850 M. dotirte Titel „Verschiedene Ausgaben“ (Tit. 12 u. 27) umfasst gleichartige Ausgaben wie der diese Bezeichnung tragende in den Etatskapiteln 14 und 15. Die Titel 15 und 30 enthalten sonstige Verwaltungs- und Betriebsausgaben, die für die Preussischen Werke aus dem Kap. 22 zu bestreiten sind; die Umgestaltung des Etats hat hier eine wesentliche Einschränkung des Bedarfs durch Ueberweisung von Ausgaben auf andere Titel herbeigeführt, sodass für 1899 nur 7386 bezw. 251 gegen ca. 10 000 bezw. 1000—2000 M. in den Vorjahren ausgebracht sind.

Für die alle zwei Jahre zu feiernden Knappschaftsfeste sind aus Tit. 12 für den Kopf 4, aus Tit. 27 2 M. aufzuwenden; von dem Gesammtbetrage des letzteren Titels entfallen 1899 hierauf 1860 M.

§ 114. Gesammtbetrag der dauernden Ausgaben. Der Gesammtbetrag des Preussischen Antheils an den Sollausgaben der Gemeinschaftswerke weist in den 20 Jahren 1. April 1880 bis 1. April 1900 folgende Entwicklung auf:

	Kommunionwerke am Unterharz		Obernkirchener Werke	
Jahr	M.	Prozent der Einnahme	M.	Prozent der Einnahme
1880/1	1 842 400	86,5	592 000	82,0
1881/2	2 526 720	84,6	611 000	73,9
1882/3	2 368 400	83,8	699 000	83,3
1883/4	2 501 448	83,9	814 900	84,4
1884/5	2 467 296	81,1	855 560	93,0
1885/6	2 610 152	81,9	792 000	91,9
1886/7	2 429 328	84,9	699 470	92,1
1887/8	2 608 128	85,1	677 200	92,9

Jahr	Kommunionwerke am Unterharz M.	Prozent der Einnahme	Obernkirchener Werke M.	Prozent der Einnahme
1888/9	2 416 368	84,1	671 500	91,6
1889/90	2 595 456	81,0	704 550	91,1
1890/1	2 659 568	82,2	805 500	89,2
1891/2	3 051 152	83,4	979 340	87,9
1892/3	2 895 632	82,8	1 017 400	86,8
1893/4	2 694 864	85,5	1 011 500	88,6
1894/5	2 663 552	86,0	982 500	92,9
1895/6	2 593 264	87,4	964 000	92,8
1896/7	2 642 664	85,0	975 000	89,5
1897/8	2 673 408	85,4	976 500	89,1
1898/9	2 766 272	82,9	1 010 500	87,9
1899	2 944 048	82,3	1 005 500	87,8

Die Reinerträge der Kommunionwerke, bei denen der Hüttenbetrieb überwiegt, stellen sich sonach weit günstiger als die der im Alleinbesitz Preussens befindlichen Hütten, was neben örtlichen Verhältnissen des Betriebes namentlich auf die geringere Einwirkung des Preissturzes des Silbers und der wenig günstigen Bleipreise sowie auf die Betheiligung des Bergbaues am Rammelsberg an dem Gesammtresultat zurückzuführen ist. Dagegen ist der Reinertragskoeffizient in Obernkirchen um ein Geringes ungünstiger als bei den Staatsbergwerken; es ist das natürlich, weil das Obernkirchener Werk weder vermöge seines Umfanges, noch seiner Lagerungsverhältnisse, noch endlich seiner Absatzwege mit den Saar- und Oberschlesischen Werken konkurriren kann.

Auf die hauptsächlichsten Ausgabetitel entfallen 1899 von der Gesammtausgabe am Unterharz, und zwar auf Materialien und Geräthe ca. 77, Löhne ca. 20,6, Unterhaltung der Gebäude etc. ca. 4, Besoldungen ca. 2,4, Wohlfahrtszwecke 1,3 Proz., in Obernkirchen auf die gleichen Titel ca. 10,70, 2, 4,8 und 7 Proz.

---

5. Abtheilung.

Die einmaligen und ausserordentlichen Ausgaben der Berg-, Hütten- und Salinenverwaltung.

(Staatshaushaltsetat Kap. 6.)

§ 115. Das Extraordinarium der Berg-, Hütten- und Salinenverwaltung unterscheidet sich von denen der meisten anderen Verwaltungen insofern, als, von den Badeanstalten abgesehen, diejenigen Neubauten, Erneuerungsbauten, Neuanlagen und Erweiterungen, welche nur der Fortführung des Betriebes eines vorhandenen Werkes in gleichem oder erweitertem Umfange und auf dem bisherigen Staatsbesitz dienen, nicht aus ihm, sondern aus dem Ordinarium bestritten werden. Das Extraordinarium umfasst daher im Wesentlichen nur Ausgaben, die nicht im ausschliesslichen Interesse eines bestimmten Werkes, oder die für noch nicht oder nicht mehr im Betriebe befindliche Werke oder für die Angliederung eines bisher nicht unterhaltenen Betriebes an ein vorhandenes Werk oder endlich für eine Vermehrung des Staatseigenthums erfolgen. Zu den Ausgaben der ersten Art gehören aus dem 31jährigen Zeitraum 1869—99, den die Anlage XXXV berücksichtigt, diejenigen für Bohrversuche, zu Beihülfen für Bahnanlagen, für die im sozialpolitischen Interesse erfolgende Beförderung der Ansässigmachung der Arbeiter, für Dienstgebäude, für Wasserversorgungsanlagen, für Deckung eines Defekts und die Berggewerbegerichte, zu den der zweiten Art die Ausgaben für den Steinsalzschacht in Segeberg, für die Sümpfung und Wiederherstellung des durch Wassereinbruch zum Erliegen gekommenen Ibbenbürener Werks und für die eingestellte Eisengiesserei in Berlin, auf deren Grundstück sich jetzt die Bergakademie mit der geologischen Landesanstalt befindet; als Ausgaben für die Angliederung neuer an schon vorhandene Betriebe sind diejenigen für den Steinsalzschacht in Schönebeck und die Kalifabrik in Stassfurt zu bezeichnen, während eine Erweiterung des Staatseigenthums die Ankäufe von Grundstücken, Gruben, Grubenfeldern u. s. w. bedeuteten, deren Kosten in Sp. 5 erscheinen. Endlich sind auf das Extraordinarium, namentlich in früherer Zeit, auch einzelne Bahnanlagen im Interesse eines einzelnen Werkes übernommen worden. In neuester Zeit ist man aber auch mehr darauf bedacht, derartige Anlagen aus dem Ordinarium zu bestreiten, wie überhaupt gerade bei dem Etat der Berg-, Hütten- und Salinenverwaltung das im Interesse einer vorsichtigen Finanzgebahrung mit Genugthuung zu begrüssende Streben des gegenwärtigen Finanzministers in Erscheinung tritt, den Kreis der aus extraordinären Mitteln zu deckenden Ausgaben eng zu begrenzen und Alles, was nur einigermassen den Charakter durch den Betrieb und Absatz in dem bisherigen oder doch nur erweiterten Umfang bedingter Ausgaben trägt, auf das reichlich auszustattende Ordinarium zu übernehmen. So sind u. A. sogar die ausserordentlich hohen Kosten für die Tarthuner Schachtanlage bei Stassfurt aus dem Ordinarium bestritten worden, während man sie früher wohl dem Extraordinarium zugewiesen haben würde. Ja selbst die Anlage des neuen Salzwerks Bleicherode wird aus dem Ordinarium gedeckt. Trotzdem somit der Kreis der ausserordentlichen und einmaligen Ausgaben heut enger gezogen wird als früher, ist die Gesammthöhe derselben in den letzten Jahren, auch nach Abzug der ja unvermeidlichen für das ersoffene Ibbenbürener Bergwerk, kaum niedriger gewesen, als in früherer Zeit, wo hier noch manche heut unter die dauernden gerechnete Ausgabe erschien, und man ist namentlich auch vor solchen Ausgaben nicht zurückgeschreckt, die eine entsprechende Verzinsung nicht in Aussicht stellten, wenn sie im öffentlichen Interesse geboten erschienen. Einen Beleg hierfür bietet die Wasserversorgungsanlage Zawada-Zabrze.

Die Anlage der Wasserleitung Zawada-Zabrze wurde durch den im westlichen Theile des Oberschlesischen Industriebezirks, den Kreisen Beuthen und Zabrze, herrschenden Wassermangel veranlasst; ebenso bedurfte die Königin Luise-Grube der Zuführung brauchbaren Wassers zur Kesselspeisung, da das bisher benutzte Grubenwasser wegen Anhauens von Salzquellen unbrauchbar geworden war, und endlich fehlte es auch an geeignetem Speisewasser für einzelne Lokomotivstationen in dem genannten Bezirke. Die Wasserleitung entnimmt ihr Wasser vom Zawada'er Tiefbrunnen.

Zu den Ausgaben für die Gotthardbahn sei bemerkt, dass der Preussische Staat hierfür einen Zuschuss von 1 200 000 M. übernommen hatte, von dem 1/4 der Eisenbahn-, 3/4 der Bergverwaltung mit Rücksicht auf die den Bergwerken erwachsenden Vortheile für den Kohlenabsatz zur Last gelegt wurden.

Wegen der Erwerbungen von Grubenfeldern u. s. w. vergl. oben § 10, wegen der Bohrversuche § 34.

Die hohen Ausgaben für den Steinsalzschacht in Segeberg sind leider in sofern vergeblich aufgewendet worden, als nicht zu bewältigende Wasserzuflüsse einen Bergwerksbetrieb unmöglich machten.

Fragt man sich, welche Bestandtheile des fiskalischen Montanbetriebes am stärksten an den ausserordentlichen Ausgaben partizipirt haben, so nehmen absolut weitaus die Bergwerke und unter diesen die Steinkohlenbergwerke die erste Stelle ein, im Verhältniss zur finanziellen Bedeutung aber die Badeanstalten und die Salzwerke. Denn ausschliesslich oder überwiegend für die Bergwerke sind seit 1869 verwandt bezw. durch sie verursacht die Ausgaben in den Spalten 5, 6, 7 (mit Ausnahme von 238 000 M.), 8, 9 und 11 der Anlage XXXV, zum grossen Theil Sp. 2, dagegen für die Salzwerke Sp. 3, 4, von Sp. 7 84 000 und von Sp. 2 ein sehr erheblicher Theil, für die Badeanstalt Oeynhausen Sp. 12. Vollkommen unbetheiligt an den Extraordinarien sind die Gemeinschaftswerke, und den heut noch bestehenden staatlichen Hüttenwerken kann nur eine Ausgabe von 154 000 M. für die Schmalspurbahn Tarnowitz—Friedrichshütte zur Last geschrieben werden.

Ergebniss.

Die Nettoerträge der Berg-, Hütten- und Salinenverwaltung.

§ 116. Aus der vorangegangenen Darstellung ergiebt sich, in welchem Masse die Einnahmen und Ausgaben der Bergwerke diejenigen der übrigen Zweige der Berg-, Hütten- und Salinenverwaltung überwiegen: es sei nochmals daran erinnert, dass für 1899 von 149,3 Millionen Einnahmen 115,3 und von 128 Millionen dauernder Ausgaben fast 94 auf die Staatsbergwerke entfallen. Ein Vergleich der Ausführungen in den §§ 32, 76, 93, 105 und 114 zeigt ferner, dass sich das Verhältniss des Reinertrags zur Bruttoeinnahme bei den Hütten, Badeanstalten und Gemeinschaftswerken mehr oder minder ungünstiger, nur bei den Salzwerken, auf die 1899 von den Einnahmen nur 8,3, von den Ausgaben 6,3 Millionen entfallen, etwas günstiger als bei den Staatsbergwerken stellt, während die Verwaltungsausgaben seit Aufhebung der Bergwerksabgaben die ihnen gegenüberstehenden Einnahmen der Etatskapitel 13—20 weit übersteigen. Hieraus folgt, dass ausschlaggebend für die Höhe der Gesammteinnahme und -Ausgabe die Bergwerke sind, und dass das Verhältniss der einen zur andern demjenigen der Einnahme und Ausgabe der Bergwerke nahe kommen, aber etwas ungünstiger als dieses sein muss. Den zahlenmässigen Beleg für diese Schlussfolgerungen liefert ein Vergleich der Anlage XXXVI mit dem § 76.

Bei Betrachtung der Zahlen der gedachten Anlage darf indess nicht ausser Betracht bleiben, dass, wie die vorangegangene Darstellung gezeigt hat, der Montanbesitz des Staates im Laufe der Zeit nicht unwesentliche Aenderungen in seinem Bestande, auch abgesehen von dem Hinzutreten der neuen Provinzen, erfahren hat; unerheblicher ist es, dass in den Zahlen der Einnahmen und dauernden Ausgaben bis einschl. 1872 diejenigen des Salzwerks Stetten nicht enthalten sind, da diese in dem bis dahin aufgestellten besonderen Etat für die Hohenzollernschen Lande erschienen und wir es für zweckmässiger erachten, in der Anlage nur die in den Etats der Berg-, Hütten- und Salinenverwaltung erscheinenden Zahlen wiederzugeben; unter den Extraordinarien der Jahre vor 1873 sind dagegen schon die Kosten der Anlage dieses Werkes enthalten.

Betrachtet man nach diesen Vorbemerkungen die Anlage im Einzelnen, und zwar zunächst die Einnahmen, so findet man von 1849 bis 1859 ein nur durch einen nicht nennenswerthen Rückgang unterbrochenes Anwachsen, das besonders rapide in den Jahren 1856 und 1857 war. Diese günstige Entwicklung war in dem damaligen allgemeinen Aufschwunge der Montanindustrie begründet; die besonders erhebliche Einnahmevermehrung der beiden Jahre 1856 und 1857 wurde dadurch ermöglicht, dass die Leistungsfähigkeit der Staatsbergwerke und Eisenhütten durch Erweiterung und Verbesserung der Betriebsanlagen so gesteigert war, dass sie die günstigen Konjunkturen durch Erhöhung der Produktion voll ausnutzen konnten.

Die oben mehrfach erwähnte, Ende der 50er Jahre einbrechende Wirthschaftskrisis hatte dann zur Folge, dass die Einnahmen einen zeitweisen Rückgang erfuhren, der indess schon 1864 mehr wie ausgeglichen war. Auch der Krieg von 1866 hemmte die aufsteigende Tendenz nur wenig, während der Französische Krieg vorübergehend einen stärkeren Rückgang der Einnahmen selbstverständlich zur Folge haben musste, zumal der wichtigste Theil des fiskalischen Montanbesitzes, die Saarwerke, am unmittelbarsten in Mitleidenschaft gezogen wurden. Den Höhepunkt erreichten die Einnahmen mit 114,3 Millionen 1875, um aber in den dann folgenden trüben Zeiten bis 1880/1 anhaltend bis auf 79 Millionen zu sinken. Die allmähliche, wenn auch noch vielfach von Rückschlägen unterbrochene wirthschaftliche Gesundung liess sie bis Mitte der 80er Jahre wieder bis auf etwas über 100 Millionen steigen, und 1890/1 hatten sie mit 121,3 Millionen das Niveau von 1875 überschritten. Nach weiterem Steigen bis auf 146,7 Millionen 1892/3 trat wiederum ein 3 Jahre anhaltender Rückgang ein, der allerdings nicht nur in den oben an den entsprechenden Stellen näher erörterten wirthschaftlichen Gründen, sondern, was den Rückgang von 1894/5 auf 1895/6 anlangt, auch in der einen Einnahmeausfall von mehr als 6 Millionen bedeutenden Aufhebung der Bergwerksabgaben seinen Grund hatte. In seitdem anhaltendem Vorwärtsschreiten haben die Einnahmen 1899 fast 150 Millionen erreicht, obwohl ihnen, wie gesagt, die Bergwerksabgaben entzogen sind und, wie wir gesehen haben, die Entwicklung der Preise für manche Produkte eine keineswegs glänzende gewesen ist.

Die dauernden Ausgaben freilich sind, wie dies oben im Einzelnen schon an den entsprechenden Stellen dargelegt ist, dem Aufsteigen der Einnahmen nicht nur gefolgt, sondern in stärkerem Verhältniss als diese gewachsen. Selbst das Jahr 1899 mit seinen glänzenden Konjunkturen konnte nur mit einem Reinertrag von 14,3 Proz. der Bruttoeinnahme rechnen, einem Prozentsatz, auf oder unter den der Reinertrag selbst in den ungünstigsten der 70er Jahre nur selten herabging. In den beiden Jahren 1895/6 und 1896/7 aber sank er sogar auf weniger als 10 Proz. Seit 1849 hat er sich in den Zeiträumen 1850—1859, 1860—1869, 1870—1879/80, 1880/81—1889/90 und 1890/91 bis 1899 in folgenden Grenzen bewegt: 15,4 (1854) — 23,6 (1858), 16,8

(1869) - 25,7 (1862), 13,4 (1879/80) — 24,7 (1874), 11,0 (1880/1) — 17,1 (1884/5), 9,1 (1895/6) — 15,2 Proz. (1892/3). In jeder der 3 letzten dieser Dekaden ist also sowohl der niedrigste als auch der höchste Reinertragskoeffizient niedriger als in der vorangegangenen. Es ist das allerdings ein Zeichen für die allgemeine Entwickelung des Verhältnisses zwischen Roh- und Reinertrag, mit der der Staat auch fernerhin zu rechnen haben wird. Indess muss man auch dabei den Wegfall der Bergwerksabgaben, denen nennenswerthe Ausgaben nicht gegenüberstanden, berücksichtigen; beständen sie noch, wenn auch nur mit dem Betrage von 1894/5, so würde der Reinertragskoeffizient in den Jahren 1895/6—1899 um ca. 4 Proz. der Bruttoeinnahme höher gewesen sein, würde also nie unter 10 Proz. herabgegangen sein und seit 1895/6 eine ständige Verbesserung aufgewiesen haben, ja es wäre auch der höchste und niedrigste Prozentsatz in der letzten Dekade ein etwas besserer als in der vorangegangenen gewesen; andererseits muss man freilich in Betracht ziehen, dass die Dekade 1880/1 bis 1889/90 überwiegend ungewöhnlich ungünstige Jahre enthielt, während von derjenigen 1890/1—1899 die letzten Jahre ebenso ungewöhnlich günstig waren; scheidet man aus beiden Dekaden das Jahr mit dem höchsten und dasjenige mit dem niedrigsten Reinertragsprozent aus, so ergiebt sich für jene ein Durchschnittssatz von 14,9, für diese von ca. 14,6 Proz., also doch wiederum eine Verschlechterung.

Die Spalten 2 und 3 der Anlage XXXVI zeigen, dass jeder einigermassen erhebliche Fortschritt und Rückschritt der Einnahmen von einem Jahre zum andern von einer gleichen Bewegung der Ausgaben begleitet gewesen ist, weil eben die gewichtigsten Kategorien der Betriebsausgaben der Stärke der Produktion, theilweise auch den Produktenpreisen folgen. Das Verhältniss der Schwankung differirt freilich bei den Gesammtausgaben der ganzen Verwaltung mehr als bei den Betriebskosten der einzelnen Kategorien der Betriebe von dem der Bewegung der Einnahmen, weil einmal dort die nicht immer adäquate Bewegung dieser verschiedenen Arten von Betrieben zusammentrifft, namentlich aber, weil auf die Gesammtausgabe die von den Betriebseinnahmen unabhängigen Verwaltungskosten ihren Einfluss ausüben. So kann es nicht Wunder nehmen, dass die Schwankungen des Reinertragsprozentsatzes zwischen aufeinanderfolgenden Jahren recht erheblich, erheblicher als bei der Forst-, geschweige denn der Domänenverwaltung sind. Finden wir doch hier Schwankungen von 16,7 : 21,5, 23,7 : 19,5, 16,8 : 20,3 : 17,9, 24,4 : 17,8, 13,4 : 11,0 : 15,5 Proz. Und noch grösser sind manchmal die Schwankungen in der absoluten Höhe der Ueberschüsse (Sp. 5) gewesen! Wir finden solche von 4 : 7,2, 13,2 : 16,6 : 21,3 : 27,6 : 28 : 18,3 : 15,8 : 13,4 : 11,9 : 8,7 : 13,0, 15,2 : 17,6, 15,7 : 18,3 : 21,1, 22,4 : 19,3 : 16,3, 11,3 : 14,1 : 16,3 : 21,3 Millionen, während bei der Forstverwaltung die stärksten Schwankungen, abgesehen von dem Hinzutritt der neuen

Provinzen, betrugen 20,2 : 23,2, 22,3 : 25,0, 28,5 : 30,6 und 28,8 : 32,7 Millionen.

Bemerkenswerth ist übrigens auch hier, wie bei der Domänen- und Forstverwaltung, der ungünstige Einfluss des Hinzutritts der neuen Provinzen auf den Reinertragskoeffizienten: von 1867 auf 1868 sinkt er von 23,7 auf 19,5 Proz. Der Grund ist unschwer aus der vorangegangenen Darstellung zu entnehmen, aus der wir ersehen haben, dass die den wichtigsten Theil der neuländischen Montanbetriebe des Staates bildenden Werke am Oberharz mit weit ungünstigeren Reinerträgen arbeiten, als die ausschlaggebenden altländischen Werke.

Die Schwankungen des nach Abzug der dauernden Ausgaben verbleibenden Reinertrages für den Staatshaushalt durch eine mehr oder minder reichliche Dotirung des Extraordinariums einigermassen auszugleichen oder zu mildern, ist bei der Berg-, Hütten- und Salinenverwaltung auch weniger möglich, als z. B. bei der Domänen- und Forstverwaltung, weil die nach den gegenwärtigen Grundsätzen als „einmalige und ausserordentliche“ behandelten Ausgaben in viel höherem Masse zwingend nothwendige und unaufschiebbare sind, sei es, dass es sich, wie z. B. bei der Sümpfung von Ibbenbüren, um Beseitigung der Folgen von Unglücksfällen, sei es, dass es sich, wie z. B. bei der Anlage der Kalifabrik in Stassfurt, bei der Schaffung von Eisenbahnanschlüssen u. s. w., um Anlagen handelt, die unverzüglich ausgeführt werden müssen, um das betreffende Werk konkurrenzfähig zu erhalten; gerade Ausgaben dieser Art werden nicht selten, besonders in ungünstigen Zeitläufen nöthig. So finden wir denn auch nicht selten besonders hohe extraordinäre Ausgaben in Jahren, wo schon der nach Abzug der dauernden verbleibende Ueberschuss einen wenig günstigen Prozentsatz der Bruttoeinnahme darstellt, z. B. 1871, 1877/8, 1878/9, 1879/80, 1888/9, 1889/90, 1891/2, 1893/4, 1894/5. So sind denn die Schwankungen der nach Abzug sämmtlicher Ausgaben verbleibenden Ueberschüsse absolut wie prozentual nicht nur nicht geringer, sondern bisweilen noch grösser gewesen, als die der Ueberschüsse der Einnahmen über die dauernden Ausgaben.

Bei so starken Schwankungen kann denn auch von einem einigermassen stabilen Prozentsatz, zu dem das Nettoerforderniss des Staatshaushalts in den Ueberschüssen der Berg-, Hütten- und Salinenverwaltung Deckung findet, kaum die Rede sein. Schwankte dieser Prozentsatz doch z. B. in den Jahren 1894/5—1899 zwischen 3,8 : 2 : 5 zu 2,4 : 2,6 : 3,15 : 4,3.

§ 117. Unstreitig bilden nach den vorstehenden Darlegungen die Ueberschüsse der Berg-, Hütten- und Salinenverwaltung ein besonders schwankendes Element im Staatshaushalt, und es kann das die Frage nahe legen, ob es sich nicht empfehle, sich dieses Elementes durch Veräusserung der Staatswerke zu entledigen. In der That ist man denn auch, wie oben (§ 8) schon erwähnt, namentlich in den Blüthezeiten des Manchesterthums für eine solche Massnahme eingetreten. Neuerdings aber ist im Anschluss an den grossen Bergarbeiterstrike von 1889 im Gegensatz hierzu sogar die Forderung der Verstaatlichung des gesammten Bergbaues oder doch des Steinkohlenbergbaues erhoben worden.

Das Richtige liegt zwischen diesen Extremen in der Mitte. Mit allgemeinen Axiomen, wie auf der einen Seite der Inferiorität aller Staats- gegenüber der Privatindustrie, auf der andern Seite des Raubbaues und der Ausbeutung der Arbeiter beim Privatbergbau ist nichts anzufangen. Dass der Betrieb in den staatlichen Montanbetrieben ein minder rationeller sei, dafür fehlt es an jedem Schatten eines Beweises. Andererseits müsste der Staat als alleiniger Kohlenbergbautreibender ebenso den Bedarf zu decken suchen, wie der Privatbetrieb, und könnte sich ohne Schädigung unserer ganzen industriellen Entwicklung nicht auf eine künstliche Regulirung des Bedarfs einlassen. Von einem Raubbau kann aber auch keine Rede sein; denn unsere Kohlenvorräthe sind noch so gross, dass sie noch auf Zeiten, mindestens wohl ein Paar Jahrtausende, ausreichen, über die hinaus auch die vorsichtigste Gegenwart wahrhaftig nicht vorzusorgen braucht. Die Lage der Arbeiter ist heut zu Tage auch in der privaten Montanindustrie eine so gute, und die Arbeiterschaft weiss ihre Interessen so nachdrücklich zu wahren, dass es gewiss einer Monopolisirung des Bergbaues in ihrem Interesse nicht bedarf, und dass es der Allgemeinheit gegenüber nicht zu rechtfertigen wäre, wollte der Staat im Interesse der Bergarbeiter einen solchen Milliarden erfordernden und ein fortwährendes, namentlich wenn es zu dem Zwecke noch weiterer Verbesserung der finanziellen Lage der Arbeiter erfolgte, mehr wie gefährliches Risiko bedeutenden Schritt unternehmen. Und selbst wenn er es thäte, sozialen Frieden schaffte er damit auch nicht; die Bergarbeiter würden ebenso wenig zufrieden zu stellen sein, ihr Solidaritätsgefühl aber würde mit der Verstaatlichung des Bergbaues ungemein wachsen, die Lohnbewegungen würden damit nur an räumlicher Ausdehnung und dadurch an Gefahr zunehmen.

Wenn somit u. E. ein Bergbaumonopol unbedingt zu widerrathen ist, so ist doch andererseit die Erhaltung eines bedeutenden staatlichen Bergbaues, wenigstens auf Steinkohlen — auf Kalisalze kommen wir weiter unten — ebenso unbedingt anzurathen. Sowohl als grösster Konsument wie auch wegen der ausserordentlichen volkswirthschaftlichen Wichtigkeit der Steinkohle hat der Staat ein sehr lebhaftes Interesse daran, als grösster Produzent einen Einfluss auf die Stärke der Förderung und die Preisstellung derselben zu haben und in der Lage zu sein, etwaigen Ausschreitungen von Ringen entgegentreten zu können. Von diesem Gesichtspunkt wäre es vielleicht erwünscht, wenn der Staat auch an der Förderung im Ruhrbecken betheiligt wäre, wenn auch bisher Ausschreitungen des dortigen Syndikats wohl nicht vorgekommen sind. Gerade der Steinkohlenbergbau eignet sich auch desshalb mehr als andere Industrien zur Betheiligung des Staates an demselben, weil er sich vermöge des Vorkommens der Kohle im Wesentlichen auf wenige geographisch eng begrenzte Reviere beschränkt, innerhalb deren dem Staat ein Betrieb nach einheitlichen Gesichtspunkten und unter intensiv einheitlicher Leitung verhältnissmässig leicht möglich ist. Andererseits spricht gegen einen Verkauf der grossen fiskalischen Steinkohlenbergwerke auch die Schwierigkeit einer einigermassen zutreffenden Werthsschätzung, da alle Berechnungen über die Ergiebigkeit der Lager doch ziemlich vage sind; die Gefahr, dass der Staat bei dem Verkaufe schliesslich als der Benachtheiligte erscheint, liegt näher als die umgekehrte Aussicht. Alle diese gegen eine Veräusserung sprechenden Momente treffen freilich nur für die grossen Staatswerke in Oberschlesien und an der Saar zu. Die kleineren isolirten Werke bei Ibbenbüren, am Deister und Osterwald könnte der Staat wohl ohne Nachtheil veräussern, wenn sich, was aber eben sehr zu bezweifeln ist, Käufer fänden, die vortheilhafte Gebote machten.[1])

Man hat gegen die Beibehaltung des Montanbesitzes des Preussischen Fiskus auch die für den Fall eines Krieges äusserst ungünstige Lage der Saarbrücker und der Oberschlesischen Werke angeführt. Indess nur um in den Besitz von Bergwerken im Umfange eines dieser fiskalischen Bergwerkskomplexe zu gelangen, fängt heut zu Tage keine Grossmacht

[1]) Das Bergwerk am Westerwald ist inzwischen veräussert und seit 1. April 1900 in andern Besitz übergegangen.

einen Krieg an. Kommt es aber aus anderen Gründen zu einem solchen und nöthigt dessen unglücklicher Ausgang zur Abtretung der Saar- oder Oberschlesischen Werke, so bedeutet der hierdurch für die Staatsfinanzen bewirkte Verlust gegenüber den sonstigen Erschütterungen derselben durch einen unglücklichen Krieg nicht so gar viel. Für die Volkswirthschaft aber macht es keinen grossen Unterschied, ob sich die Bergwerke in dem abzutretenden Gebiet im Staats- oder Privatbesitz befinden.

Wesentlich anders als bei der Steinkohle liegt die Sache bei der Braunkohle. Weder ist hier der Staat als Konsument in gleicher Weise interessirt, noch besitzt dieses Mineral annähernd gleiche volkswirthschaftliche Bedeutung. Das Vorkommen der Braunkohle ist ein weniger mächtiges, und in Folge dessen zersplittert sich ihr Abbau mehr in zahlreiche, verhältnissmässig kleine Betriebe, deren Einstellung wegen Erschöpfung der Fundstätte in im Verhältniss zu dem grossen Steinkohlenwerke mehr oder minder naher Aussicht steht. Alle diese und manche andere Umstände, wie die Nothwendigkeit, entweder grosse Terrains zu erwerben oder sich auf sehr hohe Grundentschädigungen für zu Bruche gegangene Ländereien einzurichten, machen den Abbau der Braunkohlen weit weniger als den der Steinkohlen für den Staatsbetrieb geeignet.

Auch für den Erzbergbau durch den Staat lassen sich so schwerwiegende Gründe wie für den Steinkohlenbergbau nicht geltend machen. Indess wird man bei dem Bergbau am Harz die historische Vergangenheit und die Lage der auf ihn seit Jahrhunderten angewiesenen Bevölkerung in Betracht ziehen müssen, und gegen eine Veräusserung der Friedrichsgrube sprechen schon der Zusammenhang mit den in deren Felde bauenden Galmeigruben und die immerhin ziemlich hohen Ueberschüsse.

Was nun die Hütten anlangt, so lassen sich bezüglich der Eisenhütten kaum durchschlagende Gründe geltend machen, welche es verböten, ein für den Staat finanziell wirklich günstiges Kaufgebot anzunehmen. Besondere Vorsicht ist allerdings bei der Prüfung eines solchen geboten, wie die Erfahrung mit der Königshütte gezeigt hat, deren spätere Entwicklung bewiesen hat, dass der Staat mit dem Verkauf ein recht schlechtes Geschäft gemacht hat. Die anderen Hütten stehen in so engem Zusammenhang mit staatlichen Erzbergwerken, dass an eine Veräusserung überhaupt nur im Zusammenhange mit einer solchen dieser Bergwerke gedacht werden könnte.

Bei den Salzwerken endlich muss man u. E. zwischen Stassfurt und Bleicherode einer-, und den übrigen Werken andererseits unterscheiden. An einen Verkauf der beiden ersteren kann im Interesse der Landwirthschaft nicht gedacht werden, der der Bezug der Kalisalze zu möglichst günstigen Bedingungen gesichert werden muss; gerade hierin haben wir ein Mittel, die Deutsche Landwirthschaft gegenüber der ausländischen, die auf die Deutschen Kalisalze angewiesen ist, zu fördern, das der Staat nicht aus der Hand geben darf. Eine so zwingende Veranlassung für die Beibehaltung der übrigen Salzwerke liegt zwar nicht vor; aber Schönebeck, Dürrenberg und Artern liefern befriedigende Ueberschüsse; für Erfurt und Sooden dürften sich z. Z. kaum günstige Kaufpreise erzielen lassen, während der Besitz von Inowrazlaw als der einzigen grösseren Saline des Ostens und derjenige von Neusalzwerk wegen des Bades Oeynhausen dem Staate zu erhalten sein dürfte.

Anhang.

Die Einnahmen und Ausgaben der Bernstein-Verwaltung.

(Staatshaushaltsetat Einnahme Kap. 29 Tit. 3b, Ausgabe Kap. 68 Tit. 3d, 5 und 15b.)

§ 118. Wie schon oben im § 12 erwähnt, ist am 1. Juli 1899 auf Grund des Gesetzes vom 1. Mai 1899 das gesammte bisher unter der Firma Stantien & Becker in Deutschland betriebene, auf Gewinnung und Verarbeitung von Bernstein und auf Handel mit Rohbernstein, Pressbernstein (Ambroid), geschmolzenem Bernstein (Kolophon) und Nebenprodukten gerichtetete Geschäfts- und Gewerbeunternehmen einschl. einiger Braunkohlenfelder und der Domänenverwaltung überwiesenen Güter gegen einen Kaufpreis von 9 750 000 M. vom Staate erworben worden. Die nunmehr vom Staate betriebene bergmännische Gewinnung des Bernsteins erfolgt zur Zeit nur an der Westküste des Ostpreussischen Samlandes bei Palmnicken, wo der Bernstein sich in der sog. „blauen Erde", einer in trockenem Zustande grünlich-grauen, in nassem fast schwarzen sandig-thonigen Schicht der sog. „Glaukonit-Formation" findet; an der Nordküste und im Innern des Landes findet sich zwar auch die blaue Erde, aber bis jetzt in nicht zur bergmännischen Gewinnung geeigneter Lagerung und Mächtigkeit. Der Betrieb bewegt sich gegenwärtig im Felde der Grube „Anna" in Schächten von 10–18, theils 32—43 m Teufe, von denen die Strecken auslaufen. Die blaue Erde wird durch Pferde zum Schachte geschafft, durch Maschinenkraft gehoben und über Tage durch Wasser gelöst. Durch ein System von hölzernen Rinnen (Gefluther), Rührkratzern, Rosten und Sieben wird aus den gelösten Massen der Bernstein gewonnen, und die grösseren Stücke werden sodann in einer Lösung von Seife und Soda in einer mechanisch betriebenen Wäsche von anhaftender blauer Erde gereinigt. Die ihres Bernsteingehalts entledigte blaue Erde wird in die See abgeführt. Die Produktion betrug 1892—1896 durchschnittlich pro Jahr 77 219 kg „Tiefbaustein" (grosse Stücke), 104 880 kg „Dammstein" (mittlere Waare), 52 652 kg „Knibbel" oder Firniss I (kleine Stücke) und 263 059 kg Firniss II, III und IV (die kleinsten Stückchen und Grus). Für den Handel wird der Tiefbau-, Dammstein und Knibbel in dem Königsberger Geschäftshause nach Grösse, Reinheit und Farbe einerseits, Verwendbarkeit für die daraus herzustellenden Fabrikate andererseits in etwa 14 Sorten Rohbernstein sortirt, der Rest in Palmnicken selbst für den Handel sortirt und zu Pressbernstein oder in der Schmelzfabrik zu Bernstein-Kolophon, Bernsteinsäure und Bernsteinöl verarbeitet; die Ambroidfabrik stellte im Durchschnitt der Jahre 1892 bis 1896 her 13 533 kg Ambroid, die Schmelzfabrik 140 473 kg Kolophon, 3495 kg Säure und 33 818 kg Oel.

In dem Bergwerk sind im Betriebe 2 Fördermaschinen, für die Wasserhaltung über Tage eine Maschine, in der Grube 1 Näher- und 2 Zentrifugalpumpen, für die Wetterführung 3 Ventilatoren und 1 Exhaustor, zur Reserve stehen für die Wasserhaltung noch verschiedene Pulsometer und kleinere Wasserhaltungsmaschinen zur Verfügung. Als weitere Anlagen sind vorhanden eine Schneide- und Reparaturwerkstätte, Gasanstalt, elektrische Anlage, Schmalspurbahn zwischen Grube und Fabriken, Bahngeleise zwischen Bahnhof und Fabrik, eine grosse Brunnenanlage.

Beschäftigt waren im Herbst 1897 in Königsberg 19 Beamte, Obersortirer und Aufseherinnen und 434 Arbeiter, davon 300 weibliche in der Hausindustrie, in Palmnicken 84 Beamte, Aufseher, Aufseherinnen u. s. w. und 946 Arbeiter (davon ca. 420 weibliche), sowie beim Bergbau 26 Beamte, Aufseher und Vorarbeiter und 315 Arbeiter, in der Ambroidfabrik 3 Beamte u. s. w., 48 Arbeiter, in der Schmelzfabrik 3 Beamte u. s. w., 37 Arbeiter.

Der Roh- und Pressbernstein wird hauptsächlich an 7 grössere Fabriken in Deutschland und auch ins Ausland sowie an kleinere Drechsler im Inland abgesetzt, der Firniss an einige grosse Firmen zur Lackfabrikation, ebenso der grösste Theil des Kolophons, während Bernsteinöl und Bernsteinsäure z. Z. nahezu unverkäuflich sind, weshalb der Staat auch die Bestände von Stantien & Becker nicht übernommen hat.

Der Staat hat in Aussicht genommen, die Produktion um ca. 15 Proz. einzuschränken, da Stantien & Becker in derselben mit Rücksicht auf die Bedingungen des Pachtvertrages um etwa diesen Prozentsatz über die Nachfrage und Aufnahmefähigkeit des Marktes hinausgegangen waren. In dem Etat für 1899 sind daher für die $^3/_4$ Jahre 1. Juli 1899 bis 1. April 1900 als Bruttoeinnahme 1 710 000 M. eingestellt. Als Ausgaben stehen ihnen gegenüber Gehälter (Kap. 68 Tit. 3d) für einen Direktor mit einem Jahresgehalt von 8400 M. und für einen den Bergwerksdirektoren gleichgestellten Werksdirektor, zusammen 12 600 M., da sie schon mit Beginn des Etatsjahrs ihr Amt antreten sollten, an Wohnungsgeldzuschüssen (Tit. 5) für den Direktor (3. Rangklasse) in Königsberg 900, für den Werksdirektor (4. Rangklasse) in Palmnicken 360 M., an Betriebskosten (Tit. 15b) 1 020 000 M., zusammen also rd. 1 034 000 M. Der Ueberschuss ist also auf rd. 676 000 M. veranschlagt. Die in dem Vertrage mit dem Inhaber der Firma Stantien & Becker von diesem übernommene Garantie, für die dieser eine Kaution von 3 000 000 M. gestellt hat, sichert dem Staat bis zum 1. Juli 1904 einen

Gesammtreinertrag von 4 500 000 M., wobei die Abrechnung alljährlich dergestalt erfolgt, dass, sofern Garantiezahlungen erfolgt sind, in späteren Garantiejahren aber sich höhere Reingewinne als 900 000 M. pro Jahr ergeben, diese Mehrgewinne bis zur Höhe der Garantiezahlungen an den Verkäufer wieder herauszuzahlen sind. Bedingung ist, das in den Garantiejahren etwa $^3/_5$ des Gesammtbaues auf Grube „Anna" in dem Südfeld stattfinden muss, soweit höhere Gewalt dies nicht verhindert. (§§ 18 und 21 des Vertrages zwischen dem Fiskus und dem Geheimen Kommerzienrath Becker vom 15. August und 4. Oktober 1898).[1])

[1]) Vergl. die Denkschrift No. 43 der Drucks. des Abg.-H. von 1899.

Viertes Buch.

Die Seehandlung.

I. Hauptabschnitt.

Geschichtliche Entwickelung der Seehandlung.[1])

I. Kapitel.

Die Seehandlung bis 1820.

§ 1. Nachdem bereits in den 60er Jahren des 18. Jahrhunderts der Preussische Staat sich wiederholt an Handelsunternehmungen betheiligt hatte, begründete Friedrich der Grosse durch Patent vom 14. Okt. 1772 (Mylius Novum Corpus Constitutionum V. Theil 1. Band S. 513ff.) die Seehandlungs-Gesellschaft, in der Absicht, den damals ganz darnieder liegenden Handel mit dem Auslande, insbesondere die für den Absatz der Leinenfabrikate nach den Amerikanischen Kolonien wichtigen Verbindungen mit Spanien zu erweitern und sich des damals in den Händen des Freistaates Danzig befindlichen Zwischenhandels nach Polen zu bemächtigen. Die Gesellschaft erhielt daher, um sie leistungsfähig zu erhalten, gewisse Vorrechte. Es wurde ihr das ausschliessliche Recht der Einfuhr von Spanischem, Englischem und Französischem Salz beigelegt, der Vertrieb desselben wurde ihr aber nicht gestattet, sondern einer zweiten Gesellschaft, der „Preussischen Kompagnie" überlassen, die das Salz der Seehandlungsgesellschaft zum Preise von 50 Pf. für die Last abzunehmen hatte. Ausserdem musste alles Wachs, welches die Weichsel abwärts „verführt" wurde, oder innerhalb des Preussischen Staatsgebiets auf 10 Meilen zu beiden Seiten dieses Stromes sich vorfand, zunächst der Seehandlung am Fordoner Zoll zum Kauf angeboten werden, wodurch sie Herrin des wichtigen Wachshandels mit Spanien wurde. Auch hinsichtlich der Abgaben für die Ein- und Ausfuhr von Holz wurde die Gesellschaft

---

[1]) Vergl. Jahrbuch für die amtliche Statistik des Preussischen Staats Bd. II S. 17ff. Bergius, Finanzwissenschaft, 2. Aufl. S. 376ff. Krug, Geschichte der Preussischen Staatsschulden. Rother, Verhältnisse des Königl. Seehandlungsinstituts, Berlin 1895 und die Artikel „Seehandlung" im „Handwörterbuch für Staatswissenschaften" und in Stengel's Wörterbuch des Verwaltungsrechts.

privilegirt, und in den Seehäfen erhielt sie vom Staat geeignete Plätze zur Anlage von Werften und Magazinen.

Die Seehandlungs-Gesellschaft war eine Aktiengesellschaft mit einem Grundkapital von 1 200 000 Thlrn. Von den über je 500 Thlr. lautenden 2400 Aktien übernahm der Staat 2100, die übrigen wurden an Private im Wege der Subskription begeben. Den Aktionären wurde ein als Verzinsung bezeichneter Minimalgewinn von 10 Proz. garantirt, von dem Mehrgewinn sollten sie „Dividende" erhalten. An der Verwaltung des Unternehmens waren indess die Aktionäre in keiner Weise betheiligt; diese lag vielmehr ausschliesslich in den Händen des Staates, der sie durch ein aus einem Chef, zwei Direktoren und einem Kassirer bestehendes „General-Direktions-Kollegium" führte; ein dritter Direktor hatte seinen Sitz in Cadix in Spanien.

Die erwähnte Preussische Salzkompagnie wurde durch Patent vom 24. Mai 1775 mit der Seehandlung verschmolzen, sodass diese nun auch den Detailhandel mit dem fremden Salze erlangte.

Das Privilegium der Gesellschaft, das nach dem Errichtungspatent nur auf 20 Jahre lautete, wurde durch Patent vom 9. Febr. 1776 auf weitere 3 und durch Patent vom 4. März 1794 mit einigen Modifikationen und Abänderungen bis zum 1. Jan. 1808 erstreckt. Durch das letztgedachte Patent wurde die staatliche Garantieleistung für die Verzinsung der Aktien, deren Zahl von 2400 auf 3000 erhöht wurde, auf 5 Proz. herabgesetzt, und es wurden die Aktionäre von jedem weitern Gewinn ausgeschlossen, womit diese in die Stellung blosser Gläubiger gelangten, das Institut aber den Charakter eines rein staatlichen Unternehmens annahm. Gleichzeitig wurde das Wachshandelsregal der Seehandlung aufgehoben, ihr dagegen ausdrücklich gestattet, mit allen nicht verbotenen in- und ausländischen Waaren Engroshandel zu treiben, Wechselgeschäfte zu machen, Komtore in allen Preussischen See- und Handlungsstädten und auch auswärts zu unterhalten, mit Fremden und Einheimischen zu verkehren, zu kaufen und zu verkaufen, Schiffe zu bauen, Rhederei zu treiben und alle kaufmännischen Geschäfte ohne Ausnahme zu unternehmen. Doch sollte sie gehalten sein, in ihren kaufmännischen Geschäften mit allen andern Kaufleuten gleiche Lasten zu tragen. Endlich musste die Seehandlung der Kaufmannschaft in Memel und Königsberg gewisse Vergünstigungen im Salzhandel einräumen; auch wurde diesen Kaufmannschaften ein vorzügliches Bezugsrecht auf 100 bezw. 400 Aktien der Seehandlung eingeräumt. Der Charakter der Seehandlung als eines reinen Staatsinstituts gelangte in dem Patent auch darin zum Ausdruck, dass ihr die fiskalischen Rechte wie andern Königlichen Kassen, insbesondere auch Befreiung von Stempel- und Gerichtskosten zugesprochen wurden.

Klagen der Kaufleute über Beeinträchtigung ihres Gewerbes durch die Vorrechte der Seehandlung führten indess dahin, dass schon im folgenden Jahre unterm 15. Juli 1795 in einer „Deklaration" des

Patents ausgesprochen wurde, die Seehandlung solle, „wenn sie ausser dem Salzhandel merkantilische Operationen macht, in diesem Falle keine mehreren Rechte haben als die sind, welche jedem fremden und einheimischen Kommissionär zustehen; überhaupt sollen die derselben verliehenen Rechte und Begünstigungen nur allein den Salzhandel betreffen und auch andere kaufmännische Geschäfte nicht extendirt werden“.

§ 2. Die zweite und dritte Theilung Polens, welche einerseits Danzig und Warschau in Preussischen Besitz brachten, andererseits dazu führten, dass die Russisch und Oesterreichisch gewordenen Theile Polens sich dem bisherigen Handelszuge verschlossen, die Nothwendigkeit, den Salzhandel in der Hand der das Salzregal verwaltenden Behörde zu vereinigen, und die Unsicherheit des See- wie des Welthandels überhaupt infolge der Revolutionskriege schränkten das Geschäft der Seehandlung auf den Gebieten, die ihr bisher zugewiesen waren, immer mehr ein. Da andererseits die Kriege, in die Preussen verwickelt wurde, zur Aufnahme von Staatsanleihen in bisher nicht gekanntem Umfange nöthigten, beschloss der 1791—1804 an der Spitze der Seehandlung stehende Staatsminister v. Struensee, den grossen Kredit des Instituts zur Regelung des Staatsschuldenwesens zu verwenden, sodass die Seehandlung allmählich mehr den Charakter eines Bank- als eines Handelsinstituts annahm. Die Seehandlung gab, nachdem sie Anfangs die Anleihen nur vermittelt hatte, später in grösserem Umfange 4prozentige, seit 1800 3prozentige Obligationen aus und verwendete die auf diese Weise erlangten Kapitalien zur Rückzahlung der im Auslande gemachten Staatsanleihen, sodass nunmehr sie die Gläubigerin des Staates wurde. Im Jahre 1806 hatte der in dieser Weise von ihr dem Staate gewährte Kredit die Höhe von 17 800 000 Thalern erreicht. Inzwischen war, während das Institut unter Leitung Stein's stand, der Salzdebit völlig von der Seehandlung auf die Salzregal-Verwaltung übergegangen.

So vortheilhaft für den Staat die Inanspruchnahme des Kredits der Seehandlung für seine Anleihen war, so prekär wurde infolgedessen die Situation des Instituts selbst bei dem Zusammenbruch des Staates durch den Krieg von 1806/7. Der Staat konnte ihr die Vorschüsse nicht zurückzahlen, und infolgedessen konnte die Seehandlung ihre Obligationen nicht einlösen. Während die Obligationen bisher fast wie baares Geld zum Nennwerth genommen und gegeben wurden, erhielten sie nun infolge dieser Lage des Instituts einen schwankenden Börsenkurs, der in der Zeit vom 3. Nov. 1806 bis ultimo 1807 zwischen 88 und 50 sich bewegte, 1808 auf 25 sank.[1]) Unter diesen Umständen wurden die am 1. Jan. 1808 ablaufenden Privilegien der Seehand-

[1]) Bei Krug, Geschichte der Preuss. Staatsschulden S. 110 ff. findet sich eine Zusammenstellung aller Tageskurse vom 3. Nov. 1806 bis 31. Dez. 1810.

lung nicht erneuert; nach dem Publikandum vom 16. Dez. 1808 bestand sie als eine blosse Sektion des Finanzministeriums weiter. Eine Bekanntmachung des Finanzministers vom 22. Dez. 1809 vertröstete wegen Zahlung der Zinsen und Tilgung der Schulden auf die Zukunft; am 2. Januar, im April, Juli und Oktober 1810 wurden von den rückständigen Zinsen solcher Obligationen, die sich noch in dem Besitze des ersten Inhabers befanden, halbjährige Raten ausgezahlt.

Zu ihrem Rechte kamen die Obligationeninhaber erst durch das Edikt über die Finanzen des Staats vom 27. Okt. 1810 (G.-S. S. 25), das alle „Schulden, Aktien und Papiere" der Seehandlung für Staatsschulden erklärte, ihre wie der übrigen Staatsschulden Verzinsung mit 4 Proz. und die Einwechselung der bisherigen Verschreibungen gegen neue anordnete (Nr. 4c a. a. O.), auch die Aufnahme der regelmässigen Zinszahlungen und allmähliche Tilgung der Zinsrückstände verhiess. Damit war die Seehandlung völlig zum reinen Staatsinstitut umgewandelt, wenn sie auch ihre bisherige Firma „Generaldirektion der Seehandlungs-Sozietät" bis auf den heutigen Tag beibehalten hat. Sie betrieb nunmehr auch wieder, aber nur kommissionsweise, den Ankauf des zur inländischen Konsumtion erforderlichen ausländischen Salzes; vorzugsweise bediente der Staat sich ihrer aber zu seinen Geldgeschäften, so zur Abführung der Kontributionsgelder an Frankreich, sowie dazu, einen Theil der Einnahmen aus der Vermögenssteuer, den Kontinentalgefällen, den Domänenveräusserungen und verschiedenen Anleihen zu antizipiren und durch kaufmännische Geld- und Wechseloperationen eine schwebende Staatsschuld zu unterhalten. Nach den Befreiungskriegen übernahm die Seehandlung die Einziehung der von Frankreich zu zahlenden Kriegskontribution und des Ertrages der 1818 in England aufgenommenen Staatsanleihe von nominell 5 000 000 Pfund Sterling sowie die Einlösung der Zinscoupons derselben. Für ihre für den Staat besorgten Geld- und Wechseloperationen erhielt sie ausser Ersatz der baaren Auslagen $^1/_3$ Proz. Provision.

Die Seehandlung unterstand dem Finanzministerium, seit der K.-O. vom 3. Nov. 1817 dem neugebildeten Schatzministerium.

II. Kapitel.

Die Seehandlung seit 1820.

§ 3. Gleichzeitig mit der Ordnung des Staatsschuldenwesens durch die Verordnung vom 17. Jan. 1820 wurde auch die Stellung der Seehandlung durch eine besondere K.-O. von demselben Tage (G.-S. S. 25) geordnet. Nach derselben bildet sie „mit ihren bereits vorhandenen oder künftig noch zu errichtenden Komtoirs ein für sich bestehendes, von dem Ministerio des Schatzes unabhängiges Geld- und Handlungsinstitut des Staates“ unter persönlicher Verantwortung ihres Chefs und Oberaufsicht eines aus dem Staatskanzler und 2 anderen Mitgliedern bestehenden Kuratoriums, das halbjährlich einmal unter Zuziehung des Chefs zusammentritt; die Revision der Jahresrechnung erfolgt durch den Chefpräsidenten der Oberrechnungskammer. Der Geschäftskreis soll umfassen: 1. Ankauf des Salzes aus England, Frankreich und Portugal und Lieferung des nöthigen Quantums desselben an die den Küsten zunächst belegenen Salzmagazine, wo es der Disposition der Salzdebitsverwaltung übergeben wird; 2. Einziehung der Salzdebitsüberschüsse in Ost- und Westpreussen, Lithauen und Schlesien für Rechnung der betheiligten Kassen; 3. Besorgung aller im Auslande für Rechnung des Staates, seiner Kassen und Institute vorfallenden Geldgeschäfte — wie auch solcher im Inlande, bei denen eine kaufmännische Mitwirkung füglich nicht entbehrt werden kann — gegen Erstattung der üblichen Kosten. Insbesondere erhält sie ein ausschliessendes Recht auf Besorgung aller Geschäfte, die betreffen:

a) Bezahlung der im Auslande kontrahirten Staatsschulden an Kapital und Zinsen für Rechnung der Hauptverwaltung der Staatsschulden;
b) Einziehung aller dem Staate „aus irgend einem Fundamente im Auslande disponibel werdenden Gelder“ für Rechnung der betheiligten Behörden;
c) Ankauf der „dem Staate unentbehrlichen Produkte des Auslandes“. Für die von dem Institut übernommenen Geschäfte und die für dasselbe daraus hervorgehenden Verpflichtungen leistet der Staat vollständige Garantie.

Durch eine weitere — nicht publizirte — K.-O. vom 3. Mai 1821 wurde bestimmt, dass der Gewinn der Seehandlung nicht an die Staatskasse abzuführen sei, sondern zu ihrem Kapitalvermögen fliessen solle, um die Bereithaltung der nöthigen Bestände und eines Allerhöchsten Dispositionsfonds für „vorkommende ausserordentliche Fälle ausser den Grenzen des abgeschlossenen Staatshaushalts“ zu sichern. Das am 1. Jan. 1820 in ihren Geschäften befindliche Stammkapital von 1 035 110 Thlr. wurde ihr als Betriebsfonds gegen 3½ Proz. Zinsen überlassen, im Jahre 1829 aber mit 998 000 Thlr., 1832 mit dem Rest an die Staatskasse zurückgezahlt. Die auf 338 980 Thlr. aufgelaufenen Zinsen verblieben in der Verwaltung der Seehandlung als Bestandtheil des „Danziger Unterstützungsfonds“ oder „Dispositionsfonds des Staatsschatzes“ (vgl. unten § 8). Für ihre 1820 sich auf 4 647 096 Thlr. belaufenden Forderungen an die Staatskasse erhielt sie Staatsschuldscheine. Seit dem Jahre 1841 (K.-O. v. 25. Juni 1841 und 27. Febr. 1848) hatte sie bis zum Jahre 1846 zu einem Fonds für ausserordentliche Bauten, später ohne diese Zweckbestimmung, alljährlich 100 000 Thaler Ueberschuss an die Staatskasse abzuliefern, was aber 1848,

1849 und 1850 wegen ihrer Geschäftslage nicht möglich war. Für die der Staatskasse geleisteten Vorschüsse wurden ihr 5 Proz. Zinsen vergütet.

Die bedeutendsten Geldgeschäfte, welche die Seehandlung in den ersten Jahren nach ihrer Reorganisation für den Staat besorgte, waren die Unterbringung von 45 000 000 Thlr. Staatsschuldscheinen mittels eines Prämiengeschäfts (K.-O. v. 7. Aug. 1821) und der sogen. zweiten englischen Anleihe von 3½ Millionen Pfund Sterling in den Jahren 1820—1823 und die Uebernahme des Ausbaues von 125 Meilen Staatschausseen nach Preussen, Galizien, Stettin, Hamburg und dem Rheine durch Vertrag v. 17. Jan. 1824. Auf diese Weise und durch baare Vorschüsse hatte die Seehandlung eine Forderung von 12 Millionen Thlr. an den Staat erlangt, was Veranlassung gab, ihr zur Gewinnung weiterer Betriebsmittel durch K.-O. v. 27. Juli 1832 zu gestatten, Prämienscheine bis zum Betrage von 12 600 000 Thlr. auszugeben, welche binnen 25 Jahre zu tilgen waren. Vierprozentige Obligationen, wie vor 1806, hatte sie schon früher ausgegeben, bis 1836 auch eine Art Papiergeld, Seehandlungskassenscheine.

Die Seehandlundlung, an deren Spitze seit 1820 der Minister Rother stand, beschränkte aber in dieser Zeit, namentlich in den 30er Jahren, ihre Bankgeschäfte keineswegs auf solche für den Staat. Insbesondere unterstützte sie 1838 die Konvertirung der Pommerschen, Ost- und Westpreussischen landschaftlichen Pfandbriefe durch Gewährung von Vorschüssen an die Landschaften und in gleicher Weise 1839 die Konvertirung der Königsberger und der Elbinger Stadt-Obligationen. Auch der beginnenden Ausbreitung der Eisenbahnen machte sie ihre Mittel dienstbar, indem sie wesentlich durch ihre Betheiligung mit 1 400 000 Thlr. die Ausführung der Berlin—Anhalter Bahn im Jahre 1839 sicherte. Später gewährte sie auch für die Bergisch-Märkische Eisenbahn Vorschüsse.

§ 4. Eine unmittelbare Betheiligung am Waarenhandel war in der K.-O. v. 17. Jan. 1820 der Seehandlung nur in sehr beschränktem Masse zur Aufgabe gestellt, eine solche an industriellen Unternehmungen aber gar nicht. Sie ging in diesen Beziehungen indess unter Rother, der sich auf die allgemeinen mit der Begründung des Instituts verfolgten Absichten berufen konnte, weit über den Buchstaben der gedachten K.-O. hinaus. Gewerbetreibenden wurden in grossem Umfange Vorschüsse gegen genügende Sicherheit gewährt, in anderen Fällen betheiligte sich die Seehandlung an dem Geschäft, wieder andere Unternehmungen übernahm oder begründete sie für alleinige Rechnung. Auf den ihr gehörigen 4 eigenen und auf fremden Seeschiffen exportirte sie theils für eigene, theils für fremde Rechnung 1823—43 für 7 305 043 Thlr. inländische Waaren, darunter für 4 728 720 Thlr. Schlesische und Westfälische Leinenwaaren, während ihr Import sich wesentlich auf Salz und Salpeter beschränkte. In den Jahren 1844 bis 1849 betrieb sie auch Personen- und Fracht-Dampfschifffahrt auf Spree, Havel und Elbe, aber mit pekuniär ungünstigem Erfolge. Ganz geringfügig war der früher sehr bedeutende Handel mit Bordeauxweinen, und auch der 1836 gegen 4 Proz. Provision übernommene Absatz des auf den fiskalischen Werken Freienwalde und Schwemsal und den Privatwerken Muskau und Gleissen hergestellten Alauns wurde am 1. Juli 1845 eingestellt. Ferner übernahm sie, nachdem sie das Unternehmen schon vorher seit 1823 durch Vorschüsse unterstützt hatte, 1839 pachtweise, 1841 eigenthümlich die Fabrik chemischer Produkte in Oranienburg, betheiligte sich an dem Aktienunternehmen der Patentpapierfabrik in Berlin und Hohenofen und errichtete in den 30er Jahren theils allein, theils mit Sozien Maschinenbauanstalten in Breslau, Berlin und Dirschau und ein Zinkwalzwerk in Thiergarten bei Ohlau und 1843 eine Stahlgusswaarenfabrik in Burgthal bei Remscheid.

Bedeutsamer als in der Eisenindustrie war ihre Betheiligung an der Textilindustrie: sie gewährte 1841 die Mittel zur Einrichtung einer Kammgarnspinnerei in Breslau, betheilgte sich 1842 mit ²/₃ Antheil an der ersten Preussischen Maschinen-Wollenweberei in Wüste-Giersdorf in Schlesien und durch Gewährung von Darlehen, demnächst durch Uebernahme des Pfandbesitzes und der Verwaltung für Rechnung der Eigenthümerin, einer Aktiengesellschaft, an der Baumwollen-Spinnerei und -Weberei in Eisersdorf bei Glatz. Auf eigene Rechnung der Seehandlung wurden zur Förderung des Flachsbaues und zur Besserung der Lage der Schlesischen Weber 1843 und 1844 in Landeshut und Erdmannsdorf in Schlesien Flachsgarn-Maschinenspinnereien eröffnet, zu denen im nächsten Jahre eine Musterbleiche und Appreturanstalt kamen; eine dritte Flachsgarn-Spinnerei betrieb die Seehandlung mit einem Sozius in Patschkey in Schlesien und legte hier auch eine Normal-Flachsröste, in Suckau bei Neustädtel in Schlesien 1846 eine Flachsbereitungsanstalt an. Wie diese Betriebe der Förderung der Flachsproduzenten und Weber dienen sollten, so liess es sich Rother angelegen sein, die Tuchfabrikanten mit den Englischen Mustern, wie sie für den Amerikanischen und Chinesischen Markt verlangt wurden, bekannt zu machen, und verschiffte die danach gefertigten und verpackten Waaren dorthin. Um aber den Landwirthen bessere Wollpreise zu verschaffen, kaufte die Seehandlung auf Grund Allerhöchster Ermächtigung durch K.-O. v. 17. Juni 1826 in den Jahren 1826—1828 die Wolle der Domänenpächter auf den Märkten in Berlin und Magdeburg zum Taxwerth an, verkaufte sie im Auslande und zahlte den Ueberschuss den Produzenten aus, während Ausfälle der Staat übernahm. Zu dem gleichen Zweck machte sie den Käufern Vorschüsse, belieh Wolle in Breslau, Stettin, Berlin, Posen und Magdeburg, übernahm deren Kommissionsverkauf, kaufte auch, theils allein, theils im Verbande mit Privathändlern, Wollen für eigene Rechnung an und richtete behufs besseren Verkaufs derselben Sortirungsanstalten ein. Für diese Wollengeschäfte war ihr durch K.-O. v. 25. Mai 1826 Stempelfreiheit bewilligt worden.

Die schon aus dem Jahre 1822 datirende Betheiligung der Seehandlung an der Müllerei war von Hause aus keine freiwillige; durch der Danziger Kaufmannschaft gewährte Darlehne war sie genöthigt, sehr bedeutende Weizenvorräthe anzukaufen und an Zahlungsstatt zu nehmen, die sie weder ungemahlen, noch, wie sich demnächst herausstellte, in dem bis dahin von der Deutschen Müllerei nur hergestellten, den ausländischen Fabrikaten nicht ebenbürtigen Fabrikate angemessen verwerthen konnte. Sie errichtete daher (K.-O. vom 27. Mai 1829) in Thiergarten bei Ohlau ein grosses Mühlenetablissement, erpachtete für die Zeit vom 1. Mai 1840 bis dahin 1850 von dem Fürsten zu Schönaich-Carolath die Beuthener Mühlen und erbaute 1841/42 an Stelle einer Anzahl angekaufter Windmühlen in der Umgegend von Potsdam eine Dampfmühle. Der Erwerb der von der Firma Gebrüder Schickler mittels Vertrages vom 5./8. Febr. 1842 für 104000 Thlr. angekauften Mühlenwerke in Bromberg, welche 3 Mahlmühlen mit 22 Gängen, eine Brettschneide-, eine Oelmühle und eine Tuchwalke umfassten, verfolgte weniger gewerbliche, als landwirthschaftliche Zwecke: es sollten die von den Besitzern der Mühlen zu gewärtigenden Hindernisse der beabsichtigten Brahemelioration (vergl. oben Buch I § 74) bei Zeiten aus dem Wege geräumt werden.

Zu dieser Fülle gewerblicher Unternehmungen trat nun noch ein recht bedeutender Güterbesitz, zu dem die Seehandlung hauptsächlich dadurch gelangte, dass sie wegen Ueberschuldung der Eigenthümer genöthigt war, die von ihr geleisteten Vorschüsse durch Ankauf der Güter zu retten. 1844 besass sie die Güter Bork, Birk, Krummendorf, Riegel und die Schmöllener und Klemziger Güter bei Züllichau, Hammer-Boruy im Kreise Bomst, die Lietzener Güter im Lebuser Kreise, die Bresaer Güter bei Deutsch-Lissa, die Ahlsdorfer Güter im Kreise Schweinitz in der Provinz Sachsen und administrirte ausserdem für Rechnung des Dispositionsfonds des Staatsschatzes die Rostersdorfer Güter im Kreise Steinau a. O.

Ein weiterer Geschäftszweig wuchs der Seehandlung zu in dem auf Wunsch der städtischen Kollegien von Berlin durch K.-O. vom 25. Febr. 1834 (G.-S. S. 24) errichteten **Königlichen Leihamt,** das 1840 durch eine, 1847 durch eine zweite Filiale erweitert werden musste. Die Seehandlung, der dieses Institut unterstellt wurde, schiesst die erforderlichen Gelder, bis 1843 506064 Thlr., vor und erhält dieselben mit 4 Proz. verzinst; der überschiessende Gewinn fliesst einer Stiftung zu Gunsten unverheiratheter Töchter von Beamten und Offizieren, der Rotherstiftung, zu.

Das Königliche Leihamt beleiht alle nicht ausdrücklich ausgeschlossenen beweglichen Gegenstände, gegenwärtig auch Werthpapiere, bis auf Höhe des von seinen Taxatoren geschätzten Werthes. Die Zinsen dürfen $12^1/_2$ Proz. nicht übersteigen. Die Darlehne werden auf 6 Monate gegeben, können aber zu jeder Zeit zurückgezahlt, andererseits nach neuer Taxe und Berichtigung der aufgelaufenen Zinsen prolongirt werden. Das Pfandstück wird gegen Zahlung des Darlehns und der Zinsen und Rückgabe des Pfandscheins ausgehändigt; das Leihamt ist berechtigt, aber nicht verpflichtet, die Legitimation des Vorzeigers des Pfandscheins zu prüfen. Anders als gegen Befriedigung seiner Forderungen ist das Leihamt die Pfänder an Niemand, auch nicht an gerichtliche Behörden auszuhändigen verpflichtet. Für Schäden durch das blosse Liegen, durch Zufall oder äussere Gewalt, steht das Leihamt nicht ein; es versichert die Pfänder aber gegen Feuersgefahr auf eigene Kosten. Die Pfänder verfallen 6 Monate nach Ablauf der Darlehnsfrist und werden alsdann öffentlich versteigert. Zur Empfangnahme des etwa verbliebenen Ueberschusses des Erlöses über die Forderungen des Leihamts werden die Pfandgeber durch dreimalige, von 3 zu 3 Monaten erfolgende öffentliche Bekanntmachung aufgefordert; melden sie sich nicht binnen 3 Monaten nach der letzten Bekanntmachung, also binnen eines Jahres nach der Versteigerung, so ist der Ueberschuss zu Gunsten der Rotherstiftung verfallen. (Reglement vom 8. Febr. 1841, G.-S. S. 23.) Das Gesetz v. 17. März 1881 betr. das Pfandleihgewerbe (G.-S. S. 265) findet auf staatliche Pfandleihanstalten keine Anwendung.

Das Leihamt steht unter der Aufsicht der Seehandlung; die Revision und Dechargirung der Jahresrechnungen erfolgte früher auch durch diese, seit Erlass vom 12. August 1850 (G.-S. S. 370) aber durch die Ober-Rechnungskammer. Zur Zeit sind bei dem Leihamt an Beamten thätig 1 Direktor (Gehalt 6 600 M.), 1 Rechnungsrevisor und Auktionator (4 800 M.), 3 Rendanten (3 600 – 4 800 M.), 3 Kontroleure, 3 Magazin-Inspektoren, 1 Revisor, 1 Registrator und Direktorialsekretär, 3 Kassirer, 7 Buchhalter und 6 Sekretäre (sämmtlich 1 500 – 3 800 M.), 7 Taxatoren (1500 – 3 000 M.), 12 Magazindiener und 3 Portiers und Kassendiener (1000 – 1500 M.), 3 Wächter (800 – 1200 M.). Die gesammten persönlichen Ausgaben des Leihamts sind für 1899 veranschlagt auf 198 237,78 M., die sächlichen auf 53 530 M., an Zinsen an die Seehandlung für 581 726 M. Buchwerth der Dienstgrundstücke und 614 211 M., Betriebskapital 47 837,48 M., an die Rotherstiftung Zinsen für Vorschüsse 113 902,52 M., für verfallene Pfanderlösüberschüsse 11 500 M. Der ganze Etat balanzirt mit 464 394,46 M. An Pfändern waren bei der Aufnahme am 28. Januar 1899 vorhanden 118 936, die mit 2 795 545 M. beliehen waren, am Schlusse des Etatsjahres 1898/9 117 284 Pfänder mit 2 768 071 M. Beleihungssumme gegen 123 748 Pfänder mit 2 853 821 M. im Jahre zuvor. Es hat also ein erheblicher Rückgang stattgefunden. Die Zahl der Versatz- und Einlösungsgeschäfte betrug 1898/9 359 218 mit einem umgesetzten Pfandkapital von 8 627 616 M. Durch den Staatshaushaltsetat laufen die einzelnen Einnahmen und Ausgaben des Leihamts nicht; es wird dem Landtage aber in dem dem Etat der Seehandlung beigefügten Verwaltungsberichte dieses Instituts (vergl. unten § 8) auch über den Geschäftsbetrieb des Leihamts näheren Aufschluss geben.

Die Rotherstiftung, „Stiftung zur Unterstützung unverheiratheter Töchter von Beamten und Offizieren“, bezweckt nach ihrem durch K.-O. vom 19. Juli 1840 (G.-S. S. 187) Allerhöchst genehmigten Statut vom 19. Mai 1840, arme mindestens 40 Jahre alte unverheirathete Töchter von verstorbenen Beamten des Staates und der Stadt Berlin sowie von verstorbenen Offizieren durch Gewährung von Wohnung in dem Stiftungshaus — in Gross-Lichterfelde — und Gewährung von 48—72 Thlr. baar oder durch Gewährung eines Jahrgeldes von 36—48 Thlr. zu unterstützen. Die Zahl der Stiftsstellen beträgt 40, die der Jahrgelder ist unbeschränkt. An der Spitze steht ein Kuratorium, bestehend aus dem Präsidenten der Seehandlung als Vorsitzenden, dem General-Superintendenten von Berlin, dem Oberbürgermeister von Berlin und dem Direktor des Leihamts. Die Ordnung im Stiftshause wird durch eine vom Kuratorium aus der Zahl der Benefiziaten widerruflich gewählte Vorsteherin aufrecht erhalten. Die Beamten des Leihamts sind verpflichtet, die Kassen- und Kanzleigeschäfte der Stiftung unentgeltlich zu übernehmen.

§ 6. Mochten auch die oben erwähnten vielfältigen Unternehmungen der Seehandlung auf dem industriellen und landwirthschaftlichem Gebiete volkswirthschaftlich von Nutzen sein, was übrigens auch bezüglich einzelner von den konkurrirenden Gewerbetreibenden lebhaft bestritten wurde, so waren doch die finanziellen Ergebnisse recht unbefriedigend, sodass sie schon in den 40er Jahren grossentheils abgestossen wurden, worauf sich freilich einzelne in der Hand ihrer Erwerber zu hoher Blüthe entwickelten: der Weinbezug für Private wurde 1843, der Alaunhandel 1845, die Flussschifffahrt 1849, das Wollsortirungsgeschäft in demselben Jahre eingestellt, in demselben Jahre die Breslauer Spinnerei an Schöller, die Weberei in Wüste-Giersdorf an Reichenheim verkauft, während die Burgthaler Stahlgusswaarenfabrik bei einem Aufstande 1848 zerstört, die Dirschauer Maschinenfabrik von der Hüttenverwaltung übernommen wurde. Die Betheiligung am Salzhandel hatte schon 1845 aufgehört.

Inzwischen war eine Volksvertretung ins Leben getreten, und bei dieser fanden unter dem Zusammenwirken der vielfach aus gewerblichen Kreisen laut gewordenen Missstimmung, — diese hatte schon den unter dem Titel „Die Verhältnisse des Königlichen Seehandlungs-Instituts und dessen Geschäftsführung und industrielle Unternehmungen" veröffentlichten Immediatbericht Rothers vom 30. Nov. 1844 und die eine weitere Ausdehnung industrieller Unternehmungen des Instituts an Königliche, nur in Ausnahmefällen zu ertheilende Genehmigung bindende K.-O. v. 14. Febr. 1845 veranlasst — der ungünstigen Abschlüsse des Instituts — 1848 und 1849 konnte überhaupt kein Gewinn an die Staatskasse abgeführt werden — endlich der Schulmeinung von der Inferiorität fiskalischer Gewerbebetriebe die gewerblichen und landwirthschaftlichen Unternehmungen der Seehandlung eine wenig günstige Beurtheilung. Dieselbe gelangte zum Ausdruck in einem Beschlusse der II. Kammer v. 28. Jan. 1850, es für erforderlich zu erklären, a) „dass die Seehandlung künftig neue gewerbliche Anlagen nicht weiter begründe; b) dass sich dieselbe der in ihrem Besitz befindlichen gewerblichen Etablissements allmählich und auf die vortheilhafteste Weise, jedoch mit Schonung des örtlichen Gewerbebetriebes und des Arbeiterstandes, sowie der Landeskultur-Interessen entäussere; c) dass dieselbe ihren Geschäftsbetrieb auf den ihr durch die Ordre v. 17. Jan. 1820 ausdrücklich zugewiesenen Wirkungskreis beschränke; d) dass der Finanzminister über die allmähliche Durchführung dieser Beschlüsse in dem jährlich bei Vorlegung des Staatshaushaltsetats zu erstattenden Verwaltungsbericht Auskunft ertheile."

In Folge dessen wurde in der schon in die Wege geleiteten Einschränkung dieser Unternehmungen in verstärktem Masse fortgefahren. Noch in demselben Jahre wurde die Berliner Maschinenbauanstalt an Borsig und die Oranienburger Fabrik meistbietend verkauft und die Rhederei eingestellt; auch der 1850 ablaufende Pachtvertrag bezüglich der Beuthener Mühlen wurde nicht erneuert. In den folgenden Jahren wurden weitere Theile des industriellen und landwirthschaftlichen Besitzes verkauft, Ende Juni 1862 auch die Dampfmühle in Potsdam eingestellt und das Grundstück mit Gebäuden der Militärverwaltung ohne Entgelt überlassen, sodass Ende 1862 nur noch vorhanden waren die Spinnereien in Landeshut und Erdmannsdorf, die Bromberger Mühlen und die Etablissements in Thiergarten. Im Jahre 1865 wurden die Etablissements in Thiergarten, wo im Jahre zuvor die Mühle abgebrannt war, an Graf Henckel von Donnersmarck verkauft. Andererseits musste 1868 die Seehandlung die Eisersdorfer Spinnerei in der Subhastation wieder zurückkaufen; 1872 gelang ihr der Wiederverkauf der nicht wieder betriebenen Fabrik. Nachdem am 1. Okt. 1872 auch die Erdmannsdorfer Spinnerei in Privatbesitz übergegangen ist, beschränkt sich der Besitz der Seehandlung an industriellen Etablissements seitdem auf die Flachsgarnspinnerei in Landeshut und die Bromberger Mühlen. Der Grundbesitz der Seehandlung besteht zur Zeit nur aus diesen Etablissements, dem Dienstgrundstück in Berlin, Jägerstrasse 21, dem 1898/9 hinzugekauften Nachbargrundstück Jägerstrasse 22, und den vom Leihamt benutzten Diensthäusern Jägerstrasse 64, Klosterstrasse 39 und Linienstrasse 98; sein Buchwerth belief sich Ende März 1899 auf 3 390 913,77 M., während Ende 1869 in dem Grundbesitz und den industriellen Anlagen einschliesslich des Betriebskapitals 12 803 384 M. steckten.

Nach dem letzten Verwaltungsbericht waren 1898/9 in der Spinnerei in Landshut im Betriebe 50 Feinspinnmaschinen; beschäftigt wurden ausser dem Verwaltungspersonal durchschnittlich 113 männliche und 275 weibliche Personen mit einem Jahresverdienst von 667 M. für eine männliche und 383 M. für eine weibliche Person. Verhechelt sind 16 786 Ctr. roher Flachs, versponnen 6895 Ctr. gehechelter Flachs und 15 856 Ctr. Werg; produzirt sind 17 051 Schock Garn.

Die Bromberger Mühlen umfassen die Rothermühle mit 11 Mahlgängen und 20 Walzenstühlen, die Camphausenmühle mit 4 Mahlgängen und 8 Walzenstühlen, die Burchardmühle mit 4 Mahlgängen und 2 Walzenstühlen, die Wilhelmsmühle mit 3 Mahlgängen, 4 Graupengängen und 1 Grützgang, 1 kleine verpachtete Tabaksmühle, 1 Schneidemühle mit 2 Vollgattern und 1 elektrische Beleuchtungsanlage mit 3 Dynamomaschinen. Ferner gehören zu dem Etablissement 1 Schlosserwerkstatt mit 3 Drehbänken und 1 Scheif- und Riffelmaschine, 1 Werkstattsgebäude mit 2 Schmiedefeuern, 1 Getreidespeicher, 1 Getreide- und Mehlspeicher, 3 Mehlspeicher, 1 Remise, 1 Pferdestall, 6 Wohngebäude, 1 Waschhaus und 1 Wellenbadehaus. Als Triebkraft dient das Wasser der Brahe, das 320 Pferdekräfte stellt. Beschäftigt wurden 1898/9 durchschnittlich 17 Müllergesellen und 91 Tagearbeiter, von denen jene im Durchnitt 1 048,62, diese 846,25 M. verdienten. Vermahlen sind 235 500 Centner Weizen, 206 908 Ctr. Roggen, 24 800 Ctr. Gerste und 4 310,31 Ctr. Buchweizen, ausserdem für Rechnung des Proviantamts 32 278,28 Ctr. Roggen und Weizen, insgesammt also 503 796,59 Ctr. Aus der Vermahlung für eigene Rechnung wurden erzielt 230 612,75 Centner Weizen-, 199 908,09 Ctr. Roggen-, 24 370,35 Ctr. Gersten- und 4 224,72 Ctr. Buchweizenfabrikate, abgesetzt 220 712,57, 177 864,23, 25 435,53 und 3 395,68 Ctr. dieser Fabrikate für 3 975 178,22 M.

§ 7. Infolge der Einschränkung der industriellen Thätigkeit ist in dem Geschäftsbetrieb der Seehandlung immer mehr das Bankgeschäft in den Vordergrund getreten. Auf diesem Gebiete aber hat sie, theils allein, theils in Gemeinschaft mit anderen Banken, in den letzten 50 Jahren, in den letzten Jahrzehnten insbesondere an der Spitze des sogen. Preussenkonsortiums eine sehr umfassende Thätigkeit in der Unterbringung und Konvertirung von Anleihen des Preussischen Staates, des Norddeutschen Bundes und des Deutschen Reiches, anderer Deutscher Bundesstaaten, von Gemeinden und anderen öffentlichen Verbänden entfaltet. Daneben besorgt sie die vorübergehende Anlegung zeitweilig disponibler Staatsgelder, diskontirt Schatzanweisungen und Wechsel, giebt Lombarddarlehne, nimmt Depositengelder und Depots zur Verwahrung und Verwaltung an, leistet Zahlungen und zieht Aussenstände ein für Behörden und Private. Von Bedeutung war auch die oben im § 61 des I. Buches besprochene Gewährung von Darlehen zur Drainage von Domänen; in geringerer Höhe hat sie auch Darlehen zur Drainirung von Forstdienstländereien an Forstbeamte gegeben und neuerdings sich durch Gewährung von Vorschüssen und Begebung von Rentenbriefen an der Förderung der Rentengutsbildung betheiligt. Von besonderem Nutzen war sie dem Staate und dem Reiche während und nach dem Französischen Kriege durch Realisirung der Kriegskredite und Einziehung und Anlegung der Französischen Kriegskontribution sowie später bei der Umgestaltung des Münzwesens durch Beschaffung von Gold.

Von grossen Konsortialgeschäften, an denen die Seehandlung in den letzten 20 Jahren betheiligt war, seien hervorgehoben die Uebernahme verschiedener Reichs- und Preussischer Staatsanleihen, von Anleihen Bayerns, Württembergs, Hessens, Waldecks, der drei Hansestädte, der Niederlande und Ungarns, der Städte Stettin, Stralsund, Charlottenburg, Berlin, Königsberg, Wiesbaden, Erfurt, Mainz, Kassel, Karlsruhe, Altona, Augsburg, Kiel, Magdeburg, Dessau, Hildesheim, Kottbus, Saarbrücken, Nürnberg, Freiburg i. B. und Dortmund, verschiedener landwirthschaftlicher Kreditverbände und der Bodenkreditgesellschaft, der Gotthard- und verschiedener Deutscher Bahnen, des Norddeutschen Lloyd und der Firmen Krupp und Siemens u. Halske. Allein übernahm sie 1891/2 und 1897/8 Mannheimer und 1892/3 Wandsbecker Stadtanleihe.

Der gesammte Buchumsatz hat nach der Anlage XXXVII in den letzten 20 Jahren bis 1898/9 betragen im Maximum (1886/7) 8,3, im Minimum (1888/9) 1,04 Milliarden Mark, in den letzten 10 Jahren bis 1898/9 1,63 bis 4,01 Milliarden.

In dem Geschäftsjahr 1. April 1898/9 betrugen — alle Angaben in Tausenden von Mark — der Umsatz in Effekten etc. und Depositen in Einnahme 414 201, in Ausgabe 391 719, zusammen 805 920, in Wechseln etc., und zwar in inländischen 22 039, in ausländischen 5698, in Schatzanweisungen 8000, die Lombarddarlehen 543 278, die unverzinslichen Depositengelder 72 922, die Depots in Einnahme 55 966, in Ausgabe 391 719, die Ende März 1899 noch rückständigen Drainagedarlehen 1954. An Seehandlungsobligationen waren Ende März 1899 im Umlauf einschl. der rückständigen Zinsen 320 392 M., gegen 336 959 M. ein Jahr zuvor, 489 073 M. am 31. März 1889, 869 716 M. 1879 und 1 623 326 Mark 1869.

II. Hauptabschnitt.

Die Seehandlung im Staatshaushaltsetat.

I. Abschnitt.

Die etatsrechtliche Behandlung der Seehandlung im Allgemeinen und ihren Geschäftsgewinn insbesondere.

§ 8. Die durch die K.-O. vom 17. Jan. 1820 der Seehandlung eingeräumte unabhängige Stellung, welche mit den Grundsätzen der Verfassung kaum vereinbar gewesen sein würde, war schon vor dem Erlass der Letzteren beseitigt worden, indem der Erl. vom 17. April 1848 (G.-S. S. 109) die Seehandlung dem Finanzminister unterstellte, womit auch das Kuratorium in Wegfall kam. Gleichwohl gab die Stellung der Seehandlung nach Einführung der Volksvertretung in Letzterer noch vielfach zu Kontroversen Veranlassung. Insbesondere wurde das Recht der Seehandlung zur Ausgabe von Obligationen als mit dem Art. 104 der Verf.-Urk. im Widerspruch stehend angefochten und gefordert, dass der Geschäftsbetrieb der Seehandlung in demselben Umfange wie andere Zweige der Staatsverwaltung der Kontrole und Einsicht der Volksvertretung unterworfen würden. Die Staatsregierung konnte hierauf schon deshalb nicht eingehen, weil eine Publizität der ganzen Geschäftsgebahrung der Seehandlung, wie sie die Berichterstattung der Budgetkommission an das Plenum des Abgeordnetenhauses bewirkt haben würde, mit dem Betriebe eines Bankgeschäfts nicht vereinbar ist. Es wurde daher in den ersten Jahren des konstitutionellen Staates nur der Budgetkommission vertraulich ein Einblick in den Geschäftsbetrieb und die Geschäftslage gewährt und von dieser unter Ausscheidung des zur Veröffentlichung nicht Geeigneten an das Plenum berichtet, zuerst und besonders eingehend in der Sitzung vom 28. Jan. 1850 (Stenogr. Ber. Bd. IV S. 2211). Im Etat erschien nur in Einnahme ein fixirter Betrag, der von der Seehandlung abzuführen war. Für 1850 konnte aber wegen der Lage des Unternehmens ebensowenig wie in den beiden Vorjahren eine solche

Leistung in Ansatz gebracht werden, während von 1852—1856 alljährlich wieder, wie vor 1848, 300 000 M. abzuführen waren. Bei den Ausgaben wurde nur vermerkt, dass die Verwaltungskosten der Seehandlung aus den eigenen Einnahmen des Instituts bestritten würden, und nur unter den Beilagen wurde der Besoldungsetat nachrichtlich mitgetheilt. Schon 1850 beanspruchte indess die II. Kammer das Recht der Feststellung des Besoldungsetats und forderte auch die Aufnahme der sächlichen Verwaltungskosten in denselben, was die Regierung auch zugestand. Ferner verlangte die II. Kammer die Ersichtlichmachung der Einnahmen und Ausgaben des von der Seehandlung verwalteten, ihr aber nicht gehörigen sogen. „Danziger Unterstützungsfonds" oder „Dispositionsfonds des Staatsschatzes", der zur Gewährung von Vorschüssen an Gutsbesitzer und Gewerbetreibende diente, und dessen damals schon im Werke befindliche Abwickelung durch allmähliche Einziehung der Forderungen und Ablieferung an den Staatsschatz schon 1862 bis auf einen an den Staatsschatz zurückgelieferten Rest von 71 Thlr. 23 Sgr. baar und 20 295 Thlr. 2 Sgr. 11 Pf. in Aussenständen durchgeführt wurde, womit die Verwaltung dieses Fonds durch die Seehandlung ihr Ende erreichte. Es wurde daher von 1851 an dem Personal- und Bedürfnissetat der Seehandlung ein Bericht über den Stand dieses Fonds beigefügt.

Der „Danziger Unterstützungsfonds" wurde durch K.-O. vom 17 Dez. 1821 und 7. Febr. 1822 zur Unterstützung des Danziger Handelsstandes mit 1 068 000 M. begründet und der Seehandlung zur Verwaltung überwiesen. Dazu kamen mit der Bestimmung zur Unterstützung von Grundbesitzern nach K.-O. vom 7 Juli 1833 die oben (§ 3) erwähnten 1 016 938,9 M. rückständige Zinsen für das an die Staatskasse zurückgezahlte Grundkapital der Seehandlung und nach K.-O. vom 29. Dez. 1833 ein weiterer Betrag von 150 000 M aus dem Staatsschatze. Ende 1857 belief sich der Fonds noch auf rd. 292 700 M.

Seit dem Jahre 1862 wird infolge eines Beschlusses des Abgeordnetenhauses vom 11. August 1862 der Verwaltungsbericht und Hauptabschluss der Seehandlung sowie eine Gewinn- und Verlustrechnung dem Etat beigefügt. Dagegen ist es dabei verblieben, dass in dem Staatshaushaltsetat nur der an die Staatskasse abzuführende Ueberschuss in Einnahme erscheint, die Verwaltungsausgaben aber, da sie vorab von den Einnahmen abgezogen werden, bei den Ausgaben nur vor der Linie angegeben werden; der Genehmigung des Landtags unterliegen sie indess. Die Betriebsausgaben werden weder im Etat noch in den ihm beigefügten Berichten und Nachweisungen ersichtlich gemacht.

§ 9. In materieller Beziehung hat sich das Verhältniss zwischen Staatskasse und Seehandlung in den letzten Jahrzehnten mehrfach geändert, aber ständig in der Richtung, dass die Seehandlung immer mehr in die Stellung eines blossen Staatsbetriebes ohne selbstständige Persönlichkeit gegenüber dem Fiskus gebracht ist. Denn früher hatte die Seehandlung, wie bereits erwähnt, nur einen bestimmten Betrag an die Staatskasse abzuführen (vergl. Anlage XXXVII); der ihn übersteigende Gewinn verblieb ihr, wie sie andererseits, wenn der Gewinn die Höhe des abzuführenden Betrages nicht erreichte, das Fehlende aus ihrem Kapital zuzuschiessen hatte, ein Fall, der allerdings seit 1862 nur 1868 und 1869 eintrat. Der abzuführende Betrag wurde wiederholt mit Rücksicht auf die von der Seehandlung erzielten hohen Gewinne erhöht, 1858 auf 600 000, 1860 auf 900 000, 1862 auf 1 200 000 1864 auf 1 500 000, 1867 auf 1 800 000, 1868 auf 2 100 000 und 1872 auf 2 400 000 M. Als dann 1871 die Seehandlung einen Reingewinn von mehr als 5,2 Mill. Mark über die an den Staat abgeführten 2 100 000 M. gemacht hatte, wurde, da eine solche Vermehrung des Grundkapitals, zumal nachdem die Erdmannsdorfer und Eisersdorfer Spinnereien verkauft waren, unnöthig erschien, in den Etat für 1873 ein an die Staatskasse abzuführender Betrag von 7 500 000 M. eingestellt, von dem 2 250 000 M. auf den für dieses Jahr veranschlagten Jahresgewinn gerechnet wurden, der Rest eine Kapitalablieferung darstellen und damals zur ausserordentlichen Tilgung von Staatsschulden verwendet werden sollte. An der gleichen Praxis wurde auch später festgehalten, indem in den Etat alljährlich der anschlagsmässige Jahresgewinn, 1874—1876 zuzüglich einer Kapitalablieferung, welch' letztere in den ersten Jahren nach 1873 nach dem den abgelieferten Gewinnantheil übersteigenden Gewinn des letzten Jahres, dessen Abschluss vorlag, bemessen wurde, als Einnahme der Staatskasse eingestellt wurden. Von den aus Anlage XXXVII ersichtlichen Ablieferungen entfielen auf die Kapitalablieferung 1874 3 600 000, 1875 1 750 000, 1876 1 200 000, 1877/78 1 500 000, 1878/79 1 100 000, 1879/80 1 470 000, 1880/81 594 000, 1881/82 250 000, 1882/83 800 000, 1883/84 270 000 M.; der auf den Jahresgewinn gerechnete Theil des Etatsansatzes wurde seit 1877/78 auf den abgerundeten Betrag des Gewinns des letzten abgeschlossenen, d. h. vorletzten Jahres vor dem betreffenden Etatsjahr bemessen, mithin umgekehrt wie bis dahin verfahren. Es wurde aber nach wie vor der Etatsansatz nicht nur als ein rechnungsmässig je nach dem wirklichen Jahresgewinn sich ändernder anschlagsmässiger behandelt, sondern stets wirklich abgeführt, mochte das Geschäftsergebniss der Seehandlung in dem betreffenden Etatsjahre sich gestalten, wie es wollte. Nachdem auf diese Weise das eigene Kapital der Seehandlung, das sich ultimo 1873 auf 42 794 042 M. belaufen hatte, auf weniger als den in Aussicht genommenen Betrag von 33 Millionen, nämlich ultimo März 1884 auf 32 306 136 M., vermindert war, wurde mit dem Etatsjahr 1884/85 von weiteren Kapitalablieferungen Abstand genommen und von nun an der wirklich erzielte Geschäftsgewinn der Staatskasse zugeführt; im Etat wurde derselbe wie bei andern Einnahmen nach dem dreijährigen Durchschnitt, 1884/85 also nach dem Durchschnitt der Jahre 1880/81, 1881/82 und 1882/83 u. s. w. in Ansatz gebracht. Infolgedessen fällt von da an die Ist- mit der Solleinnahme nicht mehr zusammen. Die Solleinnahme hat seitdem, wie die Anlage XXXVII im Einzelnen zeigt, zwischen 1 657 000 (1888/89) und 2 347 300 M. (1899) geschwankt, aber nur in 5 der seitdem verflossenen 16 Etatsjahre weniger als 2 Mill. Mark betragen. Das Kapitalkonto stellte sich bis einschl. 1886/87 auf rund 33 Millionen; 1887/88 traten ihm ein nachträglich vereinnahmter Gewinn aus einem älteren Vorschussgeschäft mit 565 959 M., 1888/89 ein nachträglich vereinnahmter Zinsgewinn von 217 329 M., 1890/91 ein bei einem Grundstücksverkauf in Bromberg gegen den Buchwerth erzielter Ueberschuss von 33 757 M., 1893/94 verfallene Zinsen von ebenfalls verfallenen Seehandlungs-Obligationen mit 1149 M., 1895/96 und 1896/97 wie 1890/91 erzielte Ueberschüsse bei Grundstücksverkäufen in Bromberg von 25 131 und 85 756 M. und 1898/99 infolge Umbuchung eines Betrages und infolge Gewinnes aus Geschäften, die erst in diesem Jahre endgültig erledigt wurden, ein Betrag von 405 306 M. hinzu, sodass sich das Kapitalkonto Ende März 1899 auf 34 402 515,41 M. stellte. Die etatsmässigen Ueberschüsse wie auch die Istgewinne stellen somit eine zwar nicht übermässige, aber doch befriedigende Verzinsung dieses Kapitals dar.

§ 10. Neuerdings ist die Art der etatsrechtlichen Behandlung der Seehandlung und ihrer Einnahmen und Ausgaben in im Wesentlichen der bisherigen Praxis entsprechender Weise gesetzlich festgelegt durch § 6 des Gesetzes betr. den Staatshaushalt vom 11. Mai 1898 (G.-S. S. 77), welcher lautet:

> „Bei dem Seehandlungs-Institut sind sowohl in den Spezialetats als in dem Staatshaushaltsetat der Geschäftsgewinn und die Verwaltungseinnahmen des Instituts, in dem Spezialetat auch die Verwaltungsausgaben desselben zu veranschlagen.
>
> Mit dem Spezialetat des Seehandlungs-Instituts ist dem Landtage der Verwaltungsbericht und der Hauptabschluss des Instituts für das letzte abgelaufene Etatsjahr mitzutheilen."

Nach der Regierungsvorlage sollten die Einnahmen und Verwaltungsausgaben in den Staatshaushaltsetat aufgenommen werden, die Ersteren also im Gegensatz zu dem bisherigen Verfahren ohne Abzug der Verwaltungskosten, und die Motive bemerkten hierzu:

„Da die Seehandlung ein Staatsinstitut ist und ihr Vermögen zum Staatsvermögen gehört, so würden bei strikter Anwendung der Vorschrift im Art. 99 der Verfassungs-Urkunde die sämmtlichen Einnahmen des Instituts in ihren Bruttobeträgen und in gleicher Weise die sämmtlichen Ausgaben für jedes Jahr im Voraus veranschlagt und in den Staatshaushaltsetat eingestellt werden müssen. Eine solche vorgängige Veranschlagung ist indessen nach der Natur der Geschäfte eines kaufmännischen Instituts unausführbar, wie dies insbesondere auch schon von der Kommission des Abgeordnetenhauses zur Prüfung des Staatshaushaltsetat für 1862 und 1863 in ihrem Berichte vom 2. August 1862 (VII. Legislaturperiode I. Session 1862, Drucks. Nr. 116, Anlagen zu den stenogr. Ber. Nr. 109) anerkannt ist. Es wird deshalb gegenwärtig in dem Etat des Seehandlungs-Instituts und im Staatshaushaltsetat als Einnahme für die allgemeinen Staatsfonds nur der Geschäftsgewinn des Instituts veranschlagt; daneben werden in dem Etat des letzteren die — den Erträgnissen des Instituts zufliessenden — Verwaltungseinnahmen, sowie die aus den Erträgnissen zu bestreitenden Verwaltungskosten veranschlagt, während bezüglich der letzteren der Staatshaushaltsetat (bei Ausgabe-Kap. 12) nur den Vermerk enthält, dass die Verwaltungskosten aus den Einnahmen des Instituts bestritten werden.

Dem Landtage wird, entsprechend einem in dem vorerwähnten Berichte der Kommission des Abgeordnetenhauses vorgeschlagenen und von dem letzteren in der Sitzung vom 11. August 1862 (Stenogr. Ber. VII. Legislaturperiode I. Session 1862, Bd. 2 S 1151 ff.) angenommenen Antrage, alljährlich mit dem Etat des Instituts der Verwaltungsbericht und der Hauptabschluss desselben für das letzte abgelaufene Etatsjahr mitgetheilt.

Die Bestimmung im § 6 des vorliegenden Entwurfs beabsichtigt, dieses seitherige Verfahren sowohl hinsichtlich der Etatisirung der Einnahmen und Ausgaben des Instituts, als auch hinsichtlich der dem Landtage mitzutheilenden Materialien für die Folge gesetzlich festzustellen, wobei nur in ersterer Beziehung eine Aenderung dahin in Aussicht genommen ist, dass auch die Verwaltungseinnahmen und -Ausgaben des Instituts fortan in den Staatshaushaltsetat eingestellt werden sollen".

In der Kommission des Abgeordnetenhauses hielt man aber die bisherige Art der Etatisirung als dem Charakter des Instituts als eines selbstständigen, kaufmännischen und nur unter Staatsaufsicht für Rechnung des Staates arbeitenden Unternehmens mehr entsprechend und gab demgemäss dem § 6 die obige Fassung.

Infolge dieser Gestaltung des § 6 a. a. O. hat sich also die Etatisirung nur insofern geändert, als im Staatshaushaltsetat (Kap. 7) nicht mehr der nach Abzug der Verwaltungskosten verbleibende Geschäftsgewinn (Tit. 1) in einer Summe, sondern auch (im Tit. 2) die früher nur im Spezialetat unter der Bezeichnung „B. Für Rechnung des Instituts" angegebenen, materiell aber im Geschäftsgewinn enthaltenen „Verschiedenen Einnahmen" erscheinen. Diese nach 3jährigem Durchschnitt 1899 auf 10 600 M. veranschlagten Einnahmen setzen sich zusammen aus Beiträgen des Präsidenten für Gas- und Wasserverbrauch und Schornsteinreinigung in seiner Dienstwohnung (255,4 M.), aus Einnahmen für Entnahme des Papiers aus den fiskalisahen Beständen Seitens des Präsidenten und der Direktionsmitglieder (10 M.) und für Entnahme des Feuerungsmaterials aus den amtlichen Beständen Seitens des Portiers (52,5 M.), aus Erlösen für Makulatur, alten und unbrauchbaren Inventarienstücken und verschiedenen Einnahmen (282,1 M.), endlich aus einem Beitrag, welchen das Leihamt zu den allgemeinen Verwaltungskosten zu leisten hat; dieser ist seit 1889/90 auf 10 000 M. festgesetzt; 1887/88 und 1888/89 betrug er 6150 M., während vor 1887/88 ein solcher Beitrag nicht zu leisten war. Der Beitrag des Präsidenten zu Gas u. s. w. erscheint erst seit 1886/87 im Etat. Bis zur Aufhebung der Wittwen- und Waisengeldbeiträge der Staatsbeamten im Jahre 1888/89 bildeten diese mit rund 4500—5000 M. den Hauptbestandtheil der sich nur auf wenig über 5000 M. belaufenden Verwaltungseinnahmen, da für 1887/88 der Beitrag des Leihamts, der erst durch Erlass des Finanzministers vom 20. Dez. 1886 festgesetzt wurde, noch nicht im Spezialetat erschien, sondern als Einnahmezugang verrechnet wurde. Der Gesammtansatz belief sich dann 1888/89 auf 6450, 1889/90 auf 10 300, 1890/91 auf 10 317, von da an bis einschliesslich 1898/99 auf 10 400 M.

§ 11. Wie sich der Geschäftsgewinn zusammensetzt, ist nach dem im Vorstehenden Bemerkten aus dem Etat nicht zu ersehen. Dagegen geben die ihm beigefügten Gewinn-

und Verlustrechnungen hierüber Aufschluss. In günstigen Jahren erscheinen hier als Ausgabe nur die Verwaltungskosten und Ausgaben für den laufenden Geschäftsbetrieb (Courtage, verschiedene Stempelkosten, Porto u. s. w.) in Höhe von einigen 1000 M., dagegen als Einnahmen 1) Zinsenüberschuss, 2) Provision und Depotgebühren von verschiedenen Staatsbehörden, Instituten und Privaten, sowie Gewinn abzüglich Verlust bei den in fremder Währung geführten Konten für ausländische Handlungshäuser, 3) Ertrag aus dem Betriebe der gewerblichen Etablissements, 4) Gewinn auf Effekten abzüglich des Verlustes bei denselben, 5) die erwähnten Verwaltungs- und sonstige, nur einige 1000 M. betragende Einnahmen. Der günstige Fall, dass alle diese Einnahmequellen Gewinn lieferten, ist indess in der Zeit von 1869 bis 1898/9 nur 14 Mal zu verzeichnen gewesen. Dagegen ergab der Effektenverkehr nach Abzug der Gewinne Verluste, die also unter die Ausgaben aufzunehmen waren, in den Jahren 1875 (481 618 M.), 1. Januar bis 1. April 1877 (105 591 M.), 1886/7 (380 980 M.), 1890/1 (165 636 M.), 1891/2 (387 760 M.), 1893/4 (232 157 M.) und 1898/9 (513 036 M.); 1882/3 musste eine Abschreibung von 617 M. auf Dividendenscheine von Prioritäts-Stammaktien der Berlin-Görlitzer Eisenbahn vorgenommen werden und 1892/3 war ein Verlust von 216,48 M. bei den in fremder Valuta geführten Konten für ausländische Handlungshäuser zu verzeichnen. Dagegen haben die gewerblichen Etablissements in den Jahren 1876, 1877/8, 1878/9, 1880/1 und 1881/2 infolge ungünstiger Konjunkturen mit Verlusten von 147 885, 96 015, 149 631, 47 589 und 60 987 M. abgeschlossen. In den Jahren 1894/5 bis 1896/7 standen Gewinnen der Bromberger Mühlen von 109 954, 157 678 und 149 076 M. bei der Landshuter Spinnerei 1894/5 infolge ungünstiger Konjunkturen in der Leinenbranche, dann infolge Umbaues der Fabrik Verluste von 42 975, 98 176 und 15 188 M gegenüber.

Soweit ein Gewinn zu verzeichnen war, bewegte sich derselbe, wie die Anlage XXXVIII zeigt, zwischen folgenden Grenzen (in Mark): bei

	1869—1878/9	1879/80—1888/9
dem Zinsenüberschuss	1 565 905 (1878/9) — 2 250 040 (1874)	1 207 951 (1883/4) — 1 993 159 (1888/9)
den Provisionen	87 782 (1878/9) — 1 091 460 (1878)	134 718 (1879/80) — 330 897 (1882/3)
Effekten	45 783 (1877/8) — 4 507 314 (1871)	289 844 (1887/8) — 2 899 846 (1879/80)
industriellen Etablissements .	59 326 (1869) — 553 706 (1871)	8097 (1879/80) — 213 608 (1888/9)

	1889/90—1898/9
dem Zinsenüberschuss	1 522 036 (1892/3) 2 155 145 (1896/7)
den Provisionen	220 423 (1893/4) — 560 725 (1891/2)
Effekten	4 009 (1889/90) — 446 709 (1893/4)
industriellen Etablissements	80 012 (1892/3) — 307 898 (1897/8)

Für 1898/9 beliefen sich die Gewinnziffern für Zinsen auf 1 709 742,96, Provisionen etc. 416 543,21, industrielle Etablissements 273 638,23 M., während beim Effektenverkehr, wie schon erwähnt, ein Verlust von 513 035,87 M. zu verzeichnen war.

II. Abschnitt.

Die Verwaltungsausgaben der Seehandlung.

(Staatshaushaltsetat Kap. 12.)

I. Kapitel.

Die persönlichen Ausgaben.

§ 12. Die, wie erwähnt, in dem Staatshaushaltsetat nur vor der Linie aufgeführten Verwaltungsausgaben umfassen in dem Specialetat gegenwärtig 13 Titel, von denen Tit. 1—3 Besoldungen, Tit. 4 Wohnungsgeldzuschüsse, 5—7 andere persönliche, 8—10 sächliche Ausgaben enthalten.

Aus dem Tit. 1 erhalten ihre Besoldung die Mitglieder der Generaldirection, nämlich z. Z. der Präsident, 2 Direktionsmitglieder im Range der vortragenden Räthe der Ministerien — als Räthe III. Kl. führen sie den Titel Geh. Seehandlungs-, als Räthe II. Kl. den Geh. Ober-Finanzrath — und ein Assessor und Buchhalterei-Dirigent, aus Tit. 2 die Kassen-, Bureau- und Kanzleibeamten, nämlich 1899 1 Rendant, 1 Kontroleur, 1 Kassirer, 16 Buchhalter, expedirende Sekretäre, Kalkulatoren und Registratoren, 1 Kanzleivorsteher und 12 Kassen- und Kanzleisekretäre, aus Tit. 3 die Unterbeamten, nämlich 1 Botenmeister, 8 Kassen- und Kanzleidiener, 1 Portier, 2 Hausdiener und 1 Wächter, während die Betriebsbeamten der industriellen Etablissements aus deren Betriebseinnahmen besoldet werden.

Die Verfassung des Instituts ist eine bureaukratische: die beiden Direktionsmitglieder nehmen zum Präsidenten nur die Stellung vortragender Räthe ein; doch verpflichtet ihre gemeinschaftliche Unterschrift das — übrigens im Handelsregister eingetragene — Institut. Im Jahre 1849 bestand die Generaldirektion aus dem Präsidenten, 2 Mitgliedern und 2 Assessoren im Haupt- und 2 Rechtskonsulenten im Nebenamt. In den 50er Jahren wurden die Assessoren durch ein drittes Direktionsmitglied ersetzt, das aber den Titel „Seehandlungs-Assessor" behielt. Im Etat für 1872 kam diese Stelle in Wegfall; dafür wurde aber schon im nächsten Jahre im Tit. 2 gegen Wegfall einer Buchhalterstelle diejenige eines Buchhalterei-Dirigenten errichtet. Im Etat für 1881/2 endlich wurde dieser unter Beilegung der Bezeichnung „Seehandlungs-Assessor und Buchhalterei-Dirigent" von Tit. 2 nach Tit. 1 versetzt.

An Kassen-, Bureau- und Kanzleibeamten führte der Etat für 1849 — in etwas anderer Gruppirung als jetzt — auf 2 Rendanten, 1 Kassirer, 3 Sekretariats- und Kalkulaturbeamte, 1 Buchhalterei-Dirigenten, 6 Buchhalter, 1 Registrator und 4 Kanzleibeamte, zusammen

18 Beamte, während 1859 vorhanden waren 1 Rendant, 1 Kontroleur, 1 Kassirer, 4 Kassensekretäre, 4 Sekretariats- und Kalkulaturbeamte, 6 Buchhalter, 1 Kanzleivorsteher und 3 Kanzleibeamte, zusammen 21 Beamte. Anfangs der 60er Jahre wurde die Stelle eines Kassensekretärs in die eines Kassen-Buchhalters umgewandelt, später die Zahl der Buchhaltereibeamten auf 5, die der Kanzleibeamten auf 1 Vorsteher und 2 Beamte verringert. Im Etat für 1874 erscheinen 1 Rendant, 1 Buchhalterei-Vorsteher, 1 Kontroleur, 1 Kassirer, 6 Buchhalter, 4 expedirende Sekretäre und Kalkulatoren, 1 Kanzleivorsteher, 1 Registratur-Assistent und 4 Kassen- und Kanzleisekretäre. In den Jahren 1886/7, 1887/8, 1891/2, 1892/3, 1894/5 und 1896/7 ist dann das Personal wegen Zunahme der Geschäfte nach und nach auf die Zahl von 32 erhöht worden.

An Unterbeamten waren 1849 vorhanden 2 Kassendiener, 1 Botenmeister, 4 Diener und 1 Portier. Die Stelle des Botenmeisters kam demnächst in Wegfall, während ein dritter Kassendiener angestellt wurde. Bei der Zahl von 8 Unterbeamten verblieb es, bis 1880/1 die bis dahin remuneratorisch besoldeten beiden Hausdiener und der Wächter in etatsmässige Stellen einrückten, 1890/1 eine Diener- in eine Botenmeisterstelle umgewandelt und 1894/5 und 1896/7 je eine neue Kassendienerstelle errichtet wurden.

Mit Militäranwärtern zu besetzen sind nur die Kanzlei- und Unterbeamtenstellen, nicht diejenigen der mittleren Beamten, während bei dem Leihamt mindestens die Hälfte der Bureaubeamtenstellen den Militäranwärtern vorbehalten ist.

Die Besoldungen haben sich analog denen der den Beamten der Seehandlung entsprechenden Beamtenkategorien anderer Staatsverwaltungen entwickelt. Es stehen im Gehalte heute gleich der Präsident (15 000 M.) den Ministerialdirektoren, mit denen er auch gleichen Rang (Rath I. Kl.) hat, die Direktionsmitglieder (7500—11 000 M.) den vortragenden Räthen der Ministerien, der Assessor (6600 M.) den Bureau- und Buchhaltereivorstehern beim Finanzministerium, der Rendant (7200 M.) den Rendanten bei der Staatsschuldenverwaltung und den Vorstehern der Zentralbureaus bei den Ministerien, der Kontroleur (6000 M.) dem Kalkulaturvorsteher und Oberbuchhalter bei der Staatsschuldenverwaltung, der Kassirer, die Buchhalter, expedirenden Sekretäre und Kalkulatoren, Registratoren und der Kanzleivorsteher (3000—6000 M., in Stufen von je 500 M. von 3 zu 3 Jahren steigend) den Bureaubeamten der Ministerien, die Kassen- und Kanzleisekretäre (1800, 2100, 2400, 2700, 3000, 3300, 3600, 3800 M., von 3 zu 3 Jahren steigend) und die Unterbeamten (von 1200 M. von 3 zu 3 Jahren auf 1400, 1480, 1560, 1640, 1720, 1800 M. steigend) den Dienern der gleichen Beamten der Zentralbehörden; der Botenmeister erhält ausserdem 150 M. Stellenzulage. Der Präsident bezieht dasselbe Gehalt schon seit 1872, während die übrigen Beamten an den Besoldungsaufbesserungen der 90er Jahre Theil genommen haben.

Vor den letzten Besoldungsanfbesserungen beliefen sich die Gehälter für

auf	Direktions-Mitglieder	Assessoren	Rendanten	Kontroleure	Kassirer	Buchhalter u. s w.	Kassen- etc. Sekretäre	Unterbeamte
1859	4800—6600	—	5400	4500	3600	2100–3600	1650–2100	7500—1080
1874	6900 u. 8700	6000	6600	5400	3000–5400		1800—3300	1200–1500
1894/5	wie 1874						1800—3800	1200—1800

Infolge der Veränderungen im Bestande und der Besoldung der Beamten sind, wie die Anlage XXXIX ergiebt die Ausgaben für die Generaldirektion gegen die 50er und 60er Jahre nur sehr wenig, gegen die 80er und ersten 90er Jahre durch Einführung des Aufrückens der beiden Direktionsmitglieder nach Dienstaltersstufen sogar etwas gesunken, während diejenigen für die Kassen- u. s. w. Beamten sich gegen 1849 beinahe verdoppelt, diejenigen für Unterbeamte verdreifacht haben. Der gesammte Besoldungsetat beläuft sich 1899 auf 165 690 M. gegen 98 130 M. 1849, 78 220 M. 1859, 125 400 M. 1874, 143 850 M. 1889/90.

Zu den Gehältern treten seit 1875 die Wohnungsgeldzuschüsse (Tit. 4), die sich für 1899 auf 30 660 M. belaufen. Der Präsident und der Portier haben Dienstwohnung; bis einschliesslich 1873 wurden diesen Beamten hierfür 10 Proz. des Gehaltes in Abzug gebracht.

Für Nebenbeschäftigungen beziehen ein Kanzleidiener für Heften der Akten und Zeitungen 250, ein Kassendiener für das Heften der Beläge 150 M. aus Tit. 8 „Für Bureaubedürfnisse“.

§ 13. Von den übrigen persönlichen Ausgaben, die für 1899 mit 66 140 M. in Ansatz gebracht sind, entfallen 17 200 M. auf Remunerationen von Hülfsarbeitern und Hülfsdienern (Tit. 4), 9000 M. auf Remunerationen und Unterstützungen (Tit. 5—6 c) und 39 940 M. auf Wittwen-, Waisengelder, Pensionen und Unterstützungen an ausgeschiedene Beamte und kontraktlich beschäftigt gewesene Personen, sowie an die Hinterbliebenen solcher Personen und aktiver Beamten (Tit. 7).

Die Ausgaben für Hülfsarbeiter u. s. w. waren früher, als noch zahlreiche Handlungsgehülfen hieraus besoldet wurden, erheblich höher: 1849 wurden erfordert zu ausserordentlichen Hülfsleistungen, Gratifikationen und Unterstützungen 10 500 M., für auf Kontrakt angenommene Handlungsgehülfen und Hausdiener 13 800 M.; ausserdem waren im ausserordentlichen Dienst beschäftigt 1 Rath, 1 Assessor und 1 Expedient, deren Stellen demnächst innerhalb der nächsten 3 Jahre in Wegfall kamen, weil die Anlässe, nämlich die Unterstellung der Seehandlung und der Preussischen Bank unter einen gemeinsamen Chef und das umfangreiche Waarengeschäft, nicht mehr vorlagen; es bedeutete dies eine Ersparniss von 12 900 M. Andererseits wurden damals die Remunerationen der Rechtskonsulenten noch unter den Besoldungen der Generaldirektion verrechnet. Jetzt erhalten aus dem Tit. 5 der Rechtskonsulent eine Remuneration von 1000 M. und der Botenmeister die erwähnte Stellenzulage von 150 M., sodass für sonstige Hülfsarbeiter und Hülfsdiener noch 16 050 M. verwendbar sind. Als 1880/1 die bisher aus ihm remunerirten Hausdiener und Wächter etatsmässig angestellt wurden, verringerte sich der Ansatz auf 2900 M.; aber schon in den nächsten Jahren machte die Zunahme der Geschäfte die Verstärkung auf 5000, dann anf 7000 und 8500 M. erforderlich. Von 1885/6 an mussten aus demselben Grunde sogar alljährlich ca. 13 000--14000 M., seit 1893/94 mehr als 20 000 M. in Ansatz gebracht werden, bis dann in den letzten Jahren ein geringer Minderbedarf eintrat.

Wegen der Remunerations- und Unterstützungsfonds Tit. 6 (Unterstützungen an ausgeschiedene Beamte und deren Hinterbliebene), 6a (Remunerationen und Unterstützungen an Kanzlei- und Unterbeamte), 6b (Remunerationen für mittlere Beamte), 6c (Unterstützungen für höhere und mittlere Beamte) findet das im § 48 des I. Buches Ausgeführte sinngemässe Anwendung.

Während die bisher besprochenen Titel sich auch in den Etats der übrigen staatlichen Betriebsverwaltungen finden, erscheinen bei diesen die Hauptbestandtheile des Tit. 7, die gesetzlichen Wittwen- und Waisengelder und die Pensionen der Beamten, nicht auf deren Etats, sondern auf dem des Finanzministeriums; bei der Seehandlung ist dies nach dem oben über die etatsrechtliche Behandlung Ausgeführten nicht angängig. Eine weitere Eigenthümlichkeit des Titels besteht darin, dass er auch Ausgaben enthält, die, streng genommen, den Betriebskosten der gewerblichen Etablissements zur Last zu legen wären, nämlich die — nur auf gnadenweisen Bewilligungen oder kontraktlichen Abmachungen beruhenden — Pensionen und Unterstützungen für Personen, die bei Etablissements der Seehandlung im kontraktlichen Verhältniss gewesen sind, sowie für die Hinterbliebenen solcher Personen. Zu den Etablissements der Seehandlung in diesem Sinne gehört aber das Leihamt nicht; die an die Beamten dieses Instituts und deren Hinterbliebene zu leistenden Pensionen u. s. w. werden aus den Einnahmen des Leihamts bestritten.

Bei der geringen Anzahl der bei der Seehandlung beschäftigten Beamten ist es natürlich, dass der Bedarf für Pensionen u. s. w. ein sehr schwankender ist; man denke nur daran, welchen Einfluss die Pensionirung eines Direktionsmitgliedes oder gar des Präsidenten auf die Höhe des nur mit 20 000—40 000 M. dotirten Titels ausüben muss. Die aus der Anlage XXXIX ersichtlichen Schwankungen finden also hierin ihre Erklärung.

Von dem für 1899 ausgeworfenen Betrage von 39 940 M. entfallen ca. 15 400 M. auf gesetzliche Wittwen- und Waisengelder, der Rest auf die sonstigen aus dem Titel zu bestreitenden Ausgabekategorien.

II. Kapitel.

Sächliche Ausgaben.

§ 14. Der unter den sächlichen Ausgaben weitaus den höchsten Betrag erfordernde Tit. 8 umfasst 1. Bureaubedürfnisse, 2. Diäten und Fuhrkosten, 3. öffentliche Abgaben und Lasten, und zwar entfallen von dem Etatsansatz für 1899, 96500 M., auf die Bureaubedürfnisse 16000, auf Diäten und Fuhrkosten 1000 M., der Rest auf die Abgaben und Lasten.

Unter den Bureaubedürfnissen nennt der Spezialetat Schreib- und Packmaterialien, Drucksachen, Bibliothek, Heizung, Beleuchtung, Wasserverbrauch, Utensilien, Reinigungs- und Desinfektionskosten, Befestigen und Wiederabnehmen der Winterfenster, Fenstermarquisen und Nationalfahnen, die 300 M. betragende Manquementsentschädigung des Kassirers, die denselben Charakter tragenden Entschädigungen von je 50 M. an die mit der Kontrole der Verloosungen der Werthpapiere beauftragten 4 Beamten, Heften der Akten und Zeitungen, nicht aversionirte Postporto- und Gebührenbeträge und sonstige Frachtgebühren für dienstliche Sendungen, Telegrammgebühren, Geldtransporte und andere derartige Bedürfnisse.

Unter den öffentlichen Abgaben und Lasten spielen die Hauptrolle die Kommunalsteuern. Die Beitragspflicht der Seehandlung zu diesen richtete und richtet sich nach denselben gesetzlichen Bestimmungen, wie die anderer Gewerbebetriebe des Staates, und es kann daher hier auf das in dieser Beziehung in den früheren Büchern des Werkes (Buch III § 71, II § 62) Ausgeführte verwiesen werden.

Die Seehandlung unterliegt den Gemeindesteuern in Berlin, Bromberg und Landeshut, den Kreissteuern in Landeshut — Berlin und Bromberg sind Stadtkreise — und den Provinzialsteuern in Bromberg und Landeshut — Berlin gehört einem Provinzialverband nicht an. — Von dem für 1899 auf den Staat veranlagten Gewerbesteuersatze entfallen auf Berlin, d. i. auf den Ertrag des sich hier vollziehenden Betriebes der Seehandlung nach Abzug des Verlustes der Porzellan-Manufaktur, 14 879, auf Bromberg 2766 und auf Landeshut 229 M. Da 1899 in Berlin 150, in Bromberg 135 und in Landeshut 175 Proz. der staatlich veranlagten Gewerbesteuer erhoben werden, so bedeutet das allein an Gewerbesteuer eine Ausgabe von rd. 26 500 M.

Zu den Gemeindesteuern treten noch Kanalisationsgebühren für das Berliner Dienstgrundstück und die Feuerversicherungsprämien für dasselbe. Diejenigen für die gewerblichen Etablissements werden aus den Betriebseinnahmen derselben bestritten, während alle Steuern und Abgaben des Leihamts dieses trägt.

Der Gesammtbedarf des Tit. 8 ist, wie die Anlage XXXIX erweist, namentlich in den letzten Jahren ausserordentlich gestiegen, seit 1892/3 von 33 248 M. auf 96 500 M. Der Grund liegt vorwiegend in der Aenderung der Kommunalsteuergesetzgebung und in der durch die günstigeren Ergebnisse, hauptsächlich der fiskalischen Montanbetriebe, bedingten höheren Gewerbesteuerveranlagung des Staates, wie auch in den Ergebnissen des Geschäftsbetriebes der Seehandlung selbst. Auch die ausserordentliche Steigerung von rund 20 100 M. im

Jahre 1869 auf 72 130 M. 1874 schrieb sich von dem Anwachsen der Kommunaleinkommensteuer in dem für die Seehandlung so günstigen Jahren her, wie andererseits in den dann folgenden der Bedarf für Kommunaleinkommensteuer um 3000, 22 000, 20 300, 6500, 7800, also bis 1879/80 um 59 600 M. herabging. Auch die späteren Schwankungen des Bedarfs des Tit. 8 sind ganz überwiegend auf den grösseren oder geringeren Bedarf hierfür zurückzuführen.

Die Ausgaben für Unterhaltung des Dienstgrundstücks in Berlin (Tit. 9) sind seit 1851, d. i. seitdem überhaupt der Spezialetat sich auf die sächlichen Ausgaben erstreckt, unverändert mit 6000 M. in Ansatz gebracht worden, wovon 5800 M. auf das Dienstgebäude und das Inventar in der Dienstwohnung des Präsidenten, 200 M. auf die Gartenanlagen entfallen.

Der letzte Titel (10) enthält die ganz unbedeutenden Ausgaben auf Grund des Invaliditäts- und Alterversicherungsgesetzes, seit 1898/9 10, vorher 2 M., für die bei der Verwaltung beschäftigten, der Versicherungspflicht unterliegenden Personen, wie Reinemachefrauen u. dergl.

Fünftes Buch.

Die Lotterieverwaltung.

I. Hauptabschnitt.

Geschichtliche Entwickelung und Einrichtung der Staatslotterie.[1])

I. Abschnitt.

Geschichtliche Entwickelung der Staatslotterie.

§ 1. Die gegenwärtige Preussische Staatslotterie ist — gleichwie die Staatslotterien im übrigen Deutschland — eine Klassenlotterie, d. h. eine Lotterie, bei welcher festbestimmte Geldgewinne, von welchen der Staat eine bestimmte Quote für sich zurückbehält, unter eine bestimmte Anzahl zu festem Preise käuflicher Loose in mehreren zeitlich getrennten, Klassen genannten, Ziehungen verloost werden.

Die Klassenlotterie stammt aus den Niederlanden, wo sie sich zuerst im 16. Jahrhundert findet. In Deutschland fand sie zuerst 1610 in Hamburg, in Preussen 1703 Eingang. Doch überliess der Preussische Staat die Veranstaltung von Lotterien Privaten und machte dieselbe nur von seiner Erlaubniss und einer von Fall zu Fall bestimmten Abgabe für wohlthätige Zwecke abhängig. Erst ein Patent vom 1. Febr. 1763 erklärte alle Lotterien für monopolisirt, ohne dass aber gleichzeitig schon der staatlichen Veranstaltung einer Klassenlotterie nähergetreten wurde. Grössere Beachtung schenkte der Staat der damals gleichzeitig — am 8. Febr. 1763 — eingeführten Zahlenlotterie, dem Lotto, d. i. derjenigen Lotterieform, bei welcher der Spieler eine oder mehrere Zahlen einer bestimmten Zahlenreihe in verschiedener Kombination mit zwischen einem Minimum und Maximum in sein Belieben gestellten Einsätzen besetzt und in bestimmter Anzahl

---

1) Vergl. insbesondere Warschauer, „Die Zahlenlotterie in Preussen", derselbe, „Die Quinen- und Güterlotterie in Preussen" im Finanzarchiv II 2 S. 128, derselbe, „Entstehung und Entwicklung der Klassenlotterie in Preussen" in der Tübinger Zeitschrift Bd. 42 S. 666. Marcinowski, „Das Lotteriewesen im Königreich Preussen" mit Ergänzungsheft „Die Vorgänge auf dem Gebiet des Lotteriewesens in den Jahren 1892–1893", die Artikel „Lotterie" in den verschiedenen Handwörterbüchern der Staatswissenschaften und des Verwaltungsrechts.

zu ziehende Nummern der Reihe gewinnen. Diese Zahlenlotterie verpachtete der Staat, nachdem er sie ein Jahr mit schlechtem Erfolge selbst betrieben hatte. Als auch dann die Zahlenlotterie den Erwartungen nicht entsprach, wurde das Pachtverhältniss auch auf die Klassenlotterie ausgedehnt. So bestanden denn seit 1767 eine Klassen- und eine Zahlenlotterie nebeneinander, und beide waren vom Staat an eine Sozietät verpachtet, die aber aus verschiedenen Gründen, namentlich infolge der Konkurrenz der Braunschweigischen und der Hannoverschen Lotterie, mit grossen Schwierigkeiten zu kämpfen hatte, sodass vom Jahre 1777 an die Preussische Klassenlotterie völlig in Stockung gerieth. Im Jahre 1779 verbot deshalb der Staat das Spiel in den gedachten ausländischen Lotterien, und nun zeigte sich auch die Preussische Klassenlotterie wieder lebensfähig.

§ 2. König Friedrich Wilhelm II. betrachtete die Staatslotterien als eine ethisch verwerfliche Einnahmequelle und hätte dieselben wohl aufgehoben, wenn nicht die Lage der Staatsfinanzen den Verzicht auf die Einnahmen verboten hätte. So beschränkte er sich denn darauf, die Klassen- und die Zahlenlotterie nach Ablauf des Pachtverhältnisses der Sozietät mit dem 1. Juni 1794 in eigene Verwaltung des Staates zu übernehmen. Diese schon in einer K.-O. v. 17. Dez. 1791 ausgesprochene Absicht fand ihre nähere Ausführung in dem Lotterieedikt vom 20. Juni 1794,[1]) welches die erste gesetzliche Grundlage der Preussischen Staatslotterie bildet. Die Leitung der Lotterieen wurde der „General-Lotterie-Administration" übertragen; die General-Lotteriekasse haftet für alle Gewinne, welche auf die von den bestallten Einnehmern ausgegebenen Loose fallen. Die Reinerträge werden zum Besten der Invaliden-, Wittwen-, Versorgungs-, Schul- und Armenanstalten bestimmt.

Die erste für Rechnung des Staates erfolgende Ziehung der Klassenlotterie hatte indess ein so wenig befriedigendes Ergebniss, das der mangelnden Geschäftsroutine zugeschrieben wurde, dass das Loosedebit einem Generalunternehmer übertragen wurde; dieser übernahm sämmtliche Loose auf eigene Rechnung und Gefahr und erhielt eine Provision von $3^1/_2$, seit 1797 von 4 Proz., von der er auch alle Unkosten, insbesondere auch die den Einnehmern zustehende Provision von $1^1/_2$ Proz. zu bestreiten hatte. Dieses Verhältniss erreichte seine vorzeitige Endschaft — der 1804 abgelaufene erste Vertrag war bis 1812 verlängert worden — durch die kriegerischen Ereignisse von 1806/7, die infolge der Massregeln der Französischen Administration, welche auf die Einnahmen aus der Preussischen Lotterie während der Okkupationszeit nicht verzichten wollte, zu äusserst verworrenen Verhältnissen führten. Nach Beendigung der Französischen Okkupation und nachdem der bisherige Generalunternehmer die fernere Uebernahme des Loose-

[1]) Mylius, N. C. C. Tit. IX p. 2335.

debits abgelehnt hatte, verfügte eine K.-O. v. 17. März 1810 die einstweilige Suspension der Klassenlotterie, weil man sich mit den Plänen tiefgreifender Umgestaltungen des Lotteriewesens trug.

Diese Pläne fanden schon in dem Lotterieedikt vom 28. Mai 1810, (G.-S. S. 712) ihren Ausdruck. Das Zahlenlotto wurde wegen seines durch den geringen Einsatz auf die minder bemittelten Klassen ausgeübten Anreizes zum Spiel und anderer vom ethischen Standpunkt bedenklicher Wirkungen aufgehoben. An seine Stelle trat eine schon durch eine K.-O. vom 25. März 1809 in Aussicht genommene Quinenlotterie.

Die Quinen-Lotterie besteht aus einer gewissen Anzahl von Zahlen, bei denen jede Verbindung von 5 Nummern eine Quine bildet; es werden so viele Loose ausgegeben, als derartige Verbindungen möglich sind, in Preussen damals bei der Zahlenreihe 1—30 142506 Loose zu 1 Thlr., auf die 18 Gewinne (1 à 50 000, 5 à 5000, 12 à 500 Thlr.) entfielen; die Gewinnquinen ergeben sich aus den gezogenen einzelnen Zahlen.

Die Klassenlotterie sollte „nach einem veränderten, den jetzigen Verhältnissen angemessenen Plan fortdauern“ und entweder mit der Quinenlotterie abwechseln oder mit ihr gespielt werden. Vorerst kam es aber noch nicht zur Wiederherstellung derselben. Ausserdem wurde, in der Absicht, den nothleidenden Grundbesitzern eine Hülfe zu gewähren, die Ausspielung von Grundstücken auf Grund staatlicher Konzession freigegeben in der Gestalt, dass der Staat die Leitung solcher Güterlotterien übernahm und dafür 15 Proz. von der Einnahme für die abgesetzten Loose bezog; die näheren Bestimmungen traf ein Publikandum vom 15. Aug. 1810. Die gesammte Lotterieverwaltung wurde in der Hand der General-Lotterie-Direktion vereinigt. Im übrigen wiederholte das Edikt im Wesentlichen die Bestimmungen des früheren über die Haftung des Staates, die Eigenschaft der Loose als Inhaberpapiere u. s. w. Von einer Verwendung der Ueberschüsse zu wohlthätigen Zwecken, von der schon früher, seit der 27., im Jahre 1808 gespielten Lotterie, abgesehen war, war nicht mehr die Rede.

Der Erfolg der neuen Lotterien war ein überaus unbefriedigender. Die Quinenloose konnten nur zum kleinsten Theil abgesetzt werden, und als bei der zweiten Ziehung der Hauptgewinn auf eines der wenigen abgesetzten fiel, war das Ergebniss statt des der Staatskasse so nöthigen Ueberschusses ein baarer Verlust. Eine K.-O. v. 5. Jan. 1811 verfügte daher die sofortige Sistirung der Quinenlotterie.

Auch die Güterlotterien scheiterten, nachdem die beiden ersten Ausspielungen ländlicher Grundstücke, der Herrschaft Amalienburg in Pommern und des Gutes Niedergiesmannsdorf in Schlesien, einigermassen gelungen waren, an der Theilnahmslosigkeit des Publikums völlig und hatten so viele Unzuträglichkeiten im Gefolge, dass eine Verordnung v. 31. März 1812 (G.-S. S. 31) jede fernere Ausspielung von Grundstücken untersagte, was später nochmals, nachdem eine Verordnung v. 26. März 1825 (G.-S. S. 22) auch die Ausspielung inländischer Grundstücke in ausländischen Lotterien von staatlicher Genehmigung abhängig gemacht hatte, durch K.-O. v. 20. März 1827 in zweifelsfreier Weise auch für alle Privatlotterien zu geselligen oder mildthätigen Zwecken ausgesprochen wurde.

§ 3. An die Stelle der Quinenlotterie sollte laut der oben erwähnten K.-O. v. 5. Jan. 1811 die „Kleine Geldlotterie" treten. Dieselbe hatte zwar bessere Resultate als die Quinenlotterie, vermochte aber nach ihrem ganzen Zuschnitt der bedrängten Staatskasse nicht genügende Einnahmen zuzuführen. Unter diesen Umständen hatte man schon 1811 mit den Vorbereitungen zur Wiederaufnahme der Klassenlotterie begonnen; nachdem die Wiederaufnahme wegen des inzwischen erfolgten Planes einer Domänenlotterie nochmals eine Verzögerung erfahren, wurde sie endlich, als dieser Plan sich als aussichtslos erwies, durch Erlass des Staatskanzlers v. 22. Jan. 1813 genehmigt, und im Herbst dieses Jahres wurde der Spielplan für die neue Lotterie, die 29., der 20000 Loose zum Preise von 20 Thlr. für 5 Klassen in Aussicht nahm, publizirt. Der Erfolg war ein so günstiger, dass schon für die nächste Lotterie die Loosezahl auf 30000 erhöht werden konnte.

Indessen wurden auch in der Folgezeit bis 1832 noch allerhand Experimente mit Umformungen der Klassenlotterie und anderen Lotterien neben ihr vorgenommen. Seit 1832 besteht in Preussen nur noch die Klassenlotterie, deren Einrichtung, insbesondere was die Zahl der Loose und die Zahl der Ziehungen anlangt, noch mehrfachen Aenderungen unterworfen worden ist. Was die Ersteren anlangt, so waren für jede der beiden pro Jahr stattfindenden Lotterien mit je 4 Ziehungen 1849 85000 Loose vorgesehen. Im Jahre 1850 wurde die Zahl der Loose auf 75000 vermindert, aber schon in den Jahren 1851, 1853, 1854 und 1857 auf 80000, 85000, 90000 und 95000 erhöht, wovon 15000 auf Freiloose entfielen.

Im Jahre 1886 wurden diese Zahlen verdoppelt und 1893/4 nochmals um 30000 bezw. 5620 erhöht.

§ 4. Wenn somit der Umfang der Preussischen Klassenlotterie heute ein der Erweiterung des Staatsgebiets, der Bevölkerungs- und Wohlstandszunahme entsprechend grösserer geworden ist, so hat es dieser Staatsinstitution doch von jeher an Anfeindungen nicht gefehlt. Schon die vor Einrichtung einer Volksvertretung bestehenden Provinziallandtage drängten darauf, die Betheiligung noch mehr auf die wohlhabenden Klassen zu beschränken. Sie erreichten damit so viel, dass in einer K.-O. v. 21. Juli 1841 (G.-S. S. 131) ausgesprochen wurde, die Beseitigung der Lotterie sei aus finanziellen Gründen „noch nicht" möglich, aber eine Verminderung der Loose und Erhöhung der Einsätze verheissen, den Einnehmern das Klagerecht wegen kreditirter Einsätze genommen und eine Verminderung der Stellen der Einnehmer, insbesondere die Einziehung derjenigen auf dem platten Lande und in kleineren Städten sowie die allmähliche Beseitigung der Untereinnehmer angeordnet wurde, Bestimmungen, die hinsichtlich der Einnehmerstellen später durch K.-O. v. 4. April 1856 wieder dahin modifizirt wurden, dass in geeigneten Fällen auch neue Stellen, selbst auf dem platten Lande, eingerichtet werden dürfen. In dem „Vereinigten Landtage" wurde sodann ein Antrag auf Beseitigung der Staatslotterie gestellt, aber abgelehnt. Gleiche Vorstösse sind demnächst seit 1866 in dem Abgeordnetenhause des Oefteren unternommen worden und haben auch wiederholt zu die Aufhebung fordernden Resolutionen geführt, während in andern Fällen die dahin zielenden Anträge von der Mehrheit verworfen wurden. Auch in dem Reichstage des Norddeutschen Bundes und demnächst des Deutschen Reiches sind Anträge auf Beseitigung der Staatslotterien eingebracht worden, haben dort aber, hauptsächlich auch wegen Bedenken bezüglich der Kompetenz des Reiches, niemals Annahme gefunden. Die Staatsregierung hat sich gegenüber den Angriffen auf die Staatslotterie auf den praktischen Standpunkt gestellt, dass es bei der nun einmal nicht auszurottenden Spielleidenschaft das Beste sei, wenn der Staat seinerseits eine relativ so unschädliche Gelegenheit zur Befriedigung derselben, wie es die Klassenlotterie ist, durch die wohl noch Niemand ruinirt worden ist, gewähre und hierdurch der Staatskasse und damit der Allgemeinheit eine Einnahme zuführe, die den Charakter einer Luxussteuer trägt. Es ist nicht zu verkennen, dass diese die Dinge nüchtern vom realen Standpunkt betrachtende Auffassung gerade in den letzten Jahren und Jahrzehnten auch in den Parlamenten mehr und mehr das Uebergewicht erlangt hat, sodass gerade der Landtag wiederholt auf Vermehrung der Loose gedrängt hat. Aus seiner Initiative sind auch die in den letzten Jahrzehnten erlassenen Gesetze hervorgegangen, welche zwar einerseits auch der missbräuchlichen Ausbeutung des Spieltriebes vorbeugen, andererseits aber auch die Staatslotterie vor Konkurrenz schützen wollen, nämlich das die bisherigen, in den alten und neuen Landestheilen verschiedenen Bestimmungen ersetzende Ges. v. 29. Juli 1885 (G.-S. S. 317), welches das Spiel in ausserpreussischen Lotterien, den Verkauf von Loosen solcher und die Beförderung derselben sowie die Veröffentlichung der Gewinnresultate solcher Lotterien in Preussischen Zeitungen unter Strafe stellt, ferner das den ohne staatliche Ermächtigung erfolgenden Handel mit Loosen oder Loosabschnitten der Preussischen Staatslotterie bestrafende Ges. v. 18. Aug. 1891 (G.-S. S. 353) und endlich dasjenige v. 19. April 1894 (G.-S. S. 73), welches den Handel mit geringeren als den genehmigten Antheilen oder Abschnitten von Loosen zu Privatlotterien bestraft.

II. Abschnitt.

Die Organisation der Preussischen Klassenlotterie.

§ 5. Die Einrichtung der Preussischen Klassenlotterie kann, da sie durch keines der Lotterieedikte geregelt ist, durch Massnahmen der Verwaltung jederzeit geändert werden. Eine Schranke besteht nur darin, dass der Landtag den Etat der Einnahmen und Ausgaben der Lotterieverwaltung zu genehmigen hat.

Der Finanzminister hat in dieser Beziehung den Standpunkt der Staatsregierung im Jahre 1891 dahin präcisirt, dass sie auf Grund des Lotterieedikts das Recht in Anspruch nehmen müsse, auch ohne Zustimmung des Landtags selbstständig mit einer Vermehrung der Loose vorzugehen; es liege indess nicht in seiner, des Ministers, Absicht, ohne Zustimmung der Landesvertretung eine Vermehrung der Loose vorzunehmen, vielmehr werde er, falls die Staatsregierung sich zu einer solchen entschliesse, dieselbe nur in Form einer Anforderung im Staatshaushaltsetat dem Landtage vorschlagen und es hierbei vermeiden, denselben auch nur durch Feststellung eines Lotterieplans für das betreffende Etatsjahr vor Verabschiedung des Etats zu binden.

Der Spielplan wird daher insofern der Genehmigung der Landesvertretung unterbreitet, als in dem Spezialetat zur Begründung des Einnahmeansatzes „als Spielkapital dienende Einnahmen aus dem Absatz der Loose" Zahl der Lotterieen und Loose, die Vertheilung der Letztern auf die Ziehungen und die Preise der Loose, ferner die Gesammtsumme der Gewinne und der Antheil des Staates an demselben angegeben werden.

§ 6. Die gegenwärtige Organisation ist nun folgende: Es finden alljährlich zwei Lotterieen statt, die seit Einrichtung der Klassenlotterie fortlaufende Nummern, diejenigen des Etatsjahres 1900 die Nummern 200 und 201, tragen. Jede Lotterie hat 4 Ziehungen (Klassen), die zusammen 29 Tage in Anspruch nehmen. Für jede Lotterie werden 190 000 Loose zum Preise von 39 M., zuzüglich 1 M. Schreibgebühr und 10 Proz. Reichsstempelabgabe 44 M. für jede Klasse, in ganzen, halben, Viertel- und Zehntelloosen und 35 620 Freiloose ausgegeben; es erhält nämlich jedes in den drei ersten Klassen gezogene Loos ausser dem Gewinn für die nächstfolgende Klasse ein einsatzfreies Loos, bei dessen Annahme jedoch für die schon gezogenen Klassen Einsatz und Gebühren nachzuzahlen und für die laufende Klasse die Schreibgebühren zu entrichten sind; bis zu ihrer Ausgabe spielen diese Freiloose auf Rechnung der Lotteriekasse mit. Es entfallen an Gewinnen — ausschliesslich des Werths der Freiloose — auf die erste Klasse 9500 im Gesammtbetrage von 676 600 M. und in Einzelbeträgen von 60—30 000 M., auf die zweite 11 870 von im Werthe von 1 473 800 M. und in Einzelbeträgen von 110—45 000 M., auf die dritte 14 250 von 160—60 000 M. im Gesammtbetrage von 2 556 600 M., auf die vierte

77 190 von 220—500 000 M. im Werthe von 26 315 720 M., insgesammt also 112 936 Gewinne aut 225 620 Loose. Die höchsten Gewinne in der vierten Klasse nächst dem sogen. „Grossen Loose“ von 500 000 M. sind je zwei von 200 000, 150 000, 100 000, 75 000, 50 000, 40 000 und 10 zu 30 000 M.; bis einschliesslich zur 188. Lotterie betrugen die drei höchsten Gewinne 600 000 und zwei Mal 300 000 M.; die durch ihre Herabsetzung ersparten 300 000 M. sind zur Verstärkung der Mittelgewinne in der Weise verwendet, dass die Gewinne von 5000 um 10, die von 3000 M. um 405, die von 1500 M. um 594, die von 500 M. um 439 und die von 300 M. um 250 vermehrt sind. Der Gesammtbetrag der baaren Gewinne einer Lotterie - exklusive des Werthes der Freiloose, die nach Obigem nur für drei Klassen Einsatz zahlend, für die einsatzfreie Klasse = 39 × 35 620 Freiloose = 1 389 180 M., — beträgt 31 022 720 M. Der Gewinn des Staates besteht in einem Abzug von $15^4/_5$ Proz. der Gewinne, wovon aber früher 2, jetzt $1^1/_2$ Proz., den Lotterieeinnehmern zufallen (vergl. unten § 7), dem auf die von ihm gespielten Freiloose entfallenden Gewinn, gewissen sonstigen unten im § 11 zu besprechenden Einnahmen und dem im Etat nicht erscheinenden Zinsgewinn von den Einnahmen für Loose in der Zeit bis zur Auszahlung der Gewinne, formell also nicht in einer Differenz zwischen der Summe der Einsätze und der Summe der Gewinne, während materiell ja der Abzug der $15^4/_5$ Proz. hiermit gleichbedeutend ist.

Die Ziehungen erfolgen unter Leitung besonders dazu ernannter Königlicher Kommissarien. Der Gewinn wird dem Präsentanten des Looses gegen Rückgabe desselben ausgezahlt und kann von Gläubigern nicht beschlagnahmt werden. Der Anspruch auf Auszahlung des Gewinns erlischt mit dem 90. Tage nach dem Datum der amtlichen Gewinnliste, wenn aber das Loos rechtzeitig als vermisst gemeldet war, erst nach 120 Tagen. Nicht gezogene Loose sind vor der nächsten Ziehung binnen bestimmter Frist behufs Empfangnahme neuer, dieselbe Nummer tragender Loose zu präsentiren; erhält der Spieler hierbei irrthümlich ein Loos mit einer anderen Nummer, so hat er keinen Anspruch auf den auf dieses, sondern nur auf den auf die richtige Nummer fallenden Gewinn.

§ 7. Den Verkehr zwischen Lotterieverwaltung und Spielern besorgen die Lotterie-Einnehmer, die von der General-Lotterie-Direktion für einen bestimmten Ort wideruflich angenommen werden. Qualifizirt sind an dem Orte seit mindestens einem Jahre ihr Gewerbe selbstständig betreibende, nachweislich wohlhabende Kaufleute und seit einigen Jahren für von der Lotterieverwaltung geeignet befundene Orte Offiziere, welche mit der Berechtigung zur Anstellung im Civildienst verabschiedet sind, nicht bereits ein Staats- oder Kommunalamt mit Pensionsberechtigung bekleiden oder aus einem solchen Pension beziehen und sich durch informatorische Beschäftigung bei einem Lotterie-Einnehmer die nöthigen Kenntnisse erworben haben; die Mitwirkung des Kriegsministeriums durch Aufstellung von Vorschlagslisten ist beseitigt. Die Einnehmer haben eine Kaution zu stellen, deren Höhe sich nach der Zahl der — jeder Kollekte in bestimmter Zahl überwiesenen — Loose richtet; bei Kaufleuten muss die Kaution ihnen eigenthümlich gehören, während sie bei Offizieren nicht aus deren Vermögen herzustammen braucht. Die Zahl der Kollekten betrug 1894 467. Untereinnehmer, welche lediglich in Privatverbindung mit den Einnehmern stehen und nicht mehr neu angestellt werden, waren noch 4 vorhanden.

Von den 467 Kollekten entfielen auf die einzelnen Provinzen, und zwar Ostpreussen 24 mit 8615 Loosen, Westpreussen 20 mit 7535, Posen 19 mit 6315, Brandenburg 48 mit 13 260, Berlin 54 mit 38 780, Pommern 26 mit 9510, Schlesien 69 mit 24 795, Sachsen 42 mit 16 005, Schleswig-Holstein 15 mit 3975, Hannover 30 mit 6975, Westfalen 32 mit 11 140, Hessen-Nassau 20 mit 10 250, Rheinprovinz 65 mit 32 745 und die Hohenzollernschen Lande 1 mit 100 Loosen.

Die Lotterie-Einnehmer sind nicht Beamte, sondern nur Bevollmächtigtigte der Lotterieverwaltung. Sie erhalten weder Gehalt noch Entschädigung für Bureau- und sonstige Unkosten, sondern, seitdem 1861 die Einnehmergebühr von zuletzt $^3/_4$, früher $1^1/_2$ und 1 Proz. weggefallen ist, lediglich die oben erwähnte Schreibgebühr von 1 M. pro Loos und Klasse und von jedem auf ein Loos ihrer Kollekte entfallenden Gewinn eine Provision, welche bis 1850 $3^1/_3$, dann 2 Proz. betrug; 1888 wurde sie für denjenigen Betrag, welcher die nach einem allgemeinen Durchschnitt ein für alle Mal festgestellte Gesammtsumme der auf Kollekten von 200 Loosen treffenden Gewinne übersteigt, auf $1^1/_2$ Proz. herabgesetzt, wogegen es bis zu dieser Grenze bei 2 Proz. blieb; vom Etatsjahr 1893/4 ab wurde die Provision allgemein auf $1^1/_2$ Proz. ermässigt.

Im Einzelnen geregelt sind die Verhältnisse zwischen Lotterieverwaltung und -Einnehmern und die Obliegenheiten der Letzteren durch eine Geschäftsanweisung für die Lotterie-Einnehmer und Untereinehmer vom 1. Aug. 1875, aus der hier noch Folgendes hervorzuheben ist: Die Einnehmer haben die Gelder der Lotterie gesondert aufzubewahren und haften für alle, auch für die durch Zufall oder unabwendbare Unglücksfälle herbeigeführten Verluste. Sie dürfen keine Dritten mit dem Absatz von Loosen beauftragen, nicht zum Spiel auffordern und selbst keine Loose ihrer Kollekte spielen.[1]) Oeffentliche Anzeigen über verfügbare Loose sind nur in beschränktem Umfang, eine Veröffentlichung der in die Kollekte gefallenen Gewinne ist überhaupt nicht gestattet. Die Einnehmer haben bestimmte Bücher und Listen zu führen. Der Verkauf der Loose darf nur zu dem planmässigen Preise erfolgen; auch ein Erlass an den dem Einnehmer zustehenden Schreibgebühren und Gewinnprovisionen ist nicht gestattet. Zur ersten Klasse dürfen in der Regel nicht mehr als drei ganze Loose an dieselbe Person verkauft werden, selbst wenn sich diese als Beauftragter mehrerer Spieler ausweist. An als Aufkäufer von Lotterieloosen bekannte Personen dürfen Loose nicht abgegeben werden. Nicht abgesetzte Loose sind vor Beginn der Ziehung an die General-Direktion zurückzusenden und dürfen nicht etwa von dem Einnehmer einem andern Einnehmer für dessen Kollekte überlassen werden. Von den Spielern darf der Einnehmer keinerlei Geschenke annehmen, selbst wenn dieselben für Dritte bestimmt sind.

---

[1]) Die Beamten der Lotterieverwaltung haben sich des Spieles in der Lotterie nach Erl. v. 10. Juli 1843 überhaupt zu enthalten.

Kein Einnehmer darf anders als auf Grund Allerhöchster Ermächtigung sich mit dem Vertrieb von Loosen anderer Lotterien befassen. Den etwa noch vorhandenen Untereinnehmern kommen die vollen Schreibgebühren und, je nachdem sie sich am Wohnorte des Einnehmers oder ausserhalb desselben befinden, $^1/_2$ oder $^2/_3$ der Gewinnprovision zu. Ordnungswidrigkeiten werden mit Zurechtweisungen, Kürzung der Loosezahl oder Entziehung der Kollekte geahndet. Die Letztere tritt auch ein bei Verlegung des Wohnsitzes, Verlust der bürgerlichen Ehrenrechte, Konkurs, Vermögensverfall oder Unfähigkeit zur Verwaltung des Vermögens.

II. Hauptabschnitt.

Die Einnahmen und Ausgaben der Lotterieverwaltung.

I. Abschnitt.

Die Einnahmen und Ausgaben aus dem Lotteriespiel.

(Staatshaushaltsetat Einnahme Kap. 6 Tit. 1—6, Ausgabe Kap. 11 Tit. 1—3.)

§ 8. Die weitaus wichtigsten Einnahmen und Ausgaben der Lotterieverwaltung sind natürlich die aus dem eigentlichen Lotteriespiel erwachsenden, d. h. die Einnahmen aus dem Loosedebit und die Ausgaben für die Gewinne. Der Gewinnabzug des Staates ist ja im Grunde nichts anderes als eine Verminderung dieser Ausgabe und die Stempelabgabe nur eine durchlaufende Post.

In der Art der Etatisirung der Einnahmen und Ausgaben haben sich, wie die Anlage XL erkennen lässt, im Laufe der Zeit mehrfache Umwälzungen vollzogen. Bis einschliesslich 1891/2 erschien im Etat nur der der Staatskasse nach Abzug der Ausgaben verbleibende Nettogewinn aus dem Lotteriespiel als Einnahme, eine Ausgabe für das Lotteriespiel also überhaupt nicht. Die einzelnen Positionen aber, aus denen sich der Nettogewinn zusammensetzte, wurden nur bis einschl. 1872 in getrennten Etatstiteln nachgewiesen; in der Zeit von 1873 bis 1882/3 werden nicht nur diese, sondern mit ihnen auch die sonstigen Einnahmen in einem Titel zusammengefasst, die einzelnen Bestandtheile aber nur in der Etatsspalte „Bemerkungen“ nachgewiesen. Erst 1892/3 ist der Grundsatz der Brutto-Etatisirung zur Durchführung gelangt, indem nunmehr die durch das Lotteriespiel entstehenden Einnahmen und Ausgaben je mit ihrem vollen Betrage in Ansatz gebracht werden.

Von den jetzt in 5 Titeln nachgewiesenen Einnahmen aus dem Lotteriespiel bildet die im Tit. 2 aufgeführte Reichsstempelabgabe, wie schon erwähnt, nur einen durchlaufenden Posten, da der — von den Spielern mit dem Einsatze eingezogene — Stempel unverkürzt an die Reichskasse abzuführen ist und daher der Einnahme im Tit. 2 im Tit. 2 der Ausgabe ein gleich hoher Betrag gegenübersteht.

Die Reichsstempelabgabe von Lotterieloosen ist mit den übrigen Reichsstempelabgaben, der sog Börsensteuer, eingeführt durch §§ 12 - 20 des Reichgesetzes vom 1. Juli 1881 (R.-G.-Bl. S 185). Die Novelle zu demselben vom 29. Mai 1885 (R.-G.-Bl S. 171) liess die auf den Loosestempel bezüglichen Vorschriften unberührt; nur erhielten diese nunmehr die Paragraphen-Nummern 21 - 29. Dagegen verdoppelte das Reichsgesetz vom 27 April 1894

(R.-G.-Bl. S. 369) die Abgabe, die seitdem 10 Proz. beträgt; im Uebrigen blieben die nunmehr die §§ 22–30 bildenden Vorschriften unverändert. Von denselben findet auf die Staatslotterien Deutscher Bundesstaaten, abgesehen von der Uebergangsbestimmung im § 29, nur § 28 Anwendung, wonach die Stempelsteuer durch die Lotterieverwaltung eingezogen und in einer Summe für die Gesammtzahl der von ihr abgesetzten Loose zur Reichskasse abgeführt wird, eine Abstempelung der Loose aber nicht stattfindet, während bei anderen Lotterien die Abgabe für die gesammte planmässige Anzahl der Loose im Voraus von deren Veranstalter zu entrichten ist. Infolgedessen unterliegen der Abgabe also nicht die Freiloose, welche und so lange sie für Rechnung der Lotterieverwaltung mitspielen Daraus und aus etwaigem Nichtabsatz von Loosen in einer Ziehung können sich somit in der Höhe der Stempelabgaben auch bei gleich bleibender Zahl der planmässig auszugebenden Loose kleine Verschiedenheiten ergeben, wie dies auch die Anlage XL erweist, während die dort ersichtlichen grösseren Steigerungen des Abgabebetrages von 1892/3 auf 1893/4 und 1894/5 auf Etatsansätze nach dem Durchschnitt der bisherigen Einnahmen unter Berücksichtigung der Vermehrung der Loose, die Steigerung von 1894/5 zu 1895/6 auf die Verdoppelung des Abgabesatzes zurückzuführen sind. Der Betrag von 2 Proz., den jeder Bundesstaat von den übrigen Reichsstempelgabgaben erhält, wird von der Steuer für die Loose von Staatslotterien nicht gewährt, sodass diese unverkürzt an das Reich abzuführen ist.

§ 9. Den Charakter einer durchlaufenden Post trägt auch der Einnahmetitel 1 „Als Spielkapital dienende Einnahmen aus dem Absatz der Loose“. Denn, wie schon oben erwähnt, ist es Grundsatz, dass der Werth der planmässigen Gewinne den vollen Werth der planmässig auszugebenden Loose zu erreichen und der Staat seinen Reinertrag durch einen prozentualen Abzug von den planmässigen Gewinnen zu erzielen hat. Infolgedessen muss der Einnahme im Tit. 1 für planmässige Gewinne eine gleich hohe Ausgabe — im Tit. 1 — gegenüberstehen.

Die Einnahme im Tit. 1 wird folgendermassen berechnet: Für eine Lotterie, und zwar für die

1. Klasse Einsätze für die jetzt 19 000 Stammloose à 39 M.	7 410 000 M.,
2. Klasse Einsätze für die in der 1. Klasse nicht gezogenen jetzt 180 500 Stammloose à 39 M. . .	7 039 500 „
und Nachzahlung der auf die Gewinne der 1. Klasse ausgegebenen 9500 Freiloose auf die 1. Klasse à 39 M.	370 500 „
3. Klasse Einsätze für 178 130 in den beiden ersten Klassen nicht gezogenen Stammloose à 39 M.	6 947 070 „
und Nachzahlung für die auf die Gewinne der 2. Klasse ausgegebenen 11 870 Freiloose für die beiden ersten Klassen à 2 × 39 = 78 M. . . .	925 860 „
4. Klasse Einsätze für 175 750 noch nicht gezogene Stammloose à 39 M..	6 854 500 „
und Nachzahlung der auf die Gewinne der 3. Klasse ausgegebenen 14 250 Freiloose für die ersten 3 Klassen à 3 × 39 = 117 M.	1 667 250 „
zusammen . .	31 214 430 M.

Da die Freiloose bis zu ihrer Ausgabe für Rechnung der Staatskasse mitspielen, aber keinen Einsatz bezahlen, sodass sie wie die Stammloose berechtigt sind, aber nur für 3 Klassen zahlen, so ist ihr Werth für eine Klasse hinzurechnen mit 35 620 × 39	1 389 180 M.
sodass sich für eine Ziehung ergeben	32 603 610 „
und für die im Etatsjahr stattfindenden 2 Lotterien jetzt	65 207 220 „
in Ansatz zu bringen sind.	

Als gegenüberstehende Ausgabe kommt zunächst in Ansatz der einen Theil der Gewinne bildende Werth der für eine Klasse auf die Gewinnloose einsatzfrei gewährten Freiloose, jetzt also 1 389 180 M. Während nun von den übrigen Gewinnen der Staat seinen planmässigen Gewinnantheil kürzt, ist diese Kürzung an jenem ebenfalls Gewinne darstellendem Werth der Freiloose nicht möglich, da sie für die bevorstehende Ziehung frei verabfolgt werden; der somit unterbleibende Gewinnabzug vom Werth der Freiloose bildet also selbst einen Theil der Gewinne für die Spieler und wird daher als solcher mit jetzt $13^4/_5$ Proz. von 1 389 180 M. oder rund 191 710 M. in Rechnung gestellt.[1]) An baaren Gewinnen sind demnach auszusetzen der im Tit. 1 in Einnahme gestellte Betrag abzüglich dieser beiden Posten, mithin gegenwärtig für eine Lotterie 32 603 610 — (1 389 180 + 191 710) = 31 022 720 M.

§ 10. Wie die bisher erörterten Einnahme- und Ausgabetitel 1 und 2 einander entsprechen, so korrespondirt der Einnahmetitel 5 „Planmässige Gewinnabzüge des Staats, einschliesslich der den Lotterieeinnehmern daraus zu gewährenden Gewinnprovision“ mit dem Ausgabetitel 3 „Gewinnprovision der Lotterieeinnehmer“ dergestalt, dass jene Einnahme bis auf Höhe dieser Ausgabe ebenfalls nur eine durchlaufende Post bildet, indem die Gewinnprovision der Einnehmer in einer Summe mit dem dem Staat verbleibenden Gewinnantheil vereinnahmt wird, aber an die Einnehmer wieder abzuführen ist. Solange nur der Nettogewinn des Staates etatisirt wurde, erschien daher in diesem die Gewinnprovision der Einnehmer nicht mit. Dagegen enthielt er schon damals ebenso wie jetzt auch den, wie im vorigen Paragraphen erwähnt, in Tit. 1 der Ausgabe in Anrechnung gebrachten Gewinnantheil des Staates an dem Werthe der Freiloose.

Der Gewinnantheil des Staates betrug anfänglich nur 10 Proz.; in den Etats von 1849 und 1850 erscheinen $12^1/_2$ Proz., wozu, da die Gewinne in Gold zahlbar waren, das Agio trat, von 1857 bis einschl.

---

[1]) Nach der Herabsetzung der Gewinnprovision der Einnahme von 2 auf $1^1/_2$ Proz. müssten eigentlich $14^3/_{10}$ Proz. in Ansatz kommen.

1882/3 $13^{5}/_{6}$ Proz., von da an $13^{4}/_{5}$ Proz., sodass also einschliesslich der Gewinnprovision der Einnehmer $15^{4}/_{5}$ Proz. in Abzug kamen. Bei diesem Gesammtabzug ist es geblieben, nur dass jetzt der Einnehmer nur noch $1^{1}/_{2}$ Proz., der Staat also von den baaren Gewinnen $14^{3}/_{10}$ Proz. erhält. Die nach Anl. XL. seit 1892/3 eingetretene Steigerung des Einnahmetitels 5 von 8,578 auf 10,1866 Millionen ist daher lediglich eine Folge der Vermehrung der Loose, welche 1893/4 für eine der beiden, sodann für beide in jedem Etatsjahr stattfindenden Lotterieen eintrat, während die bei Tit. 3 der Ausgabe 1893/4 eingetretene Bedarfsverminderung in der mehrerwähnten Herabsetzung der Gewinnprovisionen, die demnächstige Erhöhung auf den jetzigen Betrag von 915 900 M. in der Vermehrung der Loose begründet ist. Bis 1849 einschliesslich hatten die Einnehmer, wie schon früher erwähnt, sogar $3^{1}/_{2}$ Proz. Gewinnantheil neben einer „Einnehmergebühr" von $1^{1}/_{2}$ Proz. des Werthes der debitirten Loose erhalten. Die letztere Gebühr, welche im Gegensatz zu den Gewinnprovisionen, da sie vom Staate aus dem Erlöse der Loose gezahlt wurde, im Etat erschien, wurde 1850 auf 1, 1860 auf $^{3}/_{4}$ Proz. herabgesetzt und 1861 ganz beseitigt.

§ 11. Von den sonstigen Einnahmen des Staates aus dem Lotteriespiel nehmen die erste Stelle ein die Gewinne, welche auf die, wie erwähnt, bis zu ihrer Ausgabe, also planmässig in der I. Klasse in Zahl von 35 620, in der 2. und 3. in Zahl von 26 120 bezw. 14 250 für Rechnung der Lotteriekasse mitspielenden Freiloose und die etwa nicht verkauften Loose fallen (Tit. 4). Auch diese, übrigens naturgemäss sehr schwankende, im Allgemeinen nach dreijährigem Durchschnitt, aber nach Jahren, in denen diese Loose ungewöhnlich hohe Gewinne erzielten, niedriger in Ansatz gebrachte Einnahme musste mit der Vermehrung der Loose steigen, sodass in den letzten Jahren 490 000 M. in Ansatz gebracht werden konnten.

Eine fernere Einnahme fliesst dem Staat aus verlassenen Loosen und abgelehnten Freiloosen, d. h. dadurch zu, dass Spieler, deren Loos in einer der 3 ersten Klassen nicht gezogen ist, es verabsäumen dasselbe in der vorgeschriebenen Frist, d. i. bis zum Abend des 4. Tages vor dem Anfang der nächsten Ziehung, gegen das — die gleiche Nummer tragende — „Erneuerungsloos" umzutauschen oder dass die Inhaber von Gewinnloosen die Freilose nicht einlösen. In beiden Fällen werden die Erneuerungs- und Freiloose für Rechnung der Lotteriekasse wie „Kaufloose", d. i. erst zur 2., 3. oder 4. Klasse zum Verkauf kommende Loose, behandelt, d. h. sie werden gegen Nachzahlung der Einsätze u. s. w. für die früheren Ziehungen und Entrichtung derselben für die bevorstehende verkauft. Der Staat bezieht also für die Nummern der Erneuerungsloose für die früheren Ziehungen noch einmal den Einsatz, für das Freiloos auch den Einsatz für diejenige bevorstehende Ziehung, für die es der Inhaber des Gewinnlooses einsatzfrei erhalten haben würde. Bei der die Nachfrage nicht deckenden Zahl der Loose sind derartige Fälle verhältnissmässig nicht häufig. Immerhin konnten die hieraus resultirenden, im Tit. 2 verrechneten Einnahmen auf Grund von Durchschnittsrechnung für 1898/9 und 1899 auf 180 000, für die Vorjahre seit der letzten Vermehrung der Loose theilweise auf noch höhere Summen veranschlagt werden. Im Laufe der Zeit wird man indess, worauf schon der Rückgang von 1896/7—1897/8 auf 1898/9—1899 hinweist, wenn nicht die Zahl der Loose weiter vermehrt wird oder nicht äusserst ungünstige wirthschaftliche Verhältnisse eintreten, mit einer Verminderung dieser Einnahme rechnen müssen, da mit Steigen der Nachfrage nach Loosen infolge der Vermehrung der Bevölkerung und des Wohlstandes die Fälle des Verlassens von Loosen und der Ablehnung von Freiloosen seltener werden.

Schliesslich kann der Staat darauf rechnen, dass einzelne, natürlich fast immer kleinere Gewinne innerhalb der oben im § 6 angegebenen Frist nicht abgehoben werden und ihm daher verfallen. Die ihm auf diese Weise zugeführte Einnahme (Tit. 6) ist indess selbstredend nicht erheblich und zeigt, wie die Etatsansätze beweisen, aus naheliegenden Gründen ebenfalls eine Neigung zum Rückgang: in den Jahren 1898/9 und 1899 konnten nur 8380 und 8680 gegen rund 10 000—13 000 M. in den Vorjahren in Ansatz gebracht werden.

II. Abschnitt.

Die sonstigen Einnahmen und Ausgaben der Lotterie-Verwaltung.

(Staatshaushaltsetat Kap. 6 Tit. 7 der Einnahme, Kap. 11 Tit. 4—8 der Ausgabe.)

I. Kapitel.

Einnahme.

§ 12. Die nicht aus dem Lotteriespiel herrührenden Einnahmen der Lotterieverwaltung sind nur ganz untergeordneter Art, nach dem Etat für 1899 6900 M. Sie bestehen überwiegend — nach dem Etat für 1899 zu $^{59}/_{69}$ — in der von den Einnehmern an die Verwaltung zu leistenden Bezahlung für die ihnen überlassenen Drucksachen (Lotteriepläne, Gewinntabellen u. s. w.). Von dem Haus- und Kassendiener sind ferner 53,5 M. Entschädigung für Feuerungsmaterial und Wasserverbrauch zu zahlen, und der Rest von 946,5 M. entfällt auf unvorhergesehene Einnahmen, einschliesslich der von den Lotteriedirektoren für die Entnahme ihres amtlichen Papierbedarfs aus den Beständen der Behörde zu zahlenden Vergütung.

II. Kapitel.

Verwaltungskosten.

A. Die persönlichen Ausgaben.

§ 13. An der Spitze der Lotterieverwaltung steht der „Vorgesetzte der General-Lotterie-Direktion", dem ein ihn auch in Behinderungsfällen vertretender Justitiarius zur Seite steht. Beide Funktionen werden nebenamtlich, z. Z. von vortragenden Räthen des Finanzministeriums, gegen Remuneration wahrgenommen. Die bis einschliesslich 1872 aus dem Titel „Besoldungen", seitdem aus dem Remunerations- und Diätenfonds Tit. 6 zahlbaren Remunerationen betragen gegenwärtig für den Vorgesetzten 1500 M., für den Justitiar 900 M. Die letztere Remuneration besteht in dieser Höhe schon seit 1862: bis dahin betrug sie 750 M. Der Vorgesetzte erhielt bis 1853 750, dann bis 1861 1200, und seitdem 900 M., bis der Betrag im Jahre 1887/8 mit Rücksicht auf die Verdoppelung der Loose auf 1500 M. erhöht wurde.

Die Generaldirektion selbst wird von 2 Direktoren gebildet. Die Stelle des zweiten Direktors war früher mit derjenigen des Buchhalterei-Vorstehers verbunden. Das Gehalt derselben wurde bis 1851 ganz unter der Position „Direktion", seitdem zum Theil hier, zum Theil unter den Besoldungen der Buchhaltereibeamten verrechnet, und zwar erhielt der Beamte für die Funktionen als Direktor bis zu der Besoldungsaufbesserung von 1861 900, seitdem 1200 M. Bei der Besoldungsaufbesserung im Jahre 1872 wurde sein Gesammtgehalt von nunmehr 5400 M. wieder unter die Besoldungen für die Direktion aufgenommen. Die Obliegenheiten des Buchhaltereivorstehers sind ihm 1894/5 abgenommen und einem besonderen Beamten übertragen worden. Der erste Direktor war bis zu der gedachten, ihm eine Gehaltserhöhung von 600 M. bringenden allgemeinen Besoldungsaufbesserung von 1872 mit 5400 M. besoldet. Bei der Gehaltsregulirung von 1897/8 wurden die Einzelgehälter der beiden Direktoren in nach Dienstaltersstufen von 3 zu 3 Jahren aufsteigende umgewandelt, und sie betragen seitdem für beide Stellen 5400—6600 M. (Stufen um je 400 M. steigend).

§ 14. An Buchhalterei-, Sekretariats- und Kassenbeamten wies der Etat für 1849 — einschliesslich des Buchhaltereivorstehers — bezw. 3, 4 und 3 nach; die Ersteren erhielten 2550—3000, die Sekretäre 1500—3600, die Kassenbeamten 4500, 3600 und 1472 M. Die Zahl dieser Beamten blieb unverändert bis 1862, wo der dritte Kassenbeamte in Wegfall kam. Die Sekretäre erhielten in den 50er Jahren die Bezeichnung „Korrespondenz-Sekretäre", während, wie erwähnt, das Amt des Buchhaltereivorstehers mit dem des zweiten Direktors vereinigt war; eine Sekretärstelle wurde Ende der 60er Jahre in eine Registratorstelle umgewandelt. Zu einer Vermehrung der Beamten gab erst die Verdoppelung der Loose Anlass: es wurden durch den Etat für 1887/8 neue Stellen für 2 Buchhalter- und 2 Korrespondenz-Sekretäre, 1888/9 eine weitere Buchhalter- und eine zweits Registratorstelle errichtet. Im Etat für 1894/5 erfolgte dann die schon erwähnte Errichtung einer besonderen Stelle für den Buchhaltereivorsteher, sodass seitdem 13 Buchhalterei-, Sekretariats- und Kassenbeamte vorhanden sind.

Die Gehälter der Buchhaltereibeamten wurden schon in den 50er Jahren auf 3600, 3000 und 2850 M. erhöht, dann für die Buchhalter auf 2100—3600 M., im Durchschnitt 2850 M. normirt. Die Sekretäre erhielten nach dem Etat für 1859 1470—3600 M. und wurden 1864 den Buchhaltern gleichgestellt; der Buchhaltereivorsteher erhielt das Maximalgehalt der Buchhalter. Die Besoldungsaufbesserung von 1872 bewirkte die Erhöhung der Gehälter von 2100—3600 (i. D. 2850) auf 2400—4200 (i. D. 3300) M. Hierbei blieb es, abgesehen von der 1893/4 erfolgten Einführung des Aufrückens nach Dienstaltersstufen, bis zu der allgemeinen Neuregulirung 1897/8; nur die Stelle des Buchhaltereivorstehers wurde bei ihrer Abzweigung von der Direktorstelle 1894/5 mit einem Gehalt von 4800 M. ausgestattet. Seit 1897/8 beträgt das Gehalt für den Buchhaltereivorsteher 4200—5400 M. (Dienstalterszulage 3 Mal 400 M.). Von den Buchhaltern, Korrespondenz-Sekretären und Registratoren erhalten 1899, weil vor dem 1. April 1897 angestellt, noch 5 Gehälter von 2400—4800, einer von 1800—4800 M.; bei dem Ausscheiden dieser Beamten werden aber ihre Stellen in solche mit 1800—4200 M. (Dienstalterszulagen 3 Mal 400 und 4 Mal 300 M.), wie sie schon jetzt 6 Beamte innehaben, umgewandelt. Die Kassenbeamten, Rendant und Kontroleur, erhielten bis 1872 4500 und 3600, dann bis 1887/8 5100 und 4200 M. Aus Anlass der Verdoppelung der Loose wurden ihre Gehälter 1888/9 um je 300 M. erhöht und bei der allgemeinen Aufbesserung 1897/8 in von 4800—5400 und 3600—4800 M. aufsteigende umgewandelt; die Dienstalterszulagen betrugen für den Rendanten je 300, für den Kontroleur je 400 M. Die Aufrückungszeit von einer Stufe zur andern ist bei allen Beamten die allgemeine von 3 Jahren.

§ 15. An Unterbeamten sind z. Z. vorhanden 8 Kanzlei- und Kassendiener und 1 Wächter. Bis 1882/3 waren nur 4 Kanzlei- und Kassendiener vorhanden; 1883/4 wurde die Wächterstelle errichtet, und 1877/8, 1888/9 und 1894/5 machte die Geschäftsvermehrung die Errichtung von 2 und je einer neuen Kanzleidienerstelle nothwendig. Die Besoldungen der Unterbeamten betrugen bis 1854 900—1050, dann bis 1866 zuerst 750 (neben freier Wohnung und Heizung) bis 1050 (i. D. 900 M.), später 900—1050 (i. D. 975 M.), 1867—1871 900—1200 (i. D. 1050 M.), 1872—1890/1 1050—1350 (i. D. 1200 M.), für den Wächter bis einschl. 1887/8 nur 1000 M. Mit den Unterbeamten anderer Verwaltungen erfuhren auch die der Lotterieverwaltung durch den Nachtragsetat für

1890/1 eine Aufbesserung, und zwar auf 1100—1500 (i. D. 1300 M.) und 1892/3 den Vortheil des Aufrückens nach Dienstaltersstufen. Seit 1. April 1899 erhalten sie von 3 zu 3 Jahren von 1200 ein Mal um 100 und 6 Mal um je 50 M., also bis auf 1600 M. steigende Gehälter, ausserdem einer von ihnen als Botenmeister aus Tit. 6 eine nicht pensionsfähige Stellenzulage von 150 M. Ein Diener hat als Hausdiener Dienstwohnung; in den 50er Jahren war dies stets der das niedrigste, mit Rücksicht hierauf normirte Gehalt beziehende; später bis zur Einführung der Wohnungsgeldzuschüsse wurden für die Dienstwohnung 10 Proz. des Gehalts gekürzt. Derselbe Diener kann seinen Feuerungsbedarf gegen reglementsmässige Entschädigung aus den Vorräthen der Behörde entnehmen.

§ 16. Aus Nebenämtern bezieht z. Z. nur ein Beamter der Lotterieverwaltung, ein Korrespondenzsekretär 400 M., und zwar für Geschäfte bei der Berliner allgemeinen Wittwen-, Pensions- und Unterstützungskasse.

Mit Militäranwärtern zu besetzen sind die Unterbeamtenstellen und mindestens die Hälfte der Stellen der Buchhalter, Korrespondenz-Sekretäre und Registratoren.

§ 17. Infolge der vorstehend dargestellten Vermehrungen und Aufbesserungen des Beamtenpersonals war, wie die Anlage XL erweist, der Besoldungsbedarf (Tit. 4) — ausschliesslich der Remunerationen für Vorgesetzte und Justitiar — vón 1859 bis 1896/7 auf mehr als das Doppelte, von 38 820 auf 78 150 M., gestiegen. Seitdem ist er infolge geringeren Dienstalters von Beamten und der anderweiten Regulirung der Gehälter der mittleren Beamten etwas, 1899 auf 70 000 M. zurückgegangen.

Hierzu treten die seit 1875 im Etat der Lotterieverwaltung (Tit. 5) erscheinenden Wohnungsgeldzuschüsse, welche infolge Vermehrung der Beamten von anfänglich 7200 auf (1899) 12 540 M. gestiegen sind.

§ 18. Die sonstigen persönlichen Ausgaben betragen nach dem Etat für 1899 insgesammt 11 300 M. Hiervon werden im Tit. 6 fixirte Remunerationen, Diäten u. s. w. verrechnet, ausser den schon erwähnten Remunerationen des Vorgesetzten und Justitiars mit 2400 M. die 9 M. täglich betragenden Diäten für 6 Ziehungskommissarien und 4 Protokollführer, die für 58 Ziehungstage 5220 M. ausmachen, 1800 M. Remuneration für einen ständigen Bureauhülfsarbeiter und 1680 M. für nicht ständige Hülfsarbeiter, zusammen 11 100 M. Von 1886/7 bis 1896/7 wurden hier auch die bis 1885/86 und seit 1896/97 wieder unter die „sächlichen“ versetzten Kosten der Heranziehung der Waisenknaben (vgl. unten in § 19) zu den Ziehungen und der Kopialien verrechnet. Wegen der Verdoppelung der Loose wurde der Titel 1886/7 um 10 000 M., auf 14 194 M. verstärkt. Als dann die etatsmässigen Stellen vermehrt waren, ging der Bedarf wieder auf wenig mehr als die Hälfte, bis auf 7648 M., zurück, um später allmählich wieder, namentlich durch die weitere Vermehrung der Loose 1893/94, zu steigen.

Für ausserordentliche Remunerationen und Unterstützungen an mittlere und Unterbeamte sind endlich im Tit. 7 seit 1887/88 wegen der Vermehrung der Beamten 1200 M., bis dahin nur 600 M., ausgeworfen werden, ohne dass die im § 49 des I. Buches erörterte Trennung bisher stattgefunden hätte.

B. Die sächlichen Ausgaben

— **§ 19** — sind jetzt in einem, dem Tit. 8 zusammengefasst, während bis 1873 die mit diesem Jahre auf den Etat der Verwaltung für Handel, Gewerbe und Bauwesen, später auf den der Bauverwaltung übergegangenen Kosten der Unterhaltung des Dienstgebäudes einen zweiten Titel bildeten.

Weitaus der grösste Betrag, 1898 85700 M., wird an Druck- und Buchbinderkosten für Herstellung der Loose und Gewinnnummern, Drucklegung der Lotteriepläne und Gewinnlisten u. s. w. erfordert. Für Kopialien, Schreib- und Packmaterialien, nicht aversionirte Postporto- und Gebührenbeträge und sonstige Frachtgebühren für dienstliche Sendungen, Telegrammgebühren, Bibliothek, Utensilien und Reinigung der Geschäftsräume sind 6034, für Heizung und Beleuchtung 1300, für Diäten und Fuhrkosten, soweit diese nicht durch Ordnungswidrigkeiten von Lotterieeinnehmern verursacht und alsdann von Letzteren zu erstatten sind, 800 M. bestimmt. Die bei dem Ziehungsgeschäft zur Ziehung der Loose und Gewinnnummern verwendeten 12 Waisenknaben erhalten 0,75 M. und für Hilfeleistung bei Anfertigung der Gewinnlisten 0,5 M. täglich, zusammen 582 M., während den sie auf dem Wege nach dem Lotteriegebäude und zurück nach dem Waisenhause begleitenden Mitgliedern des Anstaltspersonals Entschädigungen im Gesammtbetrage von 96 M. gewährt werden.

Verhältnissmässig geringfügig, z. Z. ca. 280 M., ist der Bedarf für Lasten und Abgaben, da dieselben nur in Kanalisationsgebühren, Grundsteuer und mit dieser erhobenem Sublevationsbeitrag an die Stadt Berlin bestehen.

Von einer ausserordentlich empfindlichen Steigerung der Ausgaben für Steuern war die Lotterieverwaltung in den letzten Jahren dadurch bedroht, dass mehrere Städte den Versuch machten, sie als Gewerbetreibende zur Gemeinde-Einkommensteuer heranzuziehen. Wäre dieser Versuch gelungen, so würde sie in allen Gemeinden, in denen sich Lotterie-Einnahmen befinden, zur Gemeinde-Einkommen- und auch zur -Gewerbesteuer beitragspflichtig geworden sein, was eine Ausgabe von vielen Hunderttausenden bedeutet hätte. Das Oberverwaltungsgericht hat indess die Ansprüche der Gemeinden zurückgewiesen (Entscheidung v. 5. Febr. 1898 - Samml. d. Entsch. Bd. XXXIII S. 82 ff.), indem es sich auf den Standpunkt stellte, dass die Preussische Staatslotterie bei ihrer gegenwärtigen Einrichtung ein gewerbliches Unternehmen nicht sei, sondern „eine Form, eine Art der indirekten Besteuerung des Lotteriespiels“ durch Ausübung eines staatlichen Hoheitsrechts, des Lotteriemonopols.

Der Rest des im Tit. 8 ausgeworfenen Betrages entfällt auf „Sonstige sächliche Ausgaben". Dazu gehören u. a. 150 M. Manquementsgelder für den Rendanten der Generallotteriekasse und die nothwendigen Kleidergelder für die bei den Ziehungen beschäftigten Waisenknaben.

Der Gesammtbetrag des Titels beläuft sich für 1890 auf 95 940 M. Wenn er sich nach Ausweis der Anlage XL in der Zeit von 1885/6 bis 1887/8 mehr als verdoppelt hat (30 446 : 71 222 M.), so war dies eine Folge der Verdoppelung der Loose und Gewinne, wie auch das Anwachsen von rund 77 000 M. im Jahre 1892/3 auf rund 86 000 M. im nächsten Jahre und 90 000 M. 1884/5 auf die Vermehrung der Loose zurückzuführen ist.

Ergebniss.

Die Nettoerträge der Staatslotterie.

§ 20. In der Anlage XLI sind die etatsmässigen Nettoerträge der Lotterieverwaltung, die von den Istüberschüssen meist noch um einige Tausend Mark übertroffen worden sind, seit 1849 angegeben. In der Zeit vor dem konstitutionellen Regime waren sie seit 1814 bis 1830 ständig, von rund 135 000 auf rund 850 000 Thlr. Gold gewachsen; allerdings wurde letzterer Ansatz nicht annähernd erreicht, vielmehr betrug der wirkliche Reinertrag nur rund 539 000 Thlr. Die Konkurrenz der neu errichteten Sächsischen Staatslotterie, der Polnische Aufstand und die Cholera machten es nöthig, auch in den nächsten Jahren sich mit Voranschlägen von 685 000 und 574 000 Thlr. zu begnügen. Aber schon 1838 erschien wieder ein Betrag von 928 000 Thlr. Kurant, der sich freilich demnächst wieder etwas, 1849 auf 822 000 Thlr. oder 2 466 000 M., verringerte. Da für 1850 die Zahl der Loose jeder Lotterie von 85 000 auf 75 000 vermindert wurde, sank natürlich auch der Ueberschuss. Dieses Jahr war aber auch das letzte, in dessen Etat ein gegen das Vorjahr erheblich ermässigter Ansatz erscheint. Die später gelegentlich eintretenden geringen Herabsetzungen haben ihren Grund in den schwankenden Einnahmen aus dem Verkauf von Freiloosen etc., aus den der Staatskasse zufallenden Gewinnen, in Besoldungsaufbesserungen u. dergl. Jedenfalls ergeben die Zahlen der Anlage, wie dem Staat aus der Lotterie, sofern nur in der Vermehrung der Loose nicht über das wirkliche Bedürfniss hinausgegangen wird, ein ausserordentlich stetiger, mit der Bevölkerung und dem Wohlstande bei Vermehrung der Loose, wie sie 1886/7 für eine, 1887/8 für beide Lotterien und 1893/4 und 1894/95 stattfanden, steigender Reinertrag zufliesst, der mit gegenwärtig 9 765 500 M. mehr als die Hälfte desjenigen der Domänen- und fast die Hälfte desjenigen der Berg-, Hütten- und Salinenverwaltung beträgt.

Selbst schwere wirthschaftliche Kalamitäten dürften die Lotterieüberschüsse weniger als diejenigen anderer Betriebsverwaltungen herabzudrücken im Stande sein, da selbst dann die heutige Anzahl von Loosen wohl noch unterzubringen sein würde. Vom staatswirthschaftlichen Standpunkt wäre es daher sicherlich nicht ohne Bedenken, ohne einen Ersatz von gleicher Höhe, Sicherheit und Entwickelungsfähigkeit auf die Lotterie zu verzichten. Der von manchen Seiten erhoffte ethische Erfolg aber würde ein mindestens höchst problematischer sein. Ob eine Verbindung der Preussischen Lotterie mit den Lotterien anderer Deutscher Staaten von Vortheil für Preussen sein würde, hinge natürlich von den Modalitäten einer solchen Vereinigung ab. Den einen Vortheil würde sie wohl haben, die Zuwiderhandlungen gegen das Verbot des Spielens in fremden Lotterieen zu vermindern. Jedenfalls ist auch im Interesse der Staatslotterie nur zu wünschen, dass in der Gestattung von Privatlotterieen von erheblicherem Umfange Mass gehalten wird und die Behörden nicht zu schnell bei der Hand sind, für alle möglichen mehr oder minder lokalen Zwecke Lotterieen mit räumlich weit ausgedehntem Loosevertrieb zu gestatten. Die neuerlich in Vorschlag gebrachte Verdoppelung des Reichsstempels auf Lotterieloose dürfte für die Preussische Lotterie keine Gefahren in sich schliessen; diese würde für die jetzige Zahl von Loosen auch zu dem um 4 M. erhöhten Preise mehr wie genügend Abnehmer finden, wenn ihr nur eben eine zu starke Konkurrenz durch Privatlotterieen ferngehalten wird.

Sechstes Buch.

Die Münzverwaltung.

Vorbemerkung.

Wie die im Laufe der folgenden Darstellung zu gebenden Zahlen zeigen werden, spielt die Münzverwaltung unter den Betriebsverwaltungen des Preussischen Staates, was die Höhe der Einnahmen, Ausgaben und namentlich der Ueberschüsse anlangt, heut eine ganz untergeordnete Rolle. Dieser geringen Bedeutung in der für das vorliegende Werk massgebenden Richtung wie auch dem Umstande, dass die Regelung des Münzwesens zur Kompetenz des Deutschen Reiches gehört, dürfte es entsprechen, wenn sich die nachstehende Darstellung, insbesondere was die Entwickelung und heutige Gestaltung des Münzwesens angeht, auf die allgemeinsten Umrisse beschränkt.[1])

I. Hauptabschnitt.

Geschichtliche Entwickelung und gegenwärtige Gestaltung des Preussisch-deutschen Münzwesens.

I. Kapitel.

Das Brandenburgisch-Preussische Münzwesen bis 1866.

§ 1. Mit „Münzregal" im weitern Sinne bezeichnet man sowohl die Münzhoheit, d. i. das in der Staatsgewalt enthaltene Recht, das Münzsystem zu bestimmen, als auch das Münzregal im engern Sinn, d. i. das ausschliessliche Recht des Staates zur Herstellung der dem Münzsystem entsprechenden Münzen.

Die Münzhoheit, also das Recht, zu bestimmen, welche Münzen als Zahlungsmittel zu gelten haben, bildet ein wesentliches Hoheits-

[1]) Ueber Näheres vergl. namentlich Soetbeer, „Deutsche Münzverfassung"; derselbe, „Beiträge zur Geschichte des Geld- und Münzwesens in Deutschland" in den Forschungen zur Deutschen Geschichte; Laband, Reichsstaatsrecht Bd. II § 76; Rönne, Preussisches Staatsrecht Bd. IV; Koch, „Reichsgesetzgebung über Münz- und Bankwesen"; Nasse, „Geld- und Münzwesen" in Schönberg's Handbuch der Politischen Oekonomie und die einschlägigen Artikel im Handwörterbuch der Staatswissenschaften und dem Wörterbuch des Deutschen Verwaltungsrechts.

recht des Staates. Dagegen ist die Herstellung der Münzen ein industrielles Unternehmen, das an sich wie jedes andere der Privatthätigkeit überlassen werden kann. Wenn die Staatsgewalten sich gleichwohl seit uraltersher die Herstellung der Münzen als Regal vorbehielten und dasselbe durch strenge Strafandrohungen schützten, sei es, dass sie die Münzen in eigenen Münzstätten herstellten, sei es, das sie das Recht verpachteten, so geschah dies wesentlich aus finanziellen Gründen. Man betrachtete die Münzprägung in erster Linie als Einnahmequelle. „Die Regelung des Münzsystems erschien im Vergleich hierzu als untergeordnete Nebensache, gleichsam nur als die Art und Weise, wie der Staat sein Monopol auf Ausprägung von Münzen verwirklicht und ausübt.“[1]) So ging auch im Römisch-Deutschen Reich das materiellen Gewinn bringende Münzprägungsrecht noch früher als die Münzhoheit dem Kaiser verloren und auf die Landesherren über. Die Münzhoheit folgte, und mit dem Erstarken der Macht der Städte gelangten auch diese, wie schon früher kirchliche Institute, in den Besitz der Münzhoheit und des Münzregals. So entstand eine ausserordentliche Mannigfaltigkeit des Münzwesens nicht nur in Bezug auf das Gepräge, sondern auch auf den Münzfuss. Vom Reiche erlassene Münzordnungen hatten ebensowenig Erfolg wie andere Versuche der sinkenden Reichsgewalt, der Willkür der Reichsstände zu steuern.

§ 2. Der aus so vielen Bestandtheilen ehemals verschiedener Landesherrschaften sich zusammensetzende Brandenburgisch-Preussische Staat wies auch dementsprechende Verschiedenheiten im Münzwesen auf. Die Reformversuche des Grossen Kurfürsten waren nicht sowohl auf eine Unifizirung des Münzwesens, als vielmehr darauf gerichtet, aus diesem höhere Einnahmen für den Staat zu erzielen. Erst unter Friedrich dem Grossen kam es zu Reformen, auf die der Ursprung auch des gegenwärtigen Münzwesens zurückzuführen ist. Durch das Münzedikt vom 14. Juli 1750 wurde ein neuer, der nach dem Münzkommissar Graumann sogen. Graumann'sche Münzfuss eingeführt. Aus der Kölnischen Mark (= $233{,}_{8123}$ g) feinen Silbers sind 14 Thaler mit einem Feingehalt von $^{750}/_{1000}$ auszubringen, sodass also $10^1/_2$ Thlr. eine Kölnische Mark wiegen. Geprägt werden ganze, halbe, Viertel-, Sechstel- und Zwölftelthalerstücke als Kurant-, sowie kleinere Scheidemünzen. Der Thaler wird in 24 Groschen, der Groschen in 12 Pfennig getheilt. Neben den Kurant- und Scheidemünzen wurde als Goldmünze die Pistole oder der Friedrichsdor im Werthe von 5 Thlr. geprägt, wovon $38^{10}/_{13}$ Stück auf die Kölnische Mark feinen Goldes gehen. Das Verhältniss zwischen Silber- und Goldmünzen war das einer sogen. „Parallelwährung“, d. h. es blieb der Uebereinkunft der Kontrahenten vorbehalten, ob eine Zahlung in Kurant oder Gold zu leisten war. Münzstätten wurden ausser in Berlin auch in Breslau,

[1]) Laband II. S. 165.

Königsberg, Magdeburg, Stettin, Cleve und Aurich errichtet, sodass es in kurzer Zeit gelang, den ganzen Staat mit den neuen Münzen zu versehen.

Die Nöthe des siebenjährigen Krieges veranlassten indess demnächst zur Ausprägung unterwerthiger Münzen und Verpachtung des Münzregals, bis durch das Münzedikt vom 29. März 1764 der Graumann'sche Münzfuss mit einigen Modifikationen wiederhergestellt und das Münzregal wieder in eigenem Regie genommen wurde; freilich ging es hierbei ohne empfindliche Verluste für das Publikum nicht ab. Noch schlimmer als dies war, dass man, um Einnahmen für die Staatskasse zu erlangen, zu einer weit über das Bedürfniss hinausgehenden Prägung von immer geringwerthigerer Scheidemünze griff und diese, da die Prägung von Kurant beschränkt wurde, theilweise an dessen Stelle trat.

Friedrich Wilhelm II. machte zwar in den ersten Jahren seiner Regierung einen vielversprechenden Anfang, diesem Uebel durch Einziehung von Scheidemünzen zu steuern. Aber später zwang ihn wie seinen Nachfolger die Geldnoth, namentlich infolge der Kriege, in der übermässigen Ausprägung von Scheidemünzen in verstärktem Masse fortzufahren, sodass 1786—1808 nur 41 736 543 Thlr. Silberkurant, dagegen 29 628 807 Thlr. Silberscheidemünzen ausgeprägt wurden. Als dann durch den Tilsiter Frieden der Umfang des Staats- und damit des Gebiets, in dem die minderwerthige Scheidemünze zum Nennwerth in Zahlung genommen wurde, auf die Hälfte verkleinert wurde, musste dies zu einer Krisis führen, deren Lösung in gewaltsamer Weise durch gesetzliche Reduktion des Werthes der im Verkehr befindlichen Scheidemünze, deren Gesammtausprägung auf 42 Mill. Thlr. belief, auf $^{2}/_{3}$ (V. vom 4. Mai 1808) und später (Edikt vom 13. Dez. 1811) sogar auf $^{4}/_{7}$ ihres Nennwerths erfolgte, sodass also die letzten Inhaber den Schaden zu tragen hatten.

§ 3. Eine befriedigende Sanirung des Münzwesens brachte das Münzgesetz vom 30. Sept. 1821 (G.-S. S. 159). Sowohl der Friedrichsdor als auch der Graumann'sche Kurantmünzfuss blieben erhalten. Dagegen wird in Bezug auf die Scheidemünze der Thaler in 30 Silbergroschen und der Silbergroschen in 12 Pfennige getheilt, sodass man nun im täglichen Verkehr die „guten Groschen“ = $^{1}/_{24}$ Thlr., in die nach dem Edikt von 1764 der Thaler getheilt wurde, und die in benachbarten Staaten, wie z. B. Sachsen, im Verkehr blieben, und die Silbergroschen = $^{1}/_{30}$ Thlr. unterschied. An Scheidemünzen sollen ausgeprägt werden und zwar in Silber nach einem Werthverhältniss von 16 Thlr. = 1 Köln. Mark (gegen 14 Thlr. Kurant = 1 Köln. Mark) $2^{1}/_{2}$ Silbergroschen-, Silbergroschen- und $^{1}/_{2}$ Silbergroschenstücke, in Kupfer Vier-, Drei-, Zwei- und Einpfennigstücke. Es soll aber nicht mehr Scheidemünze geprägt und in Umlauf gebracht werden, als zur Ausgleichung im kleinen Verkehr nöthig sei, und die Verpflichtung, sie in Zahlung zu nehmen, wird für den Privatverkehr auf den kleinsten in Kurant nicht mehr auszugleichenden Betrag beschränkt, während öffentliche Kassen sie unbeschränkt anzunehmen haben.

In der Folgezeit schlossen sich allmählich die meisten Staaten Norddeutschlands dem Preussischen Münzfuss, dem sog. Vierzehnthaler- oder Einundzwanzigguldenfuss, wenn auch nicht alle mit gleicher Theilung des Thalers und Groschens, an, während die Süddeutschen Staaten sich in der Münzkonvention vom 25. Aug. 1837 auf den $24^1/_2$ Guldenfuss mit Theilung des Guldens in 60 Kreuzer einigten.

§ 4. Die Bildung des Deutschen Zoll- und Handelsvereins legte naturgemäss auch den Wunsch nach Einheitlichkeit des Münzwesens nahe, deren Herbeiführung in den Zollvereinsverträgen denn auch verheissen wurde. Demgemäss kam es zunächst zu der sog. „Dresdener Münzkonvention" vom 30. Juli 1838 (G.-S. 1839 S. 18) zwischen den zum Zoll- und Handelsverein verbundenen Staaten. Dieselbe führte zwar eine Einheitlichkeit des Münzwesens noch nicht herbei. Wohl aber wurde eine einheitliche Münzmark = $233_{,855}$ g festgesetzt, als Landesmünzfuss nur entweder der Preussische Thaler- oder der Süddeutsche Guldenfuss zugelassen und die Werthrelation zwischen Thaler und Süddeutschem Gulden auf 7 : 4 festgesetzt. Auch verpflichteten sich die kontrahirenden Staaten, nicht mehr Scheidemünzen in Umlauf zu belassen, als für das Bedürfniss des eigenen Landes erforderlich sei, und vereinigten sich zu gemeinsamen Bestimmungen über Einziehung abgenutzter Kurantmünzen u. a. m. Endlich wurde als gemeinsame Vereinsmünze das Zweithalerstück, der „Vereinsthaler", = $3^1/_2$ Gulden mit einem Mischungsverhältniss von $^9/_{10}$ Silber und $^1/_{10}$ Kupfer eingeführt. Wegen Goldmünzen wurde nichts bestimmt; doch hatte Preussen schon vorher, seit 1832, seinem Friedrichsdor, der indess nur in geringer Menge in Umlauf war, einen festen Zahlwerth von $5^2/_3$ Thlr. Kurant bei öffentlichen Kassen beigelegt, den er auch im Privatverkehr erlangte.

§ 5. Der zwischen dem Zollverein und Oesterreich am 19. Febr. 1853 abgeschlossene Handels- und Zollvertrag zeitigte nach langen Verhandlungen den Wiener Münzvertrag vom 24. Jan. 1857 (G.-S. S. 312). Derselbe ersetzte für beide Theile als Münzgewicht die Kölnische Mark durch das Zollpfund = 500 gr. Aus diesem Gewicht Feinsilbers sind entweder 30 Thlr. oder 45 (Oesterreichische) Gulden à 100 Kreuzer oder $52^1/_2$ (Süddeutsche) Gulden à 60 Kreuzer als Landesmünze zu prägen. Die Legirung der Silbermünzen wird allgemein auf $^1/_{10}$ Kupfer bestimmt und die Kreirung von streng metrisch normirten Goldhandelsmünzen von 10 gr (Krone) und 5 gr feinen Goldes (Halbe Krone) vereinbart, während Vereinssilbermünzen die Vereinsthaler = 1 Thlr. = $1^1/_2$ Fl. Oesterreichischer und $1^3/_4$ Fl. Süddeutscher Währung und die Zwei-Vereinsthaler im doppelten Werthe bilden. Im Anschluss an den Wiener Münzvertrag erliess Preussen die Gesetze über das Münzwesen v. 4. Mai 1857 (G.-S. S. 305) und über das Münzgewicht vom 5. Mai 1857 (G.-S. S. 325) und schloss für die Hohenzollernschen Lande mit Bayern, Württemberg, Baden, Grossherzogthum Hessen, Sachsen-Meiningen, Nassau, Schwarzburg-Rudolstadt (für seine Oberherrschaft), Hessen-Homburg und Frankfurt a./M. einen Vertrag vom 7. Aug. 1858 (G.-S. 1859 S. 281) ab, durch den der in diesen Staaten geltende Süddeutsche Guldenfuss in Einklang mit dem Wiener Vertrage gebracht, also der Gulden von $^2/_{49}$ Kölnische Mark durch den von $^2/_{105}$ Pfund Feinsilber ersetzt wurde, was eine geringfügige Erhöhung des effektiven Silberwerthes bedeutete, während die neuen Thaler einen gegen die früheren um ca. 0,22 Proz. geringeren erhalten mussten. In Silberscheidemünze brachte Preussen nun das Pfund Feinsilbers zu $34^1/_2$ Thlr. aus.

Ausgeschlossen blieben von der bis Ende 1878 geschlossenen Wiener Konvention noch die nicht zum Zollverein gehörigen Staaten Mecklenburg-Schwerin und -Strelitz, die zwar seit 1848 den Thalerfuss hatten, den Thaler aber in 48 Schillinge à 12 Pfennige theilten, Hamburg und Lübeck mit 1 Mark Kurant = 16 Schillingen à 12 Pfennigen und Bremen mit seiner Goldwährung (1 Louisdor oder Pistole = 5 Thlr. à 72 Grote à 5 Schwaren). Mit Preussen auch in der Eintheilung des Thalers stimmten überein Lauenburg, Anhalt, Braunschweig, Oldenburg, Sachsen-Weimar, Schwarzburg-Sondershausen und Rudolstadt Unterherrschaft, Waldeck, die beiden Reuss und die beiden Lippe, während das Königreich Sachsen, Hannover, Sachsen-Gotha und Sachsen-Altenburg den Thaler in 30 Groschen zu 10 Pfennigen theilten und Sachsen-Koburg sich dem Süddeutschen Guldenfuss anschloss.

II. Kapitel.

Das Preussisch-deutsche Münzwesen seit 1867.

§ 6. Die immer noch verbliebenen Verschiedenheiten riefen namentlich in Handelskreisen zwar das immer dringendere Verlangen nach einer Vereinheitlichung des Münzwesens hervor. Doch bedurfte es erst der politischen Ereignisse von 1866 und 1870, um dasselbe in Erfüllung gehen zu lassen. Diejenigen des ersteren Jahres hatten in Ausführung des Art. XIII des Prager Friedens das Ausscheiden Oesterreichs und Liechtensteins aus der Wiener Münzkonvention durch Vertrag vom 13. Juni 1867 (G.-S. S. 1801) zur Folge. In den neu erworbenen Landestheilen, mit Ausnahme von Frankfurt a./M., wo zwar die bisherige Währung bestehen blieb, aber bei Zahlungen der Staatskassen auch die im übrigen Staatsgebiet geltenden Münzen angenommen werden mussten, wurde das Preussische Münzgesetz eingeführt, die bisherige Kurant- und Scheidemünze aber im Staatsgebiet der Preussischen gleichgestellt (Verordn. v. 24. Aug. 1867, G.-S. S. 1422).

Die Verfassung des Norddeutschen Bundes v. 26. Juli 1867, wie später die Reichsverfassung, überwies u. A. die Ordnung des Münzwesens der Beaufsichtigung und Gesetzgebung des Bundes.

Im Reichstag des Norddeutschen Bundes fand das verbreitete Verlangen nach einer Münzreform lebhaften Widerhall und bei der Bundesregierung volles Verständniss. Im Juni 1870 beschloss der Bundesrath eine Enquête über die bei der Ordnung des Münzwesens in Betracht kommenden Verhältnisse. Der Französische Krieg hemmte natürlich die Arbeiten, die aber nach dem Friedensschluss sofort wieder aufgenommen wurden. Das erste gesetzgeberische Ergebniss derselben war das Reichsgesetz betr. die Ausprägung von Reichsgoldmünzen vom 4. Dez. 1871 (R.-G.-Bl. S. 404). Dasselbe ordnet die Ausprägung einer Reichsgoldmünze an, „von der aus Einem Pfunde feinen Goldes $139^1/_2$ Stück ausgebracht werden“; der zehnte Theil derselben wird „Mark“ genannt und in 100 Pfennige eingetheilt. Ausser ihr, dem Zehnmarkstück — nach Erl. v. 17. Febr. 1875 (R.-G.-Bl. S. 72) „Krone“ — wird eine Reichsgoldmünze vom doppelten Werthe — nach dem gedachten Erlass „Doppelkrone“ — geprägt. Die Reichsgoldmünzen sind mit $^{100}/_{1000}$ Kupferlegirung herzustellen, sodass 125,55 Kronen und 62,775 Doppelkronen je ein Pfund wiegen. Form und Gepräge wird durch das Gesetz, Durchmesser, Beschaffenheit und Inschrift der Ränder vom Bundesrath bestimmt. Die Ausprägung erfolgt bis zum Erlass eines Gesetzes über die Einziehung der groben Silbermünzen auf Kosten des Reiches auf den Münzstätten derjenigen Bundesstaaten, die sich dazu bereit erklären. Die auszumünzenden Beträge, ihre Vertheilung auf die Münzgattungen und auf die einzelnen Münzstätten sowie die den Letzteren für die Prägung jeder einzelnen Münzgattung gleichmässig zu gewährende Vergütung bestimmt der Reichskanzler unter Zustimmung des Bundesraths; auch liefert er den Münzstätten das Gold. Das Verfahren bei der Prägung wird vom Bundesrath geregelt und unterliegt der Beaufsichtigung des Reiches, nach einem Bundesrathsbeschluss vom 7. Dez. 1871 durch vom Reichskanzler bestimmte Kommissarien. Die Fehlergrenze (Remedium, Toleranz) darf im Gewicht nicht mehr als $2^1/_2$, im Feingehalt nicht mehr als 2 Tausendtheile betragen. Das Passirgewicht, bis zu welchem die Goldmünzen, sofern sie nicht gewaltsam beschädigt sind, als vollwichtig zu gelten haben, wird auf 995 Tausendtheile des normalen bestimmt. Das Passirgewicht nicht mehr erreichende Münzen sind für Rechnung des Reiches zum Einschmelzen einzuziehen.

Das Gesetz legt den neuen Goldmünzen die Eigenschaft gesetzlicher Zahlungsmittel nach dem Werthverhältniss von $15^1/_2$: 1 zwischen Gold und Silber bei, sodass also 10 M. = $3^1/_3$ Thlr = 5,5 Fl. Süddeutscher Währung = 8 M. $5^1/_3$ Schilling Lübischem und Hamburgischem Kurant und $3^1/_{93}$ Thlr. Gold Bremer Rechnung sind. Die Ausprägung anderer Goldmünzen sowie von groben Silbermünzen[1]) mit Ausnahme von Denkmünzen wird bis auf weiteres untersagt, die Einziehung der Landesgoldmünzen nach Massgabe der Ausprägung von Reichsgoldmünzen angeordnet, die der groben Landessilbermünzen in das Ermessen des Reichskanzlers gestellt.

§ 7. Mit diesem Gesetz war der entscheidende Schritt zum Uebergange von der bisher in allen Bundesstaaten mit Ausnahme Bremens bestehenden Silber- zur Goldwährung und der vorbereitende zur Einführung des Marksystems anstatt des Thaler- und Guldenfusses gethan. Das Angebahnte gelangte zur Vollendung durch das Münzgesetz vom 9. Juli 1873 (R.-G.-Bl. S. 233). Dasselbe spricht die Einführung der Goldwährung und Markrechnung zu einem durch Kaiserl. Verordnung zu bestimmenden Zeitpunkte aus; dieser Zeitpunkt ist durch Verordnung vom 22. Sept. 1875 (R.-G.-Bl. S. 303) auf den 1. Januar 1876 bestimmt worden, nachdem bereits vorher alle Regierungen ausser denjenigen von Bayern und den Reichslanden auf Grund der ihnen im Reichsgesetz ertheilten Ermächtigung die Markrechnung durch Verordnungen, Preussen durch Verordnung vom 28. Juni 1874 (G.-S. S. 257) vom 1. Januar 1875 ab, eingeführt hatten. Als neue Goldmünze ward den bestehenden das Fünfmarkstück hinzugefügt, bei dem in Anbetracht seiner Kleinheit die Fehlergrenze im Gewicht auf $^{4}/_{1000}$, das Passirgewicht auf $^{992}/_{1000}$ normirt ist. Nunmehr werden auch Reichsscheidemünzen, nämlich in Silber Fünf-, Zwei-, Einmark-, Fünfzig- und Zwanzigpfennigstücke, in Nickel Zehn- und Fünfpfennig-, in Kupfer Zwei- und Einpfennigstücke eingeführt, wozu später nach dem Reichsgesetz vom 1. April 1886 (R.-G.-Bl. S. 67) noch Nickelmünzen zu 20 Pf. treten, während silberne Zwanzigpfennigstücke nicht mehr geprägt werden. Aus einem Pfunde feinen Silbers sind 100 M. Reichssilbermünzen auszubringen, mit einer Kupferlegirung von $^{1}/_{10}$, sodass 90 M. Silbermünzen 1 Pfund wiegen. Für das Gepräge u. s. w. werden analoge Bestimmungen wie nach dem Gesetz vom 4. Dez. 1871 theils im Gesetz getroffen, theils dem Bundesrath überlassen. Die Fehlergrenze wird für Silbermünzen im Feingehalt auf $^{3}/_{1000}$, im Gewicht — ausser bei den Zwanzigpfennigstücken — auf $^{10}/_{1000}$ bestimmt. Der Gesammtbetrag der Reichssilbermünzen soll 10 M., der der Nickel- und Kupfermünze $2^{1}/_{2}$ M. für den Kopf der Bevölkerung nicht übersteigen; für die Silbermünzen sind grobe Landessilbermünzen in gleichem Werthe einzuziehen. Privatpersonen brauchen Reichssilbermünzen nur bis 20, Nickel- und Kupfermünzen bis 1 M. in Zahlung zu nehmen.

Hinsichtlich der Prägung der Reichsscheidemünzen durch die Landesmünzstätten enthält das Münzgesetz gleiche Bestimmungen wie die im Ges. v. 1871 für die Goldmünzen getroffenen und weiter aufrecht erhaltenen. Zwanzigmarkstücke müssen fortan diejenigen Münzstätten, die sich zur Prägung für Reichsrechnung bereit erklärt haben, auch,

[1]) d. i. Kurantmünzen im Gegensatz zur Scheidemünze

soweit sie nicht für das Reich beschäftigt sind, für Privatrechnung prägen gegen eine Gebühr, die der Reichskanzler mit Zustimmung des Bundesraths festzusetzen hat, die aber 7 M. für das Pfund Feingold nicht übersteigen darf. Der Münzstätte verbleibt von dieser Gebühr jedoch nur soviel, wie sie für Prägungen auf Reichsrechnung erhält; der Mehrbetrag fliesst in die Reichskasse. Z. Z. beträgt die Gebühr 3 M.

Wie das Ges. v. 4. Dez. 1871 die Ausprägung anderer als der Reichsgoldmünzen und von groben Silbermünzen, so verbietet das Münzgesetz diejenige von andern als Reichs-Silber-, Nickel- und Kupfermünzen, und zwar auch von Silbermünzen als Denkmünzen, was sich aber nicht etwa auf Medaillen, die nicht Münzen sind, erstreckt. Im Kurs bleiben bis auf weiteres, d. h. es gelten neben der Reichsmünze weiter als vollwerthiges Zahlungsmittel, nicht bloss als Scheidemünzen, die Silberkurantmünzen Deutschen Gepräges zu 2, 1, $^1/_3$, $^1/_6$ und in Ländern, die bisher Thalerwährung hatten, $^1/_{12}$, $^1/_{15}$, $^1/_{30}$ Thlr., $^1/_2$, $^1/_5$, $^1/_{10}$ und $^1/_{12}$ Groschen und einige andere Kupfermünzen, wie namentlich die Preussischen Dreipfennigstücke (= $2^1/_2$ Reichspfennig). Die Ausserkurssetzung der Landesmünzen erfolgt durch Beschluss des Bundesraths und hat allmählich hinsichtlich sämmtlicher Landesmünzen mit Ausnahme der Einthalerstücke Deutschen Gepräges stattgefunden. Bezüglich dieser und der Oesterreichischen Vereinsthaler gab indess eine Novelle zum Münzgesetz vom 6. Jan. 1876 (R.-G.-Bl. 3) dem Bundesrath die Befugniss, sie bis zur Ausserkurssetzung den Reichssilbermünzen gleichzustellen, also als Scheidemünze zu erklären, unter Berechnung eines Werthes von 3 M. Von dieser Ermächtiung ist indess bisher nicht Gebrauch gemacht, dagegen sind die Vereinsthaler und Vereinsdoppelthaler Oesterreichischen Gepräges auf Grund eines besonderen Reichsgesetzes vom 28. Febr. 1892 (R.-G.-Bl. S. 315) ausser Kurs gesetzt und eingezogen.

Der durch diese Gesetzgebung geschaffene Zustand ist also der einer Trennung der Münzhoheit von dem Münzregal. Die Münzhoheit steht dem Reiche zu. Dagegen ist dieses nicht befugt, eigene Münzstätten zu errichten, sondern muss sich derjenigen der Bundesstaaten bedienen. Die Bundesstaaten haben das Münzregal behalten, aber mit der Beschränkung, dass sie keine andern als die vom Reiche gestatteten Münzen und auch diese — abgesehen von Doppelkronen auf Privatrechnung — nur in der ihnen vom Reiche bestimmten Menge und aus dem ihnen — abgesehen von der Legirung — von demselben überwiesenen Metall prägen dürfen, und dass ihre Münzanstalten unter der Aufsicht des Reiches stehen.

Die reichsgesetzliche Währung ist z. Z. noch eine sogen. „hinkende" Goldwährung, da die Thalerstücke noch Kurantmünze bilden.

II. Hauptabschnitt.

Die Einnahmen und Ausgaben der Münzverwaltung.

I. Abschnitt.

Die Einnahmen der Münzverwaltung.

(Staatshaushaltsetat Kap. 8 und 8a.)

I. Kapitel.

Ertrag der Ausprägung von Münzen und Medaillen.

(Staatshaushaltsetat Kap. 8 Tit. 1.)

§ 8. Gegenwärtig bestehen im Deutschen Reiche nur die Münzstätten Berlin (Münzzeichen A), München (D), Muldnerhütte bei Freiberg i. S. (E), Stuttgart (F), Karlsruhe (G) und Hamburg (I). Die in den Provinzen bestehenden Münzstätten hatte Preussen schon vor dem Jahre 1849 eingehen lassen. Nach dem Jahre 1866 blieben die Münzen in Hannover (Münzzeichen B) und Frankfurt a. M. (C) zunächst noch im Betriebe. Die erstere wurde mit Beginn des Etatsjahres 1879/80, die letztere ein Jahr später eingestellt.

Nach dem im vorigen Hauptabschnitt Ausgeführten befinden sich die deutschen Münzstätten, soweit es sich um die Prägung von Münzen handelt, in der Stellung lediglich mit der Ausführung einer Arbeit Beauftragter: sie dürfen nur im Auftrage des Reiches oder Privater aus ihnen hierzu geliefertem Metall Münzen herstellen. Nur das Legirungskupfer beschaffen sie selbst. In demselben Verhältniss befindet sich die Berliner Münze, sofern sie, was namentlich in dem letzten Jahrzehnt in nicht unerheblichem Masse der Fall war, Ausprägungen für ausserdeutsche Staaten übernimmt.

In der Herstellung von Medaillen unterliegen die Münzstätten solchen Beschränkungen nicht: bezüglich dieser bleibt sowohl der Herstellungspreis als auch die Frage, ob das Metall vom Besteller oder von der Münzstätte zu liefern ist, freier Vereinbarung überlassen, wie sich auch auf Medaillen das Münzregal nicht erstreckt.

Dem Verhältniss, in dem sich die Münzstätten hinsichtlich der Münzprägung befinden, entspricht es, dass in dem Etat der Preussischen Münzverwaltung als Einnahme im Tit. 1 nur die ihr erstatteten Ausmünzungskosten nach Abzug der Anschaffungskosten für das Legirungskupfer und der Abgänge von 0,2 pro Mille bei Gold-, 1,5 ‰ be- Silber- und 0,25 ‰ bei Kupfermünzen erscheinen. Dieselbe Art der Etatisirung findet auch bezüglich der Medaillen statt, gleichviel, ob das Metall vom Besteller geliefert oder von der Münze beschafft wird. Dem Grundsatze der Bruttoetatisirung würde es entsprechen, wenn die Ausgaben für das von der Münze zu Medaillen beschaffte Metall und für das Legirungskupfer in Ausgabe und dafür die unverkürzten Einnahmen in Einnahme erschienen.

Die Einnahme für Medaillen ist in der Regel nur von untergeordneter Bedeutung; für 1899 ist sie nach dreijährigem Durchschnitt auf 680 M. für goldene, 5700 M. für silberne, 6020 M. für kupferne und 230 M. für sonstige Medaillen veranschlagt. Erheblicher waren namentlich in den letzten Jahren die Einnahmen für Ausprägungen ausserdeutscher Münzen, wie für Egypten, San Domingo und andere Staaten. Entscheidend für die Höhe der Einnahme ist immerhin die Menge der ihr zur Herstellung übertragenen Reichsmünzen und die Höhe der vom Reichskanzler festzusetzenden Prägegebühr.

Für den Etatsansatz sind die Einnahmen aus der Prägung von Reichsmünzen noch ausschlaggebender, weil dieser die nicht vorauszusehenden Einnahmen aus Prägungen für das Ausland überhaupt nicht berücksichtigt.

§ 9. Die Prägegebühr war durch Bundesrathsbeschluss vom 7. Dez. 1871 auf 6 M. für $139\frac{1}{2}$ Zehn- und 4 M. für $69\frac{3}{4}$ Zwanzigmarkstücke, durch Beschluss v. 8. Juli 1873 für 279 goldene Fünfmarkstücke auf 8 M. festgesetzt. Durch Bundesrathsbeschluss vom 29. Mai 1875 wurde sie auf 4,75 bezw. 2,75 bezw. 6,75 M. ermässigt, später aber (Beschluss v. 22. Jan. 1878) für Zehn- und goldene Fünfmarkstücke wieder auf 6 bezw. 8 M. erhöht. Für Reichsscheidemünzen beträgt sie und zwar für Fünfmarkstücke $\frac{3}{4}$, Zweimarkstücke $1\frac{1}{2}$, Einmarkstücke $1\frac{3}{4}$, Fünfzigpfennigstücke $2\frac{1}{2}$, silberne Zwanzigpfennigstücke 4, Zwanzigpfennigstücke aus Nickel $1\frac{1}{2}$, Zehnpfennigstücke 3, Fünfpfennigstücke 6, Zweipfennigstücke 15, Einpfennigstücke 30 Proz. des ausgeprägten Nominalwerths.

Zu den aus der Prägegebühr resultirenden Einnahmen kommen für die Berliner Münze noch die Kosten der Herstellung der Metallplättchen für Einpfennigstücke, in denen nach Bundesrathsbeschluss vom 29. Mai 1875 den Münzstätten das Metall für die Ausprägung geliefert wird.

Nach dem Etat für 1899 stellt sich hiernach die Einnahme des Tit. 1 wie folgt:

3 000 000 Stück Doppelkronen à 2,75 M. für 1 395 M.	= 118 279,57 M.	
900 000 „ Kronen à 6,— „ „ 1 395 „	= 38 709,68 „	
	156 989,25 M.	
davon ab Abgang mit 0,2 ‰ . = 13 800 M.		
30 Ztr. Legirungskupfer à 90 M. = 2 700 „	16 500,— M.	rund
	140 489,25 M.	140 500 M.
380 000 Stück Fünfmarkstücke à 3/4 Proz.	= 14 250,— „	
950 000 „ Zwei „ à 1 1/2 „	= 282 500,— „	
1 600 000 „ Ein „ à 1 3/4 „	= 28 000,— „	
	70 750,— M.	
davon ab Abgang mit 1,5 ‰	8 100,— „	62 650 M.
5 620 000 Stück Zehnpfennigstücke à 3 Proz.	= 16 860,— M.	
5 920 000 „ Fünf „ à 6 „	= 17 760,— „	34 620 M.
16 700 000 „ Ein „ à 30 „	= 50 100,— M.	
dazu Plättchen-Herstellungskosten		
a) für Berlin . . . . 66 800 Pfund		
b) für andere deutsche Münzstätten 75 280 „		
142 080 Pfd. à 0,25 M.	35 520,— M.	
	85 620,— M.	
davon Abgang 2 1/2 ‰	417,5 „	
	85 202,5 M.	85 200 M.
Hierzu die oben schon angegebenen Einnahmen für Medaillen mit . .		12 830 M.
ergiebt		335 600 M.

Die Einnahmen für Prägungen ausländischer Münzen sind, wie schon erwähnt, hierbei nicht berücksichtigt.

Wie die Anlage XLII A zeigt, hat sich die Solleinnahme des Tit. 1 seit 1892/3 ständig zwischen rd. 300 000 und rd. 336 000 M. bewegt, also nur wenig geschwankt. In den ersten 90er und in den 80er Jahren wurden ungleich weniger Reichssilbermünzen als 1892/3 und verhältnissmässig wenig Kupfermünzen ausgeprägt, worin vorzüglich der Grund für die damals erheblich geringeren Einnahmen zu suchen ist. Am stärksten wurden natürlich die Münzstätten in den ersten Jahren nach der Münzreform in Anspruch genommen. Die Einnahmen aus der Prägung waren daher in den Jahren 1874 bis 1877/8 stets auf mehr als 1 Million, 1876 sogar auf 2 284 840 M. zum Etat gebracht, obgleich, wie oben erwähnt, die Prägegebühren zeitweilig erheblich niedriger als später und jetzt waren.

Ueber die den Etatsansätzen seit 1873 zu Grunde liegenden Anschläge vgl. die Tabelle auf Seite 550.

Den Etatsansätzen lagen seit 1873 folgende Anschläge zu Grunde:

Jahre	Reichsgoldmünzen		Reichssilbermünzen		Reichsnickelmünzen		Reichskupfermünzen	
	auszuprägender Betrag M.	Einnahme daraus M.	auszuprägender Betrag M.	Einnahme daraus M.	auszuprägender Betrag M.	Einnahme daraus M.	auszuprägender Betrag M.	Einnahme daraus M.
1873 . . .	356 400 000	807 210	—	—	—	—	—	—
1874 . . .	100 000 000	259 412	34 700 000	666 100	3 300 000	49 500	700 000	64 400
1875 . . .	50 000 000	129 706	66 000 000	713 000	1 625 000	52 187	1 400 000	129 500
1876 . . .	125 000 000	209 258	86 500 000	1 377 000	5 400 000	213 300	2 600 000	482 000
1877/8 . .	175 000 000	420 193	40 000 000	645 000	—	—	—	—
1878/9 . .	150 000 000	316 376	—	—	1 440 000	53 280	1 085 000	177 575
1879/80 .	140 000 000	306 714	—	—	—	—	—	—
1880/1 . .	140 000 000	306 714	—	—	—	—	—	—
1881/2 . .	54 000 000	200 758	—	—	—	—	—	—
1882/3 . .	54 000 000	200 758	—	—	—	—	—	—
1883/4 . .	50 000 000	139 560	4 000 000	57 000	—	—	—	—
1884/5 . .	50 000 000	139 560	4 000 000	57 000	—	—	—	—
1885/6 . .	50 000 000	139 560	4 000 000	57 000	—	—	—	—
1886/7 . .	50 000 000	140 080	4 000 000	57 000	—	—	—	—
1887/8 . .	50 000 000	140 080	4 000 000	57 000	—	—	—	—
1888/9 . .	50 000 000	140 340	4 000 000	57 000	550 000	8 250	—	—
1889/90 .	50 000 000	139 880	4 000 000	57 000	550 000	8 250	—	—
1890/1 . .	50 000 000	140 860	4 000 000	57 000	550 000	8 250	—	—
1891/2 . .	71 600 000	152 000	3 000 000	44 000	1 250 000	37 500	50 000	15 000
1892/3 . .	66 200 000	131 600	10 000 000	116 250	750 000	30 000	50 000	15 000
1893/4 . .	101 000 000	158 080	5 400 000	59 950	1 210 000	43 800	150 000	45 000
1894/5 . .	69 000 000	140 500	5 400 000	62 650	858 000	34 620	167 000	66 380
1895/6 . .	69 000 000	140 500	5 400 000	62 650	858 000	34 620	167 000	81 390
1896/7 . .	69 000 000	140 500	5 400 000	62 650	858 000	34 620	167 000	85 200
1897/8 . .	69 000 000	140 500	5 400 000	62 650	858 000	34 620	167 000	85 200
1898/9 . .	69 000 000	140 500	5 400 000	62 650	858 000	34 620	167 000	85 200
1899 . . .	69 000 000	140 500	5 400 000	62 650	858 000	34 620	167 000	85 200

Seit 1896/7 sind also die Voranschläge über die Stärke der Münzausprägung gleich geblieben. Die Differenzen im Etatsansatz des Tit. 1 beruhen somit auf der verschiedenen Durchschnittseinnahme für Medaillen. Dem Etatsansatze für 1873 lag die Annahme zu Grunde, dass ausser den Reichsgoldmünzen 960 000 M. silberne und 135 000 M. kupferne Landes-Scheidemünzen zur Ausprägung gelangen würden, was eine Einnahme von 97 144 und 76 933 M. darstellte.

Die thatsächliche Prägungsmenge hat freilich hin und wieder den Anschlag nicht annähernd erreicht: 1877/8 gelangten nur 73 461 170, 1878/9 nur 66 290 780 und 1879/80 nur 21 150 440 M. Reichsgoldmünzen zur Ausprägung. Andererseits traten den Einnahmen aus der Prägung von Reichsmünzen die oft recht erheblichen, im Etat nicht berücksichtigten aus Prägungen für das Ausland hinzu.

§ 10. Solange die Preussischen Münzstätten Landes- bezw. Vereinsmünzen prägten, wurde als Einnahme hieraus in den Etat eingestellt der Ueberschuss des Nennwerths der Münzen über den Anschaffungswerth des zur Prägung nöthigen Metalls, wobei, soweit dieses Metall aus eingezogenen Münzen gewonnen wurde, nur der Metall-, nicht der Nennwerth derselben von der Münzstätte zu bezahlen war. Analog wurden die Einnahmen aus der Prägung von Medaillen verrechnet. Das Verlassen des Grundsatzes der Bruttoetatisirung war also damals noch offenbarer als jetzt, beruhte aber auf einem Beschlusse der II. Kammer aus dem Jahre 1850.

Beispielsweise stellte sich der Einnahmetitel „Ausmünzung“ für die Berliner Münze — solange mehrere Münzstätten betrieben wurden, wurden Einnahmen und Ausgaben für jede getrennt etatisirt — für 1869 und 1870 folgendermassen:

A. Münzen:

Goldkronen	24 000,000 Stück
Zur Ausprägung sind anzukaufen 533 806 Pfund Gold à $^{900}/_{1000}$ = 480 425 Pfund fein im Münzpreise von 49,8 Kronen pro Pfund fein mit	23 925,165 „
bleiben	74,835 Stück

à 9$^{1}/_{6}$ Thlr. = 685 Thlr. 29 Sgr. 8 Pf.

Silbermünzen, und zwar:

	Pfund brutto		Pfund fein		
aus	348 822,22 à $^{900}/_{1000}$	=	313 939,998	in Zwei-Vereinsthalern und $^{1}/_{1}$ Thlr. =	9 400 000 Thlr.
„	3 221,32 à $^{520}/_{1000}$	=	1 675,086	$^{1}/_{6}$ „ =	50 000 „
„	9 342,93 à $^{375}/_{1000}$	=	3 503,599	$^{1}/_{12}$ „ =	120 000 „
„	17 191,23 à $^{220}/_{1000}$	=	3 782,071	$^{1}/_{1}$ u. $^{1}/_{2}$ Sgr. =	130 000 „
Summe aus	378 577,20	=	322 900,754	in Silbermünzen . . . . . =	9 700 000 Thlr

Dieses Silber mit der Kupferlegirung wird beschafft und bezahlt:

a) durch Lieferanten:

Pfund brutto		Pfund fein					
189 667,1	=	181 132,078	à 29 Thlr. 25$^{1}/_{2}$ Sgr. =	5 406 792 Thlr.	15 Sgr.	10 Pf.
94 833,55	=	90 566,039	à 29 „ 23 „ =	2 695 849 „	2 „	10 „
				8 102 641 Thlr.	18 Sgr.	8 Pf.

b) durch Einziehung und Umprägung alter Landesmünzen

und zwar:	Pfund brutto		Pfund fein			
1 500 000 alte $^{1}/_{1}$ Thlr.	= 65 778,55	=	49 268,134	à 29 Thlr. 23 Sgr. =	1 466 548 Thlr.	3 Sgr.
andere Kurantmünzen	1 841,61	=	1 128,05	à 29 „ 23 „ =	33 578 „	8 „
abgeschliff. Silbergrosch.	3 682,43	=	806,453	à 33 „ 14 „ =	26 989 „	8 „
Kupfer zur Legirung	22 774,46					
Summe wie oben	378 577,7	=	322 900,754			
Kupfer z. Nachbeschicken	466,34 Pfd.					
zusammen .	23 240,8 Pfd. Kupfer					
				pro Zentner 33 Thlr. =	7 669 Thlr.	13 Sgr. 11 Pf.
				zusammen	9 687 426 Thlr.	21 Sgr. 7 Pf.

Also bleiben der Münze 9 700 000 Thlr. — 9 687 426 Thlr. 21 Sgr. 7 Pf. = 62 573 Thlr. 8 Sgr. 5 Pf.

Kupferscheidemünzen, und zwar

aus 87 983,01 Pfd. Kupfer in	4-Pfennigstücken	5 000 Thlr.
„	3- „	40 000 „
„	2- „	10 000 „
„	1- „	25 000 „
		80 000 Thlr.

Das Kupfer wird beschafft:

a) in 3 000 Thlr. abgeschliffenen Kupfermünzen, welche 2 967 Pfd. wiegen und in neuen Münzen ersetzt werden, à Zentner 67$^{1}/_{4}$ Thlr. mit		1 995 Thlr.	9 Sgr.	3 Pf.
b) durch Ankauf, mit 33 Thlr. pro Zenter . . .	85 016,01 Pfd. =	28 055 „	8 „	6 „
zusammen wie oben .	87 983,01 Pfd.	30 050 Thlr.	17 Sgr.	9 Pf.

Mithin bleiben der Münze 80 000 Thlr. — 30 050 Thlr. 17 Sgr. 9 Pf. = 49 949 Thlr. 12 Sgr. 3 Pf.

B. Medaillen:

Für goldene Medaillen	2 480 Thlr.	
Zur Ausprägung sind anzukaufen 5 Pfd. Gold à $^{979}/_{1000}$ = 4,895 Pfd. fein, im Preise von 460 Thlr. pro Pfd. fein mit	2 251 Thlr. 21 Sgr.	
Mithin Einnahme		228 Thlr. 9 Sgr.
Für silberne Medaillen	3 650 Thlr.	
Zur Ausprägung sind anzukaufen 110 Pfd. Silber à $^{990}/_{1000}$ = 108,9 Pfd. à 29 Thlr. 23 Sgr.	3 241 Thlr. 17 Sgr. 8 Pf.	
bleiben ..		408 Thlr. 12 Sgr. 4 Pf.
Für kupferne Medaillen	240 Thlr.	
Zur Ausprägung sind anzukaufen 115 Pfd. Kupfer à Ztr. 50 Thlr. mit	57 Thlr. 15 Sgr.	
bleiben ..	182 Thlr. 15 Sgr.	
oder zur Abrundung der Schlusssumme		174 Thlr. 18 Sgr. 4 Pf.
Summe		811 Thlr. 9 Sgr. 8 Pf.

Die Einnahme für Ausprägung beträgt also 685 Thlr. 29 Sgr. 8 Pf. + 62 573 Thlr. 8 Sgr. 5 Pf. + 49 949 Thlr. 12 Sgr. 3 Pf. + 811 Thlr. 9 Sgr. 8 Pf. = 114 020 Thlr.

Das vorstehende Beispiel zeigt auch, dass damals die Einnahmen aus der Goldprägung eine ganz untergeordnete Rolle spielten, während sie nach Einführung der Goldwährung den Hauptposten bilden. Die Einnahme aus der Silberprägung, die damals an erster Stelle rangirte, ist jetzt zumeist geringer als die Summe der Einnahmen für Nickel- und Kupfermünzen zusammen. Der Grund liegt in der Umgestaltung der Währung und der jetzigen Bezahlung der Münzstätten. Diese Umstände, namentlich der letztgedachte, erklären es auch, dass, wie die Anlage XLII A zeigt, damals die Einnahmen der Preussischen Münzstätten verhältnissmässig, theilweise sogar absolut höher war, als unter der Herrschaft der Reichs-Münzgesetzgebung: sie stellten sich z. B. 1859 wie 1866 für den damals so erheblich kleineren Staat ungefähr ebenso hoch, wie in den 80er Jahren für das vergrösserte Staatsgebiet.

§ 11. Im Anfange der konstitutionellen Monarchie, bis zum Jahre 1851, erschienen die Einnahmen und Ausgaben der Münze überhaupt nicht im Etat; der Letztere enthielt nur bei den Ausgaben vor der Linie die Bemerkung, die Verwaltungsausgaben der Münze mit so und so viel würden „aus dem Gewinn, nöthigenfalls aus dem Betriebsfonds“ derselben bestritten, und es wurde mit den Spezialetats der übrigen Verwaltungen dem Landtage eine Nachweisung der Verwaltungsausgaben zur Genehmigung vorgelegt. Der ganze Nettoüberschuss der Münze floss zu dem Betriebsfonds.

Das letztere Verfahren, den Ueberschuss dem Betriebsfonds der Münze zu belassen, wurde auch später beibehalten, bis der Letztere die Höhe von 3 000 000 M. für Berlin, 450 000 M. für Hannover und 300 00 M. für Frankfurt a. M. erreicht hatte, sodass, solange dieser Ueberschuss, soweit er hierzu erforderlich war, in Ausgabe erschien, und solange er in voller Höhe hierzu Verwendung fand, Einnahmen und Ausgaben balanzirten. Als die Ausprägung der Münzen auf Rechnung des Reiches erfolgte und die dazu erforderlichen Metalle von der Reichsverwaltung den Münzstätten überwiesen wurden, wurden damit die hauptsächlich zum Ankaufe der Münzmetalle bestimmt gewesenen Betriebsfonds entbehrlich; sie wurden daher 1873 mit zus. 3 557 979 M. eingezogen und bei den Einnahmen des vormaligen Staatsschatzes (Kap. II Tit. 11) vereinnahmt. (Vergl. unten § 22.)

II. Kapitel.

Sonstige Einnahmen der Münzstätten.

(Staatshaushaltsetat Kap. 8 Tit. 2.)

§ 12. Die sonstigen Einnahmen der Münzstätte Berlin sind vorwiegend solche aus dem mit ihr verbundenen Probir- und mechanischen Werkstättenbetrieb.

Der Probirbetrieb umfasst ausser den für den Münzbetrieb nothwendigen Feingehaltsproben der Edelmetalle bei deren Ankauf, Lieferung und Verarbeitung und der hergestellten Münzen die Ausführung der von Behörden oder Privaten verlangten Feingehaltsproben von Metallen, Prüfungen und Begutachtungen nicht kursfähiger Münzen und die Erstattung von Gutachten über den Werth aller Schuldverschreibungen u. s. w. Für die nicht für den Münzbetrieb selbst erfolgenden Arbeiten werden Gebühren erhoben, welche, soweit es sich um die Feingehaltsproben des für Privatrechnung auszumünzenden Goldes handelt, vom Bundesrath (Bekanntmachung v. 8. Juni 1875), im Uebrigen vom Finanzminister festgesetzt sind. Sie bestehen bei der Prüfung des Feingehalts von Metallen in Probir- und Aushiebgebühren. Der „Aushieb“ ist eine von dem Metall entnommene Probe. Die Münze behält, ausser bei Feingehaltsproben nach der oben gedachten Bundesrathsbestimmung v. 8. Juni 1875, einen solchen Aushieb von $^{3}/_{1000}$ Pfd. bei Gold, $^{10}/_{1000}$ Pfd. bei Silber und güldischem Silber zurück. Diese der Münze verbleibenden Aushiebe werden gesammelt und periodisch verwerthet; hieraus erwachsen die Einnahmen für „Probemetalle“.

Die Einnahmen der mechanischen Werkstätten entstehen im Wesentlichen für die Herstellung von Münzstempeln für fremde Regierungen und von Medaillenstempeln für Behörden und Private.

Aus der Thätigkeit der Münze für Private erwachsende Einnahmen sind auch die Schmelzgebühren für Metalle, welche in der Münze geschmolzen, dann aber zurückgenommen werden.

Andere Einnahmen entstehen für unbrauchbar gewordene Geräthe und Metallstücke, durch Beiträge der Inhaber von Dienstwohnungen zu den Kosten des Wasserverbrauchs, z. Z. aus Miethe für eine Wohnung; dazu kommen endlich zufällige Einnahmen verschiedener Art.

Nach dem Etat für 1899 sind die sonstigen Einnahmen veranschlagt wie folgt: Probemetalle, Probir- und Aussiebgebühren 8880, Schmelzgebühren 4 180, Arbeiten der mechanischen Werkstätten 4 550, unbrauchbar gewordene Geräthe und Metallstücke 530, Beiträge zu den Kosten des Wasserverbrauchs 190, Miethe 200, sonstige Einnahmen 460, zusammen 18 990 M.

Früher wurden auch die Münzgekrätze, d. h. die Metallabfälle, durch Verkauf verwerthet und die Einnahmen hier verrechnet; seit 1883/4 werden sie aber affinirt, und das hierdurch gewonnene Feinmetall wird dem Betriebe zur theilweisen Deckung der im § 9 erwähnten Abgänge zurückgegeben.

Der Gesammtbetrag dieser nach dreijährigem Durchschnitt etatisirten „sonstigen vermischten Einnahmen" hat, wie die Anlage XLII A ergiebt, aus naheliegenden Gründen ziemlich stark geschwankt. Wenn er vor 1883/4 zumeist erheblich höher als später war, so liegt das zum grossen Theil daran, dass nach Auflösung der Münzen Hannover und Frankfurt a. M. auf geringere Einnahmen gerechnet werden musste, demnächst aber ein Theil der bisher hier verrechneten Einnahmen auf die Probiranstalt in Frankfurt a. M. überging, endlich auch daran, dass die Inanspruchnahme der Münze für Probirungen und Schmelzungen in den ersten Jahren nach Einführung der Münzreform natürlich besonders stark war. In den Jahren 1859 bis 1863 waren die Einnahmen deshalb besonders hohe, weil der Münze für die Silberausbeute der Mansfelder Gewerkschaft ein „Schlagschatz" von 16 Sgr. 1 Pf. pro Pfund Feinsilber zufloss, der bis dahin bei der Berg- und Hüttenverwaltung verrechnet wurde.

Nach der Mansfeldschen Bergordnung v. 28. Okt. 1673 hatte die gedachte Gewerkschaft diesen Schlagschatz an Stelle der Bergwerksabgaben zu zahlen. Das G. v. 12. Mai 1851 über die Besteuerung der Bergwerke hielt im Abs. 3 dieses Verhältniss aufrecht, das erst durch das den § 13 dieses Gesetzes aufhebende G. v. 17. Juni 1863 (G.-S. S. 462) beseitigt wurde. Das Silber selbst — nach den Etats 13 900 Pfd. — wurde bis zu demselben Zeitpunkt der Gewerkschaft von der Münze für den Preis von 29 Thlr. 25 Sgr. pro Pfd. fein abgekauft.

III. Kapitel.

Einnahmen der Probiranstalt in Frankfurt a. M.

(Staatshaushaltsetat Kap. 8 a.)

§ 13. Nach Auflösung der Münze in Frankfurt a. M., mit der auch eine Probiranstalt verbunden gewesen war, wurde daselbst, zunächst versuchsweise, wieder eine Probiranstalt für Edelmetalle eingerichtet, deren Einnahmen zuerst im Etat für 1881/2 erscheinen. Dieselben bestehen, analog wie bei der Berliner Münze, in Probirgebühren, Erlösen für Probemetalle, Schmelzgebühren, Gebühren für die dort besorgte Wägung von nach derselben zurückgenommenen Metallen, Einnahmen für unbrauchbar gewordene Geräthe und Metallstücke, Miethe und sonstigen Einnahmen. Ausweislich der Anlage XLIIB haben sich die Einnahmen infolge stärkerer Inanspruchnahme der Anstalt allmählich von 2200 bis auf 9480 M. gesteigert.

Nach dem Etat für 1899 vertheilen sie sich folgendermassen: Probirgebühren und Probemetalle 6 850, Schmelzgebühren 2 270, Wägungsgebühren 140, unbrauchbar gewordene Geräthe und Metalle 10, Miethe 200, sonstige Einnahmen 10 M.

II. Abschnitt.

Die Ausgaben der Münzverwaltung.

(Staatshaushaltsetat Kap. 13 und 13a.)

I. Kapitel.

Ausgaben für die Beamten.

(Staatshaushaltsetat Kap. 13 Tit. 1—4, Kap. 13a Tit. 1—3.)

§ 14. Die Münzverwaltung untersteht seit dem Allerh. Erl. v. 3. Jan. 1859 (G.-S. S. 8) dem Finanzminister, während sie bis dahin mit der Verwaltung des Staatsschatzes unter der gemeinsamen Leitung des Präsidenten des Staatsministeriums und des Finanzministers stand. An der Spitze der Münze steht ein Münzdirektor, dem als Beamte beigegeben sind gegenwärtig 1 Münzmeister, 2 Münzwardeine, 1 Rendant, 1 Betriebs-Inspektor, 1 Buchhalter und Kontroleur, 1 Kassirer und Materialienverwalter, 2 Medailleure, 1 Betriebs- und 1 Münzwardein-Assistent, 3 Bureaubeamte und als Unterbeamte 2 Kassendiener und 4 Portiers, während bei der Frankfurter Probiranstalt nur der — unter dem Münzdirektor stehende — Vorsteher etatsmässig angestellt ist. Die Dienstobliegenheiten der Beamten der Münze sind wie der ganze Geschäftsbetrieb durch ausführliche vom Finanzminister erlassene Geschäftsanweisungen v. 19. Aug. 1884 geregelt, der Geschäftsbetrieb in Frankfurt durch eine solche vom 15. Aug. 1884.

Dem Münzmeister ist die spezielle Leitung des gesammten Münzbetriebes, dem ersten, „Ober"-Münzwardein die des Probirbetriebes anvertraut. Der Betriebs-Inspektor ist Stellvertreter und Adlatus des Münzmeisters und führt unter dessen Oberleitung insbesondere die Aufsicht über die Medaillen-Fabrikation und die mechanischen Werkstätten. Der Münzbetriebs-Assistent hat den Münzmeister und Betriebs-Inspektor zu unterstützen und die Lohnzahlungen und Führung der Arbeits- und Lohnbücher zu besorgen bezw. zu kontroliren. An den Feingehaltsproben für den Münzdienst sind beide Wardeine betheiligt, diejenigen für Private gehören zu den besonderen Obliegenheiten des zweiten. Der Münzwardein-Assistent hat die Wardeine zu unterstützen, Materialien, Utensilien und Geräthe für den Probirbetrieb, Münzbibliothek und Münzkabinet zu verwalten. Die allgemeinen Funktionen der übrigen Beamten besagen ihre Amtsbezeichnungen.

Als noch die Münzen in Hannover und Frankfurt a. M. bestanden, stand an der Spitze jeder derselben ein Münzmeister, dem je ein Münzwardein, Medailleur, Werkmeister und Kassenbeamter, zeitweilig Anfangs der 70er Jahre auch je ein Betriebs-Assistent und Kassendiener, in Frankfurt auch ein Buchhalter beigegeben war. Auch in Berlin war die Zahl der Betriebsbeamten früher, bis 1872, um einen grösser, indem 2 Münzmeister und 1 besonderer Vorsteher der mechanischen Werkstätten, aber kein Betriebs-Assistent angestellt waren. Auch war in dem Vorsteher des Zählkomtoirs ein vierter Kassenbeamter vorhanden. In den Jahren 1873 und 1874 wurde das Beamtenpersonal noch mehr, um einen Betriebs-Assistenten und einen Betriebs-Sekretär, verstärkt. Die jetzige Zahl an höheren und mittleren Beamten ist seit 1883/4 vorhanden, wo die Stellen des Betriebssekretärs und des Zählkomtoir-Vorstehers eingezogen wurden; die Stelle des Werkstätten-Vorstehers als etatsmässige Beamtenstelle war schon 1878/9 in Wegfall gebracht worden. Die Zahl der Kassendiener wurde 1893/4 von 3 auf 2 vermindert; gleichzeitig wurden für die bisher nur im Lohnverhältniss stehenden 4 Portiers, um ein beständiges, zuverlässiges Personal zu gewinnen, Beamtenstellen errichtet.

Der Etat für 1849 führte einschl. 5 Kassendienern 16, diejenigen für 1859 und 1866, ausschliesslich der damals im Lohnverhältniss stehenden Diener, 15 Beamte auf, also dieselbe Zahl, die jetzt ausschliesslich der Kassendiener und Portiers vorhanden ist.

Mit Militäranwärtern zu besetzen ist mindestens die Hälfte der Stellen der Bureaubeamten und Buchhalter und die Stellen der Unterbeamten.

§ 15. Das Gehalt des Münzdirektors, bis 1851 „Ersten Münzmeisters", dann bis 1867 „Ersten Münzdirektors und Obermünzwardeins", betrug bis 1858 6000 M., dann bis 1867 7200, seitdem 7800 und seit der Besoldungsaufbesserung von 1872 8700 M. Bei der Gehaltsregulirung von 1897/8 wurde er mit 7500—9300 M. dem Dirigenten der Direktion für die Verwaltung der direkten Steuern und der Ministerial-, Militär- und Baukommission in Berlin und den Oberpräsidialräthen gleichgestellt. Der „frühere zweite Direktor und Obermünzmeister" erhielt 6000 M., ein Münzmeister erst 3000, seit 1859 4500 M., der Münzwardein bis 1858 4200, seit 1859 4500 M. Im Jahre 1863 wurden die Münzmeister und -wardeine einander gleichgestellt: jeder erste erhielt 5400, der zweite 4200 M. Im Jahre 1872 wurden die Besoldungen normirt für die Münzmeister auf 6000, 5400, 5100 und 4800 M., für die Wardeine auf 6000, 4800 und 3600 M. und nach Auflösung der Münzen in Hannover und Frankfurt a. M. auf je 6000 M. für Münzmeister und ersten, 4800 für den zweiten Wardein. Das Gehalt des Letzteren wurde 1895/6 in ein von 4200 bis 8800 M. aufsteigendes umgewandelt. Seit 1897/8 erhalten auch die beiden ersteren Beamten aufsteigende Gehälter, und zwar 6000—7200 M. (Stufen um 400 M. steigend), der zweite Wardein 4200—5400 M. (Dienstalterszulagen von je 400 M.). Diesem gleich steht der Betriebs-Inspektor, der Buchhalter und grundsätzlich — der gegenwärtige Inhaber der Stelle erhält noch eine künftig wegfallende pensionsfähige Zulage von 600 M. — der Rendant. Die Stelle des Ersteren war seit ihrer Errichtung im Jahre 1867 bis 1872 nur mit 2400, dann bis 1874 mit 3000, 1875—1887/8 mit 3600 M., dem Gehalt, das in den 60er Jahren der „Münzinspektor" erhalten hatte, dotirt. Als 1888/9 die Stelle des zweiten Münzmeisters eingezogen wurde und dessen Geschäfte im Wesentlichen auf den Betriebs-Inspektor übergingen, wurde dieser auf 4800 M. aufgebessert, 1895/6 aber dem zweiten Wardein gleichgestellt. Der Buchhalter und Kontroleur bezog bis 1858 3000, 1859—1866 3600, 1866—1871 3900, dann bis zu der Gleichstellung mit dem zweiten Wardein 4500 M., der Rendant bis 1866 4500, dann bis zu der Gehaltsregulirung von 1872 4800, seitdem bis zu derjenigen von 1897/8 5400 M. Der Kassirer und Materialienverwalter erhält seit 1897/8 ein von 3600 drei Mal um je 400, also bis auf 4800 M. aufsteigendes Gehalt gegen 4200 M. 1895/6 und 1896/7, 3600 M. 1872 bis 1894/5, 3000 M. 1868—1871, 2400 M. in den Jahren 1866 und 1867, 2100 M. 1864 und 1865, 1800 M. 1863 und 1500 M. vorher. Die Medailleure, der Betriebs- und der Münzwardein-Assistent stehen einander seit 1895/6 mit bis 1896/7 2100—4200, seitdem mit 2400—4500 M. (2400, 2800, 3200, 3600, 3900, 4200, 4500 M.) gleich. Bis dahin erhielten die Medailleure bis 1859 3000 und 2850, 1860—1868 2400 und 1800, 1869—1871 3000 und 1800, 1872 bis 1878/9 3600, 3000 und 2400, seit Einziehung der dritten Stelle (1879/80) bis 1894/5 3600 und 2400 M., die beiden Assistenten bis 1892/3, wo das Gehalt des Münzwardein-Assistenten um 300 M. erhöht wurde, gleichmässig 3000, dann bis 1894/5 3000 bezw. 3300 M. Auch die Bureaubeamten waren diesen Beamten zeitweilig, nämlich 1895/6—1896/7, gleichgestellt. Seitdem sind zwar ihre Stellen, wie die der Sekretäre anderer Behörden, in solche mit 2100—4200 M. (Zulagen drei Mal 400 und vier Mal 300 M.) umgewandelt; die gegenwärtigen Stelleninhaber beziehen aber 2100—4800 M. Bis 1865 waren die damals vorhandenen 2 Stellen mit 2400 und 1800, dann einige Jahre mit 2400 und 1500, später die 3 Stellen mit 2700, 2100 und 1800, 1872—1894/5 mit 3000, 2700 und 2250 M. dotirt; nur der erste Bureaubeamte erhielt seit 1881/2 eine Zulage von 300 M. Die Unterbeamten beziehen seit 1. April 1899 1200—1600 M. (Stufen um je 50 M. steigend), während sie bis dahin seit 1890/1 1100—1500 M., vorher seit 1873, wo erst etatsmässige Stellen für sie eingerichtet wurden, 1050—1350 M. erhalten hatten. Die in den 40er Jahren vorhandenen etatsmässig angestellten Kassendiener erhielten 900 M.

Der Vorsteher der Probiranstalt in Frankfurt a. M. ist, und zwar seit Errichtung der Anstalt, stets dem Münzwardein-Assistenten gleichgestellt.

§ 16. Der Gesammtbetrag der Besoldungen (Tit. 1 der Kap. 13 und 13a) war (vgl. Anl. XLII A) am höchsten in den Jahren, in denen Preussen drei Münzstätten unterhielt und dort das Beamtenpersonal wegen der starken Inanspruchnahme der Münzstätten für die Durchführung der Münzreform verstärkt war. Ende der 60er Jahre stellte er sich auf einige 80000 M., stieg bis 1874 auf 118 800 M. und hielt sich dann bis 1877/8 auf 117 600 M. Infolge der Auflösung der Münzen in Hannover und Frankfurt a. M. erfuhr er einen Rückgang auf einige 70 000 und demnächst durch Einziehung einzelner Stellen in Berlin sogar auf 69 450 M. Später liessen ihn die Schaffung etatsmässiger Stellen für die Portiers und die Gehaltsaufbesserungen wieder anschwellen, so dass für 1899 mit 92 150 M. ein Betrag erforderlich war, der dem 1879/80 für ein um 5 Köpfe stärkeres Beamtenpersonal erforderlichen fast erreicht, und dass 15 höhere und mittlere Beamte ca. 40 000 M. mehr erhalten, als 1859 die gleiche Beamtenzahl erhielt.

§ 17. Der Betrag der Wohnungsgeldzuschüsse (Tit. 2 der beiden Kapitel) ist mit 5760 M. im Verhältniss zur Beamtenzahl niedrig, weil eine verhältnissmässig grosse Zahl von Beamten, nämlich Direktor, Münzmeister, Wardeine, Betriebs-Inspektor, Rendant, Buchhalter, Kassirer und Materialienverwalter Dienstwohnungen in den Dienstgebäuden der Münze haben, wie dies das Interesse der eigenartigen Verwaltung aus naheliegenden Gründen erfordert. Sie hatten daher solche auch schon, als die Beamten noch keine Wohnungsgeldzuschüsse erhielten; sie erfuhren damals daher einen Gehaltsabzug von 10 Proz.

An sonstigen persönlichen Kosten sind jetzt im Tit. 3 des Kap. 13 2400 M. ausgebracht, welche theils zur Remunerirung von Hülfsarbeitern dienen, theils aber dazu, Eleven heranzuziehen, aus denen sich die Münzbeamten rekrutiren können, da eine Ausbildung in anderen Betrieben bei der Singularität der Münze nur in beschränktem Masse möglich ist. Zeitweise, vom 1. April 1883/4 bis dahin 1889/90, standen hierzu Mittel nicht zur Verfügung, weshalb damals der Tit. 2 auch nur mit 500 M. ausgestattet war; auch vor 1874 war dem — damals in mehrere Titel zerlegten — Titel diese Zweckbestimmung fremd; 1874—1877/8 wurden dagegen für den gedachten Zweck sogar jährlich 3000 M. ausgeworfen. Im Uebrigen erklärt sich das bis Ende der 70er Jahre erheblich höhere Erforderniss namentlich daraus, dass die damals noch nicht etatsmässigen Unterbedienten hieraus ihre Löhnung empfingen.

Zu ausserordentlichen Remunerationen und Unterstützungen bestimmt Tit. 4 des Kap. 13 jetzt 1650 M.; eine Theilung, wie bei grösseren Verwaltungen seit 1898/9, hat bei der kleinen Münzverwaltung nicht stattgefunden. Für die Probiranstalt in Frankfurt a. M. sind im Kap. 13a Tit. 3 zu dem gleichen Zweck 100 M. ausgeworfen mit der Bestimmung, dass dieser Titel sich mit Tit. 4 des Kap. 13 überträgt.

II. Kapitel.

Sächliche Verwaltungsausgaben.

(Staatshaushaltsetat Kap. 13 Tit. 5, Kap. 13a Tit. 5.)

§ 18. Als sächliche Verwaltungskosten zählt der Etat auf Bureaubedürfnisse, wie Schreib-, Zeichen- und Packmaterialien, Druck- und Buchbinderkosten, Heizung, Erleuchtung, Utensilien, Reinigung der Geschäftszimmer, nicht aversionirte Postporto- und Gebührenbeträge und sonstige Frachtgebühren für dienstliche Sendungen, Telegrammgebühren u. s. w., ferner Ausgaben für Vermehrung der Bibliothek des Münzkabinets und Archivs, zur Bestreitung der Abgaben und Lasten der Gebäude — Gemeindesteuern vom Einkommen oder Gewerbebetrieb unterliegt die Münze natürlich nicht, da sie keinen Gewerbebetrieb des Staates darstellt — und zu „anderen derartigen Ausgaben".

Der Etat für 1899 rechnet bei der Berliner Münze auf Bureaubedürfnisse 8500, auf Bibliothek, Münzkabinet und Archiv 990, auf Lasten und Abgaben 2700, zu anderen Ausgaben 750 M., während für Frankfurt a./M. nur zu Bureaubedürfnissen 590 M. ausgebracht sind; Lasten und Abgaben erwachsen dort nicht, weil die Anstalt jetzt miethsweise untergebracht ist.

Natürlich war der Bedarf, als noch 3 bezw. 2 Münzstätten bestanden und es sich um die Durchführung der Münzreform handelte, ein weit grösserer, obgleich die Lasten und Abgaben von 1873 bis 1884/5 aus dem jetzigen Tit. 9 bestritten wurden. Mit Rücksicht auf die Uebernahme dieser Ausgaben wurde der Tit. 5, der 1883/4 und 1884/5 nur 6050 M. betragen hatte, 1885/6 um den dem Tit. 9 abgenommenen Betrag von 1150 M. verstärkt, während die späteren Erhöhungen theils auf stärkerem Betrieb, theils auf der Neuordnung der Gemeindesteuern nach dem Kommunalabgabengesetz beruhten.

III. Kapitel.

Betriebskosten.

(Staatshaushaltsetat Kap. 13 Tit. 6—8, Kap. 13a Tit. 4, 6, 7.)

§ 19. Die Betriebskosten sowohl der Münze wie der Probiranstalt in Frankfurt a. M. bestehen zum überwiegenden Theile, gegenwärtig zu etwa zwei Dritteln, aus Ausgaben für die Arbeitskräfte. Bei der Münze umfassen sie die Tit. 6 und 7, und zwar sind aus ersterem Titel zu bestreiten die Arbeitslöhne, nach dem Etat für 1899 152 600 M., 2400 M. Invaliden; 500 M. Arzt- und Medizingelder, die Kosten der Unfallversicherung, 1899 400 M., und der Invaliditäts- und Altersversicherung, 1899 690 M., während Tit. 7 für ausserordentliche Remunerationen und Unterstützungen an Münzarbeiter und für Unterstützungen an Münzarbeiter-Wittwen bestimmt ist; aus demselben, der jetzt mit 1350 M dotirt ist, kann der Münzdirektor Unterstützungen bewilligen, die aber für eine und dieselbe Person 30 M. jährlich nicht übersteigen dürfen. Für die Probiranstalt ist der Lohn- und der mit derselben Massgabe zur Verfügung des Münzdirektors stehende Unterstützungsfonds in dem einen, jetzt mit 2500 M. ausgestatteten Tit. 4 des Kap. 13a zusammengefasst.

Die Kostbarkeit des Materials und die Nothwendigkeit, Vorkehrungen gegen Münzvergehen zu treffen, erfordert natürlich eine besonders eingehende Kontrole der Arbeiter. Dieselbe ist durch die schon erwähnten Geschäftsanweisungen geregelt. Für jede Werkstatt wird mindestens ein Oberarbeiter vom Münzdirektor ernannt und vereidigt, der unter den Betriebsbeamten die Aufsicht zu führen hat und insbesondere auch für das ihm übergebene Metall verantwortlich ist. Er führt über die von jedem Arbeiter seiner Werkstatt ausgeführten Arbeiten ein genaues Arbeitsbuch und ein Werkstattlohnbuch. Jeder Arbeiter erhält ein Lohn- und ein Krankenbuch.

Die Höhe der Lohnausgaben hängt, wie ein Vergleich der Spalten 2 und 10 der Anlage XLII A ergiebt, in erster Linie von der Stärke der Ausmünzung ab. Daneben lässt sich auch der Einfluss der allgemeinen Steigerung der Arbeitslöhne erkennen. Denn während früher der Lohnfonds ungefähr $^1/_3$ bis $^2/_5$ der Erträge der Ausprägung zu betragen pflegte, hat er in den 90er Jahren die Hälfte derselben fast erreicht, wozu allerdings auch die Invaliditäts- und Altersversicherung das Ihrige beigetragen hat.

Für die Probiranstalt in Frankfurt a. M. sind die Kosten der Invaliditäts- und Altersversicherung mit jetzt 15 M. in den Tit. 9 zusammen mit „unvorhergesehenen und vermischten Ausgaben“ ausgebracht.

§ 20. Die sächlichen Betriebsausgaben bestehen in den Kosten der Beschaffung und Unterhaltung der Maschinen, Betriebsmaterialien, Utensilien, Werkzeuge, Inventarienstücke u. s. w., in Ausgaben für Lohnfuhren u. s. w. Dieselben sind für die Münze in dem Tit. 8 des Kap. 13 zusammengefasst, während für die Probiranstalt in Frankfurt a. M. die Anschaffungskosten im Tit. 6, die Reparaturkosten im Tit. 7 des Kap. 13a ausgebracht werden, eine Verschiedenheit zwischen Kap. 13 und Kap. 13a, die ebenso wenig, wie die am Schlusse des vorigen Paragraphen erwähnte, innerliche Nothwendigkeit haben dürfte.

Dass zu den unter den Ausgaben zu verrechnenden Betriebsmaterialien weder die zu Münzen noch die zu Medaillen zu verarbeitenden Metalle, auch nicht die Legirungsmetalle gehören, ergiebt sich aus dem in den §§ 8—10 über die Art der Verrechnung der Einnahmen Ausgeführten.

Die Höhe der Ausgaben Kap. 13 Tit. 8 hat nach Anlage XLII A sehr geschwankt. Von ca. 63 000 M. im Jahre 1866 stiegen sie in Folge des Hinzutritts der beiden Münzstätten in den neuen Provinzen bis 1869 um fast 100000 M. Demnächst machte die Münzreform in den Jahren 1872—1874 die Anschaffung vieler neuer Maschinen, der verstärkte Betrieb auch andere Mehrausgaben, z. B. für Feuerungsmaterialien erforderlich, sodass die Etatsansätze 1873 und 1874 auf 223290 und 271790 M. gesteigert werden mussten, während 1872 eine extraordinäre Ausgabe von 120000 M. zum Umbau der Münze in Frankfurt und zur Beschaffung der für die neuen Einrichtungen erforderlichen Betriebsinventarienstücke gefordert werden musste, damit diese Münze den zu stellenden Anforderungen entsprechen konnte. Der Umstand, dass das Metall zu den Nickel- und Kupfermünzen schon in Plättchen vom Reich geliefert wurde, ermöglichte 1875 die Absetzung von 17980 M. für Feuerungsmaterial. Immerhin hielt sich das Erforderniss bis 1876 noch auf 253790 M., um dann aber, nachdem die Münzanstalten einmal entsprechend ausgerüstet waren und ihre Inanspruchnahme stark nachliess, 1877/8 auf 138790 M. und in den nächsten Jahren, als die Münzen in Hannover und Frankfurt a. M. eingestellt wurden, bis auf 49000 M. zu sinken. Die seit 1891/2 einsetzende mässige Erhöhung auf 56000, 67000 und 72500 M. entspricht dem stärkereren Betrieb. Für das Etatsjahr 1898/9 wurde indess ein grösserer Umbau der Betriebsanlagen der Münze nöthig, da namentlich die beiden, seit 33 Jahre im Betriebe befindlichen Dampfmaschinen und die Wurfwerke nicht mehr genügten. Es wurden daher 88000 M. einmalige und ausserordentliche Ausgaben hierfür bewilligt.

Von den ausgebrachten 72500 M entfallen 60000 M. auf Betriebsmaterialien, Utensilien, Werkzeuge u. s. w., 9000 M. auf Betriebsinventarienstücke, Maschinen und dergl. und 3500 M. auf sonstige Bedürfnisse.

Der Bedarf der Probiranstalt in Frankfurt a. M. (Anl. XLII B) ist seit 1887/8 gleich geblieben, im Tit. 6 1100, im Tit. 7 150 M.

IV. Kapitel.

Sonstige Ausgaben.

(Staatshaushaltsetat Kap. 13 Tit. 9 und 10, Kap. 13a Tit. 8 und 9.)

§ 21. Die sonstigen Ausgaben der Münze dienen, seitdem die Abführungen an den Betriebsfonds aufgehört haben, ausser dem geringen Betrag, der im Tit. 10 für „unvorhergesehene und vermischte Ausgaben“ mit seit 1883/4 100 M. ausgebracht ist, der Unterhaltung der Gebäude, und zwar sind von den 7000 M., die der Tit. 9 seit der 1885/6 vorgenommenen Uebertragung der Lasten und Abgaben auf Tit. 5 zur Verfügung stellt, 3000 M. zu grösseren, ministerieller Genehmigung bedürfenden Reparaturen und Abänderungen, 4000 M. zu kleineren Reparaturen und zur Unterhaltung der Gebäude bestimmt.

Bei der Probiranstalt in Frankfurt a. M. wurden bis 1897/8 unter Tit. 8 nur 100 M. für die Unterhaltung des Gebäudes, des ehemaligen Münzgrundstückes erfordert. In dem gedachten Jahre verkaufte der Fiskus dieses Grundstück an die Stadtgemeinde und erwarb von ihr ein anderes für die Probiranstalt. Dasselbe erwies sich aber als ungeeignet, sodass die Probiranstalt seit 1898/9 in Miethsräumen untergebracht ist. Die Miethe beträgt 600 M., seitdem aber im Interesse des Dienstes eine Wohnung für den Probirgehülfen hinzugemiethet ist, 800 M., wovon der Probirgehülfe 200 M. erstattet, die im Kap. 8a in Einnahme erscheinen.

Zu unvorhergesehenen und vermischten Ausgaben steht der Probiranstalt der für Ausgaben auf Grund des Invaliditäts- und Altersversicherungsgesetzes nicht in Anspruch genommene Betrag von den in Tit. 9 ausgebrachten 60 M. zur Verfügung.

Ergebniss.

Die Nettoerträge der Münzverwaltung.

§ 22. Der Staatskasse fliesst der volle Ueberschuss der Münzverwaltung erst seit der Einziehung der besonderen Betriebsfonds der Münzstätten zu. Bis dahin wurde der Ueberschuss in erster Linie zur Verstärkung dieser Betriebsfonds verwandt, und nur, wenn eine solche nicht erforderlich schien, erhielt die Staatskasse etwas. Bis zum Jahre 1868 war der letztere Fall niemals im Etat vorgesehen. Dagegen sollten der Staatskasse in den Jahren 1869—1873 zufliessen 81 180, 91 140, 115 260, 84 030 M. Im Etatsjahr 1874 wurden dann die Betriebsfonds, wie oben (§ 11) erwähnt, mit 3 557 979 M. zur Staatskasse eingezogen, und seitdem erhält die letztere die unverkürzten Ueberschüsse. Pekuniär bedeutete das aber gegen früher für sie einen Vortheil höchstens so lange, als, und nur dadurch, dass die Münzstätten aussergewöhnlich stark in Anspruch genommen waren. Später mussten die Ueberschüsse sehr zusammenschrumpfen, weil die vom Reich gewährten wie auch die der Münze für Prägungen auf Privatrechnung verbleibenden Prägegebühren grundsätzlich nur die Selbstkosten decken sollen, während früher die Münze die volle Differenz zwischen dem Nennwerth und dem Herstellungswerth der Münzen bezog.

So warfen denn zwar die Etats für 1874—1878/9 Ueberschüsse von 242 100, 291 370, 1 393 830, 497 660 und 182 140 M. aus. Aber dann verminderten sich dieselben 1879/80 und 1880/1 auf 33 140 und 62 960 M., in den Jahren 1881/2 bis 1887/8 gar auf 370, 4250, 2910, 2470, 1430, 1100, 2210 M. Günstiger stellten sich die Ergebnisse erst wieder, als seit 1888/9 wieder Nickel-, seit 1891/2 auch Kupfermünzen zur Ausprägung gelangten und auch die Silberprägung zeitweilig verstärkt wurde. In den Etats für 1888/9—1897/8 erscheinen daher immerhin wieder Ueberschüsse von 10 450, 15 490, 16 470, 14 230, 16 340, 13 190, 14 410, 14 780, 12 685 und 11 490 M., Beträge, die indess im Verhältniss zu den vor 1881/2 erzielten noch geringfügig sind. Im Etat für 1898/9 war, hauptsächlich infolge der Gehaltsaufbesserungen, die 1897/8 noch aus Fonds des Finanzministeriums bestritten waren, der Ueberschuss der Einnahmen über die dauernden Ausgaben wieder auf 2330 M. reduzirt, und da in diesem Jahre, wie im § 20 erwähnt, ein Extraordinarium erforderlich wurde, was seit 1872 nicht mehr der Fall gewesen war, schloss der Etat mit einem Zuschuss von 85 670 M. ab, der also die Sollüberschüsse der letztvorangegangenen 6 Jahre mehr wie absorbirte. Auch für 1899 konnte nur der geringe Ueberschuss von 6830 M. in Ansatz gebracht werden, von dem noch 600 M. für das Jahr 1899 auf Fonds des Finanzministeriums erscheinende Besoldungsaufbesserungen der Unterbeamten abzurechnen sind.

Die Bedeutung der Münzverwaltung als Einnahmequelle des Staats ist daher, wie im Eingang dieses Buches betont, heute gleich Null und muss dies auch infolge der Ordnung des Verhältnisses zum Reiche künftig bleiben.

Anlage XXVII.

Uebersicht
über die etatsmässigen Einnahmen und dauernden Ausgaben der Berg-, Hütten- und Salinenverwaltung nach den Etats für die Rechnungsjahre 1849, 1859, 1866, 1869, 1874, 1879/80, 1881/82, 1883/84, 1885/86, 1887/88 und 1888/89 bis 1899.

A. Ausgaben für die Verwaltungsbehörden.
B. Ausgaben und Einnahmen der bergtechnischen Lehranstalten.
C. Vermischte Verwaltungsausgaben und -Einnahmen.
D. Betriebseinnahmen und -Ausgaben der Bergwerke.
E. " " " " " Hütten.
F. " " " " " Salzwerke.
G. " " " " " Badeanstalten.
H. " " " " " Gemeinschaftswerke.

Anmerkung: Für 1899 hat eine theilweise andere Gruppirung der Ausgaben der Berg-, Hütten- und Salinenverwaltung stattgefunden. Für 1898/99 sind daher die in ihrer Höhe abweichenden Ausgaben der Berg-, Hütten-, Salzwerke und Badeanstalten in dem gewöhnlichen Druck nach der von 1899 ab, in schrägem nach der bis dahin angewendeten Gruppirung angegeben. Bei den Gemeinschaftswerken sind die abweichenden Ausgaben nach der Gruppirung des Etats 1898/99 in [ ] angegeben.

Anlage XXVII.

A. Ausgaben für die

Etatsstelle 1899 Kap.	Titel	Etatspositionen.	1899 ℳ	1898/99 ℳ	1897/98 ℳ
19.		**Ministerial-Abtheilung für das Bergwesen.**			
		Besoldungen.			
	1.	Höhere Beamte	68 300	69 500	63 600
	2.	Bureaubeamte	62 500	61 500	56 200
	3.	Kanzleibeamte } Beiträge zu den bei der Verwaltung für Handel u. Gewerbe nachgewies. Besoldg.	14 000	14 000	14 000
	4.	Unterbeamte } Beiträge zu den bei der Verwaltung für Handel u. Gewerbe nachgewies. Besoldg.	6 000	6 000	6 000
	5.	Wohnungsgeldzuschüsse für die Beamten	23 760	23 760	23 760
	6.	Vergütungen f. Hilfsarbeiter u Stellvertreter von Beamten	21 850	21 850	21 850
	7.	Unterstützungen für die Beamten und ausserordentliche Remunerationen für mittlere und untere Beamte . . .	2 700	2 700	2 700
	8.	Tagegelder, Reise- und Umzugskosten	11 300	10 500	10 500
	9.	Bureaubedürfnisse, Unterhaltung d. Sammlungen, Miethen, Lasten, Abgaben u. s. w.	16 830	16 830	16 830
	10.	Unterhaltung der Dienstgebäude	—	—	—
		Summe der Ausgaben Kap. 19 . . .	**227 240**	**226 640**	**215 440**
20.		**Oberbergämter.**			
		Besoldungen.			
	1.	Höhere Beamte der Oberbergämter	261 700	253 900	214 800
	2.	Sekretäre u. Stellenzulage f. Kassen- u. Handelsgeschäfte	237 400	226 300	196 400
	3.	Kanzlisten	71 550	71 550	72 300
	3a.	Zeichner	34 650	35 250	35 550
	4.	Kanzleidiener	20 120	20 040	18 820
	5.	Oberbergamts-Markscheider, Bergrevierbeamte, Revier-Bureau-Assistenten und Revier-Aufsichtsbeamte	596 300	497 100	380 200
		Summe Besoldungen . . .	*1 221 720*	*1 104 140*	*918 070*
	6.	Wohnungsgeldzuschüsse für die Beamten	158 312	135 828	130 620
	7.	Vergütungen f. Hilfsarbeiter u. Stellvertreter von Beamten	179 450	98 700	110 150
	8.	Ausserordentliche Remunerationen u. Unterstützungen für Kanzlei- und Unterbeamte	7 200	7 200	} 19 500
	8a.	Ausserordentliche Remunerationen für mittlere Beamte .	4 000	4 000	
	8b.	Ausserordentliche Unterstützungen für höhere u. mittlere Beamte	8 300	8 300	
	8c.	Vergütung für Untersuchung von Dampfkesseln durch Bergrevierbeamte	25 940	20 930	72 360
	9.	Tagegelder, Reise- und Umzugskosten	293 100	226 600	215 600
	10.	Bureaubedürfnisse, Unterhaltung d. Sammlungen, Miethen, Lasten, Abgaben, Ascendentenrente, Heilungskosten und Sterbegelder auf Grund des Unfallfürsorgegesetzes, Ausgaben auf Grund d. Gesetzes über die Invaliditäts- und Altersversicherung u. s. w.	155 904	142 062	134 706
	11.	Unterhaltung der Dienstgebäude	25 020	30 750	30 620
		Summe der Ausgaben Kap. 20 . . .	**2 078 946**	**1 778 510**	**1 631 626**

*) Seit 1899.

Verwaltungsbehörden.

Etatsjahr 1896/97 ℳ	1895/96 ℳ	1894/95 ℳ	1893/94 ℳ	1892/93 ℳ	1891/92 ℳ	1890/91 ℳ	1889/90 ℳ	Etatsstelle 1896 Kap.	Titel
								19.	
63 000	63 000	64 200	64 200	64 200	63 600	56 100	54 900		1.
54 600	50 900	50 200	50 400	46 200	50 400	46 200	46 200		2.
14 000	14 000	14 000	14 000	14 000	11 200	10 200	10 200		3.
6 000	6 000	6 000	6 000	6 000	6 000	5 640	5 400		4.
23 760	22 860	22 860	22 860	21 960	21 600	19 500	19 500		5.
21 850	27 000	27 000	27 000	27 000	22 000	22 000	22 000		6.
2 700	2 700	2 700	2 700	2 700	2 700	2 700	2 700		7.
10 500	10 500	10 500	10 500	10 500	11 500	11 500	11 500		8.
16 830	14 680	14 680	14 680	14 680	15 180	14 850	13 570		9.
—	—	—	—	—	2 000	2 000	2 000		10.
213 240	**211 640**	**212 140**	**212 340**	**207 240**	**206 180**	**190 690**	**187 970**		
								20.	
214 400	216 700	204 900	204 900	204 900	204 900	199 800	199 800		1.
189 300	175 450	172 425	168 075	164 475	164 475	153 150	153 150		2.
70 650	71 100	70 200	70 050	66 750	64 575	52 200	52 200		3.
33 450	30 000	29 550	28 275	28 275	28 275	25 350	23 400		3a.
18 500	19 340	19 020	17 000	17 500	17 500	15 120	15 120		4.
367 300	352 650	323 550	323 550	323 550	290 550	290 550	271 050		5.
893 600	*865 240*	*819 645*	*811 850*	*805 450*	*770 275*	*736 170*	*714 720*		
125 868	120 648	115 236	115 368	113 256	105 024	100 908	100 416		6.
125 500	128 650	137 019	132 352	137 052	158 700	148 650	149 350		7.
									8.
19 500	19 500	19 500	19 500	19 500	19 500	19 500	19 500		8a.
									8b.
75 000	75 000	—	—	—	—	—	—		8c.
213 600	214 300	209 500	199 300	193 300	184 300	164 300	157 700		9.
131 406	130 776	129 244	145 937	143 833	137 897	129 791	127 721		10.
23 625	30 055	23 205	21 705	26 665	18 655	20 650	18 650		11.
1 608 099	**1 584 169**	**1 453 349**	**1 446 012**	**1 439 056**	**1 394 351**	**1 319 969**	**1 288 057**		

Noch: Anlage XXVII.

Noch: A. Ausgaben für

Etatsstelle 1899*) Kap.	Titel	Etatspositionen.	1888/89 ℳ	1887/88 ℳ	1885/86 ℳ
19.		**Ministerial-Abtheilung für das Bergwesen.**			
		Besoldungen.			
	1.	Höhere Beamte	54 900	54 900	54 900
	2.	Bureaubeamte	46 200	46 200	46 200
	3.	Kanzleibeamte } Beiträge zu den bei der Verwaltung für	10 200	10 200	10 200
	4.	Unterbeamte } Handel u. Gewerbe nachgewies. Besoldg.	5 400	5 400	5 400
	5.	Wohnungsgeldzuschüsse für die Beamten	19 500	19 500	19 260
	6.	Vergütungen f. Hilfsarbeiter u. Stellvertreter von Beamten	22 000	22 000	13 200
	7.	Unterstützungen für die Beamten und ausserordentliche Remunerationen für mittlere und untere Beamte	2 700	2 700	2 700
	8.	Tagegelder, Reise- und Umzugskosten	11 500	11 500	11 500
	9.	Bureaubedürfnisse, Unterhaltung d. Sammlungen, Miethen, Lasten, Abgaben u. s. w.	13 490	13 480	12 930
	10.	Unterhaltung der Dienstgebäude	2 000	2 000	2 000
		Summe der Ausgaben Kap. 19	**187 890**	**187 880**	**178 290**
20.		**Oberbergämter.**			
		Besoldungen.			
	1.	Höhere Beamte der Oberbergämter	189 600	189 600	189 600
	2.	Sekretäre u. Stellenzulage f. Kassen- u. Handelsgeschäfte	153 150	153 150	153 150
	3.	Kanzlisten	52 200	52 200	52 200
	3a.	Zeichner	23 400	19 500	—
	4.	Kanzleidiener	15 120	15 120	15 120
	5.	Oberbergamts-Markscheider, Bergrevierbeamte, Revier-Bureau-Assistenten und Revier-Aufsichtsbeamte	271 050	271 050	271 050
		Summe Besoldungen	*704 520*	*700 620*	*681 120*
	6.	Wohnungsgeldzuschüsse für die Beamten	99 096	93 900	91 164
	7.	Vergütungen f. Hilfsarbeiter u. Stellvertreter von Beamten	148 150	147 850	157 650
	8.	Ausserordentliche Remunerationen u. Unterstützungen für Kanzlei- und Unterbeamte	} 19 500	19 500	19 500
	8a.	Ausserordentliche Remunerationen für mittlere Beamte			
	8b.	Ausserordentliche Unterstützungen für höhere u. mittlere Beamte			
	8c.	Vergütung für Untersuchung von Dampfkesseln durch Bergrevierbeamte	—	—	—
	9.	Tagegelder, Reise- und Umzugskosten	158 600	151 590	145 000
	10.	Bureaubedürfnisse, Unterhaltung d Sammlungen, Miethen, Lasten, Abgaben, Ascendentenrente, Heilungskosten und Sterbegelder auf Grund des Unfallfürsorgegesetzes, Ausgaben auf Grund des Gesetzes über die Invaliditäts- und Altersversicherung u. s. w.	128 439	128 238	145 845
	11.	Unterhaltung der Dienstgebäude	18 612	19 112	17 472
		Summe der Ausgaben Kap. 20	**1 273 317**	**1 260 810**	**127 751**

*) Seit 1899.

die Verwaltungsbehörden.

Etatsjahr 1883/84 ℳ	1881/82 ℳ	1879/80 ℳ	1874 ℳ	1869 ℳ	1866 ℳ	1859 ℳ	1849 ℳ	Etats-stelle 1890 Kap.	Titel
								19.	
54 900	54 900	54 900	54 900	49 200	47 700	45 000	110 382		1.
46 200	46 200	46 200	43 200	37 200	37 800	38 100			2.
10 200	10 200	10 200	16 950	12 000	9 900	12 450			3.
5 400	5 400	5 400	5 400	4 800	4 200	5 250			4.
19 260	19 260	19 260	—	—	—	—	—		5.
13 000	13 950	13 950	16 050	15 600	6 540	5 880	in Besoldungen enthalten		6.
2 700	2 700	2 700	2 700	2 700	2 100	—			7.
11 500	11 700	11 700	13 500	12 000	7 500	7 500	7 500		8.
12 410	12 210	11 700	14 610	15 810	26 670	29 430	16 605		9.
2 760	2 760	2 560	1 860	1 950	1 500	1 650	2 018		10.
178 330	**179 280**	**178 570**	**169 170**	**151 260**	**143 910**	**145 260**	**136 505**		
								20.	
185 100	185 100	185 100	198 900	165 450	143 100	829 245	712 385		1.
151 275	151 275	153 150	160 050	134 850	114 000				2.
52 200	52 200	56 100	56 100	34 500	27 600				3.
—	—	—	—	—	—				3a.
15 120	15 120	15 120	16 200	14 625	9 900				4.
267 450	267 450	274 350	277 800	186 366	162 000				5.
671 145	—	*683 820*	*709 050*	*535 791*	*456 600*				
90 228	89 448	87 516	—	—	—				6.
161 600	163 350	171 100	189 600	138 885	105 570				7.
									8.
19 500	19 500	19 500	19 500	19 500	16 500	—	—		8a.
									8b.
—	—	—	—	—	—	—	—		8c.
139 828	139 690	140 550	154 635	111 930	88 050	142 260	127 721		9.
137 863	138 357	131 048	130 395	122 232	77 199	118 203	104 477		10.
22 348	23 925	22 757	19 413	16 674	21 360	21 924	22 646		11.
1 242 512	**1 245 415**	**1 256 291**	**1 222 593**	**945 012**	**765 279**	**1 111 632**	**968 229**		

B. Ausgaben und Einnahmen der

Etatsstelle 1899 Kap.	Etatsstelle 1899 Titel	Etatspositionen.	1899 ℳ	1898/99 ℳ	1897/98 ℳ
		Ausgaben.			
21.	1.	Besoldungen.			
		a) Geologische Landesanstalt u. Bergakademie zu Berlin	203 760	190 550	150 170
		b) Bergakademie und Bergschule zu Klausthal	49 700	49 150	38 300
		c) Bergschule in Saarbrücken	13 450	14 800	12 600
	2.	Wohnungsgeldzuschüsse für die Beamten	37 560	34 860	33 300
	3.	Antheile der Lehrer an den beiden Bergakademien an den Vorlesungsgebühren	10 270	9 670	19 270
	4.	Vergütungen f. Hilfsbeamte, Hilfslehrer u. Stellvertreter	96 780	93 280	107 980
	5.	Zu Unterstützungen für die Beamten u. s. w.	2 500	* 1) 2 500	—
	6.	Tagegelder, Reise- und Umzugskosten	88 000	61 700 *62 700*	60 500
	7.	Unterstützungen für die Schüler	29 550	2) 20 120 * 2) *22 620*	22 620
	8.	Bureaubedürfnisse u. s. w. wie bei A. Tit. 8	92 230	3) 94 920 * 3) *165010*	155 245
	9.	Unterhaltung der Dienstgebäude	14 950	11 360 * *10 860*	8 680
	10.	Geologische Karten, Abhandlungen und Jahrbücher . . .	70 000	4) 70 000	5) —
	11.	Rechnungsvergütungen u. sonstige unvorhergeseh Ausgb.	500	6) 90	7) —
		Summe Kap. 21 . . .	**709 250**	**653 000**	**608 665**
		Einnahmen.			
9.	20.	a) Bei der geolog. Landesanstalt u. Bergakad. zu Berlin	36 350	35 800	34 800
		b) Bei der Bergakademie und Bergschule zu Klausthal	65 010	90 410	85 370
		c) Bei der Bergschule zu Saarbrücken	60	60	60
		Summe . . .	**101 420**	**126 270**	**120 230**

Noch: B. Ausgaben und Einnahmen der

Etatsstelle 1899 Kap.	Etatsstelle 1899 Titel	Etatspositionen.	1889/90 ℳ	1888/89 ℳ	1887/88 ℳ
		Ausgaben.			
		Besoldungen.			
21.	1.	a) Geologische Landesanstalt u Bergakademie zu Berlin b) Bergakademie und Bergschule zu Klausthal . . . . c) Bergschule in Saarbrücken	162 810	159 630	157 380
		Wohnungsgeldzuschüsse für die Beamten	24 480	23 700	22 716
	2.	Antheile der Lehrer an den beiden Bergakademien an			
	3.	den Vorlesungsgebühren	16 103	15 836	14 996
		Vergütungen f. Hilfsbeamte, Hilfslehrer u. Stellvertreter	101 920	101 770	102 110
	4.	Zu Unterstützungen für die Beamten u. s. w.	1) —	—	—
	5.	Tagegelder, Reise- und Umzugskosten	53 780	53 650	53 700
	6.	Unterstützungen für die Schüler	2) 13 880	12 900	12 950
	7.	Bureaubedürfnisse u s. w. wie bei A. Tit 8	3) 139 727	138 314	137 761
	8.	Unterhaltung der Dienstgebäude	7 180	6 530	6 350
	9.	Geologische Karten, Abhandlungen und Jahrbücher . . .	5) —	—	—
	10.	Rechnungsvergütungen u. sonstige unvorhergeseh. Ausgb.	7) —	—	—
	11.	Summe Kap. 21 . . .	**519 880**	**512 330**	**507 963**
		Einnahmen.			
9.	20.	a) Bei der geolog. Landesanstalt u. Bergakad. zu Berlin	30 900	27 864	31 130
		b) Bei der Bergakademie und Bergschule zu Klausthal	80 180	76 350	76 680
		c) Bei der Bergschule zu Saarbrücken	—	—	873
		Summe . . .	**111 080**	**104 214**	**108 683**

* Vgl. die Anm. auf S. 65. — 1) Bis 1898/99 in Tit. 7 mitenthalten. — 2) vgl. Anm. 1. — — 6) in Tit. 8. — 7) vgl. Anm. 3. — 8) Seit 1899.

bergtechnischen Lehranstalten.

Etatsjahr 1896/97 M	1895/96 M	1894/95 M	1893/94 M	1892/93 M	1891/92 M	1890/91 M	Etatsstelle 1899 Kap.	Titel
							21.	1.
145 310								
38 300	192 260	176 820	173 670	168 750	164 950	162 810		
12 600								
32 400	31 860	28 620	28 320	27 960	26 880	24 480		2.
17 440	17 310	17 730	17 460	16 400	16 100	16 500		3.
103 700	108 700	105 200	104 730	103 990	104 170	104 170		4.
—	—	—	—	—	—	—		5.
58 300	58 250	53 900	53 800	54 000	53 900	53 780		6.
24 440	25 460	26 600	26 700	26 700	26 700	14 600		7.
149 090	145 910	143 475	144 385	143 430	141 790	141 110		8.
8 980	8 780	8 250	8 230	8 280	8 300	8 180		9.
—	—	—	—	—	—	—		10.
—	—	—	—	—	—	—		11.
590 560	**588 530**	**560 595**	**557 295**	**549 510**	**542 790**	**525 630**		
32 800	31 800	30 800	29 400	28 300	28 200	30 200	9.	20.
84 360	84 450	85 765	86 785	86 735	83 320	82 370		
60	60	60	—	—	—	—		
117 220	**116 310**	**116 625**	**116 185**	**115 035**	**111 520**	**112 570**		

bergtechnischen Lehranstalten.

Etatsjahr 1885/86 M	1883/84 M	1881/82 M	1879/80 M	1874 M	1869	1866	Etatsstelle 1899 Kap.	Titel
					Zuschuss für Berg-akademien: 51 261 M	Zuschuss zur Berg-akademie Berlin: 31 572 M	21.	1.
157 080	153 030	138 750	133 650	94 500				
22 716	21 876	21 156	20 520	—				
								2.
13 000	11 833	12 434	12 800	2 850				
84 380	55 200	46 450	41 830	33 210				3.
—	—	—	—	—				4.
53 300	44 400	43 600	43 400	33 900				5.
13 250	12 900	12 750	13 400	14 400				6.
135 068	104 221	112 810	122 620	44 223				7.
6 100	6 660	7 690	6 010	5 055				8.
—	—	—	—	—				9.
—	—	—	—	1 122				10.
484 894	**410 120**	**395 640**	**393 730**	**229 260**				11.
28 000	17 800	17 000	15 700	7 800			9.	20.
75 450	69 180	61 678	39 950	24 420				
464	—	—	—	—				
103 914	**86 980**	**78 678**	**55 650**	**32 220**				

[3]) incl. Tit. 10 u. 11. Die Eintheilung war bis 1899 eine andere. — [4]) in Tit. 8. — [5]) vgl. Anm. 3.

Noch: Anlage XXVII.

C. Vermischte Verwaltungs-

Etatsstelle 1899 Kap.	Etatsstelle 1899 Titel	Etatspositionen.	1899 M.	1898/99 M.	1897/98 M.
22.		**Ausgaben.**			
	1.	Unterstützungen für ausgeschiedene Beamte, Wittwen u. Waisen von Beamten, invalide Arbeiter, emeritirte Knappschafts- und sonstige Institutsbeamte, sowie für Hinterbliebene derselben	65 260	65 260	65 380
	2.	Zuschüsse zu nicht staatlichen Bergschulen[1])	20 106	120 800	114 875
	3.	Ausgaben für Knappschaftskassen der eingestellten und veräusserten Staatswerke, vertragsmässige Zuschüsse an milde Stiftungen u. Kirchen zu Halle a./S. aus ihren Antheilen an der pfännerschaftlichen Saline	68 307	71 045	74 354
	4.	Betriebs- u. Verwaltungsausgaben bei Auflösung v. Staatswerken, Wartegelder, Unterstützungen und Versetzungskosten für Arbeiter und Invaliden solcher Werke	33 000	33 000	33 000
	5.	Ausgaben für die Berggewerbegerichte	18 552	16 647	14 700
	6.	Kosten der Zeitschrift für Berg- u. s. w. Wesen u. sonstige bergwissenschaftliche Veröffentlichungen	21 000	21 000	21 000
	7.	Belehrungsreisen der Beamten, Untersuchungen, Versuche, Rechnungsvergütungen, unvorhergesehene Betriebs- u. Verwaltungsausgaben	120 000	200 000	200 000
	8.	Bohrarbeiten	250 000	250 000	250 000
	9.	Bauprämien für Berg- und Hüttenleute für Bau von Wohnhäusern	77 400	72 900	63 000
	10.	Unverzinsliche Darlehen für denselben Zweck	132 600	105 000	105 000
		Zur Ablösung von Reallasten	—	5 000	5 000
		Zu unvorhergesehenen Bauausgaben	—	100 000	100 000
		Zur Remunerirung von Hilfsarbeitern u. Stellvertretern bei den Staatswerken und im Revierdienst	—	90 000	90 000
		Reise- und Umzugskosten sowie Miethsentschädigungen versetzter Beamten	—	30 000	30 000
		Summe der dauernden Ausgaben	**806 225**	**1 180 652**	**1 166 309**
9.		**Einnahmen.**			
	13.	[Bergwerksabgaben und] Gefälle auf Grund besonderer Gesetze und Verträge	65 840	61 770	49 535
	14.	Gebühren und Ordnungsstrafen	2 790	2 785	2 715
	15.	Für Untersuchung von Dampfkesseln durch Revierbeamte	122 565	92 170	72 360
	16.	Ausserordentl. Einnahmen durch Verkauf von Produkten, Materialien u. Inventarienbeständen bei Werken, deren Betrieb für Staatsrechnung eingestellt wird	3 600	3 600	3 600
	17.	Sonstige Einnahmen, wie ökonomische Nutzungen v. Dienstgebäuden, für verkaufte Inventarienstücke u. dgl.	69 380	66 305	74 580
	18.	Einnahme der Berggewerbegerichte	710	500	490
	19.	Einnahmen beim Rückeinnahmefonds auf gewährte unverzinsliche Hausbaudarlehen an Berg- und Hüttenleute	145 080	143 150	138 055
		Summe der Einnahmen	**409 965**	**370 280**	**341 335**

[1]) Bis incl. 1898/99 Unterstützungen und Unterrichtskosten für Zöglinge, die zu Beamten Kleinkinderschulen und Arbeiterlesevereinen.

ausgaben und -Einnahmen.

Etatsjahr								Etatsstelle 1899	
1896/97 ℳ	1895/96 ℳ	1894/95 ℳ	1893/94 ℳ	1892/93 ℳ	1891/92 ℳ	1890/91 ℳ	1889/90 ℳ	Kap.	Titel
								22.	
65 380	65 380	65 410	65 410	65 650	65 650	66 139	66 289		1.
114 875	114 875	114 875	114 875	83 926	83 926	68 926	65 699		2.
75 029	78 431	79 394	83 902	85 799	71 308	66 867	40 997		3.
33 000	33 000	33 000	33 000	33 000	33 000	20 000	20 000		4.
58 500	58 500	58 500	58 500	—	—	—	—		5.
21 000	21 000	21 000	21 000	21 000	21 000	21 000	21 000		6.
200 000	200 000	200 000	200 000	200 000	200 000	200 000	200 000		7.
250 000	250 000	250 000	250 000	250 000	250 000	250 000	250 000		8.
75 600	90 000	63 000	93 000	140 000	100 000	85 500	66 000		9.
105 000	136 500	105 000	161 400	230 000	180 000	167 500	120 000		10.
5 000	5 000	5 000	27 000	27 000	27 000	27 000	27 000		
100 000	100 000	100 000	100 000	100 000	42 000	42 000	42 000		
90 000	75 000	75 000	75 000	60 000	60 000	60 000	40 000		
30 000	30 000	30 000	15 000	15 000	15 000	15 000	15 000		
1 223 384	**1 257 685**	**1 200 179**	**1 298 087**	**1 311 375**	**1 148 884**	**1 089 932**	**973 985**		
								9.	
43 870	36 050	6 428 062	6 966 452	6 961 152	5 000 303	4 475 383	4 186 610		13.
2 670	2 670	2 670	3 270	3 270	3 280	3 350	4 085		14.
75 000	75 000	—	—	—	—	—	—		15.
3 600	3 600	3 600	3 600	3 600	3 600	3 600	3 600		16.
73 930	73 390	59 438	58 378	52 178	51 937	55 847	52 235		17.
8 000	8 000	8 000	8 000	—	—	—	—		18.
137 735	134 885	140 190	140 730	137 125	132 200	127 250	125 880		19.
344 805	**333 595**	**6 641 960**	**7 180 430**	**7 157 325**	**5 191 320**	**4 665 430**	**4 322 410**		

und Arbeitern herangebildet werden, ferner zur Unterstützung von Fortbildungs-, Industrie- und

Noch: C. Vermischte Verwaltungs-

Etatsstelle 1889 Kap.	Titel	Etatspositionen.	1888/89 ℳ	1887/88 ℳ	1885/86 ℳ
22.		**Ausgaben.**			
	1.	Unterstützungen für ausgeschiedene Beamte, Wittwen u. Waisen von Beamten, invalide Arbeiter, emeritirte Knappschafts- und sonstige Institutsbeamte, sowie für Hinterbliebene derselben	[1]) *42 000* 66 754	*39 300* 66 889	*15 000* 67 024
	2.	Zuschüsse zu nicht staatlichen Bergschulen[2])	65 360	65 450	65 300
	3.	Ausgaben für Knappschaftskassen der eingestellten und veräusserten Staatswerke, vertragsmässige Zuschüsse an milde Stiftungen u. Kirchen zu Halle a./S. aus ihren Antheilen an der pfännerschaftlichen Saline	42 998	43 495	48 034
	4.	Betriebs- u. Verwaltungsausgaben bei Auflösung v. Staatswerken, Wartegelder, Unterstützungen und Versetzungskosten für Arbeiter und Invaliden solcher Werke	20 000	20 000	20 000
	5.	Ausgaben für die Berggewerbegerichte	—	—	—
	6.	Kosten der Zeitschrift für Berg- u. s. w. Wesen u. sonstige bergwissenschaftliche Veröffentlichungen	21 000	21 000	21 000
	7.	Belehrungsreisen der Beamten, Untersuchungen, Versuche, Rechnungsvergütungen, unvorhergesehene Betriebs- u. Verwaltungsausgaben	200 000	200 000	200 000
	8.	Bohrarbeiten	250 000	220 000	250 000
	9.	Bauprämien für Berg- und Hüttenleute für Bau von Wohnhäusern	66 000	75 000	75 000
	10.	Unverzinsliche Darlehen für denselben Zweck	120 000	165 000	165 000
		Zur Ablösung von Reallasten	27 000	27 000	27 000
		Zu unvorhergesehenen Bauausgaben	42 000	42 000	42 000
		Zur Remunerirung von Hilfsarbeitern u. Stellvertretern bei den Staatswerken und im Revierdienst	40 000	40 000	40 000
		Reise- und Umzugskosten sowie Miethsentschädigungen versetzter Beamten	15 000	15 000	15 000
		Summe der dauernden Ausgaben	**1 018 112**	**1 070 134**	**1 050 358**
9.		**Einnahmen.**			
	13.	[Bergwerksabgaben und] Gefälle auf Grund besonderer Gesetze und Verträge	3 971 645	4 045 770	4 126 485
	14.	Gebühren und Ordnungsstrafen	4 530	4 650	5 050
	15.	Für Untersuchung von Dampfkesseln durch Revierbeamte	—	—	—
	16.	Ausserordentl. Einnahmen durch Verkauf von Produkten, Materialien u. Inventarienbeständen bei Werken, deren Betrieb für Staatsrechnung eingestellt wird	3 600	[5]) *26 220* 3 600	*26 095* 3 600
	17.	Sonstige Einnahmen, wie ökonomische Nutzungen v. Dienstgebäuden, für verkaufte Inventarienstücke u. dgl.	40 505	11 210	11 990
	18.	Einnahme der Berggewerbegerichte	—	—	—
	19.	Einnahmen beim Rückeinnahmefonds auf gewährte unverzinsliche Hausbaudarlehen an Berg- und Hüttenleute	124 940	136 750	182 800
		Summe der Einnahmen	**4 145 220**	**4 228 200**	**4 356 020**

[1]) Wittwen- und Waisengelder. — [2]) Vergl. die Anmerkg. [1]) auf Seite 72. — [3]) Einschl. der jetzt Betriebs- und Bauausführungen. — [4]) Gesetzliche Wittwen- und Waisengeldbeiträge. — [5]) In

ausgaben und -Einnahmen.

Etatsjahr 1883/84 ℳ	1881/82 ℳ	1879/80 ℳ	1874 ℳ	1869 ℳ	1866 ℳ	1859 ℳ	1849 ℳ	Etatsstelle 1889 Kap.	Titel
								22.	
5 230	—	—	—	—	—	—	—		
67 378	67 700	64 400	50 904	40 308	19 398	36 000	26 000		1.
39 050	38 215	37 450	24 843	29 757	31 856	55 550	56 226		2.
53 898	58 625	61 608	43 035	35 610	38 175	12 381	18 058		3.
20 000	20 000	24 000	24 000	—	—	—	—		4.
—	—	—	—	—	—	—	—		5.
21 000	21 000	21 000	21 000	in der letzten Position mit enthalten.					6.
210 000	210 000	210 000	210 000						7.
150 000	—	—	—	—	—	—	—		8.
66 000	—	—	—	—	—	—	—		9.
140 000	—	—	—	—	—	—	—		10.
27 000	27 000	27 000	27 000						
42 000	42 000	42 000	42 000						
30 000	30 000	35 000	39 000	[3]) 333 000	225 000	225 000	[4]) 481 356		
15 000	15 000	12 000	12 000						
8 886 556	**529 540**	**534 458**	**493 782**	**486 936**	**347 011**	**328 881**	**591 639**		
								9.	
3 692 810	3 206 200	3 081 900	4 520 862	2 033 286	1 604 289	3 483 585	1 512 278		13.
3 759	4 093	3 716	79 812	41 700	61 650	193 704	129 882		14.
—	—	—	—	—	—	—	—		15.
62 654	—	—	—	—	—	—	—		
8 000	5 000	5 300	—	270 000	16 074	6 036	[6])		16.
					[7]) *12 279*	*17 490*	*11 589*		
13 137	4 807	6 384	5 901	15 150	3 195	6 510	60 765		17.
—	—	—	—	—	—	—	—		18.
234 000	225 740	224 000	50 400	—	—	—	—		19.
4 014 360	**3 445 840**	**3 321 300**	**4 656 975**	**2 360 136**	**1 697 487**	**3 707 325**	**1 714 514**		

Tit. 6 verrechneten Ausgaben. — [4]) Einschl. 189 420 M. Ausgaben verschiedener Art für grössere sonstigen Einnahmen enthalten. — [7]) Pensionsbeiträge.

D. Betriebseinnahmen und

Etatsstelle 1899 Kap.	Titel	Etatspositionen.	1899 ℳ	1898/99 ℳ	1897/98 ℳ
		Einnahme.			
9.	1.	Für Produkte	111 138 700	99 389 354	93 269 057
	2.	Oekonomische Nutzungen und sonstige Einnahmen	4 188 075	3 676 606	3 440 873
		Summe der Einnahmen	**115 326 775**	**103 065 960**	**96 709 930**
		Dauernde Ausgaben.			
14.	1.	Besoldungen	3 466 560	3 418 700	3 050 550
	2.	Wohnungsgeldzuschüsse für die Beamten	209 196	203 556	186 564
	3.	Vergütungen für Hilfsarbeiter und Stellvertreter von		* 1) 341 604	331 398
		Beamten, sowie nicht pensionsfähige Stellenzulagen	154 300	123 100	124 100
	4.	Ausserord. Remun. u. Unterstütz. f. Kanzlei- u. Unterbeamte	13 880	13 880	} 238 767 (4.–4c.)
	4a.	Ausserordentliche Remunerationen für mittlere Beamte	9 670	9 670	
	4b.	Ausserordentl. Unterstützung. f. höhere u. mittlere Beamte	19 450	19 450	
	4c.	Gratifikationen für technische Beamte	169 770	195 000	
	5.	Tagegelder, Reise- und Umzugskosten [2])	134 051	118 709	116 495
	6.	Materialien u. Geräthe (m. Ausnahme derjenig. zu Bauten)	17 398 207	15 475 966 * 15 336 180	14 370 200
	7.	Löhne (mit Ausnahme derjenigen zu Bauten)	59 815 484	55 515 593 * 53 434 876	51 176 452
	8.	Neu- und Erweiterungsbauten	2 574 820	2 079 480	1 909 650
	9.	Unterhaltung der Gebäude-, Wege- und Betriebsanlagen	2 631 810	2 396 020 * 2 414 310	2 445 060
	10.	Abgaben, Grundentschädigungen und Landerwerb	2 137 160	1 958 252 * 1 974 354	1 990 576
	10a.	Antheil der Stadt Berlin an dem Ueberschusse des Kalk-		* 3) 2 308 090	2 289 930
		steinbruches zu Rüdersdorf	53 000	48 000	48 000
	11.	Wohlfahrtszwecke	4 944 109	4 692 451 * 4 665 318	4 563 505
	12.	Verschiedene Ausgaben [4])	226 550	436 450	—
		Summe der dauernden Ausgaben	**93 958 017**	**86 704 277**	**82 741 247**

E. Betriebseinnahmen und

Kap.	Titel	Etatspositionen.	1899 ℳ	1898/99 ℳ	1897/98 ℳ
		Einnahme.			
9.	3.	Für Produkte	19 975 420	18 646 123	17 550 518
	4.	Oekonomische Nutzungen und sonstige Einnahmen	119 090	113 587	102 702
		Summe der Einnahmen	**20 094 510**	**18 759 710**	**17 653 220**
		Dauernde Ausgaben.			
15.	1.	Besoldungen	376 830	373 850	336 600
	2.	Wohnungsgeldzuschüsse für die Beamten	20 844	20 160	16 488
	3.	Vergütungen für Hilfsarbeiter und Stellvertreter von		* 1) 41 550	41 780
		Beamten, sowie nicht pensionsfähige Stellenzulagen	19 300	16 300	16 050
	4.	Ausserordentliche Remunerationen und Unterstützungen		* 3) 77 630	58 815
		für Kanzlei- und Unterbeamte	1 560	1 560	} 27 984 (4.–4c.)
	4a.	Ausserordentliche Remunerationen für mittlere Beamte	1 100	1 100	
	4b	Ausserordentl. Unterstützung. f. höhere u. mittlere Beamte	2 140	2 140	
	4c.	Gratifikationen für technische Beamte	18 000	20 400	
	5.	Tagegelder, Reise- und [2]) Umzugskosten	21 898	20 045	19 795
		Materialien und Geräthe (mit Ausnahme derjenigen zu		* 15 845	
	6.	Bauten)	16 058 578	14 799 655 * 14 780 045	13 910 025
	7.	Löhne (mit Ausnahme derjenigen zu Bauten)	2 137 055	2 065 579 * 2 059 239	1 964 185
	8.	Neu- und Erweiterungsbauten	370 500	156 800	107 825
	9.	Unterhaltung der Gebäude-, Wege- und Betriebsanlagen	382 650	377 910 * 390 240	379 400
	10.	Abgaben, Grundentschädigungen und Landerwerb	33 700	31 986 * 33 160	34 155
	11.	Wohlfahrtszwecke	145 111	143 963 * 141 968	141 322
	12.	Verschiedene Ausgaben [4])	101 874	103 539	—
		Summe der dauernden Ausgaben	**19 691 140**	**18 134 987**	**17 054 424**

* Vgl. die Anm. auf S. 65. — [1]) Bureaubedürfnisse. — [2]) seit 1899; vorher Kap. 22 Tit. 9. —

Ausgaben der Bergwerke.

Etatsjahr 1896/97 ℳ	1895/96 ℳ	1894/95 ℳ	1893/94 ℳ	1892/93 ℳ	1891/92 ℳ	1890/91 ℳ	1889/90 ℳ	Etatsstelle 1899 Kap.	Titel
87 247 585	85 956 620	86 202 430	93 533 860	98 684 730	92 482 354	76 016 614	67 197 966	9.	1.
3 399 595	3 453 115	3 528 440	3 634 080	3 437 100	3 113 986	2 840 266	2 737 148		2.
90 647 180	**89 409 735**	**89 730 870**	**97 167 940**	**102 121 830**	**95 596 340**	**78 856 880**	**69 935 114**		
3 035 900	3 025 700	3 020 950	3 011 250	3 000 975	2 941 650	1 181 800	1 161 375	14.	1.
186 804	184 512	187 476	204 048	206 412	205 716	55 224	56 808		2.
308 718	*231 461*	*230 230*	*233 550*	*222 583*	*190 390*	*180 245*	*173 655*		
126 660	196 898	186 018	178 840	154 645	128 123	99 747	99 020		3.
									4.
239 337	239 337	239 607	239 607	239 607	239 607	98 001	98 001		4a. 4b.
									4c.
117 235	112 735	114 135	114 415	109 785	101 105	88 900	89 805		5.
13 929 770	13 665 620	14 166 280	14 780 850	14 460 730	12 620 250	11 188 135	10 281 960		6.
48 940 670	48 460 720	49 768 920	52 890 318	54 231 890	49 923 300	42 292 068	37 463 200		7.
1 605 430	1 540 630	1 700 500	2 459 230	3 987 260	4 004 420	2 692 700	2 156 500		8.
2 368 695	2 431 335	2 480 740	2 497 710	2 220 860	1 920 900	1 734 850	1 633 200		9.
1 772 828	1 787 393	1 638 559	1 751 052	1 666 946	1 465 070	1 235 207	1 122 148		10.
2 176 620	*2 085 550*	*2 052 990*	*2 072 830*	*2 003 560*	*1 976 830*	*1 857 718*	*1 660 066*		
60 000	60 000	97 000	99 000	95 000	87 200	84 500	79 280		10a.
4 509 404	4 525 200	4 295 080	4 392 332	4 234 781	3 729 595	3 066 467	2 828 104		11.
—	—	—	—	—	—	—	—		12.
79 378 071	**78 547 091**	**80 178 485**	**84 925 032**	**86 835 034**	**79 534 156**	**65 855 562**	**58 903 122**		

-Ausgaben der Hütten.

1896/97 ℳ	1895/96 ℳ	1894/95 ℳ	1893/94 ℳ	1892/93 ℳ	1891/92 ℳ	1890/91 ℳ	1889/90 ℳ	Kap.	Titel
18 071 684	17 833 560	19 518 210	21 826 880	25 101 360	26 746 360	25 861 020	26 088 518	9.	3.
109 026	112 800	111 035	117 230	124 570	124 400	122 900	133 372		4.
18 180 710	**17 946 360**	**19 629 245**	**21 944 110**	**25 225 930**	**26 870 760**	**25 983 920**	**26 221 890**		
335 150	336 750	349 650	345 850	348 675	346 175	194 150	196 575	15.	1.
16 488	16 188	17 328	17 688	18 648	18 828	7 200	7 380		2.
33 750	*25 453*	*24 258*	*29 460*	*28 040*	*25 640*	*24 250*	*23 600*		
25 500	34 200	34 600	33 950	33 550	29 740	19 810	20 600		3.
95 105	*114 645*	*131 225*	*119 100*	*109 500*	*138 135*	*122 835*	*117 930*		
									4.
27 984	27 984	27 984	27 984	27 984	27 984	15 159	15 159		4a. 4b.
									4c.
18 895	19 025	18 975	19 105	18 790	18 400	18 020	17 080		5.
14 309 830	14 278 668	15 799 560	18 016 940	21 277 332	22 789 570	22 001 650	22 322 060		6.
1 937 745	1 891 734	1 873 050	1 909 550	1 849 050	1 860 016	1 912 286	1 837 600		7.
239 600	315 550	273 400	186 000	293 000	322 500	225 000	238 450		8.
378 695	381 730	416 217	426 680	391 100	393 290	356 120	347 240		9.
25 820	20 452	20 994	15 235	32 100	44 409	18 339	18 120		10.
147 692	152 485	153 618	157 902	163 160	161 230	143 480	114 745		11.
—	—	—	—	—	—	—	—		12.
17 592 254	**17 614 864**	**19 140 859**	**21 305 444**	**24 590 929**	**26 175 917**	**25 058 299**	**25 276 539**		

[3]) Debitskosten. — [4]) Bis 1899 in anderen Titeln zerstreut.

Etatsstelle 1899 Kap.	Titel	Etatspositionen.	1888/89 ℳ	1887/88 ℳ	1885/86 ℳ
		Einnahme.			
9.	1.	Für Produkte	66 631 678	67 066 755	66 753 051
	2.	Oekonomische Nutzungen und sonstige Einnahmen	2 757 305	2 904 539	3 108 327
				[1]) *23 194*	*21 805*
		Summe der Einnahmen	**69 388 983**	**69 994 488**	**69 883 183**
		Dauernde Ausgaben.			
14.	1.	Besoldungen	725 400	719 475	671 475
	2.	Wohnungsgeldzuschüsse für die Beamten	36 816	34 908	31 632
	3.	Vergütungen für Hilfsarbeiter und Stellvertreter von Beamten, sowie nicht pensionsfähige Stellenzulagen	[3]) *175 258* 108 620	*177 608* 100 600	*164 391* 69 670
	4.	Ausserordentliche Remunerationen und Unterstützungen für Kanzlei- und Unterbeamte			
	4a.	Ausserordentliche Remunerationen für mittlere Beamte	44 700	44 700	44 700
	4b.	Ausserordentl. Unterstützung. f. höhere u. mittlere Beamte			
	4c.	Gratifikationen für technische Beamte			
	5.	Tagegelder, Reise- und [4]) Umzugskosten	89 975	90 120	83 089
	6.	Materialien u. Geräthe (m. Ausnahme derjenig. zu Bauten)	10 769 970	11 152 284	11 168 354
	7.	Löhne (mit Ausnahme derjenigen zu Bauten)	38 167 650	38 307 627	37 653 091
	8.	Neu- und Erweiterungsbauten	1 706 000	1 670 265	1 684 135
	9.	Unterhaltung der Gebäude-, Wege- und Betriebsanlagen	1 612 440	1 569 010	1 578 009
	10.	Abgaben, Grundentschädigungen und Landerwerb	1 228 110	1 178 879	1 081 079
	10a.	Antheil der Stadt Berlin an dem Ueberschusse des Kalksteinbruches zu Rüdersdorf	[5]) *1 707 170* 54 150	*1 667 980* 53 000	*1 554 443* 51 000
	11.	Wohlfahrtszwecke	2 579 941	2 203 407	1 576 753
	12.	Verschiedene Ausgaben [7])	—	—	—
		Summe der dauernden Ausgaben	**59 006 200**	**58 969 863**	**57 411 821**

Noch: E. Betriebseinnahmen

Kap.	Titel	Etatspositionen.	1888/89 ℳ	1887/88 ℳ	1885/86 ℳ
		Einnahme.			
9.	3.	Für Produkte	25 112 317	23 981 312	21 962 690
	4.	Oekonomische Nutzungen und sonstige Einnahmen	87 010	93 489	108 284
				[1]) *5 803*	*5 678*
		Summe der Einnahmen	**25 199 327**	**24 080 604**	**22 076 652**
		Dauernde Ausgaben.			
15.	1.	Besoldungen	164 625	171 075	171 675
	2.	Wohnungsgeldzuschüsse für die Beamten	5 460	4 884	4 944
	3.	Vergütungen für Hilfsarbeiter und Stellvertreter von Beamten, sowie nicht pensionsfähige Stellenzulagen	[3]) *22 605* 20 250	*21 400* 17 000	*19 300* 14 800
	4.	Ausserordentliche Remunerationen und Unterstützungen für Kanzlei- und Unterbeamte	[5]) *109 650*	*99 146*	*82 280*
	4a.	Ausserordentliche Remunerationen für mittlere Beamte			
	4b.	Ausserordentliche Unterstützungen für höhere u. mittlere Beamte	9 600	9 600	9 600
	4c.	Gratifikationen für technische Beamte			
	5.	Tagegelder, Reise- und [4]) Umzugskosten	16 725	14 275	12 785
	6.	Materialien und Geräthe (mit Ausnahme derjenigen zu Bauten)	21 451 410	20 506 268	18 333 166
	7.	Löhne (mit Ausnahme derjenigen zu Bauten)	1 777 720	1 780 032	1 761 830
	8.	Neu- und Erweiterungsbauten	173 500	104 400	97 000
	9.	Unterhaltung der Gebäude-, Wege- und Betriebsanlagen	349 800	344 536	329 856
	10.	Abgaben, Grundentschädigungen und Landerwerb	17 840	18 467	20 289
	11.	Wohlfahrtszwecke	107 220	92 126	78 952
	12.	Verschiedene Ausgaben [7])	—	—	—
		Summe der dauernden Ausgaben	**24 226 405**	**23 183 209**	**20 936 477**

[1]) Gesetzliche Wittwen- u. Waisengeldbeiträge. — [2]) Pensionsbeträge. — [3]) Bureaubedürf-
ordinärer Ausgaben". — [7]) Bis 1899 in anderen Titeln zerstreut. — [8]) Betriebskosten. — [9]) Neu-

und -Ausgaben der Bergwerke.

Etatsjahr 1883/84 ℳ	1881/82 ℳ	1879/80 ℳ	1874 ℳ	1869 ℳ	1866 ℳ	1859 ℳ	1849 ℳ	Etatsstelle 1899 Kap.	Titel
60 008 795	52 963 458	55 031 830	74 817 087	45 594 905	29 690 229	23 628 303	5 836 462	9.	1.
2 748 760	965 677	943 955	1 130 667	2 606 913	923 922	495 252	228 286		2.
					2) *3 537*	*1 620*	*689*		
62 757 555	**53 929 135**	**55 975 785**	**75 947 754**	**48 201 828**	**30 617 688**	**24 125 175**	**6 065 436**		
656 025	652 875	660 225	639 690	404 883	199 260	99 900	51 557	14.	1.
30 996	31 332	30 708	—	—	—	—	—		2.
155 891	*138 966*	*136 463*	*118 296*	*98 409*	*49 881*	*28 158*	*23 425*		
65 510	58 975	57 680	58 665	29 757	17 979	11 961	in d.Besold. enthalten		3.
									4.
44 700	44 700	44 700	44 700	17 700	4 200	—	—		4a.
									4b.
							in Bureau-bedürfniss. enthalten		4c.
82 255	83 955	86 435	77 460	54 729	36 246	16 434			5.
9 906 090	7 158 990	7 896 440	8 338 140	8 566 599	4 067 288	3 736 737	56 116		6.
33 617 758	29 837 916	31 260 984	32 932 281	24 157 167	14 890 488	11 337 390	3 725 958		7.
1 628 890	1 558 500	1 303 070	6 355 134	3 002 259	2 736 804	2 087 451	} 86 743		8.
1 510 816	1 499 344	1 555 031	1 213 323	682 614	259 008	149 697			9.
1 104 842	1 197 624	1 889 019	1 344 378	690 828	356 583	281 205	87 074		10.
1 439 867	*1 427 933*	*1 505 495*	*1 456 938*	*1 448 343*	*407 178*	*219 708*	6) *143 048*		
42 760	42 000	96 836	—	—	—	—	—		10a.
1 443 150	1 310 741	1 302 389	1 152 204	566 343	354 699	268 617	1 171		11.
—	—	—	—	—	—	—	—		12.
51 729 550	**45 043 851**	**47 825 475**	**53 731 209**	**39 719 631**	**23 379 612**	**18 237 258**	**4 175 094**		

und -Ausgaben der Hütten.

1883/84	1881/82	1879/80	1874	1869	1866	1859	1849	Kap.	Titel
19 438 920	18 847 495	20 819 320	22 347 981	19 328 859	9 213 675	10 225 785	6 188 524	9.	3.
93 394	91 765	107 850	108 837	183 591	102 075	132 168	120 457		4.
					2) *2 148*	*2 793*	*2 772*		
19 532 314	**18 939 260**	**20 927 170**	**22 456 818**	**19 512 450**	**9 317 898**	**10 360 746**	**6 311 753**		
168 075	166 275	172 575	176 475	246 939	117 600	161 010	175 207	15.	1.
3 864	3 684	3 684	—	—	—	—	—		2.
17 705	*17 460*	*17 460*	*17 949*	*29 895*	*13 074*	*13 791*	*37 851*		
12 140	14 095	14 005	11 430	11 730	4 545	3 375	—		3.
70 960	*81 960*	*87 650*	*90 642*	*311 409*	*72 813*	*79 176*	*35 622*		
									4.
									4a.
9 600	9 600	9 600	9 600	11 100	2 880	—	—		
									4b.
							in Bureau-bedürfniss. enthalten		4c.
12 533	11 198	12 220	12 516	19 080	8 100	10 470			5.
16 496 675	15 635 912	17 369 990	18 440 130	12 501 900	5 514 015	6 631 071	} 8) 5014640		6.
1 622 569	1 535 532	1 616 450	1 648 734	3 158 715	1 622 148	1 509 621			7.
188 400	146 800	65 500	649 842	860 475	547 158	551 556	9) 175 673		8.
318 070	305 270	308 910	297 210	605 880	318 804	414 504	10) 242 601		9.
20 114	17 508	21 600	38 100	49 395	37 098	8 664	11 545		10.
72 689	58 158	59 726	55 524	79 299	47 580	55 869	12 623		11.
—	—	—	—	—	—	—	—		12.
19 013 394	**18 003 452**	**19 759 370**	**21 448 152**	**17 885 817**	**8 305 815**	**9 439 107**	**5 705 762**		

nisse. — 4) seit 1899; vorher Kap. 22 Tit. 9. — 5) Debitskosten. — 6) incl. sonstiger „extra-bauten und Hauptreparaturen. — 10) Zur Unterhaltung der Vorrichtungen und Geräthschaften.

F. Betriebseinnahmen und

Etatsstelle 1899 Kap.	Titel	Etatspositionen.	1899 ℳ	1898/99 ℳ	1897/98 ℳ
		Einnahme.			
9.	5.	Für Produkte	7 938 205	7 344 203	7 517 300
	4.	Oekonomische Nutzungen und sonstige Einnahmen	407 315	378 667	377 440
		Summe der Einnahmen	**8 345 520**	**7 722 870**	**7 894 740**
		Dauernde Ausgaben.			
16.	1.	Besoldungen	398 290	383 580	335 400
	2.	Wohnungsgeldzuschüsse für die Beamten	11 016	11 172	10 992
				*[1]) *26 180*	*25 310*
	3.	Vergütungen für Hilfsarbeiter und Stellvertreter von Beamten, sowie nicht pensionsfähige Stellenzulagen	19 930	*[2]) *449 210* 16 200	*472 710* 15 300
	4.	Ausserordentliche Remunerationen und Unterstützungen für Kanzlei- und Unterbeamte	2 115	2 115	} 22 833
	4a	Ausserordentliche Remunerationen für mittlere Beamte	1 200	1 200	
	4b.	Ausserordentl. Unterstützungen für höhere u. mittl. Beamte	2 700	2 700	
	4c.	Gratifikationen für technische Beamte	18 000	20 370	
	5.	Tagegelder, Reise- und[3]) Umzugskosten	18 685	13 585	11 945
	6.	Materialien u Geräthe (mit Ausnahme derjenigen zu Bauten)	2 187 620	2 006 158	1 798 700
				* *1 789 800*	
	7.	Löhne (mit Ausnahme derjenigen zu Bauten)	2 203 180	1 958 474	1 603 890
				* *1 716 060*	
	8.	Neu- und Erweiterungsbauten	469 200	574 350	645 750
	9.	Unterhaltung der Gebäude-, Wege- und Betriebsanlagen	476 470	455 650	436 830
	10.	Abgaben, Grundentschädigungen und Landerwerb	316 713	235 949	219 653
				* *237 553*	
	11.	Wohlfahrtszwecke	150 895	143 570	140 260
				* *141 890*	
	12.	Verschiedene Ausgaben[4])	32 231	16 542	—
		Summe der dauernden Ausgaben	**6 308 245**	**5 841 615**	**5 739 573**

G. Betriebseinnahmen und

Kap.	Titel	Etatspositionen.	1899 ℳ	1898/99 ℳ	1897/98 ℳ
		Einnahme.			
9.	7.	Aus dem Badebetriebe	274 320	177 830	165 780
	8.	Oekonomische Nutzungen und sonstige Einnahmen	15 930	89 170	82 420
		Summe der Einnahmen	**290 250**	**267 000**	**248 200**
		Dauernde Ausgaben.			
17.	1.	Besoldungen	10 910	9 210	7 300
	2.	Wohnungsgeldzuschüsse für die Beamten	288	72	72
	3	Vergütungen für Hilfsarbeiter und Stellvertreter von Beamten, sowie nicht pensionsfähige Stellenzulagen	4 140	*[1]) *10 358* 2 140	*10 128* 2 140
	4.	Ausserordentliche Remunerationen und Unterstützungen für die Beamten, sowie Gratifikationen für technische Beamte	840	840	840
	5.	Tagegelder, Reise- und[3]) Umzugskosten	1 150	950	930
	6.	Materialien und Geräthe (mit Ausnahme derjenigen zu Bauten)	50 290	48 591	38 770
				* *42 440*	
	7.	Löhne (mit Ausnahme derjenigen zu Bauten)	30 820	29 740	60 820
				* *64 440*	
	8.	Neu- und Erweiterungsbauten	6 000	24 420	49 000
	9.	Unterhaltung der Gebäude-, Wege- und Betriebsanlagen	73 350	69 430	66 610
				* *69 090*	
	10.	Abgaben, Grundentschädigungen und Landerwerb	3 058	3 348	3 590
				* *3 380*	
	11.	Wohlfahrtszwecke	2 516	2 510	2 570
				* *2 490*	
	12.	Verschiedene Ausgaben[4])	43 524	38 579	—
		Summe der dauernden Ausgaben	**226 886**	**229 830**	**242 770**

* Vgl. die Anm. auf S. 65. — [1]) Büreaubedürfnisse. — [2]) Debitkosten — [3]) seit 1899. — [4]) bis

-Ausgaben der Salzwerke.

Etatsjahr 1896/97 ℳ	1895/96 ℳ	1894/95 ℳ	1893/94 ℳ	1892/93 ℳ	1891/92 ℳ	1890/91 ℳ	1889/90 ℳ	Etatsstelle 189 Kap.	Titel
7 197 750	7 403 970	7 298 050	7 059 720	6 791 510	6 859 990	6 914 740	6 505 340	9.	5.
392 540	384 020	385 310	361 540	398 620	421 300	396 680	299 190		4.
7 590 290	**7 787 990**	**7 683 360**	**7 421 260**	**7 190 130**	**7 281 290**	**7 311 420**	**6 804 530**		
327 600	326 800	324 400	326 500	321 475	333 575	195 425	197 400	16.	1.
10 224	10 296	9 756	11 196	10 584	12 864	5 484	7 644		2.
25 385	*21 120*	*20 940*	*23 950*	*23 940*	*23 630*	*23 325*	*23 778*		
457 055	*484 600*	*485 520*	*484 080*	*467 150*	*491 320*	*463 030*	*323 120*		
13 700	19 210	19 180	19 200	19 700	20 320	16 700	12 570		3.
22 833	22 833	22 833	22 833	22 833	22 833	13 086	13 086		4. 4a. 4b. 4c.
11 545	10 330	10 430	10 330	10 330	11 060	10 360	9 090		5.
1 832 620	1 750 830	1 769 880	1 755 570	1 706 610	1 748 540	1 746 500	1 707 652		6.
1 565 050	1 542 530	1 594 520	1 586 030	1 517 120	1 583 530	1 683 315	1 663 420		7.
462 800	338 600	161 600	327 500	362 700	630 400	312 200	437 000		8.
423 870	402 120	405 100	383 910	374 010	362 440	342 670	316 850		9.
256 906	310 676	397 486	376 236	333 716	370 266	322 556	365 556		10.
135 675	133 008	130 538	139 038	133 070	141 500	130 490	111 530		11.
—	—	—	—	—	—	—	—		12.
5 545 263	**5 372 953**	**5 352 183**	**5 466 373**	**5 303 238**	**5 752 278**	**5 265 141**	**5 188 696**		

-Ausgaben der Badeanstalten.

1896/97 ℳ	1895/96 ℳ	1894/95 ℳ	1893/94 ℳ	1892/93 ℳ	1891/92 ℳ	1890/91 ℳ	1889/90 ℳ	Kap.	Titel
167 337	169 440	166 215	166 922	166 585	163 304	149 417	144 775	9	7.
66 423	68 750	67 645	69 918	69 555	68 026	63 375	60 355		8.
233 760	**238 190**	**233 860**	**236 840**	**236 140**	**231 330**	**212 792**	**205 130**		
7 250	7 250	—	—	—	—	—	—	17.	1.
72	72	—	—	—	—	—	—		2.
9 843	*9 835*	*9 935*	*10 345*	*10 328*	*9 840*	*9 130*	*8 868*		
2 140	2 173	2 275	2 270	2 265	2 265	2 265	2 265		3.
270	270	—	—	—	—	—	—		4.
910	970	970	1 120	1 120	1 120	1 070	1 070		5.
37 530	38 905	} 82 315	84 910	85 723	81 953	77 725	79 222		6.
55 620	54 105								7.
22 860	13 300	6 500	8 700	39 100	37 100	26 100	23 500		8.
66 440	59 364	55 049	55 359	53 643	52 296	44 166	42 514		9.
5 270	2 070	1 520	4 650	1 340	1 400	1 230	1 265		10.
2 485	2 256	14 326	14 466	14 921	13 956	12 706	12 426		11.
—	—	—	—	—	—	—	—		12.
210 690	**190 570**	**172 890**	**181 820**	**208 440**	**199 930**	**174 392**	**171 130**		

einschl. 1898/99 in anderen Titeln zerstreut.

Noch: F. Betriebseinnahmen und

Etatsstelle 1899 Kap.	Titel	Etatspositionen.	1888/89 ℳ	1887/88 ℳ	1885/86 ℳ
		Einnahme.			
9.	5.	Für Produkte	6 626 920	5 916 550	6 731 075
	4.	Oekonomische Nutzungen und sonstige Einnahmen	353 288	326 477	302 097
				[1]) *5 803*	[1]) *4 778*
		Summe der Einnahmen	**6 980 208**	**6 247 975**	**7 037 950**
		Dauernde Ausgaben.			
16.	1.	Besoldungen	152 550	150 450	152 025
	2.	Wohnungsgeldzuschüsse für die Beamten	5 064	5 064	5 064
			[3]) *23 548*	*23 218*	*23 378*
	3.	Vergütungen für Hilfsarbeiter und Stellvertreter von Beamten, sowie nicht pensionsfähige Stellenzulagen	[4]) *325 445* 11 745	*296 775* 11 145	*312 255* 9 900
	4.	Ausserordentliche Remunerationen und Unterstützungen für Kanzlei- und Unterbeamte	} 7 200	7 200	7 200
	4a.	Ausserordentliche Remunerationen für mittlere Beamte			
	4b.	Ausserordentliche Unterstützungen für höhere u. mittlere Beamte			
	4c.	Gratifikationen für technische Beamte			
	5.	Tagegelder, Reise- und[6]) Umzugskosten	9 190	9 040	9 710
	6.	Materialien und Geräthe (mit Ausnahme derjenigen zu Bauten)	1 753 247	1 608 027	1 620 562
	7.	Löhne (mit Ausnahme derjenigen zu Bauten)	1 654 280	1 635 670	1 809 275
	8.	Neu- und Erweiterungsbauten	460 600	266 200	202 600
	9.	Unterhaltung der Gebäude-, Wege- und Betriebsanlagen	313 446	305 571	292 191
	10.	Abgaben, Grundentschädigungen und Landerwerb	381 600	454 806	444 920
	11.	Wohlfahrtszwecke	92 990	86 829	84 190
	12.	Verschiedene Ausgaben[8])	—	—	—
		Summe der dauernden Ausgaben	**5 190 905**	**4 859 995**	**4 973 270**

Noch: G. Betriebseinnahmen und

Kap.	Titel	Etatspositionen.	1888/89 ℳ	1887/88 ℳ	1885/86 ℳ
		Einnahme.			
9.	7.	Aus dem Badebetriebe	138 535	133 910	132 080
	8.	Oekonomische Nutzungen und sonstige Einnahmen	56 115	54 240	45 620
		Summe der Einnahmen	**194 650**	**188 150**	**177 700**
		Dauernde Ausgaben.			
17.	1.	Besoldungen	—	—	—
	2.	Wohnungsgeldzuschüsse für die Beamten	—	—	—
	3.	Vergütungen für Hilfsarbeiter und Stellvertreter von Beamten, sowie nicht pensionsfähige Stellenzulagen	[3]) *8 150* 2 335	*7 995* 2 935	*7 006* 2 690
	4	Ausserordentliche Remunerationen und Unterstützungen für die Beamten, sowie Gratifikationen für technische Beamte	—	—	—
	5.	Tagegelder, Reise- und[6]) Umzugskosten	1 070	1 070	1 070
	6.	Materialien und Geräthe (mit Ausnahme derjenigen zu Bauten)	} 75 140	74 915	61 134
	7.	Löhne (mit Ausnahme derjenigen zu Bauten)			
	8.	Neu- und Erweiterungsbauten	24 050	19 600	24 000
	9.	Unterhaltung der Gebäude-, Wege- und Betriebsanlagen	38 464	36 384	34 790
	10.	Abgaben, Grundentschädigungen und Landerwerb	1 735	1 695	1 338
	11.	Wohlfahrtszwecke	12 106	11 956	6 350
	12.	Verschiedene Ausgaben[8])	—	—	— [9]) *7 112*
		Summe der dauernden Ausgaben	**163 050**	**156 550**	**145 490**

[1]) Gesetzliche Wittwen- und Waisengeldbeiträge. — [2]) Pensionsbeiträge. — [3]) Büreaubedürfnissen enthalten. — [8]) bis einschl. 1898/99 in anderen Titeln zerstreut. — [9]) Zinsen und Amorti-

-Ausgaben der Salzwerke.

Etatsjahr 1883/84 ℳ	1881/82 ℳ	1879/80 ℳ	1874 ℳ	1869 ℳ	1866 ℳ	1859 ℳ	1849 ℳ	Etatsstelle 1899 Kap.	Titel
5 732 650	4 853 606	4 528 270	5 138 922	4 077 654	3 425 529	3 503 961	3 702 140	9.	4.
252 030	176 474	200 880	92 706	123 990	97 671	79 953	82 054		5.
					2) *1 845*	2) *1 998*	2) *1 780*		
5 984 680	**5 030 080**	**4 729 150**	**5 231 628**	**4 201 644**	**3 525 045**	**3 585 912**	**3 785 974**		
143 325	140 775	140 250	162 225	139 800	106 398	119 283	116 659	16.	1.
4 640	3 920	3 990	—	—	—	—	—		2.
21 849	*18 365*	*16 760*	*14 334*	*16 194*	*10 749*	*15 195*	*18 067*		
287 480	*276 700*	*289 920*	*345 237*	*325 452*	*171 615*	*770 634*	*113 909*		
9 500	9 970	8 650	8 670	3 957	2 634	3 114	5) —		3.
7 200	7 200	7 200	7 200	8 700	1 920	—	—		{ 4. 4a. 4b. 4c.
8 560	8 280	8 570	10 341	6 900	3 756	2 256	7) —		5.
1 638 284	1 607 620	1 595 320	1 396 143	929 010	729 822	853 155	} 2 471 933		{ 6.
1 450 521	1 092 528	1 048 993	1 404 552	921 912	842 682	485 994			{ 7.
290 650	85 500	207 800	361 500	144 612	143 313	157 044	} 242 851		{ 8.
288 680	269 367	269 971	268 902	308 664	288 285	394 950			{ 9.
122 841	88 555	85 956	120 108	65 046	26 637	15 453	11 144		10.
78 895	79 780	88 620	61 860	61 011	52 602	53 361	25 886		11.
—	—	—	—	—	—	—	—		12.
4 352 425	**3 688 560**	**3 772 000**	**4 161 072**	**2 931 258**	**2 380 413**	**2 870 439**	**3 000 450**		

-Ausgaben der Badeanstalten.

1883/84 ℳ	1881/82 ℳ	1879/80 ℳ	1874 ℳ	1869 ℳ	1866 ℳ	1859 ℳ	1849 ℳ	Kap.	Titel
119 290	106 518	110 828	108 957	—	—	—	—	9.	7.
36 790	32 312	30 472	29 973	—	—	—	—		8.
156 080	**138 830**	**141 300**	**138 930**	—	—	—	—		
—	—	—	—					17.	1.
—	—	—	—						2.
4 710	*4 230*	*3 970*	*2 709*						
3 110	2 810	2 780	6 627						3.
—	—	—	—						4.
900	600	600	240						5.
57 135	48 035	49 200	43 815	} **82 857**	—	—	—		6.
									7.
29 853	13 300	21 000	43 140						8.
32 060	31 990	33 400	23 739						9.
1 066	1 120	1 034	1 005						10.
5 556	5 286	4 416	2 010						11.
—	—	—	—						12.
15 000	*21 579*	*21 900*	*17 100*						
149 390	**128 950**	**138 300**	**140 385**						

nisse. — 4) Debitkosten. — 5) in Besoldungen enthalten. — 6) seit 1899. — 7) in Büreaubedürfsation der auf dem Bade Oeynhausen haftenden und vom Staate übernommenen Schulden.

[f]

Noch: Anlage XXVII.

H. Betriebseinnahmen und -Ausgaben der Gemeinschaftswerke*).

Etatsstelle 1899 Kap.	Etatsstelle 1899 Titel	Etatspositionen.	Etatsjahr 1899 ℳ	1898/99 ℳ	1897/98 ℳ	1896/97 ℳ	1895/96 ℳ	1892/93[1] ℳ	1891/92[1] ℳ	1888/89[1] ℳ	1883/84[1] ℳ	1879/80[1] ℳ	1869[1] ℳ
		A. Preussische und Braunschweigische Gemeinschaftswerke am Unterharz.											
		B. Preussische und Schaumburg-Lippe'sche Gesammt-Steinkohlenbergwerke bei Obernkirchen.											
9.		**Einnahme.**											
	9.	Für Produkte	3 560 624	3 319 328	3 114 760	3 094 664	2 949 568	3 482 096	3 645 104	2 859 824	2 963 560	2 355 760	
	11.		*1 126 190*	*1 100 794*	*1 047 572*	*1 041 557*	*992 025*	*1 122 800*	*1 070 000*	*694 700*	*914 660*	*780 500*	
	10.	Oekonomische Nutzungen	15 424	15 392	14 848	14 800	15 696	13 536	13 248	12 144	15 688	12 800	
	12.		*19 310*	*49 706*	*48 928*	*48 443*	*46 975*	*49 700*	*48 700*	*38 796*	*50 740*	*27 500*	
		Summe der Einnahmen	**3 576 048**	**3 334 720**	**3 129 408**	**3 109 464**	**2 965 264**	**3 495 632**	**3 658 352**	**2 871 968**	**2 979 248**	**2 368 560**	
			1 145 500	*1 150 500*	*1 096 500*	*1 090 000*	*1 039 000*	*1 172 500*	*1 118 700*	*733 566*	*965 400*	*808 000*	
18.		**Dauernde Ausgaben.**											
	1.	Besoldungen	72 543	74 600	63 829	63 829	63 529	63 529	40 243	29 957	29 657	30 429	
	16.		*48 135*	*48 935*	*43 125*	*43 125*	*43 125*	*43 975*	*23 850*	*12 000*	*11 975*	*11 975*	
	2.	Wohnungsgeldzuschüsse für die Beamten	2 606	2 434	2 537	2 537	2 537	2 743	651	789	754	754	
	17.		*3 240*	*3 240*	*3 240*	*3 240*	*3 240*	*3 420*	*1 260*	*720*	*720*	*720*	
	3.	Vergütungen f. Hilfsarbeiter und Stellvertret. v. Beamten, sowie nicht pensionsfäh. Stellenzulag.	3 400	3 400	3 400	3 400	6 904	6 368	6 048	5 040	3 328	2 720	
	18.		*1 875*	*1 675* [775]	*775*	*775*	*900*	*900*	*2 500*	*2 205*	*1 575*	*1 575*	
	4.	Unterstütz. f. d. Beamt. u. ausserordentliche Remunerationen für mittlere und untere Beamte	1 632	1 371	5 300	5 300	5 300	5 300	3 540	2 857	1 714	1 714	
	19.		*963*	*963*	*3 878*	*3 878*	*3 878*	*4 076*	*2 281*	*900*	*900*	*900*	
	4a.	Gratifikationen für techn. Beamte	3 608	3 866									
	19a		*2 915*	*2 915*									
	5.	Tagegelder, Reise- und[2]) Umzugskosten	2 072	1 976	1 976	1 976	1 976	1 984	1 984	1 888	1 520	1 488	
	20.		*3 250*	*3 100*	*3 100*	*3 100*	*3 100*	*2 900*	*2 900*	*2 630*	*3 830*	*2 500*	
	6.	Materialen und Geräthe (mit Ausnahme derjenigen zu Bauten)	1 988 964	1 856 334 [1 843 136]	1 756 880	1 734 480	1 685 392	1 946 880	2 091 896	1 583 712	1 667 600	1 265 664	
	21.		*108 950*	*94 050* [*122 500*]	*121 100*	*119 600*	*119 200*	*135 950*	*123 000*	*93 750*	*115 500*	*95 725*	

7.	Löhne (mit Ausnahme derjenigen	606 864	599 274	596 904	594 544	595 768	581 888	601 012	528 704	504 880	436 736	Ueberschuss 144 000
			[585 360]									
22.	zu Bauten)	*711 900*	*721 970*	*650 100*	*651 400*	*644 250*	*681 200*	*691 607*	*462 170*	*560 305*	*394 425*	*225 000*
			[*658 800*]									
8.	Neu- und Erweiterungsbauten .	62 286	38 286	32 571	26 857	26 857	69 714	69 714	61 714	106 857	46 286	
23.		*12 500*	*15 000*	*3 500*	*3 500*	*3 500*	*9 000*	*6 800*	*2 000*	*25 000*	*11 800*	
9.	Unterhaltung d. Gebäude-, Wege-	117 327	98 416	102 128	101 144	100 416	107 712	110 912	90 656	98 976	87 056	
24.	und Betriebsanlagen	*20 300*	*25 100*	*24 150*	*24 773*	*29 073*	*29 250*	*21 150*	*17 950*	*25 750*	*32 350*	
10.	Abgaben, Grundentschädigungen	22 112	21 579	21 272	21 152	21 156	25 343	26 373	23 893	6 662	5 874	
			[21 580]									
25.	und Landerwerb	*9 100*	*9 100*	*9 300*	*8 500*	*8 500*	*8 700*	*8 700*	*7 935*	*13 500*	*18 590*	
			[*9 750*]									
11.		37 584	38 878	35 664	34 208	33 648	35 156	40 996	32 916	24 068	18 609	
			[35 728]									
26.	Wohlfahrtszwecke	*73 000*	*75 500*	*71 200*	*70 100*	*62 130*	*56 300*	*53 650*	*29 850*	*17 000*	*15 850*	
			[*74 700*]									
12.	Verschiedene Ausgaben[3])	3 856	3 505	—	—	—	—	—	—	—	—	
27.		*2 850*	*2 770*	—	—	—	—	—	—	—	—	
13.	Pensionen f. Beamte, Unterstützg.	9 808	9 808	9 856	9 856	9 856	9 856	11 240	11 240	11 424	12 888	
28.	für ausgeschd. Beamte, invalide	*3 170*	*2 285*	*2 000*	*2 000*	*2 000*	*1 409*	*1 500*	*1 400*	*1 850*	*2 650*	
	Arbeiter und deren Hinterblieb.		[*2 000*]									
14.	Wittwen- und Waisengelder . .	2 000	2 000	2 000	2 000	2 000	2 000	2 000	600	—	—	
29.		*3 101*	*2 772*	*2 772*	*2 061*	*2 061*	*1 564*	*687*	*275*	—	—	
15.	Sonstige Verwaltungs- und Be-	7 386	6 993	9 875	9 917	9 914	10 079	10 079	8 850	8 344	7 094	
			[9 895]									
30.	triebsausgaben	*251*	*1 125*	*835*	*923*	*2 243*	*1 435*	*1 219*	*625*	*600*	*760*	
			[*2 025*]									
	Debitskosten	—	[22 512]	20 864	23 120	23 595	22 224	30 064	29 488	32 016	35 440	
		—	[*35 200*]	*34 650*	*35 200*	*34 150*	*34 650*	*35 455*	*34 510*	*34 745*	*35 150*	
	Bureaubedürfnisse	—	[8 352]	8 352	8 344	4 416	4 856	4 400	4 064	3 648	3 808	
		—	[*2 775*]	*2 775*	*2 775*	*2 650*	*2 670*	*2 980*	*2 580*	*2 650*	*3 030*	
	Summe d. dauernd. Ausgaben .	**2 944 048**	**2 762 720**	**2 673 408**	**2 642 664**	**2 593 264**	**2 895 632**	**3 051 152**	**2 416 368**	**2 501 448**	**1 956 560**	
		1 005 500	*1 010 500*	*976 500*	*975 000*	*964 000*	*1 017 400*	*979 340*	*671 500*	*814 900*	*628 000*	

*) Die gewöhnlich gedruckten Angaben beziehen sich auf die Preussischen und Braunschweigischen Gemeinschaftswerke am Unterharz, die schräg gedruckten auf die Preussischen und Schaumburg-Lippeschen Gesammt-Steinkohlenbergwerke bei Obernkirchen. Wegen der eingeklammerten Zahlen für 1898/99 vgl. die Anm. auf S. 65.

[1]) In denjenigen Jahren, für welche hier nicht, wie bezüglich der anderen Theile des Berg-, Hütten- und Salinenetats die Zahlen angegeben sind, betrugen

	1894/95	1893/94	1890/91	1889/90	1887/88	1885/86	1881/82	1874
die Einnahmen:	3 095 552	3 152 464	3 235 808	3 167 456	3 064 128	3 187 432	2 972 080	2 049 609
	1 057 500	*1 142 000*	*903 350*	*773 000*	*729 700*	*862 000*	*826 000*	*1 353 000*,
die Ausgaben:	2 653 552	2 694 864	2 659 568	2 595 456	2 608 128	2 610 152	2 526 720	1 809 609
	982 500	*1 011 500*	*805 500*	*704 550*	*677 200*	*792 000*	*611 000*	*858 150*.

— [2]) Seit 1899. — [3]) Bis einschl. 1898/99 in verschiedenen Titeln zerstreut.

Anlage XXVIII a.

Nachweisung der Beamten der Berg-, Hütten- und Salinenverwaltung und ihrer Besoldungsverhältnisse für die Etatsjahre 1859, 1866, 1869, 1879/80 und 1891/92.

I. Aufsichtsbehörden.

1859

A. Ministerialabtheilung:

		ℳ
1	Direktor	12 000
4	vortragende Räthe à 6 000—8 400	29 400
1	Ober-Berg- und Baurath 3 000 bis 4 800 u. 600 ℳ Ortszulage	3 600
1	Rendant	4 500
10	Bureaubeamte à 1 800—4 500	33 600
1	Geh. Kanzleidirektor 3 000—3 600	4 050
4	Geh. Kanzlei- u. Kassensekretäre à 1 500—2 700	8 400
5	Unterbeamte à 900—1 200	5 250
27	Beamte	100 800

B. Ober-Bergämter:

4	Direktoren à 7 500	[1])33 000
16	Ober-Bergräthe à 3 000—4800	63 900
4	Rendanten à 3 000—3 600	13 200
23	Bureau-beamte I. Kl. à 1 800 - 3 000	55 800
10	Bureau-beamte II. „ à 1 200—1 500	13 500
11	Kanzleibeamte à 1 200—1 800, dar. 4 Inspektoren mit je 300 ℳ Funktionszulage	17 700
7	Unterbeamte à 750—900	5 775
1	Baudirektor (künftig wegfallend)	3 150
4	Bauinspektoren à 2 400—2 700	10 200
4	Bau- u. Maschinenmeister à 1 800 bis 2 400	8 400
84	Beamte	224 625

C. Bergämter:

10	Direktoren à 3 600—4 200, einer 1 200 ℳ Lokalzulage	40 200
10	Justitiarien à 2 400—3 000	27 000
38	Bergmeister à 2 400—2 700	67 560
10	Bergamts-Markscheider à 2 100 bis 2 700	24 000
82	Berggeschworene à 1 800—2 400	174 678
10	Rendanten à 1 800—2 400, einer 600 ℳ Zulage	22 200
16	Bureau-beamte I. Kl. à 1 800—2 100	31 470
39	Bureau-beamte II. „ à 1 200—1 800	58 500
33	Assistenten à 600—1 200	29 700
19	Unterbeamte à 600—750	12 825
267	Beamte	518 133
378	Beamte erhalten insgesammt	843 558

1866

A. Ministerialabtheilung:

		ℳ
1	Direktor	12 000
4	vortrag. Räthe à 6 600 - 9 000	31 200
1	Ober-Berg- u. Baurath 3 600—5 400	3 600
9	Bureaubeamte à 2 400—4 800	33 000
1	Geh. Kanzlei-Inspektor 3 600	4 500
3	Geh. Kanzlei-Sekretäre à 1 500 bis 2 700	6 300
4	Geh. Kanzleidiener à 900—1 200	4 200
	Für Kassengeschäfte	4 800
23	Beamte	99 600

B. Ober-Bergämter:

4	Direktoren à 8 400	33 600
20	Ober-Bergräthe à 3 600—5 400	94 500
5	Hypothekenrichter à 2 400—3 300, einer 300 ℳ Ortszulage	15 000
32	Sekretäre à 1 800 - 3 000	81 600
14	Bureau-Assistenten à 1 500—1 650	22 200
16	Kanzlisten à 1 350—1 950, darunter 4 Inspektoren mit je 300 ℳ Funktionszulage	27 600
12	Kanzleidiener à 750 - 900	9 300
	Für Kassengeschäfte	10 200
9	Ober-Bergamts-Markscheid. à 2 400 bis 2 700	22 950
60	Revierbeamte à 1 800—2 700	135 600
1	Sekretär bei der Hypothekenkommission in Siegen 1 350—1 950	1 650
1	Kanzlist bei derselb. 1 050—1 200	1 125
1	Kanzleidiener bei derselben 600 bis 750	675
175	Beamte	456 600
198	Beamte erhalten insgesammt	556 200

1869

A. Ministerialabtheilung:

wie 1866, nur je ein Bureau- u. Kanzleibeamter mehr und die Gehälter der Kanzleidiener auf 1 050—1 350 ℳ erhöht.

25 Beamte 103 200

[1]) Einschl. 3 000 ℳ, künftig wegfallend, persönliche Zulagen.

Noch: Nachweisung der Beamten der Berg-, Hütten- und Salinenverwaltung u. s. w.

Noch: I. Aufsichtsbehörden.

Noch: 1869.

B. Ober-Bergämter:

		ℳ
5 Direktoren	Besoldungen wie 1866	42 000
25 Ober-Bergräthe		114 600
3 Hypothekenrichter, keiner m. Ortszlg.		8 850
41 Sekretäre		98 400
18 Bureau-Assistenten		30 150
20 Kanzlisten darunter 3 Vorsteher		34 500
15 Kanzleidiener		14 625
Für Kassengeschäfte		6 300
9 Ober-Bergamts-Markscheid. à 2400 bis 3 000		24 300
67 Revierbeamte à 1 800—3 000		162 066
203 Beamte		535 791
228 Beamte erhalten insgesammt		638 991

1879/80

A. Ministerialabtheilung:

1 Direktor	15 000
4 vortr. Räthe à 7 500—9 900 / i. D. [1] 8 700	34 800
1 Ober-Berg- und Baurath	5 100
10 Bureaubeamte, 1 Kanzleivorsteher à 3 000—5 400 / i. D 4 200	46 200
4 Kanzlei-Sekretäre à 1 800—3 300 / i. D. 2 550	10 200
4 Kanzleidiener à 1 200—1 500 / i. D. 1 350	5 400
25 Beamte	116 700

B. Ober-Bergämter:

	ℳ
5 Berghauptleute à 10 500	52 500
26 Ober-Bergräthe à 4 200—6 000 / i. D. 5 100	132 600
40 Sekretäre à 2 100—3 600 / i. D. 2 850	114 000
davon 11 mit Funktionszulage von 300—900 ℳ	5 400
18 Bureau-Assistenten à 1 800—1 950 / i. D. 1 875	33 750
27 Kanzlisten à 1 650—2 250 / i. D. 1 950, darunter 5 Vorsteher mit je 300 ℳ Funktionszulage	56 100
14 Kanzleidiener à 960—1 200 / i. D. 1 080	15 120
12 Ober-Bergamts-Markscheider à 3 000—4 200 / i. D. 3 600	43 200
67 Revierbeamte à 2 400—4 500 / i. D. 3 450	231 150
209 Beamte	683 820
234 Beamte erhalten insgesammt	800 520

1891/92

A. Ministerialabtheilung:

Gegen 1879/80 mehr 1 vortr. Rath und 1 Bureaubeamter, Gehälter der Kanzleisekretäre 1 800—3 800 / i. D. 2 800, der Kanzleidiener 1 200—1 800 / i. D. 1 500, im übrigen unverändert.

27 Beamte .... 131 200 ℳ

B. Ober-Bergämter:

Gegen 1879/80 mehr 3 Ober-Bergräthe, 2 Sekretäre, 3 Bureau-Assistenten, 2 Kanzlisten, 13 Zeichner, 1 Oberbergamts-Markscheider, weniger 2 Revierbeamte.

Gehälter: 5 Oberbergräthe je 900 ℳ Zulage für Vertretung der Berghauptleute, Kanzlisten und Zeichner 1 650—2 700 / i. D. 2 175, Kanzleidiener 1 000—1 500 / i. D. 1 250, im übrigen wie 1879/80.

231 Beamte .... 770 275 ℳ

258 Beamte erhalten insgesammt . 901 475 ℳ

[1] i. D. = im Durchschnitt.

Noch: Anlage XXVIII a.

Noch: Nachweisung der Beamten der Berg-, Hütten- und Salinenverwaltung u. s. w.

II. Beamte bei den Werken.

Bezeichnung der Beamten.	Zahl der Beamten bei den Gruben	Zahl der Beamten bei den Hütten	Zahl der Beamten bei den Salinen	Zus.	Gehalt ℳ	Geldbetrag ℳ
1859						
Direktoren	—	5	4	9	3000—4200	33 000
Oberinspektoren	5	8	6	19	2700—3000	56 250
Inspektoren	—	12	5	17	2400—2700	44 269
Faktoren	13	23	19	55	1950—2400	121 064
Schichtmeister und Sekretäre	18	18	14	50	1350—1950	80 700
Assistenten	26	7	6	39	900—1200	40 950
Nebenämter (Geld- und Naturalienverwalter, Justitiare)	2	—	9	11	150—600	3 960
Zusammen	**64**	**73**	**63**	**200**	—	**380 193**
1866						
Direktoren	1	—	—	1	5400	5 400
„	6	5	5	16	3000—4200	57 000
Dirigirende Inspektoren	8	2	4	14	2700—3000	41 100
Inspektoren	3	8	6	17	2400—2700	44 250
Faktoren	25	16	11	52	1950—2400	121 533
Schichtmeister u. Sekretäre	22	16	14	52	1350—1950	85 950
Assistenten	39	4	3	46	900—1200	48 300
Boten	2	—	—	2	600—750	1 350
Nebenämter	2	—	—	2	150—300	450
						[1]) 450
Bau-Inspektoren	1	2	1	4	2400—3000	10 800
Baumeister	1	—	1	2	1800—2400	4 200
Justitiare	1	—	—	1	2400—3300	2 400
Rendanten	1	—	—	1	2700	2 700
Zusammen	**112**	**53**	**45**	**210**	—	**425 883**
1869						
Direktoren	1	—	—	—	5400	5 400
„	8	6	5	19	3000—4200	69 000
Dirigirende Inspektoren	21	14	7	42	2700—3000	121 221
Inspektoren	6	12	4	22	2400—2700	57 450
Faktoren	42	31	20	93	1950—2400	212 526
Schichtmeister u. Sekretäre	60	30	18	108	1650—2100	205 875
Assistenten	46	16	7	69	1050—1650	89 925
Boten	3	—	—	3	750—900	2 475
Bau-Inspektoren	2	2	1	5	2400—3000	13 500
Baumeister	3	—	1	4	1800—2400	8 400
Justitiare	1	—	—	1	2400—3000	3 150
Rendanten	1	—	—	1	2700	2 700
Zusammen	**194**	**111**	**52**	**357**	—	**791 622**

[1]) Persönlich.

Noch: Nachweisung der Beamten der Berg-, Hütten- und Salinenverwaltung u. s. w.

Noch: II. Beamte bei den Werken.

Bezeichnung der Beamten.	Zahl der Beamten bei den Gruben	Hütten	Salinen	Zus.	Gehalt ℳ	Geldbetrag ℳ
	1879/80					
A. Bei den einzelnen Werken.						
Direktoren I. Klasse (Vorsitzende) . . .	20	5	5	30	4200—6000	153 900
„ II. „	11	6	3	20	3600—4200	82 200
Betriebs-Inspektoren	18	11	5	34	3000—3600	112 500
Faktoren	34	18	17	69	2550—3000	191 475
Schichtmeister u. Sekretäre	71	11	12	94	1800—2550	204 450
Assistenten	33	5	8	46	1350—1800	72 450
Bau- und Maschinen-Inspektoren	5	—	1	6	3600—4200	23 400
Bau- und Maschinenmeister	—	1	1	2	2400—3000	7 800
B. Beamte der Bergwerksdirektion in Saarbrücken.						
Vorsitzende	1	—	—	1	9300	9 300
Mitglieder	7	—	—	7	wie Direktoren I. Kl.	34 800
Betriebsinspektoren	2	—	—	2	wie bei den Werken	6 300
Rendant	1	—	—	1	4500	4 500
Sekretäre und Buchhalter	19	—	—	19	2100—3300	51 300
Assistenten	7	—	—	7	1650—1950	12 600
Kanzlisten	2	—	—	2	1200—1950	3 150
Boten	3	—	—	3	900—1050	2 925
Zusammen . . .	**234**	**57**	**52**	**343**	—	**973 050**
	1891/92					
A. Bei den einzelnen Werken.						
Direktoren I. Klasse	21	7	7	35	wie 1879/80	172 800
„ II. „	7	3	2	12		46 800
Betriebs-Inspektoren	34	11	4	49		162 000
Faktoren	58	13	18	89		246 975
Schichtmeister u. Sekretäre	77	17	17	111		241 425
Assistenten	49	6	12	67	1500—1800	110 550
Kanzlisten	9	—	2	11	1500—2200	20 350
Bau- u. Maschinen-Inspektoren	3	1	2	6	3600—4800	25 200
Gruben-Markscheider	22	—	—	22	2400—3600	66 000
Obere Werksbeamte	172	16	20	208	1800—2800	473 100
Mittlere Werksbeamte	806	78	56	940	1100—2300	1 598 000
Untere Werksbeamte	197	7	25	229	900—1500	274 800
B. Beamte der Bergwerksdirektion in Saarbrücken.						
Vorsitzende	1	—	—	1	9300	9 300
Mitglieder	9	—	—	9	wie Direktoren I. Kl.	47 400
Berginspektoren	2	—	—	2	wie Betriebsinspektoren	12 900
Revidirende Markscheider	1	—	—	1		
Kesselrevisoren	1	—	—	1		
Rendant	1	—	—	1	wie 1879/80	4 500
Sekretäre und Buchhalter	20	—	—	20		54 000
Assistenten	10	—	—	10		18 000
Kanzlisten	6	—	—	6	1500—2200	11 100
Obere Werksbeamte	5	—	—	5	wie bei den Werken	12 700
Mittlere „	4	—	—	4		8 500
Boten	4	—	—	4	1000—1500	5 000
Zusammen . . .	**1 520**	**159**	**165**	**1 844**	—	**3 621 400**

Anlage XXVIII b.

Besoldungsetat der Beamten der Berg-, Hütten- und Salinenverwaltung für die Etatsjahre 1899 und 1894/95.

1	2	3	4	5	6	7	8	9	10	11	12
Dienststellung. M. = Ministerialabtheilung. O. = Oberbergamt. B. = Bergwerke. H. = Hüttenwerke. S. = Salzwerke. Ba. = Badeanstalten.	Zahl der Beamten	Einzelgehalt ℳ	Gehaltsstufen Mark								Aufrückungszeit zum Höchstgehalt Jahre
A. Einzelgehälter.											
Direktor im M.	1	15 000	.	.	.	.	.	.	.	.	.
	1	*15 000*	.	.	.	.	.	.	.	.	.
Berghauptleute	5	11 000	.	.	.	.	.	.	.	.	.
	5	*10 500*	.	.	.	.	.	.	.	.	.
Vorsitzender der Bergwerksdirektion in Saarbrücken (B.)	1	10 000	.	.	.	.	.	.	.	.	.
	1	*9 300*	.	.	.	.	.	.	.	.	.
Desgl. der Centralverwaltung in Zabrze (B.)	1	7 500	.	.	.	.	.	.	.	.	.
B. Aufsteigende Gehälter.											
Vortragende Räthe im M.	5	—	7 500	8 400	9 300	10200	11000	.	.	.	12
	5	—	*7 500*	*8 100*	*8 700*	*9300*	*9900*	.	.	.	*12*
Oberberg- u. Baurath (M.)	1										
	1										
Oberbergräthe (O.)	32										
	29										
Mitglieder der Bergwerksdirekt. i. Saarbrück. (B.)	8	—	4 200	4 800	5 400	6 000	6 600	7 200	.	.	15
	9	—	*4 200*	*4 600*	*5 000*	*5 400*	*5 700*	*6 000*	.	.	*15*
Direktoren I. Klasse	[1]) 39										
Höhere Bohrbeamten (S.)	1										
	1										
Bergrevierbeamte (O.)	65	—	3 600	4 200	4 800	5 300	5 800	6 300	.	.	15
	65	—	*3 000*	*3 300*	*3 600*	*3 900*	*4 200*	*4 500*	.	.	*15*
Bau- u. Maschineninspekt.	[2]) 6	—	3 600	4 200	4 700	5 200	5 700	.	.	.	12
	6	—	*3 600*	*3 900*	*4 200*	*4 500*	*4 800*	.	.	.	*12*
Oberbergamts-Markscheider	14	—	3 600	4 000	4 400	4 800	5 100	5 400	.	.	15
	13	—	*3 000*	*3 300*	*3 600*	*3 800*	*4 000*	*4 200*	.	.	*15*
Expedienten, Kalkulatoren u. Registratoren im M.	13	—	3 000	3 500	4 000	4 500	5 000	5 500	6 000	.	18
	12	—	*3 000*	*3 400*	*3 800*	*4 200*	*4 500*	*4 800*	*5 100*	*5400*	*21*
Direktoren II. Klasse	[3]) 9	—	3 600	4 200	4 800	.	.	.	.	.	6
	10	—	*3 600*	*3 900*	*4 200*	.	.	.	.	.	*6*
Rendanten (B.)	1	.	4 200	4 600	5 000	5 400	.	.	.	.	9
	1	*4 500*	.	.	.	.	.	.	.	.	.
Betriebs-Inspektoren	[4]) 54										
	54										
Berginspektor (B.)	1	—	3 000	3 300	3 600	3 900	4 200	.	.	.	12
	1	—	*3 000*	*3 200*	*3 400*	*3 600*	.	.	.	.	*9*
Revidirende Markscheider (B.)	1										
	1										

[1]) B. 25, H. 7, S. 7; *B. 22, H. 7, S. 6.* — [2]) B. 4, S. 2; *B. 3, S. 2, H. 1.* — [3]) B. 4, H. 3, S. 2; *B. 5, H. 3, S. 2.* — [4]) B. 38, H. 10, S. 6; *B. 39, H. 10, S. 5.*

Noch: Besoldungsetat der Beamten der Berg-, Hütten- und Salinenverwaltung für die Etatsjahre 1899 und 1894/95.

1	2		3	4	5	6	7	8	9	10	11	12
Dienststellung. M. = Ministerialabtheilung. O. = Oberbergamt. B. = Bergwerke. H. = Hüttenwerke. S. = Salzwerke. Ba. = Badeanstalten.	Zahl der Beamten		Einzelgehalt ℳ	Gehaltsstufen Mark								Aufrückungszeit zum Höchstgehalt Jahre
Noch: B. Aufsteigende Gehälter.												
Kesselrevisoren (B.) . . .		1	—	3 000	3 300	3 600	3 900	4 200	.	.	.	12
		1	—	*3 000*	*3 200*	*3 400*	*3 600*	.	.	.	.	*9*
Gruben-Markscheider (B.)		27	—	2 400	2 700	3 000	3 300	3 600	3 800	4 000	4200	21
		24	—	*2 400 bis 3 600, im Durchschn. 3 000*								.
Sekretäre bei O und Direktion in Saarbrücken	1)	109	—	1 800	2 200	2 600	3 000	3 300	3 600	3 900	4200	21
Sekretäre bei O.		*43*	—	*2 100*	*2 400*	*2 700*	*3 000*	*3 200*	*3 400*	*3 600*	.	*18*
Sekretäre und Buchhalter bei der Direktion in Saarbrücken		*20*	—	*2 100*	*2 300*	*2 500*	*2 700*	*2 900*	*3 100*	*3 300*	.	*18*
Obere Werksbeamte I. Kl.	2)	101	—	2 000	2 300	2 600	2 800	3 000	3 200	3 400	.	18
Obere Werksbeamte	2a)	*226*	—	*1 800 bis 2 800, im Durchschn. 2 300*								.
Revier-Aufsichtsbeamt. O.		33										
Schichtmeister	3)	266										
Schichtmeister und Sekre-			—	*1 800*	*2 050*	*2 300*	*2 550*	.	.	.	.	*9*
täre bei den Werken . .	3a)	*119*	—	1 500	1 900	2 300	2 600	2 900	3 200	3 500	3800	21
Faktoren	4)	77										
Faktoren	4a)	*93*	—	*2 550*	*2 700*	*2 850*	*3 000*	.	.	.	.	.
Obere Werksbeamte II. Kl.	5)	125	—	1 800	2 000	2 200	2 400	2 600	2 800	.	.	15
Revier-Aufsichtsbeamt. (O)		17										
Bureau-Assistent bei den O.		*23*	—	*1 800*	*1 950*	.	.	.	.	.	.	*3*
Desgl. bei der Direktion in Saarbrücken		*10*	—	*1 650*	*1 800*	*1 950*	.	.	.	.	.	*6*
Kanzlisten (O.)		32										
		32	—	1 650	1 800	1 950	2 100	2 250	2 400	2 550	2700	21
Zeichner (O.)		16	—	*1 650*	*1 800*	*1 950*	*2 100*	*2 250*	*2 400*	*2 550*	*2700*	*21*
		13										
Revier Bureau-Assistenten (O.)		60	—	*1 500*	*1 650*	*1 800*	.	.	.	.	.	*6*
		20	—	1 500	1 700	1 900	2 100	2 300	2 500	2 700	.	18
Mittlere Werksbeamte I. Kl.	6)	696										
Bureau-Assistenten bei den Werken	6a)	*71*	—	*1 500*	*1 650*	*1 800*	.	.	.	.	.	.
Kanzlisten	7)	29	—	1 500	1 650	1 800	1 900	2 000	2 100	2 200	.	18
		19	—	*1 500*	*1 650*	*1 800*	*1 900*	*2 000*	*2 100*	*2 200*	.	*18*
Mittlere Werksbeamte II. Klasse	8)	284	—	1 200	1 400	1 550	1 700	1 850	2 000	.	.	15
Mittlere Werksbeamte . . .	8a)	*1145*	—	*1 100 bis 2 300, im Durchschn. 1 700*								.
Untere Werksbeamte I. Kl.	9)	181	—	1 000	1 100	1 180	1 260	1 340	1 420	1 500	.	18
Kanzleidiener (O.)		16	—	1 000	1 100	1 200	1 260	1 320	1 380	1 440	1500	21
Boten (B)		4										
Untere Werksbeamt. II. Kl.	10)	33	—	900	1 000	1 100	1 180	1 260	1 340	1 420	1500	21
Untere Werksbeamte . . .	10a)	*229*	—	*900 bis 1 500, im Durchschn. 1 200*								.

1) O. 76, B. 33. — 2) B. 88, H. 6, S. 7. — 2a) *B. 189, H. 18, S. 19.* — 3) B. 147, H. 31, S. 37, Ba. 1. — 3a) *B. 78, H. 21, S. 20.* — 4) B. 52, H. 10, S. 15. — 4a) *B. 65, H. 11, S. 17.* — 5) B. 98, H. 12, S. 14, Ba. 1. — 6) B. 637, H. 29, S. 30. — 6a) *B. 52, H. 6, S. 13.* — 7) B. 27, S. 2, *B. 17, S. 2.* — 8) B. 209, H. 43, S. 29, Ba. 2. — 8a) *B. 815, H. 77, S. 53.* — 9) B. 166, H. 2, S. 12, Ba. 1. — 10) B. 15, H. 4, S. 14. — 10a) *B. 196, H. 7, S. 26.*

Anlage XXIX.

Förderung, Preise und Gesammtwerth der wichtigeren auf den Staatsbergwerken gewonnenen Mineralien.

A. Steinkohlen.*)

1	2	3	4	5	6	7	8	9	10	11
Jahr	Förderung To.[1])	Von der Förderung (Sp. 2) entfallen auf die Gruben: in Oberschlesien To.[1])	im Saarrevier To.[1])	bei Obernkirchen (½) To.	Durchschnittspr.[2]) der Förderung für: Grube König	Gr. König. Luise	die Saarwerke	Gesammtwerth der Förderung	Durchschnittswerth einer To.	Von dem Ges.-werth entfallen auf den Preuss. Antheil (½) in Obernkirchen
1949 . . .	672 000	139 000	489 000	—	3,8		6,8	4 325 262	6,4	—
1850 . . .	785 000	152 000	585 000	—	3,8		6,99	5 069 445	6,5	—
1851 . . .	890 000	172 000	669 000	—	3,7		6,94	5 697 537	6,4	—
1852 . . .	981 500	218 000	712 000	—	3,4		6,81	6 162 126	6,3	—
1853 . . .	1 248 000	261 000	932 000	—	3,5		6,84	7 949 322	6,4	—
1854 . . .	1 504 000	294 000	1 154 000	—	3,6		7,37	10 708 830	6,4	—
1855 . . .	1 892 500	258 000	1 465 000	—	4,1		8,38	14 586 327	7,7	—
1856 . . .	1 965 000	393 000	1 500 000	—	4,2		8,76	16 001 784	8,1	—
1857 . . .	2 246 000	439 000	1 703 000	—	4,4		8,92	18 974 098	8,4	—
1858 . . .	2 468 000	503 000	1 850 000	—	4,3		9,12	20 924 430	8,5	—
1859 . . .	2 110 000	426 000	1 674 000	—	3,8		8,65	17 565 390	8,3	—
1860 . . .	2 547 000	489 000	1 955 961	—	3,5		8,1	18 626 859	7,3	—
1861 . . .	2 757 947	541 983	2 090 744	—	3,3		8,05	19 888 446	7,2	—
1862 . . .	2 972 000	747 537	2 086 718	—	3,5		7,72	19 774 890	6,6	—
1863 . . .	3 232 082	909 787	2 197 114	—	3,4		7,45	20 553 132	6,05	—
1864 . . .	3 748 607	1 014 062	2 597 514	—	3,84		7,38	24 211 038	6,46	—
1865 . . .	4 149 125	1 122 554	2 872 999	—	3,83		7,69	27 662 694	6,66	—
1866 . . .	4 294 786	1 141 054	3 004 690	—	4		8,73	32 035 446	7,46	—
1867[3]) . .	4 850 235	1 315 804	3 171 121	69 744	3,98		8,54	35 346 495	7,28	635 349
1868 . . .	5 083 532	1 425 642	3 273 293	70 974	4,17		7,93	35 437 434	6,96	691 284
1869 . . .	5 336 618	1 489 702	3 444 894	71 478	5,1	5,48	7,86	37 740 996	7,07	684 759
1870 . . .	4 739 659	1 544 884	2 734 019	85 276	5,24	5,28	7,91	33 240 936	7,01	803 301
1871 . . .	5 274 653	1 556 333	3 203 969	98 921	6	6,24	9,45	43 558 215	8,26	1 022 847
1872 . . .	6 421 934	1 754 545	4 137 800	106 770	8,22	8,7	11,53	67 169 892	10,46	1 245 570
1873 . . .	6 662 590	1 856 393	4 268 619	112 349	8,94	9,54	16,43	97 154 568	14,58	1 705 461
1874 . . .	6 639 453	1 876 720	4 229 786	110 193	8,7	8,9	15,25	87 435 606	13,19	1 518 468
1875 . . .	6 876 106	1 860 435	4 481 839	100 780	6,54	7	11,2	68 554 419	9,97	1 202 554
1876 . . .	6 885 273	1 960 626	4 467 778	85 400	5,16	5,74	9,73	58 556 071	8,5	938 163
1877/78 .	6 674 926	1 889 003	4 404 668	86 904	4,64	5,12	8,25	48 904 862	7,33	851 283
1878/79 .	6 578 447	1 781 547	4 388 644	83 414	4,01	4,44	7,69	44 353 684	6,71	703 346
1879/80 .	7 040 607	1 879 207	4 747 761	89 745	3,98	4,16	7,27	45 171 821	6,42	716 520
1880/81 .	7 652 494	2 086 509	5 089 491	100 701	3,99	4,33	7,54	50 563 054	6,61	799 569
1881/82 .	8 107 569	2 428 841	5 176 026	109 782	3,79	4,42	7,4	51 851 519	6,4	918 078
1882/83 .	8 688 335	2 550 413	5 597 171	105 158	3,86	4,34	7,48	56 168 852	6,46	909 933
1883/84 .	9 358 310	2 827 287	5 981 150	110 350	3,84	4,35	7,61	60 955 698	6,51	956 405
1884/85 .	9 566 828	2 907 513	6 087 953	96 373	3,95	4,39	7,46	61 706 901	6,45	774 355
1885/86 .	[4]) 9 756 784	[4]) 3 208 657	5 966 596	96 415	3,86	4,4	7,4	[4])61 642 448	6,32	755 268
1886/87 .	[5]) 9 558 713	[5]) 3 143 008	5 869 638	96 888	3,74	4,26	7,32	[5])59 377 783	6,21	730 823
1887/88 .	9 710 127	3 145 313	6 005 168	102 012	3,63	4,29	7,13	59 427 852	6,12	797 357
1888/89 .	10 364 124	3 425 828	6 328 585	109 629	3,69	4,38	7,31	64 823 999	6,25	864 427
1889/90 .	10 323 555	3 620 362	6 029 350	121 888	3,87	4,72	8,78	74 227 628	7,19	1 059 330
1890/91 .	10 590 981	3 729 583	6 184 303	127 283	5,9	6,69	10,91	97 387 017	9,19	1 248 312
1891/92 .	10 935 294	3 900 497	6 410 651	131 573	6,21	6,63	10,3	97 002 620	8,87	1 386 047
1892/93 .	10 259 665	3 687 072	6 026 334	125 035	5,93	6,5	9,73	86 531 195	8,43	1 240 249
1893/94 .	10 570 005	3 898 320	6 175 865	117 910	5,87	6,2	8,94	82 919 767	7,84	1 150 983
1894/95 .	11 070 302	3 975 168	6 629 949	120 989	5,63	6,15	8,81	85 874 492	7,76	1 176 665
1895/96 .	11 737 375	4 177 872	7 129 017	130 157	5,87		8,9	91 350 630	7,78	1 265 693
1896/97 .	12 885 149	4 630 830	7 795 314	136 521	5,98		8,94	101 015 945	7,84	1 331 641
1897/98 .	13 768 404	4 832 466	8 455 455	140 543	6,19		9,28	112 827 470	8,19	1 412 850
1898/99 .	14 408 425	5 069 296	8 803 336	141 576	6,47		9,53	121 744 547	8,45	1 443 716

*) Für die Jahre 1849 bis 1862 sind die Angaben zum Theil nur annähernd genau. — [1]) Bis zum Jahre 1867 beruhen die Zahlen auf Angaben, die in Preussischen Tonnen (Hohlmass) gemacht sind; die Umrechnung in Metertons à 20 Ctr. ist nach dem Verhältniss 1 Preuss. Tonne Steinkohlen = 3,8 Ctr., Braunkohlen = 8 Ctr. erfolgt. — [2]) Sp. 6 u. 7 bis zum Jahre 1868, Sp. 8 für 1860 Durchschnittswerth. — [3]) Von hier an einschl. neue Provinzen. — [4]) Einschl. [illegible] To. im Werthe von 1276557 ℳ von der Guidogrube. — [5]) desgl. 319962 To. im Werthe zon [illegible] ℳ.

Noch: Förderung, Preise und Gesammtwerth der gewonnenen Mineralien.

B. Braunkohlen.

Jahr.	Förderung To.[1]	Werth ℳ	Jahr.	Förderung To.	Werth ℳ
1849	c. 170 000	303 468	1874	433 464	1 981 254
1850	c. 128 000	219 651	1875	422 160	1 852 538
1851	c. 154 000	256 218	1876	425 916	1 729 318
1852	144 301	320 034	1877/78	426 631	1 411 329
1853	149 429	356 376	1878/79	392 209	1 257 393
1854	147 257	354 690	1879/80	388 045	1 227 280
1855	168 239	461 697	1880/81	373 976	1 160 199
1856	164 747	461 955	1881/82	390 035	1 206 182
1857	201 089	580 005	1882/83	373 048	1 142 803
1858	189 586	633 972	1883/84	365 921	1 125 996
1859	185 974	658 983	1884/85	355 782	1 111 234
1860	227 159	699 828	1885/86	341 046	1 075 266
1861	247 347	676 032	1886/87	341 908	1 059 312
1862	258 662	676 185	1887/88	342 316	1 073 970
1863	286 220	764 085	1888/89	412 988	1 324 089
1864	326 776	866 988	1889/90	438 065	1 396 958
1865	388 743	1 122 925	1890/91	430 258	1 361 286
1866	393 108	1 019 727	1891/92	429 551	1 380 797
1867[2]	483 642	1 375 269	1892/93	404 506	1 304 705
1868	472 616	1 404 405	1893/94	346 038	1 093 851
1869	481 712	1 504 002	1894/95	380 466	1 169 785
1870	410 580	1 369 071	1895/96	375 198	1 181 573
1871	398 168	1 420 869	1896/97	395 125	1 237 902
1872	375 203	1 624 962	1897/98	401 954	1 235 216
1873	391 036	1 258 102	1898/99	417 333	1 243 623

[1]) Vgl. Anm. 1 auf Seite 92. — [2]) Einschl. neue Provinzen.

C. Eisenerz.

Jahr	Förderung To.	Durchschnittspreis pro To. bei der Berginspektion Weilburg	Durchschnittspreis pro To. bei der Berginspektion Dillenburg	Werth der Förderung ℳ	Jahr	Förderung To.	Durchschnittspreis pro To. bei der Berginspektion Weilburg	Durchschnittspreis pro To. bei der Berginspektion Dillenburg	Werth der Förderung ℳ
1867	113 966	8,46		[1])678 983	1883/84	111 102	8,29	9,78	930 283
1868	109 561	6,7		[2])651 564	1884/85	117 477	8,09	9,62	963 978
1869	185 057	7,11		854 574	1885/86	88 341	7,73	8,36	652 976
1870	84 802	7,36		624 972	1886/87	73 608	6,44	7,49	487 758
1871	93 267	7,62		707 292	1887/88	97 131	7,53	8,35	727 655
1872	116 770	9,45		1 080 954	1888/89	116 290	8,35	9,32	977 820
1873	114 316	11,49		1 230 456	1889/90	117 434	8,74	10,27	1 052 129
1874	60 166	9,71		561 147	1890/91	111 474	9,48	10,01	975 777
1875	68 877	9,3		647 507	1891/92	108 094	8,01	8,88	840 893
1876	57 910	8,8		499 640	1892/93	107 636	7,49	8,77	826 999
1877/78	66 399	6,4	7,94	487 681	1893/94	106 834	7,34	8,68	812 280
1878/79	100 007	7,52		746 800	1894/95	95 828	7,52	8,68	731 513
1879/80	90 878	7,16		644 541	1895/96	74 631	7,6	8,38	558 408
1880/81	95 357	7,57		717 875	1896/97	85 991	7,18	9,88	761 858
1881/82	94 043	8,38	9,52	677 710	1897/98	80 604	—	11,28	849 488
1882/83	98 452	7,97	9,82	787 103	1898/99	77 768	—	10,7	783 175

[1]) Hiervon 1 956 To. im Werthe von 9 387 ℳ Preussischer (4/7) Antheil an der Produktion der Gemeinschaftswerke am Unterharz. — [2]) 315 To. und 2 109 ℳ wie Anm. 1.

Noch: Anlage XXIX.

Noch: Förderung, Preise und Gesammtwerth der gewonnenen Mineralien.

D. Zinkerz.

1	2	3		4	1	2	3		4
Jahr	Förderung	Durchschnittspreis pro To. bei der Berginspektion		Werth der Förderung	Jahr	Förderung	Durchschnittspreis pro To. bei der Berginspektion		Werth der Förderung
		Klausthal	Lautenthal				Klausthal	Lautenthal	
	To.	M	M	M		To.	M	M	M
1867. . .	2 200	56,5		124 299	1883/84 .	5 850	62,00	74,00	424 060
1868. . .	3 659	54,41		199 092	1884/85 .	5 723	49,27	67,76	375 586
1869. . .	4 023	83,42		334 626	1885/86 .	5 731	54,62	63,62	359 570
1870. . .	3 523	82,91		291 105	1886/87 .	5 897	53,03	73,11	413 462
1871. . .	4 139	78,31		326 208	1887/88 .	6 368	73,76	83,36	517 944
1872. . .	3 917	97,18		385 914	1888/89 .	6 757	79,00	104,00	660 167
1873. . .	3 766	126,20		474 576	1889/90 .	7 325	112,21	139,2	957 124
1874. . .	2 872	110,1		318 243					
1875. . .	3 525	113,8		c. 400 000	1890/91 .	8 116	123,32	156,4	1 168 534
1876. . .	4 189	97,12		c. 407 000	1891/92 .	9 813	124,57	147,7	1 334 935
1877/78 .	5 032	61,3		405 207	1892/93 .	8 861	97,27	123,83	967 560
1878/79 .	5 545	39,2	63,5	321 591	1893/94 .	11 425	72,81	89,46	909 924
1879/80 .	5 448	50,2	66,66	356 131	1894/95 .	12 165	60,66	73,45	803 227
					1895/96 .	14 863	61,42	71,59	980 521
1880/81 .	5 896	41,73	75,99	434 893	1896/97 .	18 459	76,27	92,28	1 506 763
1881/82 .	5 919	56,09	59,69	351 069	1897/98 .	18 281	77,24	98,57	1 532 553
1882/83 .	5 615	39,3	65,02	350 217	1898/99 .	17 542	113,3	138,11	2 110 071

E. Blei- und (seit 1867) Kupfererze.

(Die gewöhnlichen Zahlen beziehen sich auf Bleierz, die schrägen Zahlen auf Kupfererz.)

1	2	3	4	5	6	7	8	9	10
Jahr	Förderung	Werth der Förderung	Auf den Preussischen (4/7) Antheil an dem Gemeinschaftswerke am Unterharz entfallen von der Förderung (Sp. 2)	dem Werth (Sp. 3)	Durchschnittspreise pro To. in Mark: Bleierz				Kupfererz von den Oberharzischen Werken
	To.	M	To.	M					
	jährlich				1852: 189,	1860: 259,			
1849—1856.	700—800,	130 000—	—	—	1853: 194,	1861: 185,			
	auch 900	200 000			1854: 189,	1862: 186,			
1857.	993	—	—	—	1855: 191,	1863: 223,			
1858.	1 108	—	—	—	1856: 260,	1864: 236,			
1859.	c. 2 700	c. 722 000	—	—	1857: 264,	1865: 210,			
1860.	3 874	1 060 170	—	—	1858: 253,	1866: 211.			
1861.	3 019	561 342	—	—	1859: 259,				
1862.	4 505	837 729	—	—					
1863.	4 260	934 353	—	—	Friedrichsgrube	Klausthal	Lautenthal	Grund	
1864.	5 435	1 268 219	—	—					
1865.	7 129	1 516 788	—	—					
1866.	7 324	1 545 126	—	—					
1867.	23 642	5 131 932	5 371	37 746	210	334			—
	11 077	*158 250*	*5 589*	*88 065*					
1868.	21 553	4 774 422	1 794	63 945	177	289			164
	7 463	*300 504*	*3 207*	*220 317*					
1869.	30 252	5 781 543	6 699	56 085	186	290			176
	7 290	*203 862*	*3 875*	*91 080*					
1870.	35 815	6 287 496	8 973	71 028	181	289			151
	7 797	*214 008*	*4 305*	*98 145*					

Noch: Förderung, Preise und Gesammtwerth der gewonnenen Mineralien.

Noch: E. Blei- und (seit 1867) Kupfererze.

1	2	3	4	5	6	7	8	9	10
Jahr	Förderung	Werth der Förderung	Auf den Preussischen (4/7) Antheil an dem Gemeinschaftswerke am Unterharz entfallen von		Durchschnittspreise pro To. in Mark				
					Bleierz				Kupfererz
			der Förderung (Sp. 2)	dem Werth (Sp. 3)	Friedrichsgrube	Klausthal	Lautenthal	Grund	von den Oberharzischen Werken
	To.	ℳ	To.	ℳ					
1871	30 636	6 022 908	5 320	47 775	184		277		159
	7 987	*302 130*	*4 400*	*170 667*					
1872	28 390	5 775 927	4 200	35 277	184		280		187,5
	8 694	*309 069*	*4 017*	*171 936*					
1873	29 617	6 140 889	5 281	41 190	193		291		225,9
	9 598	*513 503*	*6 625*	c.*375 000*					
1874	29 108	6 252 006	4 952	45 561	224	282	287	—	244,3
	6 506	*380 885*	*6 148*	*292 632*					
1875	33 516	7 928 435	6 350	101 853	276	290	300	—	163,6
	7 428	*417 390*	*6 691*	*296 815*					
1876	40 662	8 061 118	8 083	69 030	214		285,4		166
	6 169	*328 931*	*5 625*	*238 594*					
1877/78 . . .	40 605	7 158 832	10 823	90 261	202		271,2		138
	9 578	*501 871*	*9 047*	*428 637*					
1878/79 . . .	38 239	5 875 745	11 142	91 590	159	246	278	275	138
	9 806	*503 168*	*9 246*	*444 715*					
1879/80 . . .	40 744	5 452 465	13 125	104 996	132	226	256	254	120
	10 657	*451 452*	*10 249*	*402 360*					
1880/81 . . .	44 410	6 435 918	14 880	120 797	170	235	273	269	103
	10 727	*365 232*	*10 195*	*314 853*					
1881/82 . . .	50 004	6 735 282	16 718	134 815	153	229	267	269,6	[1]) 86/92
	11 277	*411 080*	*10 838*	*372 637*					
1882/83 . . .	53 789	6 730 312	17 541	142 136	138	224	267	247	127/109
	10 608	*439 601*	*10 143*	*381 421*					
1883/84 . . .	53 030	6 217 145	17 067	138 110	131	209	250	233	110/95
	12 590	*425 331*	*12 208*	*384 197*					
1884/85 . . .	52 818	5 520 586	17 192	139 895	116	187	228	235	92/76
	12 247	*383 502*	*11 855*	*348 090*					
1885/86 . . .	53 519	5 786 341	17 226	138 082	123	193	230	228	39/26
	13 260	*313 994*	*12 946*	*302 359*					
1886/87 . . .	56 839	6 366 314	18 465	147 707	133	197	248	237	41/16
	12 869	*298 685*	*12 623*	*289 899*					
1887/88 . . .	55 518	6 182 018	17 651	141 575	133	191	242	221	100/22
	13 248	*287 994*	*13 035*	*267 885*					
1888/89 . . .	52 875	5 860 703	16 444	132 547	123	205	255	226	186/178
	12 274	*492 887*	*11 991*	*440 385*					
1889/90 . . .	59 017	6 340 123	18 037	144 511	122	200	249	209	94
	11 937	*367 532*	*11 857*	*360 037*					
1890/91 . . .	56 358	5 866 569	18 379	147 029	117	204	256	216	132/54
	11 149	*376 766*	*10 982*	*355 581*					
1891/92 . . .	55 056	5 208 868	19 637	157 092	111,5	191	238	203	97/56
	12 324	*336 938*	*12 102*	*317 112*					
1892/93 . . .	53 887	4 138 548	20 893	167 148	97,5	165	206	151	67
	12 293	*271 274*	*12 117*	*259 443*					
1893/94 . . .	55 794	4 371 589	18 009	144 070	95	144	172	151	83/80
	14 062	*335 366*	*13 789*	*317 350*					
1894/95 . . .	58 557	4 408 005	18 855	150 842	95	132	163	130	55
	11 824	*238 001*	*11 516*	*221 199*					
1895/96 . . .	56 692	4 639 191	18 570	148 562	96	151	176	171	68
	13 126	*255 093*	*12 892*	*239 173*					
1896/97 . . .	57 161	4 967 613	19 010	152 077	103	160	178	180	57
	13 753	*282 065*	*13 390*	*260 189*					
1897/98 . . .	61 935	5 738 654	19 020	152 165	112	166	188	171	44
	14 310	*313 387*	*14 160*	*306 409*					
1898/99 . . .	67 103	6 807 918	19 088	152 701	115	182	211	184	111
	15 293	*341 342*	*15 008*	*309 552*					

[1]) Wo in Sp. 10 zwei Zahlen angegeben sind, bezeichnen sie die Preise derjenigen beiden Berginspektionen, welche die höchsten und niedrigsten Preise erzielten.

Produktion der staatlichen Hüttenwerke. A. Eisenhütten. (Mengen in Tons à 20 Ctr.)

Anlage XXXI.

1	2	3	4	5	6	7	8	9	10	11	12	13	14	15	16	17
	Eisengiesserei Gleiwitz				Hüttenwerk Malapane			Röthehütte			Sollingerhütte			Lerbacherhütte	Summe	Werth
Etatsjahr	Roheisen	Gusswaaren	Stabeisen u. Eisenfabrikate	Stahl	Gusswaaren	Stabeisen u. Eisenfabrikate	Stahl	Roheisen	Gusswaaren	Stabeisen u. Eisenfabrikate	Gusswaaren	Stabeisen u. Eisenfabrikate	Stahl	Gusswaaren	Spalte 2—15[1])	von Spalte 16[1]) ℳ
1866	5 013	4 323	—	—	[2]) 5 405	—	—	—	—	—	—	—	—	—	[3]) 66 123	—
1869	14 946	5 429	—	—	[4]) 434	—	—	108	669	90	245	103	—	([5] 97	[6]) 98 571	—
1871	8 452	4 981	—	—	[7]) 366	—	—	1 592	1 028	199	384	3	27	813	[8]) 29 259	3 743 559
1874	15 385	5 676	1 279	—	714	197	—	1 516	1 228	151	542	1,5	59	1 204	[9]) 28 810	[10]) 4 996 332
1875	15 643	6 121	1 604	—	587	199	—	1 921	1 379	161	613	3,7	64	1 002	29 767	4 669 710
1878/79 . . .	15 063	5 042	844	—	371	271	—	2 510	708	54	526	1,1	82	817	[11]) 26 387	2 888 911
1879/80 . . .	15 650	5 415	849	—	347	189	—	1 200	832	62	538	0,35	117	802	[12]) 26 097	[12]) 2 838 730
1880/81 . . .	15 265	5 166	463	—	663	184	—	1 580	678	64	455	2	122	743	25 385	3 122 930
1881/82 . . .	15 115	4 832	844	—	365	268	41	1 691	768	49	568	1	107	786	25 437	2 956 882
1882/83 . . .	16 025	5 459	837	—	330	281	68	1 762	792	8	546	1	139	825	27 073	3 385 758
1883/84 . . .	16 770	6 776	757	—	283	283	83	3 108	916	6	616	1	182	798	30 579	3 866 519
1884/85 . . .	14 644	7 577	868	—	257	336	142	1 446	909	9	601	1	94	816	27 700	3 467 755
1885/86 . . .	17 720	6 688	701	—	271	320	120	1 484	1 011	10	614	2	47	915	29 903	3 251 501
1886/87 . . .	17 050	6 604	606	—	362	442	147	1 717	937	8	656	1	76	1 031	29 637	3 085 603
1887/88 . . .	18 320	9 056	1 175	—	456	507	187	1 548	1 108	6	690	2	68	1 101	34 224	3 768 972
1888/89 . . .	18 940	9 471	1 119	—	409	588	269	1 399	1 237	10	793	4	65	1 290	35 594	4 091 779
1889/90 . . .	18 470	10 520	1 133	—	454	668	302	1 419	1 262	11	800	2	80	1 410	36 521	4 634 198
1890/91 . . .	17 820	10 687	1 335	—	508	707	320	1 572	1 176	10	839	1	52	1 360	36 387	5 364 533
1891/92 . . .	17 210	10 264	1 948	—	449	799	374	1 465	1 216	11	878	1	61	1 392	36 068	5 094 309
1892/93 . . .	15 230	10 506	1 630	—	391	641	255	1 403	1 161	13	702	0,4	86	1 257	33 275	4 362 480
1893/94 . . .	15 300	12 457	1 382	148	470	458	165	1 433	1 060	12	626	0,3	111	1 266	34 868	4 158 647
1894/95 . . .	5 275	11 618	1 494	216	644	579	188	1 605	924	10	651	0,3	78	1 218	24 500	3 880 237
1895/96 . . .	2 895	11 425	1 382	372	778	829	362	743	985	12	573	1	62	1 349	21 768	3 553 298
1896/97 . . .	23 520	11 562	1 429	589	951	1 030	437	1 653	1 086	14	629	0,3	67	1 572	44 539	5 189 127
1897/98 . . .	23 885	11 032	1 227	750	976	1 151	628	1 557	1 062	18	695	2	68	1 700	44 751	5 432 579
1898/99 . . .	25 100	10 535	1 531	894	1 000	1 030	768	1 547	1 098	12	653	1	65	1 627	45 861	5 627 255

*) **Anlage XXX.** (graphische Darstellung) befindet sich am Schlusse der Anlagen dieser Lieferung.

[1]) Bis 1875 einschl. der Produktion inzwischen aufgegebener Staatswerke. — [2]) Ausserdem 190 To. Roheisen. — [3]) Einschliesslich jetzt aufgegebener Staatswerke mit 51 382 To., davon Königshütte 47 292 To. — [4]) Ausserdem 149 To. Roheisen. — [5]) Ausserdem 105 To Roheisen. — [6]) Einschliesslich jetzt aufgegebener Staatswerke mit 76 450 To., davon Königshütte 69 608 To. — [7]) Ausserdem 149 To. Roheisen. — [8]) Einschliesslich jetzt aufgegebene Staatswerke 5 541 To. — [9]) Hiervon jetzt aufgegebene Staatswerke 850 To. — [10]) Einschliesslich jetzt aufgegebener Staatswerke mit 472 To. — [11]) Ausserdem Wondolleck 71,4 To. Gusswaaren im Werthe von 17 740 ℳ — [12]) Ausserdem Wondolleck 38,5 To. Gusswaaren im Werthe von 7 700 ℳ

1	2	3	4	5	6	7	8	9	10	11	12	13	14	15	16	17	18	19
	Friedrichshütte						Metallhütten am Oberharz								Werth von Spalten			
Etatsjahr	Silber kg	Kaufblei	Bleiglätte	Zink	Zinkvitriol	Farbe	Gold[1]) kg	Silber kg	Blei	Kupfer	Vitriole	Schwefelsäure	Glaubersalz	Farbe	2, 8 und 9 ℳ	3, 4 und 10 ℳ	5 und 11 ℳ	7, 12—15 ℳ
1869	5 141	4 386	866	—	—	—	14,42	14 607	[2]) 8 012	44	412	[3]) 3,7	—	—	3 589 941	4 744 050	[4]) 62 345	181 875
1871	6 108	5 765	1 048	—	—	—	19,83	17 056	[5]) 7 977	60	513	427	15	22,5	4 190 484	5 054 091	[6]) 87 945	220 692
1874	7 628	4 613	924	—	—	—	128,59	44 887	8 626	45	836	1 102	—	[7]) 52	9 387 423	5 975 229	72 699	444 609
1875	7 753	7 379	1 125	—	—	—	58,2	32 882	8 679	71	1 198	1 172	14	46	6 985 217	7 378 993	116 092	640 362
1878/79 . . .	6 104	7 515	1 067	—	—	—	84,79	27 759	8 830	105	831	671	5,2	62	5 368 734	5 355 727	122 507	[8]) 318 448
1879/80 . . .	5 346	6 630	1 053	—	—	—	40,47	25 179	9 103	13	1 435	592	7,4	87	4 826 483	4 426 284	17 633	[9]) 508 594
1880/81 . . .	5 975	8 182	574	—	—	—	42,1	24 818	9 499	—	1 307	532	8	221	4 874 743	5 423 569	—	722 249
1881/82 . . .	5 338	8 202	846	—	—	16	45,32	29 876	[10])10 004	74	933	306	3	114	5 539 419	5 291 033	91 077	[11]) 867 439
1882/83 . . .	5 261	9 188	1 173	—	—	—	64,76	32 450	9 986	79	1 044	1 028	13	145	5 896 298	5 281 222	104 332	467 655
1883/84 . . .	6 380	10 193	1 121	45	—	—	102,53	38 519	9 485	60	1 315	1 750	52	144	7 042 582	4 806 140	83 611	617 052
1884/85 . . .	6 388	11 550	1 155	146	—	—	110,18	42 492	10 009	75	1 577	1 904	37	134	7 567 363	4 523 766	314 866	724 418
1885/86 . . .	7 112	13 081	1 484	166	—	—	87,83	45 795	8 700	—	1 270	2 083	28	150	7 701 422	4 955 606	42 278	519 839
1886/87 . . .	9 221	15 321	1 904	164	—	—	68,02	55 865	8 939	87	786	1 506	21	137	8 878 856	7 249 033	115 192	295 706
1887/88 . . .	9 110	15 933	1 856	162	—	13	125,5	55 294	8 593	162	886	1 644	27	126	8 739 229	6 550 893	207 150	428 136
1888/89 . . .	7 275	15 379	1 953	159	—	2	132	49 342	8 069	175	894	1 792	31	83	7 515 598	6 312 135	292 090	887 368
1889/90 . . .	6 792	17 036	1 338	180	—	2	143,19	46 847	8 647	182	1 254	1 856	30	79	7 265 606	6 166 522	[12])277 872	479 997
1890/91 . . .	6 086	14 461	1 566	226	—	12	65,75	50 843	8 614	212	1 253	2 242	38	58	8 308 169	6 139 666	[13])379 073	486 962
1891/92 . . .	5 927	13 606	1 133	215	—	33	62,79	49 689	8 419	221	974	1 546	22	65	7 313 927	4 242 569	346 622	296 610
1892/93 . . .	5 663	13 337	1 378	146	—	9,5	61,04	39 157	7 134	227	937	1 750	32	46,5	5 323 816	4 342 090	283 027	248 278
1893/94 . . .	6 267	14 615	1 482	168	—	14	50,59	46 916	7 882	224	1 133	2 199	33	56	5 163 347	4 143 991	275 456	816 034
1894/95 . . .	7 092	16 141	1 419	144	—	14	25,41	32 443	8 804	226	1 127	1 756	37	75	3 440 713	4 984 366	237 860	415 430
1895/96 . . .	6 335	14 709	1 167	143	—	13	39,33	37 556	9 384	224	791	1 884	30	66	4 121 725	5 374 718	244 980	235 567
1896/97 . . .	6 474	14 159	842	158	20	5	59,92	34 242	9 532	231	866	1 859	30	73	3 789 364	5 742 056	282 546	290 880
1897/98 . . .	6 468	16 320	697	184	21	1	99,96	38 945	10 593	221	873	1 634	25	92	3 817 273	6 897 695	286 210	275 344
1898/99 . . .	6 826	19 172	1 223	194	1	—	27,99	38 772	11 103	223	587	1 688	20	72	3 793 113	8 306 551	323 644	197 869

[1]) Das Gold produzirt nur Lautenthal. — [2]) Einschl. 164,5 To. Glätte. — [3]) Arsenikfabrikate. — [4]) Ausserdem von jetzt aufgegebenen Staatswerken 132 316 ℳ für 37 To. Zink und 427 734 ℳ für 191 To. Kupfer, 28 To. Messing, 3,4 To. Nickel und 104 To. Smalte. — [5]) Einschl. 47,5 To. Glätte. — [6]) Ausserdem von jetzt aufgegebenen Staatswerken 174 000 ℳ für 61 To. Kupfer, 1,6 To. Messing, 1,2 To. Nickel und 139 To. Smalte. — [7]) Ausserdem 7,1 To. Arsenikglas und Arsenikmehl von St. Andreasberg. — [8]) Ausserdem St. Andreasberg 3,8 To. Arsenikglas im Werthe von 1 235 ℳ — [9]) Ausserdem von St. Andreasberg 1,4 To. Arsenikglas im Werthe von 486 ℳ — [10]) Ausserdem von St. Andreasberg 2 To. Bleiglätte im Werthe von 2 989 ℳ — [11]) Ausserdem 102 008 ℳ für 81 To. reiche Oxyde von Altenau. — [12]) Ausserdem 7 060 ℳ für 150 To. Zinkstaub von der Eisengiesserei Gleiwitz. — [13]) Wie im Vorjahr 5 170 ℳ für 110 To.

Anlage XXXII.

Produktion der staatlichen Salzwerke.

1	2	3	4	5	6	7	8	9	10	11	12	13	14	15	16	17
Jahr	Steinsalz					Kalisalz (Stassfurt)		Siedesalz								Summe von Spalte 6, 8 u. 16
	Menge in Tonnen				Werth von Sp. 5			Menge in Tonnen							Werth von Spalte 15	
	Stassfurt	Erfurt	Stetten	Summe von Sp. 2—4	ℳ	Menge in To.	Werth ℳ	Inowrazlaw	Schönebeck	Dürrenberg	Artern	Sooden	Neusalzwerk	Summe von Sp. 9—14	ℳ	ℳ
1849 . . .	—	—	—	—	—	—	—	—	—	—	—	—	—	—	—	3 214 431
1859 . . .	20 424	—	886	21 310	170 703	21	129	—	—	—	—	—	—	—	—	2 875 959
1866 . . .	47 276	13 907	899	62 082	376 767	65 510	558 999	—	59 505	18 600	6 842	—	4 821	[1]) 80 768	[2]) 2 367 738	3 677 424
1869 . . .	53 750	20 466	3 479	77 695	479 604	109 400	1 010 436	—	56 250	21 500	8 322	2 109	3 425	[3]) 91 606	[4]) 2 175 567	3 156 029
1874 . . .	51 650	23 346	1 902	76 898	601 008	125 250	961 920	9 947	68 065	24 250	9 670	1 721	1 503	116 948	3 128 931	4 691 859
1878/79 .	23 744	22 201	3 121	49 065	361 404	125 670	1 002 847	16 935	55 995	25 020	7 810	1 795	3 350	110 905	2 548 629	3 912 880
1879/80 .	31 583	23 679	3 084	58 846	391 886	165 973	1 563 470	17 683	60 607	24 013	7 392	2 221	2 880	114 796	2 644 244	4 599 600
1880/81 .	44 526	22 490	3 329	70 345	420 358	191 397	2 067 088	20 887	63 177	24 664	8 689	2 646	2 825	122 888	2 960 842	5 448 288
1881/82 .	56 362	23 828	3 353	83 543	487 085	289 574	3 225 854	21 844	63 986	25 617	8 338	2 415	2 835	125 035	3 022 606	6 735 545
1882/83 .	59 334	25 551	3 259	88 144	509 806	341 088	3 796 309	20 477	59 799	25 414	8 161	2 303	2 750	118 904	2 926 756	7 232 871
1883/84 .	59 517	23 108	3 227	85 852	492 481	306 165	3 652 548	20 709	63 146	26 048	9 014	2 374	2 324	123 615	2 948 592	7 093 621
1884/85 .	60 871	25 802	3 384	90 057	520 384	190 208	2 297 712	16 188	56 906	24 370	8 491	2 545	2 048	110 548	2 635 841	5 453 937
1885/86 .	70 546	22 792	3 441	96 779	512 814	203 230	2 548 504	13 896	54 591	25 252	8 976	2 540	1 696	106 951	2 501 853	5 563 201
1886/87 .	78 133	21 212	2 703	102 048	535 777	263 431	3 211 224	14 926	60 048	24 920	9 360	2 559	1 413	113 226	2 543 860	6 290 861
1887/88 .	59 427	19 345	2 978	81 750	426 313	266 933	2 978 972	14 126	59 588	25 481	8 301	2 809	1 368	111 673	2 411 144	5 816 429
1888/89 .	53 868	19 601	2 891	76 360	371 769	[5]) 243 863	[5]) 3 026 339	16 811	59 892	25 459	9 555	3 141	1 544	116 402	2 414 354	5 815 270
1889/90 .	69 275	19 103	2 680	91 058	436 791	214 546	2 744 043	17 261	61 594	24 687	8 617	3 001	1 609	116 769	2 972 865	6 153 699
1890/91 .	78 670	19 088	2 625	100 383	518 136	[6]) 230 354	[6]) 2 953 138	18 502	57 942	24 771	9 112	3 239	1 529	115 095	2 971 720	6 443 782
1891/92 .	71 253	19 625	2 981	93 859	483 933	[7]) 256 250	[7]) 3 387 625	16 748	63 518	25 813	8 851	3 222	1 421	119 573	3 070 898	6 944 214
1892/93 .	61 843	17 377	2 971	82 191	411 481	253 844	3 249 203	17 504	58 786	22 149	7 950	2 943	1 631	110 963	2 880 895	6 541 579
1893/94 .	62 042	16 517	2 554	81 113	422 846	249 060	3 362 310	16 447	55 713	22 933	8 487	2 729	1 638	107 947	2 813 870	6 599 026
1894/95 .	62 397	18 617	2 796	83 810	431 194	223 540	3 062 498	18 890	62 528	24 511	8 715	2 549	1 707	118 900	3 091 543	6 585 235
1895/96 .	55 100	19 358	2 863	77 321	354 218	245 805	3 480 599	18 970	60 167	24 391	9 575	2 803	1 602	117 508	3 055 193	6 890 010
1896/97 .	82 730	19 727	2 971	105 428	501 347	269 999	3 755 686	18 494	66 498	23 769	9 450	2 616	1 838	122 665	3 178 400	7 435 433
1897/98 .	59 797	20 984	2 440	83 221	399 804	278 737	4 091 859	18 733	62 629	23 466	9 398	2 517	1 528	118 271	2 954 121	7 445 784
1898/99 .	68 595	19 340	2 196	90 131	420 859	296 626	4 129 034	19 404	63 365	23 412	8 856	2 368	1 665	119 070	2 999 663	7 549 556

[1]) Ausserdem Halle und Königsborn 13 029 To. Siedesalz im Werthe von 373 020 ℳ. — [2]) Einschl. vorstehender 373 020 ℳ. — [3]) Ausserdem Königsborn, Rothenfelde, Münster a./St., Sülbeck und Rodenberg 13 819 To. Siedesalz im Werthe von 392 331 ℳ. — [4]) Einschl. vorstehender 392 331 ℳ. [5]) Ausserdem Inowrazlaw 117 To. Kalisalz im Werthe von 2 808 ℳ. — [6]) Ausserdem Inowrazlaw 65 To. Kalisalz im Werthe von 788 ℳ. — [7]) Ausserdem Schönebeck 374 To. Kalisalz im Werthe von 1758 ℳ.

Uebersicht über den Preussischen (¹/₇) Antheil an der Produktion der Kommunion-Hütten am Unterharz.

1	2	3	4	5	6	7	8	9	10	11	12	13	14	15	16	17	18	19	20	21	22	23	24	25
	Hütten und Fabriken zu Oker																		Herzog Julius- und Frau Sophienhütte					
Etatsjahr	Gold		Silber		Kaufblei u. Glätte		Kupfer		Vitriole		Schwefelsäure		Glaubersalz		Ofengalmei		Farbe		Zinkvitriol		Schwefel		Ofengalmei	
		Werth		Werth		Werth		Werth		Werth		Werth		Werth		Werth		Werth		Werth		Werth		Werth
	kg	ℳ	kg	ℳ	To.	ℳ	To.	ℳ	To.	ℳ	To.	ℳ	To.	ℳ	T.	ℳ	To.	ℳ	To.	ℳ	To.	ℳ	To.	ℳ
1867 . . .	2,84	7 569	550	97 926	269	96 255	165	279 306	471	199 755	?	?	?	?	—	—	—	—	171	16 779	11	1 668	—	—
1869 . . .	3,08	8 574	550,5	99 639	313	112 566	189	288 864	650	198 216	7 236	?	201	?	—	—	—	—	129	11 667	11	1 584	—	—
1874 . . .	5,91	?	1 093	?	477	?	56	?	¹)1247	?	9 579	497 921	?	?	—	—	—	—	²)	?	0,05	?	—	—
1879/80 .	10,92	30 600	1 171	256 546	936	247 645	351	488 135	1 114	361 551	9 848	273 785	83	2 638	—	—	—	—	343	40 870	11,4	1 545	12,6	884
1880/81 .	13,02	36 623	2 011,5	311 785	1 175	318 427	285	363 776	1 159	446 595	8 693	245 137	75	³)2 394	—	—	—	—	442	44 200	11	1 254	3	309
1881/82 .	16,42	46 175	2 199	339 307	1 220	310 640	263	381 849	1 235	435 109	9 044	300 092	85	2 734	—	—	—	—	317	27 516	24	2 591	5	427
1882/83 .	17,5	49 118	2 439	372 583	1 279	336 965	328	471 855	1 022	368 507	9 363	311 128	94	2 991	—	—	—	—	471	38 234	12	1 253	14	1 149
1883/84 .	17,82	49 983	2 896	436 231	1 467	339 595	363	527 602	1 167	462 814	10 382	319 461	98	3 142	—	—	—	—	589	44 798	14	1 627	4	345
1884/85 .	17,38	48 549	3 045,5	450 136	1 759	347 744	420	510 206	1 227	482 083	9 849	280 694	98	3 123	—	—	5	991	608	45 880	8	975	2	156
1885/86 .	23,21	64 867	3 731	521 757	2 111	423 151	428	457 244	1 086	352 073	10 237	265 853	81	2 426	—	—	20	3 955	605	39 811	15	1 755	0,4	35
1886/87 .	24,98	69 943	3 461	461 099	1 983	456 073	412	395 057	1 015	279 001	10 410	246 094	85	2 299	13	354	23	4 922	651	40 891	8	846	42	1 446
1887/88 .	21,64	60 595	3 405	442 599	2 033	479 416	440	428 216	809	211 896	10 767	246 773	94	2 159	11	397	21	4 773	663	37 289	10	978	7	223
1888/89 .	21,79	61 013	3 480	436 906	2 194	541 424	520	720 685	531	183 767	11 413	244 704	89	1 935	6	227	20	4 569	838	46 399	3	351	20	836
1889/90 .	32,19	90 149	4 071	520 616	2 368	568 642	604	687 829	644	259 187	10 874	229 545	91	1 863	11	509	24	5 070	1 399	81 059	8	849	17	750
1890/91 .	40,63	113 775	4 329	610 546	2 518	618 304	604	790 603	652	259 103	10 104	237 537	92	1 891	34	1 525	19	3 997	1 659	93 342	6	645	—	—
1891/92 .	35,75	100 095	4 260	551 551	2 540	576 903	597	678 347	452	147 827	10 254	236 466	97	2 015	40	1 785	22	4 602	1 938	103 095	7	631	1	49
1892/93 .	33,01	92 427	3 964	455 252	2 538	492 186	615	622 731	841	145 590	12 710	218 110	97	2 017	—	—	15,7	3 269	1 913	97 340	5	464	0,4	17
1893/94 .	42,54	119 111	4 751	455 255	2 920	530 800	687	691 306	759	166 524	11 410	182 671	89	1 784	80	3 030	23	4 730	1 913	93 466	5	494	—	—
1894/95 .	41,81	117 071	4 420	373 595	2 831	506 612	634	550 602	611	143 716	10 577	195 248	87	1 583	88	3 516	14	2 741	1 818	85 125	15	1 191	10	393
1895/96 .	42,74	119 737	4 514	410 635	2 890	583 445	671	623 478	598	146 143	11 887	199 945	84	1 512	77	3 059	26	4 433	1 792	85 493	18	1 020	—	—
1896/97 .	42,63	119 361	4 464	398 922	2 815	606 691	687	687 218	809	186 461	11 509	174 821	86	1 294	77	3 057	24	4 122	2 092	99 874	21	1 100	11	430
1897/98 .	51,99	145 578	5 201	407 103	2 878	690 048	705	717 721	854	211 125	12 318	183 788	91	899	38	1 517	21	3 613	2 309	111 730	24	1 474	—	—
1898/99 .	45,27	126 744	5 885	478 311	2 850	723 928	797	857 088	770	182 318	12 088	200 541	98	1 430	17	721	37	5 437	2 407	123 039	27	1 807	1	48

¹) Einschl. Herzog Julius- und Frau Sophienhütte. — ²) Vgl. Anm. 1. — ³) Ausserdem 30 To. Zinksalz im Werthe von 1545 ℳ.

Anlage XXXIV.

Uebersicht der Einnahmen, Ausgaben und Ueberschüsse u. s. w. bei den einzelnen Werken und Behörden der Berg-, Hütten- und Salinenverwaltung für das Etatsjahr 1899.

Bezeichnung der Staatswerke u. s. w.	Einnahme	Ausgabe	Mithin Ueberschuss	Mithin Zuschuss
	ℳ	ℳ	ℳ	ℳ
Oberbergamtsbezirk Breslau.				
A. Bergwerke.				
1. Bleierzbergwerk Friedrich bei Tarnowitz . . .	3 337 300	2 622 000	715 300	—
2. Centralverwaltung der Steinkohlenbergwerke König und Königin Luise	225 975	325 875	—	99 900
3. Steinkohlenbergwerk König O. S.	8 613 000	6 138 000	2 475 000	—
4. „ Königin Luise O. S. . . .	16 454 000	9 869 000	6 585 000	—
5. „ Bielschowitz	2 652 000	2 777 000	—	125 000
			9 775 300	*224 900*
Summe A . . .	*31 282 275*	*21 731 875*	*9 550 400*	—
B. Hütten.				
6. Silber- und Bleihütte Friedrichshütte	4 926 000	4 751 500	174 500	—
7. Eisengiesserei bei Gleiwitz	2 985 000	2 918 800	66 200	—
8. Eisenhütte zu Malapane	519 600	490 400	29 200	—
Summe B . . .	*8 430 600*	*8 160 700*	*269 900*	—
C. Salzwerke.				
9. Saline zu Inowrazlaw	404 600	367 600	27 000	—
Summe C für sich.				
Hierzu: Summe A Bergwerke . . .	*31 282 275*	*21 731 875*	*9 550 400*	—
„ B Hütten	*8 430 600*	*8 160 700*	*269 900*	—
Summe Oberbergamtsbezirk Breslau . . .	**40 117 475**	**30 260 175**	**9 857 300**	—
Oberbergamtsbezirk Halle.				
A. Bergwerke.				
1. Kalksteinbruch zu Rüdersdorf	1 625 330	1 392 510	232 820	—
2. Braunkohlenbergwerk bei Eggersdorf	283 560	283 060	500	—
3. „ „ Löderburg	458 400	384 500	73 900	—
4. „ „ Langenbogen	165 500	113 200	52 300	—
5. „ „ Dürrenberg (Tollwitz)	101 100	80 700	20 400	—
Summe A . . .	*2 633 890*	*2 253 970*	*379 920*	—
B. Hütten.				
Nichts.				
C. Salzwerke.				
6. Saline zu Schönebeck	1 510 000	1 103 600	406 400	—
7. Salzwerk zu Stassfurt	5 157 600	3 283 600	1 874 000	—
8. Saline zu Dürrenberg	675 500	454 000	221 500	—
9. „ „ Artern	227 500	197 000	30 500	—
10. Salzwerk bei Erfurt	160 200	154 000	6 200	—
11. „ zu Bleicherode	4 500	472 400	—	467 900
			2 538 600	*467 900*
Summe C . . .	*7 735 300*	*5 664 600*	*2 070 700*	—
Hierzu: Summe A Bergwerke . . .	*2 633 890*	*2 253 970*	*379 920*	—
Summe Oberbergamtsbezirk Halle . . .	**10 369 190**	**7 918 570**	**2 450 620**	—

Noch: Uebersicht der Einnahmen, Ausgaben und Ueberschüsse u. s. w. bei den einzelnen Werken und Behörden der Berg-, Hütten- und Salinenverwaltung für das Etatsjahr 1899.

Bezeichnung der Staatswerke u. s. w.	Einnahme ℳ	Ausgabe ℳ	Mithin Ueberschuss ℳ	Mithin Zuschuss ℳ
Oberbergamtsbezirk Clausthal.				
A. Bergwerke.				
1. Berginspektion zu Clausthal	2 739 100	2 715 490	23 610	—
2. „ „ Lautenthal	973 800	884 840	88 960	—
3. „ „ Grund	1 234 000	1 173 240	60 760	—
4. Bergfaktorei zu Zellerfeld	23 000	23 000	—	—
5. Steinkohlenbergwerk am Deister	2 078 000	2 059 490	18 510	—
6. „ „ Osterwald	190 150	231 960	—	41 810
7. Gipsbruch bei Lüneburg	112 500	69 100	43 400	—
8. „ „ Segeberg	28 600	15 400	13 200	—
9. Braunkohlenbergwerk am Habichtswald	109 060	108 640	420	—
10. „ „ Meisner	35 300	32 000	3 300	—
			252 160	*41 810*
Summe A	*7 523 510*	*7 313 160*	*210 350*	—
B. Hütten.				
11. Silberhütte bei Clausthal	2 219 900	2 159 090	60 810	—
12. „ „ Altenau	1 191 450	1 169 880	21 570	—
13. „ „ Lautenthal	5 575 600	5 545 510	30 090	—
14. „ „ St. Andreasberg	1 730 660	1 713 520	17 140	—
15. Eisenhütte Rothehütte	463 500	441 820	21 680	—
16. „ bei Lerbach	285 900	273 850	12 050	—
17. „ Sollingerhütte	196 900	188 670	8 230	—
Summe B	*11 663 910*	*11 492 340*	*171 570*	—
C. Salzwerke.				
18. Saline zu Sooden	72 120	102 870	—	30 750
Summe C für sich.				
Hierzu: Summe A Bergwerke	*7 523 510*	*7 313 160*	*210 350*	—
„ *B Hütten*	*11 663 910*	*11 492 340*	*171 570*	—
			381 920	**30 750**
Summe Oberbergamtsbezirk Clausthal	**19 259 540**	**18 908 370**	**351 170**	—
Oberbergamtsbezirk Dortmund.				
A. Bergwerke.				
1. Steinkohlenbergwerk bei Ibbenbüren	1 017 430	925 010	92 420	—
Summe A für sich.				
B. Hütten.				
Nichts.				
C. Salzwerke.				
2. Saline zu Neusalzwerk	64 500	66 400	—	1 900
Summe C für sich.				
			92 420	**1 900**
Summe Oberbergamtsbezirk Dortmund	**1 081 930**	**991 440**	**90 520**	—

Noch: Uebersicht der Einnahmen, Ausgaben und Ueberschüsse u. s. w. bei den einzelnen Werken und Behörden der Berg-, Hütten- und Salinenverwaltung für das Etatsjahr 1899.

Bezeichnung der Staatswerke u. s. w.	Einnahme	Ausgabe	Mithin	
			Ueberschuss	Zuschuss
	ℳ	ℳ	ℳ	ℳ
Oberbergamtsbezirk Bonn.				
A. Bergwerke.				
1. Bergwerksdirektion zu Saarbrücken	1 100	339 000	—	337 900
2. Steinkohlenbergwerk Kronprinz	4 154 180	3 447 800	706 380	—
3. „ Gerhard	8 187 000	6 125 890	2 061 110	—
4. „ Von der Heydt	4 846 570	3 995 400	851 170	—
5. „ Dudweiler	7 045 000	5 756 500	1 288 500	—
6. „ Sulzbach	6 286 260	5 398 630	887 630	—
7. „ Reden	6 429 040	5 967 190	461 850	—
8. „ Heinitz	9 883 000	8 183 200	1 699 800	—
9. „ König	7 878 470	6 798 700	1 079 770	—
10. „ Friedrichsthal	7 053 670	6 276 110	777 560	—
11. „ Göttelborn	2 846 570	2 072 370	774 200	—
12. „ Camphausen	5 873 610	4 635 450	1 238 160	—
13. Bergfaktorei Kohlwaage	1 267 970	1 267 970	—	—
14. Hafenamt zu Malstatt	324 730	324 730	—	—
			11 826 130	337 900
Summe Bezirk Saarbrücken	72 077 170	60 588 940	11 488 230	—
15. Berginspektion zu Dillenburg	792 500	712 000	80 500	—
Summe A	*72 869 670*	*61 300 940*	*11 568 730*	—
B. Hütten.				
Nichts.				
C. Salzwerke.				
16. Salzwerk zu Stetten	69 000	62 000	7 000	—
Summe C für sich.				
Summe Oberbergamtsbezirk Bonn	**72 938 670**	**61 362 940**	**11 575 730**	—
Wiederholung.				
A. Bergwerke.				
1. Im Oberbergamtsbezirk Breslau	31 282 275	21 731 875	9 550 400	—
2. „ „ Halle	2 633 890	2 253 970	379 920	—
3. „ „ Clausthal	7 523 510	7 313 160	210 350	—
4. „ „ Dortmund	1 017 430	925 010	92 420	—
5. „ „ Bonn	72 869 670	61 300 940	11 568 730	—
Centralfonds	—	433 062	—	433 062
			21 801 820	*433 062*
Summe A	*115326775*	*93 958 017*	*21 368 758*	—
B. Hütten.				
1. Im Oberbergamtsbezirk Breslau	8 430 600	8 160 700	269 900	—
2. „ „ Clausthal	11 663 910	11 492 340	171 570	—
Centralfonds	—	38 100	—	38 100
			441 470	*38 100*
Summe B	*20 094 510*	*19 691 140*	*403 370*	—

Noch: Uebersicht der Einnahmen, Ausgaben und Ueberschüsse u. s. w. bei den einzelnen Werken und Behörden der Berg-, Hütten- und Salinenverwaltung für das Etatsjahr 1899.

Bezeichnung der Staatswerke u. s. w.	Einnahme	Ausgabe	Mithin	
			Ueberschuss	Zuschuss
	ℳ	ℳ	ℳ	ℳ
C. Salzwerke.				
1. Im Oberbergamtsbezirk Breslau	404 600	367 600	37 000	—
2. „ „ Halle	7 735 300	5 664 600	2 070 700	—
3. „ „ Clausthal	72 120	102 870	—	30 750
4. „ „ Dortmund	64 500	66 400	—	1 900
5. „ „ Bonn	69 000	62 000	7 000	—
Centralfonds	—	44 775	—	44 775
			2 114 700	*77 425*
Summe C	*8 345 520*	*6 308 245*	*2 037 275*	—
D. Badeanstalten.				
1. Badeanstalt zu Elmen bei Schönebeck	49 700	48 700	1 000	—
2. „ „ Dürrenberg	12 200	12 200	—	—
3. „ „ Artern	3 200	3 200	—	—
4. „ „ Oenhausen	225 150	155 030	70 120	—
Centralfonds	—	7 756	—	7 756
			71 120	*7 756*
Summe D	*290 250*	*226 886*	*63 364*	—
E. Gemeinschaftswerke.				
1. Königlich Preussische und Herzoglich Braunschweigische Gemeinschaftswerke am Unterharz	3 576 048	2 944 048	632 000	—
2. Königlich Preussische u. Fürstlich Schaumburg-Lippische Gesammt-Steinkohlenbergwerke bei Obernkirchen	1 145 500	1 005 500	140 000	—
Summe E	*4 721 548*	*3 949 548*	*772 000*	—
F. Ministerialabtheilung für das Berg-, Hütten- und Salinenwesen	*162 900*	*851 345*	—	*688 445*
G. Oberbergämter.				
1. Breslau	19 800	306 000	—	286 200
2. Halle	42 050	383 490	—	341 440
3. Clausthal	95 235	250 540	—	155 305
4. Dortmund	76 510	609 140	—	532 630
5. Bonn	13 470	412 840	—	399 370
Centralfonds	—	299 056	—	299 056
Summe G	*247 065*	*2 261 066*	—	*2 014 001*
H. Bergtechnische Lehranstalten.				
1. Geologische Landesanstalt und Bergakademie zu Berlin	36 350	522 680	—	486 330
2. Bergakademie und Bergschule zu Clausthal	65 010	104 940	—	39 930
3. Bergschule zu Saarbrücken	60	58 930	—	58 870
Centralfonds	—	22 700	—	22 700
Summe H	*101 420*	*709 250*	—	*607 830*
			24 644 767	**3 310 276**
Zusammen	**149289988**	**127955497**	**21 334 491**	—
Einmalige und ausserordentliche Ausgaben	—	**550000**	—	**550 000**
Summe	**149289988**	**128505497**	**20 784 491**	—

Anlage XXXV.

Zusammenstellung der ausserordentlichen u. einmaligen Ausgaben der Berg-, Hütten- u. Salinenverwaltung.

Etatsjahr	Bohrversuche	Anlage neuer Werke	Erweiterung von Werken	Ankäufe von Grundstücken, Werken u. s. w.	Bahnanlagen bei Staatswerken	Beihülfe zu Bahnanlagen	Prämien, Darlehne u. Baukosten für Arbeiter-Wohnhäuser	Dienstgebäude	Wiederherstellung beschädigter Werke	Wasserversorgungsanlagen	Badeanstalten	Verschiedenes	Summe
	ℳ	ℳ	ℳ	ℳ	ℳ	ℳ	ℳ	ℳ	ℳ	ℳ	ℳ	ℳ	ℳ
1869-1873 .	690 000	[1] 1 501 500	—	—	[2] 1 978 500	[3] 240 000	1 602 000	633 000	—	—	—	[4] 383 526	**7 088 526**
1874-1878/79	930 000	[1] 1 025 000	—	[5] 1 761 000	378 250	[6] 360 000	2 998 000	[7] 1 870 000	—	—	—	[8] 45 000	**9 357 250**
1879/80 . . .	150 000	—	—	—	[9] 250 000	[10] 135 000	160 000	240 000	—	—	—	—	**935 000**
1880/81 . . .	150 000	—	—	—	—	[10] 125 000	120 000	—	—	—	—	—	**395 000**
1881/82 . . .	150 000	—	—	—	[2] 92 100	—	120 000	—	—	—	—	—	**362 100**
1882/83 . . .	—	—	—	—	—	—	—	100 000	—	[11] 180 000	—	—	**280 000**
1883/84 . . .	—	—	—	—	—	—	—	206 000	—	[11] 250 000	[12] 100 000	—	**556 000**
1884/85 . . .	—	—	[13] 300 000	—	—	—	—	116 000	—	[11] 266 000	[12] 100 000	—	**782 000**
1885/86 . . .	—	—	[13] 350 000	—	—	—	—	—	—	—	[12] 90 000	—	**916 000**
1886/87 . . .	—	—	[13] 400 000	[14] 73 000	—	—	—	—	—	—	—	—	**473 000**
1887/88 . . .	—	—	[15] 750 000	—	—	—	—	—	—	—	—	—	**750 000**
1888/89 . . .	—	—	[13] 300 000	[16] 600 000	[17] 154 000	—	—	—	—	—	—	—	**1 054 000**
1889/90 . . .	—	—	[13] 200 000	[18] 2 500 000	—	—	—	—	—	[19] 202 000	—	—	**290 200**
1890/91 . . .	150 000	—	—	[20] 123 000	[21] 67 000	—	—	160 000	—	—	—	—	**500 000**
1891/92 . . .	150 000	—	—	[22] 755 000	—	—	—	67 000	—	[21] 416 000	—	—	**1 388 000**
1892/93 . . .	150 000	—	—	[23] 707 304	—	—	—	—	—	[24] 828 300	—	—	**1 685 602**
1893/94 . . .	150 000	—	—	[25] 429 500	[21] 69 000	—	—	—	—	[26] 838 200	—	[27] 16 600	**1 503 300**
1894/95 . . .	150 000	—	—	[25] 300 000	—	—	—	—	—	[28] 713 500	—	—	**1 163 500**
1895/96 . . .	150 000	—	—	[25] 92 618	—	—	—	—	[29] 786 850	—	—	—	**1 029 468**
1896/97 . . .	150 000	—	—	—	—	—	—	—	[29] 781 300	—	—	—	**931 300**
1897/98 . . .	150 000	—	—	[30] 405 000	—	—	—	—	[29] 679 000	—	—	—	**1 234 000**
1898/99 . . .	150 000	—	—	—	—	—	—	—	[29] 487 900	—	—	—	**637 900**
1899	150 000	—	—	—	—	—	—	—	—	—	[20] 400 000	—	**550 000**

[1]) Segeberg 721 500 ℳ, Inowrazlaw 780 000 ℳ. — [2]) Bei den Saarbrücker Werken. — [3]) Hiervon 60 000 ℳ Scheldethalbahn und 180 000 ℳ Gotthardbahn. — [4]) Defekt. — [5]) 561 000 ℳ für Koksanstalt der Französischen Ostbahn, 1 200 000 ℳ für — nicht zu Stande gekommenen — Ankauf der Güter Chorzow und Domb in Oberschlesien. — [6]) Gotthardbahn. — [7]) Hauptsächlich für Akademie, geologische Landesanstalt und Museen in Berlin. — [8]) Eisengiesserei Berlin. — [9]) Anschlussbahn für Borgloh-Oesede. — [10]) Gotthardbahn. — [11]) Friedrichsstolln-Königshütte. — [12]) Oeynhausen. — [13]) Steinsalzschacht Schönebeck. — [14]) Für Grubenfelder und Kuxe in Oberschlesien 60 000 ℳ, für Grundstücke bei Borgloh-Oesede 13 000 ℳ. — [15]) 400 000 ℳ wie Anm. 13, 350 000 ℳ für Kalifabrik Stassfurt — [16]) Kohlenbergwerke „Zero“ und „Double Zero“. — [17]) Schmalspurbahn Tarnowitz-Friedrichshütte. — [18]) 500 000 ℳ wie Anm. 16, 2 000 000 ℳ für Grubenfelder bei „Königin Luise“. — [19]) Pumpanlage an der Saar. — [20]) Oeynhausen. — [21]) Saarwerk. — [22]) 405 000 ℳ Grundstücke für „Königin Luise“, 350 000 ℳ für Bergwerke „Hugo's Freude“ und „Friedrich Eduard“. — [23]) 503 000 ℳ Grundstücke für „Königin Luise“, Rest Hypothekabstossung Bielschowitz. — [24]) 541 800 ℳ Saar, 286 500 ℳ Zawada-Zabrze. — [25]) Grundstück für Königin Luise. — [26]) 138 200 ℳ Saar, 700 000 ℳ Zmende-Zabrze. — [27]) Einrichtung der Berg-Gewerbegerichte. — [28]) Zawada-Zabrze. — [29]) Ibbenbüren. — [30]) Grundstücke für „König“ O.-S.

Anlage XXXVI.

Uebersicht der Einnahmen, Ausgaben und nach Abzug dieser von jenen verbleibenden Nettoerträge der Berg-, Hütten- und Salinenverwaltung nach den Etats. (In Tausenden Mark.)

1	2	3	4	5	6	7	8
Etatsjahr	Einnahme	dauernde Ausgaben	einmalige und ausserordentliche Ausgaben	Nettoertrag nach Abzug der dauernden Ausgaben	Prozent der Brutto-Einnahme	Nettoertrag nach Abzug der dauernden und ausserordentlichen Ausgaben	Prozent der Brutto-Einnahme
1849	18 221	14 744	—	—	—	—	—
1850	18 221	14 744	—	3 477	19,1	—	—
1851	18 363	15 063	—	3 300	18,0	—	—
1852	18 802	15 052	450	3 750	20,0	3 300	17,6
1853	18 625	15 325	—	3 300	17,7	—	—
1854	21 953	18 575	—	3 378	15,4	—	—
1855	24 158	20 113	107	4 045	16,7	3 938	16,3
1856	33 719	26 468	246	7 251	21,5	7 005	20,8
1857	41 289	32 149	693	9 140	22,1	8 447	20,5
1858	41 540	31 713	852	9 827	23,6	8 975	21,6
1859	41 779	32 133	421	9 644	23,1	9 223	22,1
1860	35 934	27 758	180	8 176	22,8	7 996	22,3
1861	35 467	27 262	89	8 205	23,1	8 116	22,9
1862[1]	39 004	29 008	—	9 996	25,7	9 996	25,7
1863[1]	40 257	30 861	—	9 386	23,3	9 386	23,3
1864[1]	44 470	34 210	—	10 260	23,7	10 260	23,7
1865[1]	47 281	37 602	—	9 279	20,7	9 279	20,7
1866[2]	45 158	35 331	650	9 827	21,7	9 177	20,3
1867[3]	53 589	40 922	387	12 677	23,7	12 290	22,9
1868	70 699	56 910	517	13 789	19,5	13 272	18,8
1869	74 645	62 120	348	12 525	16,8	12 177	16,3
1870	68 008	54 593	1 080	13 415	20,3	12 335	18,1
1871	73 555	60 362	1 080	13 193	17,9	12 113	16,5
1872	78 691	62 105	1 509	16 586	21,1	15 077	19,2
1873	89 876	68 569	3 072	21 307	23,7	18 235	20,3
1874	111 867	84 263	4 047	27 604	24,7	23 557	21,1
1875	114 347	86 382	1 316	27 965	24,4	26 649	23,3
1876	103 176	84 878	1 365	18 298	17,7	16 933	16,4
1877/78	100 373	84 537	1 154	15 836	15,8	14 682	14,6
1878/79	95 671	82 290	1 475	13 381	14,0	11 906	12,4
1879/80	88 327	76 443	935	11 884	13,4	10 949	12,4
1880/81	79 070	70 374	395	8 696	11,0	8 301	10,5
1881/82	85 371	72 352	362	13 019	15,2	12 657	14,8
1882/83	92 403	78 228	280	14 175	15,3	13 895	15,0
1883/84	96 477	81 279	556	15 198	15,7	14 642	15,2
1884/85	102 415	84 855	782	17 560	17,1	16 778	16,4
1885/86	107 685	89 841	916	17 844	16,6	16 928	15,7
1886/87	110 516	94 103	473	16 413	14,8	15 940	14,5
1887/88	108 642	93 482	750	15 160	13,9	14 410	13,3
1888/89	109 618	94 666	1 054	14 952	13,6	13 898	12,7
1889/90	111 541	95 809	2 902	15 731	14,1	12 829	11,5
1890/91	121 282	102 945	500	18 337	15,1	17 837	14,7
1891/92	140 060	118 985	1 388	21 075	15,0	19 687	14,0
1892/93	146 715	124 358	1 686	22 357	15,2	20 671	14,1
1893/94	138 361	119 099	1 503	19 262	13,9	17 759	12,8
1894/95	128 189	111 917	1 163	16 272	12,6	15 109	11,8
1895/96	119 836	108 925	1 029	10 912	9,1	9 882	8,2
1896/97	121 313	109 979	931	11 334	9,3	10 403	8,6
1897/98	127 194	113 050	1 234	14 144	11,1	12 910	10,1
1898/99	134 797	118 523	638	16 275	12,1	15 637	11,6
1899	149 290	127 955	550	21 334	14,3	20 784	13,9

[1]) Nach dem Gesetz v. 14. September 1866. — [2]) Nach dem Etatsentwurf. — [3]) Ohne Berücksichtigung der neuen Landestheile.

Anlage XXXVII.

Umsätze, Abschlüsse, Einnahmen, Gewinne und in die Staatskasse etatsmässig abzuliefernde Ueberschüsse der Seehandlung seit 1862.

1	2	3	4	5	6	7	8
Jahre	Umsatz	Abschluss	Einnahme	Von Sp. 4 entfallen auf Ertrag d. gewerbl. Unternehmungen	Gewinn	Sollablieferung an die Staatskasse	Nach Abzug von Spalte 7 verbleibt der Seehandlung Gewinn
	(in Tausend Mark)		ℳ	ℳ	ℳ	ℳ	ℳ
1862 . . .		+ 75 853 — 73 691			3 362 169	1 200 000	2 162 169
1863 . . .		+ 71 828 — 71 706	2 399 447	697 406	1 722 517	1 500 000	122 517
1864 . . .		+ 70 030 — 68 305	3 379 578	1 085 225	3 225 186	1 500 000	1 725 186
1865 . . .		+ 91 521 — 89 401	3 773 452	1 119 339	3 619 239	1 500 000	2 119 239
1866 . . .		+ 69 121 — 68 214	2 703 106	405 240	2 406 995	1 500 000	906 995
1867 . . .		+ 96 448 — 95 703	2 693 254	317 108	2 545 563	1 800 000	745 563
1868 . . .		+ 80 485 — 80 861	1 975 713	252 618	1 723 659	2 100 000	— 376 341
1869 . . .		+ 78 133 — 78 297	2 071 604	59 326	196 475	2 100 000	— 166 525
1870 . . .	2 097 515	+ 348 606 — 346 931	3 927 825	462 011	3 775 781	2 100 000	675 781
1871 . . .	5 711 951	+ 409 845 — 404 579	7 523 044	553 706	7 366 021	2 100 000	5 266 021
1872 . . .	4 102 094	+ 483 987 ± 480 445	6 120 426	407 434	5 941 368	2 400 000	3 541 368
1873 . . .	6 757 382	± 500 198	4 278 460	203 365	4 005 781	7 500 000	—
1874 . . .	2 572 102	± 87 871	3 722 246	87 822	3 454 313	5 850 000	—
1875 . . .	924 650	± 148 505	2 222 904	97 821	1 498 243	4 000 000	—
1876 . . .	1 118 566	± 208 738	2 269 477	— 147 885	1 904 064	3 450 000	—
I. Quart. 77	261 560	± 112 795	476 065	8 532	317 815	862 500	—
1877/78 .	1 296 598	± 177 995	1 841 240	— 96 015	1 532 771	3 000 000	—
1878/79 .	1 478 302	± 166 463	2 758 102	— 149 631	2 405 890	3 000 000	—
1879/80 .	2 061 260	± 383 642	4 538 268	302	4 321 864	3 000 000	—
1880/81 .	2 018 886	± 312 777	2 512 696	— 47 589	2 223 770	3 000 000	—
1881/82 .	2 248 704	± 207 184	3 048 338	— 60 986	2 731 929	3 000 000	—
1882/83 .	1 476 733	± 83 979	2 326 041	23 210	2 061 313	3 000 000	—
1883/84 .	1 051 387	± 107 936	2 469 385	81 593	2 222 829	3 000 000	—
1884/85 .	1 690 466	± 134 478	2 372 672	102 495	2 102 045	2 339 000	—
1885/86 .	1 712 693	± 221 580	2 048 207	25 228	1 777 799	2 339 000	—
1886/87 .	6 300 370	± 308 606	1 740 869	98 057	1 092 081	2 129 000	—
1887/88 .	1 903 734	± 142 540	2 564 404	122 593	2 291 125	2 034 000	—
1888/89 .	1 039 764	± 98 359	3 046 459	213 608	2 772 756	1 657 000	—
1889/90 .	1 631 771	± 194 082	2 261 151	141 206	1 988 243	1 720 000	—
1890/91 .	2 706 566	± 188 238	2 160 789	146 185	1 719 977	2 052 000	—
1891/92 .	4 013 797	± 548 926	2 560 666	169 290	1 799 095	2 350 000	—
1892/93 .	2 476 115	± 399 065	2 398 752	80 012	2 111 036	2 160 000	—
1893/94 .	3 946 720	± 520 476	2 579 134	93 327	2 045 388	1 835 000	—
1894/95 .	2 559 345	± 216 178	2 528 073	66 159	2 161 585	1 876 000	—
1895/96 .	2 464 339	± 328 182	2 845 745	59 502	2 399 602	1 985 000	—
1896/97 .	2 827 023	± 393 049	2 850 305	123 898	2 473 642	2 106 000	—
1897/98 .	2 090 050	± 285 682	2 581 431	307 898	2 200 430	2 202 000	—
1898/99 .	3 279 859	± 404 827	2 417 042	273 638	1 533 906	2 344 000	—
1899 . . .	—	—	—	—	—	2 347 300	—

Anlage XXXVIII.

Uebersicht über den Gewinn der Seehandlung aus den Bankgeschäften — ohne Abzug der Verwaltungs- und der Ausgaben für den laufenden Geschäftsbetrieb — **für den Zeitraum vom 1. Januar 1869 bis 31. März 1899.**

1	2	3	4	1	2	3	4
Etatsjahr	Zinsen-überschuss ℳ	Provisionen etc. ℳ	Effekten-verkehr ℳ	Etatsjahr	Zinsen-überschuss ℳ	Provisionen etc. ℳ	Effekten-verkehr ℳ
1869	1 707 682,5	145 122	157 395	1883/84	1 207 951	224 194	936 903
1870	1 821 817,5	202 506	1 436 521	1884/85	1 322 364	295 091	632 185
1871	1 764 017	667 355	4 507 314	1885/86	1 313 831	320 182	366 303
1872	2 105 223,5	673 919	2 924 690	1886/87	1 401 641	216 908	— 380 980
1873	2 208 131	1 091 460	775 504	1887/88	1 938 789	191 736	289 844
1874	2 250 040	371 969,5	1 014 001	1888/89	1 993 159	161 354,5	583 994
1875	1 767 255,5	357 530	97 821	1889/90	1 776 401	322 690,5	4 009
1876	1 761 679,5	120 733	386 770,5	1890/91	1 676 848	321 006	— 165 636
I. Quartal 1877	418 164,5	49 295	— 105 590,5	1891/92	1 787 164	560 725,5	— 387 760
				1892/93	1 522 036	382 988	396 931
1877/78	1 611 439	183 706	45 783	1893/94	1 936 323,5	525 130	— 232 156,5
1878/79	1 565 905	87 782	1 065 015	1894/95	1 812 680	220 423	368 301,5
1879/80	1 495 335	134 718	2 899 846	1895/96	1 921 397	288 827,5	446 709
1880/81	1 386 428	226 124	899 781	1896/97	2 155 145	332 138,5	180 012
1881/82	1 390 723	209 324	1 442 689	1897/98	1 756 334	239 190	258 558
1882/83	1 392 584	330 897	575 414	1898/99	1 709 743	416 543	— 513 036

Anlage XXXIX.

Personal- und Bedürfniss-Etats der Seehandlung für 1849, 1859, 1866, 1869, 1874, 1879/80, 1881/82, 1883/84, 1885/86, 1887/88, 1888/89 bis 1899.

1	2	3	4	5	6	7	8	9	10	11	12	13	14	15
	Besoldungen				Andere persönliche Ausgaben						Sächliche Ausgaben			
Etatsjahr.	Generaldirektion (Tit. 1) ℳ	Kassen-, Büreau- u. Kanzleibeamte (Tit. 2) ℳ	Unterbeamte (Tit. 3) ℳ	Wohnungsgeldzuschüsse (Tit. 4) ℳ	Remunerirung von Hülfsarbeitern und Hülfsdienern (Tit. 5) ℳ	Ausserordentliche Unterstützungen für ausgeschiedene Beamte u. s. w. (Tit. 6) ℳ	Ausserordentliche Remunerationen u. Unterstützungen für Kanzlei- und Unterbeamte (Tit. 6a.) ℳ	Ausserordentliche Remunerationen für mittlere Beamte (Tit. 6b.) ℳ	Ausserordentliche Unterstützungen für höhere und mittlere Beamte (Tit. 6c.) ℳ	Wittwen- und Waisengelder, Pensionen u. s. w. (Tit. 7) ℳ	Büreau-bedürfnisse (Tit. 8) ℳ	Unterhaltung des Dienstgebäudes u. s. w. (Tit. 9) ℳ	Ausgaben auf Grund des Invaliditäts- und Altersversicherungsgesetzes (Tit. 10) ℳ	Summe ℳ
1899	36 600	109 200	19 890	30 660	17 200	1 000	5 000	1 600	1 400	39 940	96 500	6 000	10	**365 000**
1898/99 . . .	36 600	115 900	19 660	30 660	19 000		9 000 †			31 970	78 500	6 000	10	**347 300**
1897/98 . . .	38 400	106 800	19 820	30 660	19 000		9 000 †			29 918	62 000	6 000	2	**321 600**
1896/97 . . .	38 400	107 800	19 580	30 660	20 000		9 000 †			28 600	44 958	6 000	2	**305 000**
1895/96 . . .	38 400	96 200	18 180	27 540	24 800		9 000 †			28 600	41 778	6 000	2	**290 500**
1894/95 . . .	40 200	101 400	17 880	27 540	20 920		9 000 †			25 980	37 678	6 000	2	**286 600**
1893/94 . . .	40 200	104 400	16 500	26 760	22 000		9 000 †			27 500	37 638	6 000	2	**290 000**
1892/93 . . .	40 200	104 400	16 500	26 760	13 650		9 000 †			30 900	33 248	6 000	2	**280 660**
1891/92 . . .	40 200	94 600	16 500	24 540	13 650		9 000 †			33 560	33 400	6 000	2	**271 450**
1890/91 . . .	40 200	88 650	15 000	23 640	13 500		9 000 †			31 060	37 150	6 000	2	**264 200**
1889/90 . . .	40 200	88 650	15 000	23 640	12 900		9 000 †			29 600	43 300	6 000	—	**268 290**
1888/89 . . .	40 200	88 650	15 000	23 640	12 900		9 000 †			33 700	51 300	6 000	—	**280 390**
1887/88 . . .	40 200	88 650	15 000	23 640	12 900		9 000 †			28 551	49 219	6 000	—	**273 160**
1885/86 . . .	40 200	79 350	14 850	21 660	13 300		9 000 †			29 934	52 686	6 000	—	**266 980**
1883/84 . . .	40 200	79 350	14 850	21 660	7 000		9 000 †			29 231	61 170	6 000	—	**268 461**
1881/82 . . .	40 200	79 350	14 850	21 660	2 900		9 000 †			16 001	47 750	6 000	—	**237 711**
1879/80 . . .	34 200	81 150	10 800	20 040	6 500		9 000 †			21 621	13 900	6 000	—	**203 211**
1874	33 600	81 150	10 650	—	6 900		9 000 †			16 729,5	72 130,5	6 000	—	**236 160**
1869	34 500	68 100	5 850	—	6 000		9 000 †			12 922,5	20 100	6 000	—	**162 472,5**
1866	34 500	67 710	5 040	—	6 000		9 000 †			22 948,7	20 100	6 000	—	**171 300**
1859	29 400	64 110	4 710	—	6 600		9 000 †			36 135	20 100	6 000	—	**176 055**
1849	32 700	58 950	6 480	—			37 200 †			28 408,5	?	?	—	**163 738,5**

† For 1898/99 to 1859 the 9 000 is printed across columns 7–10 under a brace; for 1849 the 37 200 is printed across columns 6–10 under a brace.

Anlage XLI.[1])

Nachweisung der Sollüberschüsse der Lotterieverwaltung.

1	2	1	2	1	2
Etatsjahr	Ueberschuss ℳ	Etatsjahr	Ueberschuss ℳ	Etatsjahr	Ueberschuss ℳ
1849	2 466 000	1866	3 942 000	1883/84	3 953 600
1850	2 391 204	1867	3 943 350	1884/85	3 944 800
1851	2 881 200	1868	3 933 600	1885/86	3 960 700
1852	2 913 600	1869	3 948 900	1886/87	5 975 000
1853	3 090 000	1870	3 948 900	1887/88	7 898 800
1854	3 289 200	1871	3 948 900	1888/89	8 053 000
1855	3 292 800	1872	3 937 200	1889/90	8 116 500
1856	3 389 100	1873	3 946 275	1890/91	8 122 800
1857	3 486 000	1874	3 949 500	1891/92	8 099 400
1858	3 612 000	1875	3 961 000	1892/93	8 090 300
1859	3 607 500	1876	3 947 600	1893/94	8 980 900
1860	3 762 000	1877/78	3 952 400	1894/95	9 753 500
1861	3 947 700	1878/79	3 978 200	1895/96	9 758 600
1862	3 927 000	1879/80	3 964 600	1896/97	9 763 300
1863	3 925 350	1880/81	3 970 500	1897/98	9 764 900
1864	3 930 600	1881/82	3 933 300	1898/99	9 766 100
1865	3 940 400	1882/83	3 953 700	1899	9 765 500

[1]) Anlage XL siehe S. 110 u. 111.

Anlage XI.

Uebersicht über die etatsmässigen Einnahmen und Ausgaben der 1859, 1866, 1869, 1874, 1879/80, 1881/82,

1	2	3	4	5	6	7	8	9
	Einnahmen							
	Aus dem Lotteriespiel							
Etatsjahr.	Als Spielkapital dienende Einnahmen aus dem Absatz der Loose (Tit. 1) M.	Aus dem Verkauf verlassener Loose oder abgelehnter Freiloose (Tit. 2) M.	Reichsstempelabgabe (Tit. 3) M.	Aus dem für Rechnung der Lotteriekasse stattfindenden Spiel von Frei- oder Ersatzloosen etc. (Tit 4) M.	Planmässige Gewinnabzüge des Staates (Tit. 5) M.	Nicht abgehobene Gewinne (Tit. 6) M.	Sonstige Einnahmen (Tit 7) M.	Summe M.
1899		180 000	6 396 500	490 000		8 680	6 900	82 475 900
1898/99 . . .		180 000	6 394 200	490 000	alljährlich	8 380	7 600	82 474 000
1897/98 . . .	alljährlich	188 100	6 397 000	all-	10 186 600	12 280	7 700	82 476 900
1896/97 . . .	65 207 220	188 100	6 395 700	jährlich		12 780	8 400	82 476 800
1895/96 . . .		173 100	6 394 500	478 000		12 780	10 200	82 462 400
1894/95 . . .		166 500	3 199 400	484 300	10 186 592	11 788	10 700	79 266 500
1893/94 . . .	60 059 610	154 700	2 946 700	449 100	9 382 433	9 857	11 300	73 013 700
1892/93 . . .	54 912 000	147 000	2 694 500	407 900	8 578 275	6 625	10 400	66 756 700
1891/92 . . .	8 256 000						10 500	8 266 500
1890/91 . . .	8 280 200						11 300	8 291 500
1889/90 . . .	8 276 500						11 000	8 287 500
1888/89 . . .	8 217 500						5 200	8 222 700
1887/88 . . .	8 049 000						5 670	²) 8 056 700
1885/86 . . .	4 045 846,5						2 541	³) 4 049 900
1883/84 . . .	4 039 146,5						2 641	³) 4 043 300
1881/82 . . .	4 023 400							4 023 400
1879/80 . . .	4 060 200							4 060 200
1874	4 025 400							4 025 400
1869	—	36 600	—	218 100	3 748 097	16 500	1 303	4 020 600
1866	—	31 050	—	208 500	3 748 097	24 000	2 353	4 014 000
1859	—	11 400	—	250 500	3 663 991	7 800	1 769	3 935 400
1849	—	12 300	—	145 860	2 930 375	—	1 216	308 751

¹) Einschl. 1 600 M Wittwen- und Waisengelder. — ²) einschl. 2 030 M Wittwen-
⁴) einschl. 400 M Wittwen- und Waisengelder. — ⁵) einschl. 130 M Wittwen- und Waisen-

Lotterieverwaltung nach den Etats für die Rechnungsjahre 1849, 1883/84, 1885/86 und 1887/88 bis 1899.

10	11	12	13	14	15	16	17	18
Ausgaben								
Aus dem Lotteriespiel			Verwaltungskosten					
			Besoldungen		Andere persönliche Ausgaben		Sächliche Ausgaben	
Planmässige Gewinn- etc. Zahlungen (Tit. 1)	Reichsstempelabgabe (Tit. 2)	Gewinnprovision der Lotterie-Einnehmer (Tit. 3)	Gehälter (Tit. 4)	Wohnungsgeldzuschüsse (Tit. 5)	Remunerirung des Vorgesetzten etc. (Tit. 6)	Ausserordentliche Remuneration und Unterstützungen (Tit. 7)	Für Büreaubedürfnisse (Tit. 8)	Summe
M	M	M	M	M	M	M	M	M
	6 396 500		70 000	12 540	11 100		95 940	72 710 400
	6 394 200	alljährl.	73 550	12 540	all-		92 490	72 707 900
alljährlich	6 397 000	915 900	75 200	all-	jährl.		92 500	72 712 000
65 207 220	6 395 700		78 150	jährl.	10 800		92 350	72 713 500
	6 394 500	915 700	76 850	12 180			90 350	72 708 800
	3 199 400	916 500	76 500		10 000	all-	90 000	69 513 000
6 059 610	2 946 700	844 200	all-		12 000	jährl.	86 390	64 032 800
54 912 000	2 694 500	891 100	jährl.	all-	8 147	1 200	76 753	58 666 400
—	—	—	71 300	jährl.	8 136		75 062	167 100
—	—	—	all-	11 400	all-		77 952	168 700
—	—	—	jährl.		jährl.		80 252	171 000
—	—	—	70 500		7 648		77 352	[1]) 169 700
—	—	—	62 100	10 080	11 698		71 222	[1]) 157 900
—	—	—	46 300	7 440			30 446	[4]) 89 200
—	—	—	46 300	7 440	all-	all-	31 216	[5]) 89 700
—	—	—	all-	all-	jährl.	jährl.	32 986	90 100
—	—	—	jährl.	jährl.	4 014	600	32 586	89 700
—	—	—	45 300	7 200			25 986	75 900
—	—	—	39 600	—	4 014	600	26 386	71 700
—	—	—	39 300	—	4 014	600	28 086	72 000
[6]) —	—	[6]) 254 320	38 820	—	4 743	600	29 417	327 900
[7]) 206 100	—	[7]) 335 580	44 404	—	5 136	—	32 531	623 751

und Waisengeldbeiträge. — [3]) einschl. 1 513 M Wittwen- und Waisengeldbeiträge. —
gelder. — [6]) Einnehmergebühr. — [7]) Verlust für nicht abgesetzte Loose.

Anlage XLII.

Uebersicht über die etatsmässigen Einnahmen und Ausgaben der Münzverwaltung nach den Etats für die Rechnungsjahre 1859, 1866, 1869, 1874, 1879/80, 1881/82, 1883/84, 1885/86, 1887/88 und 1888/89 bis 1899.

A. Münze.

1	2	3	4	5	6	7	8	9	10	11	12	13	14	15
	Einnahmen (Kap. 8)			Ausgaben (Kap. 13)										
						Andere persönliche Ausgaben			Betriebskosten			Sonstige Ausgaben		
Etatsjahr	Ertrag der Ausprägung von Münzen und Medaillen (Tit. 1)	Sonstige vermischte Einnahmen (Tit. 2)	Summe	Besoldungen (Tit. 1)	Wohnungsgeldzuschüsse (Tit. 2)	Zur Remunerirung von Hülfsarbeitern etc. (Tit. 3)	Zu ausserordentlichen Remunerationen etc. (Tit. 4)	Sächliche Verwaltungsausgaben (Tit. 5)	Arbeitslöhne (Tit. 6)	Zu ausserordentlichen Remunerationen etc. (Tit. 7)	Zur Beschaffung und Unterhaltung der Maschinen etc. (Tit. 8)	Zur Unterhaltung der Gebäude (Tit. 9)	Zu unvorhergesehenen u. vermischten Ausgaben (Tit. 10)	Summe
	ℳ	ℳ	ℳ	ℳ	ℳ	ℳ	ℳ	ℳ	ℳ	ℳ	ℳ	ℳ	ℳ	ℳ
1899 . . .	335 600	18 990	354 590	87 650		all-		12 940	alljährl.					346 900
1898/99 .	332 200	17 440	349 640	87 200		jährl.		12 940	156 090					346 450
1897/98 .	331 770	15 780	347 550	78 150	all-	2 400	all-	all-		all-	alljährl.			336 300
1896/97 .	328 705	19 490	348 195	77 700	jährl.		jährl.	jährl.		jährl.	72 500			335 750
1895/96 .	325 110	20 280	345 390	73 400	5 220	all-		11 840	alljährl.	1 350				331 450
1894/95 .	321 660	22 720	344 330	72 750		jährl.	1 650		156 390					330 800
1893/94 .	324 630	17 930	342 560	71 650				11 900				alljährl.	alljährl.	329 760
1892/93 .	312 030	18 060	330 090	68 250		2 000		10 900	151 390		67 000	7 000		314 140
1891/92 .	264 600	17 570	282 170	67 950			all-	8 200	120 600		56 000		100	269 050
1890/91 .	220 810	17 790	238 600	alljährl.	all-	1 500	jährl.		83 100					222 750
1889/90 .	219 830	17 790	237 620	67 650	jährl.	1 500	1 800	all-	83 100	all-				222 750
1888/89 .	217 190	15 240	232 430		4 500	all-	all-	jährl.	82 800	jährl.	alljährl.			[1]) 222 550
1887/88 .	207 810	12 730	[2]) 222 600	alljährl.		jährl.	jährl.	7 200	82 500	900	49 000			[1]) 221 050
1885/86 .	205 680	13 850	[3]) 221 580	66 450			1 200		82 500					[4]) 219 530
1883/84 .	203 080	16 560	[5]) 221 760			500		6 050	80 000			8 150		[4]) 217 030
1881/82 .	204 380	28 320	232 700	70 800	5 580	2 500	1 500	7 700	80 000		52 000	7 360	440	228 780
1879/80 .	309 520	40 590	350 110	92 700	7 440	3 460	1 800	14 680	113 000	1 350	71 890	10 110	540	316 970
1874 . . .	1 042 650	48 150	1 090 800	118 800	—	7 420	2 100	21 600	345 000	1 800	271 770	13 710	—	848 700
1869 . . .	709 380	34 912	[6]) 894 292	84 921	—	6 447	2 100	31 569	208 863	1 200	162 993	160 800	[7]) 154 218	813 112
1866 . . .	195 281	18 230	213 511	51 600	—	8 900	1 500	11 049	72 631	600	63 230	9 000	—	213 511
1859 . . .	214 475	40 910	255 385	52 350	—	6 708	1 500	11 700	72 631	600	62 915	8 980	[7]) 39 000	255 385

[1]) Einschl. 1 700 ℳ Wittwen- und Waisengeldern. — [2]) Einschl. 2 060 ℳ Wittwen- und Waisengeldbeiträge. — [3]) Einschl. 2 050 ℳ wie [2]). — [4]) Einschl. 180 ℳ wie [1]). — [5]) Einschl. 2 120 ℳ wie [2]). — [6]) Einschl. 150 000 ℳ extraordinärer Zuschuss. — [7]) Verstärkung der Betriebskapitalien.

B. Probiranstalt in Frankfurt a./M.

1	2	3	4	5	6	7	8	9	10	11	12
		Ausgaben (Kap. 13 a)									
					Sonstige und vermischte Ausgaben						
Etatsjahr	Einnahmen (Kap. 8a)	Besoldungen (Tit. 1)	Wohnungsgeldzuschüsse (Tit. 2)	Andere persönliche Ausgaben (Tit. 3)	Arbeitslöhne, Renumerationen und Unterstützungen für Probirgehülfen (Tit. 4)	Bureaubedürfnisse (Tit. 5)	Betriebsmaterialien u. s. w. (Tit. 6)	Reparaturen von Inventarienstücken u. s. w. (Tit. 7)	Miethen (Tit. 8)	Ausgaben auf Grund des Invaliditäts- und Altersversicherungsgesetzes und unvorhergesehene und vermischte Ausgaben (Tit. 9)	Summe der Ausgaben
	ℳ	ℳ	ℳ	ℳ	ℳ	ℳ	ℳ	ℳ	ℳ	ℳ	ℳ
1899	9 480	4 500							800		10 340
1898/99		4 500							600		10 140
1897/98	alljährl.	3 900				alljährl.					9 040
1896/97	9 280	3 900			alljährl.	590				alljährl.	9 040
1895/96					2 500					60	8 440
1894/95	9 320						alljährl.	alljährl.	alljährl.		8 440
1893/94	8 840	alljährl.				alljährl.			100		8 450
1892/93	8 840	3 300				600	1 100	150			8 450
1891/92	8 250		alljährl.	alljährl.						50	7 140
1890/91	7 720		540	100	alljährl.				—		7 100
1889/90	7 720				1 500	alljährl.			—		7 100
1888/89	7 370					650			—		6 800
1887/88	7 370	alljährl.			alljährl.				—	alljährl.	6 800
1885/86	[1] 5 680	3 000			1 200	400	900		—	60	6 300
1883/84	[1] 3 880					300	400	alljährl.	—		5 700
1881/82	2 000				940	410	400	100	—		5 550
1880/81	2 200				940	410	400		—		5 550

[1]) Einschl. 80 ℳ Wittwen- und Waisengeldbeiträge.

Anlage XXX.

Graphische Darstellung der Förderung und der Preise auf den fiskalischen Steinkohlenwerken bei Saarbrücken und in Oberschlesien.

Die fetten Linien bezeichnen die Saarbrücker, die feinen die Oberschlesischen Werke.

Durchschnittspreise.

Bei den Oberschlesischen Werken ist bis 1868 und seit 1895/96 der sich für die Förderung beider Gruben ergebende Durchschnittspreis, im Uebrigen das Mittel zwischen den Durchschnittspreisen derselben zu Grunde gelegt.

Förderung.

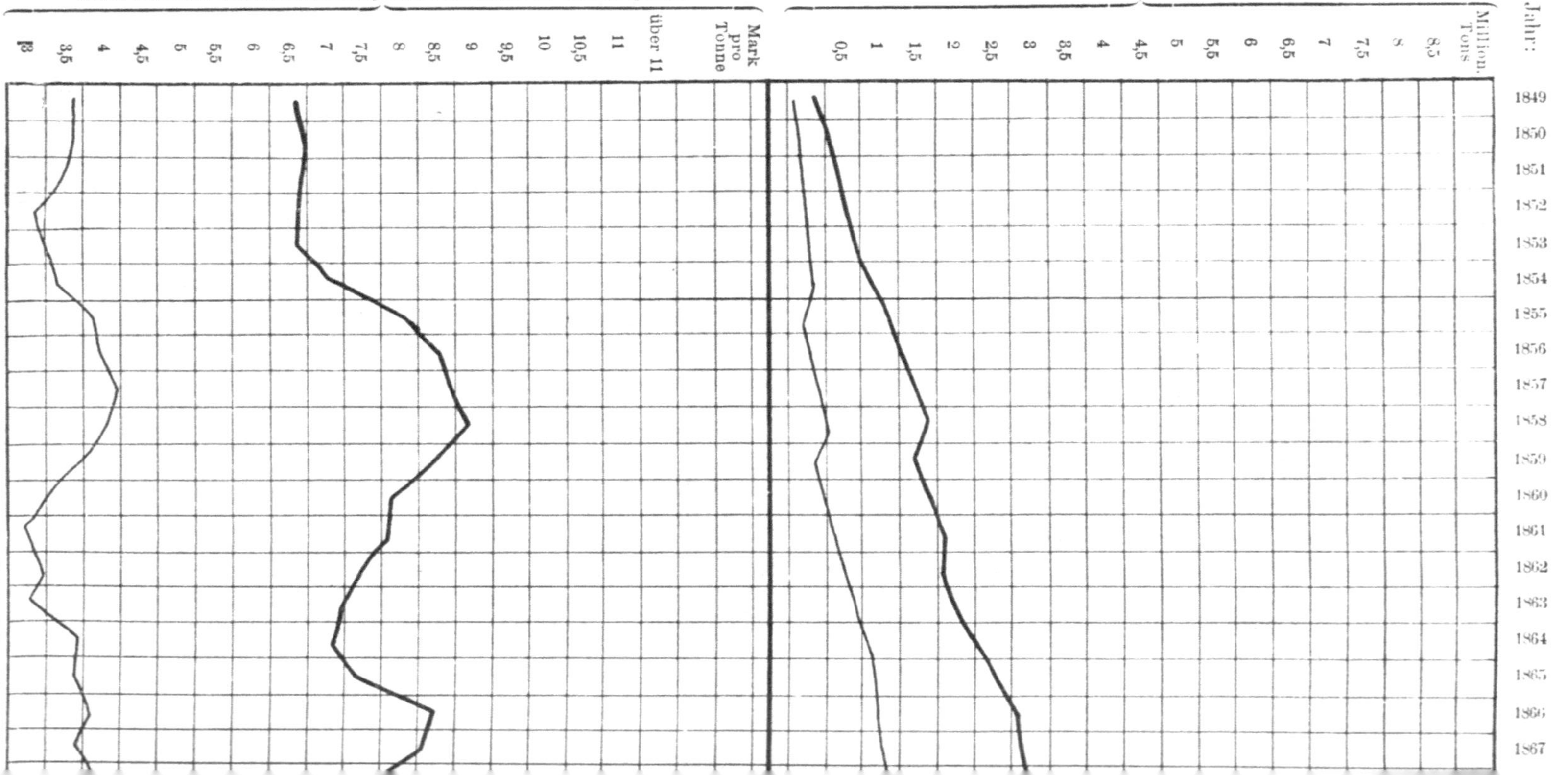

Anmerkung: 1898/99 betrug die Förderung der Saarbrücker Werke 8,8 … der Jah…

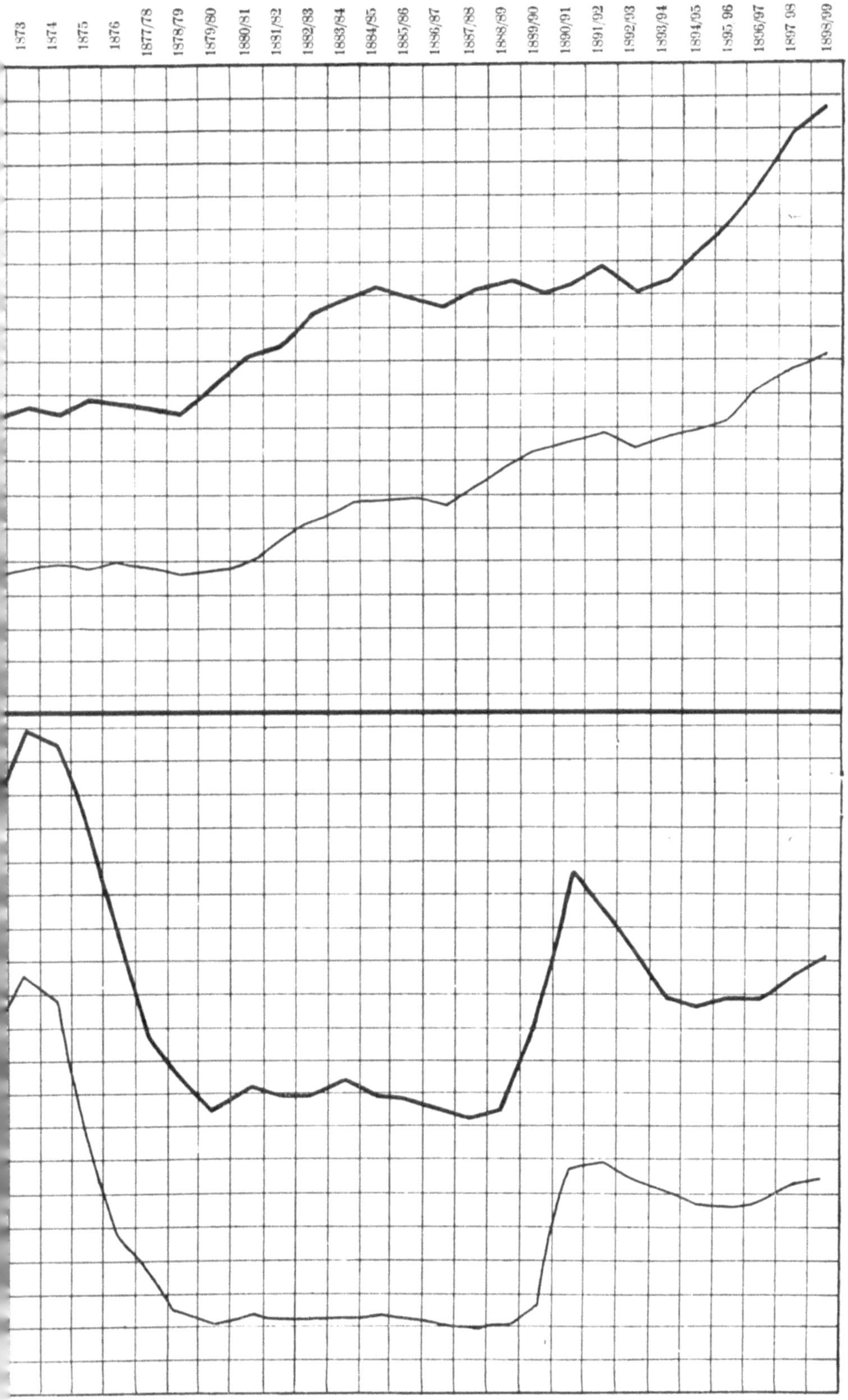

5,06 Millionen To., der Durchschnittspreis dort 9,53, hier 6,47 M. Die über 11 M. hinausgehenden Preise 11,58 M., 16,43 M., 15,25 M. und 11,2 M.

FSC
www.fsc.org
MIX
Papier | Fördert
gute Waldnutzung
FSC® C083411

Kolibri 360 GmbH
Ferdinand-Jühlke-Straße 7
99095 Erfurt, Deutschland
produktsicherheit@kolibri360.de